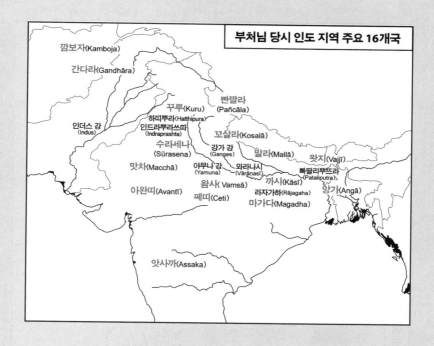

부처님 당시 인도 지역 주요 16개국과 수도

	나라	수도
1	앙가	짬빠
2	왓지	릿차위 족 – 웨살리 위데하 족 – 마띨라
3	마가다	라자가하
4	까시	와라나시
5	말라	쿠사와띠
6	꼬살라	사왓티
7	왐사	꼬삼비
8	쩨띠	숙띠마띠
9	빤짤라	북 – 아힛짜뜨라 남 – 깜빨랴
10	수라세나	마두라
11	꾸루	인드라푸라스타
12	앗사까	뽀따나
13	아완띠	웃짜이니
14	맛차	비라타
15	간다라	딱까실라
16	깜보자	까피시

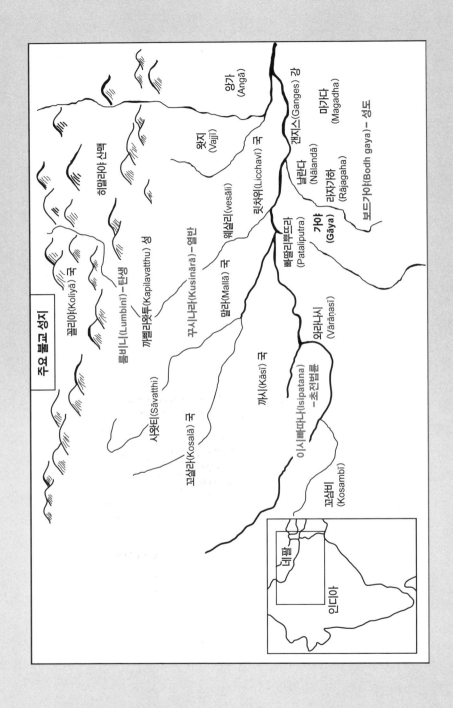

주요 불교 성지

꼴리야(Koliyā) 국

히말라야(Himālaya) 산맥

룸비니(Lumbini) – 탄생

깨빨라왓투(Kapilavatthu) 성

쿠시나라(Kusinārā) – 열반

사왓티(Sāvatthi)

웨살리(vesālī)

말라(Mallā) 국

릿차위(Licchavī) 국

왓지(Vajjī)

앙가(Angā)

랜지스(Ganges) 강

날란다(Nālandā)

라자가하(Rājagaha)

마가다(Magadha)

빠딸리뿟뜨라(Pataliputra)

가야(Gāya)

보드가야(Bodh gaya) – 성도

꼬살라(Kosalā) 국

까시(Kāsī) 국

와라나시(Vārāṇasī)

이시빠따나(Isipatana)
– 초전법륜

꼬삼비(Kosambi)

네팔

인디아

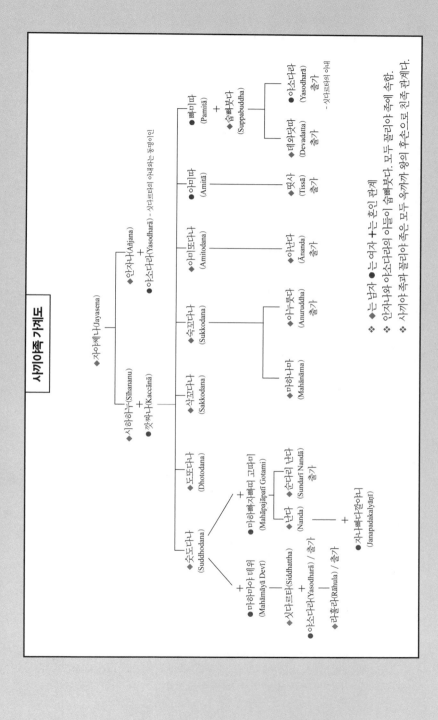

사끼야족 가계도

자야쎄나(Jayasena)

시하하누(Sīhananu) + 깟짜나(Kaccānā)

안자나(Añjana) + 야소다라(Yasodharā) - 싯다르타의 아내와는 동명이인

- ◆ 숫도다나(Suddhodana)
  - ● 마하마야 데위(Mahāmāyā Devī)
    - + 싯다르타(Siddhattha)
    - + ● 야소다라(Yasodharā) / 출가
      - ◆ 라훌라(Rāhula) / 출가
  - ● 마하빠자빠띠 고따미(Mahāpajāpatī Gotami)
    - ◆ 난다(Nanda)
    - ● 순다리 난다(Sundarī Nandā) 출가
      - + 자나빠다깔아니(Janapadakalyāṇī)

- ◆ 도또다나(Dhotodana)

- ◆ 삭꼬다나(Sakkodana)

- ◆ 숙꼬다나(Sukkodana)
  - ◆ 아누룻다(Anuruddha) 출가
  - ◆ 마하나마(Mahānāma)

- ◆ 아미또다나(Amitodana)
  - ◆ 아난다(Ānanda) 출가

- ● 아미따(Amitā)
  - ◆ 띳사(Tissa) 출가

- ● 빠미따(Pamitā) + ◆ 슙빠붓다(Suppabuddha)
  - ◆ 데와닷따(Devadatta) 출가
  - ● 야소다라(Yasodharā) 출가
    - - 싯다르타의 아내

- ◆ 는 남자 ● 는 여자 + 는 혼인 관계
- ❖ 인자나와 아소다라의 아들이 슙빠붓다. 모두 꼴리야족에 속함.
- ❖ 싯다르타 측과 꼴리야 측은 모두 우까까 왕의 후손으로 친족 관계이다.

일러두기

•   경전에 등장하는 인명과 지명에는 괄호 안에 빨리어를 병기하였다. 빨리어 표기는 『Dictionary of
    Pali Names』(Malalasekera)에 나와 있는 것을 기준으로 했다.

•   빨리어 한글 표기는 소리 나는 대로 적는 것을 원칙으로 하였으나 싯다르타 등 이미 '고유'의 표기를
    획득한 것에 대해서는 이를 적용하지 않았다.

•   불교 경전에 등장하지 않는 고대 인도철학 용어 등에는 산스크리트 또는 영문이 병기된 경우가 있다.

•   부록으로 실린 가계도에 대해서는 학자들마다 약간 이견이 있는 곳이 있다. 야소다라의 어머니가
    누구인지 그리고 마하나마, 아누룻다, 아난다의 아버지가 누군지에 대한 것이다.

    야소다라의 어머니에 대해서는 빠미따라는 의견과 아미따라는 의견이 있다. 이 책에서는 빠미따라
    고 보았다.

    또 책에 따라서는 마하나마(왕), 아난다, 아누룻다가 아미또다나의 세 아들로 기록하고 있는 곳
    (『Dictionary of pāli Proper Name(빨리어 고유명사사전)』)도 있다. 하지만 이 책에서는 마하나마와 아누룻다
    가 숙꼬다나의 자식이며 아난다는 아미또다나의 자식으로 보았다.

붓다
연대기

완전한 분,
붓다의
위대한 삶과
가르침

이학종 지음

불광출판사

차례

1 탄생에서 출가까지

2 고행의 길과 해탈의 길

3   법륜이 구르고 교단이 출현하다

6 위대한 여성 수행자들

7　연민과 참회

8   모든 것은 사라진다

붓다
연대기

1

탄생에서
출가까지

잠부디빠, 변혁기에 들다

수천 킬로미터에 이르는 웅장한 산과 계곡이 겹쳐 이루어진 히말라야(Himalaya), 그 남쪽으로 가로놓인 유라시아 대륙의 거대한 반도 잠부디빠(Jambudīpa, 인도의 옛 이름)가 있었다. 잠부디빠는 면적이 450만 제곱미터에 이르는 방대한 나라였다. 광활한 국토이기에 기후도 다양했다. 아열대부터 몬순기후, 사막에 이르기까지 갖가지 기후가 이 대륙에 혼재하고 있었다.

마침 잠부디빠는 사회적으로 큰 변혁기를 맞이하고 있었다. 인더스 문명의 주도자였던 드라비다인과 호주-아시아계 이후, 잠부디빠의 새로운 지배자는 인도-아리아인들이었다. 이들은 원래 잠부디빠에서 살던 사람들이 아니었다. 이들은 유럽과 잠부디빠의 어느 중간지점에서 더 좋은 삶터를 찾아 각기 다른 방향으로 분산, 이동했다. 이들 중 일부가 힌두쿠시 산맥을 넘어 인도의 서북부를 통해 인더스[sindhu] 강과 야무나(Yamuna) 강 사이의 빤잡(Pañjāb) 지방에 진입했다. 그들은 원주민들을 제압하고 잠부디빠의 새로운 지배자가 되었다. 기원전 1600년~1300년경이었다.

이들은 스스로를 아리야(Ariya), 즉 고상하고 품위 있는 혈통의 사람들이라고 불렀다. 원주민들과는 엄격하게 구별했다. 인더스 강 유역을 중심으로 활동하다가 수백 년 동안 조금씩 동쪽으로 나아가면서 강가(Gaṅgā, 갠지스) 강 유역에 이른 이들은 다시 남인도까지 거침없이 영역을 넓혔다.

잠부디빠의 새 지배자, 아리야인들은 『베다(Veda)』라는 오래된 성전을 가지고 있었다. 이 『베다』에 의지해 세습적인 브라만(Brahman)은 야냐(공양)와 같은 종교의식을 집행하며 사람들의 안전과 행복을 기원했다. 『베다』는 절대적으로 신성시되었다. 이런 까닭에 브라만은 태어나면서부터 최고로 여겨졌다.

아리야인은 본래 목축에 종사한 사람들이었다. 따라서 농경 기술은 그리 발전하지 못했다. 그러나 빤잡 평원에서 점차 동진하면서 그들은 조금씩 농경생활에 익숙해졌고, 그들의 종교도 농경사회에 적합한 형식과 문화에 조금씩 적응해 갔다. 이들의 종교는 차츰 농경과 관계 깊은 신들을 모시는 제의종교(祭儀宗敎) 성격을 띠게 되었다. 잠부디빠에서 살아가는 사람들은 이 종교를 『베다』, 또는 '브라흐마나(Brahmana)'로 불렀다.

사제(司祭) 계급이었던 브라만들은 점차 하나의 사회계급으로 형성되어 갔다. 브라만들은 마침내 종교 권력을 확고하게 장악했다. 브라만 지상주의, 제식 만능주의를 특징으로 하는 브라만 문화는 잠부디빠 대륙에서 만개했다.

아리야인들은 점점 세력을 확대해 나갔다. 부족 간의 대립이나 통합이 어지럽게 이루어졌다. 군소 부족이 통합하여 독재권을 가진 라잔(왕)을 지도자로 받드는 왕국으로 발전하기도 했다. 이때 생겨난 대표적인 16개 국가는 앙가, 마가다, 까시, 꼬살라, 왓지, 말라, 쩨띠, 왐사, 꾸루, 빤짤라, 맛차, 수라세나, 앗사까, 아완띠, 간다라, 깜보자 등이었다.

나라들은 공화정과 군주정 등 두 가지 형태의 통치체계를 채택했다. 군주가 지배하는 전제국가들은 주로 야무나 강과 강가 강 유역에 인접해 자리를 잡았다. 군주국가의 팽창에 맞서 상대적으로 약세였던 공화국들은 존립을 위해 지난한 전쟁을 치러야 했다. 이따금씩 군주국들끼리도 큰 전쟁을 벌였다. 이런 가운데 공화국들의 세력은 점차 쇠퇴해갔다. 그들은 강력한 중앙집권체제를 가진 군주국의 상대가 되지 못했다. 군주국들은 무섭게 영토와 국력을 불려나갔다.

잠부디빠의 공화제는 종족사회를 기초로 했다. 전제군주제는 공화제 국가 및 그 주변에 잔존하고 있던 종족들을 정복하면서 세력을 키웠다. 종족으로는 붓다의 종족인 사끼야(석가)를 비롯하여 말라, 릿차위, 위데하, 박가, 불리, 꼴리야, 모리야, 브라흐마나, 깔라마, 띠와라, 빤다라, 까간다 등이 있었다. 종족국가는 경제적으로 자립을 추구했고 정치적으로는 부족국가의 형태를 갖추고 있었다.

잠부디빠에서 종족사회들은 원시공동체의 형태를 갖고 있었다. 그러나 공화제 국가의 기초를 이루는 과정에서 원시공동체적 종족의 형태는 해체의 길로 빠르게 빨려 들어갔다. 전제군주제 국가든 공화제 국가든 모든 국가는 종족 사회가 붕괴한 폐허 위에서 건설되었다. 강력한 힘을 가진 전제군주제 국가는 약소국가를 정치적, 경제적으로 하나둘씩 종속시켜 나갔다. 전제군주제 국가에 의한 공화제 국가의 멸망, 전제군주제 국가끼리의 패권 전쟁 등이 빈번하게 일어났다. 아울러 상업 발달과 도시화라는 흐름 가운데 경제적 사회가 확립되는 특기할 만한 변화가 잠부디빠 전역에서 진행됐다. 촌락사회가 도시국가로 변동했고, 직업은 분화되었으며, 생산기술은 향상되고, 대상인이 출현했다. 동서 교통로가 개통되면서 종래 브라만들에 지배되던 농촌사회에도 전에 없던 변화가 밀려왔다.

부유한 농민이 생겨났다. 수공업이 발전하면서 상인계층이 출현
했다. 이들은 교역로의 안전 확보 등을 위해 무력을 지닌 왕족들과 밀
접한 관계를 맺었다. 이들의 비중과 역할이 커질수록 왕권도 비대해
졌다. 새로이 구성된 상류계급들은 브라만들이 주장해온 계급의 굴
레에 사실상 구속되지 않았다. 이전의 농촌과는 다른 새로운 기운과
새로운 가치관이 나타났다. 새 가치체계에 기반을 둔 새로운 문화가
발생했다. 자연스럽게 브라만의 종교적 권위는 눈에 띄게 그 빛을 잃
어갔다. 잠부디빠에서 반(反)브라만, 비(非)브라만적 분위기가 확산되
기 시작했다. 이런 변화와 변혁의 주역은 사마나(samaṇa, 사문)라는 출
가 유행자들이었다.

사끼야 왕국

만년설이 아스라이 펼쳐진 히말라야 남쪽 기슭, 동쪽으로는 로히니(Rohiṇī) 강, 남쪽으로는 아노마(Anoma) 강이 흐르는 온화하고 평화로운 대지에 한 작은 왕국이 자리하고 있었다. 사끼야(Sākyas) 족이 세운 사끼야 왕국이었다. 이곳에도 만물이 소생하고, 논밭에 씨를 뿌리는 봄이 찾아왔다. 사끼야 왕국의 수도 까삘라왓투(Kapilavatthu)는 왕족과 백성들 모두가 파종기(播種期)를 맞아 여는 농경제(農耕祭) 준비로 분주했다. 농경제는 풍년을 기원하기 위해 하늘과 자연의 도움을 비는 의식이었다. 이 의식은 통치자와 백성들이 함께 참여해 어우러질 수 있는 기회이기도 했다.

사끼야 왕국은 약소국이었다. 인접한 강대국들의 틈새에 끼여 자기 목소리를 낼 수 없는 처지였다. 영토의 크기나 군사력 분야에서 사끼야 왕국은 열악한 수준을 면하지 못했다. 그러나 그들은 평화를 사랑했고, 경건한 성품을 가졌으며, 특히 한 혈통으로 이루어진 부족국가라는 자부심, 그리고 여기서 비롯된 자주의식도 남달랐다. 사끼야 왕국의 통치자 숫도다나(Suddhodana) 왕은 정직하고 어질었으며 공정한 지도자였다. 그는 백성들로부터 폭넓은 존경과 지지를 받았다.

숫도다나 왕은 사끼야 왕국의 직접적인 지배 국가인 꼬살라(Kosalā) 국이나 신흥 강대국인 마가다(Magadha) 국과 같은 강력한 제

국의 영토 확장 야욕에 맞서기 위한 나름의 준비를 갖추어나갔다. 백성들을 결집시키고 군사력을 늘리기 위한 정책을 착착 진행했다. 이런 응집력은 숫도다나 왕을 향한 사끼야 왕국 백성들의 높은 신뢰가 있었기에 가능했다.

사끼야 왕국은 농업 중심국가로 주식인 쌀과 밀을 자급자족했다. 농민계급에 속한 대부분의 가정들은 먹고 살만한 토지를 관리하고 있었다. 이들은 품앗이를 하면서 각자의 논밭을 경작했다. 사유재산이 인정되지 않았지만 공공사회의 원칙을 훼손하지 않는 범위 안에서 자율적인 경작이 허용됐다.

유구한 세월 동안 내려온 전통과 권위는 존중됐다. 관습이나 공공의 가치도 무리 없이 지켜졌다. 이따금씩 종족 사이에 다툼이 일어나면 왕의 절대적 신임을 받는 촌장들에 의해 대부분 원만하게 해결됐다. 주산업은 농업이었으나 목축, 목수, 양돈, 석조술, 직조업 등 다양한 직종들이 전문성을 가진 주민들에 의해 계승되고 발전되어 제법 풍족한 국가경제를 구가했다.

농촌에 사는 주민들에 비해 상대적으로 부유한 상인들은 주로 시가지에 거주하면서 여유로운 생활을 누렸다. 예능에 종사하는 악사나 가수, 무희들의 공연을 즐기는 여가를 갖기도 했다. 예능인들은 정기적으로 열리는 종교축제나 전통적인 의식에 동원되곤 했다.

통치계급인 크샤트리아(Ksatriya)는 사회적으로 조금 더 우월한 지위를 차지했다. 이들의 혈통에 대한 자긍심은 대단했다. 그러나 주민들의 종교생활을 지배하는 것은 여전히 의식을 집전하는 브라만들이었다. 주로 시가지 주변의 숲속에 거주한 브라만들은 숲에서 구할 수 없는 생필품을 마련하기 위해 이따금씩 마을로 내려왔다. 그러나 그 숫자가 많지는 않았다. 브라만들의 이 같은 생활양식을 자존심 강한 사끼야 족들은 그리 달갑게 받아들이지 않았다. 크샤트리아 계급의 지위는 부상했지만 브라만들의 영향력은 차츰 줄어들고 있었다.

싯다르타의 탄생

독립된 자치공동체였지만 사끼야 왕국은 정치적으로 꼬살라 국에 예속되어 있었다. 숫도다나 왕과 그의 부인 마야데위(Mayā Devī, 마야 왕비)는 온화한 성품과 탁월한 지도력으로 태평성대를 이뤄내고 있었다. 마야 왕비는 같은 사끼야 족의 한 별계(別系)인 꼴리야(koliyā) 족의 공주 출신이었다.

그런데 사끼야 왕국에는 한 가지 근심거리가 있었다. 50살이 넘도록 숫도다나 왕과 마야 왕비 슬하엔 자식이 없다는 것이었다. 왕과 왕비는 왕자를 얻기 위해 날이면 날마다 천지신명께 정성스럽게 기도를 올렸다. 이런 와중에 들려온 왕비의 임신 소식은 숫도다나 가문에 큰 경사가 아닐 수 없었다. 마야 왕비의 임신 소식을 들은 숫도다나 왕은 기쁨을 감추지 못했다. 그는 동서남북의 성문을 활짝 열어 백성들에게 음식과 의복을 베풀며 아기 잉태의 기쁨을 나눴다. 그 덕에 굶주림에 시달리던 사람들은 배불리 먹을 수 있었고, 스산한 날씨에 움츠리던 이들은 따뜻하게 옷을 입을 수 있었다. 백성들은 후덕한 국왕 내외를 칭송하며 한마음으로 장차 태어날 아기의 건강과 안전을 기원했다.

마야 왕비는 아기를 잉태하기 전에 상서로운 꿈을 꾸었다. 보름날, 여름축제가 열릴 때였다. 마야 왕비도 축제 7일 전부터 화환과 향과 장식을 갖추어 놓고 축제를 즐겼다. 보름날이 되었을 때 왕비는 아침 일찍 향을 뿌려놓은 물로 목욕한 후, 많은 양의 금을 베푸는 보시를 실천했다. 부왕의 나이 쉰이 넘도록 아이가 없었기 때문에 그녀는 하늘과 땅의 모든 신들에게 간절하게 기도를 올렸다. 그리고 기도의 공덕이 백성들에게 골고루 돌아가기를 발원했다. 그날도 왕비는 갖가지 장신구로 몸을 치장한 채 진귀한 음식을 먹고, 그동안 알게 모르게 지어온 죄를 참회하는 의식을 진행했다. 또한 앞으로 건전한 삶을 살아가며 선행을 실천하는 덕목들을 지키겠다고 굳게 다짐했다. 기도를 마친 왕비는 온갖 장식으로 장엄된 침실로 들어가 침상에 누웠다. 이내 잠에 빠져든 왕비는 신이(神異)한 꿈을 꾸었다.

하늘의 사대왕(四大王)이 왕비를 침상과 함께 들고 히말라야 산으로 데려가, 60요자나(1요자나=황소가 멍에를 메고 하룻길을 가는 거리로 약 12킬로미터) 넓이의 마노실라 평원에 있는 7요자나 높이의 큰 살라나무 아래에 내려놓은 후 한쪽에 섰다. 그때 사대왕의 아내들이 다가와 왕비를 아노닷타 연못으로 인도한 후 목욕을 시켜 인간의 때를 제거했다. 목욕을 마친 후 하늘 옷으로 갈아입히고 향을 바른 후 하늘 꽃을 뿌려주었다. 근처에 은산이 있었고, 그 속에 금으로 된 궁전이 있었다. 궁전 안에 머리가 동쪽을 향한 침상이 설치되어 있었는데, 왕비를 그곳에 눕혔다. 그때 여섯 개의 이빨을 황금으로 치장하고 신체의 일곱 부위가 땅에 닿는 거대한 흰색 코끼리가 근처의 금산에서 내려와 은산으로 올라간 뒤 북쪽으로부터 왕비에게로 향해갔다. 그리고 은색 줄무늬가 있는 코로 하얀 연꽃을 집어 들고 힘찬 울음을 울었다. 그런 뒤 금의 궁전으로 들어가 마야 왕비가 누워있는 침상을 세 차례 오른쪽으로 도는 예를 올리고는 왕비의 오른쪽 옆구리를 두드리고 뱃속으로 들어갔다.

이른 아침, 잠에서 깨어난 마야 왕비는 간밤에 꾼 기이한 꿈 이 야기를 숫도다나 왕에게 전했다. 길몽이 틀림없다고 여긴 숫도다나 왕은 곧바로 정확한 예언으로 이름난 여덟 명의 브라만들을 궁으로 초대했다. 융숭한 대접이 끝난 후 숫도다나 왕은 브라만들에게 왕비 가 꾼 꿈 이야기를 긴장된 목소리로 전했다.

"이 꿈이 의미하는 것은 무엇입니까?"

숫도다나 왕이 조금은 불안한 표정을 지은 채 물었다. 그들 가운데 국사 역할을 맡고 있는 브라만 마하나마(Mahānāma)가 앞으로 나와 설명했다.

> "대왕이시여, 달리 생각하지 마십시오. 왕비의 자궁에 아기가 들어섰습니다. 천신들이 우리의 왕비님을 이 세상에서 가장 순수하신 분의 어머니로 선택하셨습니다. 태아는 남성이지 여성이 아닙니다. 아들이 태어날 것입니다. 만일 태어날 아들 이 집에 머문다면 전륜성왕(轉輪聖王)이 될 것이며, 집을 떠난 다면 세상의 괴로움과 더러움을 벗겨내 주는 성자가 될 것입 니다. 여섯 개의 이빨을 가졌고, 일곱 부위가 땅에 닿는 흰 코 끼리는 잠부디빠를 통일할 전륜성왕만이 가질 수 있는 보배 이기 때문입니다. 왕비께서는 전륜성왕이 되실 왕자를 잉태 한 것이 분명합니다."

마하나마의 해몽을 들은 숫도다나 왕의 표정이 환하게 피어났다. 도저히 기쁨을 감출 수 없었다. 마야 왕비는 뱃속에서 아기가 자라는 동안 태교를 위해 자신이 할 수 있는 모든 선행을 다했다. 살생과 도둑질, 애욕에서 빚어지는 잘못된 행위, 거짓말을 철저하게 멀리했다. 곡주, 과일주, 꿀 등에 취해 게을러지거나 흐트러지는 일에서 아예 벗어나 건전하고 조신한 일상을 유지했다.

시간이 흘러 배가 불러오는데도 왕비는 걷고, 서고, 앉고, 눕는데 불편함을 느끼지 않았다. 도리어 표정은 나날이 온화해졌으며, 빛나는 얼굴은 오래 앓던 사람이 보기만 해도 병이 나을 정도로 신비한 힘을 뿜어냈다. 나라 안팎으로는 평화의 기운이 맴돌았고 비바람마저 순조로웠다. 백성들 사이에서는 나라에 더없이 큰 경사가 일어날 것이라는 기대가 넘쳐흘렀다. 왕비는 마치 그릇에 담긴 기름에 주의를 기울이듯 열 달 동안을 한결같이 조신하게 보냈다. 출산일이 가까워지자 왕비가 숫도다나 왕에게 말했다.

"왕이시여, 아기가 태어날 시간이 다가온 것 같습니다. 친정으로 가서 아기를 낳을 수 있도록 허락하여주십시오."
"그렇게 하시오. 왕비. 가서 건강한 왕자를 낳아 돌아오시구려."

숫도다나 왕은 꼴리야 국으로 가는 도로의 정비에 나섰다. 온갖 향기로운 꽃으로 길가를 아름답게 단장했다. 장차 전륜성왕이 될 왕자가 무사히 태어날 수 있도록 아버지로서 못할 일은 없었다.

해산이 임박하자 마야 왕비는 친정에서 출산하는 당시의 풍습에 따라 꼴리야 국의 수도 데와다하(Devadaha, 천비성)로 가기 위해 왕궁을 나섰다. 왕비의 행렬을 이끄는 대신들의 걸음은 더뎠다. 시중드는 시종들은 작은 기침소리에도 고삐를 늦췄다. 길에 콩알만한 돌멩이만 보여도 마차를 세웠다. 일행 모두가 극도로 조심스럽게 행동했다. 마흔이 넘어 출산하는 왕비와 태어날 아기의 안전에 만전을 기하라는 숫도다나 왕의 엄중한 명령이 있었기 때문이었다.

행렬은 나지막한 언덕에 펼쳐진 사끼야 족 마을을 벗어났다. 이윽고 히말라야의 눈 덮인 다울라기리(Dhaulāgirī) 산(네팔 중북부의 히말라야 산맥 칼리간다크 계곡 서쪽에 있는 산, 흰산)이 멀리 바라다 보이는 룸비니(Lumbinī) 동산에 다다랐다. 룸비니 동산은 까삘라왓투와 데와다하 두 도시 사이에 위치한 아름답고 평화로운 동산이었다.

룸비니에는 살라나무(sāla, 무우수)가 숲을 이루고 있었다. 빼곡한 살라나무들은 뿌리에서 꼭대기 가지에 이르기까지 나무 전체가 한송이 꽃처럼 아름다웠다. 가지 사이와 꽃송이들 사이로 꿀벌과 새들이 꽃과 꿀을 찾아 평화롭게 날아다녔다. '하늘나라의 정원이 이렇게 아름다울까!' 평온하고 아름다운 나무숲을 바라보는 왕비에게 잠시 휴식을 취하고 싶다는 마음이 일어났다.

살라나무 이파리를 스치며 날아온 상큼한 봄바람 속에서 하룻밤을 보낸 마야 왕비는 다음날 아침 산책을 위해 막사를 나섰다. 만삭의 왕비는 시종들의 부축을 받으며 살라나무 숲속으로 걸어 들어갔다. 유달리 아름다운 살라나무를 발견한 왕비는 그곳으로 다가갔다. 때마침 불어온 실바람을 타고 일렁이던 나뭇가지 하나가 아래로 낮게 가지를 드리우자, 왕비는 손을 뻗어 그 나뭇가지를 잡았다. 그 순간 나뭇가지가 다시 위로 솟구치면서 왕비의 몸이 살짝 들렸다. 눈 깜짝할 사이에 벌어진 약간의 충격에 왕비는 산기(産氣)를 느꼈다. 왕비는 꽃이 만발한 살라나무 가지를 잡고 선 자세로, 고통을 느낄 틈도 없이 아기를 낳았다. 화려한 왕궁이 아닌 길 위에서의 갑작스러운 출산이었다. 온갖 꽃들은 향기로, 새들은 노래로, 맹수와 연약한 동물들은 함께 춤을 추는 것으로 아기의 탄생을 축복했다.

마야 왕비가 왕자를 낳았다는 소식은 이내 까삘라왓투로 전해졌다. 숫도다나 왕은 위엄을 갖춘 후 한걸음에 룸비니 동산으로 달려갔다. 왕자의 탄생은 사끼야 왕국과 꼴리야 국 모두의 경사였다. 많은 왕족들과 대신들의 축복이 이어졌다. 수많은 축하 인파 속에서 숫도다나 왕은 만면에 미소를 머금은 채 아기를 안아 들었다. 아기의 피부는 솟아오른 태양처럼 황금빛으로 빛났다. 아기의 두 다리에서는 금방이라도 일어설 듯 힘이 느껴졌다.

숫도다나 왕의 얼굴에는 시종 웃음기가 떠나지 않았다. 그러나 갑작스러운 해산으로 충격을 받은 마야 왕비의 표정은 파리했다. 왕비의 표정에서 왕자를 출산한 기쁨과 출산으로 인한 고통이 기묘하게 교차했다. 가까스로 몸을 추스른 왕비는 숫도다나 왕의 각별한 보살핌 속에서 조심스럽게 까삘라왓투 성으로 되돌아 왔다.

한편 숫도다나 왕의 종교분야 고문이자 오랜 친구인 아시따 칼라데왈라(Asita) 선인도 왕자가 태어났다는 것을 알았다. 팔선정과 오신통을 갖추고 있는 아시따 칼라데왈라에게 '오늘 고귀한 분이 까삘라왓투의 숫도다나 왕의 아들로 태어났다.'고 외치는 신들의 모습이 보였던 것이다. 아시따 칼라데왈라는 서둘러 까삘라왓투의 왕궁을 찾았다. 그는 성문을 지키는 문지기에게 정중히 당부했다.

"이보시게, 국왕께 한 늙은 선인이 알현하고자 성문 앞에서 기다리고 있다고 전해주시겠나?"

문지기의 보고를 전해들은 숫도다나 왕은 아시따 칼라데왈라가 찾아왔음을 알고, 서둘러 아기를 위한 자리를 준비시키고, 정중하게 모셔올 것을 지시했다. 왕의 따뜻한 영접을 받은 아시따 칼라데왈라가 인사하며 물었다.

> "왕이시여, 왕자가 태어났다고 들었습니다. 진심으로 축하드립니다."
>
> "예, 그렇습니다. 아들이 태어났습니다. 그것도 아주 보기 드문 미남입니다."

숫도다나 왕이 기쁨에 찬 표정으로 말했다. 아시따 칼라데왈라가 물었다.

> "왕이시여, 위대한 크샤트리아의 정신적 보호자인 브라만의 관례에 따라 왕자님을 입문시키는 것이 좋겠습니다. 제게 아기를 보여주실 수 있겠습니까?"
>
> "예, 물론이지요. 고명하신 선인께서 그리 말씀해주시니 영광일 따름입니다."

숫도다나 왕은 왕비 마야의 방으로 들어가 비단으로 감싼 아기를 안고 나와 자신의 정신적 스승이자 친구인 아시따 칼라데왈라에게 보여주었다.

한참 동안 아기의 신체적 특징을 세밀히 관찰하던 아시따 칼라데왈라는 곧 이 아기가 위대한 잠재력을 지니고 있음을 발견했다. 그가 말했다.

"대왕이시여, 이런 인물이 지상에 태어나다니 정말로 경이로운 일입니다. 이 아기는 장차 비범한 지적 능력을 계발하게 될 것입니다. 이 아기는 훗날 성장한 뒤에 관행이나 권위주의를 존중하지 않고 매우 혁신적인 자세를 취하게 될 것입니다."

아시따 칼라데왈라는 자리에서 일어나 두 손을 모아 합장한 다음 아기의 발아래로 자신의 몸을 던져 절을 했다. 예기치 않았던 노 선인의 행동에 숫도다나 왕이 놀란 표정을 짓자, 아시따 칼라데왈라 선인이 말했다.

"고귀한 분에게 제가 예배하는 것이 옳습니다."

그러고는 예배 의식에 따라서 오른쪽으로 한 바퀴를 돈 후에 두 손으로 아기를 받아들고 명상에 잠겼다. 아시따 칼라데왈라의 예언을 들은 숫도다나 왕에게 왠지 모를 불안이 밀려왔다. 불안감을 감추지 못한 숫도다나 왕이 조금은 떨리는 목소리로 물었다.

"선인이여, 매우 혁신적인 자세라는 것이 무엇을 의미합니까? 과격한 성정의 소유자가 된다는 것입니까? 그렇다면 걱정입니다. 선인이여, 어떻게 하면 이 아기가 과격한 혁명가가 되지 않게 할 수 있겠습니까?"
"대왕이시여, 저로서는 그것을 막을 방법을 알지 못합니다."

아시따 칼라데왈라가 대답했다. 그런데 그의 표정은 어두웠다. 장래 사끼야 왕국의 왕이 될 이 아기가 브라만교에 관대하지 않을 수도 있다는 우려가 그를 곤혹스럽게 만들었다. 만일 왕자가 전통과 권위주의를 존중하지 않는다면 지금의 숫도다나 왕 치하에서 누리는 브라만 사제로서의 특권이 위태로울 수 있다는 불안감이었다. 브라만교의 권위를 지킬 수 없다는 한계와 친구이기도 한 숫도다나 왕에게 도움을 줄 수 없다는 것을 절감하며 아시따 칼라데왈라는 브라만의 관례대로 왕자를 입문시키려던 계획을 거둬들였다. 그러나 아시따 칼라데왈라의 마음을 무겁게 한 것이 브라만에 대한 대우가 달라질 수 있다는 걱정에서 비롯된 것만은 아니었다. 장차 위대한 스승이 될 이 아기의 가르침을, 나이가 많은 자신은 받을 수 없다는 것이 그를 절망하게 했던 것이다.

숫도다나 왕은 아시따 칼라데왈라가 눈물을 흘리며 한숨 쉬는 것을 발견했다. 그의 이해할 수 없는 행동을 지켜보던 숫도다나 왕이 불안한 표정을 감추지 못한 채 물었다.

"선인이여, 무슨 이유로 눈물을 흘리고 한숨까지 지으십니까? 아기의 장래에 불안한 일이라도 예정돼 있는 것입니까? 나는 이 아기에게 불행이란 없을 것이라고 확신합니다만….”
"왕이시여, 저는 아기 때문에 우는 것이 아닙니다. 이 아기에게는 어떤 불행도 없을 것입니다. 저는 제 자신이 불쌍해서 우는 것입니다.”
"선인이여, 나로서는 그 말씀이 무슨 의미인지, 잘 이해가 되지 않습니다.”

"왕이시여, 저는 이제 다 늙은 몸입니다. 그런데 이 아기는 틀림없이 깨달음을 얻은 위대한 성자가 되어 이전에 누구도 행해본 적이 없는 대 진리를 설파하게 될 것입니다. 이 세상 모든 사람들의 행복과 안락을 위해 널리 가르침을 펼 것입니다. 그러나 저는 이미 늙어서 살날이 얼마 남지 않았습니다. 따라서 저는 그런 분을 보지 못할 것이고, 그런 분의 가르침도 받을 수 없을 것입니다. 그것이 안타까워 이렇게 눈물을 흘리는 것입니다."

아시따 칼라데왈라는 잠시 숨을 고른 후 동행한 어린 조카 날라까를 바라보며 말했다. 날라까는 아시따 칼라데왈라의 누이동생의 아들이었다.

"날라까야, 훗날 이 왕자께서 대성인이 되시면, 그러니까 사람들로부터 '세존'이라는 말과 '올바로 깨달음을 얻어 진리의 길을 가시는 분이 출현하셨다.'라고 말하는 이야기를 듣게 되거든, 너는 지체 없이 세존을 찾아가 큰 가르침을 받고 청정한 삶을 닦아라. 그리하여 궁극적인 구원을 얻도록 해라. 그렇게 하는 것이 너의 안녕과 행복을 위한 최고의 길이다. 알겠느냐?"
"네, 알겠습니다. 반드시 그렇게 하겠습니다."

어린 날라까가 굳은 표정을 지으며 대답했다.

늦둥이 왕자가 태어났다는 소식이 알려지면서 까삘라왓투의 왕궁에는 이웃나라 축하사절들의 방문이 줄을 이었다. 이웃나라의 왕들도, 저명한 브라만들도 다투어 축하의 인사를 전해왔다.

왕자가 태어난 지 닷새째 되던 날, 숫도다나 왕은 마야 왕비의 태몽을 풀이했던 여덟 명의 브라만 성자들을 다시 궁으로 초청했다. 아기의 이름을 짓는 명명식을 열기 위해서였다. 브라만들은 숙의를 거듭한 끝에 아기에게 싯다르타(Siddhattha)라는 이름을 지어주었다. '목적을 성취하는 이'라는 뜻을 가진 이름이었다. 숫도다나 왕은 브라만들에게 '왕자의 앞날을 점쳐 달라.'고 부탁했다. 여덟 명의 브라만들은 왕자의 몸을 샅샅이 살폈다. 그러고는 '서른두 가지 대장부의 상호가 빠짐없이 갖춰져 있어 세속에 남아 있으면 전륜성왕이 될 것이고, 출가하면 모든 중생을 제도하는 위대한 스승이 될 것'이라고 입을 모아 말했다.

다만 여덟 명의 브라만 가운데 가장 나이가 젊은 꼰단냐(Kondañña)는 나머지 일곱 브라만들과는 다른 의견을 보였다. 그는 두 손가락을 펼쳐 보인 일곱 브라만들과는 달리 한 손가락을 세워 보이며 말했다.

"왕자는 오직 하나의 길, 붓다의 길을 갈 것입니다."

한편 아기의 이름을 정하는 명명식이 진행되는 동안 마야 왕비의 병세가 갑작스럽게 악화됐다. 왕비는 돌연 심각한 고통을 느끼며 자리에 누웠다. 증세는 예상 밖으로 심각했다. 아기를 낳은 후 7일째 되는 날, 마야 왕비는 자신의 임종이 임박했음을 직감했다. 갓 태어난 왕자를 두고 떠나야 한다는 생각에 왕비의 눈에는 눈물이 고였다. 왕비는 서둘러 숫도다나 왕과 친동생 고따미를 자신이 누워 있는 침상 곁으로 불렀다.

> "대왕이시여, 저는 제 아들에 대해 아시따 칼라데왈라 선인께서 말했던 예언이 반드시 실현될 것이라고 믿어요. 다만 그 예언이 실현되는 것을 보지 못하고 죽는 게 안타까울 뿐입니다. 이 아기는 이제 곧 어미 없는 아기가 될 것입니다. 그러나 제가 죽은 후에도 아기가 잘 보살핌을 받고 아기의 장래에 걸맞게 양육될 것이라고 믿으므로 조금도 걱정하지 않습니다. 제 동생 고따미(Mahāpajāpatī Gotami)에게 이 아기를 맡기겠어요. 동생이 이 아기를 잘 키워줄 것으로 믿어요. 대왕이시여, 제가 죽는다고 섭섭해 하지는 마세요. 이미 하늘의 부름이 있었고, 천상의 사자들이 저를 데려가려고 기다리고 있는걸요."

마야 왕비는 붓다를 낳은 지 이레 만에, 출산의 후유증을 견디지 못하고 황망히 세상을 떠나고 말았다. 예기치 않은 출산과 아기를 낳은 직후 충분한 휴식을 취하지 못했고, 조심하기는 했지만 서둘러 왕궁으로 되돌아오는 과정에서 무리를 했기 때문이었다.

> "매정한 사람, 마야데비여. 이 어린 것이 누구의 젖을 먹으라고 이렇게 속절없이 떠나십니까. 가엾은 이 아이를 누가 보살피라고."

비탄에 잠긴 숫도다나 왕에게 사끼야 족의 장로들이 다가와 위로했다.

> "왕이시여, 슬픔을 거두십시오. 왕자를 키울 분으로 고따미는
> 매우 훌륭하십니다. 이모의 사랑도 친모의 사랑에 못지않을
> 것입니다. 자애로운 성정을 지닌 고따미라면 왕자를 친자식
> 보다 더 깊은 사랑으로 보살필 것입니다."

마야 왕비의 당부대로 고따미는 왕비 자리를 계승했고, 싯다르타의
양모가 되어 양육을 도맡았다. 이것은 당시의 풍습이기도 했다.

감수성 예민한 소년, 싯다르타

싯다르타는 감수성이 예민한 아이였다. 그의 표정과 행동에는 뭇 생명에 대한 연민이 넘쳐흘렀다. 태어나면서부터 비범함이 남달랐다. 용모는 준수했고, 머리는 영특했으며, 그 밖의 분야에서도 발군의 자질을 드러냈다.

숫도다나 왕은 서른두 명의 여인을 선발해 싯다르타를 돌보도록 했다. 그러나 고따미는 어린 왕자를 여간해서는 시녀들에게 맡기지 않았다. 손수 데운 따뜻한 물에 까시(Kāsi) 국에서 생산된 전단향을 풀어 아침저녁으로 왕자를 목욕시켰다. 행여 작은 병마에게 틈을 보일까, 한순간도 왕자에게서 눈길을 떼지 않았다. 만월을 향해 차오르는 달처럼, 기름진 땅의 니그로다(Nigrodha) 나무처럼 왕자는 순탄하게 자랐다. 이 모습을 지켜보는 고따미의 얼굴도 날로 밝아졌다.

왕자가 태어난 뒤 주변국들과의 마찰도 거짓말처럼 사라졌다. 적재적시에 찾아오는 비바람 덕에 들녘은 풍성했고, 풀이 무성하게 자란 언덕은 송아지와 양떼들의 만족스러운 울음소리로 가득 찼다. 풍속은 저절로 화평해졌고, 거리는 웃고 뛰노는 아이들로 북적였다. 외진 골목까지 생동감 넘치는 기운으로 가득 찼다. 이 모든 것이 비범한 왕자가 탄생한 덕이라고 여긴 백성들은 사끼야 족에게 새 영광을 가져다줄 왕자를 직접 볼 수 있기를 원했다.

'사끼야 족의 희망, 싯다르타 왕자를 보고 싶다.'는 백성들의 간절한 바람에 따라 숫도다나 왕은 국사에게 길일을 물었다. 날이 정해지자 그는 왕자와 함께하는 바깥나들이 채비를 지시했다. 나들이 날이 다가왔다. 왕자의 머리는 온갖 보배로 장식되었다. 아름다운 꽃으로 만든 목걸이를 걸었고, 금실로 짠 굵은 띠를 허리에 둘렀다. 팔뚝과 팔목, 종아리와 발목에 화려한 문양이 새겨진 황금 고리를 찼고, 손가락에는 보배와 영락(瓔珞)으로 만든 반지를 꼈다. 가죽신에는 걸을 때마다 짤랑거릴 금방울을 달았다. 또한 사끼야 족 최고의 세공사들이 7일 밤낮 동안 공들여 만든 멋들어진 보관도 준비됐다.

풍악을 울리며 왕을 태운 마차와 왕비를 실은 가마가 성문을 나서자 구름처럼 몰려든 백성들은 하늘 가득 꽃과 비단을 흩뿌리며 열광했다. 왕자의 위용을 상징하는 보관을 머리에 쓴 싯다르타의 발아래 온 백성들이 예배하며 왕자의 건강을 빌었다. 왕자를 품에 안은 고따미의 얼굴에서 자랑스러운 아들을 둔 어머니의 흐뭇함이 물씬 배어 나왔다.

어린 왕자는 여느 아이들과는 달리 울며 떼쓰는 일이 없었다. 더러운 오물을 흘리는 일도 없었으며, 거친 행동으로 눈살을 찌푸리게 하는 일도 없었다. 아버지 숫도다나 왕과 왕비 고따미의 각별한 보살핌 아래 싯다르타는 궁전 뜰에서 사촌들, 친구들과 어울려 숫양을 타며 놀았다. 그의 곁에는 같은 해 같은 날 태어난 재상의 아들 깔루다이와 찬나가 언제나 그림자처럼 함께 했다.

싯다르타는 일곱 살 때부터 왕자로서 갖춰야 할 교육을 받기 시작했다. 숫도다나 왕은 아시따 칼라데왈라 등 명망 있는 브라만들을 초빙해 싯다르타에게 왕자가 갖춰야 할 지식을 전수하도록 부탁했다. 일종의 후계자 교육이었다.

생모의 죽음을 알게 되다

열 살이 되었을 때, 싯다르타는 그의 생모가 자신을 낳고 출산의 후유증으로 칠 일만에 세상을 떠났다는 사실을 알게 되었다. 상상도 못했던 사실을 알게 된 그는 큰 충격을 받았다. 태어나 처음으로 경험하는 충격과 혼란스러움에 싯다르타는 한동안 말문을 열지 못했다. 온갖 정성으로 자신을 돌보아주는 어머니, 세상에 둘도 없을 것 같은 어머니가 친모가 아니라니! 싯다르타는 지금까지 고따미의 돌봄 속에서 온갖 온정과 사랑을 만끽하며 자랐다. 어머니 고따미가 베풀어주는 따뜻한 사랑은 세상에서 오직 그만이 느낄 수 있는 특별한 것이라고 생각했다. 그런데 그런 어머니가 친모가 아닌 양모였다니! 그리고 친모는 자신을 낳다가 얻은 충격으로 인해 그토록 일찍 세상을 떠나셨다니!

사실 싯다르타에게는 자식에 대한 어머니의 사랑이란 세상의 모든 어머니들이 공통적으로 가지고 있는 것임을 알게 된 것조차 충격이었다. 이런 일련의 크고 작은 충격들은 어린 시절 싯다르타의 성격과 인격 형성에 큰 영향을 주었다. 친어머니의 죽음을 알게 되면서 받은 충격과 자식에 대한 세상 어머니들의 고귀한 사랑에 관한 싯다르타의 깨달음은, 사촌동생 데와닷따(Devadatta), 깔루다이(Kāludāyī) 등 몇몇 사끼야 족 또래 친구들과 자주 어울리는 계기가 되었다.

어느 봄날이었다. 사끼야 왕국의 수도 까삘라왓투는 『베다』 의식인 농경제 준비로 부산했다. 행사를 위한 준비물들이 정성스럽게 만들어졌고, 의식을 치를 식장이 마련됐다. 식장으로 가는 길은 화려하게 장식되었으며, 의식에 쓰일 제단과 촌장들이 앉을 정자를 짓기 위해 주민들은 밤낮 없이 일에 매달렸다.

　　농경제가 열리는 날, 의식을 이끌기 위해 숫도다나 왕이 아들 고따마 싯다르타와 왕족들, 대신들을 대동하고 식장에 도착했다. 그러나 장엄한 파종의식은 싯다르타에게는 별다른 흥미를 주지 못했다. 오히려 들녘으로 통하는 길가에 정성껏 만들어 걸어놓은 화려한 장식들이 눈길을 사로잡았고, 들판의 네 구석에 세워져 사방의 수호신에게 헌정된 제단에 매혹되어 있었다. 반면 어른들이 종교적 경외심 가득 찬 눈으로 지켜보는 가운데 진행되는 갖가지 제물의 공양이나 브라만 승려들의 『베다』 찬송에는 이렇다 할 감흥이 느껴지지 않았다. 그럼에도 왕자답게 행동하도록 엄격하게 교육받아온 덕에 싯다르타는 행사 분위기가 흐트러지지 않도록 처신했다.

　　주문 암송 등 브라만들이 집전하는 농경제 의식은 꽤 오랜 시간 동안 진행됐다. 싯다르타는 도무지 제의의 의미를 종잡을 수 없어 답답하기만 했다. 싯다르타는 따분함을 잊기 위해 일부러 딴생각을 떠올려 보았지만 그때뿐이었다. 그의 시선은 축제를 준비하기 위해 몇 날 며칠을 밤낮으로 일한 사람들에게 머물렀다. 싯다르타는 그들이 불가피하게 맞닥뜨려야 했을 불편과 고통을 떠올렸다. 그러나 놀랍게도 그들의 표정은 태연했다. 일종의 최면과 같은 신앙심으로 마땅히 느껴야 할 불편과 고통은 아예 염두에 없는 듯했다. 어쩌면 그들의 그런 모습이 더 싯다르타의 마음을 아프게 했다. 인간이 다른 인간을 지배하고 착취하는 것이 옳은 일인지, 주인은 땀 한 방울 흘리지 않으면서 소작농들이 일군 노동의 과실을 차지하는 것이 정당한 것인지 의문이 들었다.

"아앗!"

싯다르타는 막 일구어 놓은 밭이랑에서 기어 나온 벌레가 쏜살처럼 날아든 새의 먹이가 되는 것을 보면서 자신도 모르게 탄성을 내뱉었다. 약육강식의 비정한 먹이사슬 현장을 눈앞에서 본데 따른 일종의 충격이었다. 흔히 그냥 넘겨버리는 현상에 대해 싯다르타는 골똘하게 생각하는 성향이 있었다. 그렇기에 새가 벌레를 잡아먹는 자연스러운 광경에도 그에게 연민이 솟아났다. 싯다르타는 천성적으로 사색을 즐겨하는 성격의 소유자였다. 이런 성향은 명상을 즐겨하는 모습으로 나타나곤 했다.

브라만에 대한 존경은커녕 『베다』 의식에도 일체의 감흥을 느낄 수 없던 싯다르타에게 농경제 의식은 불편하고 짜증스럽게 다가올 뿐이었다. 따분함을 더 견디지 못한 싯다르타는 슬그머니 행사장을 빠져나왔다. 그러고는 힘겹게 괭이질을 하는 한 농부에게 다가갔다. 어떻게든 그에게 위로를 주고 싶었다.

"많이 힘드시죠? 잠시라도 쉬었다 하세요."
"오, 왕자님. 제게 휴식은 허락되지 않는답니다."
"그래요? 왜 그렇죠? 왜 이토록 힘겹게 일해야만 하는 거죠?"
"왕자님, 제게 부과된 세금을 내려면 한가하게 쉴 틈이 없습니다."

싯다르타는 더 말을 이을 수 없었다. 농부의 눈빛은 바로 당신들, 우리를 지배하는 사람들 때문이라고 말하는 것 같았기 때문이었다. 그는 자신이 농부에게 조금의 위로도 될 수 없다는 것을 알고 절망했다. 긴 한숨을 내쉰 어린 왕자는 깊은 생각에 잠긴 듯 다시금 골똘해졌다.

　'왕족과 귀족들의 횡포 때문에 백성들이 고통 받고, 두려움에 떨고 있구나! 먹고 먹히는 미물들은 또 어떤가? 서로를 잡아먹고 또 먹히고 먹는 비극이 끝없이 이어지고 있지 않은가!'

　가슴이 답답하고 머리는 혼란스러웠다. 왕족들은 위세를 과시하는 과장된 몸짓과 함께 가식 섞인 웃음을 짓고 있었다. 그 광경을 뒤로 하고 싯다르타는 조용히 일어섰다. 그가 향한 곳은 한적한 숲이었다. 한낮의 작열하는 태양으로부터 뿜어져 나오는 햇볕을 피해 싯다르타는 숲속 잠부나무(Jambolan, 廉夫樹) 그늘 아래로 들어갔다.

잠부나무 아래에서의 선정

시원한 잠부나무 그늘 아래 두 다리를 포개고 앉은 싯다르타는 곧 사색에 잠겼다. 누가 가르쳐준 것도 아닌데 그는 허리를 반듯하게 세우고 고요히 잦아드는 숨결의 흐름을 관찰했다. 사려가 깊어지면서 평정이 찾아왔고, 모든 것이 선명해지고 있었다.

'강자가 약자를 아무렇지도 않게 짓밟는 현실, 어떻게든 살아남으려 발버둥 쳐보지만 약자의 몸부림은 강자에게 웃음거리밖에 되지 못하는 세상, 그들도 더 강한 자들 앞에서는 두려움에 몸서리칠 가련한 처지인데도 그것을 잊은 채 탐욕에 들떠 있는 모습들! 왜 사람들은 자기에게 주어진 불편함을 그저 운명으로 여긴 채 견디고 있는 걸까? 저런 태도로 무엇을 얻으려는 걸까? 아, 나는 눈물과 고통을 초래하는 저런 탐욕에 사로잡히지 않을 것이다.'

깊은 사색에 잠긴 싯다르타에게 안락함이 밀려왔다. 그런데 이 안락함은 세상의 모든 것에서 벗어난 데서 오는 그런 안락함과는 달랐다. 세상의 흐름, 시시각각 다가오는 현상과 대상에 집중하는 고요가 가져다준, 차원이 다른 즐거움이었다. 시원한 그늘 아래서의 고요, 그 고요를 바탕으로 한 깊은 통찰이 가져다준 청량감은 싯다르타에게 믿을 수 없을 만큼 큰 위안으로 다가왔다.

그러나 싯다르타가 느끼는 안락의 시간은 그리 오래가지 못했다. 왕자가 의식이 집행되는 현장을 벗어난 것을 알아챈 숫도다나 왕의 일그러진 표정이 왕자의 안식을 멈추게 한 것이었다. 왕자를 찾아 나선 대신들은 싯다르타가 앉아 있는 잠부나무 아래로 다가와서 할 말을 잃은 채 서 있었다. 고요한 왕자의 얼굴에 알 수 없는 평온과 평정이 넘쳐흘렀기 때문이었다. 잠부나무도 왕자의 선정을 방해하지 않으려는 듯, 해가 이동하는데도 그늘을 옮기지 않았다.

아들이 깊은 선정에 들어 있는 잠부나무까지 찾아온 숫도다나 왕은 불편한 심기를 펴기도 전에 아들의 근엄한 표정을 살피고는 자신도 모르게 몸을 낮추었다. 깊은 선정에 들어 있는 아들의 모습이 너무도 성스러워 저절로 무릎이 꿇려진 것이었다.

'아! 사랑하는 내 아들아, 너의 이 성스러운 모습이 아비로 하여금 자식에게 절을 하게 만드는구나!'

농경제 의식이 끝난 오후 자리에 모인 사람들은 우유죽을 먹었다. 이 순간을 위해 충분한 양의 우유죽이 준비되어 있었다. 따분하고 지루한 의식이 진행되는 동안 식장을 벗어났던 싯다르타도 맛난 우유죽을 받아먹었다.

농경제가 마무리된 후 궁으로 돌아오는 길에 싯다르타가 아버지에게 약간은 겸연쩍은 표정으로 물었다. 이 질문에는 성의 없이 의식에 참여한 것에 대한 일종의 미안함을 상쇄하려는 의도도 담겨 있었다.

"아버지, 저는 식장에서 사제들이 부른 찬송의 내용을 한마디
도 알아듣거나 이해할 수 없었어요. 그들이 부른 노래는 무엇
이며, 또 어떤 언어인가요?"
"아들아, 그것은 신성한 『베다』의 언어란다. 『베다』 찬송은 그

뜻이 아주 깊지. 그것들은 범신(梵神) 브라흐마가 옛적의 성자들에게 계시한 것으로 오랜 세월 동안 브라만 사제들에 의해 이어져 왔단다. 이 신성한 찬가는 오직 브라만들에 의해서만 전승될 수 있지. 또한 그들만이 의식에서 그 찬가를 부를 수 있게 되어 있단다."

싯다르타는 아버지의 설명을 납득할 수 없었다. 그러나 더 이상의 질문을 하지 않았다. 꼬치꼬치 캐물어서 아버지의 심기를 불편하게 만들고 싶지 않았다. 또한 신이 있다면 혹시 있을지도 모를 신의 분노가 두렵기도 했다. 그러나 숫도다나 왕에게는 외려 싯다르타의 침묵이 불안으로 다가왔다. 그는 자신의 설명이 호기심 많은 어린 아들을 충족시키지 못했음을 느끼고 있었다.

벗어나고 싶지만…

라자가하, 와라나시, 사왓티 등 잠부디빠 중부의 대도시들은 학문과 교육의 중심지 역할도 담당했다. 또한 브라만과 크샤트리아 계급이 사회적 지위의 주도권을 잡기 위해 이 지역을 중심으로 각축을 벌였다. 대도시를 중심으로 두 계급의 수행자들 사이에 철학과 종교에 관한 온갖 종류의 논쟁이 벌어졌다.

북서쪽에 위치한 간다라의 수도 딱까실라(Takkasilā)는 잠부디빠 전역과 외국, 특히 그리스와의 교역으로 번창한 곳이었다. 저명한 우파니샤드 철학자이며 성자인 웃달라까 아루니가 교육을 받은 곳도 바로 이곳 딱까실라였다. 웃달라까 아루니는 철학적 소양을 타고난 인물이었다. 그의 철학은 간다라 문화와의 접촉을 거치면서 인간의 경험을 토대로 해 체계적으로 재구성되었다. 그의 가르침이 와라나시(Vārāṇasī)의 교육시설과 연결되면서 잠부디빠의 중부에 널리 파급되고 있었다. 특히 웃달라까 아루니보다 연하인 야즈냐발캬에 의해 좀 더 신비롭게 각색된 사상이 이 지역을 지배하고 있었다.

싯다르타에게는 늘 붙어 다니며 함께 놀던 친구들이 있었다. 많지는 않았지만 싯다르타보다 한두 살 많거나 어린 친구들이었다. 친구들은 싯다르타, 싯다르타의 고종사촌인 데와닷따 등과 함께 아시따 칼라데왈라 선인에게 수학하던 학우이기도 했다. 왕족이나 귀족의 자제인 그들 중에는 보다 수준 높은 교육을 받기 위해 딱까실라 등으로 유학을 떠나는 경우도 있었다. 브라만 전통의 강고한 지배하에 놓여 있는 잠부디빠의 중부지역보다는 북서부에 위치한 딱까실라의 보다 자유로운 분위기가 자식들에게 더 좋은 기회를 제공할 것이라고 믿는 부모들의 일종의 학구열이었다. 유학을 떠나는 친구들은 새로운 공부를 위한 먼 여행을 앞두고 약간의 두려움을 표출하는 경우도 있었다. 십대 중반의 아직은 어린 나이에 부모님과 헤어져야 하는 것, 그리고 친구들과 헤어져야 하는 것이 그들을 주저하게 만들었다.

싯다르타는 유학을 앞두고 초조해하는 친구들에게 용기를 불어넣어주곤 했다. 싯다르타는 부모님들이 자식의 교육을 위해 딱까실라, 와라나시, 또는 라자가하(Rājagaha)로 유학을 보내는 것은 전부터 있어온 관례라는 점, 그곳에는 여기보다 더 많은 스승들이 있다는 점 등을 이야기해주며 공부를 마치고 돌아와 자신에게도 선진 학문을 전달해주기를 내심 바랐다. 싯다르타 역시 넌지시 부왕에게 유학 가능성을 타진해보았지만 왕자로서 까삘라왓투를 떠나서는 안 된다는 부모님의 태도는 완강했다.

> "싯다르타, 까삘라왓투를 떠나는 친구 때문에 너무 동요되어
> 서는 안 된다. 네 친구들이 유학에서 돌아오면 너를 도울 수
> 있을 거야. 누가 아니. 네가 사끼야 왕국의 왕이 되었을 때 그
> 들이 최고의 고문이 될지."

싯다르타에게 돌아온 대답은 이런 것이었다. 그러나 싯다르타에게 그런 이야기는 거북스러울 뿐이었다. 그가 듣고 싶었던 말은 부모님들도 자신을 딱까실라나 라자가하로 유학 보낼 생각이 있는지의 여

부였다. 그렇지 않아도 며칠 전 숫도다나 왕은 아시따 깔라데왈라와 싯다르타의 교육을 위해 다른 도시로 내보내는 문제를 상의한 적이 있었다. 그러나 숫도다나 왕이 그로부터 들은 대답은 되레 고민을 더했을 뿐이었다.

> "왕이시여. 싯다르타는 제가 예견했던 대로 호기심이 많은 성정을 가지고 있습니다. 싯다르타는 권위주의나 전통을 빙자한 인습을 근거로 한 그 어떤 사상이나 주장도 받아들이지 않을 것입니다. 잘 아시는 것처럼 딱까실라는 자유분방한 분위기로 충만한 도시입니다. 그곳은 싯다르타 왕자의 성정을 더 활발하게 계발시키는 불쏘시개와 같은 장소가 될 것입니다. 라자가하나 와라나시 역시 염려스럽기는 마찬가지입니다. 그곳에도 수많은 출가수행자와 방랑자들이 배회하면서 자유정신이 넘쳐나고 있습니다. 만약 당신의 아들로 반드시 왕위를 계승하도록 하시겠다면, 싯다르타를 이곳 까삘라왓투에 머물게 하고, 국왕으로서 행해야 할 직무를 잘 익히도록 교육하는 것이 좋겠습니다."

아시따 깔라데왈라의 이야기에 숫도다나 왕은 전적으로 동의했다. 출가의 길을 선택할지도 모를 자신의 아들을 궤변론자들의 갖가지 주장에 노출시키는 일은 결코 바람직하지 않다고 확신했다. 더구나 사끼야 왕국의 왕이 되려면 싯다르타에게 장차 왕으로서 담당해야 할 역할과 책무에 대해 더 많은 연구와 고민을 하도록 해야겠다고 결심했다.

태자가 되어 후계자 수업을 받다

싯다르타가 열다섯 살이 되자, 숫도다나 왕은 싯다르타가 사끼야 왕국의 왕위를 이을 후계자임을 내외에 알리는 의식을 서둘렀다. 숫도다나 왕의 입장에서는 아들에게 왕이 되는 것을 타고난 숙명으로 받아들이도록 할 필요가 있었다.

이해 봄, 싯다르타는 까삘라왓투에서 멀리 떨어진 강가 강까지 가서 신성하다고 알려진 강물에 이마를 씻고 태자에 오르는 의식을 봉행했다. 때를 같이하여 숫도다나 왕은 본격적인 후계자 교육을 위해 아시따 깔라데왈라와 함께 싯다르타를 가르칠 스승들을 왕궁으로 불러들였다. 스승들이 당도하자 숫도다나 왕은 현관까지 나아가 최상의 예우로 맞이했다.

웨싸밋따(Vessāmitta)와 바라드와자(Bhāradvāja)가 차례로 궁으로 들어섰다. 웨싸밋따는 사끼야 왕국에서 가장 인정받는 무술교사였고, 바라드와자는 왕정학(王政學)에 정통한 학자이자 브라만이었다. 이들은 아시따 깔라데왈라처럼 숫도다나 왕의 절친한 동료로서 사끼야 왕국 경영에 많은 조언을 해주는 실력자들이기도 했다.

사실 숫도다나 왕이 이들을 서둘러 왕궁으로 불러들인 것은 싯다르타가 친구들의 유학행에 마음이 흔들리는 것을 다잡기 위해서였다. 또한 아들을 외지에 보내지 않고 까삘라왓투 안에서 만반의 교육을 시켜 왕위를 물려주기 위한 치밀한 계획의 일환이었다.

아시따 칼라데왈라는 이미 싯다르타와 몇몇 사끼야 족 소년들에게 어학과 문학 등의 정규과정을 가르쳐 왔다. 이 과정들은 『베다』의 철학 및 종교수업을 포함한 높은 수준의 교육이었다. 그러나 숫도다나 왕은 지금부터는 싯다르타가 무사(武士), 정치가로서의 훈련도 시작할 시기라고 판단했다. 웨싸밋따와 바라드와자를 스승으로 초빙한 것도 그런 이유에서였다.

싯다르타는 이 스승들로부터 문학, 논리, 종교, 철학, 의학과 약학, 기술, 공학 등 육십여 종류의 경전을 모두 배워 통달하였고, 검술과 창술, 궁술, 승마 등의 무술과 군사지략 등에서도 상당한 수준의 실력을 쌓았다. 싯다르타는 스펀지가 물을 빨아들이듯 스승들의 가르침을 빠르게 습득해나갔다. 하나를 가르치면 열을 알 정도로 모든 분야에서 발군의 능력을 발휘했다. 그러나 싯다르타는 자신의 출가를 차단하고 오직 사끼야 왕국의 통치자로 성장하도록 하겠다는 아버지의 내밀한 의도까지는 알지 못했다.

그러던 어느 날, 싯다르타는 고따미와 대화를 나누었다. 싯다르타는 심중에 간직했던 말을 꺼냈다.

"그런데 어머니, 저는 언제나 친구들처럼 까삘라왓투를 떠날 수 있을까요? 혹시 아버지께서 저를 어디론가 유학 보낼 계획은 없으신가요?"

고따미는 싯다르타가 달갑게 여기지 않을 내용은 말하지 않으려 주의를 기울이고 있었다. 아들의 표정을 살피며 고따미가 조심스럽게 입을 열었다.

"싯다르타, 네 아버지는 사끼야 왕국을 다스리는 왕이시다. 그분이 퇴위하면 이 나라를 다스릴 책임이 너에게 떨어지게 될 거야. 네 친구들에게는 그런 막중한 책임이 없지 않니? 그래서 그들은 원하는 거라면 무엇이든 자유롭게 할 수 있지만, 네 경우는 다르단다. 너에게는 통치자로서의 훈련이 필요해. 부왕께서는 네게 어떤 것이 최선인지 아주 잘 알고 계실 거야."

양어머니의 말을 들은 싯다르타는 크게 실망했다. 장래에 짊어질 의무가 보다 넓은 세계를 배우고 경험하는 길에 장애가 된다니 답답하기만 했다. 친구들처럼 더 넓은 세상으로 나아가 더 높고 깊은 공부를 하고자 했던 희망이 산산조각 나는 아픔이 아린 상처로 밀려왔다.

이런 형의 마음을 아는지 모르는지, 세 살짜리 동생 난다가 싯다르타에게 달려들더니 무릎까지 기어올라 놀아달라며 보챘다. 싯다르타는 어린 동생 난다에게 깊은 애착을 갖고 있었다. 동생의 재롱을 받아들이며 함께 노는 동안만큼은 모든 고민과 실의를 잊어버릴 수 있었다.

고뇌는 깊어지고…

이후 싯다르타는 후계자 수업에 몰두했다. 까삘라왓투에 자신을 붙들어 두려는 부왕의 조처를 체념으로 받아들이고 있었다. 그는 왕정학을 가르치는 바라드와자보다는 아시따 깔라데왈라나 웨싸밋따와 더 많은 시간을 보냈다. 아시따 칼라데왈라의 세심한 배려 속에서 문법, 음운학, 시학 등의 부수 과목과 함께 『베다』에도 조금씩 정통해 가고 있었다. 또한 스승 가운데 가장 젊었던 웨싸밋따와 어울려 검술과 궁술 등의 무예를 배웠다. 그 가운데서도 싯다르타가 가장 좋아하는 과목은 승마였다. 승마를 배워두면 언젠가 사끼야 왕국의 영토 밖더 먼 곳까지 답사할 기회가 있을 때 유용하게 활용할 수 있을 것이라고 생각했다.

『베다』 공부는 싯다르타에게 폭넓은 시야를 갖출 자양분을 제공해주었다. 『베다』 속에 있는 모든 것을 받아들이지는 않았지만, 싯다르타는 고대의 브라만 전통이 어떤 것인지에 대해 이해할 필요성을 느끼고 있었다. 그러나 바라드와자가 가르치는 정치학에 대한 싯다르타의 태도는 냉소적일 만큼 회의적이었다. 약소국들은 남쪽에 인접한 강대국들의 영토 확장 야욕에 항상 불안감을 느끼고 있었고, 싯다르타는 누구보다도 사끼야 왕국이 처한 난감한 입장을 감지하고 있었다. 그는 바라드와자와 이 문제를 주제로 날카로운 토론을 벌이곤 했다. 어느 날, 싯다르타가 바라드와자에게 물었다.

"스승님, 만약 마가다 국이 우리에게 전쟁을 걸어온다면 우리
는 어떻게 해야 합니까?"

"그런 일이 벌어진다면 대항해 싸우는 것은 어리석은 짓입니
다. 사끼야 족의 처지는 마치 큰 물고기에게 먹힐 수밖에 없는
작은 물고기 신세와 같습니다. 그것이 곧 자연계이며, 거역할
수는 없는 것이지요."

싯다르타는 바라드와자의 이런 견해가 탐탁하지 않았다. 캐묻기 좋
아하는 싯다르타의 성정은 대화의 주제를 정의(正義)의 문제로 자연
스럽게 옮겨가게 했다.

"어떻게 자연은 누구에게는 그토록 불리하고 다른 쪽은 유리
하게 할 수 있는 것입니까? 저는 거기서 어떤 정의도 발견할
수가 없습니다."

"그러나 그것이 곧 이 세계가 만들어진 길입니다. 창조자인 브
라흐마는 이 불공평의 문제를 이미 알고 계셨지요. 불공평이
없이는 공평이 있을 수 없음을 알았던 것입니다. 브라흐마는
본래부터 선한 존재입니다. 그러나 그의 피조물 가운데 그의
바람에 순응하지 않는 것이 존재할 수 있음을 추정해야만 했
습니다. 그는 자기가 창조한 자연의 평형을 깨뜨릴 악의 존재
를 예견했던 것입니다."

싯다르타는 바라드와자의 이와 같은 설명에 공감하지 못했다. 오히
려 브라만 전통에 대해 공부할수록 바라드와자가 업(業, 까마)에 대한

믿음과 창조자의 아이디어를 조화시키기 위해 애쓰고 있음을 볼 뿐이었다.

　　"스승님, 그렇다면 힘이 약한 우리 사끼야 족은 악(惡)의 무리
　　이고, 우리보다 강력한 마가다 국은 선(善)하다는 말입니까?"

싯다르타의 예리한 질문에 바라드와자는 당황한 표정을 드러냈다. 싯다르타는 잠시 말문을 닫았다. 사끼야 왕국의 태자라는 자신의 지위에 대해 생각해볼 시간이 필요했던 것이다. 그러자 바라드와자가 자신이 가지고 있는 전통적 사회관을 설명하기 시작했다.

　　"싯다르타 태자여, 대성자(大聖者) 나라야나(Nārāyana)에 대해
　　들어본 적이 있습니까?"
　　"예, 아시따 깔라데왈라로부터 들어 알고 있습니다. 그가 언급
　　한 유명한 찬가 〈푸루사 수크타(Purusha sukta)〉를 들어본 적도
　　있습니다."
　　"그렇다면 그 찬가의 의미에 대해서도 생각해 보았겠네요?"
　　"그렇지만 저는 나라야나가 무엇을 말하려 하는지 확실하게
　　이해하지는 못합니다."

바라드와자는 자신이 수용하고 있는 철학적 전통을 싯다르타에게 설명해줄 좋은 기회가 왔다고 생각했다. 그는 나라야나의 〈푸루사 수크타〉의 양면성을 구분하여 설명했다.

"들어보셨으니 아시겠지만, 이 찬가는 철학적 측면과 사회적 측면, 두 가지를 가지고 있습니다. 그런데 두 측면은 서로 무관하지 않습니다. 사회적 특성에 대한 나라야나의 관념은 그의 세계관에 근거하며, 그의 세계관은 다시 그 자신의 경험에 기초를 두고 있는 것이지요. 예컨대 우리는 모든 사건에 이유가 있다는 것을 알고 있으며, 이 원인으로부터 발생한 결과는 결국 그 이유와 완전히 다른 것이 아님을 압니다. 그것은 본질적으로 원인과 관련되어 있음이 분명합니다. 이것이 바로 나라야나가 우주아(푸루사, Purusa)를 '존재해 왔고, 또 존재하는 모든 것들의 원리'로 보는 이유입니다."

그러자 싯다르타가 반박했다.

"얼핏 그럴듯하게 보이지만 저는 그것이 공론에 지나지 않는다고 생각합니다."
"그렇지 않습니다, 태자여. 그것은 원인과 결과의 경험에 근거한 사상으로 공론이 아닙니다. 무한한 사고능력과 소급인지 능력을 가진 나라야나와 같은 성자들은 우주의 시원을 알 수 있었습니다. 그의 무한한 회상 능력은 계시의 결과로 얻어진 것입니다."
"존재하는 것으로서의 우주와 이 우주아가 어떻게 관련되어 있다는 건지 저는 도무지 이해할 수 없습니다."

싯다르타가 냉소적인 표정을 지으며 반박하자 바라드와자가 재차 설명을 이어나갔다.

"동일성과 차별성이 거기에 함께 있습니다. 모든 개개의 사물이 우주아라면 이 특정 사물들의 총체 역시 우주아입니다. 다만 외관이 다를 뿐이지요. 우주아가 우주로 변형되었다고 해서 그 우주가 원인(原因)을 닮지는 않습니다. 말하자면, 한 덩어리의 금을 몇 조각으로 나누고 개개의 조각으로 다른 모양의 장식물을 만들 수 있지요. 이때 우리는 그 금에 차이가 있다고 말할 수 없습니다. 다르다고 추정하는 것은, 다만 각기 다른 형태일 뿐입니다. 이와 같이 우리는 이 우주아를 우주라고 말할 수 있지만, 또한 그것은 우주가 아닌 것이지요."

"스승님, 그 말씀은 지금의 사회·정치제도와 함께 존재하는 이 세계가 본질적으로 우주아라는 것입니까?"

"물론입니다. 그것이 나라야나 브라만은 우주아의 입이고, 크샤트리아는 팔이며, 바이샤는 허벅지, 수드라는 그의 발에서 태어났다고 말하는 이유입니다. 브라만들이 우주아의 입을 대변하는 까닭에 그들은 『베다』를 외우는 역할을 상속해 왔고, 그러한 역할은 그 누구도 넘겨다볼 수 없는 것입니다. 우주아의 팔인 크샤트리아는 전투와 국가의 통치를 위해 칼을 휘두를 권한과 책임이 있으며, 허벅지인 바이샤는 사회에 필요한 다양한 일용품을 생산하고 배포하는 일에 참가하고, 수드라는 우주아의 발에서 태어났으므로 상위의 세 계급에 봉사해야 합니다. 본질적으로 이 사성계급이 곧 우주아 자체입니다. 무(無)로부터 나올 수 있는 것은 아무것도 없는 것입니다."

바라드와자의 설명을 도저히 받아들일 수 없었던 싯다르타가 목청을 높여 반박했다.

> "그렇다면 그런 우주아는 그 자체로 악입니다. 만약 어딘가에 그 우주아의 창조자가 있다면 그 또한 악에 불과합니다. 그렇지 않고서는 이 세계에 수드라가 존재할 수 없습니다."
> "그렇지 않습니다. 태자여. 악의 존재를 우주아나 그 창조자 탓으로 돌려서는 안 됩니다. 현 상태로 존재하게 된 수드라는 본래적인 우주아의 수드라 부위와 동일한 것이 아닙니다. 그는 오랜 변천의 결과로서 현재 상태로 존재하는 것입니다."

바라드와자의 혼신을 다한 설명에도 불구하고 싯다르타는 이런 식의 이론과 설명에서 어떤 정당성도 찾을 수가 없다고 생각했다. 그는 스승의 설명에 일관성이 없다고 여겼다. 그는 마가다 국의 왕이 주변의 인접국들을 상대로 전쟁을 일으킨다면 어떻게 대응해야 될 것이냐는 애초의 질문으로 되돌아가는 것도 쓸데없는 일이라고 여기고 논쟁을 중단했다.

새로운 세계에 대해 전해 듣다

이 무렵, 유학에서 돌아온 사끼야 족 청년들이 있었다. 라자가하와 와라나시 등지에서 상당한 기간을 보낸 뒤 까삘라왓투로 돌아온 청년도 있었다. 그들의 등장은 싯다르타에게는 새로운 세계를 접할 기회를 주었다.

젊은이들 중에는 유학 기간 동안의 공부를 통해 나름의 독창적인 사상체계를 정립하고 있는 청년도 있었다. 싯다르타는 그들이 배우고 돌아온 견문과 학문을 듣기 위해 세심한 주의를 기울였다. 역시 그들이 주창하는 것은 싯다르타가 배워온 브라만교의 그것과는 달랐다. 브라만의 독단과 독점에서 벗어나 보다 자유로운 교육을 받고 돌아온 청년들은 기존의 브라만교에 대해 대부분 비판적인 입장을 가지고 있었다. 어떨 때는 싯다르타도 선뜻 납득하기 어려울 정도로 완고한 기질을 보이기도 했다. 싯다르타는 그들과 함께 말을 타고 까삘라왓투 중심지역과 외곽지역을 오가며 많은 대화를 나누고자 했다. 좀 더 많은 이야기를 듣고자 할 때는 멀리까지 말을 달려 나가기도 했다.

싯다르타는 그들로부터 북부 딱까실라의 교육 분위기와 사상적 흐름의 추이를 전해 들었고, 와라나시 등 잠부디빠 남부지역의 동향도 어느 정도 파악할 수 있었다.

북부에 소재한 딱까실라가 보다 자유로운 분위기 속에서 공부할 수 있다는 장점이 있다면, 남부는 지금까지도 브라만교의 멍에에서 벗어나지 못한 상태라는 전언은 싯다르타에게 매우 소중한 정보였다. 특히 남부지역에서는 야즈냐발캬(Yājñavalkya)의 신비주의가 사람들을 환상에 사로잡히게 하고 있으며, 야즈냐발캬의 빼어난 논쟁 실력 등을 전해 들었을 때 싯다르타는 흥분을 감추지 못하기도 했다.

> "그의 가르침이 그렇게 인기가 높은 데는 그럴 만한 이유가 있
> 지 않을까? 그가 가르치는 게 무엇인지 궁금해진다. 내게 알
> 려줄 수 있겠니?"

싯다르타는 남부지역에서 유학을 하고 돌아온 친구들에게 재촉하듯 묻곤 했다. 싯다르타의 채근에 친구들은 야즈냐발캬는 과거 성자들이 제창했던 사상들의 정수를 종합해서 하나의 철학체계로 재구성한 일종의 혼합주의자라는 점, 그는 모든 개인에게 독립된 자아(아트만)가 존재한다고 믿고 있으며, 그가 생각하는 개아(個我)의 실존이란 자명한 것으로서 항상 느껴지고 알려진 것으로 설명한다는 점, 특히 누구라도 자기 자아의 존재를 확신하고, 그 자아는 실로 영원불변하며 순수하다는 등의 주장을 전해주었다. 야즈냐발캬의 주장은 대개 이런 것이었다.

'자아[個我]가 순수하다 하더라도 인간은 무지(無知)로 인해 속박당하고 있다. 이 무지 때문에 자아는 개체성, 즉 감각, 의식, 지성, 감정, 의지와 결합하지만, 진정한 자아는 이 모든 것을 초월한다. 자아가 이 개체성으로부터 자유로워질 때 우주아와 일치하게 돼 절대적 실재(實在)인 브라흐마가 되는 것이다.'

야즈냐발캬는 개아를 '실재이면서 비실재'라고 생각하는데, 즉 그것은 우주아의 부분이기 때문에 실재라고 할 수 있지만, 우리의 무지를 통해 개별화한 것이기 때문에 비실재(非實在)라는 주장을 하고 있다는 것이었다. 그러나 싯다르타는 야즈냐발캬의 주장을 받아들일 수 없었다. 이성적이고 논리적인 그의 관점에서 야즈냐발캬의 주장들은 하나의 궤변에 지나지 않았다.

야즈냐발캬가 주장하는 내용들을 전해 들을수록 싯다르타의 의문은 계속 확대될 뿐이었다. 궁극적 자아의 실재는 무엇이라고 정의할 수 없으며, 우리가 눈으로 보는 것, 귀로 듣는 것, 코로 냄새 맡는 것, 혀로 맛보는 것, 온몸으로 감촉하는 것 또는 의식 속에서 뚜렷한 개념으로 정리하는 어떤 것과도 동일시될 수 없다는 야즈냐발캬의 추정이나, 그래서 그것은 우리가 구별하고 구분할 수 있는 모든 현상을 초월한다는 주장들은 싯다르타의 의문을 풀어낼 만한 명쾌한 해석이 아니었다. 특히 궁극적 실재에 대한 야즈냐발캬의 주장은 싯다르타에게는 터무니없는 망상으로 들릴 뿐이었다. 궁극적 실재를 주체와 객체의 이원성(二元性)으로 설명하는 논리는 도무지 납득할 수 없는 것이었다.

유학을 다녀온 친구들과 토론을 하는 날이면 싯다르타는 잠을 이루지 못했다. 아시따 칼라데왈라나 바라드와자로부터 배운 신학과 업에 대한 브라만교의 가르침, 그리고 유학을 다녀온 젊은이들로부터 전해들은 야즈냐발캬의 자아에 관한 사상은 그가 보고 들은 브라만들의 폐해들과는 이율배반적인 것이기 때문이다.

싯다르타는 인간의 삶은 그들이 태어난 환경에 의해서 결정되는 것이 분명하다고 생각했다. '자기들의 현존재에 대하여 그들에게 책임이 있는 것인가? 왜 그들은 그러한 상태로 태어나게 된 것일까? 그런 어린애들이 근근이 그토록 조악한 삶을 영위하기 위해 종일 일할 때 어째서 나는 이렇게 안락한 삶을 누리고 있는가?' 그의 심중에 걸린 이런저런 생각들이 그를 번민에 사로잡히게 했다.

연민이 싹트다

유학에서 돌아온 친구들과의 대화와 토론 과정을 통해 싯다르타는 까삘라왓투에 갇혀 얻을 수 없었던 보다 넓고 깊은 지식과 안목을 키울 수 있었다. 물론 그들로부터 전해들은 것들이 싯다르타를 만족시킨 것은 아니지만 인간의 삶을 좀 더 깊이 이해하고자 하는 그의 욕망은 태자의 지위라는 부담에도 아랑곳하지 않고 담쟁이처럼 자라나고 있었다.

아시따 칼라데왈라, 웨싸밋따, 바라드와자를 스승으로 해 진행된 태자 수업도 어느덧 마무리 지을 시기가 가까워지고 있었다. 숫도다나 왕은 가끔 사끼야 왕국이 관할하는 여러 지방을 순시하는 여정에 싯다르타를 동행시키곤 했다. 왕은 그때마다 흔쾌하게 받아들이지 않는 아들에게 왜 태자가 지방을 돌아보는 것이 중요한지를 설명했다. 사끼야 왕국의 이곳저곳을 순방하는 동안에 왕 일행이 머무를 수 있는 집들이 있었다. 이 집들은 왕실의 가족들이 철 따라 사용하는 일종의 별궁과 같은 집이었다. 싯다르타는 왕국의 통치에 대한 흥미보다는 주민들의 삶과 그들이 바라는 것에 대해 보다 많은 것을 배울 수 있었기 때문에, 부왕과 함께 하는 여행을 굳이 마다하지 않았다.

또한 싯다르타는 가끔씩 이 여행에 가까운 친구들을 동행시키곤 했다. 여정 중 틈이 생기면 친구들과 함께 사슴과 영양, 물새, 숲속에 사는 진귀한 동물들을 보기 위해 가까운 숲으로 들어가기도 했다.

그중에는 사냥에 재미가 붙어 숲에 갈 때마다 활을 챙겨가는 친구도 있었다. 싯다르타는 생명을 해치는 사냥이 내키지 않았지만 친구들의 오락을 방해할 마음은 없었다. 한번은 라자가하로 유학을 갔다가 돌아온 친구가 쏜 화살에 맞은 물새 한 마리가 싯다르타 가까이에 떨어졌다. 싯다르타는 급히 새가 있는 쪽으로 달려가 새의 몸에서 화살을 뽑아냈다. 상처를 살피고 있는 싯다르타에게 친구가 다가오며 물었다.

> "오, 싯다르타, 자비로우신 분! 마치 야즈냐발캬 신봉자처럼 보이는군. 왕자님께선 그 새도 영혼을 가지고 있다고 생각하는 모양이지? 그래서 그걸 해치는 건 잘못이고?"
> "새가 영혼을 가지고 있는지 아닌지는 나도 몰라. 하지만 고통스러워하는 이 가엾은 생명이 넌 보이지 않니? 넌 다른 생명을 괴롭히면서 즐거워하는 것 같구나."

싯다르타의 눈빛에는 분노보다는 친구에 대한 실망이 담겨 있었다. 그러자 친구가 물었다.

> "싯다르타, 그 새가 정말 고통을 당하고 있는 건지 나는 확실하게 알 수 없어. 내게 보이는 거라고는 날개를 퍼덕이며 다시 날아가려고 하는 게 전부야. 그거야 새가 타고난 버릇일 뿐이지. 내가 새를 쏘아 떨어뜨린 것이 잘못된 것이라고 생각하니?"
> "그래. 그렇게 생각해."

싯다르타가 다소 실망스러운 표정을 지으며 대꾸했다.

"그럼 사냥꾼들은 늘 옳지 못한 짓을 저지른다는 거니? 또 도
덕철학자들의 말대로 하면 그네들 모두가 지옥에 떨어져야
하겠지. 그렇지 않니?"

"그렇지 않아. 나는 다른 생계수단이 없기 때문에 어쩔 수 없
이 사냥을 하는 사람들을 말하는 게 아니야. 다만 너처럼 재미
삼아 다른 생명을 해치는 것을 이야기하는 거야."

"그래? 싯다르타, 너는 똑같은 행위가 어떤 사람에게는 그르
고 어떤 사람에게는 그르지 않다는 이야기를 하는구나. 그건
몇몇 사람들이 주장하는 이원론적인 도덕규범에 지나지 않아.
싯다르타, 우리의 행위가 결국 똑같은 거라고 생각하지 않니?
사냥꾼이나 내가 한 행위는 물리적 원소들의 덩어리에 화살을
날려 보냈다는 거야. 개체성을 근거로 한 선악(善惡), 정사(正
邪) 따위의 의미 없는 구별은 실체와는 무관한 것 아니겠니?"

싯다르타는 전통적 도덕관에 지극히 비판적 입장을 가졌던 이 친구
가 유물론자라는 것을 알아차렸고, 유물론이 가지고 있는 한계를 발
견할 수 있었다.

그때 함께 여행에 나선 데와닷따도 가져간 투석기로 날아오르는
예쁜 백조 한 마리를 쏘아 떨어뜨렸다. 공교롭게도 백조도 싯다르타
와 가까운 곳에 떨어졌다. 백조는 극심한 고통에 온몸을 떨고 있었다.
그때 데와닷따가 달려왔다. 그는 자기가 잡은 새를 박제로 만들어 방
을 장식할 생각으로 한껏 들떠 있었다. 조금 전 친구와 실랑이를 벌인

뒤라 싯다르타의 심기는 다소 불편한 상태였다. 싯다르타는 자기가 잡은 백조를 내어달라는 데와닷따를 전에 없이 강하게 나무랐다.

> "데와닷따, 내가 아직 숨이 붙어 있는 이 백조를 네게 준다면 너는 백조의 생명을 완전히 빼앗아 버릴 게 뻔해. 나에게는 이 백조의 생명을 지켜줄 의무가 있다고 생각한다. 그래서 너에게 줄 수가 없구나."

그러나 데와닷따는 자신이 잡은 백조이니까 당연히 자신이 소유라는 주장을 굽히지 않았다. 한참을 다퉜지만 결론이 나지 않자 싯다르타는 근처에 사는 현자(賢者)에게 누구의 말이 맞는지 가려보자며 마지못해 따라오는 데와닷따와 현자를 찾아갔다. 두 청년으로부터 자초지종을 들은 현자가 말했다.

> "생명을 가진 모든 존재들은 자기의 생명을 지키려는 본능을 가지고 있네. 그것이 생명의 법칙이지. 생명은 그 자신이 아닌 다른 어떤 존재에게도 속할 수 없는 것이네. 그 누구도 다른 존재의 생명을 빼앗을 권리는 없는 것이지. 그러므로 상처를 입은 이 백조는 생명을 지켜주려고 노력한 자가 돌봐야 한다고 생각하네."

순회를 마친 숫도다나 왕과 싯다르타가 수행했던 대신들과 함께 왕궁으로 돌아왔다. 왕궁으로 돌아온 이후 싯다르타는 다시 일상으로 돌아갔다. 숫도다나 왕의 계획대로 태자수업을 받던 싯다르타는 관행처럼 시간표에 얽매어 지내야 하는 무료한 시절을 보내고 있었다. 그러던 그에게 딱까실라로 유학을 떠났던 한 친구가 까삘라왓투로 돌아왔다는 소식이 전해졌다. 싯다르타는 서둘러 그 친구를 만나 딱까실라에서의 경험을 들었다.

수많은 스승들을 만났고, 그분들에게 배우는 것이 유익하고 즐거웠다는 친구의 말에 싯다르타의 부러움은 터질 듯 부풀어 올랐다. 딱까실라의 스승들은 매우 체계적이고 또 합리적이며 궁극적 실재나 브라흐마에 대한 견해도 논리적으로 설명이 되지 않는 한 받아들이지 않는다는 것, 또 그분들은 실재에 관한 질문에 침묵하려는 자들에 대해 매우 비판적인 입장을 취하고 있다는 전언에 싯다르타는 마른 침을 꼴깍 삼켰다. 그동안 싯다르타는 까삘라왓투에 남아 아시따 칼라데왈라에게서 『베다』를 배우고, 바라드와자에게서는 정치학을, 그리고 웨싸밋따로부터는 무술을 배웠다. 그러나 웨싸밋따에게서 배운 무술 외에는 모두 브라만교의 가르침이었고, 어떤 것도 궁극적 실재에 대해 파헤치는 학문은 아니었다. 이런 싯다르타에게 유학을 다녀온 친구들의 한마디 한마디는 가뭄 속의 단비와 같은 것이었다.

청년 싯다르타, 기예를 익히다

싯다르타도 사춘기를 보내고 어느덧 훤칠한 청년으로 성장했다. 그러나 숫도다나 왕과 고따미는 장래 사끼야 왕국의 왕이 될 태자로서 싯다르타의 역할을 걱정하고 있었다. 왕위를 이어야할 태자가 국가 통치에 대한 관심보다는 정의와 도덕적 가치에 대한 의문에 더 흥미를 갖고 있었기 때문이었다.

싯다르타의 일거수일투족을 지켜볼수록 숫도다나 왕의 불안감은 커져만 갔다. 급기야 숫도다나 왕은 싯다르타가 다른 생각을 하지 못하도록 최상의 즐거움을 제공해야겠다고 생각했다. 그에게 문득 오래 전 아시따 칼라데왈라가 했던 예언이 떠올랐다. 갓 태어난 싯다르타를 보고 그는 장차 모든 이들의 스승이 될 것이라고 예언했었다. 숫도다나 왕은 마침내 아들이 아예 출가할 생각을 품지 못하도록 호화롭고 화려한 생활을 제공해야겠다고 작정했다.

싯다르타가 열여섯 살이 되던 해, 숫도다나 왕은 아들을 위해 계절마다 쉴 수 있는 궁전들을 지었다. 여름궁전, 우기를 위한 궁전, 겨울궁전 등 세 개의 궁전은 오로지 싯다르타가 다른 생각을 하지 않고 세속적 즐거움에 빠져 잘 노닐게 하겠다는 목적으로 지은 것이었다. 세 궁전의 규모는 각각 9층, 7층, 5층 높이로 매우 호화롭게 지어졌다. 궁전 주위에 푸른 연꽃, 붉은 연꽃, 흰 연꽃이 핀 연못을 만들어 언제나 감상할 수 있도록 했고, 싯다르타가 이곳에서 머무는 동안 철저하게 감시하도록 조처했다.

싯다르타를 즐겁게 해주기 위해 많은 사람들이 동원됐다. 이들은 싯다르타를 목욕시키고 붉은 전단향(梅檀香)을 몸에 발라주었으며, 새로 만든 최고급 비단옷을 입혔다. 이슬에 젖거나 태양에 그을리지 않도록 이동을 할 때는 반드시 일산(日傘)을 씌웠다. 궁 안에는 여자들만 있었고, 궁 밖 동산으로 산책을 나갈 때면 30여 명의 정예기병이 앞뒤에서 호위했다. 어느 것 하나 부족할 것이 없었다. 싯다르타가 온갖 사치를 누리면서 지낸다는 소문이 사끼야 족 사이에게 조금씩 돌기 시작한 것은 당연한 일이었다. 소문은 꼬리에 꼬리를 물면서 보태져, 흉흉한 소문으로 변질되었고 빠르게 번져나갔다.

"아니 글쎄 태자가 온갖 향락에 빠져 지낸다고 하네. 그런 그가 무엇을 배웠겠는가. 만일 전쟁이 일어나면 그는 아무것도 할 수가 없을 것이야. 이대로라면 우리 사끼야 왕국의 미래는 점점 불안해질 것이 뻔해. 안 그런가?"

그러나 정작 싯다르타는 이런 호화스러운 생활을 탐탁지 않게 여겼다. 모든 것이 충족된 삶의 조건이 주어진다면 거기에 만족하며 즐기며 지내는 것이 상례이겠지만 싯다르타는 달랐다. 그는 이런 생활에 오히려 싫증을 느끼며 갈수록 염오와 환멸을 드러내기 시작했다. 육체적인 쾌락이나 세속적 욕망에 휘둘리기보다는 예민한 감수성과 사려 깊은 성정으로 삶의 근본적인 문제에 더욱 천착했다.

그렇지만 상당수의 사끼야 족들과 백성들은 싯다르타가 장차 왕이 되어 까뻴라왓투를 통치해야 하는 태자로서 마땅히 받았어야 할 교육에 열심히 응했다는 사실조차 제대로 알지 못했다. 싯다르타가 태자로서 기본적으로 갖춰야 할 소양을 갖추기 위해 상당 기간 학문과 기예를 배웠으며, 이미 일정한 수준에 올라 있다는 것을 아는 사람들은 왕궁 주변의 일부 친족들뿐이었다.

싯다르타가 일곱 살 되던 해부터 본격적으로 받기 시작한 후계자 교육은 브라만의 정전인 『베다』를 비롯하여 『베다』의 보조학은 물론 자휘학(字彙學), 어원학(語源學), 사전(史傳), 문법학(文法學), 순세파학(順世派學), 대인상학(大人相學) 등이 망라되어 있었다. 웨싸밋따에게 배우는 무예 실력 역시 상당한 경지에 올라 있었다.

시간이 꽤 흘렀는데도 싯다르타에 대한 좋지 않은 소문은 좀처럼 수그러들 줄 몰랐다. 기대가 컸던 만큼 실망도 커 보였다. 흉흉한 소문은 걷잡을 수 없게 악화되어가고 있었다. 이를 걱정스럽게 지켜보던 숫도다나 왕이 어느 날 아들을 불러 말했다.

"사랑하는 내 아들 싯다르타야. 너의 친족들과 백성들이 네가 태자로서 배운 것도 없이 쾌락에 빠져 지낸다고 말하고 있구나. 시간이 지나면 그런 헛소문은 수그러들 줄 알았는데 그렇지가 않은 것 같다. 이런 헛소문을 잠재우기 위해 네가 할 수 있는 것이 있겠느냐?"

"저도 그런 소문을 들었습니다. 그러나 제가 여기서 더 배워야 할 필요가 있는 기예란 없습니다. 특히 많은 친족들이 전쟁이 일어났을 때 제가 아무것도 할 수 없을 것이라며 불안해한다죠? 그렇다면 까삘라왓투 전체에 북을 쳐서 제 기예를 보일 기회를 마련해주십시오. 오늘부터 칠일 뒤에 저는 제 친족들에게 그동안 배우고 단련한 기술을 보여드리겠습니다."

싯다르타가 당당한 표정으로 제안했다.

"알겠다. 싯다르타. 그러면 그동안 네가 배운 모든 것들을 잘
보여줘 친족과 백성들의 불안을 잠재우기 바란다."

숫도다나 왕의 표정이 다시 밝아졌다. 사실 이런 소문이 돈 데에는 싯
다르타에게 향락의 삶을 제공한 자신에게도 책임이 있었기 때문이었
다. 7일 뒤 열릴 경연을 위해 숫도다나 왕은 이런저런 채비를 갖추도
록 지휘했고, 싯다르타는 그동안 배운 기예를 점검하는 등 만반의 준
비를 시작했다. 싯다르타와 맞설 최고의 궁술사들이 선발됐다. 이들
은 전광석화처럼 활을 쏠 수 있는 능력을 갖추었고, 작은 목표물도 꿰
뚫어버리는 솜씨를 가지고 있었다. 먼저 쏜 화살을 더 강하고 빠르게
쏜 두 번째 화살로 맞힐 수 있었고, 소리만 듣고도 표적을 맞추는 실
력을 갖춘 궁술사도 있었다.
    드디어 경연 날, 싯다르타는 이들과 실전을 방불케 할 정도로 격
렬하게 겨루면서 열두 가지나 되는 기술을 친족들에게 숨김없이 보
여주었다. 싯다르타와 겨룬 어떤 궁술사도 싯다르타를 당해내지 못
했다. 경연이 끝난 후 사끼야 족 사이에서 더 이상 태자에 대한 의심
과 비난을 제기하는 사람이 없게 되었다. 태자 싯다르타의 비길 데 없
는 용감함과 완벽한 기예를 직접 목도한 뒤로는 비난과 우려가 입에
침이 마르게 반복되는 칭송으로 바뀌어 있었다.

운명적 만남

그렇다고 숫도다나 왕의 불안한 마음이 완전히 가신 것은 아니었다. 숫도다나 왕은 내친김에 싯다르타의 마음을 사로잡을 여인을 골라 결혼을 시켜야겠다고 마음먹었다. 그러나 싯다르타는 결혼과 가정생활에 대해 별다른 관심을 보이지 않았다. 그러나 숫도다나 왕은 태자의 결혼을 밀어붙였다.

숫도다나 왕이 태자의 신붓감을 구하기 위해 연회를 베푼다는 소식이 전해지자 많은 사끼야 족과 꼴리야 족의 왕족과 귀족들이 자신의 딸을 다투어 추천했다. 연회가 열리는 날, 과년한 딸이 있는 친족들은 그들의 딸을 태자에게 시집보내기 위해 아름다운 옷을 입히고 온갖 호화로운 장식으로 꾸며서 연회장으로 보냈다. 순수한 혈통과 아름다운 자태를 지닌 왕족과 귀족 가문 출신 처녀들이 왕궁 연회장으로 모여들었다.

숫도다나 왕은 500개의 꽃바구니를 준비시킨 후 싯다르타에게 신부 후보들을 직접 보고 마음에 드는 여인을 고르라고 당부했다. 결혼할 생각이 없는 싯다르타는 내키지 않았지만 연회에 참석한 여인들에게 꽃바구니를 전하며 '이상적인 여인'이 있는지를 살폈다. 연회장에는 아름다운 음악이 흘렀고 맛난 음식이 차려졌지만 참석한 처녀들은 긴장을 늦추지 못했다. 오히려 팽팽한 긴장감이 흘렀다.

한편 사끼야 족의 일파인 꼴리야 족으로, 싯다르타의 생모 마야데비의 친동생인 숩빠붓다(Suppabuddha)의 외동딸 야소다라 (Yasodharā)는 이 연회에 참석하지 않았다. 자존심이 강했던 야소다라 는 신부를 상품 고르듯 하는 간택 형식을 마뜩치 않게 여겼다. 그러나 부모의 간곡한 설득을 끝내 뿌리치지 못한 야소다라는 뒤늦게 연회 에 참석했다. 치장도 하지 않았지만 거침없이 싯다르타를 향해 걸어 가는 야소다라의 당당한 모습은 화려하게 치장한 다른 처녀들 사이 에서 오히려 돋보였다. 싯다르타는 다가온 야소다라에게 예를 갖춰 인사했다. 그러나 준비했던 꽃바구니는 하나도 남아 있지 않았다. 싯 다르타는 다소 멋쩍은 미소를 지으며 끼고 있던 반지를 빼 그녀의 손 에 끼워주었다.

싯다르타가 준 꽃바구니를 품에 안은 채 이 광경을 지켜보던 처 녀들이 일제히 한숨을 내쉬었다. 하지만 도도한 야소다라는 꼼짝도 하지 않은 채 싯다르타를 바라보았다. 두 사람 사이에 침묵이 흘렀다. 순간 야소다라가 미소를 지으며 아름다운 목소리로 말했다.

"태자님, 고맙습니다."

그날 이후 고따미는 싯다르타가 야소다라에게 관심을 가지고 있다는 것을 눈치챘다. 고따미 입장에서 보면 야소다라는 오빠 숩빠붓다와 남편 숫도다나 왕의 여동생 빠미따 부인 사이에서 태어난 조카딸이 기도 했다. 데와닷따의 친누이이기도 한 야소다라는 아름답고 영민 하며 지성적이고 솔직한 성정을 지닌 처녀였다. 좋은 환경에서 태어 나 훌륭하게 교육을 받았기에 꼴리야 족 처녀들 가운데에서 단연 돋 보였다. 종교축제나 사회 행사 등 젊은 남녀가 서로 만날 수 있는 모임이나 자리에서 야소다라는 언제나 여러 청년들의 눈길을 받았다. 그만큼 그녀가 풍기는 지성미와 아름다운 자태는 단연 으뜸이었다.

어느 날 저녁, 숫도다나 왕과 고따미가 궁전의 2층 발코니에 나가 있을 때, 그들은 문득 아래 정원에서 뛰어다니다 덤불 속으로 숨는 싯다르타를 발견했다. 잠시 후 어린 동생 난다가 나타나 싯다르타를 찾고 있었다. 싯다르타는 동생 난다를 즐겁게 해주기 위해 기꺼이 술래잡기 놀이를 해주고 있었다. 나이 차가 꽤 나는 동생인데도 불구하고 싯다르타는 난다와 잘 어울렸다.

"왕비, 싯다르타는 아직도 어린애 티를 벗지 못하고 있는 것 같소. 집에 있을 때는 어린 난다와 장난을 치고, 나머지 시간은 친구들과 어울려 바깥으로만 나돌고 있으니, 국왕으로 갖춰야 할 의무와 책임을 익힐 생각은 아예 없는 듯 보이오. 나는 저 애가 이제 무엇인가에 전념을 할 때가 되었다고 생각하오."
"아니에요. 싯다르타는 결코 무책임하지 않습니다. 의젓한 청년으로 자랐고, 또 충분한 교육을 받은 태자이기도 하잖아요?"

고따미는 숫도다나 왕의 견해에 조심스럽게 이의를 제기했다.

"싯다르타는 사끼야 족 사람들의 희망과 요구에 대해 좀 더 잘 알기 위해 노력을 다하고 있어요. 난다와 놀 때에도 동생의 행동과 상황에 대한 반응을 잘 관찰하고 있어요. 내가 난다의 행동을 제지하려 할 때면 가끔 싯다르타와 논쟁을 벌이곤 해요. 그는 어린아이들이 어떤 억압도 없이 자라야 한다고 생각하고 있어요. 그렇지만 싯다르타가 결혼을 생각해볼 나이가 되었다는 당신의 생각에는 공감해요.”

숫도다나 왕은 고개를 들어 멀리 지평선을 바라보았다. 그의 시선은 땅과 하늘의 경계가 가물가물 거리는 지점에 못박힌 듯 멈춰져 있었다.

“태자비 간택을 위한 연회도 마쳤으니, 이제 싯다르타에게 적당한 처녀를 택하도록 지금부터 서둘러 준비해야 하지 않겠소. 간택을 늦추면 내 허물이 될 것이오. 그렇지 않소, 왕비.”
“싯다르타에게 결혼할 처녀가 정해졌는지, 이야기를 해보신 적이 있나요?”
“아니오, 아직 말하지 않았소. 먼저 적당한 사람을 찾아내고 나서 그 아이들이 자연스럽게 만날 수 있도록 해야 하지 않겠소?”

고따미는 지금 이 순간이 그녀가 그동안 눈여겨 보아왔던 야소다라에 대해 숫도다나 왕에게 말할 기회라고 생각했다.

“싯다르타가 아직 결혼에 대해 심각하게 생각하지 않고 있는 것은 사실일 거예요. 하지만 빠미따의 딸 야소다라에게 관심을 가지고 있는 것은 분명해요. 연회장에서 보인 태자의 행동에서 야소다라에게 상당한 호감을 가지고 있음을 느낄 수 있었어요.”

그러나 숫도다나 왕은 고따미의 말에도 불구하고 이렇다 할 반응을 보이지 않았다. 숫도다나 왕은 자신의 처남이자 여동생인 야소다라의 부모에 대해 아주 잘 알고 있었기 때문이었다. 야소다라의 부모인 숩빠붓다와 빠미따는 매우 자유분방한 성정의 소유자들이었다. 따라서 야소다라는 그 사회의 다른 소녀들이 따라야 하는 관례적 구속에 얽매이지 않아도 되는 환경 속에서 성장했을 것이 뻔했다. 바로 그런 점이 그를 찜찜하게 만들었던 것이다.

숫도다나 왕의 뇌리에서는 한순간도 아시따 칼라데왈라의 예언이 떠난 적이 없었다. 그는 그토록 자유분방한 분위기에서 자란 야소다라가 태자비가 될 경우, 자신이 막아보려고 애쓰는 것을 반대로 부추기지 않을까 염려했다.

"싯다르타가 정말로 야소다라에게 관심을 갖고 있다고 보시오?"

한참을 침묵하던 숫도다나 왕이 고따미에게 확인을 하듯 물었다.

"네. 그것은 분명한 사실이에요."

싯다르타는 사려 깊고 동정심이 많은 청년으로 성장해 있었다. 왕궁 안에서의 엄격한 교육으로도 그 또래 젊은이들이 갖는 자연스러운 감정을 막을 수는 없었다. 야소다라의 매력에 대해 자꾸만 관심이 가는 것도 그런 감정 중의 하나였다. 야소다라가 자신이 알고 있는 여느 여자들과는 달리 매우 진보적이며 자유로운 사고를 가지고 있다는 것이 싯다르타의 마음을 사로잡는 중요한 매력 포인트였다. 싯다르타는 장차 왕국을 다스릴 태자라는 지위와 태자가 지닌 권력 등 우월한 조건 따위로 야소다라의 마음을 얻겠다는 생각은 아예 갖고 있지 않았다.

얼마 지나지 않아 고따미는 아들의 결혼과 며느리 후보로서 야소다라에 대해 싯다르타와 진지한 대화를 나누게 되었다. 고따미는 마침 크샤트리아 청년들이 참가하는 운동경기장에서 돌아오는 길이었다.

그 운동경기에 데와닷따는 참가하고 있었지만 싯다르타는 참가하지 않았다. 이를 확인한 고따미는 마침 경기장에 와 있던 야소다라와 이야기를 나눌 생각으로 야소다라가 앉아 있는 정자로 다가가 옆자리에 앉았다. 고따미에게 공손하게 목례를 한 야소다라가 거침없이 물었다.

"싯다르타가 보이지 않아요. 어디로 갔는지 아세요. 이번 경기
에는 참가하지 않을 건가요?"
"글쎄, 여기에 싯다르타가 오지 않은 것은 내게도 놀라운 일이
란다. 아침 일찍 친구와 함께 궁을 나서기에 여기에 온줄 알았
는데…."
"그렇군요. 하지만 아쉬워요. 싯다르타라면 분명히 좋은 실력
을 보여주었을 텐데요."

고따미는 싯다르타가 야소다라에게 끌리고 있는 것처럼 야소다라 역시 싯다르타에게 관심을 보이고 있음을 짧은 대화를 통해 직감했다.

경기장에 싯다르타가 보이지 않은 것을 못내 서운해 하는 눈치였던 것이다. 고따미는 그런 야소다라의 모습이 싫지 않았다. 고따미는 자신도 어느 순간 야소다라에게 호감을 가지고 있음을 느꼈다. 문제는 숫도다나 왕이 야소다라를 마음에 드는 싯다르타의 짝으로 여기지 않을 것이라는 점이었다.

숫도다나 왕과 고따미, 난다가 경기장에서 왕궁으로 돌아왔을 때 싯다르타는 궁에 돌아와 있었다. 저녁식사를 마치고 난 후 숫도다나 왕은 낮 동안 싯다르타가 어디에서 무엇을 했는지 묻지도 않고 침실로 들어갔다. 이어 시녀가 난다를 침대로 데리고 나가니 그 자리에는 싯다르타와 고따미 두 사람만 남았다. 고따미가 물었다.

"태자, 오늘 야소다라를 만났단다."
"그래요? 어디서요?"
"경기장에서. 야소다라가 너에 대해 묻더구나. 왜 경기에 참가
  하지 않았는지 궁금해 했어."

싯다르타의 반응을 살피며 고따미가 말했다.

"경기에 참석하고 싶었지만 친구와 마을에 나가보자는 선약
  이 있어서 가지 못했어요. 그런데 경기는 어떻게 됐나요?"
"데와닷따가 활쏘기에서 일등을 했단다. 아무튼 야소다라는
  네가 오지 않은 것을 많이 서운해 하는 것 같았어. 그 아이는
  만약 네가 참가했다면 틀림없이 모든 경쟁자를 이길 수 있을
  거라고 믿는 것 같았다."

"어머니가 그걸 어떻게 아세요?"

싯다르타가 약간의 수줍은 표정을 지으며 물었다.

"글쎄. 그거야 야소다라가 그렇게 말을 했으니까."

싯다르타는 야소다라가 더욱 궁금해졌다. 야소다라가 자신에 대해 관심을 갖고 있다니 그녀에게 끌리는 마음이 조금 더 강해지고 있었다. 그는 야소다라의 속마음이 어떤 것인지를 확인하고 싶어졌다.

"야소다라는 어째서 제가 일등을 했을 것이라고 생각했을까요?"
"그야 네 능력을 확신하기 때문이겠지. 그 아이는 널 아주 좋게 생각하고 있는 것 같았어. 넌 야소다라를 어떻게 생각하니?"
"그, 그건 왜 물으세요?"
"왜라니? 이 문제는 아주 중요한 거잖아. 그렇지 않니?"

싯다르타는 순간 양어머니의 질문이 아주 중요하다는 것을 알아챘다. 그가 결혼을 해야 될 것인지 아닌지를 결정해야 할 시기가 거의 다가왔음을 느낀 것이었다.

"예. 그건 중요해요. 하지만 그보다 더 중요한 게 있어요."
"그게 뭔데?"

"제가 결혼을 할건지 말건지부터 먼저 결정해야 되지 않겠어
요? 만약 제가 결혼을 하기로 한다면 제가 원하는 사람을 자
유롭게 선택할 수 있어야 되고, 또 제가 결혼하려는 여자에 대
해서 잘 알아야 되는 것 아니겠어요?"

고따미는 싯다르타의 첫 번째 질문을 피하면서 신중하게 말했다.

"나도 네 스스로 결혼할 여자를 선택하고 또 그 사람을 아는
것이 중요하다고 생각한다. 하지만 네가 너의 미래의 삶에 대
해 알 수 있을 만큼 충분히 성숙했다고는 볼 수 없지 않겠니?
그러니까 인생을 좀 더 잘 아는 사람들로부터 충고와 조언
을 받는 것이 도움이 된다고 생각한다. 그렇다고 생각하지 않
니?"

싯다르타로서는 지금 고따미가 자신과 야소다라의 관계를 지원하는
건지, 방해하는 건지 종잡을 수 없었다. 다만 분명한 것은 부모님이
그가 결혼하기를 바라고 있고, 아내를 선택하는 데 부모의 충고를 존
중해달라는 점이었다.

"안녕히 주무세요. 어머니."

멋쩍은 표정으로 방을 나서며 싯다르타가 인사했다. 자신의 방으로
들어간 싯다르타는 나머지 저녁시간 동안 자신의 장래에 대한 생각
으로 골똘해졌다.

'나는 왕의 아들로 태어남으로써 운명처럼 제시된 삶을 꾸려나가야만 하는 것인가? 그것을 바꾸어버릴 수 있는 방법은 없는 것일까? 결혼을 하는 것은 자연스러운 일이다. 하지만 그것이 관습이나 운명에 의해 정해져야 하는 것은 문제가 있다. 운명이란 관례 자체를 정당화하기 위한 수단에 불과하지 않은가. 이런 것들은 사람을 계급 따위로 구분하여 차별하고자 하는 〈푸루샤 수크타〉가 획책하는 것이다. 결혼이 해괴한 일은 아니지만, 관습과 전통이 그것을 간섭하도록 해서는 안 된다. 만약 내가 결혼을 한다면 내 스스로 아내를 선택할 필요가 있다. 아내는 평생 친구이자 반려자이므로.'

싯다르타는 야소다라를 떠올렸다. 생각할수록 그녀가 자신이 바라는 동반자가 될 것이라는 믿음이 굳어지고 있었다.

한편 고따미는 이튿날 아침까지 숫도다나 왕에게 아무런 말도 할 수가 없었다. 공무를 마친 숫도다나 왕이 고따미가 있는 거실로 들어섰다.

"왕비여. 싯다르타의 생각에 대해서 뭔가 알아낸 것이 있소?"
"아직은 없어요. 하지만 제 짐작으로는 싯다르타와 야소다라는 서로에게 마음을 빼앗기고 있는 것 같았어요. 어제 경기장에서 야소다라를 만났을 때, 그 아이가 싯다르타에 대해 물었어요. 싯다르타에게 그 아이 이야기를 했을 때에도 싯다르타는 호기심에 차 있었고요. 하지만 많은 이야기를 나누지는 못했어요. 사실 싯다르타가 결혼할 마음을 가지고 있기는 한지 알 수가 없었으니까요."

숫도다나 왕은 무엇인가 답답한 듯 방안을 위아래로 번갈아 훑어보았다. 싯다르타가 어렸을 때 그는 아들의 교육을 위해 외부로 보내지 않고 까삘라왓투에 붙들어 두도록 결정했었다. 그런데 다시 한번 싯다르타에게 자신의 뜻을 강요해야 한다는 것에 조금은 부담을 느끼고 있었다. 싯다르타의 결혼이 중요한 것과 마찬가지로 관습과 전통에 따라 부모들이 정해준 배우자와 결혼하는 것 또한 중요한 것이지만, 싯다르타는 관습과 전통의 맹신자가 아니지 않은가. '어떻게 할 것인가?' 고심을 거듭하던 숫도다나 왕은 일단 싯다르타의 의중을 알아보기로 작정했다.

결혼, 어떻게 할 것인가

싯다르타의 하루는 새벽부터 시작됐다. 그는 가족 가운데 가장 먼저 일어났다. 이따금 그는 새벽 로히니의 강둑을 따라 걷거나 말을 타고 몇 킬로미터쯤 나가 강물에 목욕하고 아침식사 시간에 맞춰 돌아오곤 했다. 싯다르타는 해가 떠오르기 직전 가장 기온이 낮은 시각에 얼음처럼 차가운 로히니 강물 속에 몸을 담그는 일반 사람들의 광경에 차차 익숙해져 갔다.

그날 아침도 싯다르타는 로히니 강과 나란히 나 있는 강둑길을 따라 말을 달렸다. 말을 몰아 달리면서도 그의 뇌리는 어젯밤 고따미와 나눈 대화로 가득 찼다. 그는 자신의 결혼은 부모님들이 원하는 방식 그대로 따르지는 않겠다고 생각했다. 그는 부왕이 야소다라를 며느릿감으로 탐탁하게 여기지 않을 것이라고 짐작했다. 고따미의 생각도 어떤 것인지 확실치 않았다. 양모는 비록 야소다라에 대해 특별히 부정적인 입장을 드러내지는 않았지만, 교육 및 양육에서 자신의 고집을 꺾지 않았던 부왕이었기에, 결혼에서도 당신의 방식을 고수할 것이 분명했다. 싯다르타는, 부왕의 입장을 거역하지 않으려 유학을 포기했었지만 일생에 단 한 번뿐인 결혼만큼은 자신의 뜻대로 치러야겠다는 생각을 굳혔다. 자신의 미래를 관습이나 전통에 따라 결정하는 것, 그것은 도저히 인정할 수 없는 것이었다. 싯다르타는 순간 갈증을 느꼈다. 싯다르타는 새벽녘 말을 타고 왕궁을 빠져나갔다. 무엇인가 생각을 할 필요가 있을 때 싯다르타는 곧잘 말을 탔다. 이날도 생각에 몰입되어 말을 달리던 중 갑자기 말이 멈춰 섰다. 말은 더 이상 나아가려 하지 않았다. '무슨 일일까?' 뿌연 안개에 덮인 앞을 내다보던 싯다르타는 무언가가 길을 막고 있는 것을 발견했다. 말에서 내린 싯다르타는 물체 앞으로 다가갔다. 길가에 쓰러져 있는 노인이었는데, 미동도 하지 않았다.

'죽었나?' 순간 등줄기를 타고 서늘한 기운이 흘렀다. 전혀 예기치 않은 곳에 사람이 쓰러져 있는 광경을 처음 경험한 싯다르타로서는 놀라지 않을 수 없었다. 용기를 내어 노인에게 다가가 손을 뻗어 흔들었다. "끄응~" 다행히 노인이 신음소리를 냈다. 죽지 않았음을 확인한 싯다르타는 겉옷을 벗어 노인의 몸을 감쌌다. 주위를 돌아본 싯다르타는 마침 강의 상류 쪽에서 목욕하고 있던 사람들을 발견하고 도움을 청했다.

잠시 후 남녀 몇 사람이 다가왔다. 사람들은 노인의 젖은 옷을 벗기고 모여든 사람들의 여벌옷을 입혔다. 반시간 남짓 지나자 노인이 가까스로 의식을 되찾았다. 싯다르타가 사람들에게 물었다.

"이 노인은 무슨 일로 몸을 가누지도 못하면서 이런 시간에 여기까지 나온 겁니까?"

모여든 사람들은 자신들에게 질문을 던지는 이 청년이 이 나라의 태자라는 것을 알고 있었다. 한동안 침묵이 흘렀다. 이윽고 한 중년의 여인이 입을 열었다.

"태자님, 이 로히니 강에는 히말라야로부터 내려온 신성한 물이 흐릅니다. 동틀 때 이 물에 목욕을 하면 전날 저지른 모든 죄악을 씻어버리고 새롭고 깨끗한 날을 맞는다고 해요. 그렇게 죄업이 쌓이지 않도록 모두 씻어버렸으니 죽은 후에는 하늘나라에 태어나게 되는 것입니다."

"누가 그렇게 가르쳤습니까?"

싯다르타가 물었다.

"브라만 사제요!"

중년의 여인이 답했다. 그녀는 싯다르타가 죽음으로부터 구해낸 그 노인을 가리키며 말을 이어갔다.

"바로 이분이 그 가르침을 준 사제이십니다. 오랫동안 자신이 가르친 대로 실행에 온 분입니다."

싯다르타가 쓴웃음을 지었다. 차오르는 분노를 억누르며 그가 말했다.

"그런가요? 이 브라만의 말대로 이 강물에 목욕해서 죄를 씻고 하늘나라에 갈 수 있다면 여기 사는 물고기나 거북이, 악어가 제일 먼저 천국에 가게 될 겁니다. 하늘나라가 그런 곳이라면 난 가고 싶지 않군요."

싯다르타는 주위에 모인 사람들에게 노(老) 브라만을 집으로 데려다 주도록 당부하고는 말에 올랐다. 뜻밖에 마주친 사건은 싯다르타에게 관습이라는 것이 얼마나 잘못된 것일 수 있는지를 깨닫게 해주었다. 잘못된 관습이나 전통을 따름으로써 마주치게 될 수많은 어처구니없는 일들을 생각하니 부아가 치밀었다. 이 사건은 싯다르타로 하여금 결혼에 대해서도 자신의 뜻을 관철하겠다는 의지를 굳게 만들었다.

'나는 먼저 야소다라의 감정을 알아야 한다. 그녀를 자주 만나보고, 아버지에게는 내가 야소다라에 대해 좀 더 알 때까지 기다리시도록 해야겠다. 내가 꼭 결혼해야 한다면 그건 반드시 내 결정이어야 한다.'

야소다라

싯다르타는 유학생 출신 친구들을 통해서 까뻴라왓투의 북서쪽은 물론 남부 지역에서 일어나고 있는 사상적 변화에 대해 많은 것을 배울수 있었다. 유학을 다녀온 지역에 따라 친구들의 성향도 달랐다. 라자가하 등 남부로 유학을 다녀온 친구들은 브라만교뿐만 아니라 다른 윤리·철학적 견해에 대해 관용을 보이지 않았다. 반면 딱까실라로 유학을 다녀온 친구는 브라만들이 차지하고 있는 지위로부터 그들을 끌어내릴 개혁의 책임을 크샤트리아 계급에서 져야 한다는 입장이었다. 그들의 이런 입장은 웃달라까 아루니가 주창했던 철학에 기초했다. 웃달라까 아루니는 브라만으로 태어났지만 브라만들이 강력한 영향력을 행사하지 못하는 북부에서 교육을 받았다. 따라서 그의 견해는 독단이 심하지 않고 보다 합리적이었다. 그는 열렬한 지혜의 옹호자였다.

　　웃달라까 아루니에 있어서 존재(생존)는 생명의 근본적인 바탕이었다. 그는 무(無)가 존재에 선행한다는 견해를 받아들이지 않았다. 최초 존재에 대한 사유에서 웃달라까 아루니는 그것 스스로 지각력이 있으며, 욕구와 소망을 일으킬 수 있다고 주장했다. 그는 현존하는 세계는 그러한 최초 존재와 자체의 고유한 욕망으로부터의 진화라고 보았다. 이런 면에서 그의 철학은 사성계급 제도가 세계를 구성하는 원초적 질료 자체거나 그 일부라고 보는 나라야나의 사상과 차이가 있었다. 웃달라까 아루니는 브라만들이 최고의 사회적 지위를 누릴 수 있는 근거인 카스트 제도에서 어떠한 정당성도 발견할 수 없었다. 딱까실라로 유학을 다녀온 친구들은 점차 두각을 나타내고 있던 상캬 학파의 '원초적 질료(prakṛti)의 진화는 또 다른 요소인 정신적 실재(puruṣa)의 영향에 기인한다.'는 견해에 호감을 보였다. 이 견해는 물질과 정신, 두 요소가 독립적으로 작용하지 못하며 마치 앉은뱅이를 업고 가는 장님처럼 상호 의지한다는 것이었다.

싯다르타에게는 이 모두가 흥미롭게 다가왔다. 이들 가운데 어떤 사상은 브라만 사제들이 영속시키려 했던 낡은 전통을 약화시키는 효과가 있었지만 안타깝게도 그런 견해들이 어려움에 처한 싯다르타의 현실 문제를 푸는 데는 기여하지 못했다.

'아, 답답하구나! 현존하는 모든 것이 일원론적 실체로부터 진화한 것이라거나, 그것이 웃달라까 아루니가 믿는 대로 그 자체의 힘을 통해서 지속되거나, 또는 외부적인 작인의 영향에 의해 유지되는 것이라면, 이 세계에서 우리가 만나는 선과 악, 부와 빈곤, 행복과 괴로움의 원인이 되는 것을 무엇이란 말인가? 내 친구들의 성향이라면 선과 행복은 원초적 질료 가운데서 잘 뜨고(부력이 강하고) 밝은 요소(sattva)가 우세할 때 일어나고, 악과 괴로움은 원초적 질료의 유독적이고 자극적인 면(rajas)이 우세한 결과이며, 무관심이나 인간 경험의 중간적 양상은 원초적 질료의 불명료 또는 비활동(tamas)에서 비롯된 것이라고 주장할 것이다. 그러나….'

싯다르타는 선뜻 동의할 수 없었다. 그는 어떤 것이 다른 것들보다 우세하게 된 이유는 무엇인가? 그것이 밝혀져야 한다고 생각했다. 웃달라까 아루니나 친구들은 모두 그와 같은 견해의 정당성을 밝히고 증명하는 데 실패했다는 것이 싯다르타의 생각이었다. 싯다르타는 스스로에게 묻고 대답했다.

'나는 사끼야 왕국의 왕 숫도다나의 아들로 태어났다. 나는 왜 이렇게 태어났을까? 지금의 내 안목과 지식으로는 그 이유를 설명할 수 없다. 아무튼 내가 왕의 아들이라는 이유만으로 내게 어떤 권리가 있다고 생각하는 것은 옳지 않다. 내 스스로의 의지와 힘으로 내가 원하는 바를 성취해야 한다.'

싯다르타는 까삘라왓투에서 열리는 음악제에서 야소다라를 만나게 되기까지 한동안 그러한 생각에 몰두하고 있었다. 까삘라왓투의 유복한 주민들에게 음악은 크나큰 즐거움이었다. 그들은 음악 속에서 잠자리에 들고 음악소리와 함께 일어났다. 여유 있는 사람들은 식사시간, 심지어는 여행을 하면서 여흥을 위해 악사들을 대동하는 경우도 있었다. 축제, 행진, 결혼, 장례식에조차 음악은 거의 빠지는 일이 없었다. 공공장소에서의 음악 경연은 악사들에게 각자의 재능과 잠재력을 과시할 기회를 제공했다.

몇 달 전에 열렸던 운동경기에 참가하지 않았던 싯다르타도 이번 음악제에는 참석하기로 했다. 야소다라를 만날 수 있으리라는 기대도 있었지만 그 역시 음악은 즐기는 편이었다. 비록 부자들에게 이용당하는 악사들의 생활 양태가 흔쾌하지는 않았지만. 싯다르타는 음악제에 참석했다.

"아무튼! 지난 운동경기에 참가하지 않은 이유는 뭐죠?"

음악제에 참석한 야소다라가 싯다르타를 만나자 따지듯 물었다.

"아, 네. 그러니까 나는 친구와의 약속이 있어 운동경기가 있다는 것을 잊고 있었어요. 그날 아침 나는 강 건너 마을에 갔었습니다. 백성들의 생각이나 믿음, 행동, 그리고 그들의 바람이 무언지 알고 싶어서였죠."

공격적으로 묻는 야소다라에게 싯다르타가 대답했다. 음악제가 시작되면서 싯다르타와 야소다라는 나란히 앉아 음악을 감상했다. 그러나 싯다르타나 야소다라 둘 다 음악 경연에 온전히 주의를 기울일 수 없었다. 싯다르타는 야소다라가 가까이 앉아 있다는 것만으로도 포근함을 느꼈다. 야소다라 또한 싯다르타와의 따스한 접촉이 마냥 설레고 기뻤다.

음악 경연이 끝났을 때, 싯다르타는 야소다라를 집까지 바래다주기로 했다. 싯다르타는 야소다라가 전에 보았던 것처럼 수다스럽고 활달하기만 한 것이 아님을 알게 됐다. 그녀는 조용했고 수줍어하면서도 신중했다. 둘은 말없이 걸었다. 오랜 침묵을 깬 것은 싯다르타였다.

"야소다라, 부모님들이 당신의 배우자로 선택해둔 남자가 있습니까?"
"아직 제게 그런 얘기를 하신 적은 없어요."

야소다라가 흘깃 싯다르타를 바라보며 답했다. 싯다르타는 한동안 침묵하더니 다시 입을 열었다. 무엇인가 중요한 제안을 할 것 같은 분위기가 흘렀다.

"부모님들이 아직 배우자감을 정하지 않았다면…, 나와 결혼
  해줄 수 있겠습니까?"

순간 야소다라가 싯다르타를 바라보았다. 두 사람의 눈이 마주쳤다.
싯다르타의 눈빛이 흔들렸다. 혹시라도 야소다라가 거절을 하면 어
쩌나 하는 불안감이 눈빛에 어려 있었다. 그러나 싯다르타는 곧바로
안도의 숨을 내쉬었다. 야소다라의 까만 눈동자에서 뿜어나오는 애
정 어린 호의를 알아챘기 때문이었다. 싯다르타는 자신을 향하여 가
만히 내미는 야소다라의 손을 꼭 쥐었다.

숫도다나의 허락을 받다

숫도다나 왕에게 가장 바쁜 하루가 밝았다. 석 달마다 한 번씩 사끼야 왕국의 관할 아래 있는 각 고을의 촌장들이 왕을 알현하기 위해 까삘라왓투로 모이는 날이었다. 왕뿐만이 아니라 가족 모두가 바빴다. 촌장들은 각기 그들의 고을에서 왕 몫으로 밀, 쌀, 기타의 생산물들을 가져왔다. 그때마다 숫도다나 왕은 촌장들과 초청한 가족을 위한 잔치를 베풀었다. 악사들이 손님들의 흥을 부추기는 연주를 하자 사방이 온통 즐거움으로 가득 찼다. 한바탕 잔치가 끝나면 왕궁의 식구들은 모두가 지칠 수밖에 없었다.

손님들이 모두 떠나고 난 후 숫도다나 왕이 발코니로 돌아와 멀리 저녁노을에 물든 로히니 강을 바라보고 있었다. 싯다르타는 온 가족이 피곤한 하루였음을 잘 알았지만, 그래도 오늘 저녁에 중요한 결정을 해야겠다고 생각했다. 검정, 회색, 은빛으로 아름다운 산맥의 윤곽을 그리며 떠오르는 달빛이 그윽한 밤이었다. 싯다르타는 발코니로 올라갔다. 입구에서 발걸음을 멈춘 싯다르타는 아버지에게 어떻게 말씀을 드려야 할지 고심을 거듭했다. 인기척을 느낀 숫도다나가 등 뒤에 서 있는 싯다르타를 보고는 부드러운 목청으로 물었다.

"아들아. 피곤하지 않느냐? 철마다 여는 이 행사가 나를 지치게 하지만 그래도 오늘 일은 만족스럽게 치러졌구나."

"저는 괜찮습니다. 아버지."

싯다르타가 대답했다. 잠시 침묵이 흐른 뒤 그가 다시 입을 열었다.

"아버지께서 저를 결혼시키려는 것을 알고 있습니다. 이미 어
머니와 의논했지만 아버지께 제가 선택한 사람이 있다는 것
을 말씀드리려고 합니다."

숫도다나 왕은 며칠 전 고따미로부터 싯다르타와 야소다라가 서로에
게 마음을 빼앗기고 있다는 것을 들어 알고 있었지만, 그것이 사실이
아니기를 내심 바라고 있었다. 그가 자리에서 일어서며 물었다.

"그게 누구냐?"
"야소다랍니다."
"야소다라에 대해 잘 알고 있느냐?"
"그렇습니다."
"그녀가 사끼야 왕국의 왕비로서 적당한 사람이라고 생각하
느냐?"

왕의 음성에는 약간의 노여움이 담겨 있었다.

"아버지. 저는 왕비감이 아니라 제 아내를 찾고 있습니다. 그
러나 야소다라는 분명히 어떤 일이든 훌륭하게 해낼 것이라
고 믿습니다."

싯다르타는 두 손을 모은 채 한동안 움직이지 않고 은은하게 비치는 달빛을 응시했다. 숫도다나 왕 또한 무거운 침묵을 이어갔다. 아들이 자신의 마음속 진동까지 알아차릴까 염려스러웠다. 그는 기둥처럼 서 있는 싯다르타를 뒤로 하고 발코니를 나갔다.

숫도다나 왕은 말없이 아래층으로 내려왔다. 경호병이 열어주는 문을 통하여 평화로운 밤공기를 마시며 궁전의 정원을 산책했다. 은은한 달밤의 적막도 뛰는 가슴을 안정시키지 못했다. 한동안 궁정을 거닐던 숫도다나 왕이 다시 궁 안으로 들어왔을 때, 그는 흠칫 놀랐다. 그때까지 그 자리에서 고목처럼 서 있는 싯다르타를 발견했기 때문이었다. 숫도다나 왕은 아무 말도 하지 않은 채 자신의 침실로 들어갔다. 고따미는 보이지 않았다. 그녀는 아직까지도 청소를 감독하고 회계원들과 함께 고을의 촌장들이 가져온 물건들이 잘 기록되고 보관되는지를 점검하느라 바쁘게 움직이고 있었다.

숫도다나 왕은 침대에 몸을 누였지만 좀처럼 잠이 오지 않았다. 밤이 이슥해서야 고따미가 침실로 들어왔다. 그녀는 왕궁의 여주인으로서, 그리고 왕실 재산의 출납관으로서 하루 일과에 기진맥진한 상태가 되어 있었다. 숫도다나 왕은 고따미가 모든 일을 마치고 침실로 들어올 때까지도 잠을 이루지 못하고 있었다.

"여태 자지 않고 계시네요. 무슨 걱정이라도 있어요?"
"응, 계속 깨어 있어야 될 거요. 그렇지 않고는 뭐가 어떻게 돼 가는지 알 수가 없을 것 같아."

풀죽은 목소리로 숫도다나 왕이 말했다. 고따미는 왕이 무엇인가 깊이 고심하고 있음을 눈치챘지만 한밤중이어서 더 이상 대화를 나누지는 않았다. 숫도다나 왕 역시 심신이 몹시 피로해 있었기 때문에 이내 깊은 잠에 떨어졌다. 그러나 오래 잠들지 못했다. 어느 정도 피로가 사라지자 안정되지 않은 마음이 다시 그를 깨웠다. 채 두어 시간이나 눈을 붙였을까. 고따미가 깨지 않도록 조용히 일어나 발코니로 향했다. 순간 그는 자신의 눈을 의심했다. 이미 여러 시간 전에 스쳐 지나왔던 그 자리에 싯다르타가 마치 동상처럼 똑같은 자세로 서 있었기 때문이었다. 그 모습을 보는 순간 숫도다나 왕의 마음은 분노로 들끓기 시작했다. '저 모습은 아버지의 의사를 무시하는 방자한 태도가 아닌가!' 처음으로 아들로부터 공개적인 반발을 당한 숫도다나 왕은 화를 참을 수 없었다. 그러나 분노가 폭발하려는 그 순간 그의 뇌리에 번개처럼 아시따 칼라데왈라의 예언이 떠올랐다. 취한 사람처럼 비틀거리다 가까스로 중심을 잡은 숫도다나 왕은 한숨을 길게 몰아쉬며 두근대는 가슴을 가라앉혔다.

"싯다르타. 어쩌자고 그렇게 서 있느냐?"

숫도다나 왕은 애써 마음을 다스리며 물었다.

"아버지를 기다리고 있었습니다."
"언제까지 그렇게 기다릴 작정이었느냐?"
"아버지의 결정을 알 때까집니다."
"내가 반대한다면 어떻게 할 생각이냐?"
"아버지께 제 결심이 적절한 것이라는 것을 확신시킬 수 있을 때까지 기다릴 것입니다."

"하지만 내가 이미 며느릿감으로 정해 둔 사람이 있다면 어떻게 하겠느냐?"

"그 여자가 저에게 적합한 사람이라고 제 스스로 확신할 때까지 아버지 또한 기다리셔야 할 겁니다."

조금도 망설이지 않고 나오는 싯다르타의 대답에 숫도다나 왕은 내심 놀라지 않을 수 없었다. 그는 생각한 것보다 사태가 심각하다는 것을 깨달았다. 몇 분 동안 발코니를 오가며 현재의 문제와 관련된 모든 사실들을 마음속으로 되뇌어 보았다. '고따미는 야소다라와 그녀의 가족에 대해 한마디도 반대하는 말을 하지 않았으며, 또 그들과 가까이 지내는 사이다.' 그는 야소다라가 자존심이 강하고 독립적인 성향을 가지고 있다는 점에서 싯다르타와 매우 닮았다고 생각했다. 그러나 이런 현실이 반드시 비극은 아니라는 것도 알고 있었다. 적지 않은 나라에서 정권을 유지하기 위해 왕비가 귀족들의 부인들을 활용하는 등 정치의 한 축을 담당한다는 이야기를 들은 적이 있었던 것이다.

'그래. 야소다라를 며느리로 맞이하는 것이 반드시 나쁜 선택은 아닐 것이다. 적어도 야소다라와 그의 가족들은 정치적 야심을 품고 있는 사람들은 아니지 않은가. 그들의 가정은 평화롭고 행복하다. 야소다라는 쾌활하지만 또한 예의바르다.' 생각이 여기에 미친 숫도다나는 싯다르타에게 다가가 다소 맥빠진 목소리로 말했다.

"좋다. 싯다르타! 이제 그만 잠자리에 들어 편히 자도록 해라. 태자비는 네가 원하는 대로 해도 좋다. 나는 다만 네 선택이 바른 것이기를 바랄 뿐이다."

그 순간 싯다르타는 아버지에게 맞섰던 자신의 오만을 참회했다. 그러나 그럴 수밖에 없었던 현실도 인정했다.

"고맙습니다. 그리고 죄송합니다. 아버지."

숫도다나는 더 이상 생각해야 할 것이 없었다. 그는 침실로 돌아가자마자 깊고 깊은 잠에 빠져들었다.

야소다라 부모의 허락을 받다

야소다라의 부모도 딸이 싯다르타와 가까운 사이라는 것을 알게 되었다. 숫도다나 왕의 누이동생이기도 한 빠미따 부인은 무척 기뻤다. 반면 아버지 숩빠붓다는 다소 회의적인 입장이었다. 숩빠붓다는 성향상 보수적인 사람이 아니었다. 그는 매우 진보적인 생각을 갖고 있었다. 그 덕에 야소다라는 또래의 다른 소녀들보다 훨씬 자유로울 수 있었다. 숩빠붓다는 싯다르타의 전통적 가치에 대한 비판적 입장에 동감하는 입장이었다. 그러나 동시에 싯다르타가 온전한 가정생활을 할 수 있을지 염려하는 입장이었다. 숩빠붓다가 싯다르타를 사위로 맞이하는 데 극도로 신중을 기하는 것은 야소다라의 미래를 위해서였다. 하지만 빠미따 부인은 딸이 장차 사끼야 왕국의 왕비가 될 수 있다는 생각에 의기양양했다. 또한 싯다르타는 온 나라 처녀들에게 선망의 대상인 미남 청년이기도 했다. 빠미따 부인은 사실 싯다르타와 야소다라의 관계를 알기 전부터 싯다르타 찬미자였다. 빠미따 부인으로서는 장차 왕이 될 멋진 청년을 사위로 맞는 꿈같은 일이 현실로 이루어질 수도 있다는 데 흥분하지 않을 수 없었다. 당연히 딸을 지원해줄 만반의 준비가 되어 있었다.

한편 싯다르타는 두 가지를 성취했다고 생각했다. 첫째, 결혼할 여자가 자신의 사회적 지위 때문이 아니라 자신을 좋아하기 때문에 청혼을 받아들였음을 확인한 것, 둘째는 심각한 불화 없이 아버지의 동의를 받아낸 것이다. 이것들은 싯다르타에게 매우 중요한 일이었다.

　이튿날 싯다르타는 야소다라의 집을 방문했다. 야소다라와 마주하고 자리에 앉은 싯다르타가 말했다.

　"야소다라, 아버지께서 우리들의 결혼을 허락하셨습니다."

야소다라가 안도의 미소를 지었다. 눈에서 반짝반짝 생기가 돌았다. 그녀가 아주 감미롭고 부드러운 목소리로 말했다.

　"아버님의 승낙을 받기 위해 다투지는 않았나요?"
　"조금요. 하지만 심각하지는 않았습니다. 당신의 부모님들께선 우리 결혼에 반대하지 않을까요?"
　"어머니는 무언가 짐작하고 계실 거예요. 어머니는 당신을 아주 좋아하시지만 아버지께서 어떻게 생각하실지는 저도 모르겠어요. 하지만 집안일에는 대개 어머니 생각이 결정적인 걸요."

잠깐 동안 침묵이 흘렀다. 그러나 그것도 오래 가지 않았다. 야소다라의 어머니 빠미따가 거실로 들어섰기 때문이었다. 싯다르타가 자리에서 일어나 인사하자 그녀는 인사를 받으면서 바로 싯다르타의 옆자리에 앉았다. 싯다르타가 자신의 오라버니 숫도다나의 아들로 조카뻘이었지만 왕위를 이을 태자였기에 빠미따는 경어를 사용했다.

　"태자님! 자리에 앉으세요. 야소다라의 아버지는 오늘 아침

친척집에 가셨답니다. 곧 돌아오실 거예요. 우리 집에서 저녁
을 드시지 않겠어요?"

"아뇨. 그냥 야소다라만 잠깐 만나려고 왔습니다. 곧 돌아가야
합니다."

"그래요? 다음에 올 때는 이렇게 서두르지 마세요. 숩빠붓다
도 당신을 만나면 좋아할 거예요. 그분께 사끼야 왕국의 태자
가 다녀갔다고 얘기할게요."

싯다르타는 가만히 미소를 머금었다. 빠미따 부인은 자리에서 일어
나 싯다르타에게 작별인사를 하고는 거실을 나섰다.

"우리 어머니는 늘 저러셔요. 어머니는 이야기하기를 무척 좋
아하시지요. 하지만 이해심이 깊은 분이시랍니다."

이해를 구하듯이 야소다라가 말했다. 미소로 야소다라의 이야기를
경청한 싯다르타는 자리에서 일어나 문 쪽으로 걸어갔다. 작별인사
를 위해 그녀의 손을 잡았을 때, 그는 음악제에서 돌아오는 길에 처음
으로 손을 잡았던 것과 같은 묘한 감정을 느꼈다. 집밖에 나서자 싯다
르타가 정중히 그녀의 손에 입을 맞추고 말했다.

"우리는 곧 함께 있게 될 겁니다."

그는 그녀를 거기 세워둔 채 떠났다. 문간을 나서면서 싯다르타가 뒤
돌아다보았다. 야소다라는 그를 바라보며 그대로 서 있었다. 그는 손

을 흔들어 보이는 야소다라에게 손을 들어 답하고는 말을 달렸다. 싯
다르타가 떠나고 나자 야소다라의 어머니는 그들의 관계에 대해서 묻
기 시작했다.

　　"싯다르타가 구혼해왔니?"
　　"네, 그랬어요."
　　"그래서 어떻게 했니?"
　　"아무 말도 안 했어요."
　　"너도 그 사람을 좋아하지?"
　　"네, 좋아하고 있어요."

빠미따 부인이 놀랍다는 듯이 말했다.

　　"좋아하고 있다면서, 네 손을 잡고 구혼하는데도 아무 말도 안
　　했단 말이야?"
　　"아무 말도 안 했지만 제 손을 주었잖아요."

야소다라가 미소 지으며 말했다. 빠미따 부인은 기뻤지만 아직 마음
을 놓을 수는 없었다.

　　"숫도다나 왕이 널 받아들일 것 같니?"
　　"그걸 알려주려고 왔던 거예요."
　　"승낙했다던? 아니면….."

궁금해 참을 수 없다는 듯 빠미따 부인이 재촉하듯 물었다.

"싯다르타가 아버지를 설득해냈대요. 이제 남은 일은 우리 아
버지의 승낙을 받는 일일 것 같아요."

빠미따 부인의 얼굴이 밝아졌다. 그녀는 이 결혼을 위해서라면 무슨
일로라도 적극 지원해야겠다고 마음먹었다. 그녀는 남편에게 이 결
혼을 찬성해주도록 설득할 각오가 되어 있었다. 저녁때쯤 집으로 돌
아온 남편 숩빠붓다는 부인의 얼굴이 평상시와는 달리 기쁨으로 넘
쳐나는 것을 발견했다. 잠깐 휴식을 취한 숩빠붓다는 저녁식사를 위
해 가족과 한자리에게 앉았다.

"오늘 귀한 손님이 다녀갔어요."

빠미따 부인이 말문을 열었다. 숩빠붓다는 궁금하다는 눈빛을 지어
보였다. 평소 때 같았으면 가족들이 모인 자리에서 꽤나 수다스러웠
을 야소다라가 입을 다물고 있는 것도 이상했다. 숩빠붓다는 자신이
집을 비운 동안 무슨 일이 일어났음을 직감했다.

"그래, 내가 없는 동안에 왕실에서 손님이라도 왔었던 거야?"

싯다르타의 방문을 예감한 숩빠붓다의 예리한 질문에 접시에 담은
음식을 헤집고 있던 야소다라는 흠칫 놀랄 수밖에 없었다. 그녀는 아
버지가 매우 진보적이라는 것을 알고 있었지만 싯다르타를 썩 마음

에 들어 하지는 않을 것이라고 느끼고 있었던 것이다. 야소다라는 아버지의 질문에도 답을 하지 못하고 접시만 만지고 있었다. 그러자 숩빠붓다가 빠미따에게 물었다.

"싯다르타가 야소다라와의 결혼에 대해 진지하게 생각하는 것 같소?"

"그렇게 생각하는 것 같았어요."

"나로서는 싯다르타를 한가족으로 생각하기에는 어려움이 있소. 숫도다나 왕은 싯다르타가 정사에 관심을 두고 있지 않는 것에 대해 걱정하고 있지. 그는 그 나이, 그 위치에 있는 사람으로 너무 책임감이 없는 사람으로 보인단 말이야."

야소다라는 점점 불안해졌다. 그러나 그 불안한 마음을 감추려고 안간힘을 썼다.

"하지만 요즘 그 나이 또래 젊은이들 모두가 한가지 아니겠어요? 잠깐이면 지나가 버릴 한때의 모습일 뿐이에요. 결혼하고 나면 의무나 책임에 전념하게 될 거예요. 그렇지 않을까요?"

숩빠붓다를 달래듯 빠미따 부인이 말했다. 숩빠붓다가 재차 물었다.

"싯다르타가 정말 야소다라에게 구혼이라도 한 거요? 아니면 겨우 그가 한 번 들른 걸 가지고 상상해낸 말이요?"

"물론이죠. 그가 야소다라에게 청혼했어요."

숩빠붓다는 다시 야소다라를 향해 물었다.

"야소다라, 그래서 뭐라고 했니?"
"아무 말도 안 했어요."
"음, 그리고…. 숫도다나 왕의 입장은 또 어떻고? 과연 그가 싯
다르타의 뜻을 따를까?"
"싯다르타가 온 이유가 바로 그 때문이에요. 아버지 숫도다나
왕과 결혼문제를 상의했고 허락을 받았대요."
"음, 그래? 숫도다나 왕이 결혼 승낙을 했다는 건 놀라운 일이
구나. 그는 싯다르타를 완전히 자기 수중에 두려고 해 왔잖아.
싯다르타가 까뻴라왓투 밖으로 공부하러 가는 것도 허락하지
않았던 사람이야. 외부의 영향을 받지 않도록 무진 애를 쓴 거
지. 야소다라는 숫도다나 왕이 원하는 그런 아이가 아닐 텐데.
아무튼. 야소다라. 네 마음은 어떤 거냐?"

야소다라는 입을 다물고 있었다. 그러나 숩빠붓다는 이미 야소다라
의 마음에 싯다르타가 깊이 자리하고 있다는 것을 알아챘다. 다만 딸
의 장래가 걱정될 뿐이었다. 왠지 싯다르타를 믿을 수가 없었던 것이
다. 빠미따 부인은 여자의 직감으로 남편이 야소다라의 결혼을 허락
하는 것에 대해 매우 혼란스러워하고 있음을 알아채고 서둘러 자리
를 마무리했다.

"시간이 오래 됐어요. 오늘은 그만 이야기하고, 쉬는 게 좋겠
어요. 많이 피곤해 보이는군요. 다음에 좀 더 이 문제에 대해

깊게 생각해보기로 해요. 여보."

빠미따 부인의 말에 숩빠붓다는 자리에서 일어나 침실로 들어갔다. 야소다라의 음식은 접시에 그대로 남겨져 있었다. 대신 그녀의 눈에는 눈물이 가득 고여 있다가 한두 줄기씩 볼을 타고 떨어졌다.

  "야소다라. 아버지에게 좀 더 생각할 시간을 드리자. 그러나
  틀림없이 잘 될 거야."

빠미따 부인이 딸의 등을 부드럽게 감싸 안으며 달랬다. 야소다라의 검은 머리카락에서 꽃향기가 풍겼다.
  한편, 숩빠붓다와 빠미따 부부는 관습에 따라 야소다라가 남편감을 선택할 수 있도록 모든 이웃나라 청년들에게 초청장을 보내 선보는 자리를 마련하기로 했다. 물론 야소다라는 그 자리에 참석한 많은 젊은이들 가운데서 싯다르타를 선택했다. 그렇지만 숩빠붓다는 딸의 선택이 그리 만족스럽지만은 않았다. 그는 딸과 싯다르타가 원만한 결혼생활을 할 수 있을지 여전히 회의적이었다. 싯다르타는 외곬으로 성자와 선인들을 만나는 것을 즐겨하고 고독을 즐기며 자주 명상에 잠기는 성정의 소유자라는 점이 마음에 걸렸다.
  그러나 숩빠붓다로서는 딸 야소다라가 저렇게 완강하게 싯다르타에게 마음을 뺏기고 있으니 어쩔 수 없는 노릇이었다. 숩빠붓다는 딸의 선택을 존중해 싯다르타를 사위로 삼기로 했다.
  문제는 탈락한 경쟁자들의 실망과 분노였다. 그들은 자신들이 모욕을 당했다고 생각했다. 사실 탈락자들은 어떤 시험을 통해 공정

한 경쟁으로 신랑감이 정해지기를 기대했었다. 그러나 일방적인 야소다라의 선택에 의해 신랑감이 결정되었다는 것을 도저히 받아들일 수 없었다. 일부 청년들은 흥분을 감추지 못했다. 탈락한 청년들은 한자리에 모여 숩빠붓다에게 궁술시합을 열어 사윗감을 정해줄 것을 강하게 요구했다. 그들의 요구가 생각보다 강경하고 집요한 것에 놀란 숩빠붓다는 난감한 지경에 빠졌다. 그는 고민 끝에 할 수 없이 궁술시합을 열기로 결정했다.

싯다르타는 이런 시합에는 참석할 마음이 없었다. 어차피 야소다라가 선택한 사람은 자신인데, 다시 경쟁에 나서는 게 내키지 않을 것은 당연한 일이었다. 그러자 그의 마부 찬나가 내키지 않더라도 시합에 참석하는 것이 좋겠다고 권유했다.

"태자님, 궁술시합에 참석하는 것이 좋겠습니다. 만약 시합을 거부한다면 그것은 부왕과 가문은 물론 야소다라에게도 좋지 않은 영향을 안겨주는 행동으로 받아들여질 것입니다."
"찬나, 그런가? 그럴 수도 있겠지. 반드시 그래야 한다면 어쩔 수가 없지. 참가하도록 하겠네."

야소다라의 신랑감이 되기 위해 많은 청년들이 궁술시합에 나선 가운데, 싯다르타는 단연 월등한 실력으로 1등을 차지했다. 그 누구도 싯다르타의 말 타는 솜씨와 궁술 실력을 따라올 수 없었다.

결혼

숫도다나 왕은 온갖 정성을 다해 싯다르타의 결혼을 준비했다. 겨울, 여름, 우기 등 각각 다른 계절 동안 지낼 수 있도록 만들어진 까삘라왓투 외곽의 세 별궁을 싯다르타와 야소다라가 불편 없이 사용할 수 있도록 새롭게 단장했다. 그들에게 안락한 환경을 마련해주기 위해 할 수 있는 모든 것을 준비했다. 거기에는 행복한 결혼생활이 싯다르타의 태도에 변화를 가져다주기를 바라는 아비의 간절한 마음이 깃들어 있었다.

결혼식 날, 싯다르타가 브라만교의 전통을 존중하지 않는 것을 아는 숫도다나 왕은 까삘라왓투의 대관식장에서 간단하게 결혼식을 치르도록 했다. 그 대신 결혼식이 끝난 후 까삘라왓투의 북쪽 산기슭에 자리 잡은 멋진 집, 여름 별궁에 사람들을 초청해 화려한 파티를 열었다. 여름 별궁의 정원에는 연못이 있었고, 색다른 식물들이 아름답게 자라고 있었다. 양쪽에는 과일나무 동산이 있고, 뒤쪽에 널찍하게 마련된 과수원은 깊은 숲과 이어져 있었다. 특히 여름 동안 급류로부터 끌어온 물로 작동하는 분수와 인공폭포가 더위를 쫓아주었고, 거기에서 흩어져 나오는 물보라가 청량하고 쾌적한 분위기를 한껏 돋우고 있었다.

양가의 부모를 비롯해 가까운 친척, 친구들이 해가 뉘엿뉘엿 저무는 늦은 오후 여름 별궁의 파티 장소에 속속 모여들었다. 갖가지 음식과 과일, 마실 거리들이 푸짐하게 쌓였다. 이날을 위해 미리 선발된 악사와 무희들이 공연을 벌였고, 어린 소녀들이 매혹적인 목소리로 합창을 했다. 새 부부를 영접하기 위해 온 인근 마을의 지주들과 그 자리에 모인 모든 사람들에게도 즐거운 시간이 마련됐다.

어둠이 짙어지면서 파티는 마무리되었다. 결혼을 축하하기 위해 왔던 손님들이 하나둘씩 떠나가기 시작했다. 싯다르타와 야소다라는 문간에 서서 손님들을 배웅했다. 마지막으로 양가의 부모들이 떠나려 하자 야소다라가 아버지 앞에 무릎을 꿇고 양손으로 발을 잡은 채 흐느끼기 시작했다. 두 눈에 눈물이 고인 숩빠붓다는 딸의 어깨를 잡아 정중하게 일으켜 세우고, 머리에 입을 맞추었다. 이어 야소다라는 딸과 헤어져야 하는 아쉬움과 태자와의 결혼이 주는 기쁨이 뒤섞인 눈물로 온 얼굴이 다 젖은 어머니에게 다가가 공손히 절을 하고는 깊은 포옹을 나눴다. 다음으로 숫도다나 왕과 고따미 왕비가 며느리가 된 야소다라의 절을 받았다. 이어 싯다르타가 아버지 앞으로 걸어가 엎드려 절을 올리고 일어서자 숫도다나 왕이 아들을 껴안아 주었다. 아버지와 포옹을 한 채 싯다르타가 나직하게 말했다.

"아버지, 제가 한 일이 옳은 것이기를 바랍니다. 아버지를 거
스른 게 있다면 용서해주십시오."

숫도다나 왕은 아무런 대답도 하지 않은 채 아들을 꼭 껴안아 주는 것으로 대답을 대신했다. 싯다르타는 이어 어머니와, 장인, 장모에게 차례로 예를 올렸다. 그의 어린 동생 난다는 이 모든 것을 신기한 듯 지켜보고 있었다. 난다를 발견한 싯다르타가 다가가 동생을 안아 올

리고는 이마에 입을 맞추었다.

작별인사가 모두 끝나고 부모들과 가까운 친척들이 까삘라왓투로 돌아가는 마차에 오르기 시작했다. 시종들은 집안에 남겨두고 싯다르타는 야소다라와 함께 현관 밖까지 걸어 나갔다. 부모님을 떠나보내는 싯다르타와 야소다라에게 '이제 부모님에게서 독립을 하게 되었다.'는 이전에는 느껴보지 못했던 불안감과 외로움이 밀려왔다. 싯다르타는 야소다라에게 다가가 어깨에 팔을 두르고 가만히 안았다. 야소다라는 살며시 몸을 기울여 이제 남편이 된 싯다르타의 품에 안겼다. 싯다르타의 포근한 가슴에 고개를 묻는 순간, 그녀의 마음속에는 더없는 안도감이 피어났다. 거기에 더 이상의 불안, 그리고 외로움 따위는 남아 있지 않았다.

싯다르타와 야소다라가 여름 별궁에 머무는 동안 많은 친구들이 그들을 찾아왔다. 그러나 싯다르타는 이전처럼 친구들과 자유롭게 까삘라왓투 외곽까지 여행할 수 없게 되었다는 현실을 깨닫게 되었다. 이제는 친구들과의 우정에 앞서 영원한 반려자가 된 야소다라의 남편으로서 의무가 지워졌음을 피부로 느끼게 된 것이다.

야소다라는 싯다르타가 그의 동료를 몹시 그리워하고 있음을 직감했다. 야소다라는 싯다르타가 친구들과 만나지 못하는 공백을 메울 무언가를 찾아야 했다.

"쾌락에 탐닉하게 하라"

숫도다나 왕은 결혼한 아들이 원만하게 가정생활을 해나가는 것을 보고 내심 안도했다. 그렇지만 그의 머릿속에 아시따 칼라데왈라의 예언이 완전히 지워진 것은 아니었다. 예언이 실현되는 것을 예방하기 위하여 그는 싯다르타가 세속적인 쾌락에 탐닉하도록 만들어야겠다고 생각했다. 아들에게 제공한 세 채의 호화 별궁을 온갖 향락적인 분위기로 장식한 것도 이런 이유에서였다. 숫도다나 왕은 왕실의 사제인 우다인을 불러 싯다르타를 붙잡아둘 치밀한 계획을 세우도록 지시했다. 우다인의 계획에 따라 숫도다나 왕은 미녀들을 모아 하렘을 만들기로 결정했다. 하렘은 왕실이나 귀족들의 애욕을 충족시키는 여인들이 머물 공간이었다. 하렘이 만들어지자 우다인은 미녀들을 모아 태자를 쾌락의 포로로 만드는 방법을 가르쳤다. 그는 여인들에게 왕자의 총애를 받는 방법에 대해 상세히 설명했다.

"너희들은 모두 애욕적인 분위기를 만들어내는 이야기를 구사할 줄 알 뿐만 아니라 미모와 우아함까지 갖추고 있다. 그러므로 각자 나름대로 남자의 총애를 얻는 일에 솜씨가 있을 줄 안다. 너희들의 솜씨라면 모든 욕망을 던져버린 선인이라도 마음을 달아오르게 만들 수 있을 것이다. 또 천상의 아름다운 님프(요정)에게만 관심을 보이는 신들이라고 해도 충분히 유혹할 수 있을 것이다. 남성을 유혹하는 능숙한 솜씨와 요염한 교태, 완벽한 미모를 활용한다면 같은 여자라도 유혹할 수 있을 것이다. 하물며 남자의 경우라면 얼마나 쉽게 유혹할 수 있겠느냐. 너희들 모두는 각자 자신들의 능력을 최대한 발휘하여 태자의 마음을 사로잡고 그를 애욕의 포로로 만들어야 한다. 남편을 처음으로 맞이하는 신부가 수치심에서 눈을 감아버리는 것과 같은 수줍은 행동은 절대로 용납하지 않겠다. 알겠는가?"

"네, 잘 알겠습니다."

우다인의 설명이 계속 이어졌다.

"너희들이 모셔야 할 태자가 제아무리 영웅이고 신분이 고귀하다고 해도 난공불락은 아닐 것이다. '남자는 세상을 움직이지만 그 남자를 움직이는 것은 여자'라는 말을 명심하고 무슨 일이 있더라도 태자를 유혹해야만 한다. 옛적에 신도 굴복시키지 못한 위대한 선인이 있었는데, 그는 까시 국의 절세미인이었던 한 창녀의 유혹에 넘어가 그녀의 발에 짓밟히는 신세가 되었다. 또한 심오한 고행의 길을 걷고 있던 위대한 선인 위스와미트라(Viśvāmitra)는 아름다운 님프 그리타키의 유혹에 넘어가 애욕의 포로가 되는 바람에 십 년간을 숲속에 갇혀 지냈다. 이처럼 많은 선인들이 미녀들의 유혹에 넘어간 것을 볼 때, 바야흐로 청춘의 문턱에 들어서 감수성이 한창 예민한 싯다르타 태자의 경우는 긴 말이 필요 없을 것이다. 태자를 적극적으로 유혹하여 왕실의 대가 끊어지는 일이 없도록 해야 할 것이다. 보통의 남자들을 유혹할 수 있겠지만, 심지가 굳은 남자를 정복하는 여자야말로 진정한 여자가 아니겠느냐?"

미녀들의 유혹

우다인의 설명을 들은 미녀들은 저마다 싯다르타를 정복해보겠다는 야심을 드러냈다. 그녀들은 자신들의 아름다운 눈썹, 요염한 시선, 교태, 미소, 우아한 동작들이 범부를 유혹하기에 충분하다고 생각했다. 그렇지만 과연 태자를 유혹할 수 있을지는 자신할 수가 없었다. 그러나 왕실의 사제로부터 격려의 말을 듣고 태자의 심성이 여리다는 것을 알게 되었고, 게다가 술과 애욕의 힘까지 빌릴 수 있게 되자 곧 자신감을 되찾았다. 자신들에게 주어진 임무를 수행하기 시작한 미녀들은 마치 히마와트(Himavat, 히말라야의 신) 숲속을 배회하는 코끼리처럼 왕자가 숲속을 거닐도록 만들고는 무리지어 싯다르타를 수행했다. 미녀들에 둘러싸여 산책하는 그의 모습은 왕실의 정원에서 천계(天界)의 요정 아프사라(Apsara)들에게 둘러싸인 태양과도 같이 빛을 발했다.

　미녀들 중 일부는 자신들의 풍만하고 탄력 있는 유방을 싯다르타의 몸에 은근하게 비벼댔다. 다른 미녀는 쓰러지는 척하면서 싯다르타를 와락 껴안고서는 담쟁이덩굴처럼 흐느적거리는 팔로 몸을 감쌌다. 또 다른 미녀는 앵두같이 붉은 입술에다 독한 술 냄새를 풍기는 입으로 싯다르타의 귓속에 "저의 비밀 이야기를 들어보세요."라고 속삭였다. 몸에 향유를 바른 어떤 미녀는 마치 길안내를 맡은 사람처럼 싯다르타의 손을 꼭 잡고는 "사랑의 의식을 이 자리에서 행해보세요."라고 유혹했다. 한 미녀는 술에 취한 척, 푸른 의상이 연신 흘러내리는 고혹적인 자세를 취하기도 했다. 영롱한 소리가 나는 금 장신구를 단 미녀들은 얇은 천으로만 가린 자신들의 육체를 드러내 보이면서 싯다르타의 주위를 배회했다. 간혹 싯다르타의 눈길이 자신을 향할 땐 망고나무 가지를 잡고 몸을 기울여 황금 항아리 같은 젖가슴을 노출시켰다. 연꽃 밭에서 걸어 나오면서 연꽃을 들고 있는 미녀들은 아름다운 연꽃의 여신 파드마처럼 다소곳하게 서서 태자에게 유혹의 추파를 보냈다. 멋진 율동과 함께 쉽게 알아들을 수 있는 달콤한 노래를 부르면서 무덤덤한 싯다르타를 자극하는 또 다른 미녀의 시선은 마치 "당신은 내게 유혹당해야만 해요!"라고 말하는 것 같았다. 밝은 얼굴에다 눈썹을 크게 그린 한 미녀는 용사의 동작으로 싯다르타의 행동을 흉내 냈다. 아름답고 풍만한 가슴에다 바람에 흔들리는 귀걸이를 한 미녀는 "나를 붙잡아보세요!"라고 말하는 것처럼 태자를 향해서 큰소리로 웃었다.

싯다르타가 다른 곳으로 발걸음을 옮기자 몇몇 미녀들은 그를 화환의 끈으로 묶었고 다른 미녀들은 코끼리 몰이꾼이 사용하는 갈고리처럼 부드러우면서도 단호한 말을 건네며 유혹했다. 다른 미녀는 태자와 말장난을 해보려고 망고 잔가지를 잡고서 격정에 들뜬 목소리로 "이 꽃은 누구의 것이지요?"라고 물었다. 또 다른 미녀는 남자의 걸음걸이와 자세를 흉내 내면서 싯다르타에게 "여자에게 정복당한 태자님은 온 세상을 정복한답니다!"라고 말했다. 푸른 연꽃 냄새를 풍기면서 눈망울을 굴리는 한 미녀는 흥분해서 취한 듯한 목소리로 이렇게 말했다.

"태자님 여기를 보세요. 이 망고나무는 꿀 냄새나는 꽃들로 덮여 있지만, 그 속에서 노래하는 뻐꾸기는 마치 황금 새장에 갇혀 있는 것 같군요. 태자님, 연인들에게 슬픔을 더해주는 이 아소카나무를 보셔요. 나뭇가지들 사이에서 꿀벌들은 마치 불에 타죽을 때처럼 어지러운 소리를 내는군요. 가느다란 망고 가지가 감싸고 있는 이 틸라까(Tilaka)나무는 황금 향유를 바른 여인의 옆에 하얀 옷을 입고 서 있는 남자처럼 보입니다. 방금 흘러나온 수액처럼 영롱하게 빛나는 쿠루바카(심홍색의 맨드라미)는 마치 여인들 손톱의 아름다운 색깔에 주눅이 든 것처럼 고개를 숙이고 있네요. 새싹들이 뒤덮고 있는 이 어린 아소카나무를 보셔요. 마치 우리들의 아름다운 손길에 수줍음을 타는 것 같아요. 제방 위의 신두바라 관목으로 둘러싸인 이 호수를 바라보셔요. 마치 고운 흰 옷을 입은 미녀가 누워 있는 것 같군요. 물위에 떠 있는 청둥오리 암컷도 보셔요. 제 수컷 짝을 마치 노예처럼 거느리고 당당한 모습으로 나아가고 있네요. 저기 음악에 도취한 듯이 열심히 노래하는 뻐꾸기 소리를 들어보셔요. 또 다른 뻐꾸기도 근심걱정 없이 화답하듯이 노래합니다. 세상만사를 걱정하시는 왕자님 같은 현자를 조금도 개의치 않고 만물이 소생하는 봄을 노래하는 저 새들은 얼마나 보기 좋은가요!"

하렘의 미녀들은 애욕에 들떠 온갖 수단과 방법으로 싯다르타를 유혹하려고 공격적으로 들이댔다. 그러나 자제력이 탁월한 싯다르타는 전혀 기뻐하지도 웃지도 않았다. 미녀들의 적나라한 모습을 보았지만, 싯다르타는 평소와 다름없는 평온한 심정으로 사색에 잠겼다.

"이 여자들은 청춘이 덧없는 것이라는 것을 왜 모르고 있을
까? 늙으면 젊은 시절의 미모도 없어지고 마는 것을!"

미녀들의 끈질긴 유혹 공세는 여러 달 동안 계속되었으나, 아무런 성
과도 거두지 못했다.

우다인의 충고

우다인은 싯다르타가 미녀들에게 전혀 관심을 두지 않는 것을 지켜보면서 미녀들을 동원한 공작이 실패로 돌아갔음을 알았다. 정략이 뛰어난 우다인은 싯다르타와 직접 대화를 나누기로 했다. 싯다르타와 단둘이 있게 되자 우다인이 말했다.

> "부왕께서는 태자님의 동무가 되어드리라고 저를 임명하셨습니다. 그래서 진정으로 태자님을 위해 한말씀 드리겠습니다. 친구의 세 가지 특질이란 불리한 것은 못하게 말리고, 유리한 것을 행하게 적극 권유하고, 불행에 처했을 때는 저버리지 않는 것입니다. 그러므로 제가 태자님과의 우정을 약속한 이상, 태자님께서 인간의 위대한 목표를 멀리하는 데도 제가 아무런 조치를 취하지 않는다면 그것은 제가 태자님께 우정을 갖고 있지 않은 것이 될 것입니다."

우다인은 이어 싯다르타에게 거짓으로라도 여자에게 접근하는 것은 결코 잘못된 행동이 아니며, 오히려 부끄러움을 없애고 자신의 만족을 추구하는 데 유용한 것이라고 설명했다. 다정한 태도로서 여자의 뜻에 따라주는 것이야말로 여자의 마음을 휘어잡는 방법이며, 진정으로 이런 자세와 마음을 가질 때 여자의 사랑이 싹트고, 여자들은 그런 남자를 존경하는 것이라고 덧붙였다. 그러나 우다인의 우정을 빙자한 장황한 설명을 듣는 싯다르타의 표정은 밝지 않았다. 그는 침묵한 채 오히려 탐탁지 않다는 표정이었다. 그러나 우다인의 설득은 계속 이어졌다.

"쾌락이 최상의 목적이라고 생각하여 인드라 신마저도 가우타마 선인의 부인 아할야를 유혹했고, 성인 아가스티야도 소마 신의 부인 로히니를 유혹했습니다. 『슈루티』(브라만교의 기본경전)를 보면 로파무드라도 같은 운명에 처했습니다. 위대한 고행자 브리하스파티는 아우타티야와 마루타의 딸인 마마타를 유혹하여 바라드바라라는 자식을 얻었습니다. 달의 신은 브리하스파티의 처가 헌주(獻酒)하는 동안에 그녀를 유혹하여 부다를 얻었습니다. 또한 옛적에 야무나 강의 제방 위에서 정력을 주체할 수 없었던 파라샤라는 바리때나(천계의 사법의 신) 아들의 딸인 칼리라는 처녀를 유혹하여 잠자리를 같이했습니다. 바시슈타 선인은 욕정이 발동한 나머지 천민 출신의 여인 악슈말라를 유혹하여 아들 카핑글라다를 얻었습니다. 위대한 선인이자 왕이었던 야야티는 정력이 쇠퇴한 후에도 카이트라르타 숲속에서 천녀 아프사라스와 사랑을 나누었습니다. 그리고 카우라바 국왕 판두는 왕비 마드리와 잠자리를 하면 자신이 죽게 된다는 것을 알았지만, 그녀의 매력과 미모에 반한 나머지 그녀와 사랑을 나눴습니다. 지금까지 말씀드린 이름난 영웅들은 쾌락을 추구하는 욕망이 점잖지 못하다는 것을 알면서도 쾌락을 추구했던 것입니다. 하물며 속세의 인간들은 더 말해 무엇 하겠습니까? 그런데 한창 젊은 나이에 힘과 준수한 용모까지 갖추신 태자님은 모든 세상 사람들이 추구하는 지극히 정상적인 인생의 즐거움을 경멸하고 있습니다."

신화까지 총동원하여 청산유수처럼 이어지는 입담 좋은 재상의 이야기를 다 듣고 난 싯다르타가 먹구름 속에서 천둥이 치듯 우렁차고도 단호한 목소리로 대답했다.

"저는 당신께서 저에 대한 호의에서 길게 이야기 한 것이라고 생각합니다. 그러나 지금부터 저는 당신이 어떤 점에서 저를 잘못 알고 있는지를 설명하겠습니다. 저는 세속적인 목적을 경멸하지 않습니다. 모든 인간들이 그런 목적에 집착한다는 것도 잘 알고 있습니다. 그러나 모든 것이 다 변한다는 것을 생각하면 세속적 목적에서 어떤 기쁨도 발견할 수 없습니다. 하렘 미녀들의 아름다움이 영원할지라도 그들과 나누는 쾌락에서 얻는 기쁨은 진리를 추구하는 사람에게는 아무런 가치도 없습니다. 제가 당신이 이야기 속에서 열거한 육욕에 굴복한 위대한 사람들의 전철을 밟을 필요는 없습니다. 왜냐하면 육욕에 굴복한 결과인 파멸도 또한 그들의 몫이었기 때문입니다. 파멸이 뒤따르는 본능적인 행동을 하거나 세속적인 목표에 집착하거나 자제력이 없는 사람들은 결코 위대한 인물이 될 수 없습니다."

싯다르타의 조리 있는 반론에 우다인의 얼굴이 조금씩 일그러지기 시작했다. 이에 아랑곳없이 싯다르타가 말했다.

"당신은 제게 '마음이 내키지 않더라도 여자들과 어울리라.'고 말합니다. 그런 행동은 아무리 다정한 척해도 가식일 따름입니다. 또한 진심에서 우러나오지 않은 채 겉으로만 여자의 뜻을 받아들여주는 행동도 저는 마땅치 않다고 생각합니다. 진심에서 우러난 만남이 아니라면, 나는 단호히 거부합니다. 거짓을 믿으면서 욕정에 사로잡힌 인간, 세속적인 목표의 결함에도 불구하고 그것에 집착하거나 눈감아버리는 인간에게 과연 거짓이라는 느낌이 있겠습니까? 욕정의 포로가 된 인간들이 서로를 속인다면, 남녀 간에는 정신적인 유대감이 존재하지 않을 것입니다. 이제 당신은 부디 제가 비천한 쾌락의 나락으로 떨어지는 일이 없도록 인도해주어야 합니다."

우다인은 싯다르타의 단호하고 확신에 찬 설명을 듣고는 할 말을 잃었다. 그는 이런 사정을 숫도다나 왕에게 보고했다. 태자의 마음이 모든 육욕의 대상들로부터 얼마나 멀어져 있는지를 우다인으로부터 듣게 된 숫도다나 왕은 그날 밤 내내 잠을 이루지 못했다.

크샤트리아를 비판하다

싯다르타와 야소다라는 저녁이면 주변의 정원을 산책했고, 숙소로 돌아와서는 숫도다나가 고용한 악사들의 연주를 들었다. 이따금 무희들이 그들 앞에서 춤을 추기도 했다. 왕국 내의 귀족이나 부자들이 이런 식의 향락을 즐기는 것은 일종의 관례였다. 저녁이면 오래도록 술을 마시고, 하인들의 부축을 받으며 잠자리에 들 때까지 악사와 가수, 무희들이 흥을 돋우곤 했다. 그러나 이런 음주나 향락에 익숙하지 않은 싯다르타로서는 판에 박힌 향응에 점점 싫증을 느낄 수밖에 없었다. 하루는 저녁 산책에서 돌아오는 길에 싯다르타가 야소다라에게 물었다.

"야소다라, 당신은 이곳에 온 이래 늘 들어온 음악이나 춤이
즐겁습니까?"
"별로….."

싯다르타가 그런 향응에 지쳐 있음을 알아차린 야소다라가 대답했다. 싯다르타가 다시 말문을 열었다.

"나는 음악을 좋아해요. 그건 정말 아름답지요. 무언가 아름다
운 것에 집착하는 것은 인간으로서 당연한 일일지도 모릅니

다. 사람들은 또 그렇게 해서 해롭지 않은 만족감을 가질 수도 있습니다. 그러나 지나친 탐닉은 병을 만듭니다. 만족은 권태로 변하게 마련입니다. 왜 그럴까요? 야소다라, 당신은 저 사람들이 자기네가 하는 일에 즐거움을 느끼리라고 생각합니까? 그 일에 지치지 않았을까요?"

"그네들이 자기 일을 즐기고 있는지 아닌지는 모르지만, 지치지는 않을 거예요. 공연 중에 술을 마시는데, 아마 그렇게 해서 피로나 권태를 이길 수 있다고 생각하는 거 같아요. 사람들이 자신의 즐거움을 위해서 직업을 가질 수는 없잖아요?"

"그 얘기는 곧, 우리가 이런 식으로 그들을 부리지 않으면 그네들이 살아갈 수 없다는 뜻입니까?"

"그렇죠. 만약 까뻴라왓투의 모든 사람들이 음주나 연회를 갑자기 그만두게 된다면 그네들은 큰 타격을 받게 될 거예요. 다른 직업이 없으니 결과적으로 그네들의 가족도 고통을 받겠죠. 그것은 또 그네들이 타고난 재능이기도 해요. 저 사람들이 오직 자기네들의 즐거움만 생각하는 부자들에게 혹사당하고, 혹은 착취당하고 있는 거지만, 저는 또한 그런 식으로 자기네 재능을 파는 그 사람들 탓도 있다고 생각해요. 필요한 것은 양쪽 모두의 자제와 조화지요. 예능인들이 부자들로부터 착취당하지 않도록 하는 안전한 보장과 함께 그네들 자신도 타락한 방법으로 자기 재능을 팔아서는 안 된다는 뜻이에요."

"당신은 훌륭한 선생님이군요. 야소다라!"

"그렇다면 뭔가 시작해야 되지 않을까요? 그 사람들을 이대로 버려둘 수는 없습니다. 그들에게 사흘에 한 번씩만 공연하도록 해야겠습니다."

"그럼 그네들이 제대로 급료를 받을 수 없게 되는 거 아닌가요?"

"그렇지 않아요. 완전한 급료를 지불할 겁니다. 그들이 생각이 있는 사람들이라면 자기들이 기울인 노력만큼 자기네 음악을 평가하는 사람도 있다는 걸 깨닫게 될 겁니다."

"그런 결정이라면 저도 좋아요."

야소다라가 동의했다. 이튿날 야소다라는 집사를 불러 공연을 사흘에 한 번씩으로 제한하라고 지시했다. 이런 사실을 알게 된 악사와 무희들은 크게 실망했다. 그들은 젊은 태자 부부에게 기쁨을 주고 있다는 일종의 자부심을 갖고 있었던 것이다. 그들은 자신들의 직무를 수행할 때 전력을 다했고, 극도의 피로를 이기기 위해 술을 마시곤 했다. 그날의 공연에 온 힘을 다 쏟아 넣고, 다음 날 새벽이나 공연이 끝나면 그 자리에 그대로 주저앉아 늦은 아침까지 취해 곯아떨어지곤 했다. 그러다 보니 늘 가엾은 정경을 연출할 수밖에 없었다. 이것은 그들의 판에 박힌 일상이었다. 부족한 잠을 보충하기 위해 그들은 오후 내내 누워 있어야 했다.

싯다르타와 야소다라가 그들의 공연 횟수를 제한하자 그들은 충전의 기회를 얻기는커녕 생활의 균형을 완전히 잃어버리게 되었다. 공연 횟수 제한을 일종의 압박으로 받아들인 그들은 일상 업무에 피해를 받지 않을까 하는 두려움으로 불평도 할 수 없었다. 싯다르타는 힘을 가진 태자의 신분이었기 때문이었다.

며칠 후, 싯다르타가 야소다라에게 물었다.

"그네들은 사흘에 한 번씩 여는 공연을 어떻게 생각하고 있을
까요? 휴가를 즐기고 있나요?"

"아뇨. 제가 알기로는 그 사람들은 풀이 죽어 있어요. 자기네
들의 일이 별로 인정받고 있지 못한다고 생각하는 것 같아요.
더구나 자기들 급료가 받을 만큼 받는 것이 아니라고 생각하
나 봐요."

"그렇게 생각한다면 다행이지요. 자기네가 이용당하고 있는
만큼 그들 역시 착취하고 있다는 것을 깨달아야만 합니다. 그
들은 다른 사람들에게 해를 끼치고 있는 것에 책임이 있을 뿐
만 아니라, 자기들 자신을 해치고 있는 거지요. 스스로 자기들
의 직업에 대한 태도를 바꿀 필요가 있습니다."

야소다라는 싯다르타가 옳다는 것을 알고 있었지만, 이참에 그를 논
쟁으로 끌어들이자는 생각이 들었다.

"그거야 사회적인 역할 문제가 아닌가요? 말하자면, 크샤트리
아는 나라를 지키기 위해 전쟁에 나가잖아요. 다른 사람들을
보호하기 위해 때로는 자신을 희생하기도 하면서요. 그러니
까 그네들은 나라를 다스릴 임무를 보상으로 받는 게 아니겠
어요? 왕은 바로 그런 무사들의 지도자구요."

야소다라는 비록 사회의 부유층 사람들의 무절제한 욕망에 영합하는
것으로 생계를 이어가는 직업 악사나 무희들의 생활을 찬성하지는
않지만, 그것 또한 어쩔 수 없이 존재하는 직업 가운데 하나라고 생각

하고 있었다. 싯다르타는 야소다라를 향해 빙그레 미소를 지으며 말했다.

"야소다라, 왜 전쟁이 일어나야 된다고 생각하죠? 전투를 원하는 사람들이 누굽니까? 전쟁이 크샤트리아가 쾌락과 방종의 따분한 일상을 깨뜨리거나, 혹은 더 넓은 영토를 차지하여 쾌락의 자원을 늘리는 수단이라고 생각해보지 않았습니까? 잘 보아야 합니다. 크샤트리아의 권력욕으로 전쟁이 일어납니다. 또 절대군주사상을 가진 브라만 사제들이 칼잡이들을 부추겨 전쟁을 일으키기도 하지요."

"당신 또한 그 중의 하나면서 크샤트리아에 반하는 이야기를 하시는군요."

"나는 자기비판을 두려워하지 않습니다. 오히려 내가 그들 가운데 하나로 태어났기 때문에 크샤트리아의 잘못을 비판해야 되는 게 아닙니까?"

그녀는 싯다르타가 자신의 본심을 이야기하고 있음을 깨달았다. 그는 옳은 것과 그른 것, 선과 악에 대해 숙고하고 있었던 것이다. 그녀는 싯다르타의 크샤트리아에 대한 비판이 정당하다는 것을 알고 있었다. 그러나 그녀는 사회 내의 각 계급이 타고난 다양한 전통적 가치를 송두리째 버려야 된다거나 그럴 수 있을 거라는 생각에는 머뭇거릴 수밖에 없었다. 그녀는 격렬한 혁명이 아닌 점진적인 사회개혁의 옹호자였다. 그녀는 더 이상 논쟁을 계속하려 하지 않고 입을 다물었다.

얼마 후, 그들은 까뻴라왓투의 궁궐로 돌아가기로 결정했다. 양가 부모님들이 전통의식으로 그들을 맞아들였다. 싯다르타가 정무에 참가할 수 있도록 숫도다나 왕은 자신의 궁중에 거처를 정해주었다.

성문 밖 고통들

까삘라왓투에도 새봄이 찾아왔다. 사끼야 왕국의 왕족들은 늘 그래
왔던 것처럼 봄놀이를 나섰다. 그들은 봄꽃 만발한 아름다운 동산으
로 향하는 길에서도 자신들의 위용을 과시했다. 화려한 의상으로 위
엄을 뽐냈고, 숫도다나 왕이 파견한 날쌘 기병들과 호위 병사들이 왕
족의 위엄을 더해주고 있었다.

싯다르타 태자는 시종 조용히 웃음을 지을 뿐 말이 없었다. 그런
데 동문을 나서 굽잇길을 돌아서던 순간 행렬이 갑자기 멈춰 섰다. 놀
란 말들의 몸짓에 몇몇은 자칫 수레에서 떨어질 뻔했다. 태자가 '끌
끌' 혀를 차는 찬나에게 물었다.

"찬나, 무슨 일이 일어난 것이냐?"
"네, 한 노인네가 갑자기 튀어나오는 바람에 말이 놀랐나 봅니
    다. 저 느려터진 걸음 좀 봐요. 어휴 볼품없는 꼴이라니!"

하얀 머리카락에 거무죽죽한 얼굴의 노인이 길 한가운데 서 있었다.
지팡이에 의지한 노인은 굽은 허리를 펴지 못한 채 숨을 헐떡이고 있
었다. 근육은 바싹 말라 가죽과 뼈만 앙상하고, 지적지적 눈물과 콧물
까지 범벅이 되어 있었다. 왕족의 상춘길을 일부러 방해했다고 생각
한 행렬 책임자가 노인에게 소리쳤다.

"이놈의 늙은이, 당장 꺼지지 못해!"

노인은 합죽한 입을 오물거리며 겁에 질린 표정으로 부랴부랴 걸음을 옮겼다. 비실거리는 걸음으로 엎어졌다 일어서기를 몇 차례나 반복하고서야 노인은 겨우 길에서 벗어날 수 있었다. 길이 열리자 찬나는 말의 등짝을 사정없이 휘갈기고 뽀얀 먼지를 일으키며 거침없이 내달렸다. 길게 숨을 돌리며 사끼야 왕족들의 행렬을 하염없이 바라보던 노인의 시선이 어느 순간 싯다르타 태자와 마주쳤다. 초점을 잃어버린 잿빛 눈동자가 퀭했다. 태자는 생각에 잠겼다.

'늙는다는 건 참으로 서글픈 일이다. 생기를 잃어버리고 비틀거리는 모습을 다들 조롱하고 싫어하는구나. 그러나 사람으로 태어난 이상 누구도 늙음을 피할 수 없다. 나도 저렇게 늙는 것을 피할 수 없을 것이다. 머지않아 초라하게 늙어 사람들의 조롱과 혐오를 피할 수 없으리라. 그런 내가 저 노인을 비웃고 업신여길 수 있을까? 봄날처럼 짧은 젊음을 과시하고 자랑할 수 있을까?'

술과 음악, 그리고 만발한 봄꽃들에 취해 새봄을 만끽하는 왕족들 틈에서 싯다르타 태자는 즐거울 수 없었다. 아니 즐겁지가 않았다. 기쁨을 누리기엔 다가올 미래의 모습이 너무도 두려웠고, 먼 훗날의 일이라며 망각하기엔 오늘이 너무 빨리 지나갔다. 봄꽃이 아닌, 여인들의 눈동자와 향기에 취해 다들 흥청거릴 때, 태자는 조용히 무리에서 벗어나 홀로 숲을 거닐었다.

태자가 골똘히 생각에 잠겨 성으로 돌아오는 일은 그 후로도 계속되었다. 싯다르타는 놀이를 떠나는 것이 달갑지 않았다. 어느 날, 친족들의 성화를 이기지 못해 다시 나들이를 나서던 참이었다. 남쪽 성문 길가에 거적때기를 둘러쓴 채 섬뜩한 귀신 몰골을 한 사람이 누워 있었다. 때에 절어 엉겨 붙은 머리칼에서는 악취가 풍겨 나오고, 온몸에 퍼진 벌건 종기에서는 더러운 피고름이 흘러내리고 있었다. 순간 머리털이 곤두섰다. 그는 고통에 신음하며 자기가 토해 놓은 더러운 오물 위를 뒹굴고 있었다. 사람들은 코를 잡고 멀찍이 물러설 뿐 누구 하나 가까이 가지 않았다. 태자가 그에게 다가갔다. 그러나 뭐라도 붙들려는 듯 허공을 더듬는 병자의 손끝에 스친 태자는 솟구치는 연민으로 고개를 들지 못했다.

'저 사람인들 저 아픔을 상상이나 했을까. 저 사람 역시 지난날엔 젊고 건강했으리라. 찬란한 미래를 꿈꾸고, 많은 이들의 기대를 받으며, 넘치는 의욕으로 하루를 살았을지도 모른다. 허나, 보라. 밤손님처럼 들이닥친 병마에 저리 쉽게 쓰러지지 않는가. 저 사람에게 아직도 내일의 꿈이 남아 있을까? 어제는 둘도 없는 친구였지만 오늘은 모르는 사람처럼 멀리 피해가겠지. 자기는 결코 저렇게 되지 않을 것처럼 이맛살을 찌푸리겠지. 나 역시 저렇게 병드는 것을 피할 수 없을 것이다. 나 또한 중병에 걸릴 수 있으리라. 어쩌면 중병에 걸린 나에게 누구 하나 다가오지 않는 일이 일어날 수도 있으리라. 그런 내가 어찌 저 사람의 신음소리를 흘려버리고 기녀들의 노랫소리를 따라 흥얼거릴 수 있단 말인가.'

친족들의 바람과 달리 나들이를 다녀올 때마다 싯다르타의 얼굴에는 웃음이 사라졌다. 숫도다나 왕은 아시따 칼라데왈라의 예언이 실현되는 것은 아닐까 싶어 점점 마음을 졸일 수밖에 없었다. 고따미 또한 근심에 잠겨 음식조차 제대로 삼키지 못했다. 수더분한 성정을 가진 야소다라는 더 이상 몸치장을 하지 않았다.

그날도 싯다르타는 찬나의 손에 이끌려 동산으로 가는 길이었다. 태자 일행이 서문을 나설 무렵 한 무리의 장례행렬이 나타났다. 머리를 풀어헤친 그들은 망자의 옷자락을 붙들고 하늘이 무너져라 울부짖고 있었다. 아무리 소리쳐도 사랑하는 그 사람을 이제는 다시 볼 수 없기 때문이었다. 부귀와 권세를 누리며 평온한 삶을 살던 이들도 죽음 앞에서는 아무것도 할 수 없고, 그 누구도 그들을 도울 수 없었다.

'슬픈 일이다. 피할 수만 있다면 얼마나 좋을까. 허나 누가 죽음을 피할 수 있단 말인가. 내가 사랑하는 이들은 모두 저렇게 내 곁에서 떠나가리라. 나 역시 애타는 울음을 뒤로 하고 홀로 죽음의 강을 건너야 하리. 내일도 오늘처럼 살아 있으리라고 과연 장담할 수 있을까?' 세상은 살펴볼수록 고통으로 아우성이었다.

"찬나, 이제 그만 돌아가자."

태자는 동산으로 향하던 말머리를 돌려 궁전으로 향했다. 태자는 조마조마한 눈길로 바라보는 아버지에게 미루고 또 미루었던 말을 꺼냈다.

"아버지, 저는 수행자의 길을 걷고 싶습니다."

원치 않던 순간이 오고 말았다. 눌러놓은 용수철처럼 늘 아슬아슬했던 안정이 깨지고, 불안이 현실로 닥치자 숫도다나 왕은 억눌렀던 분노를 참지 못했다.

"차라리 내가 출가하겠다. 네가 정녕 아비를 버리는 불효에 가
문의 대까지 끊겠다는 말이냐?"

숫도다나 왕의 질책에는 결혼을 한 지 꽤 오랜 시간이 흘렀지만 손자
소식이 들리지 않는 데 대한 서운함과 원망도 포함되어 있었다.

"아버지, 저는 수행자로서 자유로운 삶, 청정한 삶을 살고 싶
습니다."
"싯다르타, 제발 마음을 돌려 이 나라, 이 가문을 생각해다오.
네 소원은 무엇이든 다 들어주겠다. 출가하겠다는 말만은 하
지 말거라."
"아버지께서 저의 네 가지 소원을 들어주실 수 있다면 출가하
지 않겠습니다."
"그것이 무엇이냐?"
"아버지. 영원히 젊음을 누리며 늙지 않게 해주십시오. 그렇
게 해주시면 출가하지 않겠습니다. 아버지, 영원히 병들지 않
고 건강하게 해주십시오. 그러면 출가하지 않겠습니다. 아버
지 죽지 않고 영원히 살게 해주십시오. 그러면 출가하지 않겠
습니다. 아버지, 사랑하는 사람과 영원히 이별하지 않게 해주
십시오. 그러면 출가하지 않겠습니다. 이런 고통을 두 번 다시
겪지 않게 해주실 수 있다면 출가하지 않겠습니다."
"허어, 태자야, 그런 말이 어디 있느냐? 이 세상에 늙고 병들어
죽지 않는 사람이 어디 있겠느냐? 행여 누가 듣고 웃을까 염
려스럽구나."

"아버지, 그 고통을 피할 수 없다면, 없는 것이라면 저는 출가하게 될 것입니다."

명상수행

결혼 후 싯다르타와 친구들의 만남은 현저하게 뜸해졌다. 그러던 중 야즈냐발캬의 영향을 받은 한 젊은이가 까삘라왓투에 나타났다. 이 젊은이는 남부에서 공부했으므로 일찍이 야즈냐발캬의 사상과 접할 수 있었다. 그의 관심은 무엇보다 야즈냐발캬가 열정을 가지고 제창한 개아(個我, 아트만)와 우주아(宇宙我, 브라흐만)의 합일 문제였다. 그는 지적 욕구에 만족하지 않고, 나와 우주가 하나로 합일되는 경지를 직접 체험해보고자 노력했다. 그는 까삘라왓투와 인접한 숲속에 작은 초암을 짓고, 그곳에서 명상하며 여러 달을 보냈다. 그는 지적 완전성보다는 요가수련에 더 몰두했다. 그는 명상과 요가수행을 통해서 초자아의 실재를 경험하고 자유를 획득할 수 있을 것이라고 믿었다. 이원성을 부정하고 초자아를 설명하는 야즈냐발캬의 방법에 매료된 까닭도 여기에 있었다.

남부에서 공부한 비범한 젊은이가 까삘라왓투에 나타났다는 소식은 머지않아 싯다르타에게도 전해졌다. 몇몇 친구들로부터 그에 대한 이야기를 얼핏 전해들은 싯다르타에게 그를 만나고 싶다는 강렬한 열망이 일어났다. 그러나 신혼인 그의 입장 때문에 당장 만날 수는 없는 일이었다.

오랜 시간이 지난 어느 날, 친구들이 남부 출신 젊은이와 함께 싯다르타를 찾아왔다. 그들이 숫도다나의 궁전에 도착했을 때 싯다르타와 야소다라는 정원의 벤치에 앉아 담소를 나누고 있었다. 싯다르타가 가장 반가워할 손님들이 다가오는 것을 본 야소다라는 싯다르타가 친구들과 편하게 이야기할 수 있도록 자리를 피해주었다.

잠깐 사이에 싯다르타는 처음 만난 젊은 친구에게 매료됐다. 그는 침착하게 자신의 행동을 제어할 줄 아는 매우 호감이 가는 사람이었다. 특히 싯다르타는 그가 이야기하는 요가수행에 강한 흥미를 느꼈다.

"요가에 대해 좀 더 자세히 말해줄 수 있겠습니까? 요가 수련을 하려면 어떤 준비가 필요합니까? 무엇에 관하여 명상하며 또 그 목적은 무엇입니까?"

싯다르타의 잇따른 질문에 젊은이는 차분하게 대답했다.

"첫째, 적절한 장소를 찾는 것입니다. 이런 수행에 적합한 곳은 숲속이 으뜸입니다."

싯다르타는 브라만 전통의 권위나 정당성에 대해 동감하는 입장이 아니었다. 그는 브라만들의 주장에는 상당 부분 명료한 설명이 필요하다고 생각했다. 싯다르타의 궁금증이 봇물처럼 터졌다.

"명상수행을 위해 반드시 숲속에 은거해야 하는 이유가 있습니까?"
"가정생활과 명상수행의 병행이 아주 불가능한 것은 아닙니다. 그러나 그렇게 해서 얻을 수 있는 경지에는 한계가 있을 수밖에 없습니다.”

“한계가 있을 수밖에 없다는 견해가 잘 납득이 되지 않습니다.”

“숲속 암자는 수준 높은 명상을 하는데 이상적인 장소입니다. 거기에서는 사회와 가족과 관련된 이런저런 장애들과 얽힐 필요가 없습니다. 세속에 머물다 보면 부득이하게 걸리는 게 많습니다. 관례와 전통을 따르고, 사회생활을 계속하는 한 거기서 자신을 격리시키고 남들의 뜻을 거스를 여유를 찾는 건 쉬운 일이 아닙니다. 그러나 숲속 은둔처는 다릅니다. 숲은 자연적인 환경을 제공하기에 보다 쉽게 높은 경지의 능력을 계발하는데 도움을 줍니다.”

젊은이의 친절한 답변에도 싯다르타는 흔쾌하지 않았다. 오히려 브라만교에서 말하는 인생의 4기설, 즉 『베다』를 배우고, 가장이 되며, 은둔 생활을 하고, 모든 세속적 관심을 버리는 일종의 관행이 크샤트리아들의 참여로 인기를 얻고 있는 출가수행 운동을 저지하기 위해 브라만 사제들이 만들어낸 것임을 깨닫던 터였다.

고행승이나 방랑자들 같은 사문들도 브라만 사제들과 마찬가지로 진리를 탐구하는 수행자들이었다. 이들에게 수행을 위한 나이 제한 같은 것은 없었다. 이들 비(非)브라만 출신 고행승과 방랑자들이 구도행렬에 합류해 일정한 경지에 오르면서 브라만들이 독점했던 권위도 잠식되기 시작했다. 변화에 위기감을 느낀 브라만 사제들은 대책을 세워야 했다. 인생의 4기설은 희생의식과 헌납의 가치를 강조하는 브라만교에 대한 출가수행자들의 영향력을 축소하기기 위해 브라만 사제들이 고안해낸 고육지책이었다.

그들은 남녀 모두 가능한 한 오래 가정에 머무르게 하고, 자기들이 주재하는 종교의식을 행하도록 부추길 필요가 있었다. 결국 그것은 사람들을 가정이라는 울타리 속에 영원히 가두려는 것이었다. 싯다르타는 다소나마 젊은 크샤트리아들이 브라만의 제도를 무시하고 그들의 길을 모색하고 있는 것이 다행스러운 일이라고 생각했다. 그러나 안타깝게도 자신은 이들 진리를 추구하는 무리에 낄 수 없는 처지였다. 결혼한 지 10년이 넘어도 좀처럼 아기를 갖지 못했던 야소다라가 드디어 임신 중이었고, 싯다르타는 남편이자 뱃속 아기의 아버지로서 그 곁을 지켜야 했다.

명상수행을 어떻게 시작해야 하는가에 대해 설명하기 전에 젊은 친구는 왜 그런 수행을 해야 되는지에 대해 설명했다.

"지와 무지는 빛과 어둠처럼 상반된 개념입니다. 어두운 곳에는 빛이 없습니다. 빛이 있으면 어둠은 사라집니다. 무지 때문에 의혹에 빠집니다. 반면 지혜는 확신을 줍니다. 지혜는 불멸을 이루게 하지만, 무지는 죽음으로 이끕니다."
"지와 무지 모두 인간에게 나타나는 것입니다. 인간의 어떤 부위가 지와 관련되어 있으며, 무지는 어디에 머무르는 것입니까?"

싯다르타의 예리한 질문과 젊은 친구의 답변이 진행됐다.

"무지는 인간의 신체와 감각에 관련되어 있으며, 지는 성스러운 영혼, 혹은 자아(아트만)와 관련이 되어 있습니다. 생명은 곧 이 영혼의 호흡입니다. 지성은 영혼의 몸이며, 영혼의 형체는 빛입니다. 마음은 영혼의 눈이요, 영혼은 또한 이 모든 것을 통제하는 주인입니다. 그것은 마치 외로운 백조와도 같습니다. 잠자는 동안 그는 육체의 조롱을 떠나, 가고 싶은 대로 떠돌며 좋아하는 것들을 즐기다가 잠이 다했을 때 다시 육체의 제약 속으로 돌아옵니다."

"그건 마치 우리가 꿈꾸는 상태를 가리키는 것 같군요. 그렇다면 어떻게 그것을 신령스런 영혼이라고 할 수 있습니까? 꿈을 꾸는 동안 영혼이 신체에 구속되지 않고 자유롭게 움직일 수 있는 것처럼 보이는 게 사실이지만, 모든 꿈이 다 기쁘거나 행복한 것은 아니지 않습니까? 기분 좋은 꿈도 있지만 싫은 꿈도 있으니까요."

"그렇습니다. 꿈꾸는 상태가 영혼의 실제 모습을 그대로 드러낸 것이라고는 할 수 없지요. 그것은 다만 중간 단계에 불과합니다. 그러나 그것은 육체의 제약으로부터 벗어날 수 있는 능력이 있다는 것을 부분적으로나마 보여주는 것입니다."

"그렇다면 영혼이 진정한 자기 모습을 나타내는 것은 언제입니까?"

"꿈 없는 잠 속에서입니다. 꿈이 끝나고 나서부터 잠에서 깨어나기 직전의 중간 상태입니다. 그때 영혼은 물질적 세계로부터 완전히 벗어나 망상과 두려움, 고통이 없는 상태를 체험하게 됩니다. 그것은 세계의 모든 것을 초월하여, 완벽하고 평온하게 됩니다. 그것이 불이(不二), 즉 합일상태에 머뭅니다. 이러한 합일을 이룸으로써 영혼은 비로소 자신의 사상을 사유하고, 자신의 모습을 보며, 제 목소리를 듣고, 제 향기를 맡으며 행복을 맛보게 됩니다. 그것이 곧 영원불변하는 영적인 자아입니다."

"죽음에 이르러 육체가 파괴되고 난 뒤 영혼은 어떻게 됩니까?"

"만약 영혼이 완전히 해탈하지 못했다면 죽은 뒤 다른 몸으로 들어가게 됩니다. 꿈속에서 또는 꿈 없는 잠 속에서 일어나는 일들을 생각해봅시다. 깨어 있는 상태에서 영혼은 완전히 결박되어 몸속에 있습니다. 꿈꾸는 상태에서는 약간 자유롭게 되지만 아직 조잡한 물질적 존재의 복제판인 형상과 관계하고 있습니다. 꿈이 없는 상태에서 잠시 진정한 본성을 드러낸다 하더라도 영혼은 아직도 신체와 연관되어 있습니다. 따라서 꿈 없는 수면상태에 들어갔다가 깨어나면 영혼은 다시 속박으로 되돌아갑니다. 죽음은 마치 꿈의 상태와도 같습니다. 여기서 영혼은 육체로부터 벗어나 꿈속에서처럼 떠돌다가 다시 다른 육체에 자신을 정착시킵니다. 이와 같은 방황과 다른 육체에 재정착하는 사이에 꿈 없는 잠과 같은 상태에 떨어질 수도 있지만 완전히 해탈되지 않는 한, 그와 같은 상태에 영원히 머무를 수는 없는 것입니다."

"그 말은 만약 완전히 해탈한다면 다시 태어나지 않을 것이라는 뜻입니까?"

"그렇습니다. 육체로부터 완전히 벗어났을 때 영혼은 다른 발판을 찾지 않습니다. 어떤 육체에도 집착함 없이 밝고 기쁨에 넘치는 경지에 머물게 됩니다. 영원불멸에 이른 것입니다. 그

것은 무한하며 변하지 않습니다. 바로 브라흐마와 하나가 된
것입니다."

열띤 대화는 오랜 시간 동안 지속되었지만 싯다르타는 대화를 끝내
고 싶지 않았다. 자신도 모르게 조금씩 흥분해가고 있었다. 처음 야즈
냐발캬의 가르침에 대해 들었을 때, 싯다르타는 그다지 좋은 인상을
받지 못했다. 이미 이전에도 유물론자인 친구를 통해 야즈냐발캬의
주장을 들었던 적이 있기 때문이었다. 그러나 이 젊은 친구의 설명에
따르면 야즈냐발캬의 사상은 기존의 사상들과는 무언가 달랐다. 그
리고 이 친구는 단순한 비평가나 사변적인 철학자가 아니었다. 그는
이러한 사상을 경험으로 실증해오고 있었다. 싯다르타는 다시 질문
을 이어나갔다.

  "영혼을 완전한 해탈로 이끄는 길은 어떤 것입니까?"
  "그것이 바로 명상을 하는 목적입니다. 나는 명상을 위해 자주
  숲으로 갑니다. 명상이야말로 해탈과 불멸을 이룰 수 있는 유
  일한 방법입니다. 마음은 감각에 의해 이리저리 흩어집니다.
  제대로 다루지 못하면 감각은 멋대로 뛰어다니는 말과도 같
  습니다. 수행자는 훌륭한 마부처럼 감각을 풀어놓지 않고 제
  어해야 합니다. 마음은 꿈속에서처럼 그 자신의 세계를 창조
  하고 단순한 형상의 세계에 우리를 묶어놓습니다. 수행자는
  깊은 집중을 통해서 형상의 한계를 부수고 무형의 세계, 즉 무
  색계(無色界)에 도달할 수 있습니다. 이 무색계에서 모든 한계
  가 파괴되고 완전한 평온을 얻게 됩니다. 그것은 곧 선(善)과

악(惡), 정(正)과 사(邪)를 초월하는 세계인 것입니다. 이러한 무형의 영역을 끊임없이 늘려나감으로써 우리는 그것을 우리 생의 한 부분으로 만들 수 있는 것입니다."

싯다르타는 특히 수행과 관련한 설명에 매료되었다. 떠날 시간이 가까워 수행과 영적인 생활에 관한 다양한 문제를 토론할 더 많은 시간이 남아 있지 않다는 게 몹시 아쉬울 정도였다. 싯다르타는 자리에서 일어나 친구들과 함께 말들이 매어 있는 쪽으로 걸어가며 생각했다. '언젠가 젊은 친구의 숲속 암자에 가보아야겠다. 하지만, 야소다라의 허락이 있어야겠지.'

암자를 찾아 명상에 들다

드디어 남부 출신 친구의 암자를 방문하는 날이 밝았다. 싯다르타는 몇몇 친구와 함께 성 외곽의 숲속에 있는 암자에 가기 위해 말에 올랐다. 야소다라는 싯다르타가 그곳에 가는 것에 반대하지 않았다. 그녀는 싯다르타가 자신을 지극히 사랑하고 있음을 알고 있었다. 더구나 아기까지 가진 자신을 버려두고 싯다르타가 출가생활에 들어갈 것이라고는 생각지 않았다. 따라서 불안해야 할 이유도 없었다.

싯다르타는 집을 나서며 아내의 이마에 입을 맞추고 일찍 돌아오겠다고 약속했다. 야소다라는 발코니에 올라가 말을 몰아 달리는 남편에게 손을 흔들었다. 그녀는 거실로 돌아와 안락의자에 앉아서 곧 낳게 될 아기가 입을 옷가지를 준비했다. 그녀는 작고 앙증맞은 아기의 옷가지를 사랑스러운 손길로 매만지며 싯다르타를 생각했다.

'싯다르타가 가정생활에 만족하고 있지는 않다. 그는 자신들의 목적을 위해 크샤트리아의 신앙과 신뢰감을 이용하는 브라만 사제들의 수법이나, 주민들을 착취하는 크샤트리아의 태도를 좋아하지 않는다. 그는 부정한 수단으로 재물을 축적한 부유한 상인들에게 관대하지 않을 뿐만 아니라, 예술과 공예에 종사하는 젊은이들이 그들의 재능과 기예를 이용하는 태도에 대해서도 실망하고 있다. 무엇보다도 시골의 어린아이들과 도회지의 가난한 천민들이 교육받을 기회를 부여받지 못하고 있음을 안타까워한다. 싯다르타에게 그들은 숲속의 아름다운 꽃과 같다. 그는 가난하고 힘없는 자들에게 각별한 자비심을 가지고 있다. 게다가 진리와 정의에 관한 의문이 늘 그를 맴돌고 있다.'

이어 야소다라는 그녀 자신에 대한 생각을 이어갔다.

'싯다르타는 나를 사랑하고, 또 내가 그를 사랑하고 있음을 안다. 그러나 언젠가 싯다르타는 가정생활을 버리고 떠나게 될 것이다. 하지만 그때가 지금은 아니다. 아니 당분간은 그는 나와 함께 있을 것이다. 당장 나를 떠나지는 않을 것이다.'

야소다라가 이런 생각에 빠져 있을 때, 시아버지 숫도다나 왕이 거실로 들어왔다. 일찍이 싯다르타와 야소다라의 결혼을 반대했었음에도 불구하고 그는 조금씩 야소다라에게 친근감을 갖기 시작했다. 그는 싯다르타가 책임감 있는 남편으로 바뀌어 가는 것을 지켜보고 있었다. 그는 싯다르타가 거의 모든 시간을 야소다라와 함께 보내는 것도 알고 있었다.

"아가, 어떠냐? 건강은 좋으냐?"
"네, 아버님."

자리에서 일어나려고 애쓰며 야소다라가 대답했다.

"아니다. 일어나지 말고 그대로 있거라. 싯다르타가 보이지 않는구나. 싯다르타는 어디 있느냐?"
"남부에서 왔다는 친구가 명상하고 있는 암자에 갔어요. 일찍 돌아오겠다고 했으니 큰 염려는 마세요."

순간 숫도다나 왕은 온몸에 전율을 느꼈다. 놀란 얼굴은 이내 창백해졌다. 그는 마룻바닥에 깔린 아름다운 양탄자가 뚫어져라 바닥을 응시했다. 시아버지의 무거운 침묵에 야소다라는 아무 말도 하지 못했다. 그녀는 숫도다나 왕이 몹시 흥분해 있음을 직감적으로 알아챘다. 잠시 후 숫도다나 왕이 물었다.

 "태자가 암자에 간다는데도 그대로 두었다는 말이냐?"
 "굳이 반대하지 않았어요."
 "아가야, 그것은 현명하지 못한 행동이라고 생각하지 않니?"
 "아버님, 어떤 경우에도 싯다르타가 저를 버리지는 않을 것이라고 생각합니다. 그는 저를 사랑하고 있고, 또 제가 그를 사랑하고 있다는 것도 잘 알고 있으니까요. 그러나 저는 싯다르타가 한평생을 저와 함께 지내리라고 기대하진 않아요. 언젠가 그는 진리를 찾아 가정생활을 버리게 되겠지만, 그 또한 브라만 사제들이 권하는 이상적인 삶이 아닌가요?"

숫도다나 왕은 며느리와 논쟁을 벌이고 싶지는 않았다. 그것은 곧 자기 자신의 종교 고문이 권하는 이상적인 삶의 방식이기도 했기 때문이다. 그러나 그는 싯다르타가 크샤트리아로서의 의무를 수행하면서 가능한 한 오랫동안 가정에 머물기를 바랄 뿐이었다.

 "매일 악사와 무희들이 오는 것을 싯다르타가 달가워하지 않는 것을 잘 알고 있다. 하지만 싯다르타의 의사와 관계없이 계속 그들을 보내겠다. 그리 알거라."

사끼야 왕국 안에서 가장 아름다운 소녀들을 춤추고 노래하게 함으로써 싯다르타의 태도를 바꿀 수 있으리라고 여전히 기대하고 있는 숫도다나 왕에게 야소다라는 단호하게 말했다.

"아버님, 다시 한번 생각해주세요. 만약 밤마다 그런 일이 벌어진다면 싯다르타는 분명히 어찌할 바를 모르게 될 거예요. 그건 마치 불에 기름을 끼얹는 격이 될 것입니다. 싯다르타는 그녀들이 공연을 끝낸 다음 완전히 취해 발가벗은 채 마룻바닥에 쓰러져 뒹구는 것을 염오의 눈빛으로 바라보곤 했어요. 악사와 무희들을 부르는 것은 그를 화나게 만들 뿐이에요. 아버님, 제발 서둘러서 싯다르타를 쫓아내지 말아주세요. 제게서 그를 서둘러 떠나가게 할 일은 만들지 말아주세요."

며느리의 간청을 듣고서야 숫도다나 왕은 자신의 생각이 도리어 위험할 수 있다는 것을 깨달았다. 그는 독백처럼 중얼거렸다.

'그래. 야소다라의 말이 옳다. 싯다르타는 매우 예민한 성격의 소유자다. 야소다라는 그의 마음속 깊은 곳을 알고 있다. 이제 그녀의 말을 존중하지 않으면 안 된다. 역시 야소다라는 대단한 용기와 지혜를 가진 여자였구나.'

이날 이후 며느리에 대한 숫도다나 왕의 사랑과 신뢰는 갈수록 커져갔다. 그는 자리에서 일어서며 야소다라에게 다가가 이마에 입을 맞춘 후 말했다.

"야소다라, 각별히 몸조심하거라."

숫도다나 왕은 한마디 짧은 인사를 남기고 거실을 빠져 나갔다. 야소다라는 터져 나오는 눈물을 억제할 수 없었다. 그녀는 숫도다나 왕이 아들을 지극히 사랑하고 있으며 자신의 뒤를 이어 사끼야 왕국의 통치자가 되기를 간절히 바라고 있음을 잘 알고 있었다. 그러나 그녀는 싯다르타가 사끼야 왕국의 왕이 된다면, 통치자로서 하지 않으면 안될 모든 일들을 관대하게 다룰 인내심이 많지 않다는 것을 알고 있었다. 싯다르타에 대한 그녀의 사랑은 이처럼 지극했고 세심했다. 싯다르타가 한순간이라도 불행해지는 것을 그녀는 원하지 않았다. 싯다르타의 불행과 고통은 곧 그녀의 불행과 고통으로 다가올 것이었다. 그녀의 마음속에는 싯다르타를 위해서 자신의 행복까지 희생할 각오가 자라나고 있었다.

야소다라는 피곤이 몰려오는 것을 느꼈다. 그녀는 자기 방으로 들어가 침대에 누워 이내 깊은 잠에 빠져 들었다. 시간이 얼마나 지났을까. 야소다라는 이마에 따스한 입술이 닿고 있음을 느끼며 잠에서 깨어났다. 싯다르타를 발견한 그녀는 밝은 미소를 지으며 옆으로 돌아누워 한쪽 팔로 싯다르타의 목을 껴안고 바짝 끌어당기며 속삭였다.

"적당한 은둔처를 찾으셨나요?"
"아니! 당분간 내 은둔처는 바로 여기요. 아직은 떠나고 싶지 않은걸요."

라훌라, 방해자!

야소다라의 출산일이 가까워지면서 싯다르타도 남편으로 담당해야 할 만반의 준비를 하고 있었다. 출산일이 임박하자 숫도다나 왕에 의해 몇 명의 경험 많은 산파가 초대되었다. 산파들은 궁중에 머물며 곧 다가올 출산을 대비했다. 머지않아 야소다라의 산통이 시작되었다. 고통의 강도가 더해가면서 야소다라는 해산을 위해 마련된 방으로 옮겨졌다. 그 옆방에서 대기하고 있는 싯다르타에게는 시간이 흐름과 비례해 커지는 불안이 밀려왔다.

"아~악!"

얼마 후, 싯다르타는 숨 막힐 듯 고통스러운 야소다라의 비명소리를 들었다. 그의 모든 신경이 산방으로 집중됐다. 불안으로 자리에 앉아 있을 수 없어 이리저리 방안을 오갔다. 금세 피로감이 밀려와 자리로 돌아왔지만 오래 앉아 있을 수도 없었다. 앉았다 일어나 서성대다가 다시 앉기를 수없이 반복했다. 그 순간, 싯다르타의 머릿속에 기억이 없는 어머니의 모습이 불현듯 떠올랐다.

'나를 낳고 그 후유증으로 돌아가신 어머니! 나의 어머니도 나를 낳으실 때 이런 고통을 겪으셨겠지!'

싯다르타에게 어머니는 언제나 그리움이자 미안함의 대상이었다. 그 어머니가, 지금 사랑하는 아내가 자신의 아이를 낳는 그 순간 떠오른 것이다. 그러나 그것 역시 끝없는 번민 가운데 하나였다. 야소다라의 통증을 호소하는 소리가 멈춰지더니 적막이 흘렀다. 싯다르타의 심장도 일순 고동을 멈췄다. 순간 서늘한 기운이 흘렀다.

"으아앙~."

이윽고 원기 왕성한 아기의 울음소리가 터져 나왔다. 한 생명이 세상에 등장했음을 알리는 생명의 소리였다. 싯다르타는 그 자리에서 털썩 주저앉았다. 야소다라의 방에서 나와 싯다르타에게 처음으로 모습을 드러낸 이는 고따미였다.

"태자, 네가 드디어 아주 잘생긴 아들의 아버지가 되었구나.
축하한다."

싯다르타는 입을 다문 채 아무런 말도 하지 못했다. 그에게 있어 이 모든 경험은 하나의 충격이었다. 그는 한동안 고따미를 쳐다보다가 겸연쩍은 미소를 지어보였다. 고따미는 그것이 억지웃음이라는 것을 모르는 눈치였다.

"그래, 이제 덕 높은 브라만 사제들과 상의해서 좋은 이름을
지어야겠지. 물론 상서로운 첫 자로 시작하는 이름으로."

고따미가 말했다. 싯다르타도 고개를 끄떡여 동의를 표하면서 한편

으로는 자신을 향해 반문했다.

'반드시 브라만을 불러 이름을 지어야 되는 이유는 무엇인가? 그것 역시 브라만 사제들에 의해 만들어지고 지속되어온 관습에 지나지 않는다. 그들은 언어가 신비한 힘을 가지고 있다고 생각한다. 그래서 아기들에게 상서로운 음절로 시작되는 이름을 지어주어야 한다고 말한다. 그렇지 않으면 아기가 해를 입게 된다고 말한다. 어쩌다가 우리의 삶이 이런 근거 없는 미신과 관습에 의해 지배를 당하게 된 것인가. 언제나 이런 것들로부터 벗어날 수 있을까.'

그러나 지금으로서는 그 문제로 고심하는 것보다 야소다라와 아기를 보는 것이 더 중요하고 급한 일이었다. 사랑스런 아내와 아들을 보기 위해 싯다르타는 저녁 무렵까지 기다려야 했다. 실로 길고 지루한 기다림이었다. 찰나가 하루처럼 길었다.

'야소다라는 지금 어떤 감정을 느끼고 있을까? 왜 그녀는 그런 고통과 괴로움을 당해야 하는가? 아기를 낳기 위해 이토록 심한 고통을 겪어야만 하는가? 아기를 낳는 기쁨을 위해 그만한 고통은 겪는 것은 당연한 것이라고 하지만 나는 도무지 그런 논리가 이해되지 않는다.'

싯다르타는 이 순간 야소다라를 위해, 아내의 고통을 덜어주기 위해 자신이 할 수 있는 일은 없다는 것에 좌절감 같은 것을 느꼈다. 아무것도 할 수 없었고, 그저 기다리는 것밖에 달리 할 수 있는 일이 없었다.

오랜 시간이 지나 야소다라의 방에 들어선 싯다르타가 본 것은 믿을 수 없는 광경이었다. 그는 야소다라가 창백한 환자의 모습을 하고 있을 것이라고 생각하고 있었다. 실제로 그녀는 아기를 낳기 위해 여러 시간 동안 극심한 산고를 겪었다. 그러나 그가 침대로 다가갔을 때, 야소다라의 얼굴과 눈빛은 일찍이 본 적이 없을 만큼 밝게 피어나고 있었다. 싯다르타에게 이 모습은 낯선 풍경처럼 다가왔다. 아기는 그녀 곁에서 하얀 담요에 싸여 순결한 얼굴을 드러낸 채 잠들어 있었다. 싯다르타는 산모와 아기를 사랑스러운 눈빛으로 번갈아 들여다본 뒤 침대를 돌아 야소다라의 오른쪽에 앉았다. 손가락으로 야소다라의 머리를 쓰다듬으며 나지막하게 물었다.

"괜찮소? 고생이 많았지?"
"그럼요. 전 괜찮아요."

야소다라가 밝게 미소를 지으며 대답했다. 그 모습에 싯다르타는 내심 놀랐다. 엄청나게 고통스러웠다는 대답이 돌아올 줄 알았던 것이다.

"내가 바로 옆방에서 당신의 비명소리를 들었는데…."

싯다르타가 겸연쩍은 표정으로 말했다. 그 순간 야소다라에게 불안이 엄습해왔다. 그녀는 싯다르타가 남의 고통에 얼마나 민감하게 반응하는지를 잘 알고 있었다. 그는 가난한 사람들의 어려움에 어찌할 바를 모르곤 했다. 시골 빈민들의 비참한 생활이나 부잣집에 딸려 있는 종들, 생존을 위해 견뎌야 하는 악사와 무희들이 당하는 고통과 불편들에 마치 자기가 고통을 받는 것처럼 반응했던 것이다. 하물며 가장 사랑하는 아내가 당하는 해산의 고통이 얼마나 그에게 큰 충격으로 다가갔을까를 생각하니 모골이 송연했다.

그녀는 싯다르타가 자신의 비명소리를 들었다는 것에 불안을 느꼈다. 그 비명이 앞으로 싯다르타에게 지울 수 없는 기억으로 남을 것이 뻔했기 때문이다. 야소다라는 해산의 고통이 아무리 커도 해산 후에 다가오는 기쁨과 행복에 비하면 견뎌낼 만한 것이라고 말해야겠다고 생각했다.

"하지만 그런 고통은 아기가 태어나자마자 없어지는 걸요. 아기가 나오면서 곧바로 더 없는 안도감에 아무런 고통도 없었어요. 마치 폭풍이 지나가고 난 다음의 평화와 고요 같은 거예요. 아기의 울음소리를 들었을 때는 아팠던 기억조차 모두 사라져버렸어요. 고통은 진즉에 사라졌고, 이제 정말 아무렇지도 않아요. 나보다 당신이 더 아파하고 있는 것 같은데 그렇지 않나요?"

야소다라의 장황한 설명을 들은 싯다르타가 억지로 웃어 보이며 말했다.

"기쁘기도 하고, 한편으로는 불안하기도 했소."
"그런데 기쁨은 어디가고 불안감만 보이네요."
"인생은 괴로움에 차 있는 거라고 생각하오. 그렇지 않소."
"그렇지 않아요. 인생은 행복으로 가득하다고 생각해요. 다만 이 행복이 가끔 작은 불행으로 방해받을 뿐이지요. 그러나 이 작은 불행은 행복을 늘려주기도 하죠. 지금 제가 얼마나 행복한지 아세요?"

사랑이 넘치는 눈빛으로 싯다르타를 바라보며 야소다라가 말했다. 싯다르타는 야소다라의 사랑스런 미소 속에 어린 그녀의 마음을 읽을 수 있었다. 그러나 그녀의 반론에는 동의할 수 없다는 듯 대답 대신에 입을 다물었다.

싯다르타는 아직 품에 아기를 안아볼 채비가 되어 있지 않았다. 그 작은 생명이 너무 가냘프게 보였다. 그는 어떻게 안아야 하는지 몰랐기 때문에 혹시 아기가 다치지나 않을까 노심초사했다. 그러면서도 아기를 바라볼수록 애틋한 사랑을 느끼기 시작했다. 사랑 가득한 눈빛으로 아기를 바라보는 남편 싯다르타를 바라보는 야소다라의 눈빛에도 행복이 넘쳐났다. 그녀는 남편과 아기와 자신이 자랑스러웠다.

싯다르타는 방을 나왔다. 집안 여기저기에서는 아기의 탄생을 축하하며 마시고 떠들어대는 소리가 새어나오고 있었다. 그러나 그는 깊은 고독을 느꼈다. 야소다라는 며칠 더 산실에 머물 것이었다. 친구들은 결혼하기 전처럼 자주 들르지 않았다. 그렇다고 친구들을 찾아 궁궐 밖으로 나가고 싶지도 않았다. 지금부터 야소다라에게 싯다르타 자신이 가장 필요할 것이었다. 싯다르타는 야소다라, 그리고 아기와 가까이 있어야 한다고 생각했다.

평온한 밤이었다. 정적을 깨뜨리는 것은 잠 못 이루는 몇몇 새들의 울음소리뿐이었다. 그러나 깊은 정적도 싯다르타를 안정시키지 못했다. 여전히 그는 아침나절의 충격에서 회복되지 않은 채 생각에 잠겨 궁궐 앞 오솔길을 거닐었다.

'세상의 번민으로부터 벗어날 길은 없을까? 추구하는 행복보다 더 큰 것이 괴로움이다. 사람들은 돈을 벌기 위해서 땀을 흘린다. 부에 대한 탐욕은 늘 벌어들이는 것보다 크다. 부자들은 더 많은 부를 구하고자 온 정력을 쏟고는 또 그것을 보호하기 위해 계속 근심한다. 어떤 자들은 재산으로 행복을 사고자 한다. 그들은 유흥을 위해 악사와 무희들을 고용하고, 자기들의 육체적 향락을 위해 매춘부를 찾는다. 방탕한 생활을 영위하면서 언젠가 완전히 만족할 것을 기대하지만 끝내 채워질 수 없는 욕구는 똑같은 일을 계속하게 만든다. 어떤 사람은 통치자가 되기도 한다. 권력을 쥐게 되었을 때 그들은 그것을 유지하기 위해 분분하고 기득권을 포기하려 하지 않는다. 그들은 자기 자식들이 능력이 있건 없건, 적임자건 아니건 그 권력의 상속자가 되기를 원한다. 사제들은 모든 사람들의 생활을 지배하려 한다. 그들은 자기네의 그런 사회적 역할이 범신(梵神), 즉 브라흐마로부터 부여된 것이라 여기며, 자기 자손들만이 그런 역할을 맡을 수 있는 적임자라고 생각한다. 다른 계급에 속한 자로서는 그럴 능력이 있거나 훌륭한 인물이라 하더라도 사제가 될 수 없는 것이다. 모든 사람이 무언가로 근심하며, 거의 모든 시도는 좌절과 실망으로 끝난다. 이 세상 어딘가에 실로 행복한 자가 있기는 한가? 어딘가에 이 괴로움, 불안, 좌절로부터 벗어날 길은 없는가?'

싯다르타는 얼마 전 방문했던 숲속의 암자를 떠올렸다.

'모든 안락과 감각적 쾌락, 물질적 행복을 포기해 버린 고행자들은 어떨까? 그들의 삶은 과연 행복한 것일까?'

그는 다시 암자에 넘쳐나던 평화와 정적을 떠올렸다.

'그곳은 평온한 분위기를 자아내고 있었다. 고행자들은 자기들의 생활방법을 어떻게 느끼고 있을까? 그들은 최소한의 음식, 의복, 거처로 연명해간다. 그들이 원하는 것은 거의 없으며 필수품도 최소한의 것이다. 물론 그들 역시 무언가를 찾고 있다. 그렇다면 그들이 원하는 것을 얻지 못했을 때, 그들이 추구하는 것을 이루지 못했을 때, 우리와 마찬가지로 좌절에 빠질까? 내가 원하건 원하지 않건 결국 나는 크샤트리아다. 그렇다면 나도 항복하느니 전쟁에서 죽는 것이 낫다는 크샤트리아의 정신을 실현해야만 하는가? 이것이 내가 웨싸밋따로부터 배운 것이다. 그런데 이 또한 욕망의 다른 모습이 아닌가? 인간은 이와 같은 욕망에 틀어박혀야만 되는가? 틀림없이 어딘가에 이처럼 얽히고설킨 혼란으로부터 벗어날 길이 있을 것이다.'

싯다르타는 고따미가 부르는 소리를 듣고서야 꿈꾸는 듯한 상태에서 깨어났다.

"싯다르타, 늦었구나. 잠자리에 들 시간이 아니냐?"
"네, 어머니."

싯다르타는 천천히 집안으로 돌아왔다. 산실에 들어갔을 때, 야소다라는 왼쪽으로 돌아누워 오른팔로 자그만 아기를 감싸 안고 깊은 잠에 빠져 있었다. 싯다르타는 동상처럼 서서 곤하게 잠든 모자를 물끄러미 내려다보았다. 그들이 하루 동안 겪은 일을 생각하면 둘 모두 깊은 잠에 떨어질 만도 했다. 싯다르타의 가슴은 두 사람에 대한 연민으로 가득 차 있었다. 싯다르타는 현재로서는 자신의 길을 찾기 위해 집을 나서기 어렵다는 것을 깨달았다. 이 아기와 아기의 엄마를 보살필 책임이 자신에게 있음이 바윗돌처럼 무겁게 다가왔다.

갓난아기를 바라볼수록 사랑하는 마음은 점점 커져갔다. 수년 동안 숙고하고 있는 인간고의 문제에 온전히 집중할 수 없을 만큼 강력한 것이었다. 아기의 얼굴, 균형 잡히지 않은 작은 팔과 다리는 다른 생각 모두를 덮어버리고, 이전에 미처 알지 못했던 새로운 욕망을 일깨웠다. 그것은 마치 일식(日蝕)이 일어나 그로 인해 일상의 틀이 갑자기 변함으로써 인간과 동물 모두를 혼란에 빠뜨리는 것과도 같았다. 갓난아기는 실로 일식과 같았다. 이따금 태양을 삼켜버리는 '라후'처럼!

싯다르타는 시종에게 고맙다는 미소를 지어주고 방을 나섰다. 인간관계의 복잡함은 꿰뚫어볼 수 없는 안개 속, 짙은 암흑 저 먼 곳에 있다는 느낌이 밀려왔다. 조금은 혼란스러웠다. 어떻게 그 작은 갓난아기가 이토록 강하게 다른 생각을 불러일으킬 수 있는 걸까?

'아, 라훌라(Rāhula), 방해자여!'

결단

아기의 탄생에 비명처럼 '라훌라'를 외쳤던 싯다르타의 머릿속은 복잡했다. 두 종류의 생각이 그의 뇌리에 떠올랐다. 하나는 자식이 태어남으로서 늘 그가 꿈꿔왔던 수행자의 삶에 새로운 장애가 생겨났다는 생각이었다. 다른 하나는 아버지 숫도다나 왕이 늘 강요해왔던 장자로서 가계를 이어나가야 하고 태자로서 국가 통치의 역할을 계승해야 한다는 두 가지 의무 가운데 가계를 이을 의무는 해결되었다는 생각이었다. 물론 가계를 이어나갈 의무를 이제 막 태어난 아들에게 넘길 수 있다는 생각 자체가 흔쾌하지는 않았지만 수행자의 삶을 살아가고자 하는 싯다르타에게 안도감 같은 것을 가져다준 것은 사실이었다.

라훌라의 탄생 등으로 한동안 잠재상태에 있던 싯다르타의 영혼의 불씨는 명상수행의 체험과 함께 다시 불꽃을 피워 올리기 시작했다. 체험이야말로 그에게 가장 위대한 스승이었던 것이다.

야소다라와의 결혼은 그의 바람대로 성취되었다. 그로 인한 만족은 일시적인 것이라는 걸 알고 있었지만, 그 만족감이 점차 깊은 사랑으로 바뀌어가고 있음을 깨달았다. 라훌라가 태어난 후 야소다라의 고통을 마음속 깊이 함께 나누는 시간이 많아졌다.

싯다르타는 생모 마야데위의 죽음이 자신의 출생과 연관되어 있다는 것을 그의 나이 열 살 때부터 어렴풋이 알고 있었다. 그러나 출산이 얼마나 위험한 것인지를 피부로 실감한 것은 야소다라가 극심한 산통을 겪고 있을 때였다. 그 전에는 결혼생활의 즐거움에 젖어 그런 위험을 잊고 있었다. 만약 야소다라에게 불행한 일이 생긴다면 장엄한 사랑도, 그에 따르는 모든 만족도 함께 끝나버린다는 것을 비로소 깨달았다. 그는 라훌라를 처음 본 순간 일어났던 연민의 정을 되새겨 보았다.

라훌라가 극진한 보살핌 속에서 하루가 다르게 자라며 점차 이목구비가 또렷해지자 아들에 대한 싯다르타의 사랑도 점점 커져갔다. 번쩍 라훌라를 들어 올려 품에 안을 때마다 더욱 깊어지는 사랑과 애착이 가슴속 깊이 느껴졌다.

그러나 사랑 또한 영원한 것은 아니었다. 죽음 등과 같은 여건의 변화에 따라 얼마든지 변하거나 사라질 수 있는 것이 사랑이었다. 그는 이미 출산 과정에서 야소다라가 겪었던 심각한 고통을 생생하게 기억하고 있었다. '태어나면 죽는다. 죽은 후에는 또 다시 다른 생으로 태어난다. 죽고 태어남의 고통이 끝없이 반복되고 있다. 이런 비극적인 일이 다시는 일어나지 않게 할 수 있는 길은 없을까? 있다면 그 길은 어떤 길인가? 인간의 생명은 유한하다. 마치 거품처럼 쉽사리 사라진다. 생의 수수께끼를 풀 길은 없을까?' 라훌라의 탄생이 가져다준 이런 의문들은 또다시 그를 깊은 고민으로 이끌고 있었다.

'무상과 괴로움을 초월하여 영원히 행복하게 사는 길은 없는 것인가? 브라만 사제들은 희생의식의 보상으로 천국의 삶을 약속한다. 아지따 께사깜발리나 막칼리 고살라 같은 고행자들은 인간에게 자연의 진행을 막을 수 있는 힘이 없다고 주장한다. 그러나 야즈냐발캬와 같은 수행자는 인간은 모두 고통으로부터 벗어나 해탈할 능력을 가지고 있으며, 불멸의 경지를 획득할 수 있다고 말한다. 과연 죽음을 초월한 무사(無死)의 경지가 있을 수 있을까? 만약 저들이 말하는 대로 모든 것이 신이 창조한 것이라면, 세상을 고통과 불행으로 가득 채워놓고 그로부터 벗어날 수 없게 만든 신은 악의 화신임이 분명하다. 그러나 사람들이 믿듯이 전능하고 자비로운 신이라면 어디엔가 분명히 탈출구를 만들어두었을 것이다. 어딘가에 해탈에 이르는 길이 열려 있을 것이다. 아마도 그 문은 인간의 깊은 무지와 편견, 신화와 미신, 의식과 관습에 가려져 있을 것이다.'

싯다르타는 야소다라와 라훌라를 향한 자신의 사랑과 그들을 보호해야 하는 의무를 생각했다. 거기에는 선택의 여지가 없어 보였다. '아버지와 마찬가지로 나 또한 작은 부족의 통치자로 남아야 할 것이다. 그러나 난 그럴 수가 없다! 아, 어떻게 해야 하는가!' 그는 괴로웠다.

'아버지는 사끼야 왕국의 왕이지만 백성들을 구제할 수 없다. 여기 수많은 사람들이 고통을 받고 있다. 자신의 아내, 나의 어머니의 불행조차 막을 수 없었던 아버지가 어떻게 모든 백성을 구원할 수 있겠는가? 그렇다면 나는 어떨까? 과연 야소다라와 라훌라를 도울 수 있을까? 나 역시 그들의 고통과 불행에 아무런 도움이 되지 못한다. 그렇다. 죽음 앞에 무방비로 던져진 모든 존재가 갖고 있는 근본적인 불행은 내가 나서서 해결할 수밖에 없다. 그 길을 찾아낸다면 나는 내 아버지와 어머니, 야소다라와 라훌라, 그리고 모든 사람들을 구할 수 있을 것이다. 고해에 빠진 인간에게 행복을 나누어 주고 동시에 나 자신도 구하고 싶다. 아, 나는 그 길을 찾고 싶다. 아니 반드시 찾아야 한다.'

눈치 빠른 야소다라는 싯다르타가 라훌라가 태어나기 이전보다 훨씬 더 심각한 번민에 쌓여 있는 것을 눈치채고 있었다. 그녀는 자신과 라훌라에 대한 싯다르타의 사랑을 의심하지 않았다. 다만, 라훌라가 태어나면서 겪었던 충격이 망령처럼 따라붙어 싯다르타는 두 번 다시 그와 같은 고통에 말려들지 않겠다고 결심하게 되었을 뿐이었다. 야소다라를 향한 싯다르타의 사랑은 시들 줄을 몰랐다. 싯다르타는 그녀와 더욱 가까워졌고 또한 아기를 깊이 염려했다.

한편 숫도다나 왕은 부쩍 깊은 고뇌에 빠진 모습을 보여주는 싯다르타가 숲속의 수행자가 되기 위해 태자의 지위를 버리지나 않을까 노심초사하고 있었다. 아시따 칼라데왈라의 불길한 예언은 싯다르타의 사춘기 내내, 결혼한 뒤에도 그를 따라다니며 괴롭혔다. 라훌라가 태어나면서 한동안 상황이 변한 것처럼 보였다. 싯다르타와 야소다라가 더욱 가까워지는 것을 보고 싯다르타가 더 이상 출가에 관심이 없는 것으로 생각했다. 그래서 그는 야소다라와 라훌라에게 고마움을 느꼈다. 라훌라가 숫도다나 왕의 사랑을 독차지한 것은 당연한 귀결이었다. 손자를 어르고 함께 있기 위해서 그는 공무조차 뒤로 미루곤 했다. 손자와 며느리의 안락과 행복을 위해서라면 못할 게 없었다.

야소다라와 라훌라가 숫도다나 왕의 사랑과 보호 속에 안전하게 지켜질 수 있을 것이라는 확신은 싯다르타에게는 아주 다행스러운 상황이었다. 언젠가 집을 떠나고 난 다음에 그들이 받게 될 충격에 대한 두려움이 그의 출가를 가로막고 있었기에 더욱 그랬다. 그런데 그런 두려움이 점차 엷어지고 있었다. 그는 아버지가 야소다라와 라훌라를 잘 보살펴 줄 수 있으리라 확신했다. 설사 생사의 사슬을 풀어버릴 길을 찾을 수 없더라도 다시 돌아와 아버지와 부족이 자신에게 기대하는 일을 계속하면 될 것이라는 생각도 일어났다. 더구나 바라는 대로 인생의 모든 고통을 해결할 길을 발견한다면, 가까운 가족은 물론 모든 사람들에게 헤아릴 수 없는 행복을 나누어 줄 수 있을 것이 아닌가. 야소다라와 라훌라의 장래를 크게 근심하지 않아도 될 것 같다는 상황은 서서히 정신적 활력의 출구를 그에게 열어주고 있었다.

고뇌에 빠진 남편을 면밀히 지켜보던 야소다라는 곧 싯다르타의 의중을 짐작하게 되었다. 싯다르타 역시 애써 자신의 출가에 대한 관심과 고민을 숨기려 하지 않았다. 사실 야소다라는 한동안 싯다르타가 가정생활과 출가의 기로에서 머뭇거리는 것을 발견할 때마다 그의 결심을 바꾸거나 결정을 유보하도록 설득하는 일을 주저하지 않았다. 그러나 싯다르타의 마음이 점점 출가 쪽으로 기울어지는 것을 느끼면서 그 문제에 관해 언급하는 것을 피했다.

그러던 중 숫도다나 왕의 정신적 지주이자 싯다르타의 스승이었던 아시따 칼라데왈라가 여든셋의 나이로 세상을 떠났다. 마침 까뻴라왓투 외곽에 공무차 나가 있던 숫도다나 왕을 대신해서 싯다르타가 태자의 자격으로 장례식에 참석하게 되었다. 아시따 칼라데왈라의 시체는 분홍색 천으로 단단하게 싸여 목곽에 담겨졌고, 화장을 위해 로히니 강변으로 옮겨졌다. 시체는 히말라야에서 흘러내린 성스러운 강물에 잠깐 동안 담가졌다가 다시 강둑에 놓였다. 몇 발짝 떨어진 곳에는 화장할 준비가 되어 있었다. 잔가지를 위에 덮은 석 자 남짓한 장작더미에 기름이 부어지자, 아시따 칼라데왈라의 시체가 올려졌다. 여러 브라만 사제들이 『베다』 구절을 외우는 동안 한 사제가 횃불을 들고 장작더미를 돌았다. 천천히 세 바퀴를 돌고 난 사제는 장작더미에 불을 붙였다.

싯다르타는 조객들과 함께 시체를 휘말아 삼키는 불길을 바라보고 있었다. 그는 스승의 죽음이 슬펐고 심경 또한 몹시 우울했다. 아시따 칼라데왈라는 까삘라왓투에서 가장 존경받는 사람 가운데 하나였다. 그러나 그의 죽음도 평범한 다른 사람들의 그것과 다를 바 없었다. 스승의 장례를 치르면서 싯다르타는 다시금 인간고(人間苦)에 관해 깊이 고민하게 되었다.

'이럴 때 불멸의 영혼은 어떻게 되는 것일까? 그것은 죽음에 이르러 육체를 버리고 떠나는 것인가? 화장하는 연기와 함께 하늘로 올라가는 것인가? 알 수 없는 일이다. 아직까지 내가 아는 사람들 가운데 가장 뛰어난 현자인 아시따 칼라데왈라도 저럴진대, 다른 사람들은 말해 무엇하랴! 거기서 벗어나는 길이 없는 것일까?'

어지럽게 일어나는 온갖 생각들로 인해 그는 장례의식이 끝날 때까지 거기 남아 있을 수 없었다. 집으로 돌아가야겠다고 생각했다. 궁으로 돌아오는 길에 그는 야소다라에게 이러한 인생의 고뇌를 해결할 길을 찾아 나설 수밖에 없음을 이해시켜야겠다고 거듭 결심했다.

야소다라는 장례식에서 돌아온 싯다르타의 얼굴이 평소와는 달리 상기되어 있음을 단박에 알아챘다. 실제로 스승의 죽음과 화장 절차를 지켜본 싯다르타는 좀처럼 마음의 안정을 찾지 못하고 있었다.

싯다르타는 야소다라와 은밀히 이야기할 수 있는 기회를 엿보고 있었다. 천진한 라홀라는 아버지의 복잡한 속내를 아는지 모르는지 엄마와 즐겁게 놀고 있었다. 싯다르타는 라홀라의 쾌활한 움직임을 외면하려고 애썼다. 라홀라를 처음 보았던 순간의 감정이 새삼스럽게 되살아나는 것을 느꼈고, 더 이상 그런 감정에 휘말리고 싶지 않았다. 그것은 라훌라나 야소다라에도 좋은 일이 아닐 것이었다. 또한 숫구치는 삶의 의혹을 해결하는 일에도 도움이 되지 않을 것이었다.

　야소다라는 싯다르타의 마음이 몹시 편치 않다는 것을 알아챘다. 그녀는 시녀들에게 눈짓으로 라훌라를 데려가게 지시한 후 싯다르타의 손을 잡고 발코니로 나갔다. 싯다르타가 야소다라의 어깨에 팔을 얹어 가만히 끌어당겼다.

　서쪽 지평선으로 해가 저물고 있었다. 온갖 것들을 생생하게 깨우며 떠오른 태양이 검붉은 노을을 분출하며 조금씩 스러지고 있었다. 주위를 붉게 물들이고 석양빛에 싯다르타와 야소다라의 얼굴빛도 붉게 물들어 있었다. 반면 아침햇빛으로 찬란하게 물들던 동녘은 점점 더 우울한 어둠에 싸여가고 있었다. '저것이 내 인생을 말해주는 것은 아닐까?'라는 생각이 야소다라에게 밀려왔다.

　"야소다라…, 부디 당신의 허락을…."

싯다르타의 부드러운 음성이 들려왔을 때, 야소다라가 느꼈던 모든 불안은 순식간에 확실한 것이 되어버렸다. 그것은 천둥이었다. 야소다라는 한동안 숨을 쉬지 못했다. 낯빛은 창백해졌고 눈동자는 이내 초점을 잃었다. 야소다라의 표정을 살핀 싯다르타는 나머지 말을 마저 다할 수 없었다. 야소다라의 흐느낌을 들었던 것이다. 눈물을 머금는 아내를 바라보는 싯다르타의 가슴이 무너져 내려앉는 듯했다. '아, 야소다라가 크게 상심하고 있다.' 싯다르타는 내심 당황했다. 한동안 망설일 수밖에 없었다. '아, 지금 떠날 수는 없는 것인가!'

　꽤 시간이 지난 후 야소다라가 흐느낌을 멈추고 가만히 속삭였을 때, 싯다르타는 자신의 귀를 의심했다.

"네, 알아요. 당신이 원하는 것이 무엇인지를…, 나는 당신을
기다리겠어요."

싯다르타는 그녀를 와락 껴안았다. 더 이상 자신을 억제할 수 없게 된
야소다라가 참고 참았던 눈물을 쏟아냈다. 싯다르타는 야소다라가
슬픔을 누르고 냉정을 되찾을 때까지 포옹을 풀지 않았다.
    항상 그들 주위를 맴돌던 시녀들이 평소와 다른 싯다르타와 야
소다라의 행동을 발견하고는 무엇인가 중대한 변화가 일어나고 있음
을 감지하게 되었다. 그녀들의 수군거림이 고따미에게 전해지는데 그
리 긴 시간이 걸리지 않았다. 고따미를 통해 숫도다나 왕이 달라진 분
위기를 알게 되는 것도 시간문제였다. 며칠 후 고따미는 야소다라를
불러 싯다르타와 사이에 무슨 일이 있었는지, 자초지종을 캐물었다.

"싯다르타가 곧 숲으로 떠날 생각을 하고 있다는 게 사실이
냐?"

야소다라는 시어머니를 향해 미소를 지어보였다. 그리고 체념한 듯
대답했다.

"네, 그는 머지않아 궁을 떠나게 될 거예요."
"뭐라고? 그게 정말이야. 그런데 어떻게 너는 그렇게 당연한
일이라도 되는 것처럼 태연히 말하고 있는 거냐? 말려야 될

게 아니니? 넌 아직 젊고 남편이 필요한 시기다. 거기에다 라
훌라는 아직 어린아이가 아니냐? 라훌라에게도 아직 아버지
가 곁에 있어주어야 해."

태평한 며느리에게 실망했다는 표정을 지으며 고따미가 말했다. 그
러나 야소다라는 싯다르타의 결심이 하루이틀 사이에 이루어진 것이
아니며, 쉽게 번복될 일이 아니라는 것을 잘 알고 있었다. 싯다르타가
숲으로 떠날 결정을 내린 것은 실로 여러 해에 걸친 심사숙고의 결과
였다. 그동안 그는 선과 악, 정의와 불의, 진실과 거짓, 인생의 무상에
대해 끝없이 생각하고 묻고 또 물었다. 그러고는 마침내 출가를 결심
하기에 이른 것이었다.

　물은 역류하지 않는다. 무엇으로든 물길이 가로막히면 물줄기는
반드시 빠져나갈 길을 찾는다. 싯다르타는 이미 인간이라는 존재 앞
에 놓인 수없이 많은 장애 사이로 난 틈새를 발견하고 있었다. 그에게
제왕의 권위나 명예, 영화 따위는 이미 아무런 의미가 없었다. 야소다
라는 생각했다. '내가 할 수 있는 최선의 길은 그가 몰두하고 있는 인
간고 해결의 길을 찾도록 놓아두는 것이리라. 만약 기대했던 길을 찾
지 못하고 돌아오더라도, 그가 시도도 해보지 않았다고 자신을 자책
하는 일은 없을 것이 아닌가. 그러나 그가 무언가를 찾아낸다면 모두
가 그의 덕을 보게 될 것이다.'

　야소다라는 초조하게 그녀의 대답을 기다리는 고따미에게 아무
말도 하지 않았다. 마침내 고따미가 책망하듯 물었다.

"야소다라, 싯다르타의 행위에 대한 책임이 네게 있다고 생각

하지는 않니?"

"네, 어머님. 제 책임이 크지요. 하지만, 싯다르타의 행복에 대한 책임도 역시 제게 있다고 생각해요. 저는 그 생각으로 위안을 삼아요."

고따미는 야소다라와 이야기를 계속하는 것이 쓸모없는 일이라는 것을 깨달았다. 그녀는 야소다라가 그 나이의 다른 여자들과 다르다는 것을 알고 있었다. 야소다라는 자존심이 강했고 지성적이었다. 고따미는 결국 아버지가 직접 나서서 아들을 설득해야 할 때가 되었다고 생각했다.

숫도다나 왕은 아들이 출가하려고 한다는 이야기를 듣자마자 한걸음에 싯다르타의 처소로 달려갔다. 고따미가 그 뒤를 따랐다. 싯다르타와 야소다라는 시녀들과 함께 뛰노는 라훌라를 바라보며 일상적인 이야기를 나누고 있었다. 숫도다나 왕이 방에 들어서자 부부는 자리에서 일어섰다. 시녀가 라훌라를 데리고 밖으로 나갔다. 싯다르타는 아버지가 무슨 이야기를 하려는지 짐작을 하고 있었다. 숫도다나 왕이 자리에 앉은 후 다른 사람들도 뒤따라 자리에 앉았다.

"출가하기로 결심했다는 것이 사실이냐?"

싯다르타를 바라보며 숫도다나 왕이 근엄한 목소리로 물었다. 핏기를 잃은 그의 얼굴이 몹시 우울했다. 싯다르타의 굳게 다문 입술조차 그에게는 미소를 짓는 것으로 보였다. 숫도다나와 고따미는 둘 가운데 누군가가 대답하기를 기다리며 야소다라와 싯다르타를 번갈아 쳐다보았다. 야소다라는 싯다르타를 바라보며 '당신이 대답을 해드려야 하지 않나요?'라고 눈짓으로 말했다. 무겁게 침묵이 흘렀다. 선뜻 대답이 나오지 않자 숫도다나 왕이 노기 띤 얼굴을 한 채 먼저 말문을 열었다.

> "전통적으로 크샤트리아는 중년이 지나 출가하는 것으로 여겨왔다. 그런데 싯다르타, 너는 이제 겨우 스물아홉 살이 아니냐? 그따위 출가생활을 시작하기에는 너무 젊은 나이다. 게다가 당장 네가 전념해야 할 다른 책임이 있지 않느냐?"

싯다르타는 이 순간 아버지를 설득하지 않으면 안 되겠다고 판단했다.

> "아버지, 그것은 브라만 사제들이 자기들의 기득권을 지키기 위해 만들어 놓은 악습일 뿐입니다. 그들은 수천 년 동안 전해 내려온 명상의 본뜻을 저버리고 종교적 의례로 외향화된 기도나 제사로 일관하면서 4기라는 해괴한 제도를 강조하고 있습니다. 아버지, 어떻게 인간을 젊다, 중년이다, 늙었다고 정할 수 있습니까? 어려서 죽은 사람에게 중년이란 없습니다. 젊어서 죽는 사람은 노년이 무엇인지 알지 못합니다. 무상과 인간고를 해결하는 일을 왜 노년으로 미뤄야 합니까? 어떻게 그때까지 살 거라고 확신할 수 있습니까? 아버지께서는 브라만 사제들의 이야기를 따지지 않고 그대로 따르고 계십니다. 브라만들은 보다 많은 제물을 걷기 위해 사람들이 가능한 한 오랫동안 가정에 머물기를 원합니다. 아버지는 지금 자신들의 사회적인 지

위를 잠식하고 있는 크샤트리아를 세속에 가둬두기 위해 브라만 사제들이 쳐놓은 그물에 사로잡혀 있는 것입니다."

"아들아, 너는 지극히 이기적이구나. 너는 너에게 부과된 크샤트리아의 의무와 책임에 겁을 먹고 숲으로 들어가 은둔자가 되려고 하는 것이 아니냐? 너는 개인적인 고뇌로부터 벗어나기 위해 너의 도움이 필요한 다른 사람들을 버리려 하는 것이 아니냐?"

그 순간 야소다라는 싯다르타의 표정에서 분노가 일어나고 있음을 알아챘다. 싯다르타가 어떤 말을 했을 때 벌어질 상황이 두려웠다. 무언가 나서 분위기를 바꿔야 하겠다는 생각을 내는 순간 싯다르타가 먼저 입을 열었다.

"아닙니다. 아버지. 그렇지 않습니다. 저는 저의 출가가 제 자신만을 위한 것이라고 생각하지 않습니다. 제가 고심하고 있는 문제는 바로 아버지의 고뇌며, 이 세상 모든 사람들의 고뇌입니다. 저는 스스로 태어남과 늙음과 병듦과 죽음 그리고 슬픔과 번뇌에 묶여 있으니 그것들의 재난을 알고 안온한 열반을 구하기로 결심했습니다. 제가 해탈의 길을 발견한다면 그것은 제 자신뿐만 아니라 고뇌하는 모든 사람들을 위한 것이 될 것입니다."

숫도다나 왕은 말문이 막혔다. 싯다르타의 성정은 어떤 결정에 이르렀을 때 이미 찬반의 모든 면을 신중히 숙고한 다음이라는 것을 잘 알고 있었기 때문이었다.

'싯다르타는 이미 내려진 결정을 끝내 고집할 것이다. 야소다라 역시 싯다르타의 결심을 수락할 수밖에 없을 것이다. 그가 야소다라와 결혼하고자 했을 때, 아버지인 자신에게 했던 것과 똑같은 방식이었을 것이다.' 그러나 숫도다나 왕은 싯다르타에게 마지막 일격을 가했다.

"고행자가 되어 어떻게 다른 사람들을 돕겠다는 것이냐? 너는 출가수행자가 다른 사람을 돕는 것을 본 적이 있느냐? 돕기는 커녕 사회의 짐이 될 뿐이다. 그런 사람들은 숲에서 빈둥거리다가 거기서 찾을 수 없는 것을 구하려고 마을에 내려온다. 아무것도 베풀지 못하면서 가난한 마을 사람들로부터 무엇이든 얻기를 기대한다. 그 따위 자비행이 어디에 있다는 말이냐?"

싯다르타는 아버지의 이런 비판이 일면 옳다는 것을 잘 알고 있었다. 실제로 숲속의 은둔자들은 이따금 무언가 필요한 것이 생기면 거리로 나왔다. 신심이 깊은 주민들이 한두 번 그들이 원하는 것을 내주다가 결국 넌더리를 내고 그들을 외면하는 경우도 있었다.

"제가 생각하는 출가는 그것 자체가 목적이 아니라 하나의 수단일 뿐입니다. 제가 인간고를 해결할 방법을 찾는다면 그것은 부자나 가난한 사람, 저를 도와주었거나 도움을 거절한 사람 모두에게 똑같이 이로운 일이 될 것입니다. 저는 결코 세상의 짐이 되지 않을 것입니다. 그리고 영원히 숲속에 은거하고

싶지도 않습니다. 그 또한 목적이 아니라 하나의 수단이기 때
문입니다."

"…"

"…"

"…. 그래 언제 어디로 갈 예정이냐?"

분노와 슬픔을 애써 눌러 참으려 숫도다나 왕이 참담한 표정으로 물
었다.

"언제 어디로 갈지는 저도 모릅니다. 하지만 머지않아 떠나게
될 것입니다."

야소다라를 쳐다보며 싯다르타가 대답했다. 그러나 야소다라는 싯다
르타를 마주 볼 수 없었다. 숫도다나 왕은 말없이 자리에서 일어나 방
을 나섰다. 그는 빈혈 환자처럼 비틀거리며 가까스로 발걸음을 옮겼
다. 자기 방으로 돌아온 숫도다나 왕은 방바닥에 털썩 주저앉아 꺼이
꺼이 어린아이처럼 울었다.

모든 것 버리고 동문(東門)으로

싯다르타가 마음속으로 정해놓은 출가일은 우기가 시작되는 아살하 달(음력 6월) 보름날이었다. 사람들의 의혹에 찬 시선을 피해 가능한 한 멀리 가기 위해서는 달빛이 있는 보름밤이 가장 적합할 것이었다. 집안사람들이 깊은 잠에 떨어진 시간에 집을 나서면 불필요한 소동도 막을 수 있을 것이었다. 그러나 야소다라는 싯다르타가 그날 밤 떠나려 한다는 것을 짐작하고 있었다. 그녀는 평소 싯다르타가 아끼는 마부 찬나를 불러 당부했다.

> "찬나, 오늘 밤 태자께서 먼길을 떠날 것이다. 말을 대기시켜
> 두어라. 그리고 그분께서 널 필요로 할 때까지 함께 있도록 해
> 라. 그분께서 돌아가라고 말하거든, 바로 내게로 와서 가는 길
> 에 있었던 일들을 자세히 들려줘야 할 것이야."
> "예, 부인."

찬나 역시 숲속의 수행생활을 위해 출가하려는 주인의 계획을 짐작하고 있었다. 야소다라는 싯다르타가 떠나기 전에 일어날 셈으로 일찍 침실로 들어갔다. 그러나 잠은 오지 않고 눈물만이 하염없이 흘러내릴 뿐이었다. 그녀는 침대에 드러누워 기진해질 때까지 흐느끼다 잠에 빠져들었다. 야소다라에게 작별을 고하기 위해 방에 들어선 싯

다르타는 그녀가 라훌라와 함께 깊이 잠들어 있는 것을 발견했다.

'깨워야 할까? 아니면 이대로….' 싯다르타가 망설였다. '아내는 내가 오늘 밤 떠난다는 것을 알고 있다. 만약 내가 그녀를 깨운다면 떠나기가 어렵게 될지도 모른다. 더구나 떠나는 사람의 뒷모습을 바라보는 것은 실로 고통스러운 일이다. 그러나 내가 작별인사 없이 떠나버린다면 야소다라는 중요한 순간에 잠에 빠져버렸던 자신을 힐난하게 될지도 모른다. 내가 달아나듯 떠난다면 그녀가 나를 원망하지는 않을까? 아, 고민스럽다. 하지만 야소다라는 내가 왜 깨우지 않고 떠났는지 이해할 것이다. 어찌되었건 나는 떠난다. 한동안이나마 야소다라의 마음을 아프게 하는 것은 아들 라훌라와 부모님들에게 해로운 일이 되겠지. 그러나 먼 안목으로 보면 모든 사람들이 나와 함께 이롭게 될 것이다. 내가 반드시 그렇게 만들 것이다.'

싯다르타는 침대 머리맡에 그대로 서서 곤히 잠든 아내와 아기를 물끄러미 내려다보았다. 시간이 멈춰진 듯했다. 그러나 그는 곧 등을 돌려 야소다라의 방을 빠져나왔다. 찬나는 이미 두 마리의 말에 안장을 얹어 놓고 주인을 기다리고 있었다. 위층의 몇몇 방에서 불빛이 새어나오고 있었지만 집안은 쥐죽은 듯 고요했다. 말들도 출가 결행으로 인해 분출될, 싯다르타를 사랑하는 이들의 슬픔을 아는 듯 바스락 소리조차 내지 않았다.

싯다르타는 찬나에게 동문(東門)으로 빠져나갈 것을 알렸다. 찬나는 기수를 동쪽으로 돌렸다. 열린 동문을 나서자마자 싯다르타는 말에 올라 길을 달렸다. 야소다라가 미리 준비해준 가사와 바리때를 담은 꾸러미를 챙겨 묶은 찬나가 그 뒤를 따랐다. 그들은 동남쪽으로 향해 달렸다. 싯다르타는 출가의 길, 즉 수행자로서 새롭게 탄생하는 첫 길을 자신이 태어난 룸비니를 거쳐서 가고자 했다. 그것이 그가 동문을 통해 성을 나선 이유이기도 했다. 한참을 달려 룸비니에 도착한 싯다르타는 어머니가 자신을 낳았던 동산을 물끄러미 바라봤다. 그는 어머니에 대한 사무치는 그리움을 생사의 문제를 해결하는 길을 찾기 위한 원력으로 승화시키고 있었다.

'어머니, 오늘 저는 수행자가 되기 위해 출가를 합니다. 이곳에서 제가 태어났습니다. 어머니께서는 저를 낳고 산후 통증으로 세상을 떠나셨습니다. 저와 어머님처럼 세상 모든 생명들은 태어나고 죽습니다. 나고 죽는 그 사이에도 수많은 고통들을 감내하며 살아갑니다. 더러 행복한 순간도 있지만, 그것은 세상이 고통스럽다는 것을 확인시켜주는 장치에 지나지 않습니다. 어머니, 저는 오늘 이 순간부터 새로운 삶을 시작합니다. 어머님께서 저를 낳아주신 이곳에서 새로운 탄생, 새로운 삶을 살아가기 위한 출발을 하고자 합니다. 부디 제가 생사문제를 해결하고, 고통을 해결하고 영원한 행복의 길을 찾을 때까지, 그리하여 모든 중생들이 함께 행복한 길을 가도록 할 때까지 저를 지켜봐 주세요. 어머니….'

"자, 가자."

비감한 표정을 한 채 한참을 룸비니에 머물렀던 싯다르타가 다시 고삐를 당겼다. 싯다르타와 찬나 두 사람은 까삘라왓투 외곽지역에 도달할 때까지 침묵 속에 말을 몰았다. 싯다르타는 어린 시절과 젊은 날의 갖가지 추억이 묻힌 곳, 자신을 키웠고, 아내와 어린 아들, 부모, 친척, 그리고 친구들을 비롯해 사랑하는 사람들이 잠들어 있는 고향땅을 되돌아보고 싶은 충동을 여러 차례 느꼈다. 또한 기억에도 없는 어머니의 모습이 줄곧 떠올랐다가 사라지기를 반복했다. 사실 그는 출가 전에도 꿈속에서나마 어머니를 만날 수 있을까 싶어 일찍 잠자리에 들곤 했었다. 태어난 지 이레 만에 어머니를 여의고 이모 손에 자랐으니 어머니는 언제나 그리움의 대상이었다. 이모가 양어머니가 되어 어떤 친모보다도 더 깊은 사랑을 주었지만 친모에 대한 그리움은, 현재의 어머니가 친모가 아니라는 사실을 안 순간부터 그의 뇌리를 떠나지 않았던 것이다.

싯다르타는 뒤돌아보지 않고 앞으로, 앞으로 달려 나갔다. 그러나 그의 마음속에 까삘라왓투의 영상이 또렷하게 펼쳐지는 것을 없앨 수는 없었다. 먼동이 틀 무렵, 두 사람은 사끼야 왕국의 경계를 넘어 아누삐아(Anūpiya) 마을의 '숭고한 강'이라는 뜻을 가진 아노마(Anomā) 강가에 이르렀다. 밤새 동남쪽으로 무려 170리 길을 달려온 것이었다. 아누삐야는 말라 국의 땅이었다. 싯다르타는 생각했다.

'출가는 숭고한 것이다. 그러므로 나는 이곳 숭고한 강가에서 출가사문이 될 것이다. 나는 사랑하는 가족과 친지들을 떠났다. 출가를 위해 그들에게 아픔과 슬픔을 안겨주는 일을 감수했다. 이제부터는 온 삶을 바쳐 해탈을 향한 길로 들어설 것이다. 바로 지금 이 순간부터.'

싯다르타는 아노마 강을 건너고서야 비로소 출가를 위한 땅에 도착했다고 생각했다. 그는 그동안 애지중지 간직해왔던 아름다운 머리채와 수염을 잘라냈다. 잘려나가는 머리카락과 수염을 바라보며 싯다르타는 다시 한번 마음을 다잡았다. 툭, 툭 땅 위로 떨어지는 머리카락처럼 그가 가졌던 모든 것들을 포기하는 순간이었다. 싯다르타는 이 포기를 반드시 위대한 결실로 마무리할 것을 마음속 깊이 다짐했다. 그는 이어 야소다라가 준비한 수행자의 옷, 가사로 갈아입었다. 입고 있었던 옷가지들은 한데 묶어서 찬나에게 건네주었다. 그는 이 옷가지를 까삘라왓투로 가져가 부친에게 돌려주라고 당부했다. 마부 찬나가 눈물을 흘리며 옛 주인에게 고별의 인사를 올렸다.

"찬나, 울지 마라. 그동안 나를 위한 너의 헌신적인 봉사는 네가 이곳까지 따라온 것으로 충분하게 증명되었다. 주인을 위한 너의 성실한 자세와 따뜻한 마음씨에 대하여 나는 크게 감사한 마음을 가지고 있다. 너의 갸륵한 마음씨에 대하여 상이라도 주고 싶은 심정이지만, 지금 내가 가진 것이 아무것도 없구나. 세상에 기대가 없는 친절은 없는 법이다. 또한 동기 없는 이타(利他)도 없다. 그러나 이와 같은 정해진 이치에 벗어나는 하나의 예외가 있으니, 그 사람이 바로 너, 찬나라고 생각한다. 자, 이제 이 말을 데리고 까삘라왓투의 왕궁으로 돌아가거라."

"태자님, 이곳은 사나운 짐승과 독충이 우글거리는 숲입니다. 매우 위험한 곳입니다. 그런데 어찌 저만 혼자 가라고 하십니까?"

찬나가 흐느끼며 말했다. 그러자 싯다르타는 부드러운 음성으로 찬나를 달랬다.

"찬나, 나는 결코 낙원을 갈망하지 않는다. 나는 늙음과 죽음에 대한 종지부를 찍기 위해 숲속으로 온 것이다. 찬나, 내가 해탈을 결심한 이유는 인간은 언젠가 헤어져야 할 숙명적 존재라는 사실을 알았기 때문이다. 내가 깨달음을 이루면 더 이상 우리의 운명을 갈라놓는 슬픈 일은 생기지 않을 것이다. 찬나, 그러니 서러워하지 마라. 오히려 비탄의 뿌리에 얽혀 감각적 열정을 탐닉하는 자들을 서러워하라. 나의 아버지는 내가 아직 젊기 때문에 숲속에 들어갈 때가 아니라고 생각하지만 인생이란 때가 정해져 있는 게 아니다."

찬나가 싯다르타 발아래 엎드려 다시 청했다.

"태자님, 부디 저를 데리고 가십시오. 짐승과 뱀이 득실거리고 도적떼들이 출몰하는 이곳에 태자님을 혼자 버려둘 수 없습니다."

싯다르타는 울고 있는 찬나의 등을 다독여주면서 말했다.

"찬나, 울지 마라. 사람이란 누구나 태어나면서 각자 다른 길을 가게 되어 있다. 비록 애정 때문에 지금 가족과 이별하지 않는다 해도 언젠가 닥쳐올 죽음은 냉정히 그 사이를 갈라놓는 법이다. 그날이 오면 어떤 작별의 인사도 할 수 없게 된다. 큰 기대를 품고 참기 힘든 고통을 견디며 나를 낳은 어머니를 생각해보라. '나는 어머니에게 무엇이며, 어머니는 나에게 또 무엇인가?'라고 자문해보라. 새들이 잠시 나뭇가지에 머물다 다른 곳으로 날아가듯이, 우리의 만남도 그와 같은 것이다. 저

하늘의 구름을 보라. 그 속에서 나는 생명의 결합과 슬픈 이별을 동시에 본다. 이 세상은 구름처럼 모였다 흩어지는 법. 언제까지 영속되기를 바라는 집착들은 우리의 찬란한 기대와 희망을 참담하게 만들어 놓을 뿐이다."

싯다르타는 그동안 헌신해왔던 찬나의 도움을 거듭 치하하고 그를 설득해 까삘라왓투로 돌려보냈다. 오후 일찍 까삘라왓투로 돌아온 찬나는 자신을 그토록 아껴주던 주인과 헤어진 슬픔을 주체할 수가 없었다. 그는 겨우 마구간에 말들을 몰아넣었다. 주변에 널려 있는 것 모두가 자상한 옛 주인을 떠올리게 하는 것들이었다.

싯다르타의 가족들은 오후 늦게 말들과 말안장에 묶인 싯다르타의 옷 꾸러미를 발견했다.

2

—

고행의 길과
해탈의 길

구도의 길에 들다

찬나와 헤어진 싯다르타는 얼마 후 숲으로 사냥을 하러 온 한 사냥꾼과 옷을 바꿔 입었다. 야소다라가 지어준 수행복은 너무나 고급스러워서 수행하는 데는 외려 거추장스러웠다. 게다가 사냥꾼은 자신의 헤진 옷과 싯다르타가 걸친 수행복을 바꿔 입었으면, 하는 눈치였다.

수행자가 된 싯다르타는 아침햇살을 받으며 아누삐야의 한 망고 숲으로 걸어 들어갔다. 적당한 나무를 골라, 그 아래 다리를 포개고 앉았다. 명상을 하기 위해서였다. 싯다르타는 태자 시절부터 눈여겨 보았던, 특히 수행자들의 명상 모습을 떠올리며 독자적인 수행에 들어갔다. 눈을 지그시 감고 마음속으로 호흡을 조절했다.

싯다르타의 각오는 단호했다. 어떤 일이 있어도 결코 물러서지 않으리라는 결의가 표정에서 묻어나왔다. 숲에는 온갖 새들이 지저귀고 나뭇잎은 살랑살랑 바람에 흔들렸다. 숲에서 나는 여러 가지 소리들은 고요한 숲과 조화를 이루며 그의 마음을 진정시켰다.

한낮을 지나며 심한 갈증과 공복을 느꼈으나 싯다르타는 전혀 동요하지 않았다. 춥고 어두운 밤이 되어도 한결 같았지만 간혹 가족의 얼굴이 눈앞에 어른거렸다. 때론 어느 한 생각이 오랫동안 맴돌기도 했다.

밤이 깊어지자 짐승의 울음소리가 두렵게 다가왔다. 습기 찬 밤공기가 몸속으로 스며들었지만 싯다르타는 미동도 하지 않았다. 그의 시선은 숲속 나무와 풀, 그리고 나는 새들을 향하고 있었지만 그것을 알아차릴 뿐, 분별하는 마음을 일으키지 않았다. 어느 순간부터는 숨소리마저 사라지는 사마디(samādhi, 삼매)의 상태가 끊겼다, 이어지기를 반복했다. 사마디가 끊어질 때에는 불현듯 망상이 밀려와 뇌리를 헤집었다. 아무것도 먹지 않고 눕지 않으니 안락했던 시절이 문득문득 그리워지기도 했다. 그럴 때마다 싯다르타는 세차게 머리를 흔들며 스스로를 경책했다.

왕궁을 빠져나와 맞이하는 첫 밤은 그에게 수행자의 삶이, 그리고 수행의 길이 결코 만만한 것이 아님을 알려주는 일종의 스승 같은 것이었다. 그러나 싯다르타는 기뻤다. 그토록 오래 간절하게 바랐던 출가수행자가 되었다는 사실만으로도 뿌듯했다. 이런 정도의 난관은 문제가 될 수 없었다. 다음 날도, 그다음 날도 싯다르타는 오직 호흡에만 몰두했다. 갈증을 풀기 위해 가끔씩 냇가에 내려가 물을 마실 뿐, 아무것도 먹지 않기를 꼬박 일주일 동안이나 계속했다.

온종일 비가 내리는 날이었다. 나무 아래 앉아 있는 싯다르타의 온몸이 빗물에 흠뻑 젖었다. 굶은 뱃속에는 찬 밤기운까지 엄습해 와 온몸이 심하게 떨렸다. 하지만 싯다르타는 미동도 하지 않았다.

이 숲에도 여러 부류의 수행자들이 머물고 있었다. 그들 가운데 일부는 부인을 데려와 자연 속에 가정을 꾸리고 수행하는 방랑자도 있었고, 불을 끔찍하게 보살피며 엄격하게 탐구를 하는 브라만도 있었다. 심지어 빚을 진 자나 파산자, 도망자들이 수행자들 사이에 끼여 있기도 했다.

싯다르타가 처음 만난 수행자는 두 여인이었다. 육체적 제약과 사회적 편견에도 불구하고 삶의 고통을 통찰하는 그들의 눈동자는 고결하게 빛났다. 죽음에 맞서는 그녀들의 용기는 전장에 나서는 용사조차 부끄럽게 만들 정도로 단단했다. 망고나무 숲에 깃든 그들의 진지한 모습은 싯다르타에게 새롭게 접하는 세계에 대한 희망을 북돋아 주었다. 그들이 들려준 성자의 이야기는 싯다르타의 심장을 뛰게 만들었다. 그러나 그들은 수행의 지침이 될 만큼 명확한 지혜를 가진 수행자는 아직 아니었다. 도리어 싯다르타의 총명함과 박학다식함에 놀라며 자신들의 오랜 고민과 노력으로 이룬 성과를 부끄러워했다.

싯다르타는 그러나 어떤 깨달음을 얻을지도 막막했고, 지난 일주일 동안 했던 수행이 올바른 것인지의 판단도 섣불리 내릴 수 없었다. 싯다르타는 다시 깊은 생각에 잠겼다. 수행자의 삶을 어떻게 시작하는 것이 옳을 것인지, 일거에 깨달음을 얻을 수 있는 것인지에 대해 골똘히 생각하기 시작했다. 오랜 숙고 끝에 싯다르타는 수행이란 서둘러서 되는 것이 아님을 깨달았다. 마땅히 스승을 찾아 수행 지도를 받는 것이 좋겠다고 판단했다. 스승을 찾기로 결심을 굳힌 그는 출가 직후 처음 들어갔던 숲에서 걸어 나왔다.

이제 고작 일주일이 지났을 뿐인데도 싯다르타의 희고 부드럽던 얼굴은 놀랍게 야위어 있었다. 핏기가 사라지고 창백한 기운이 넘쳤다. 그러나 걸음걸이에는 수행자의 품격이 넘쳐흘렀다. 수행자들의 틈에 끼여 수행하는 모습을 지켜본 아누삐야 주민들은 그가 탁발에 나섰을 때, 예사 수행자가 아닐 것이라며 수군거렸다. 몇 집을 차례로 걸식한 싯다르타는 성을 빠져 나와 빤다와(Paṇḍava) 산기슭으로 가서 앉아 뒤섞인 음식을 먹었다. 그러나 곧 구역질이 나며 삼켰던 음식을 모두 토해내고 말았다. 역겨운 냄새가 견디기 어려울 정도였다. 그러나 그는 곧바로 스스로를 질책했다.

'싯다르타여, 너는 궁에서 기름진 쌀밥에 맛난 반찬을 먹을 때 걸식자의 음식을 보고 나도 언제 저렇게 먹을 수 있을까 부러워하지 않았던가!'

자신을 책망한 싯다르타는 남은 음식을 다 먹었다. 싯다르타는 조용한 자리로 옮겨 앉은 뒤 생각에 잠겼다. '이제 어떻게 할까?' 그때 출가 전 요가의 비법을 배운 친구로부터 들었던 두 사람의 위대한 선인 이야기를 떠올렸다. 그들의 이름은 알라라 깔라마(Ālāra Kālāma)와 웃다까 라마뿟따(Uddaka Rāmaputta)였다. 친구의 전언에 따르면, 이 두 선인은 여느 선인들과 달리 철학 논쟁에 끼어들지 않았으며, 오직 선정삼매를 얻기 위해 수행에 전념하는 당대 최고로 손꼽히는 명상 지도자들이었다.

'가장 먼저 그들을 찾아가서 수행을 배우리라.'고 마음먹은 싯다르타는 강의 흐름을 따라 남쪽 웨살리(Vesāli)로 향했다. 알라라 깔라마는 왓지(Vajjī) 국의 수도 웨살리의 외곽에 머물고 있었고, 웃다까 라마뿟따는 마가다 국의 수도 라자가하(Rājagaha) 인근에 살고 있었다. 사실 싯다르타가 까빨라왓투에서 나와 남쪽 방향으로 이동한 것은 이 두 스승을 염두에 둔 영향도 있었다.

고행외도의 스승 박가와

싯다르타는 낡고 더럽기 짝이 없는 한 벌의 옷을 걸친 채, 강렬한 뙤약볕을 견디며 아노마 라마촌에서 간다크 강과 강가 강 주류의 사이로 난 길을 따라 꾸시나라(Kusinārā)를 향해 걸어갔다. 길은 험하고 거칠어서 끼니때가 되어도 먹을 것이 없었고, 밤이 되어도 편히 쉴 곳이 없었다. 그는 길가 나뭇등걸에 기대 앉아 이리저리 갈라져 피범벅이 된 발바닥을 문질렀다. 생전 처음 겪어보는 고통이기에 아픔이 더했다. 싯다르타는 이를 악물고 통증을 참아내면서 다시 길을 재촉했다.

왓지의 땅에 들어선 싯다르타는 위데하(Videhā) 족의 도시 마띨라(Mathilā) 근처 아누야 숲에 사는 고행의 스승 박가와(Bhaggava)를 방문했다. 그곳 사람들은 박가와를 아슈람(수행자가 사는 초막)의 지도자라 불렀다.

싯다르타가 들어선 숲에는 박가와를 추종하는 많은 고행자들이 머물며 수행하고 있었다. 숲은 그들의 움직임으로 분주했다. 예배를 드리는 곳은 중얼거리며 주문을 외우는 이들의 소리로 가득했고, 물속에서 목욕 의식을 행하는 수행자도 눈에 띄었다. 어떤 수행자는 희생제를 위해 불을 붙이고 있었다.

그들은 고행수행자였다. 나뭇가지나 풀을 먹는 사람, 쇠똥을 먹는 사람, 풀이나 나무껍질로 몸을 걸친 사람, 땅바닥에 눕는 사람, 벌거벗은 채 가시 위에서 자는 사람, 개미집에 웅크리고 앉은 사람 등

차림새와 수행법이 각양각색이었다. 싯다르타는 그곳의 지도자 박가와를 찾아가 인사하고 고행을 수행법으로 하는 이유와 목적을 물었다. 박가와는 범상치 않아 보이는 젊은 수행자의 의문에 이렇게 대답했다.

"고행의 목적은 이 세상에서 안락을 얻고 죽어서는 천상에 태어나는 것이네. 이곳에서 행하는 고행의 종류는 무수하게 많지. 요리하지 않은 음식, 즉 물로 자라나는 식물의 뿌리나 과실 따위를 먹거나 또는 새처럼 이삭을 먹고, 또 사슴처럼 풀을 먹기도 하며, 개미집에 들어 있는 뱀처럼 먹지 않기도 한다네. 또 봉두난발을 하고 머리를 끊임없이 적시며 아그니(불) 신에게 공물을 바치는 제사를 지내기도 하지. 이렇게 극한 고행을 체험하면서 보다 높은 경지에 도달하는 것이네. 고따마여, 고행은 큰 공덕이 되어 미래에 천상에 태어나는 영광을 얻게 된다네."

박가와의 설명을 들은 싯다르타는 실망을 감추지 못했다. 그는 박가와에게 물었다.

"선인이시여, 그럼 천국의 복이 다하면 어찌 됩니까? 스스로를 학대한 대가로 천국에 간다는 것도 믿을 수 없지만 더욱이 그런 목적으로 고행을 한다는 것은 올바르지 못한 것이 아닐까요?"

두 사람의 문답은 해가 저물도록 계속되었다. 그러나 박가와의 어떤 대답도 싯다르타의 의문과 궁금증을 해소시키지는 못했다. 그렇게 이곳에서 몇 밤을 더 머문 후 싯다르타는 이렇게 판단했다.

'고행하는 목적이 천상에 태어나는 것이라니! 그렇다면 그것이 브라만의 제례주의나 생천(生天)사상과 다른 점이 무엇이란 말인가! 짐승을 죽여 제단에 올리고 신의 구원을 받으려는 것이나 스스로 학대하여 고행의 결과로 천상에 가려는 것이나 결국 자기 구원에 혈안이 된 저열한 무리들의 무지한 행위일 뿐이다. 고행은 혹독한 것으로 인내심이야 감탄할 만하지만 결국 남이 하기 힘든 고행을 통해서 도력을 인정받고 세상 사람의 존경을 받으려는 것 아니겠는가?'

싯다르타는 나지막이 탄식하며 말했다.

"이곳의 수행은 내가 찾던 길이 아니다. 마치 장사하는 사람들이 보물을 구하려고 험한 바다로 나가고 군왕들이 나라를 넓히려고 군사를 일으켜 서로 싸우듯, 이곳 고행자들 역시 천국의 즐거움을 얻기 위해 어리석은 희생과 고통을 감수하고 있구나!"

싯다르타는 박가와에게 작별을 알렸다. 인사가 끝나자 그는 지체 없이 남쪽을 향해 떠났다. 그때 숫도다나 왕이 보낸 사끼야 왕국의 궁중 제관과 수행원 두 사람이 싯다르타에게로 다가왔다. 그들은 숫도다나 왕의 전갈을 전하며 싯다르타가 까삘라왓투로 돌아갈 것을 설득했다. 눈길조차 주지 않고 길을 가는 싯다르타를 향해 예를 올린 그들은 눈물로써 사끼야 왕국으로의 귀성을 거듭 호소했다. 그러나 그들이 들은 것은 싯다르타의 금강석처럼 단호한 의지였다.

"내가 출가한 것은 내 한 몸의 안락을 위한 것이 아닙니다. 환란에 처한 사람들, 나아가 모든 생명들을 구원하려는 서원으로 이 길을 나선 것입니다. 숙명처럼 던져진 이 엄청난 고통의 수렁에서 일체중생이 벗어나는 방법을 나는 반드시 찾아낼 것입니다. 돌아가십시오. 나는 돌아가지 않습니다. 당신들께서는 훗날 나의 성취를 보게 될 것입니다."

선정수행을 배우다

사문 싯다르타가 택한 남행길은 곧 스승을 찾아 나선 경로였다. 그는 새로이 만날 스승이 과연 진정한 스승으로 삼을 만한 수행자인가를 정할 일정한 기준도 세워놓고 있었다.

싯다르타가 스승의 첫 번째 기준으로 삼은 것은 '계행'을 지니고 있는가 하는 것이었다. 이 기준은 오랫동안 함께 살면서 주의 깊게 살펴보아야 확인할 수 있는 기준이었다. 두 번째 기준은 '청정'한가 하는 것이었다. 이 역시 오랫동안 함께 살며 대화도 해보고, 주의 깊게 살펴야 알 수 있는 기준이었다. 세 번째 기준은 '평정심'을 가지고 있는가 하는 것이었다. 특히 오랫동안 재난을 만났을 때 반응하는 태도를 주의 깊게 살펴야 알 수 있는 기준이었다. 마지막 네 번째 기준은 '지혜'가 있는가 하는 것이었다. 지혜가 있는지의 여부 또한 오랫동안 같이 논의함으로써 파악할 수 있는 기준이었다.

마음속으로 스승의 네 가지 기준을 정해놓은 싯다르타는 길을 재촉했다. 그리고 도중에 스승이라고 생각되는 사람을 만나면 이 네 가지의 기준으로 점검하며 가르침을 받을지의 여부를 판단했다. 또 스승에게 은혜를 입었더라도 스승에게 배울 것을 다 배워 마쳤지만 여전히 부족함이 남아 있으면 스승이 만류해도 지체 없이 그곳을 떠났다.

출가를 단행하기 전 싯다르타는 우파니샤드의 가르침에 대해 깊은 관심을 가졌었다. 우파니샤드는 브라만들의 사상을 기록한 문헌으로 『베다』 전통의 마지막 단계를 다룬 사상이었다. 그 중 범아일여 (梵我一如) 사상은 가장 중요한 요소 가운데 하나였다. 특히 싯다르타의 관심을 끈 것은 야즈냐발캬의 사상이었다. 그러나 싯다르타는 단순히 야즈냐발캬의 사상에 주목하지 않았다. 싯다르타는 야즈냐발캬의 사상을 실증할 수 있는 방법에 대해 더 관심을 갖고 있었다. 출가 전 싯다르타가 요가의 비법에 관심을 둔 연유도 여기에 있었다.

싯다르타가 찾아 나선 알라라 깔라마와 웃다까 라마뿟따 두 선인은 번다한 철학 논쟁에 끼어들지 않고 오직 명상에 전념하고 은거하면서 많은 제자들을 가르치는 당대의 이름난 선지자들이었다. 싯다르타는 무상과 고뇌에 관한 문제를 해결하기 위해서는 먼저 그들이 발견해낸 것이 어떤 것들인지 알아야겠다고 생각했다. 싯다르타는 먼저 알라라 깔라마 선인을 찾아가기로 하고, 그의 은둔처가 있는 웨살리까지의 먼 여행길에 올랐다.

웨살리는 릿차위(Licchavī) 족의 수도였다. 그곳에서 알라라 깔라마의 명성은 대단한 것이었다. 도시 인근 께사뿟따(Kesaputta) 마을에 자리잡은 알라라 깔라마의 암자에 도착한 싯다르타는 그의 수도원을 찬찬히 돌아봤다. 수도원은 조용하고 깨끗했다. 수도원 한가운데에는 큰 제단도 마련되어 있었다.

알라라 깔라마는 16살에 출가하여 무려 104년 동안이나 수행에 매진해 온 명상의 달인이었다. 그는 깊은 선정에 들면 500대의 수레가 천둥보다 더 큰 소음을 일으키며 지나간다고 하더라도 눈 하나 꿈쩍하지 않을 만큼 확고한 부동심(不動心)의 경지를 지니고 있었다. 당연히 그가 머무는 수행처 주변의 나무 그늘에는 300명이 넘는 제자들이 모여들어 선정수행을 하며 그의 가르침을 받고 있었다. 스승의 명성을 입증이나 하듯 그 제자들의 수행 모습은 매우 단아하고 평화로웠다.

알라라 깔라마의 처소에 당도한 싯다르타가 정중하게 예를 올리고 말했다.

"스승이시여, 저는 당신의 가르침과 계율에 따라 수행을 하고자 이렇게 찾아왔습니다. 당신께 가르침을 받고자 하니 부디 허락하여주시기 바랍니다."

한눈에 범상치 않은 젊은이라는 것을 직감한 알라라 깔라마는 자리에서 일어나 싯다르타를 환대했다. 백발이 성성한데도 그의 표정과 움직임은 부드러웠다. 형형한 눈동자에는 진지함이 가득했다. 한동안 젊은이를 살펴본 알라라 깔라마가 말했다.

"그대는 어디에서 오셨는가?"
"저는 사끼야 왕국의 수도 까삘라왓투에서 온 싯다르타입니다."
"그대는 아직 젊은데, 무슨 이유로 수행의 길에 들어섰는가? 혹시 가족이 없는가? 무엇이 그대로 하여금 출가의 길로 나서게 했는가?'
"저는 사끼야 왕국의 왕 숫도다나의 아들이며, 아내와 아들이 있습니다. 그 속에서 안락한 생활을 누릴 수 있었지만, 그것으로 만족할 수 없었습니다. 태자의 지위 덕에 누릴 수 있는 것들이란 시간이 다하면 고뇌와 좌절로 변하고 마는 것들입니다. 저는 이런 불행과 고뇌로부터 영원히 벗어날 수 있는 길을 찾고 있습니다."

알라라 깔라마는 사끼야 왕국의 왕 숫도다나에 대해서 어느 정도 알고 있었다. 그는 숫도다나 왕의 아들이 이토록 젊은 나이에 출가자의 길에 들어선 것을 의아하게 생각하면서도, 이 젊은이가 자신이 가고자 하는 길에 대한 열정과 결의로 충만해 있음을 확인할 수 있었다.

"오 그런가? 싯다르타. 그대를 기꺼이 나의 제자로 받아들이겠다. 훌륭하구나. 싯다르타. 위풍당당한 코끼리가 밧줄을 끊듯이, 애정의 얽매임을 모두 끊고 왕위도 버리고 출가한 일은 아주 잘한 일이다. 늙은 왕이 왕위를 자식에게 물려주고 숲으로 가는 것은 놀랄 일이 아니지만, 감각적 즐거움에 빠져들기 마련인 젊은 나이에 왕궁에서의 호사스러운 삶을 뿌리치고 떠나기는 쉽지 않은 일이다. 그대는 참으로 경이롭구나. 그대는 분명히 지혜의 배를 타고 고해를 건너갈 수 있을 것이다. 내가 주장하는 지식과 체득한 경험, 그리고 앞으로 설명하게 될 옛 스승들의 원리는 이미 나의 실제 수행으로 입증된 것들이다. 무지한 자들은 신을 찾으면서 도리어 괴로움을 당하지만, 나의 가르침을 받게 되면 그런 잘못에서 벗어날 수 있다. 마음의 집중력을 통해 일체 괴로움을 벗어날 수 있다. 그러나 내 가르침을 이해하고 체득하는 것은 어디까지나 그대의 노력에 달려 있다는 것을 잊지 말라."
"알겠습니다. 스승님!"

싯다르타의 대답은 우렁찼다. 스승의 확신에 찬 설명을 들으면서 확실하지는 않지만 그가 찾고자 하는 길을 발견할 수 있을지도 모른다는 기대가 생겼기 때문이었다. 싯다르타는 알라라 깔라마 선인이 가르치는 교의가 사변에 근거한 것이거나 단지 신앙으로 받아들일 것을 강요하는 가르침이 아니라는 점이 마음에 들었다. 지난 몇 년 동안 그는 다른 사람들의 입을 통해 전해진 이런저런 주장들을 들어왔을 뿐이다. 그에게 알라라 깔라마 선인의 지도는 말이 아닌 몸으로 명상 체험을 경험할 첫 번째의 기회였다. 싯다르타의 배움에 대한 정력과 열정이 한창 절정에 도달한 것은 자연스러운 일이었다. 이제부터 시작될 명상수행에 대해 그가 거는 기대는 지대했다.

드디어 알라라 깔라마 선인의 가르침이 시작되었다. 그때까지 뚜렷한 후계자가 없었던 알라라 깔라마 선인은 싯다르타의 뛰어난 자질과 태도에 기뻐하며 그에게 지식호흡법(깊은 호흡을 자동적으로 하게 하는 강력한 기법)과 자신이 갈고 닦아온 명상 지식을 정성껏 전수하기 시작했다.

"싯다르타, 내가 실행하는 명상의 목적은 우선 마음을 진정시키는 것이다. 외부 세계의 감각대상들은 집착하는 마음을 불러일으키며 마음을 흔들어 놓는다. 따라서 우리는 마음 밖에서 일어나는 일과 외적인 사물에 의해 마음이 어지럽혀지는 것을 막아야 한다. 그런데 이것은 쉽사리 이루어지는 것이 아니다. 시작 단계에서 그대는 다섯 가지 족쇄를 풀어버려야 한다. 그것은 바로 이 육체를 실재라고 보는 견해, 의혹, 의례와 관습에 대한 집착, 관능적 욕망, 마지막으로 악의이다. 이 다섯 가지의 족쇄를 끊어내야 한다. 그것들은 곧 그대를 묶고 있는 다섯 가지 사슬이기 때문이다. 어떤가. 이 족쇄를 풀어버릴 수 있겠는가?"

"그렇습니다. 스승님, 저는 그것들을 기꺼이 제거하고야 말 것입니다."

싯다르타는 그것이 바로 그로 하여금 출가의 길을 선택하게 한 이유였기 때문에 확신을 갖고 대답했다.

"싯다르타. 그대가 다섯 가지 사슬을 제거할 수 있다면 첫 단계 명상을 시작할 준비가 된 것이다. 태초에 생명은 그 형태를 알 수 없는 혼돈이었다. 그곳에서 내가 생기고 나로부터 어리석은 마음이 일어나 애착이 되었다. 애착에서 육체가 생기고, 탐욕과 질투 등 온갖 번뇌가 일어나고, 그 번뇌가 유전되어 생로병사와 슬픔과 괴로움을 만든 것이다. 그러므로 명상을 통해 먼저 감각적인 자극과 마음의 산란함에서 벗어나야 한다. 감각적 욕망과 해로운 성향을 멀리함으로써 다른 종류의 행복감이 일어나게 된다. 사색과 탐구를 계속하는 동안 세속적인 일들을 버림으로써 생기는 희열을 증진하도록 하라. 이것이 명상의 첫 단계이니라."

싯다르타는 한적한 장소를 찾아 자리를 잡고 앉았다. 그는 오랜 시간이 흐르지 않아 큰 어려움 없이 다섯 가지 족쇄를 풀어버릴 수 있었다. 그의 마음은 모든 관능적 사고로부터 벗어날 수 있도록 집중되었다. 감각적 욕망을 여읨으로써 그는 일찍이 경험한 적이 없는 유별난 희열을 체험할 수 있었다. 그는 이 환희로움을 이전에 경험한 쾌락들과 세심하게 비교해 보았다. 그것은 과연 전혀 다른 종류의 기쁨이었다. 이전에 느꼈던 쾌감과는 비교할 수 없었다. 그는 마침내 감각적 쾌락을 버림으로서 일어난 환희를 성취했고, 그 환희를 만끽했다.

싯다르타는 자신이 이루어낸 첫 체험을 알라라 깔라마를 찾아가 보고했다. 체험에 대한 점검과 함께 다음 단계로 나아갈 방향에 대한 가르침을 받기 위해서였다.

"장하다. 싯다르타. 그대는 감각적 쾌락을 멀리함으로써 일어난 환희를 체험했다. 또한 그것에 대해서 사색하고 숙고했으며, 그것을 이전의 감각적 쾌감과 구별할 수 있었다. 게다가 그것이 보다 높은 차원의 느낌이라는 것을 체험으로 이해하였다. 그러나 만약 그러한 사량(思量)과 분별(分別)을 계속한다면 그것을 가장 우월한 것으로 확신하게 되어 새로운 감각에 집착하게 된다. 따라서 그대는 이제 그러한 사량과 분별을 제거하도록 노력해야 한다. 그러고 나면 다시 또 다른 유형의 기쁨을 체험하게 될 것이다."

싯다르타는 다시 자신의 처소로 돌아와 이전에 경험한 첫 번째 단계(제1선)에 이르기 위해 마음을 집중했다. 그의 마음은 새로운 감각 사이를 헤매지 않고 어떤 분별심도 없는 한갓된 상태에 머물렀다. 곧이어 그는 집중으로부터 나온 기쁨과 행복감에 싸였다. 싯다르타는 그 상태를 견고하게 안정시킬 수 있을 때까지 똑같은 방법의 집중훈련을 계속했다.

'환희는 더 이상의 진전에 방해가 된다고 스승 알라라 깔라마 선인은 말했다. 그렇다. 거기에 몰두하게 되면 그 밖의 것들에 주의를 기울일 수 없게 된다. 제대로 된 집중은 사물들을 있는 그대로 보게 하는 데 필수적이다. 따라서 그 환희 또한 제거해야 할 대상에 불과하다.'

싯다르타는 스승의 가르침에 따라 수행을 거듭해 곧 환희를 극복할 수 있었다. 그럼으로써 새롭게 일어난 평온과 순수한 집중으로 이루어진 명상의 세 번째 단계(제3선)에 이르렀다. 그렇게 그는 전신을 가득 채운 평온, 행복감과 함께 무아경에 도달할 수 있었다.

싯다르타는 다시 육체적인 평온을 제거함으로써 명상의 네 번째 단계(제4선)에 이르렀다. 그는 고통도 쾌감도 없는, 기쁨도 슬픔도 사라진, 그리하여 온전한 집중과 평정으로 충만한 경지에 이르렀고, 그것을 선명하게 체험했다. 그의 마음은 마치 옹기장이의 손에 잘 이겨져 원하는 대로 다룰 수 있게 된 흙덩이처럼 티 없이 순수하고 맑으며, 밝고 유연한 상태가 되었다. 완벽하게 자신의 마음을 제어할 수 있는 단계에 도달한 것이다.

싯다르타로부터 수행의 진전에 대해 보고를 받은 알라라 깔라마는 이렇게 빨리 명상의 기법을 터득해낸 제자의 정진력과 능력에 감탄을 금하지 못했다. 그는 지금까지 싯다르타처럼 빠른 속도로 수행에 성장을 이룬 제자를 만난 적이 없었다. 드디어 그는 싯다르타에게 보다 높은 경지의 명상을 전수해야겠다고 생각했다.

"싯다르타, 지금까지 그대가 익힌 것은 감각적 쾌락의 세계를 벗어나는 수행법이었다. 그러나 아직도 그대의 마음은 형상의 영역, 즉 색계(色界)에 머물러 있다. 극도로 신중을 기하지 않는 한, 그대가 이룬 경지는 언제라도 퇴보할 수 있다. 따라서 그대의 마음은 이 형상의 세계를 벗어나 무형의 세계, 즉 무색계(無色界)로 나아가지 않으면 안 된다. 이 무색계는 인간이 도달할 수 있는 최상의 경지이며, 인간이 획득할 수 있는 최고의 행복이다."

"그렇습니까? 스승님, 제가 어떻게 하면 형상의 세계를 벗어나 무형의 세계에 도달할 수 있겠습니까?"

싯다르타가 물었다. 그는 자신이 경험한 것들이 한없이 뿌듯하고 기뻤다. 동시에 그의 마음속에는 더 높은 단계를 향한 단호한 결의와 불타는 열정이 솟구치고 있었다. 열정이야말로 수행을 뒷받침하는 최고의 자산이었다.

"잘 들어라. 싯다르타. 모든 형상에는 한계가 있다. 반면 형상이 없는 무형은 무한하다. 색계의 모든 경험으로부터 벗어나 무한 혹은 무형과 유사한 것은 오직 허공 한 가지밖에는 없다. 이제 그대가 행할 명상의 대상은 허공이다. 허공에 대해 명상할 때, 그대는 스스로 허공의 끝에 도달할 수 있는지 알아보라. 다만 이 명상을 시작하기 전에 반드시 이전에 닦았던 명상의 첫 네 단계를 거쳐야 한다는 것을 명심해야 한다."

알라라 깔라마 선인으로부터 다음 단계에 대한 지침을 받은 싯다르타는 곧바로 자신의 처소로 돌아왔다. 그가 초선에서 제4선에 도달하는 과정을 재연해내는 데는 그리 오랜 시간이 걸리지 않았다. 이어 그는 한없이 확장시킬 수 있도록 유연해진 마음을 허공으로 향하게 했다. 싯다르타의 집중력은 강력하고 예리했다. 그의 마음은 드넓은 허공의 끝을 향해 거침없이 뻗어나갔다. 그러나 아무리 찾아도 허공의 끝에는 이를 수 없었다. 명상에서 깨어난 그는 어리둥절해졌다.

'도무지 끝을 찾을 수 없다. 허공에 끝이 있는가?' 그는 자신에게 반문해보았다. '만약 끝이 있다면 그것은 반드시 체험해야 대상이다. 내 집중력은 강하고 예리했다. 그러나 그럼에도 허공의 끝을 찾아내지 못했다. 이제 어찌해야 할 것인가?'

지금까지의 순탄한 진전에 의기양양했던 싯다르타도 시나브로 풀이 죽었다. 고심을 거듭했지만 도무지 출구를 찾을 수 없었다. 며칠을 고민하던 그는 다시 알라라 깔라마 선인을 찾아가 자신이 경험한 단계와 답답한 심정을 전했다. 그러자 알라라 깔라마 선인은 기다렸다는 듯이 말했다.

"싯다르타, 그대는 허공도 다른 형상과 마찬가지로 한계가 있으며 거기에 도달할 수 있다고 가정하고 있다. 그러나 그대가 집중하고 있는 허공은 단지 공간의식에 불과하다. 그러니 허공은 무한한 것이라고 규정하라."
"스승님, 제가 심각한 실수를 저지른 것입니까?"

알라라 깔라마가 미소를 머금으며 말했다.

"그렇지. 하지만 꼭 그렇지도 않다."

"그렇기도 하고 아니기도 하다는 것은 무슨 뜻입니까?"

"그대가 허공이 무한하다는 것, 즉 인식할 수 있는 한계가 없다는 것을 깨달은 것에는 아무런 잘못이 없었다. 하지만 한계가 없다는 것에 대해 곤혹스러워하는 것은 잘못이다. 그대가 어리둥절해진 것은 허공도 다른 형상과 마찬가지로 한계가 있으며, 거기에 도달할 수 있다고 가정했기 때문이다. 그러므로 그 끝을 발견할 수 없었다면, 허공은 무한한 것(무한 허공)이라고 규정해야 한다. 허공의 끝에 도달하기 위해 그대가 집중하고 있던 허공은 허공 자체가 아니라, 바로 공간의식이었다는 것을 깨닫지 못한 것이다. 돌아가 다시 처음부터 시작하라. 무한 허공의 경지(공무변처)에 이르고 나서 그대는 다음 단계로 오를 수가 있을 것이다. 거기서 그대는 무한 허공이 단순히 의식으로 전환되는 것을 깨닫게 될 것이다. 그것이 이루어졌을 때, 그대는 다시 의식의 끝에 도달할 수 있는지를 알아보라."

싯다르타는 알라라 깔라마가 가르친 대로 처음부터 다시, 한 치의 오차도 없이 실행에 들어갔다. 허공에 주의를 집중하고 그 끝에 이르도록 시도했다. 시도를 거듭한 끝에 그는 무한 허공이 다만 의식일 뿐이라는 것을 깨달을 수 있었다. 그는 다시 주의를 의식 쪽으로 돌리고 그 끝을 찾았다. 그는 이내 무한한 의식 자체는 일정한 형태를 가진 본질적 실재가 아니라는 것을 깨달았다. 이어서 그는 무한 의식의 경지(식무변처)를 넘어선 다음 경지는 단지 무(無, 무소유처)라는 것을 깨달았다.

그는 다시 스승을 찾았다. 스승의 지도대로 명상을 하면서 체험했던 일련의 과정을 자세하게 고했다. 제자의 이야기를 듣던 알라라 깔라마 선인은 감격어린 눈으로 비범한 제자를 바라보았다. 스승의 시선은 감동과 기쁨으로 점철되어 있었다. 더 이상의 가르침도 없이 스스로 다음 단계로 넘어갈 수 있었던 젊은 제자의 탁월한 능력에 놀라지 않을 수 없었던 것이다. 기쁨에 넘친 목소리로 알라라 깔라마가 말했다.

　　"장하다. 싯다르타! 그대는 내가 이룬 경지를 그대로 체험했
　　다. 참으로 놀라운 일이다. 이제 내가 그대에게 가르칠 것은
　　아무것도 없다. 그대는 이제 나와 동등해진 것이다. 싯다르타.
　　이곳에서 나와 함께 우리가 성취한 최상의 경지에 이르고자
　　하는 사람들을 가르치지 않겠는가?"

스승의 제안에 싯다르타는 아무런 대답도 하지 않았다. 그는 자신이 머무르는 오두막에 들어가 침상에 누웠다. 싯다르타는 여기에서 만족할 수 없었다. 그는 이렇게 생각했다.

　　'이것이 명상의 최종 목적이라면 그 경지는 도대체 무엇을 위해서란 말인가? 그 경지에 이르는 동안 고통(둑카, dukkha)을 느끼지 않은 것은 사실이지만 그렇다고 어떤 행복(쑤카, sukkha)이 지속적으로 나타나는 것도 아니었다. 비록 집중된 상태에서 물질계를 꿈같이 바라볼 수 있었지만 그것은 단지 명상하는 동안만 유지되는 것이었다. 정작 중요한 감각적인 세계가 사라지는 게 아니라면, 이와 같은 경지를 얻은들 무슨 소용이란 말인가? 깨어나면 다시 감각의 세계에 말려드는 것이라면 그것은 내가 원하던 성취의 단계는 아니다. 수승한 지

혜와 원만한 깨달음은 더더욱 아니다.'

싯다르타는 숙고를 거듭했다.

'알라라 깔라마 선인은 자신의 수행법을 통해 마침내 절대정신
인 뿌루사(puruṣa, 영혼, 마음)를 만날 수 있다고 했다. 하지만 그가 말
하는 영원하며 외적 사상(外的事象)에 좌우되지 않는다고 간주되는
참된 자아(自我)는 집중에서 빠져나오는 순간 또다시 감각적 세계에
좌우되고 만다. 집중에서 빠져나오면 여전히 욕망과 갈망에 시달릴
수밖에 없는 경지, 이것은 내가 얻고자 했던 영구적인 행복, 닙바나
(Nibbana, 열반)와는 거리가 멀다.'

싯다르타는 알라라 깔라마 선인의 처소를 다시 찾았다. 예를 올
린 싯다르타가 자리에 앉자 알라라 깔라마가 물었다.

"어떻게 할 건가? 싯다르타. 나와 함께 여기에 머물겠느냐?"

"아닙니다. 스승님, 스승님의 호의를 거절하는 무례를 용서하
십시오. 저는 스승님으로부터 큰 가르침을 얻었습니다. 지금
까지 제가 경험하지 못한 위대한 세계를 알게해 주셨습니다.
그러나 그것은 제가 찾는 궁극적인 답은 아닙니다. 그렇더라
도 저를 제자로 받아주시고, 기꺼이 가르쳐주신 데 대해 깊이
감사드립니다. 스승님의 가르침이 앞으로 제가 찾는 길을 찾
아가는 데 큰 도움이 될 것입니다. 이제 제가 떠날 수 있도록
허락하여 주십시오."

"싯다르타, 그대는 내가 지금까지 만났던 사람들 가운데 가장
뛰어난 제자였다. 그대를 보내는 것이 참으로 섭섭하다. 하지
만 내게는 더 이상 가르칠 게 없으니 어떻게 하겠는가. 그대가

찾는 최고의 진리를 깨닫게 된다면 그때는 그대가 나를 가르쳐주기 바란다. 싯다르타. 나는 진심으로 아무런 장애 없이 그대가 세운 목표에 이르기를 바란다."

"스승님, 고맙습니다. 부디 평안하시고 오래 건강하십시오."

싯다르타는 거듭 감사를 표하면서 알라라 깔라마 선인의 수도원을 나섰다.

빔비사라 왕과의 약속

세 벌의 옷과 바리때, 그리고 면도칼, 바늘, 띠, 물을 거르는 헝겊 등 수행자에게 허락된 여덟 가지 물건을 소지한 싯다르타는 다시 남쪽을 향해 걸음을 옮겼다. 그는 강가 강을 건너 새로운 문물과 사상의 도시이자 마가다 국의 수도이기도 한 라자가하(Rājagaha, 왕사성)에 도착했다. 도시를 에워싼 다섯 개의 산 가운데 하나인 빤다와 동굴에서 하루를 머문 뒤, 그다음 날 아침 수행자들 틈에 끼어 탁발을 하고 깃자꾸따(Gijjhakūta, 영축) 산으로 올라갔다.

라자가하는 다섯 개의 산이 주변을 둘러싸고 있는 아늑한 도시였다. 적절한 기후와 비옥한 토양으로 기근이 발생하지 않는 곳이기도 했다. 라자가하는 또 넘쳐나는 사람들과 물품으로 항상 활기가 넘치는 도시였으며, 최대 신흥강국으로 부상한 마가다 국의 중심지였다. 전륜성왕의 땅이라고도 불릴 정도로 평화롭고 풍요로운 마가다 국의 왕은 빔비사라(Bimbisāra)였다.

어느 날, 빔비사라 왕은 라자가하가 한눈에 내려다보이는 높은 누각에 앉아 라자가하의 거리를 내려다보고 있었다. 이곳저곳을 살피며 거리를 내려다보던 왕의 눈길이 한 수행자에게 멈추었다. 북적거리는 인파 사이를 뚫고 라자가하의 거리를 돌며 탁발하고 있는 이 수행자는 아직 젊은 나이에도 불구하고 더할 나위 없이 단정하고도 위엄을 갖추고 있었다. 도대체 어떤 자이기에 저렇듯 고고하면서도 부드러운 기품이 흘러넘치는 것일까. 빔비사라 왕은 곁에 있던 신하에게 명령했다.

"저기 가는 저 수행자를 보거라. 저 수행자는 지금까지 보았던 여느 떠돌이 탁발승과는 무엇인가가 다르다. 참으로 아름답고, 장대하며, 청정하고, 감히 범접할 수 없는 위풍을 갖추고 있구나. 시선은 앞을 향하면서도 조심스럽게 길 위를 주시하고 있다. 저 사람은 분명 고귀한 집안의 출신일 것이다. 가서 저 수행자가 어디로 가는지 알아보고 오너라."

신하가 몇몇 시종들을 데리고 서둘러 뒤따라가 보니 젊은 수행자는 탁발을 마친 후 깃자꾸따 산으로 들어가 한 나무 밑에 앉아 있었다. 신하는 뒤따라갔던 시종들 중 일부는 남아 그를 감시하도록 지시하고, 자신으로 성으로 돌아와 빔비사라 왕에게 보고했다.

"대왕이시여, 그 수행자는 깃자꾸따 산의 앞쪽에 있는 동굴 속에 마치 사자처럼 앉아 있습니다."

빔비사라 왕은 즉시 마차에 올라 깃자꾸따 산자락으로 향했다. 왕이 근처에 도착했을 때, 싯다르타는 탁발해온 음식을 먹는 중이었다. 왕은 식사에 방해가 되지 않도록 멀찍이 떨어져 기다렸다가 싯다르타가 식사를 마치자 다가가 말을 건넸다.

"수행자여, 나는 마가다 국의 왕입니다. 내가 보기에 그대는 아직 매우 젊습니다. 용모도 매우 수려한 것이 왕족 출신처럼 보입니다. 그러므로 이런 생활은 그대와 같은 젊은 장부가 갈 길이 아닙니다. 그대가 이렇게 떠돌이 수행자의 길을 걷는 이유는 무엇입니까? 재산을, 아니면 가족을 잃었습니까? 이제 그만 다시 세상으로 돌아오십시오. 내 그대에게 필요한 모든 것을 주겠습니다. 그대는 마가다 국을 통치하는 내 업무를 도울 수도 있을 것입니다. 또한 나는 그대가 가정생활의 즐거움을 누릴 수 있도록 모든 것을 제공할 것입니다."

싯다르타는 정중히 머리를 들어 마가다 국의 왕이라고 자칭하는 젊은이를 쳐다보았다. 화려하고 고급한 차림새만으로도 그의 힘과 지위를 알 수 있었다. 싯다르타는 부드럽지만 또렷한 목소리로 말했다.

"대왕이시여. 제가 이 길을 택한 것은 재산이나 사랑하는 사람을 잃었기 때문이 아닙니다. 다만, 인간이 지위나 돈으로 살 수 없는 기쁨이 얼마나 무상하고 또 만족할 수 없는 것인가를 알았기 때문입니다. 물론 저는 사랑하는 사람의 죽음을 경험한 적이 있습니다. 그러나 이 세상 어느 집안에 죽지 않은 사람이 있겠습니까? 재산이 행복을 가져다주지 않으며, 우리의 삶이 결국 죽음을 피할 수 없다는 것을 알면서 왜 그토록 영원하지 못한 만족을 추구해야 됩니까? 이미 저는 재물과 그것이 가져다 줄 감각적 쾌락과 인연을 끊었습니다. 저는 사끼야 왕국 숫도다나 왕의 아들로 태어났지만, 이제는 수행자가 된 싯다르타입니다. 저는 지고(至高)의 선(善), 불멸의 길, 영원한 행복을 찾고 있습니다."

순간 빔비사라 왕은 어리둥절해졌다. 우선 그는 이 남루한 옷을 걸친 방랑수행자가 사끼야 왕국의 왕 숫도다나의 아들이라는 것이 도무지 믿어지지 않았다. 또한 자신의 매력적인 제안을 완곡하게 예의를 갖춰 거절하는 것이 신선하게 느껴졌다. 빔비사라 왕은 또한 자신이 정복하고자 했던 사끼야 왕국의 왕자가 눈앞에 앉아 있다는 사실 자체가 놀랍고 흥미로웠다. 정복하고자 꿈꾸었던 사끼야 족의 미래 통치자와 마주하고 있다니! 그는 자신의 눈을 믿을 수가 없었다. 그러나 그것은 또한 현실이었다. 그는 한동안 싯다르타를 바라보더니 말을 이어갔다.

"원한다면 코끼리 무리를 선두로 하는 훌륭한 군대도 당신에게 맡기겠습니다. 부디 나의 제안을 받아주기 바랍니다."

빔비사라 왕에게 싯다르타가 자신과 함께 마가다 국을 이끌어준다면 조만간 마가다 국을 잠부디빠의 제일 강국으로 발전시킬 수 있겠다는 확신이 밀려왔다. '싯다르타와 함께 힘을 모은다면 반드시 꼬살라 국을 제치고 최고의 강국으로 부상할 수 있을 것이다. 싯다르타가 풍기는 이 상서로운 기운은 그가 바로 국력을 키워갈 적임자임을 입증하는 것이다. 게다가 싯다르타의 나라 사끼야 국은 꼬살라 국의 속국이 아닌가.' 빔비사라 왕은 꼬살라 국의 종속국인 사끼야 족의 나라와 동맹을 맺는다면 꼬살라 국을 위협할 더 없이 좋은 기회를 얻게 될 것이라고 믿었다.

"왕이시여. 제가 갈 길은 오직 지고(至高)의 선(善), 불멸의 길, 영원한 행복을 찾는 것뿐입니다. 그러므로 대왕의 제안을 받아들일 수 없습니다."

싯다르타는 조금의 망설임도 없이 빔비사라 왕의 제안을 거절했다. 설사 마가다 국의 왕위를 준다는 제안이더라도 이미 세속적인 욕망이 지니는 한계를 꿰뚫어본 그의 마음을 움직이지 않을 것이었다. 싯다르타의 확고한 의지를 알아차린 빔비사라 왕은 더 이상의 제안이 무의미하다는 것을 깨닫고 이렇게 말했다.

"알겠습니다. 아마도 당신은 훌륭한 스승이 될 것입니다. 당신이 찾고자 하는 길을 발견하고 목표를 이루거든 부디 이곳 라자가하로 돌아오시기 바랍니다. 나는 당신을 스승으로 모시고, 당신을 위해 모든 것을 제공하도록 하겠습니다."

말없이 빔비사라 왕을 쳐다보는 싯다르타의 얼굴에 환한 미소가 떠올랐다. 왕은 싯다르타와 눈인사를 나누고 시종과 함께 궁으로 돌아갔다. 이때 싯다르타의 나이는 29세, 빔비사라 왕은 24세였다.

비상비비상처정까지 도달했지만…

알라라 깔라마와 웃다까 라마뿟따는 각기 다른 처소에서 수행했지만 같은 명상 기법을 따르고 있었다. 싯다르타도 이런 사실을 들어 알고 있었다. 그래도 싯다르타는 웃다까 라마뿟따가 이룬 경지가 구체적으로 어떤 것인지, 특히 알라라 깔라마가 성취한 것과는 어떤 차이가 있는지 직접 확인해야겠다고 생각했다. 마침 웃다까 라마뿟따의 수행처는 라자가하 인근에 위치해 있었다.

라자가하는 빤다와(Pandava), 깃자꾸따(Gijjhakūta), 웨바라(Vebhāra), 이시기리(Isigili), 웨뿔라(Vepulla) 등 다섯 개의 산으로 둘러싸인 산성도시였다. 빔비사라 왕의 선대 왕들이 이곳에서 대국을 형성했으므로 이 도시의 이름은 '왕의 도시'라는 의미의 라자가하가 되었다.

라자가하에는 9만 호에 이르는 가옥이 들어서 있었다. 신흥강국의 수도답게 라자가하는 늘 진보적이고 자유로우며 혁신적인 사상가들로 북적였다. 그들은 브라만들의 정전인 『베다』의 전통과 사상에 의문과 이의를 제기하면서 새로운 사상과 신념을 내세우고 있었다. 수행 체험과 자유로운 사상으로 무장한 이들은 사라마나, 즉 사문이라고 불렸다. 이들을 존중하고 환대하는 마가다 국의 젊은 왕 빔비사라 덕분에 라자가하는 사문들의 도시가 되었다. 사문들 가운데 뿌라나 깟사빠, 빠꾸다 깟짜나, 아지따 께사깜발리, 막칼리 고살라, 산자야 벨라타뿟따, 니간타 나따뿟따, 웃다까 라마뿟따가 많은 대중으로부터 존경을 받고 있었다.

라자가하에 도착해 있던 싯다르타는 라자가하 교외의 강변에 자리하고 있는 라마뿟따 촌에 이르렀다. 예전에 이곳에는 라마라 불리는 요가의 대가가 살고 있었고, 그 뒤를 세습하여 아들인 웃다까 라마뿟따가 많은 제자들을 지도하고 있었다. 그는 라자가하 인근에서 가장 높은 경지에 이른 명상의 대가로 존경받고 있었다. 명성에 걸맞게 그의 초막에는 무려 7백 명이 넘는 제자들이 모여 수련 중이었다. 싯다르타가 웃다까 라마뿟따를 만나 예를 차린 후 말했다.

> "존자여, 라마뿟따여. 저는 당신의 가르침과 계율에 따라 청정
> 한 삶을 살고자 원합니다."

제자로 받아줄 것을 청하는 싯다르타에 웃다까 라마뿟따가 흔쾌히 수락하며 말했다.

> "고따마여, 좋습니다. 그대가 이곳에 머무는 것을 허락하겠소.
> 나는 집중된 명상수행으로 거친 생각을 단절하여 순수의식에
> 도달하는 수행을 가르치고 있소. 나의 가르침은 슬기로운 자
> 라면 머지않아서 스승과 동일한 세계를 스스로 알고 깨달아
> 성취할 수 있는 그러한 가르침이오."

웃다까 라마뿟따는 한눈에 봐도 범상치 않은 분위기를 풍기는 싯다르타를 제자로 받아들이게 된 것이 내심 기뻤다. 그는 정성껏 자신이

닦아온 명상 기법을 가르치기 시작했다. 싯다르타는 그리 머지않아서 웃다까 라마뿟따가 가르치는 수행법이 알라라 깔라마의 가르침에서 한 단계 넘어선 것을 제외하고는 기본적으로 같은 것이라는 것을 확인할 수 있었다.

그러니까 알라라 깔라마가 무(無)의 경지(무소유처)를 성취하고 더 이상의 수행을 중단했음에 비해 웃다까 라마뿟따는 스스로 '의식도 비의식도 아닌 경지(비상비비상처)'까지 도달해 있었다. 그러나 이 경지는 결국 알라라 깔라마가 시초의 두 단계를 넘어서기 위해 채택했던 것과 같은 원리에 의해 이루어진 것이었다. 즉, 알라라 깔라마가 허공과 의식을 초월하여 무소유처에 이르기 위해 사용한 방법과 크게 다를 게 없었다. 다만, 알라라 깔라마가 무소유처를 최종의 절대적 경지로 인정했음에 반해, 웃다까 라마뿟따는 한발 더 나아가 그것이 실체적인 것인가를 밝히기 위해 무소유처 자체를 분석했다. 그런데 거기서 어떠한 실체도 발견할 수 없었으므로 웃다까 라마뿟따는 그것을 넘어 명상의 궁극적 경지는 어떤 형태의 의식도 아니요, 동시에 의식이 아닌 것도 아니라고 생각했던 것이다. 그러므로 웃다까 라마뿟따는 이 경지, 즉 비상비비상처정(非想非非想處定)을 모든 일상적인 지식을 초월한 절대적인 경지로 간주했다.

다만 호흡법에서는 약간의 차이가 있었다. 알라라 깔라마는 숨을 들이쉬고 멈추고 내쉬는 비율을 엇비슷하게 조율하고 있는 반면, 웃다까 라마뿟따는 숨을 멈추는 꿈바까(Kumbhaka, 멈춤: 호흡을 정지하는 행위)의 비율을 취하고 있었다. 즉 호흡의 단계를 숨을 마심, 숨을 참음, 숨을 내쉼의 세 단계로 나눌 때, 알라라 깔라마의 명상법은 비율을 균등하게 한 반면, 웃다까 라마뿟따의 명상 기법은 숨을 멈추는 시간 비율이 상대적으로 높았다. 웃다까 라마뿟따 선인의 지도를 받으며 싯다르타는 생각했다.

'웃다까 라마뿟따의 수행법도 알라라 깔라마와 마찬가지로 내가 이르고자 하는 궁극적인 경지가 아니다. 그 역시 염오(厭惡)로 인도하지 못하고, 탐욕의 빛바램으로 인도하지 못하고, 소멸로 인도하지 못하고, 고요함으로 인도하지 못하고, 최상의 지혜로 인도하지 못하고, 바른 깨달음으로 인도하지 못하고, 열반으로 인도하지 못한다. 이 법 역시 일시적으로 높은 황홀경을 누리게 할 수는 있으나 평상시까지 대자유가 이어지지 않는다. 한순간 마음을 풀면 다시 욕망과 불안과 고통에 속박될 뿐이니 이것 역시 내가 찾는 완전한 의지처가 아니다.'

싯다르타는 웃다까 라마뿟따의 명상법도 괴로움으로부터 일시적으로 벗어날 뿐이라는 한계를 확인하고 다시 그의 수행처를 떠나기로 했다. 웃다까 라마뿟따가 자신과 같은 경지에 오른 싯다르타에게 최상의 존경을 표하며 자신의 후계자가 되어 함께 제자들을 지도하자고 제안했지만 완전한 의지처를 구하고자 하는 제자의 뜻을 만류할 수 없었다. 그 역시 싯다르타가 나중에 궁극의 길을 찾게 되면 자신을 제도해줄 것을 당부하며 기꺼이 싯다르타를 배웅했다.

우루웰라로 향하다

웃다까 라마뿟따와 작별을 한 싯다르타는 고행자들의 수행처로 널리 알려진 우루웰라(Uruvelā) 마을(고행촌)에 도착해 한동안 마을 주변을 떠돌았다. 사람들은 이곳을 신성한 땅으로 불렀다. 2만여 명의 수행자들이 이곳에 모여 수행하고 있었으니, 신성한 땅이라고 불릴 만했다. 우루웰라도 마가다 국의 영토에 속해 있었다. 이곳에는 가지각색의 종교적 교의를 가르치고 수행하는 방랑수행자들이 많았다. 싯다르타는 이곳에서 새로운 수행법을 모색할 수 있을 것이라고 기대했다. 갖가지 수행법 가운데 가장 인기가 있고 대중의 인정을 받는 것은 단연 고행이었다. 육체적 고행, 즉 극단적인 형태의 자기 억제를 감내하는 수행자는 많은 사람들로부터 각별한 존경을 받았다. 싯다르타는 생각했다.

'그동안 나는 알라라 깔라마와 웃다까 라마뿟따의 지도 아래에서 명상 기법을 익혔다. 그러나 아직까지 내가 경험한 해방감이란 명상 중에 있을 때나 그 후 잠깐 동안에 그치고 말았다. 명상에서 깨어나면 곧바로 갖가지 욕망이 다시 나를 짓누르기 시작한다. 어떻게 해야 욕망으로부터 완전히 자유로울 수 있을까. 저들이 닦는 극단적인 금욕수행에 무언가 있을지도 모른다. 좋은 음식으로 육체를 살찌우고 감각적 쾌락을 충족시키면서 어떻게 정신을 제어할 수 있겠느냐는 저들의 주장에 일리가 있어 보인다. 그렇다. 어떻게 물에 젖은 나무를 비벼 불을 일으킬 수 있겠는가. 방자한 감각에 길들여진 육체는 마치 젖은 나무토막과 같다. 나는 모든 욕망의 근원인 이 육체를 마른 나뭇가지처럼 만들고 말리라.'

우루웰라를 배회하는 동안 싯다르타는 네란자라(Nerañjarā) 강가에 펼쳐진 넓은 평원의 끝자락에 자리한 작은 산을 지나게 되었다. 싯다르타는 강가의 나무 그늘에 앉아 주변을 둘러보았다. 산기슭 여기저기에 고행자들의 오두막들이 옹종망종 들어서 있었다. 몇 시간 뒤 고행자들은 각기 고행을 닦고 있던 오두막에서 강으로 내려와 몸을 씻고 시원한 곳에 모여 앉아 있었다.

'기분 좋은 숲이다. 맑은 물이 햇살에 반짝이며 흐르는 강이 있고 가까이에 탁발할 수 있는 마을이 있다. 주변에는 아름다운 꽃들이 만발하고 과일나무가 무성하며 마을사람들은 단아한 생활을 영위하고 있다. 이곳이야말로 정진하고자 하는 수행자에게는 최고의 장소인 것 같다. 이제부터 나는 이곳에서 힘든 고행을 할 것이다. 최상의 고행과 난행을 직접 경험해볼 것이다. 먼저 욕망의 근원인 이 육체부터 제압해볼 것이다.'

한동안 상념에 빠져 있던 싯다르타는 몇몇 고행자들이 목욕하기 위해 모여 있는 강가로 천천히 다가갔다. 그들은 꼰단냐(Kondañña)가 이끄는 다섯 수행자들(Pañcavaggiyā)이었다. 꼰단냐는 싯다르타가 태어났을 때 까삘라왓투의 왕궁을 찾아가 예언에 참여했던 여덟 명의 브라만 중 한 명이었다. 태자 싯다르타가 출가했을 때 예언에 참여했던 브라만 중 일곱 명은 모두 죽고 없었다. 그러자 꼰단냐는 일곱 명의 바라문들의 아들들을 차례로 찾아가서 함께 출가할 것을 설득했다.

"싯다르타 태자님께서 드디어 출가하셨다. 태자님께서는 틀림없이 붓다가 될 것이다. 여러분들의 아버지들이 살아 계셨다면 오늘 당장 출가하였을 것이다. 출가하고 싶은 사람은 나를 따르라. 나는 태자님을 따라 출가할 것이다."

그때 일곱 명의 아들 중에서 네 명이 따라나섰다. 그들은 꼰단냐를 비롯해서 왑빠(Vappa), 밧디야(Bhaddiya), 마하나마(Mahānāma), 앗사지(Assaji)였다. 이들은 출가 후 싯다르타를 따라 다니다가 우루웰라까지 함께 했다. 이들은 마을 주변을 한동안 배회했던 싯다르타보다 조금 먼저 이곳을 수행처로 정해 고행을 시작하고 있었다.

"사문들이여, 수행하기에 아주 좋은 자리를 잡았군요. 이곳은 수행을 위한 모든 조건이 잘 갖춰져 있는 장소로 보입니다."

그들의 대화에 끼기 위해 싯다르타가 말을 걸었다. 그들 가운데 한 고행자가 대답했다.

"그렇습니다. 이곳은 우리가 하고 있는 고행 수행에 딱 맞는 수행처입니다. 강에서 가까워 늘 물이 넉넉합니다. 들판에는 후한 농가가 있어 탁발도 그리 어렵지 않아요."

한 고행자가 말했다. 그는 웃다까 라마뿟따의 처소에서 싯다르타와 몇 차례 스쳐지나간 적이 있기는 했지만, 이렇게 직접 가까이 대하기는 처음이었다. 먼저 싯다르타가 자신을 소개했다.

"나는 사끼야 족 출신으로 싯다르타라고 합니다. 인간고를 벗어날 길을 찾고 있습니다. 무상과 생사고뇌의 무거운 짐을 벗어버릴 방법을 찾기 위해 출가했습니다. 어딘가 그 길이 있을 것이라고 생각합니다. 이곳에 온 것도 그 길을 찾기 위해서입니다."

"아, 그런가요? 그것은 우리가 이 고행을 통해 얻고자 하는 것이기도 합니다. 괜찮다면 이곳에서 우리와 함께 정진해보지 않으시겠습니까?"

한 고행자가 동의를 구하려는 듯 다른 동료들을 둘러보며 싯다르타를 향해 말했다. 그들은 모두 찬성의 표시로 고개를 끄덕였다. 싯다르타는 기뻤다. 사실 고행은 생각뿐이었지 어디서부터 어떻게 시작해야 할지 알 수 없었다. 그로서는 고행의 동료들이 절대적으로 필요했던 것이다.

"물론입니다. 나를 고행의 동료로 받아주셔서 고맙습니다."

싯다르타는 감사의 인사를 전했다.

6년 고행

늦은 아침 탁발을 나가야 할 시간이었다. 차례로 돌아가며 탁발을 나가는 것이 함께 사는 고행자들의 관례였다. 무엇이 되었건 한 사람이 얻어온 음식을 동료들이 함께 나눠 먹었다. 그들에게는 많은 음식이 필요하지 않았다. 육체적 고행을 닦는 그들로서는 소량의 음식이면 충분했다. 한 사람이 얻어온 것으로 여섯 사람이 나눠먹고도 남았다.

탁발음식은 조악하기 짝이 없었다. 하루 한 끼를 먹었다. 경우에 따라서는 며칠에 한 끼만 먹기도 했다. 싯다르타는 동료 수행자들로부터 탁발하는 법, 수행하는 법을 배웠다. 또한 앞으로 닦아나갈 고행의 기본적인 원리에 대해서도 배웠다. 얼마 후 그는 산자락 한구석 외진 곳으로 들어가 주변을 정리하고 자리에 앉았다. 본격적으로 고행을 시작하기 위해서였다.

'먼저 모든 욕망의 근원인 이 육체를 제어하고 조복(調伏)받지 않으면 안 된다. 나는 이미 알라라 깔라마와 웃다까 라마뿟따에게서 명상을 통해 감각을 제어하는 방법을 배웠다. 그러나 그것만으로 욕망의 뿌리를 완전하게 뽑아내는 데는 한계가 있었다. 고행, 어디서부터, 무엇부터 시작할까. 머리? 그렇다 머리는 모든 행위의 본거지이니까 머리부터 시작하는 것이 좋겠다. 그런데 어떻게 이 머리를 제압할 수 있을까? 눈알을 빼내거나 귀, 코를 가시로 찌르지 않고 머리를 괴롭힐 방법이 있을까?'

잠시 고민을 하던 싯다르타는 아랫니와 윗니를 맞닿게 모으고 혀로 입천장을 눌러대기 시작했다. 그러고는 점점 세기를 더해 겨드랑이에서 땀이 흥건하게 흐를 때까지 지속시켰다. 그렇게 똑같은 방식으로 계속해서 고통을 늘려나갔다. 턱과 목, 그리고 귀가 욱신욱신 쑤셔왔다. 그러나 거기서 생겨나는 고통이 마음을 압도하지는 못했다.

　　싯다르타는 압박 부위를 목 아래로 옮겼다. 호흡을 억제하고, 입과 코를 통한 호흡량을 줄여나가는 훈련을 거듭했다. 입과 코의 호흡을 막자 귀로 숨이 들락날락거렸다. 그렇게 하기를 계속하자 나중에는 귓속에서 격렬한 돌풍이 이는 듯했다. 대장간의 풀무에서 나오는 듯한 거센 바람소리가 들려왔다. 귀의 호흡을 막자 누군가 날카로운 칼끝으로 정수리를 후벼 짓이기는 것 같은 통증이 머리를 꿰뚫고 지나갔다. 가죽 끈으로 머리를 휘감는 듯한 고통이 다가왔다. 그 숨을 하복부로 옮겨가니 배를 가르는 듯한 고통이 따라왔다. 이 호흡마저 막자 이번에는 마치 힘센 장사들이 힘 약한 사람의 팔을 잡아 잿불 속으로 집어넣어 불에 온몸이 타는 듯한 괴로움이 밀려왔다. 인간으로서는 도저히 참아내기 힘든 고통이었다. 그래도 싯다르타는 고행을 멈추지 않았다. 오히려 고행의 강도는 점점 도를 더해갔다. 고통의 크기도 고행의 강도에 비례해 커졌다. 욕망의 근원을 뿌리째 뽑아버리겠다는 싯다르타의 단호한 의지는 격심한 고통에도 식을 줄 몰랐다.

　　싯다르타는 그의 고행을 지켜본 사람들이 '목숨이 끊겼다.'고 착각할 정도로, 그 누구도 흉내낼 수 없는 고행을 거듭했다. 그러나 마음의 평안은 얻어지지 않았다. 몸을 괴롭히는 수행만으로는 부족하다고 생각한 싯다르타는 다음 단계로 음식을 줄여나가는 수행, 즉 감식(減食)에 의한 고행을 시작하기로 결심했다. 그가 하루에 먹는 음식의 양은 모두 합쳐봐야 겨우 한 줌 정도였다. 몸은 극도로 야위어 갔다. 그가 앉았던 자리에는 마치 낙타의 발자국 같은 흔적이 남았다. 척추는 염주를 늘어놓은 것처럼 등줄기를 따라 드러났다. 갈비뼈는 썩은 이엉 사이로 드러난 폐가의 서까래를 연상시켰다. 움푹 들어간 눈두덩이 속에서 빛나는 눈빛은 마치 깊은 우물 속에서 반짝이는 물처럼 보였다. 머리 가죽은 설익은 조롱박처럼 말라비틀어졌고, 벗겨진 살가죽은 햇볕과 바람에 의해 헝겊처럼 말라붙었다. 띤두까(tindukā)나무의 그루터기가 세월이 흐름에 따라 먼지와 더러움이 쌓여서 나무 조각들이 떨어지듯이 그의 몸에도 먼지와 때가 쌓였다가 껍질처럼 떨어졌다. 뱃가죽에 손을 대면 등뼈가 만져졌다. 극도로 야위어가자 위가 척추에 매달린 것처럼 느껴졌다. 팔과 다리를 만지면 털이 마른 풀처럼 바스러져 떨어졌다. 멀리 지평선에 있던 목동이 모르고 다가와 싯다르타와 마주치기라도 하면 처음 보는 몰골에 소스라치게 놀라 미친 사람처럼 덤불을 헤치며 줄행랑을 쳤다. 싯다르타는 나무껍질로 만든 옷이나 누더기 옷, 거친 삼으로 만든 옷을 입고 다녔다. 추운 건기에도 공터에서 잠을 청했다. 못이 박힌 판때기를 요 삼아 누웠고, 심지어 자신의 오줌과 똥을 먹기도 했다.

실로 죽음의 문턱을 하루에도 수차례 넘나드는 처절한 고행의 연속이었다. 혹독한 고행에 혹시 죽을 수도 있음을 염려한 다섯 도반들이 음식 섭취를 권해보았지만 싯다르타는 단호하게 거절했다. 오직 육체에 심한 고통을 가해 육체를 영혼에서 분리시키고자 했다. 감각적 쾌락을 조복 받을 수 있는 수행이 고행이라고 믿었기 때문이었다. 그의 태도는 신중했다. 앞으로 갈 때나 뒤로 갈 때나 항상 마음을 집중하였다. 한 방울의 물속에 있는 생물일지라도 다치지 않기를 연민이 가득 찬 마음으로 기원했다.

　일부 브라만들은 그런 싯다르타를 보고 검둥이라고 비웃었다. 철없는 어린 목동들이 다가와 침을 뱉고 오줌을 싸고 흙을 뿌리는 일도 있었다. 게다가 귀에다 나뭇가지를 쑤셔 넣는 짓궂은 이들도 있었다. 그러나 싯다르타는 이미 마음의 평정을 얻었으므로 그들을 미워하는 마음을 일으키지 않았다. 수행이 어려울 정도로 방해를 받으면 부득이 수행 장소를 다른 곳으로 옮길 뿐이었다. 싯다르타는 보통 사람들에게는 두려움을 일으킬 만한 울창한 숲속으로 깊숙이 들어갔다. 욕망을 버리지 못한 사람이 들어가면 머리털이 곤두선다는 그런 험준한 숲이었다. 서리가 내리는 건기에는 노천에서, 낮에는 숲속에서 지냈고, 뜨거운 계절에는 나무 밑에서, 밤에는 숲속에서 지냈다. 밤에는 춥고 낮에는 타는 듯 더운, 두려움을 일으키는 기괴한 숲에서 그는 홀로, 모닥불도 없이 지냈다.

　싯다르타는 죽음 직전까지 자신의 몸과 마음을 고통으로 밀어붙였다. 애욕과 혐오, 기갈, 갈망과 애착, 혼침과 수면, 공포, 의혹, 위선과 오만을 조복받기 위해 이를 악물고 고행의 강도를 높여나갔다. 이제까지 보고 듣지 못했을 정도로 상상을 뛰어넘는 싯다르타의 고행에 동료 고행자들조차 아연실색할 정도였다. 동료들은 염려와 함께 싯다르타가 하루 빨리 궁극의 목표를 실현하기를 고대하면서 지대한 관심을 갖고 일거수일투족을 지켜봤다. 다섯 고행자들은 단 몇 발자국도 뗄 수 없을 만큼 쇠약해진 싯다르타에게 마실 물을 날라다주었다. 누가 시키지 않았지만 그들은 싯다르타의 몸에 내려앉은 먼지를 털어주거나 몸을 씻어주기도 하며 싯다르타의 고행을 도왔다.

싯다르타의 고행은 계속되었다. 시간이 흐를수록 깨달음을 향한 열정은 더해 갔지만 육체는 극도로 쇠약해져만 갔다. 끝없이 이어지는 고행으로 더 이상 지탱할 수 없게 된 육신은 조금씩 무너져 내리고 있었다.

그렇게 무려 6년 동안 싯다르타는 극도의 고행을 지속했다. 그러나 욕망의 근원을 조복 받는 목표는 여전히 이루어지지 않고 있었다. 시시각각 조바심이 밀려왔다. '이 길도 아닌 것인가?' 하는 회의가 밀려왔다. 회의는 점점 커져갔다. 어느 순간 싯다르타에게 이 길도 아니라는 확신이 들기 시작했다. 그랬다. 고행 역시 그가 찾던 궁극적인 해탈의 길은 아니었다. 다만 극심한 고행 중에도 싯다르타의 의식 속에서는 한줄기 지혜의 안목이 생겨났다.

'나는 이런 극심한 고행으로도 인간의 법을 초월하고 성자들에게나 갖춰질 탁월한 지혜와 통찰력을 얻지 못하였다. 그 이유는 무엇인가? 내가 해온 극심한 고행 또한 궁극의 길은 아니기 때문이다. 그렇다. 현악기의 줄을 너무 팽팽하게 당기는 것은 올바른 방법이 아니다. 줄을 너무 팽팽히 당기면 끊어질 뿐이다. 그렇다고 너무 느슨하게 해서도 안 된다. 너무 느슨하면 연주는 불가능해질 것이니…. 아, 깨달음을 얻을 다른 길이 없을까? 그 길은 정녕 없는 것인가!'

"사람이 죽었다!"

소를 몰고 가던 소년 목동이 기진맥진해 땅바닥에 쓰러져 있는 싯다르타를 발견하고 소리쳤다. 싯다르타의 널브러진 모습은 영락없는 한 구의 시신과 다르지 않았다. 사실 싯다르타는 깨달음은커녕 오히려 수행의 길에 방해가 되는 것으로 판명된 고행과 단식을 중단한 후 목욕을 위해 네란자라 강으로 향하던 중이었다. 그러나 채 강가에 이르지 못하고 도중에 혼절하여 쓰러진 것이었다. 소년은 부리나케 집으로 달려가 가족에게 한 고행자가 죽어 쓰러져 있다고 알렸다. 목동의 가족은 신심이 깊고, 헌신적으로 고행자를 돕는 사람들이었다. 싯다르타가 쓰러져 있는 곳까지 달려온 목동의 가족들은 먼저 쓰러진 수행자가 죽었는지 살았는지를 자세히 살폈다. 아직 목숨이 미세하게 붙어 있다는 것을 발견한 이들은 서둘러 집에서 가져온 따뜻한 우유를 싯다르타의 입에 부어 넣으며 그의 팔다리를 주물렀다. 목동 가족의 정성어린 보살핌 속에서 싯다르타는 조금씩 기운을 회복했다. 그들은 날마다 계속해서 싯다르타에게 다른 음식과 우유를 가져다주었다.

그러나 큰 기대와 경외의 눈으로 싯다르타를 지켜보던 다섯 고행자들은 그가 더 이상의 고행을 포기하고 목동 가족이 제공하는 우유와 음식을 받아먹는 것에 실망하기 시작했다. 비록 자신들은 도달하지 못하더라도 싯다르타만큼은 원하는 경지에 도달하기를 바랐던 그들의 기대가 이내 배신감으로 변해버린 것이었다. 큰 실망을 이기지 못한 그들은 허탈함을 감추지 못한 채 우루웰라를 떠나기로 했다.

"싯다르타는 고행을 포기했다. 그는 다시 사치스럽게 사는 길로 접어들었다. 정진을 포기하고 윤택한 삶으로 돌아갔다. 우리는 그에게 큰 기대를 했으나 그는 이제 타락의 길로 접어들고 말았다. 우리는 이곳에 머물러 타락해가는 그의 모습을 도저히 지켜볼 수가 없어 이곳을 떠난다. 다른 수행처, 와라나시로 가야겠다."

그러나 싯다르타는 그들의 태도에 크게 개의하지 않았다. 고행이 생로병사 등 고통의 문제를 해결하는 데 아무런 도움이 되지 않는 수행법이라는 것을 확인한 이상 그것에 어떤 미련도 남아 있지 않았다.

'혹독하게 고행하는 브라만이나 방랑수행자들 가운데 나만큼 치열하게 고행을 실행에 옮긴 수행자는 아직 없었다. 또 미래의 어떠한 사문이나 브라만이 어떠한 고통을 받게 되더라도 내가 겪은 고통만큼 극심한 경험은 하지 못할 것이다. 내가 지난 6년 동안 실행해온 고행은 실로 최고의 수준이며 앞으로도 그 이상의 고통을 체험하는 수행자는 없을 것이다. 내가 실행했던 고행의 정도는 나에게 배신감을 느끼고 떠나간 다섯 도반들의 고행을 크게 능가하는 것이었다. 그러나 죽음의 문턱을 넘나들면서도 나는 궁극적 목표인 해탈의 희미한 그림자조차도 보지 못했다. 초월적인 지혜는커녕 어떤 통찰력도 얻어지지 않았다. 이것이 바른 길이 아니라는 것은 분명해졌다. 몸을 괴롭히는 것으로, 또 쇠약한 육체로는 해탈이 불가능하다. 균형 잃은 마음, 목마름과 굶주림으로 지쳐버린 육체, 흐릿하고 몽롱한 정신. 이런 부실한 몸과 정신 상태로 어떻게 인간의 월등한 경지를 성취할 수 있겠는가. 그나마 비교적 탁월한 것은 알라라 깔라마와 웃다까 라마뿟따 같은 은둔자들이었다. 그러나 나는 이미 그들이 이뤄낸 경지의 그림자마저 추호의 미련도 없이 놓아버렸다. 나는 이제 새로운 길을 모색하지 않으면 안 된다. 깨달음에 이르는 다른 길이 분명 있을 것이다.'

이제 어떻게 할 것인가?

'아, 이제부터 어떤 수행을 해야 할 것인가?' 싯다르타는 고심에 고심을 거듭했다. 6년 동안의 치열한 고행을 통해 그가 얻은 소중한 교훈은 경계해야 할 두 가지 문이었다. 하나는 세상의 즐거움을 따라 감각적 쾌락을 추구하는 삶이었다. 다른 하나는 영생이나 행복을 얻기 위해 몸을 괴롭히는 고행에 빠지는 것이었다. 이 두 가지는 어리석은 수행자가 찬양하는 삶이라는 것을 싯다르타는 철저하게 깨달았다.

출가 후 지금까지 걸어온 과정을 반추하며 싯다르타는 깊은 생각에 잠겼다.

'고행을 통해서 천상에 나기를 기대한다거나, 몸을 학대하여 밝아진 영혼이 천상에 태어난다거나, 오직 고행만 닦으면 공덕이 쌓여진다고 주장하는 것은 미숙한 견해에 지나지 않는다. 물고기나 짐승의 고기를 먹지 않는 것도, 단식도, 삭발도, 결발도, 신에게 바치는 제물도, 불사(不死)를 얻기 위한다며 행해지는 고행 등등 그 어떤 수행이든 불건전한 마음 상태를 벗어나는 목적이 전제되지 않는다면, 그런 것들로 인하여 사람이 깨끗해질 수는 없다. 주술도, 공양도, 제사도, 고행도 다 마찬가지다. 어떤 사문이나 브라만은 윤회에 의해서, 또 어떤 수행자는 신을 받드는 일에 의해서 더러움을 벗어나 깨끗하게 정화된다고 주장하지만 이 역시 모두 허튼소리에 지나지 않는다. 저속한 무리들이 추종하는 고행에는 그 어떤 이익도 없다. 마치 배의 노가

숲속에서 필요 없듯이, 맹목적인 고행은 아무런 가치가 없는 것이다.'

그동안의 시행착오를 처절하게 깨닫고 새로운 수행 방법을 모색하는 싯다르타의 표정은 비장했다. 그러나 표정 한구석에는 답답함도 깃들어 있었다. 그는 생각했다.

'나 이전에 살았던 고행자나 브라만들 가운데 일찍이 내가 해온 것처럼 가혹하게 고행을 한 자는 없다. 어느 누구도 더 이상은 나아가지 못할 것이다. 내가 경험했던 고행은 그대로가 고행의 끝이다. 고행의 극치라고 해도 틀리지 않다. 이 전무후무한, 지독한 고행을 통해 나는 인간의 한계를 벗어나기는커녕 오히려 더 큰 괴로움에 봉착하고 말았다. 아! 분명 다른 길이 있을 것이다. 올바른 길이….'

싯다르타는 어딘가에 분명히 자신이 찾는 궁극적인 경지로 가는 길이 있을 것이라고 생각했다. 어쩌면 그것은 생각을 넘어 확신 같은 것이었다.

'수행의 과정은 단순히 아힘사(avihiṃsā, 비폭력)에 그쳐서는 안 된다. 수행자는 폭력을 피하는 데 그치지 않고 모든 존재에게 보다 더 상냥하고 친절해야 한다. 나쁜 의지를 가진 감정들이 누출되는 것을 막기 위해 자비로운 생각들을 더욱 키워나가야 한다. 거짓말을 하지 않는 것이 매우 중요하다. 올바른 말을 하고, 말할 만한 가치가 있는 말을 하는 것, 추론을 거친, 정확한, 분명한, 유익한 말만 하는 것 또한 매우 중요하다. 수행자는 도둑질을 하지 않을 뿐 아니라 베푸는 것을 기뻐하고 개인적인 선호를 드러내지 않아야 하며, 최소한의 것만 소유하는 생활로 보람과 즐거움을 삼아야 한다.'

아, 잠부나무 아래에서의 명상!

싯다르타는 긍정적인 마음상태를 의도적으로 계발한다면 맑고 명료한 의식이 갖춰질 것이라고 생각했다. 이런 능숙한 마음상태(Kusalā, 깨달음을 계발하는 능숙한 마음)가 습관이 되면 제2의 본성으로 바뀌고 순수한 기쁨과 희열을 느끼는 삶으로 변화될 것이라고 믿었다.

그 순간! 싯다르타의 뇌리에 맑고 선명한 생각이 혜성처럼 떠올랐다. 어릴 적 파종기에 아버지와 함께 참석했던 농경제 도중에 빠져나와 잠부나무 아래에서 경험했던 선정의 기쁨이 빛처럼 떠오른 것이었다.

'나는 뚜렷이 기억한다. 어릴 때 아버지가 농경제 행사를 하는 동안 나는 잠부나무 그늘 아래 다리를 포개고 앉아 명상에 들었다. 자연스럽게 호흡을 관찰하며 깊은 선정에 들었다. 그때 홀연히 마음의 장애가 사라지고, 감각적 쾌락에 대한 욕망이 사라지고, 악하고 불건전한 상태를 떠나 희열과 행복이 충만했다. 그때 나는 호흡을 하며 선정에 들어 애욕과 선하지 못한 것을 떠나고, 사색과 사려를 갖추어 떠남에서 생기는 기쁨을 누렸다. 그때 느꼈던 기쁨, 편안함, 안락함이 내가 얻고자 한 완전한 깨달음으로 가는 바로 그 길일지도 모른다. 그렇다. 그때 나는 분명 사색과 사려를 갖춘 선정 상태에서 애욕과 선하지 못한 것을 떠나는 기쁨과 즐거움을 경험했다. 나는 그러한 즐거움을 두려워해서는 안 된다. 어쩌면 이 길이 내가 출가 후 지난 6년 동안의

모진 수행을 통해 얻지 못한 완전한 깨달음을 얻을 수 있는 유일한 길일 수도 있을 것이다.'

순간 싯다르타는 눈앞에 마치 누구도 걷지 않은 길이 펼쳐지는 환희로움을 맛보았다. '혹 깨달음의 길은 여기에 있는 게 아닐까? 그렇다. 여기에 답이 있을 것이다. 그때의 선정에서 나는 애욕과 선하지 못한 것을 떠나는 기쁨과 즐거움을 느끼지 않았던가!'

싯다르타는 당시의 느낌을 좀 더 깊이 되짚어보았다.

'잠부나무 아래에서 경험했던 행복과 희열은 결코 불건전한 것이 아니었다. 관능적이고 부정한 상태와 전혀 무관한 행복과 희열을 두려워해야 할 이유가 무엇인가? 난 그런 행복과 희열이 두렵지 않다. 나는 이제 그때의 경험을 바탕으로 사색과 사려와 통찰을 갖춘 선정수행의 길을 열어 갈 것이다. 이제 내 스스로의 의지와 노력으로 내 자신의 문제를 해결하지 않으면 안 된다. 마땅히 그 길로 가야하리라.'

싯다르타는 건전한 상태와 불건전한 상태에 따른 사고의 분별과 함께 정신적 사건에 대해 윤리적 평가를 내리는 것의 중요성을 깨달았다. 선정과 희열은 깨달음으로 가는 데 전혀 방해가 되지 않는다는 것을 알게 된 것이었다. 알게 모르게 고행수행자들을 억누르던 희열과 행복에 대한 거부감 자체가 오도된 선입견이었음을 인식한 것, 그것은 위대한 발상의 대전환이었다.

싯다르타는 출가 이후 해왔던 기존의 수행법을 모두 버리고 어린 시절 경험했던 통찰 명상에 몰두하기로 결심했다. '나의 이 결심은 나 자신의 삶에 있어서 매우 중요한 발상의 대전환이 될 것이다.' 싯다르타가 결심한 발상의 대전환은 추구해야 할 행복과 즐거움, 그리고 피해야 할 행복과 즐거움을 분석하는 일종의 알아차림이었다. 모든 즐거운 느낌에 대해 회피하는 것이 능사가 아니라는 깨달음, 그리고 그것을 지혜롭게 이해하여 이성적으로 수행에 활용하겠다는 확고한 의지는 답답했던 싯다르타의 마음을 시원하게 만들어주고 있었다.

그러나 싯다르타는 마음 한편으로 스승 없이 혼자 새로운 길로 나서는 것이 두렵기도 했다. 쇠약해질 대로 쇠약해진 몸은 많이 회복되기는 했으나 아직은 잘 움직여질 정도로 회복된 것은 아니었다. 싯다르타는 나지막이 중얼거렸다.

> "아! 죽을 먹고 기력을 회복해야겠다. 나는 감각적 욕망들과
> 도 상관없고 해로운 법들과도 상관없는 그런 행복을 두려워
> 하지 않는다. 그럴 필요도 없다. 이렇게 극도로 야윈 몸으로
> 그런 행복을 얻기란 쉽지 않다. 그러므로 나는 덩어리진 음식
> 을 기꺼이 먹을 것이다."

싯다르타는 약간의 음식으로 어느 정도 기력을 되찾을 때까지, 동료들이 떠나 버린 우루웰라의 네란자라 강가에 머물러 있었다. 조금씩 그는 수려했던 옛 모습을 회복하고 있었다.

어느 정도 기운을 회복한 싯다르타는 숲에서 나와 마을로 향했다. 고행을 중단한 이상 더는 고행을 했던 처소에 머물 이유는 없었다. 동녘이 밝아올 무렵, 싯다르타는 묘지에 버려진 시체의 피고름이 묻은 옷을 주워 깨끗이 빤 뒤 머리와 수염을 깎고 먼지와 때가 뒤범벅이 된 몸을 씻기 위해 강으로 들어갔다. 네란자라의 강물에 몸을 씻은 싯다르타는 나뭇가지에 걸어놓은 옷이 어느 정도 마를 때까지 기

다렸다가 몸에 걸쳤다. 이발과 목욕을 하고 옷을 갈아입으니 싯다르타의 얼굴에 다시 생기가 돌기 시작했다.

싯다르타는 우루웰라 깟사빠(Uruvela Kassapa)라는 마가다 국에서 가장 이름 높은 수행자가 500여 명의 제자들을 거느리고 있는 수행처가 있는 곳으로 향했다. 혹시 그곳에서 새로운 돌파구를 발견할 수 있을지도 모른다는 기대감도 있었지만, 빔비사라 왕의 존경을 받는 수행지도자의 모습이 궁금하기도 했던 것이다.

우루웰라 깟사빠와 그의 제자들은 '불의 제사'를 올리며 불을 숭상하는 배화교(拜火敎) 집단이었다. 그곳에 이르렀을 때 싯다르타의 마음속에서 자연스럽게 그들이 수행하고 있는 수행법에 대한 궁금증이 일어났다.

우루웰라 깟사빠의 '불의 제단'이 있는 암자는 제자들이 사는 진흙 움집으로 둘러싸여 있었다. 싯다르타는 잠깐 동안 그의 제자들이 하고 있는 모습을 유심히 지켜보았다. 헝클어진 머리를 한 그들은 불을 향해 무엇인가를 간절히 기원하고 있었다. 스스로의 길을 개척하는 것이 아니라 무엇인가에 간절하게 매달리는 모습은 대상만 다를 뿐 기본적으로 브라만들과 차이가 없었다. 무엇인가를 갈구하는 그들의 표정도 맑고 신선한 것과는 거리가 있었다. 시나브로 저들의 지도자 우루웰라 깟사빠를 만나고 싶다는 생각이 싯다르타의 뇌리에서 사라지고 있었다. 그곳의 분위기에서, 그리고 그의 제자들이 보여주는 행동거지에서 어떤 새로운 영감도 얻을 수 없었다.

이곳에도 궁극적 길은 없다는 확신이 든 싯다르타는 주저 없이 발길을 돌렸다. 그러고는 네란자라 강변에 위치한 우루웰라(Uruvelā) 마을로 들어갔다. 싯다르타는 강가에 서 있는 커다란 삡빨라(pippala)

나무로 향했다. 시원한 그늘을 드리운 강가의 작은 언덕이었다. 싯다르타는 나무를 등지고 앉았다. 그곳은 바로 아래 네란자라 강이 흐르고, 아름다운 주변의 정경이 한눈에 내려다보이는 곳이었다. 이내 그는 인간 존재의 실상에 관한 명상에 잠겼다.

'사람들은 자신이 세상에 태어난 이유, 그리고 어떻게 태어나게 되었으며, 어디로부터 왔는지에 대해 알지 못한다. 그럼에도 사람들은 줄곧 다시 태어나기를 갈망한다. 누구나 예외 없이 병들어 쇠약해지지만 그렇게 부서지는 이유를 알지 못한다. 그러면서도 인간은 부서져 내리는 육체를 위해 무언가를 끝없이 희구한다. 죽을 수밖에 없음에도 왜 죽어야 하는지 모르는 채, 곧 끝날 인생과 죽어 없어질 삶에 계속 기대를 건다. 마땅히 슬퍼해야 되고, 실의에 빠져야 하며, 비탄에 잠겨야 함에도 도리어 슬픔과 실의와 비탄에 빠져야 될 것들을 추구한다. 이 세상에 태어남으로써 어쩔 수 없이 당해야 되는 고뇌를 보면서 다시 태어나기를 바라는 것은 어리석은 일이다. 나는 이런 윤회의 굴레로부터의 자유, 불생의 길을 찾지 않으면 안 된다. 썩을 수밖에 없는 것을 추구해서는 안 되며, 부서지지 않는 것을 추구해야만 한다. 죽음과 소멸을 면할 수 없는 한, 죽음과 소멸을 초월한 것, 영원히 부서지지 않는 것을 찾아야 한다. 슬픔과 오욕과 속박에 빠질 수밖에 없는 인간으로서 슬픔과 오욕에 구속될 것을 추구해서는 안 된다. 제정신이라면 진정한 행복과 순수, 그리고 확실한 경지를 찾고, 완전한 해탈을 추구해야만 한다.'

수자따의 공양을 받다

싯다르타가 생각에 몰두해 있는 동안 밤이 다 지나가 버렸다. 동녘 하늘에 훤하게 동이 트고 있었다. 그때 싯다르타는 한 아름다운 여인이 두 명의 시종을 거느리고 자신이 앉아 있는 쪽으로 천천히 다가오는 것을 보았다. 그녀는 우루웰라 마을 촌장의 딸 수자따(Sujātā)였다. 그녀는 보름날 아침이면 으레 이 신성한 기운을 풍기는 핍빨라 고목을 찾아와 우유죽을 제물로 바쳐왔다. 나무에 바치는 우유죽은 갓 짜낸 신선한 우유와 벌꿀, 그리고 쌀을 넣어 정성껏 만든 유미죽이었다.

세 여인은 나무 밑에 수려한 용모의 한 수행자가 앉아 있는 것을 보고 흠칫 놀라 걸음을 멈추었다. 그들은 먼발치에서는 쇠약해보였지만 기품 넘치는 젊은 수행자의 모습을 보고, 자기들이 올리는 제물을 받기 위해 목신(木神)이 모습을 드러낸 것이라고 생각했다. 그러나 그동안 한 번도 모습을 드러내지 않았던 목신이었기에 선뜻 다가서기가 두려웠다. 그렇다고 공들여 준비해온 우유죽을 올리지 않고 돌아갈 수도 없는 일이었다. 몇 차례 깊은 숨을 들이쉰 수자따가 용기를 내어 나무 아래로 다가가, 가져온 우유죽을 공손하게 바쳤다.

세 여인이 자신의 앞에 나타난 연유와, 이들이 그동안 나무에게 우유죽을 공양해왔다는 내력을 모르는 싯다르타는 언뜻 부인 야소다라가 자기를 찾아온 것이 아닐까 하는 착각을 일으켰다. 그러나 곧 마음을 가다듬은 싯다르타는 눈길을 내리깔고 말없이 공양을 받았다.

싯다르타가 천천히 우유죽을 다 비웠을 때 그의 몸에는 전에 없는 생기가 돌기 시작했다. 그는 이런저런 생각으로 마음을 어지럽히고 싶지 않았다. 수자따는 싯다르타가 우유죽 공양을 다 마칠 때까지 옆에 공손히 앉아 지켜보고 있었다. 우유죽 공양을 다 마친 싯다르타가 수자따에게 물었다.

"고귀한 여인이여. 그대가 준 우유죽을 맛있게 먹었습니다. 나에게 원하는 것이 있으면 말해보십시오."

우유죽을 바친 것에 대해 감사를 표하는 것에서 그치지 않고 원하는 바를 물은 것은 매우 의미심장한 일이었다. 싯다르타는 수자따가 무엇인가를 간절히 바라는 것이 있다는 것을 알아챈 것이었다.

"장차 도를 이루시면 부디 저를 제자로 삼아 바른 길로 이끌어 주십시오."

싯다르타는 그의 요청을 기꺼이 수락했다. 수자따와 두 시종은 싯다르타에게 정중히 예를 마친 후 집으로 돌아갔다.

이날 이후 수자따는 날마다 지극정성으로 우유죽을 끓여 싯다르타에게 바쳤다. 그녀의 우유죽 공양으로 싯다르타는 빠르게 예전의 건강을 회복해 갔다. 기력을 거의 회복한 싯다르타는 어느 날 바리때를 들고 네란자라 강으로 걸어갔다. 아직 본격으로 우기가 시작되지 않은 터라 강물은 가장자리에 넓은 모래밭을 드러내며 많이 줄어들어 있었다. 강물까지 가려면 제법 멀리 모래밭을 지나가야 했다. 한 발짝 한 발짝 모래사장을 걸으면서 싯다르타는 지난날을 회상했다. 모래톱이 하나하나 발자국으로 변해갈 때마다 어린 시절의 추억, 야소다라와의 만남과 결혼, 라훌라의 출생, 출가를 결심하고 어렵게 허락을 받아내던 시간들, 모든 기득권을 포기하고 성문을 빠져나와 수행자의 길로 접어들었던 순간, 그리고 여러 스승들을 만나 지도를 받던 시간들, 고행으로 죽을 고비를 넘었던 아찔한 일들이 주마등처럼 지나갔다.

강물에 들어가 손과 발, 얼굴을 씻으며 지금까지의 시행착오를 정리한 싯다르타는 더 깊숙이 강 속으로 걸어 들어갔다. 제법 빠르게 흘러가는 물살이 느껴지자 싯다르타는 바리때를 들어 물 위에 가만히 내려놓았다. 바리때는 가라앉지 않고 아래로 떠내려가기 시작했다. 그는 흘러가는 바리때를 다시 잡아들며 생각했다.

'중생이란 마치 생명이 없이 조건에 따라 흘러가는 이 바리때와 같다. 물살에 휩쓸려 그저 흘러갈 뿐이다. 왜 중생들은 이 죽어 있는 바리때와 같은 삶을 살아가야 하는가? 생명이 있는 중생은 생명이 없는 바리때와는 달라야 하지 않겠는가? 무언가 다를 수는 없을까? 저 의미 없는 흐름을 거스를 수 있는 방법은 정녕 없는 것인가?'

싯다르타는 바리때를 들고 다시 생각에 잠겼다.

'지난 6년 동안 내가 해온 것은 무엇인가? 가족과 부족을 뒤에 남기고 떠나왔지만 아직까지 변한 것은 아무것도 없다. 나는 지금까지 고작 흐름을 따라가고 있었다. 생명이 없는 바리때처럼 흘러내려가고 있었다. 알라라 깔라마와 웃다까 라마뿟따의 가르침을 받았고, 거의 죽음에 이르도록 육체를 괴롭히며 극단적인 고행도 경험했다. 그러나 아직 아무것도 얻지 못했다. 출가한 이래 6년의 세월도 나를

멀리 데려가지 못했다.'

그의 상념은 계속되었다.

'나는 더 이상 의미 없는 기존의 관습과 의례, 그리고 검증될 수 없는 믿음을 따르지 않을 것이다. 검증될 수 없는 믿음은 아예 염두에 두지 않을 것이다. 이제 어떤 스승도 추종할 필요가 없다. 내가 원하는 것은 오직 나 자신만이 해결할 수 있다. 이것이 지난 6년의 세월이 내게 준 교훈이다. 이제 나는 나의 길을 걸어갈 것이다.'

아자빨라 나무 아래 길상초를 깔고…

최후의 승부! 싯다르타는 벼랑 끝 승부를 떠올렸다. 그로서는 더 이상 나아갈 곳도, 물러설 곳도 없었다. 오직 죽음을 무릅쓰고 최후의 승부를 거는 것밖에 다른 길은 보이지 않았다. 싯다르타는 거듭 마음을 다잡았다. 출가한지 6년이 지나도록 얻고자 하는 길을 얻지 못한 것에 대해 부담도 없지 않았다.

비장한 결심을 굳힌 싯다르타는 마지막 승부를 걸 최적의 장소를 찾기 위해 주변을 살폈다. 한참을 살피던 싯다르타의 시야에 둥게스와리를 둘러싸고 있는 야트막한 산자락[前正覺山]이 들어왔다. 산은 그리 높지 않았다. 높은 언덕이라고 해도 좋을 크기였다. 싯다르타는 한 걸음 한 걸음 산을 향해 걸어갔다. 산 입구에 도착해 산을 올려다 본 싯다르타는 곧 정상을 향해 걸음을 내디뎠다. 산중턱쯤에 작은 굴이 있었다. 굴 주위를 둘러본 싯다르타는 굴 안으로 들어가 앉았다. 대낮인데도 굴 안은 어둠 컴컴했다. 제법 깊은 굴이어서 햇볕이 차단되어 있었다. 굴 안은 비바람을 피하는 데는 아주 좋은 여건을 갖추고 있었다. 넓지는 않았지만 정진을 하는데 불편할 정도로 비좁지도 않았다. 그러나 사색과 사려와 통찰을 갖추기 위한 수행의 장소로는 아무래도 적합하지 않았다. 싯다르타는 이곳에서 하룻밤을 보냈다. '어둡고, 갇힌 장소는 고행이나 대상에 몰두하는 집중에는 적합할 수도 있겠으나 통찰의 지혜를 발현시키는 데는 아무래도 장애가 많을 것이다. 이곳은 아니다.' 생각이 여기에 미친 싯다르타는 먼동이 트자 지체 없이 굴에서 나와 산을 내려왔다.

산기슭에 내려와 주위를 살핀 싯다르타는 네란자라 강가를 향해 걸어갔다. 강 건너 서쪽 동산에 쾌적해 보이는 장소가 눈에 띄었던 것이다. 특히 그 동산의 한복판에는 가지를 늘어뜨린 장엄한 아자빨라(Ajapāla) 나무가 짙은 잎사귀를 드리우고 당당하게 서 있었다. 제법 넓적한 이파리들은 산뜻한 공기와 충분한 그늘을 제공할 것이었다. 아름답게 자란 나무들 사이로 새들이 즐겁게 날아다니며 제각각의 목청으로 지저귀고 있었다. 지난밤에 머물렀던 동굴과는 비교할 수 없을 만큼 평온한 기운과 생동감이 넘쳐흘렀다. 또한 우루웰라 깟사빠가 이끄는 불 숭배자들이 부산하게 움직이고 있는 장소로부터도 제법 멀리 떨어진 한적한 곳이기도 했다.

'저곳이 좋겠다.' 그곳으로 건너가기 위해 싯다르타는 네란자라 강물 속으로 천천히 걸어 들어갔다. 우기가 시작되기 전이어서 가로질러 건널 만했다. 강물이 제법 세차게 흐르고 있었지만 강바닥의 모래는 부드러웠다. 발바닥과 발가락 사이로 물결에 휩쓸려 내려가는 모래들이 그의 두 발을 간지럽게 했다. 강물의 중간쯤에 멈춰선 싯다르타는 발바닥에 힘을 모아서 곧바로 선 채 생각했다.

'맥없이 흘러가는 바리때와 다르게 나는 의지를 가지고 이 강을 건너간다. 시류나 관습에 따라 떠내려가지 않고 흐름을 거슬러 올라갈 수도 있는 삶을 사는 것이 더 가치가 클 것이다. 그렇다. 떠내려가지 않고 거슬러 올라갈 수도 있는 삶, 그런 삶이야말로 바로 내가 추구해야 할 길이다.'

그는 마음속으로 물살을 거슬러 올라가는 바리때를 그려보며 스스로에게 말했다.

'이것이다. 물살을 거슬러 올라가는 바리때와 같은 삶, 이것이 바로 내가 걸어가야 할 삶의 길이다.'

강을 건넌 싯다르타는 아자빨라 나무가 있는 동산의 숲으로 천천히 걸어 들어갔다. 숲으로 향하는 길에 싯다르타는 솟티야(Sotthiya)라는 이름의 소년 목동과 마주쳤다. 솟티야는 고행을 끝낸 후 핍빨라 나무 아래에서 선정에 든 싯다르타의 모습을 우연히 보고는 이미 마음속으로 깊은 존경심을 품고 있던 터였다. 존경하는 마음을 표시하기 위해 솟티야는 향긋하고 싱싱한 길상초를 한 다발 베어와 싯다르타에게 건넸다. 아자빨라 나무 아래에 앉아서 수행할 때 깔개로 사용해달라는 의미였다. 솟티야를 향해 밝은 미소로 고마움을 표시한 싯다르타는 아자빨라 나무 아래로 다가가 길상초를 깔고 나무를 등진 채 동쪽을 향해 앉았다.

싯다르타는 먼저 가정과 조국을 등지고 까삘라왓투를 떠난 뒤 6년 동안 이어왔던 깨달음을 향한 여정을 파노라마처럼 떠올렸다.

'나에게 선정수행을 가르쳐 준 알라라 깔라마 선인의 가르침은 염오, 탐욕의 빛바램, 소멸, 고요함, 최상의 지혜, 바른 깨달음으로 인도하지 못했다. 그것은 단지 무소유처에 다시 태어나게 할 뿐이다. 이것은 6만 겁의 수명을 가진 무소유처에 태어나 그만큼만 살고 그 이상은 살 수 없다. 그 기간이 다하면 그곳에서 죽어 더 낮은 세계로 돌아온다. 그가 이르는 그곳은 태어남과 늙음과 죽음에서 벗어나지 못하며 여전히 윤회의 덫에 갇혀 있는 것이다.'

싯다르타는 이어 웃다까 라마뿟따 선인에게서 수행했던 때를 떠올렸다.

'웃다까 라마뿟따는 지혜의 달인이 아니면서도 지혜의 달인이라고 말하고, 일체승자가 아니면서도 일체승자라고 말하고, 종기의 뿌리를 파내지 못했으면서도 종기의 뿌리를 파내었다고 말했다. 웃다까 라마뿟따는 비상비비상처의 경지를 체득한 나를 스승의 위치에 올려놓고 공경하며 함께 하자고 권하였으나 나는 이렇게 생각했다. 그의 법은 염오로 인도하지 못하고, 탐욕의 빛바램, 소멸, 고요함, 최상의 지혜, 바른 깨달음으로 인도하지 못한다. 그것은 단지 비상비비상처에 다시 태어나게 할 뿐이다.'

싯다르타는 다시 고행을 했던 시절을 떠올렸다.

'나는 과거의 사문들이나 브라만들이 어떠한 격렬하고 괴롭고 혹독하고 사무치고 호된 느낌을 경험했다 하더라도 그것을 능가하는 가장 지독하고 괴로운 고행을 했다. 미래의 사문들이나 브라만들이 어떠한 격렬하고 괴롭고 혹독하고 사무치고 호된 느낌을 경험한다 하더라도 내가 했던 고행보다 더한 것은 없을 것이다. 그럼에도 나는 인간의 법을 초월했고 성자들에게 적합한 지견(知見)의 특별함을 증득하지 못했다.'

그때 문득 싯다르타에게 늘 마음속 한구석에 간직하고 있던 친어머니에 대한 그리움을 떠올랐다. 그러자 까삘라왓투를 떠나올 때 룸비니에서 어머니를 떠올리며 다짐했던 순간이 눈앞에 펼쳐졌다. 그러자 다시금 그의 얼굴에 강한 신념의 그림자가 어른거렸다.

'어릴 적 농경제 의식이 거행될 때 나는 시원한 잠부나무 그늘에 앉아서 감각적 욕망을 완전히 떨쳐버리고 해로운 법들을 떨쳐버린 뒤 일으킨 생각과 지속적 고찰이 있고, 떨쳐버림에서 생긴 희열과 즐거움 있는 초선을 구족하여 머물렀던 적이 있었다. 그때 경험했던 그 것이 분명 깨달음을 위한 길일 것이다. 이제 이 자리에서 나의 육체가 소멸되어도 좋다. 어느 시대 그 누구도 얻지 못했고, 지극히 얻기 어려운 완전한 지혜[一切智]를 얻지 못한다면 나는 결코 이 자리에서 일어서지 않을 것이다.'

실로 웅대한 결심이요, 엄청난 시도였다. 길상초를 깔고 아자빨라 나무를 등지고 가부좌를 틀자 마치 지진이 일어난 듯 산하대지가 부들부들 전율했다.

대각(大覺)

싯다르타는 먼저 집중력과 통찰력을 향상시켜야 했다. 인간의 생사를 둘러싸고 얽히고설킨 실타래를 풀어헤치기 위해서는 강력한 집중력이 뒷받침된 통찰의 지혜가 갖춰져야 하고, 그럴 때 비로소 해탈을 기대할 수 있기 때문이었다. 싯다르타는 깊은 사색에 잠겼다.

싯다르타는 의도적으로 감각적 쾌락에 대한 욕망들과 해로운 법들을 떨쳐냈다. 그러고는 들숨날숨의 호흡을 관찰하면서(Ānāpānasati 수행) 일어나는 사유(Vitakka)와 지속적인 생각(숙고, Vicāra)과 마음이 하나의 대상에 집중된 심일경성(Samādhi, 삼매)을 성취했고, 그러자 모든 감각적 쾌락에 대한 욕망이 떨어져나가면서 희열(Pīti)과 육체적 즐거움(Sukha)이 또렷하게 나타난 초선(初禪)에 머물렀다. 싯다르타는 곧 초선정에서 나와(출정), 자신의 마음을 반조해 보면서 몸과 마음의 모든 대상들이 빠르게 일어나고 사라지는(생멸)의 현상을 보며 무상(無常)과 고(苦)를 보았고, 무아(無我)를 보았다. 희열과 즐거움이 일어났지만 그것이 싯다르타의 마음을 제압하지는 못했다.

호흡이 미세해지고 호흡이 끊어지기 직전의 단계에 이르러 몸과 마음이 사실상 사라진 상태에 이르면서 사유와 숙고를 가라앉힌 싯다르타는 다시 마음을 관찰하며 자기 내면의 것이고, 확신이 있으며, 마음의 단일한 상태이고, 일으킨 생각(사유)과 지속적 고찰(숙고)은 없고 삼매(심일경성)에서 생겨난 희열과 즐거움이 있는 제2선을 구족하고 거기에 머물렀다. 싯다르타는 곧 제2선정에서 나와 자신의 마음을 관찰하면서 몸과 마음에서 일어나는 모든 현상들이 아주 빠르게 일어나고 사라지는 것을 보면서 무상, 고, 무아를 보았고, 염오와 이욕의 마음을 냈다. 이러한 즐거운 느낌이 일어났지만 그것이 싯다르타의 마음을 제압하지는 못했다.

싯다르타는 제2선에서 느꼈던 희열의 상태를 떠나 평온하게 머물고, 바른 기억과 알아차림[正念, 正知]을 보고, 몸으로 즐거움을 경험하며 동시에 바른 삼매가 있는 제3선을 구족하고 거기에 머물렀다. 싯다르타는 곧 제3선정에서 나와 자신의 마음을 관찰하면서 몸과 마음에서 일어나는 모든 현상들이 일어나고 사라지는 것을 관찰하면서 무상, 고, 무아, 염오와 이욕(離欲)을 보았다. 그러나 이런 즐거움과 바른 삼매에도 불구하고 그것이 싯다르타의 마음을 제압하지는 못했다.

싯다르타는 즐거움과 괴로움도 버리고, 아울러 그 이전에 이미 기쁨과 슬픔을 소멸하였으므로 괴롭지도 즐겁지도 않으며, 평온(Upekkhā)으로 인해 알아차림이 선명하여 바른 삼매가 확연한 제4선을 구족하여 머물렀다. 싯다르타는 곧 제4선정에서 나와 자신의 마음을 관찰하면서 몸과 마음에서 일어나는 모든 현상들이 일어나고 사라지는 것을 관찰하면서 무상, 고, 무아를 보았고, 염오와 이욕의 경지를 이루어냈다. 그에게 이러한 즐거운 느낌이 일어났지만 그것이 싯다르타의 마음을 제압하지는 못했다.

날이 저물어 주위에 어둠이 드리워질 무렵(초야), 출정해서 마음을 관찰하던 싯다르타는 마음이 집중되고, 청정하고, 깨끗하고, 흠이 없고, 오염원이 사라지고, 부드럽고, 활발발하고, 안정되고, 흔들림이 없는 상태에 이르렀을 때 전생을 기억하는 지혜[宿命通]로 마음을 향하게 했다. 그러자 싯다르타는 한량없는 전생의 갖가지 삶들을 기억해낼 수 있었다. 즉 한 생, 두 생, 세 생, 네 생, 다섯 생, 열 생, 스무 생, 서른 생, 마흔 생, 쉰 생, 백 생, 천 생, 십만 생, 세계가 수축하는 여러 겁, 세계가 팽창하는 여러 겁, 세계가 수축하고 팽창하는 여러 겁을 기억했다. 어느 곳에서 이런 이름을 가졌고, 이런 종족이었고, 이런 용모를 가졌고, 이런 음식을 먹었고, 이런 행복과 고통을 경험했고, 이런 수명의 한계를 가졌고, 그곳에서 죽어 다른 어떤 곳에 다시 태어나 그곳에서는 이런 이름을 가졌고, 이런 종족이었고, 이런 용모를 가졌고, 이런 음식을 먹었고, 이런 행복과 고통을 경험했고, 이런 수명의 한계를 가졌고, 그곳에서 죽어 다시 여기 태어났다는, 수많은 전생의 갖가지 모습을 그 특색과 더불어 상세하게 기억해냈다. 스스로의 전생을 꿰뚫어 아는 명지(明知)를 증득한 것이었다. 방일하지 않고 열심히, 스스로 독려하며 머무는 자에게 무명이 제거되고 명지가 일어나며 어둠이 제거되고 광명이 일어나듯이, 싯다르타에게도 무명이 제거되고 명지가 일어났고 어둠이 제거되고 광명이 일어났다.

이윽고 중야(中夜)에 이르렀을 때, 싯다르타는 다시 마음이 집중하여 청정하고, 깨끗하고, 흠이 없고, 오염원이 사라지고, 부드럽고, 활발발하고, 안정되고, 흔들림이 없는 상태에 이르렀을 때 일체중생들의 죽음과 다시 태어남을 아는 지혜[天眼通]로 마음을 향하게 했다. 그는 청정하고 인간을 넘어선 신성한 눈[天眼]으로 중생들이 죽고 태어나고, 천박하고 고상하고, 잘생기고 못생기고, 좋은 곳(선처)에 가고 나쁜 곳(악처)에 가는 것을 보고, 중생들이 지은 바 그 업에 따라 가는 원인과 결과의 엄중한 법칙을 꿰뚫어 알았다. 싯다르타는 생각했다. '이들은 몸으로 못된 짓을 골고루 하고, 성자들을 비방하고, 아주 나쁜 견해를 지니어 사견업(邪見業)을 지었다. 이들은 몸이 무너져 죽은 뒤 처참한 곳[苦界], 불행한 곳[惡處], 파멸처, 지옥에 태어났다. 그러나 이들은 몸으로 좋은 일을 골고루 하고, 말로 좋은 일을 골고루 하고, 마음으로 좋은 일을 골고루 하고, 성자들을 비방하지 않고, 바른 견해를 지니고 정견업(正見業)을 지었다. 이들은 몸이 무너져 죽은 뒤 좋은 곳[善處], 천상세계에 태어났다.'라고. 싯다르타는 이처럼 천안통을 통해 중생들이 죽고 태어나고, 천박하고 고상하고, 잘생기고 못생기고, 좋은 곳에 가고 나쁜 곳에 가는 것을 보았고, 중생들이 지은 바 그 업에 따라 가는 것을 꿰뚫어 알았다. 이것이 싯다르타가 중야에 증득한 두 번째 명지였다. 마치 방일하지 않고 열심히, 스스로 독려하며 머무는 자에게 무명이 제거되고 명지가 일어나고 어둠이 제거되고 광명이 일어나듯이, 싯다르타에게도 무명이 제거되고 명지가 일어났고 어둠이 제거되고 광명이 일어났다.

밤이 깊어 막바지[後夜]에 이르자, 싯다르타는 마음을 집중하여 청정하고 깨끗하고, 흠이 없고, 오염원이 사라지고, 부드럽고, 활발발하고, 안정되고, 흔들림이 없는 상태에 이르렀을 때 모든 번뇌를 소멸하는 지혜[漏盡通]로 마음을 향하게 했다. 그때 싯다르타는 '이것이 괴로움이다.'라고 있는 그대로 꿰뚫어 알았고, '이것이 괴로움의 소멸이다.'라고 있는 그대로 꿰뚫어 알았고, '이것이 괴로움의 소멸로 인도하는 길이다.'라고 있는 그대로 꿰뚫어 알았다. 또한 '이것이 번뇌다.'라고 있는 그대로 꿰뚫어 알았고, '이것이 번뇌의 일어남이다.'라고 있는 그대로 꿰뚫어 알았고, '이것이 번뇌의 소멸이다.'라고 꿰뚫어 알았고, '이것이 번뇌의 소멸로 인도하는 길이다.'라고 있는 그대로 꿰뚫어 알았다. 이때 싯다르타는 염오와 이욕의 마음을 내었고, 해탈을 이루면서 수다원도와 수다원과를 성취했다. 싯다르타는 이와 같이 알고 이와 같이 보면서 감각적 욕망에 기인한 번뇌[欲漏]에서 마음이 해탈했다. 여기에서 싯다르타는 사다함의 경지를 이루어냈다. 이어 싯다르타는 탐하는 마음, 분노의 마음을 다 떨쳐버림으로써 아나함의 경지에 이를 수 있었다. 이와 같은 경지를 증득한 싯다르타는 방일하지 않고 더 치열하게 스스로를 독려했다. 마치 머무는 자에게 무명이 제거되고 명지가 일어나고 어둠이 제거되고 광명이 일어났듯이, 그에게 무명이 제거되고 명지가 일어났고 어둠이 제거되고 광명이 일었다.

모든 번뇌를 제거하는 신묘한 능력을 통해 싯다르타는 좋아하는 것과 싫어하는 것이 어떻게 인간의 성향을 결정짓는가를 보았다. 그러한 성향에 따라 선택되고 형성된 것들은 결국 불만스러운 것일 수밖에 없으며, 그것이 마침내 인간들을 실망과 괴로움, 좌절로 끌고 가는 것을 보았다. 그는 또한 어떻게 하면 이들 좋은 것과 싫은 것, 즉 갈망과 증오심을 제거하고, 성향의 평정, 곧 완전한 해탈로 향할 수 있는지를 깨달았다. 이런 것들을 명료하게 꿰뚫어 봄으로써 그는 자신의 성향을 평정할 굳은 결의를 다졌다. 탐욕과 증오와 무지가 모든 고통의 근본적인 원인이라는 확신이 생겨나자 거의 자동적으로 모든 번뇌가 싯다르타로부터 멀리 벗어났다. 싯다르타는 자신의 앞길을 가로막고 있던 무명(無明)의 짙은 안개를 걷어내고, 깊이와 넓이를 가늠할 길 없는 삶과 죽음의 간극을 뛰어넘었다. 싯다르타는 여기에서 알아차림의 밀도를 더욱 강화해 나갔다. 더욱 세밀하게 몸과 마음에서 일어나고 사라지는 현상들을 꿰뚫어 반조했다. 그는 머지않아 미세한 어리석음까지 모두 다 극복하기에 이르렀다. 마침내 궁극의 경지 아라한과를 성취한 것이다.

아라한의 경지에 이르자 존재에 기인한 번뇌[有漏]에서 마음이 해탈했다. 무명에 기인한 번뇌[無明漏]에서도 마음이 해탈했다. 이렇게 마음의 해탈을 이루었을 때, 그에게 해탈했음을 스스로 아는 지혜가 생겼다. 그 순간 싯다르타는 '태어남은 다했다. 청정범행은 성취되었다. 할 일을 다해 마쳤다. 다시는 어떤 존재로도 돌아오지 않을 것이다.'라고 꿰뚫어 알게 되었다. 드디어 무명과 집착과 혐오와 미혹으로부터 벗어나 완전한 열반을 성취한 것이었다.

싯다르타는 이것이야말로 인간이 이생에서 이룰 수 있는 유일한 해탈임을 알았다. 다른 식의 해탈이란 단지 바람이거나 구체적인 것이 아니었음이 싯다르타에게 명징하게 드러났다. 일체의 탐욕이 사라졌음으로 내생의 원인 또한 제거되었다. 고통의 수레바퀴와 같은 삶의 순환은 완전하게 멈췄다. 싯다르타는 수행의 궁극에 도달했으며 더 이상 찾아야 될 것이 없음을 알았다. 드디어 사랑하는 사람들을 아프게 하며 떠나왔고, 조국을 등지면서까지 찾아 나선 궁극의 목표에 도달하는 위대한 순간이었다. 까빨라왓투를 떠나온 지 6년만의 일이었으며, 생사를 걸고 아자빨라 나무 아래 앉은 지 꼭 18시간이 지난 뒤였다. 동트기 전, 어둠이 서서히 옅어지고 있었다. 싯다르타는 가만히 눈을 떠 하늘을 바라다보았다. 동쪽 하늘에 밝은 별 하나가 반짝이고 있었다.

모든 것을 이룬 뒤에도 싯다르타는 몇 시간 동안 미동도 하지 않고 그 자리에 그대로 앉아 있었다. 스스로 최상의 지혜와 해탈을 이뤄냈다는 법열(法悅)을 한껏 누리는 중이었다. 법열은 그의 몸 전체에 스미어 마치 찬란하게 솟아오르는 태양과 같은 상서로운 기운을 발산했다. 동녘 하늘에 떠오르는 태양은 야생화들의 달콤한 향기와 아름다운 새들의 노래, 그리고 새 생명과 어우러지는 모든 아름다운 것들을 일깨우고 있었다.

고따마 싯다르타! 그가 드디어 '붓다'가 된 것이다. 천신만고 끝에 깨달음을 완성한 싯다르타, 아니 붓다가 드디어 자신의 이뤄낸 위대한 승리를 확인하는 게송을 읊었다. 그가 해탈의 노래를 막 부르기 시작하자 삼라만상도 제각각 온몸을 흔들며 환희 충만한 찬탄을 보냈다.

집[個體, 몸] 짓는 이(갈애)를 찾아내려고,
그러나 찾지 못한 채
수많은 태어남과 윤회 속을 줄곧 서둘러 왔었네.
태어남은 언제나 실로 괴로운 것.

오, 집 짓는 이여, 드디어 너를 찾아냈도다.
너는 다시는 집 짓지 못하리.
너의 모든 서까래(번뇌)는 부서지고
마룻대[上梁, 무지] 또한 부러졌도다.

이제 내 마음은
형성되지 않은 것(열반)을 이루었네.
온갖 갈애 다 끝내어 버렸네.

해탈의 즐거움, 그리고…

깨달음을 성취한 후에도 싯다르타, 아니 붓다는 아자빨라 나무 아래에 그대로 앉아 열반의 기쁨을 만끽했다. 이제 그의 해탈을 도운 이 나무의 이름은 더 이상 아자빨라가 아니었다. 붓다의 위대한 깨달음을 돕고 지켜본 위대한 나무, 그 이름은 이제 깨달음의 나무, 보리수(菩提樹)가 되었다.

무상법열을 누린 지 일주일째 되는 날 초저녁에 그는 오로지 한 자세로 앉아 깊은 선정에 들어 연기(緣起)를 발생하는 대로 명료하게 살폈다. 둑카(dukkha), 즉 괴로움의 본질을 통찰하기 위한 사유와 숙고였다. 그는 고통이 오염된 견해에 바탕을 둔 기질적 경향과 즐거움을 최대한 유지하고 확장하려는 탐욕에 의해 결정되는 것을 보았다. 즉 존재에 대한 무지와 그릇된 견해가 곧 고통의 원인이며 감각적 욕망이 곧 고통의 뿌리임을 깨달았다.

그는 좋아하는 것과 싫어하는 것이 어떻게 인간의 성향을 결정 짓는지를 명백히 보았다. 그러한 성향에 따라 선택되고 형성된 것들은 결국 불만족이요 불안일 수밖에 없으며, 마침내 실망, 괴로움, 빈곤, 좌절로 귀결되는 것임을 깨달았다.

붓다는 깊은 사유 끝에 존재의 생명 순환 체계를 열두 가지의 연결고리로 정리했다.

'이것이 있으면 저것이 있게 되고, 이것이 생김과 더불어 저것이 생긴다. 즉, 무지[無明]를 조건으로 하여 의지에 의한 형성 작용(업 지음, 行)이 일어나고, 이 의지에 의한 형성 작용을 조건으로 재생식[識]이 일어나고, 식을 조건으로 몸과 마음의 결합[名色]이 일어나고, 몸과 마음의 결합을 조건으로 눈·귀·코·혀·몸·마음 등 여섯 개의 감각기관[六入, 육처]이 생겨나고, 여섯 개의 감각기관을 조건으로 접촉[觸]이 생겨나고, 접촉을 조건으로 느낌[受]이 일어나고, 느낌을 조건으로 갈애[愛]가 일어나고 갈애를 조건으로 집착[取]이 일어나고, 집착을 조건으로 다시 태어나 존재하고자 하는 본능적 경향성[有]이 일어나고, 이 존재를 유지하고자 하는 경향성을 조건으로 태어남[生]이 일어나고, 태어남을 조건으로 늙음·죽음·슬픔·비탄·괴로움·근심·절망[老死]이 일어난다. 이렇게 해서 고의 무더기[苦蘊] 전부가 생겨나는 것이다.'

싯다르타는 또한 역(逆)으로 연기를 명료하게 살폈다.

'이것이 없으면 저것이 있게 되지 않고 이것이 멸하면 저것이 멸한다. 즉 무지가 완전히 멸하면 의지의 형성 작용이 멸하고, 의지의 형성 작용이 멸하면 재생식이 멸하고, 재생식이 멸하면 명색이 멸하고, 명색이 멸하면 육처가 멸하고, 육처가 멸하면 접촉이 멸하고, 접촉이 멸하면 느낌이 멸하고, 느낌이 멸하면 갈애가 멸하고, 갈애가 멸하면 집착이 멸하고, 집착이 멸하면 존재하고자 하는 성향이 멸하고, 존재하고자 하는 경향성이 멸하면 태어남이 멸하고, 태어남이 멸하면 늙음·죽음·슬픔·비탄·괴로움·근심·절망이 멸하게 된다. 이리하여 모든 고의 무더기 전부가 멸하게 된다.'

싯다르타는 그날 새벽녘에 다시 연기를 순(順)과 역(逆) 양면으로 살폈다.

'이것이 있으면 저것이 있게 된다. 이것이 생기면 더불어 저것이 생긴다. 이것이 없으면 저것이 있게 되지 않는다. 이것의 멸함과 더불어 저것이 멸한다. 즉 무지를 조건으로 하여 의지의 형성 작용이 있고, 이 의지의 형성 작용을 조건으로 하여 식이 있고, 식을 조건으로 하여 명색이 있고, 명색을 조건으로 하여 육처가 있고, 육처를 조건으로 하여 접촉이 있고, 접촉을 조건으로 하여 느낌이 있고, 느낌을 조건으로 하여 갈애가 있고, 갈애를 조건으로 하여 집착이 있고, 집착을 조건으로 하여 존재하고자 하는 경향이 있다. 존재하고자 하는 경향성을 조건으로 하여 태어남이 있고, 태어남을 조건으로 하여 늙음·죽음·슬픔·비탄·괴로움·근심·절망이 있게 된다. 이리하여 고의 무더기 전부가 생겨난다.'

'무지의 완전한 멸과 더불어 의지의 형성 작용이 멸하고, 의지의 형성 작용이 멸하면 식이 멸하고, 식이 멸하면 명색이 멸하고, 명색이 멸하면 육처가 멸하고, 육처가 멸하면 접촉이 멸하고, 접촉이 멸하면 느낌이 멸하고, 느낌이 멸하면 갈애가 멸하고, 갈애가 멸하면 집착이 멸하고, 집착이 멸하면 존재하고자 하는 경향성이 멸하고, 존재하고자 하는 성향이 멸하면 태어남도 멸하고, 태어남이 멸하면 늙음·죽음·슬픔·비탄·괴로움·근심·절망이 멸하게 된다. 이리하여 이 모든 고의 무더기 전부가 멸한다.'

붓다! 이제 그는 더 이상 과거 크샤트리아 출신의 싯다르타가 아니었다. 모든 번뇌가 사라진 마음으로 바라보는 그의 세계는 어둡고 부조화된 세계가 아니라 밝고 조화로운 완전한 세계, 그 자체였다. 붓다의 얼굴에 커다란 광명이 나타났다. 그 빛은 광대무변하게 방사되어 하늘도, 땅도, 산천도, 초목도, 사람도, 금수도, 귀신도 새로운 기쁨

으로 탄생시키는 듯했다. 그의 나이, 35세 되던 해. 붓다로의 위대한
탄생이었다.

해탈의 기쁨

깨달음을 이룬 붓다는 그곳에서 7일 동안 전혀 움직이지 않는 선정 (삼매)에 들어 해탈의 기쁨을 누렸다. 마지막 밤이 끝날 무렵, 붓다는 고통의 원인인 의존적 발생의 원리, 즉 연기를 다시 복습했다.

> 이것이 존재하면 저것 또한 존재한다.
> 이것이 생기면 저것 또한 생긴다.
> 이것이 존재하지 않으면 저것 또한 존재하지 않는다.
> 이것이 소멸하면 저것 또한 소멸한다.

모든 편견을 지워버린 그의 눈에는 삼라만상은 서로 기대고 의존하며 생멸하는, 명확하게 조건에 의지해서 발생하고 소멸하는 유기적 관계였다. 그렇게 첫 일주일이 지난 후, 붓다는 염소지기의 반얀(banyan)나무 아래로 옮겨 다시 7일 동안 해탈의 기쁨을 누리며 삼매에 잠겼다. 그때 한 교만한 브라만이 『베다』의 시구를 흥얼거리며 길을 가다가 붓다를 보더니, 거들먹거리는 걸음걸이로 다가와 물었다.

> "사문이여, 그대는 어떻게 해야 브라만이 되는지 아시오? 어떤 수행을 해야 브라만이 되는지 아시오?"

붓다는 그를 상대하지 않고 혼잣말로 대답했다.

> "브라만은 죄악을 멀리하고, 마음이 교만하지 않다. 때가 없이
> 자제하고, 『베다』에 정통하며 청정한 수행을 완성한다. 브라
> 만이란 그런 사람들 두고 하는 말이니, 그에게 세상 어디엔들
> 교만함이 있겠는가?"

붓다는 모든 것을 비웃는 버릇이 있는 이 브라만에 진정한 브라만의
모습을 친절하게 설명해주는 것으로 꾸짖음을 대신했다. 이 말을 들
은 브라만은 "흥!"하고 코웃음을 친 뒤 떠나갔다.

　　붓다는 이번에는 무짜린다 호수에 있는 반얀나무 아래로 자리를
옮겨 7일 동안 해탈의 기쁨을 누리며 선정에 잠겼다. 그런데 때 아닌
이상기온으로 찬 기운이 맴돌고, 바람이 불더니, 큰 구름이 일면서 이
레 동안 비가 계속 내렸다. 그때 반얀나무에 의지해 살던 무짜린다 코
브라가 나타나 붓다의 몸을 일곱 번 감고 커다란 머리를 쳐들어 붓다
를 보호하며 말하기를 "어떤 추위, 더위, 모기, 전갈, 바람, 열기, 뱀도
결코 붓다를 범접하지 못할 것이다."라고 외쳤다.

　　붓다는 물로 입을 헹구고 얼굴을 씻은 후, 다시 자리를 옮겨 7일
동안 염소지기의 반얀나무 아래 앉았다. 그때 욱깔라 촌에서 온 뿟까
리왓띠 출신의 상인 따뿟사(Tapussa)와 발리까(Bhallika) 두 사람이 소
가 끄는 수레에 물건을 싣고 근처를 지나다가 숲속 나무 아래 햇빛
처럼 찬란한 광채를 내뿜는 성자를 발견했다. 두 상인은 양식으로
준비한 곡물가루와 꿀을 존경의 뜻으로 붓다에게 올리면서 이렇게
말했다.

"존자시여, 저희가 올리는 공양물을 받으소서. 당신과 당신의 가르침에 귀의합니다. 저희 형제를 당신의 신도로 받아주소서."

붓다가 이를 허락하니 이들이 붓다[佛]와 가르침[法]의 두 보배에 귀의한 최초의 재가자가 되었다. 붓다는 어떤 것이든 위대한 스승을 만난 징표를 받고 싶어 하는 두 우바새에게 자신의 머리카락을 답례로 전해주었다.

3

법륜이 구르고
교단이 출현하다

알아들을 이가 있을까?

붓다는 생각했다.

'나는 태어남[生]에 종속되어 있기에 태어남에 종속되어 있는 것의 위험을 이해했고, 이런 속박으로부터 벗어날 최고의 안전보장인 열반을 구하여 다시 태어나지 않는 열반을 성취했다. 나는 늙음[老]에 종속되어 있기에 늙음에 종속되어 있는 것의 위험을 이해했고, 늙음의 속박으로부터 벗어날 최고의 안전보장인 열반을 구하여 다시 늙지 않는 열반을 성취했다. 나는 질병[病]에 종속되어 있기에 질병에 종속되어 있는 것의 위험을 이해했고, 질병의 속박으로부터 벗어날 최고의 안전보장인 열반을 구하여 다시는 질병의 위험에 얽매이지 않는 열반을 성취했다. 나는 죽음[死]에 종속되어 있기에 죽음에 종속되어 있는 것의 위험을 이해했고, 죽음의 속박으로부터 벗어날 최고의 안전보장인 열반을 구하여 다시 죽지 않는 최고의 안전보장인 열반을 성취했다. 나는 슬픔·번뇌에 종속되어 있기에 슬픔·번뇌에 종속되어 있는 것의 위험을 이해했고, 슬픔·번뇌의 속박으로부터 벗어날 최고의 안전보장인 열반을 구하여 다시는 슬픔·번뇌의 속박을 받지 않는 최고의 안전보장인 열반을 성취했다. 열반을 성취하는 과정에서 나에게 지혜와 예지력이 일어났다. 내가 성취한 열반은 확고하다. 이것이 나의 마지막 태어남이다. 이제 나에게 더 이상 어떤 존재로도 윤회는 없다.'

붓다의 생각은 계속 이어졌다.

'내가 성취한 이 담마(dhamma, 법 또는 진리)는 심오하고, 보기 어렵고, 이해하기 어렵고, 평화롭고 숭고하나 사유만으로 성취할 수 없고, 미묘해서 지혜로운 자만이 경험할 수 있다. 그러나 이 세계의 사람들은 집착을 기뻐하고, 집착에서 기쁨을 취하며 집착에 환희한다. 이처럼 탐욕에 물들고 어둠에 가려진 사람들이 내가 발견한 이 진리, 즉 모든 형성들(Saṅkhāra, 상카라)의 고요해짐, 모든 습득한 것들의 버림, 갈애의 부숨, 객관적인 냉정함, 번뇌의 완전한 소멸, 궁극의 경지인 열반을 보기는 실로 어려울 것이다. 설사 내가 성취한 진리(담마)를 가르친다고 해도 사람들은 온전하게 이해하지 못할 것이고, 나아가 나를 이해하지 못할 것이다. 어쩌면 내가 성취한 이 진리를 가르치는 것이 피곤하고 귀찮은 일이 될 수도 있을 것이다.'

붓다의 번민은 계속됐다.

'내가 성취한 이 교리는 세상 사람들이 받아들이고 따르기에 아주 난해하다. 현자들도 미묘한 이 진리는 이해하기가 쉽지 않을 것이다. 세상 사람들은 신과 영혼이 뒤얽혀 있는 관념의 굴레로부터 자신들을 해방시키기 어렵다. 제의와 의례의 신앙, 깜마(Kamma, 업)의 신앙을 포기하는 것 역시 매우 어렵다. 영혼의 불멸성을 믿는 그들에게 영혼은 독자적인 실체로 존재하지 않는 것이며, 사후에 영혼이 생존하는 것도 아니라는 나의 교의를 수용하도록 만드는 일이 얼마나 힘겨울 것인가. 이기심에 가득 찬 인간의 속성은 개인적인 이익을 얻었을 때나 기쁨과 쾌락을 느낀다. 그런 인간들을 이기심을 버리고 정도(正道)를 따르도록 만드는 것은 지극히 어려운 일이다. 나의 설교를 이해하지 못하거나, 이해하면서도 받아들이지 않거나, 받아들이면서도 실행하지 않는다면, 그들에게 도리어 성가신 일이 될 것이고 나에겐 곤혹스러운 일이 될 것이다. 그렇다면 나는 어떻게 할 것인가? 속세를 등진 수행자로 남아 있는 것이 더 좋지 않을까? 내가 이뤄낸 이 진리를 설하지 않는 편이 더 낫지 않을까?'

진리를 설할 것이다

다시 7일을 염소지기의 반얀나무 아래에서 보내며 붓다는 자신이 깨달은 법(담마, 진리)을 설할 것인지, 아니면 포기할 것인지를 놓고 번민을 계속했다. 생로병사에서 벗어나는 길을 찾고, 또 모든 사람들에 그 길을 알려주기 위해 출가를 단행했던 그로서는 단순히 피곤하고 귀찮다는 이유로 설법 포기를 결정할 수는 없었기 때문이었다. 온갖 번민이 그의 뇌리를 오갔다. '그래도 사람들에게 내가 찾은 이 해탈의 길을 가르쳐야 하지 않을까….', '그렇지만 아무도 이 난해한 진리를 알아들을 수 없을 것이다. 그렇다면 차라리…, 아니 그래도….' 찰나에도 수없이 많은 생각이 그의 뇌리에 교차했다.

묘한 일이었다. 번민을 거듭할 때마다 붓다에게는 사랑하는 가족, 친구, 보장된 지위를 포기하고 출가를 단행할 당시의 상황이 어김없이 떠오르는 것이었다. 그들에게 그토록 큰 아픔을 안겨주면서까지 출가의 길을 선택한 이유가 그에게 다시금 생생하게 다가왔다. 궁을 빠져 나오기 전 사랑하는 아내 야소다라와 아버지 숫도다나, 양모 고따미 등 가족을 설득하던 기억, 특히 자신이 태어난 룸비니 동산에서 어머니와 나눴던 다짐의 순간을 회상하면서 그의 번민은 어느덧 정리가 되고 있었다.

'더 많은 사람들이 내가 깨달은 이 진리를 이해하지 못하겠지만, 사람들 중에는 틀림없이 눈에 티끌이 많이 끼어있지 않은 이들도 있을 것이다. 이 진리를 전해주기만 하면 곧 이해를 하고 해탈의 길로 접어들 사람들도 분명히 있을 것이다. 더구나 나는 나 자신의 문제 해결에 머물지 않고, 모든 중생이 행복해지는 길을 찾고 또 그 길을 모든 이에게 알려주겠다며 가족과 친지들의 만류를 물리치며 출가를 결행하지 않았던가!'

생각이 여기에 미친 붓다는 깨달음의 눈으로 세상을 다시 바라봤다. 세상에는 더러움에 덜 물든 사람과 많이 물든 사람, 성품이 좋은 사람과 나쁜 사람, 감각이 예리한 사람과 무딘 사람, 가르치기 쉬운 사람과 힘든 사람 등이 혼재해 있었다. 마치 연못에서 연꽃이 피어날 때 어느 것은 물속에서 자라고 물속에 잠겨 있으며, 또 어떤 것은 물속에서 자라되 수면 위에 솟아 물에 젖지 않는 것처럼. 마침내 붓다는 결심을 굳혔다.

'슬픔에 사로잡히고, 태어남과 늙음에 압도당한 수많은 사람들을 구제하기 위해 나는 반드시 내가 깨달은 진리를 전해야 하리라.'

붓다는 여러 반얀나무 근처에서 자리를 일곱 번 차례대로 옮겨가며 49일간 해탈의 큰 기쁨을 누리는 동시에 이후 자신이 해야 할 일을 결정했다.

"기꺼이 설법에 나설 것이다."

깨달음을 정리하다

모든 번뇌로부터 벗어났으며 위없는 깨달음을 이룬 정각자(正覺者) 고따마 붓다는 설법에 나설 것을 결정한 후 자리에서 일어나 네란자라 강으로 천천히 걸어 들어갔다. 흐르는 강물에 목욕을 마친 붓다는 자신이 앉아 정각을 이룬 곳에 시원한 그늘을 제공해주었던 보리수를 바라다보았다. 무성하게 우거져 아침 햇살에 반짝이는 이파리들이 불어오는 미풍에 살갑게 흔들리고 있었다. 그것은 이제 한 그루의 아자빨라 나무가 아니라, 싯다르타라는 수행자에게 햇볕과 이슬을 가려주며 그늘과 등받이가 되어 주었던 깨달음의 나무, 보리수였다. 붓다는 보리수에게 고마움을 느꼈다. 모든 집착을 떨쳐버린 이는 불필요한 감상에 젖지 않는 법이지만, 보리수를 바라보는 붓다의 눈길에는 고마움이 담뿍 깃들어 있었다.

붓다의 성취는 생사의 문턱을 넘나드는 불굴의 정진 끝에 이루어낸 평화와 행복이었다. 그 평화와 행복의 성취는 그 자신 이외에 누구의 덕도 아니었다. 붓다는 깨닫기 이전에 알라라 깔라마와 웃다까 라마뿟따로부터 명상의 기법을 익힌 바 있었다. 그러나 그들의 가르침을 받아들인 후, 새로운 길을 찾아 나설 수밖에 없었다. 두 선인이 말하는 마지막 단계에 가서도 완전한 해탈에 이르는 길을 발견하지 못했기 때문이었다.

붓다가 스스로 개발한 명상법을 통해 도달한 마지막 결론은 인간이 경험하는 모든 현상 가운데에는 고정되어 변하지 않는 실체는 없다는 것이었다. 고통은 어디에서 비롯되었으며, 궁극의 평화와 행복은 어떻게 성취할 수 있는가에 대한 붓다의 깨달음은 잠부디빠에서는 어느 누구도 얻지 못한 통찰의 계발과 인간 심리에 관한 깊은 성찰의 결과였다. 붓다는 자신 있게 공언할 수 있었다.

'자신만이 자기의 주인이다. 그밖에 따로 어떤 주인이 있을 수 있으랴!'

출가하기 전, 붓다는 깨달음을 꿈꾸는 젊은이로서 출가하려는 목적은 자기만의 해탈을 구하기 위한 것이 아니라고 말하곤 했었다. 그를 출가수행의 길로 이끈 중요한 동기 가운데 하나가 신앙이라는 허구의 그물에 걸려 허우적거리며 안팎으로 끝없는 갈등에 고뇌하는 대중을 도울 방법을 찾겠다는 것이었다. 출가 후 6년 만에 그 누구도 실행해 본 적이 없는 인간 심리에 대한 깊은 사유와 탐사, 통찰을 통해 완전한 깨달음을 얻은 후, 붓다는 온 인류를 구원하는 것이 얼마나 요원하며 지난한 일인지를 알았다.

붓다가 자신이 성취한 마음의 평화와 해탈의 환희를 설명하는 것은 쉬운 일은 아니었으나 불가능한 일도 아니었다. 그러나 나약한 인간이 사유할 수 있는 한계를 벗어나 있는 듯한 궁극적 실재에 대한 환상, 그리고 형이상학의 영역에 빠지지 않고 사람들을 평화와 행복으로 이끄는 길을 찾는 것, 즉 진리를 체계화하는 것은 마치 헤라클레스의 열두 가지 모험과도 같은 것이었다. 그렇더라도 일체지를 완성한 붓다에게 불가능한 것은 없었다. 붓다는 어린 시절부터 익혔던 어학과 문학, 그리고 고대 인도의 철학사조에 대한 심오한 지식과 스스로 발견한 인간 심리와 행동에 대한 명철한 이해를 바탕으로 자신이 깨달은 경지를 언어화, 체계화하기 시작했다.

일체의 편견을 지워버린 붓다의 눈에는 모든 사물과 현상이 있는 그대로 드러나 보였다. 그것은 서로 기대고 의존해 발생하고 소멸하는 실상이었다. 또한 존재하는 사물들 가운데 영구불변하는 실체는 존재하지 않는다는 원리가 그의 안목에 훤하게 드러났다. 그런데 영구불변하는 실체가 없다는 원리가 모든 것들이 우연히 발생하고, 아무런 질서도 없이 사라져간다는 것을 의미하는 것은 아니었다. 붓다는 사물이 발생하고 소멸하는 나름의 패턴을 체계화하는 작업에 착수했다.

붓다는 어떤 현상이나 대상들이 어떤 이유, 또는 조건에 의해 발생했는지를 세밀히 살폈다. 그런데 당시 잠부디빠에서 통용되는 언어 가운데는 이러한 깨달음을 표현하기에 마땅한 용어가 존재하지 않았다. 이미 사용되고 있는 용어는 모두 '자체 내 원인' 아니면 '외부의 힘'을 암시하는 것들뿐이었다. 따라서 붓다는 존재의 속성을 표현하기 위해 '조건에 의지해서 발생한 것'이라는 새로운 용어를 만들어내야만 했다. 이 용어는 '다양한 조건들에 의한 발생과정의 잠정적 종결상태'를 의미했다. 또 당시의 다른 철학자들이 감관을 통한 경험을 회의적으로 생각하는 것과 달리, 붓다는 주어진 현상들을 주변 조건과 함께 인식할 때 존재를 둘러싼 의혹들이 사라진다는 것을 확인했다. 이러한 이해와 경험을 바탕으로 붓다는 '조건에 의지한 발생', 즉 '연기법(緣起法)'이라는 보편원리를 공식화할 수 있었다. 사물은 바로 이 연기의 법칙에 의해, 즉 조건에 의지해서 발생하여, 의심할 나위 없는 과거로부터 아득한 미래로 이어진다는 것이었다.

깨달음을 정리하는 과정은 계속 이어졌다.

'현재의 사실은 과거와 미래의 사실을 설명하는 데까지 확장될 수 있다. 이 연기법, 즉 조건에 의지한 발생의 원리는 지금까지 유효했을 뿐만 아니라 앞으로도 유효할 것이다. 어떤 것이든 존재는 과정과 진화의 산물이다. 한 생명은 이런저런 조건에 의지해서 이 세상에 나온다. 부모는 수없이 많은 조건 가운데 일부일 뿐이다. 부모는 한 생명이 태어나는 데 아주 중요한 조건이 된다. 그러나 갓 태어난 생명이 완전한 인격체로 존재하는 것은 아니다. 생명 속에 의식이 일어난다. 부모는 이 의식이 일어나는데 필요한 조건을 제공한다. 이 조건들이 조화를 이루며 한 개인이 형성되어 간다. 그 의식도 자발적이거나 조건 없이 발생되는 것이 아니다. 그것은 과거의 성향과 과거의 갈망, 그리고 과거의 집착과 연관되어 있다. 그것은 죽지 않으려 발버둥치는, 또 생존을 위해 안간힘을 다하는 자의 성향이다. 삶에 대한 갈망과 집착과 성향들이 새롭게 생성될 존재의 의식을 형성한다. 이것들은 흘러가는 존재의 물줄기에 일관성을 부여한다.'

깨달음을 언어화·체계화하는 과정은 전쟁을 방불케 할 만큼 치열했다.

'자연 조건의 산물인 동시에 자신의 과거 성향에 의해 이루어진 소산이라는 점에서 다른 생명체와 다를 것이 없는데도, 인간은 다른 생명체들과는 무언가 다르게 행동한다. 사물들이 어떻게 작동하는지를 알기 위해 노력하고, 단지 이해하는 것에 만족하려 하지 않는다. 자기가 이해한 것에 의미를 부여하고 체계를 세우려 한다. 그 가운데서 최선의 것을 취할 수 있기를 기대하며, 조작하거나 종합하려 한다. 인간의 이런 시도는 때때로 성공하기도 하지만, 대부분은 실패로 끝난다. 인간은 실패하고는 낙담하고 풀이 죽어 좌절한다. 성공한다 하더라도 그에 따른 만족은 일시적이다. 그래도 인간은 좀 더 완전한 만족을 얻기 위해 안간힘을 다한다. 담쟁이처럼 마냥 뻗어나는 인간의 갈망은 그러나 대부분 절망의 벽에 부딪친다. 물릴 줄 모르는 본능적 추구에 지치고 속이 타기도 하며 불만을 절감하기도 한다. 이것이 곧 조건에 의지해서 발생하는 원리 속에 운행되는 큰 우주 가운데 인간의 성향으로 만들어진 작은 세계, 즉 소우주다.'

붓다의 깨달음에 대한 정리는 난제를 풀어내는 과정처럼 계속됐다. 사실 이전에는 없었던 일이기에 모든 것을 새롭게 시도해야 하는 일들이었다. 붓다는 이렇게 자신의 깨달음에 대한 체계를 세움으로써, 사람들에게 제한된 속에서나마 그가 성취한 것을 성취하게 할 통로를 제공할 수 있다고 믿었다. 인간은 자연적인 의존의 원리에 어느 정도 간섭하고, 조작할 능력이 있기 때문이었다. 조건에 의지해 발생하는 원리, 즉 연기가 개인의 의지를 완전히 부정하는 냉혹한 법칙이 아닌 한, 인간은 스스로를 자제하고 격려함으로써 대자유와 행복을 성취하고 누릴 수 있는 위대한 존재라고 생각했다.

'인간이 갈등을 조장하고, 고통에 빠져드는 것은 무지와 무명에서 비롯된 소산이다. 고통은 끝없는 탐욕과 갈망이 영원한 만족을 주지 못한다는 사실에 대한 무지로 인해 생겨난다. 이 원리를 아는 현명한 사람은 탐욕을 제거하고 갈망으로부터 벗어나기 위한 길을 모색하게 될 것이다. 현명한 이는 세상의 사물들에 집착하지 않으며, 영원불멸하리라고 여겨지는 신화적 자아, 혹은 영혼에 집착하지 않으며 그러한 견해에도 매달리지 않는다. 집착하지 않음으로써 그는 세상의 때에 더럽혀지지 않은 채 살아갈 수 있다. 마치 더러운 물속에서 자라면서도 그것에 물들지 않고 솟아 피어나는 연꽃과도 같다. 현명한 이는 세상의 때, 갈망과 탐욕, 미움과 증오, 무지와 미혹에 물들지 않은 채 살아가는 자이다. 그러므로 현자는 여기 이 세상에 살고 있지만, 또한 이 세상에 살지 않는다.'

붓다는 이렇게 보리수 밑에 머무르며 자신이 이룬 해탈과 깨달음을 체계화하는 작업에 전념했다. 동시에 그는 자리를 옮겨가며 해탈의 법열을 누렸다. 또한 붓다는 인간고(人間苦)의 본질과, 어떻게 하면 더 많은 사람들로 하여금 그러한 고뇌로부터 벗어나 대자유, 해탈을 성취할 수 있게 할 것인가의 방법을 고심했다. 그의 심중에 이런 생각이 일어났다.

'나는 생명조차 돌아보지 않는 정진으로 천신만고 끝에 고통으로부터 벗어나는 길을 찾았다. 이제는 보다 많은 사람들에게 이 길을 가르쳐 주고 그들도 이 해탈의 환희를 맛보게 인도해야 한다. 그런데 누구를 먼저 가르칠 것인가? 내 가르침을 가장 잘 이해하고 빠르게 받아들일 수 있는 사람은 누굴까? 마가다 국 사람들은 거의 브라만의 멍에에 짓눌려 있다. 그들의 대부분은 브라만교가 쳐놓은 환상에 빠져 헤매고 있다. 옛 스승 웃다까 라마뿟따와 야즈냐발캬마저 마가다 국에 와서는 브라만교의 영향에서 벗어나지 못했다. 아지따 께사깜발리, 막칼리 고살라, 니간타 나따뿟따와 같은 고명한 선인들도 마가다 국에서는 크게 인정받지 못했다. 그것이 옳건 그르건 그들의 가르침은 브라만교의 위세에 밀려 무시돼 버리곤 했다. 브라만 사제들은 마치 더부살이와도 같은 속성을 가지고 있다. 그들은 새로운 사상을 흡수하기 위해 다른 종교와 현자들에게 기대어 수액을 뽑아낸 다음 고사(枯死)시켜버린다. 여기에서부터 사람들을 가르친다는 것은 시간 낭비일 뿐이다. 브라만교가 그다지 영향력을 행사하지 못하는 내

고향 까삘라왓투로 가면 어떨까? 여기 마가다 국에 머무르는 것보다는 더 많은 사람들을 도울 수 있을지도 모른다.'

가장 먼저 법을 펼칠 곳을 정하기 위해 고심하던 붓다의 뇌리에 문득 알라라 깔라마와 웃다까 라마뿟따가 떠올랐다. 선정수행을 배울 때 스승이었던 그들은 떠나는 붓다에게 '무언가 새로운 것을 발견하게 되면 돌아와서 자신을 가르쳐 달라.'고 간곡하게 당부했었다. 두 선인을 교화하는 것으로부터 진리를 전해야겠다고 마음먹은 붓다는 천안(天眼)으로 두 옛 스승을 살폈다. 그러나 안타깝게도 그들은 이미 고인이 되어 있었다. 알라라 깔라마는 일주일 전에, 웃다까 라마뿟따는 하루 전에 세상을 떠났던 것이다.

두 선인의 타계가 안타까웠지만, 붓다는 다른 대상을 찾아야 했다. 붓다는 다음으로 고행을 할 때 자신을 도와주었던 다섯 명의 수행자를 떠올렸다.

'그들은 고행수행을 하던 나에게 매우 큰 도움을 주었던 도반들이다. 그렇다. 그들부터 만나 내가 발견하고 성취한 것을 가르쳐 주어야겠다. 그들은 성실하고 지적인 수행자들이다. 그들이라면 분명히 내가 설하는 가르침을 이해하고, 제대로 받아들일 수 있을 것이다.'

붓다는 천안으로 그들이 우루웰라를 떠나 와라나시 인근 사슴동산에서 고행수행을 하고 있음을 확인한 후 그들을 찾아가기로 했다.

초전법륜

와라나시 가는 길은 멀고도 험난했다. 혹서기가 시작되면서 뜨거운 날들이 이어졌다. 발바닥으로 전해오는 열기가 편안한 걸음걸이를 방해했다. 중천에는 잠깐이라도 태양을 피해야만 했다. 붓다는 한낮의 불볕더위를 피해 시원한 나무 그늘을 찾아 들어갔다. 나무 그늘에 앉은 붓다는 조용히 선정에 들었다. 마침 그곳을 지나가던 한 벌거숭이 수행자가 나무 밑에 수려한 외양을 갖춘 수행자가 앉아 있는 것을 발견하고 다가왔다. 그는 아지위까(Ājīvika)라는 금욕을 중요시하는 나체 수행자 집단에 속한 우빠까(Upaka)라는 수행자였다. 그는 붓다를 자기와 같은 종교의 수행자로 생각했다. 가까이 다가선 뒤에야 그는 나무 밑에서 쉬고 있는 사람이 자기가 여태껏 보아온 다른 수행자들과 판이하게 다른 기운을 갖고 있다는 것을 직감했다. 그의 눈에 비친 낯선 수행자의 용모는 뚜렷하고 밝았으며, 맑고 깨끗한 피부, 평온하며 고요하게 가라앉은 표정, 거기다 말로 표현할 수 없는 신령한 기운을 뿜어내고 있었다. 우빠까가 말했다.

> "벗이여, 나는 우빠까라는 수행자입니다. 지나는 길에 보니, 당신의 감관은 매우 밝아 보입니다. 피부 색깔도 순수하고 환합니다. 벗이여, 당신은 어느 분에게로 출가하였습니까? 당신의 스승은 누구며 어떤 교의(담마)를 믿습니까?"

"나는 모든 것을 초월하였고, 모든 것을 아는 사람입니다. 나는 모든 것들 가운데 오직 순수하고, 모든 것을 버린 갈애의 소멸로 해탈하고 이 모든 것을 아는 나 자신이 누구를 스승으로 지목할 수 있겠습니까? 나는 스승이 없고, 나와 같은 사람은 지상에도 천상에도 존재하지 않습니다. 모든 신들을 포함해서 나의 상대자가 될 사람은 아무도 없습니다. 나는 세상에서 완성된 사람이고, 가장 지고한 스승이며, 나 혼자만이 완전하게 깨달았으며, 탐진치의 불길을 소멸시켰습니다. 나는 내가 이룬 담마(법)의 바퀴[법륜]를 굴리기 위해 까시(Kāsi)의 성으로 가고 있는 중입니다. 눈이 먼 이 세상에서 나는 불사(不死)의 북을 두드릴 것입니다."

"벗이여, 당신이 자처하는 바에 따르면 당신이야말로 보편적인 승자이겠군요."

"그렇습니다. 승자는 번뇌를 부수고 이긴 나와 같은 사람입니다. 이런 사람들이야말로 모든 악한 상태를 격파한 진정한 승리자입니다. 나는 일체의 악한 상태를 정복했습니다. 우빠까여, 그래서 나는 승자입니다."

자유나 안심은 지고의 존재 브라흐마, 아니면 뛰어난 스승, 전통의 틀 속에서나 찾아질 수 있다는 인습에 젖어 있던 나체 수행자 우빠까로서는 붓다가 무슨 말을 하고 있는 건지 도무지 이해할 수 없었다.

"그런가요? 그럴 수도 있겠지요!"

우빠까는 고개를 갸웃거리며 가던 길을 서둘러 떠났다. 그의 말투와 표정에는 빈정거림이 깃들어 있었다.

붓다가 가야 할 와라나시까지의 거리는 6백 리가 넘는 머나 먼 길이었다. 붓다는 11일 동안의 긴 여정 끝에 와라나시에 도착할 수 있었다. 우루웰라에서 함께 했던 다섯 명의 고행 도반은 와라나시에서 30리 정도 떨어진 곳에 위치한 이시빠따나(Isipatana, 선인들이 모여 사는 곳)의 사슴동산(녹야원)에서 수행하고 있었다. 붓다는 천천히 발걸음을 수행자들의 은둔처 사슴동산으로 향했다. 사슴동산이 있는 이시빠따나(사르나트, Sarnath)는 적당한 크기의 나무와 덤불로 덮여 수행자들뿐만 아니라 사슴과 같은 유순한 동물들까지도 마음 놓고 뛰어놀 수 있는 평화로운 곳이었다. 이곳은 수행자들이 거처하는 곳이어서 오락이나, 먹을거리를 얻기 위해 사냥하는 사람들은 접근할 수 없었다. 따라서 인간과 동물이 서로를 두려워하지 않고 함께 살 수 있는 신성한 장소였다. 그래서 이곳에는 수행의 고수들이 각지에서 모여들어 정진하는 곳이기도 했다.

옛 고행 도반들을 찾아나서는 붓다의 표정은 자비롭고 당당했다. 걸음걸이에도 성자만이 갖는 위엄이 갖춰져 있었다. 그러나 첫 설법을 할 생각에 그의 온화한 표정 한편으로는 약간의 설렘과 긴장도 섞여 있었다. 그의 눈은 사자의 눈 같았고, 걸음걸이는 편안하고 조용한 소의 그것이었다.

이윽고 이시빠따나에 도착한 붓다는 다섯 도반들이 정진하고 있는 곳을 향해 발걸음을 옮겼다. 우루웰라에서 함께 수행했던 이들은 여전히 육체적 고행을 계속하고 있었다. 그때 다섯 고행자들 가운데 한 사람이 저만치에서 당당한 모습으로 다가오는 붓다를 발견했다.

"아니, 저기 타락한 겁쟁이 고따마 싯다르타가 이리로 오고
있네!"

자신들에게 다가오는 사문이 싯다르타임을 알아챈 그가 동료들을 향
해 외쳤다.

"그렇군. 그는 잘 먹고 편안하게 살려고 고행을 포기했던 자가
아닌가. 힘들다고 그렇게 흔들리고 말다니. 우리 모두 그에게
절을 하거나, 그를 위해 일어서거나, 그의 바리때와 겉 가사를
받아주지 말자. 그래도 그가 고귀한 가문의 태생이고, 또 먼
길을 왔으니, 앉을 자리 정도는 마련해줄 수 있겠지."

그러나 붓다가 가까이 다가올수록 그들에게 무엇인가 이상한 느낌이
들기 시작했다. 그들은 싯다르타가 무엇인가 이전과는 완전히 달라
져 있다는 것을 본능적으로 감지하기 시작했다. 그들은 점점 뚜렷해
지는 붓다의 풍모에서 평온과 고요함이 한껏 발산되고 있는 것에 어
리둥절해졌다. 고결한 풍모에서 느껴지는 평정, 당당함에서 배어나
오는 의연함에 누구랄 것 없이 두 눈이 휘둥그레졌다. 지금 그들의 눈
앞에 가까워지고 있는 사람은, 그들이 실망어린 비난을 퍼부으면서
우루웰라에 남겨두고 온 타락한 고행자의 모습이 아니었던 것이다.
　그러나 그들은 고따마 붓다가 이루어낸 것이 무엇인지 짐작할
수 없었다. 다만 느낌으로 그가 이미 전혀 다른 인간으로 변했다는 것
을 알 수 있을 뿐이었다. 그들은 어떤 식의 인사도 하지 말자고 했던
방금 전의 다짐조차 까맣게 잊어버렸다. 그들은 더 이상 그대로 앉아

있을 수가 없었다.

누가 시키지도 않았지만 한 사람은 다가가 붓다의 바리때와 가사를 받아들었고, 한 사람은 서둘러 앉을 자리를 마련했다. 또 한 사람은 발 씻을 물을 가지러 갔다. 그들 스스로도 자신들이 왜 이렇게 마음에도 없는 행동을 하고 있는지 의아할 정도였다. 그들의 가슴속에는 점점 옛 도반에 대한 알 수 없는 존경심이 불길처럼 솟아올랐다. 그렇지만 그들은 여전히 붓다를 고타마 또는 벗이라고 불렀다.

붓다는 재회한 도반들의 안내로 사르나트의 한 장소에서 머물렀다. 먼길을 걸어오면서 쌓인 피로를 회복하기 위해 일정한 휴식이 필요했다. 사르나트에 도착한 지 3일째 되던 날 저녁, 붓다는 옛 도반들이 마련해준 자리에 앉았다. 그 자리는 첫 설법을 펼치기에 충분한 조건을 갖추고 있었다. 붓다가 자리에 앉자 다섯 도반들도 예를 갖추고 자리에 앉았다. 그들 가운데 한 수행자가 조심스럽게 말문을 열었다.

"벗이여, 그대는 준엄한 고행을 버리고 풍족하고 편안한 생활로 되돌아가지 않았는가? 그럼에도 지금 그대의 모습은 엄격한 고행자, 혹은 멋대로 방종하며 사는 자들과는 전혀 다르게 보이고 있네. 참으로 알 수 없는 일이네. 그런 부류들과 그대를 다르게 보이게 하는 그것은 무엇인가?"

붓다는 미소를 지었다.

"벗들이여, 나는 편안하고 풍족한 생활로 돌아갔던 게 아니라네. 정진을 포기하지도, 그렇다고 방종하지도 않았네. 나는 내 스스로의 노력과 정진으로 깨달음과 해탈을 이루었네. 그런데 벗들이여, 앞으로는 나를 벗이라거나 고따마라는 이름으로 부르지 말게. 나는 완성된 사람, 완전히 깨달은 붓다가 되었네. 불사(不死)를 성취했으며, 그대들에게 내가 깨달은 진리(담마)를 가르쳐주러 이곳에 왔다네. 벗들이여. 그대들이 내가 지도한 대로 따라 실천하면 머지않아, 바로 금생에, 스스로의 지혜의 힘으로 지금 여기에서 그대들 스스로 실현함으로써 그대들도 곧 성스러운 삶의 궁극적 목표에 들어가 머물게 될 것이네. 자, 내 말을 잘 들어 보겠는가!"

붓다의 확신에 찬 권유에도 불구하고 그들은 굳게 닫은 귀를 쉽게 열려고 하지 않았다. 그들은 여전히 회의적이었다. 그들은 이렇게 반박했다.

"벗, 고따마여. 그대가 실천했던 금욕의 행동과 실천, 수행으로도 그대는 어떤 초인적인 경지나, 성인들에게 합당한 탁월한 지혜와 예지력을 성취하지 못했네. 정진을 포기하고 사치로 돌아가서, 사치스럽게 살고 있는 그대가 어떻게 그런 초인적인 상태나 성인들에게 합당한 탁월한 지혜와 예지력을 성취할 수 있다는 말인가? 우리는 도저히 그대의 말을 믿을 수가 없네."

붓다는 다섯 수행들에 대한 자비심으로 거듭 말했다.

"벗들이여, 나는 사치스럽게 살거나 정진을 포기하고 사치로 돌아가지도 않았네. 벗들이여. 나는 가장 이상적인 수행과 정진으로 해탈을 성취했으며 다시는 죽지 않는 경지를 이루어 냈다네. 내가 그대들을 지도하면 그대들도 성스러운 삶의 궁극적 목표를 이룰 수 있을 것이네."

그들은 똑같은 질문을 세 번이나 연달아 물었고, 붓다의 대답 역시 한결같았다. 좀처럼 이들이 귀를 열지 않자 붓다가 간곡한 마음을 담아 말했다.

"잘 생각해 보게나. 그대들과 나는 서로 모르는 사이가 아니네. 우리는 6년 동안 함께 지냈고, 내가 극단적인 고행을 하고 있을 때 그대들은 곁에서 나를 시중들었네. 그대들은 내 얼굴 빛이 지금과 같이 빛나는 것을 전에 본 적이 있는가? 내가 이전에 그대들에게 이렇게 간절히 말하는 것을 들어본 적이 있는가?"

다섯 고행자들은 그때서야 뭔가 그들이 잘못하고 있다는 것을 느끼기 시작했다. 그들은 당시에는 고따마(붓다)가 높은 지혜를 얻지 못했기 때문에 이와 같은 확신에 찬 말을 한 적이 없었음을 깨닫게 되었다. 그러자 차츰 그들에게 고따마가 위없는 지혜를 얻어 이렇게 자신 있게 말하고 있을지도 모른다는 생각이 들기 시작했다. 누가 시킨 것도 아닌데 그들은 공손한 태도로 대답했다.

"아닙니다. 존귀한 분이시여. 우리들은 전에 당신께서 이렇게 말씀하신 것을 듣지 못했습니다."

그들은 자신도 모르게 붓다에 대한 호칭을 '존귀한 분'으로 바꾸어 부르기 시작했다. 시나브로 붓다를 윗사람으로 공경하겠다는 표현이었다. 붓다 역시 이때부터 옛 도반들을 비구(걸식 수행자)로 호칭했다. 사르나트에 와서도 여전히 자신을 학대하는 고행을 벗어나지 못하는 이들을 위해 붓다는 먼저 이들의 고행에 관한 망상부터 지워낼 필요가 있다고 생각했다. 따라서 그는 자신이 이룬 해탈 이야기를 꺼내기 전에 먼저 중도(中道)에 대해 이야기해야겠다고 생각했다. 태양이 막 서쪽으로 넘어가고 동쪽에서 달이 솟아오를 무렵, 다섯 고행자에게 최초의 법이 설해지기 시작했다.

"비구들이여, 잘 듣게나. 출가수행자가 피해야 할 두 가지 극단이 있다네. 방종에 찬 생활이 한 극단이네. 그것은 실로 저속하고, 천박하며, 부끄러운 삶이지. 욕망의 대상인 감각 대상을 좋아하는 것은 감각적 쾌락을 추구하는 것이고, 그 쾌락을 만들기 위해 애쓰고 또 이것을 즐기는 것이네. 이 극단은 수준이 낮고 저속한 것이고, 범부들이 탐닉하는 통속적이고 세속적인 것이네. 청정하지 못하고 고귀하지 못하여 성자들이 추구하지 않는 길이네. 이와 마찬가지로 자기 자신에게 고통을 가하는 것 또한 또 다른 극단이네. 이것은 일종의 자기학대일 뿐 무익한 것이네. 고통스럽고, 비천하며, 무용한 것이네. 이 또한 성자들이 추구하지 않는 것이네. 나는 이 두 극단을 버림으로써 올바른 지견과 지혜로 이끌며, 평정과 깨달음, 그리고 해탈로 이끄는 성스러운 진리, 중도를 발견했다네. 이로써 눈(지견)이 생기고 지혜가 생겼으며, 이것이 고요함(번뇌의 소멸)으로 인도하고 더 높은 지혜와 고통의 끝인 열반으로 인도하였네."

다섯 비구는 귀를 쫑긋 세우고 붓다의 설법에 집중하기 시작했다. 붓다의 설법이 이어졌다.

"비구들이여, 생존은 둑카(dukkha), 즉 괴로움이라는 진리라네. 이것을 괴로움[苦]에 대한 성스러운 진리라고 하는 것이네. 나는 이것을 알아내었네. 태어남도 고통이고, 늙는 것도 고통이며, 병드는 것과 죽는 것도 고통이고, 슬픔과 비탄, 고통과 근심, 절망도 고통이네. 사랑하지 않는 것과 만나게 되는 것도 고통이고, 사랑하는 것과 헤어지게 되는 것도 고통이며, 원하는 것을 얻지 못하는 것도 고통이고, 육체와 느낌, 지각, 성향, 의식이 나라고 집착하는 것이 모두 고통이네. 그런데 이 괴로움이 일어나는 데는 반드시 원인이 있다네. 이것을 고통의 원인에 대한 성스러운 진리라고 하는 것이지. 나는 이것을 알아내었네. 괴로움의 원인은 갈애(渴愛)이고, 갈애는 열망과 환희를 수반하고 여기저기 즐기고 만족할 대상을 찾아 헤매는 것이네. 이것이 태어남의 원인이 된다네. 벗들이여. 그렇다고 인생이 절망적인 것은 아니네. 원인을 제거함으로써 고통은 사라지기 때문이네. 이것이 고통을 극복하는 성스러운 진리라네. 나는 이것을 알아내었지. 갈애를 내려놓아 남김없이 소멸하면 갈애로부터 벗어날 수 있다네. 이것이 곧 해탈이요, 평안이요, 인간의 월등한 경지, 즉 열반이라고 하는 것이네."

다섯 비구들은 부지불식간 숨소리도 멎은 듯 무섭게 집중하고 있었다. 붓다의 설법이 계속 이어졌다.

"그렇다면 비구들이여, 갈애를 소멸하는 방법은 무엇인가? 실로 이것이 괴로움을 극복하는 성스러운 진리라는 것이네. 나는 이것을 알아내었다네. 그것은 도덕, 명상, 지혜로 구성된 여덟 가지 실천이지. 곧 바른 견해[正見], 바른 생각[正思惟], 바른 말[正語], 바른 행동[正業], 바른 의식주[正命], 바른 노력[正精進], 바른 기억[正念], 바른 집중[正定]의 여덟 가지 바른 길[八正道]이라네."

처음 들어보는 붓다의 이야기에 다섯 비구들은 흥미를 느끼는 듯 집중을 흩트리지 않았다. 붓다의 말이 이어졌다.

"비구들이여, 예전에 들어보지 못한 고통을 앎으로써 비로소 나에게 눈이 생겨나고, 지혜가 생겨나고, 광명이 생겨났다네. 예전에 들어보지 못한 고통의 원인을 앎으로써 비로소 나에게 눈이 생겨나고, 지혜가 생겨나고, 광명이 생겨났다네. 예전에 들어보지 못한 고통의 소멸을 앎으로써 비로소 나에게 눈이 생겨나고 지혜가 생겨나고 광명이 생겨났다네. 예전에 들어보지 못한 고통의 소멸에 이르는 길을 앎으로써 비로소 나에게 눈이 생겨나고 지혜가 생겨나고 광명이 생겨났다네."

붓다의 설법은 계속 이어졌고, 다섯 비구들은 점점 더 이전에는 들어보지 못했던 위대한 설법 속으로 빠져들고 있었다.

"온 세상은 고통에 포위되어 있다네. 고통은 갈애 때문에 생겨난 것이고. 그러므로 갈애를 극복하면 지고의 평화를 성취할 수 있다네. 비구들이여, 이와 같이 네 가지 성스러운 진리에 대한 나의 앎과 봄이 세 번 굴려서 열두 가지 형태로 있는 그대로 청정해졌기 때문에, 나는 신들과 악마들의 세계에서, 성직자들과 수행자들, 그리고 왕들과 백성들과 그 후예들의 세계에서 위없이 바르고 원만한 깨달음을 바르게 깨달았다고 선언했다네. 이제 나는 흔들림 없는 마음에 의한 해탈을 이루었다네. 이것이 최후의 태어남이며, 이제 다시 태어남이 없는 앎과 봄이 생겼다네."

붓다는 자신이 깨달은 진리는 철저하게 점검하고 검증한 진리라는 점을 다섯 도반에게 강조했다.

"'이것이 괴로움의 거룩한 진리이다.(Idaṃ dukkhaṃ ariyasaccanti)', '이 괴로움의 거룩한 진리는 상세히 알려져야 한다. (dukkhaṃ ariyasaccaṃ pariññeyyanti)', '이 괴로움의 거룩한 진리가 상세히 알려졌다. (dukkhaṃ ariyasaccaṃ pariññātanti)'라고 세 번

을 굴려 점검한 것[삼전 십이행상(tiparivaṭṭaṃ dvādasākāraṃ)]이
다."

붓다는 이렇게 사성제에 대하여 세 번씩 굴려서 열두 가지 형태로 완
전하게 알게 되었을 때 깨달음을 선언했다. 고행이라는 극단에 치우
친 삶을 살았던 다섯 비구들은 점점 붓다의 말에 빠져들었다.

"비구들이여, 세계와 해탈로 이끄는 길을 이해하기 위해서, 그
대들은 두 가지 잘못된 견해에 대한 집착을 버려야 하네. 영원
불멸의 사상이 그 하나요, 또 다른 하나는 절멸, 즉 허무주의
라네. 불멸하는 자아 혹은 영혼의 존재를 믿는 사람들은 육체
의 속박으로부터 영혼이 해방되기를 기대하며 극단적인 육체
적 고행을 닦는다네. 그리고 또 다른 극단, 즉 죽음에 이르러
인간은 완전히 소멸되어 버릴 뿐이라고 믿는 사람들은 향락
과 방종에 찬 생활을 추구한다네. 비구들이여, 나는 이 세계에
관한 두 극단적인 견해를 피하여 제대로 세계를 조망할 수 있
는 방법, 즉 중도를 발견한 것이네. 나는 이것을 '조건에 의지
해서 일어남', 즉 연기(緣起)라고 부르기로 했네. 이 의존하여
발생하는 원리야말로 세계의 본질이네. 심오하여 보기 어려
우며 이해하기 어렵고, 절묘하게 이성적 사고를 초월하며, 탁
월하여 오직 지혜로운 자만이 알 수 있다네."
"존귀한 분이시여, 조건에 의지해 일어남! 연기! 의존적 발생
이란 무엇을 말하는 것입니까? 저희들은 원리는 고사하고 그
런 단어조차 들어본 적이 없습니다."

"비구들이여, 내 그대들을 위해 설명하겠네. 신중하게 들어야 하네!"

붓다가 연기에 대한 설명을 시작했다.

"우리가 경험하는 모든 사물은 다양한 조건에 의지하여 발생되는 것이네. 새싹은 종자의 번식력과 유효한 습기, 흙의 정기에 의존하여 발생한다네. 종자에서 움이 텄을 때, 우리는 새싹을 발생시킨 배경을 살펴보고, 이러이러한 조건들이 싹을 트게 했다고 말하지. 만약 싹이 나오지 않을 때는 이러이러한 조건이 결핍되었으며, 따라서 싹이 트지 않은 거라고 단정한다네. 이것이 바로 의존적 발생의 원리, 곧 연기의 법칙이라네. 이것이 존재함으로써 저것이 생겨난다, 이것이 발생함으로써 저것이 발생한다, 이것이 소멸함으로써 저것이 소멸된다, 이것이 바로 사물의 본성이며, 그들이 생성되는 방식이라네. 나는 이와 같은 지혜를 '발생에 관한 지혜'라고 말한다네."

붓다가 설명하는 조건에 의지하여 발생하는 원리를 가장 먼저 정확하게 이해한 사람은 앗사지였다. 그에게 현상의 본질을 꿰뚫어 보는 통찰력, 즉 법안(法眼)이 열렸다. 이어서 다른 고행자들도 차례로 똑같은 통찰력을 갖추게 되었다. 그러자 다섯 고행자들은 붓다의 앞에 무릎을 꿇고 말했다.

"존귀하신 분이여, 저희들을 제자로 받아주십시오."

"오라!"

붓다는 '오라!'라는 말로 그들의 요청을 허락했다. 최초의 다섯 제자, 5비구(五比丘)가 탄생하는 순간이었다. 이렇게 붓다의 설법을 듣고 제자가 되었지만 그들에게는 아직도 큰 의문이 남아 있었다. 앗사지가 물었다.

> "스승이시여, 만약 모든 것이 조건에 의지해서 발생한다면 우리는 어떻게 해서 해탈을 성취할 수 있습니까?"

누가 시키지도 않았지만, 붓다를 스승으로 모신 다섯 수행자들은 정중한 예를 갖추고 스승을 대했다. 붓다 또한 다섯 비구들을 제자로 받아들여 좀 더 엄격하고 단호하게 가르침을 내려주기 시작했다.

> "비구들이여, 잘 들으라. 내가 말하는 조건에 의지해서 발생하는 원리는, 단지 눈에 보이는 물질적 세계에 한정되는 것이 아니라 인간의 성향까지도 포함하는 것이다. 인간의 성향, 즉 개성 또한 조건에 의지해서 일어난다. 그렇다고 성향이 전적으로 수동적이라는 의미가 아니다. 적극성을 띠고 창조적이기도 하다. 꼬살라 왕국의 호화로움을 보라. 꼬살라 왕이 누리는 쾌락과 궁전, 후궁, 연못과 단장한 우물 따위와 환락을 위한 시설을 보라. 그 모든 것들이 바로 인간이 가진 성향의 소산이다. 이러한 인간의 성향 또한 끝없는 탐욕과 괴로움, 좌절의 원인이다. 제자들이여, 그러나 이와 같은 성향이 완전히 평정

된 것, 모든 집착이 끊어진 것, 탐욕이 없어지고, 갈애가 사라진 것, 이것이 바로 해탈의 경지이다. 그 자리는 범부의 눈으로는 이해할 수 없는 것이다."

"그러나 스승이시여, 그 해탈이란 제한된 것이며 불완전한 것이 아닙니까?"

이번에는 꼰단냐가 물었다.

"그렇다. 그대의 말이 옳다."

붓다가 대답했다. 그러나 좀 더 자세하게 설명을 해야겠다고 판단하고 설명을 이어나갔다.

"이 세상에 살아 있는 인간으로서 인간이 획득할 수 있는 유일한 해탈은 탐욕과 증오, 미혹으로부터의 자유밖에는 없다. 목숨이 붙어 살아 있는 동안, 인간이 획득할 수 있는 더 이상의 해탈은 있을 수 없다. 그는 늙음으로부터 자유로울 수 없으며, 쇠약해지고 병드는 것, 그리고 죽음으로부터 달아날 수 없다. 다만 그가 탐욕과 증오와 미혹으로부터 자유로울 때, 공포나 좌절, 그리고 괴로움 없이 살 수 있다. 이것이 바로 인간이 육체를 가지고 존속하는 동안 획득할 수 있는 최상의 자유다. 이것이 눈, 귀, 코, 혀, 피부, 그리고 두뇌의 기능이 파괴되지 않고 성취할 수 있는 자유다. 그러나 이 몸과 마음을 가지고 더 이상의 것, 절대적으로 완전한 자유를 갈망하는 것은 부질없는 망상일 뿐이다. 이는 영원불멸의 생명을 갖고, 변화 속에서도 영혼을 영속시키려는 어리석은 것이다. 즉 영원한 생명, 절대적 영혼에 대한 동경이요, 갈망이다. 그러나 끝없는 인과의 고리인 이 우주 안에서 제 스스로 자신의 존재 이유가 되고, 결과가 되는 절대적인 존재란 없다. 갈애가 사라짐으로써 미움과 미혹도 없으며, 나에게 이제 존재에 대한 집착은 없다. 존재에 집착하지 않으므로 생명에 연연하지 않으며, 생명에 매달리지 않으므로 이생이 끝난 다음 나는 다시 태어나지 않는다. 이 덧없는 육체가 부서지고 나면 다시는 어떤 몸도 갖지 않을 것이다. 다시 태어나지 않으므로 병들고, 시들어 죽는 일도 없을 것이다. 윤회는 끝났다. 이것이 바로 죽음이 없는 무사(無死)의 경지요, 영원히 죽지 않는 불사(不死)의 경지가 아닌가? 이것이 바로 불멸이며, 완전한 해탈이다."

앗사지는 붓다가 설파하는 새로운 교의에 깊은 감명을 받았다. 조건에 의지해 발생하고 소멸하는 원리, 즉 연기는 그가 어디서도 듣지 못했던 새로운 가르침이었다. 그는 오랫동안 붓다의 가르침과 세계의 본성에 관해 숙고했다.

무아(無我)란 무엇인가

다섯 명의 제자들이 연기의 의미를 이해하고, 법안이 열렸다고는 해도 아직 궁극의 경지인 완전한 해탈에 이른 것은 아니었다. 오랜 세월 동안 그들이 의식하지 않는 사이에 마음속에 찌들어 깊숙이 배어 있는 영원한 자아(自我, 아트만)에 대한 믿음까지 쉽게 지울 수가 없었던 것이다. 영혼에 관한 믿음은 이미 지난 수 세기 동안 잠부디빠의 종교와 철학 전통 속에서 당연한 것으로 지켜져 왔고, 모든 사람들이 자연스럽게 수용하는 것이었다. 따라서 첫 번째 설법에 이어 붓다는 자아의 비실체성, 즉 무아(無我)에 대한 설법을 시작했다.

"나의 제자들이여, 이 육체는 스스로 존재하는 자아가 아니다. 만약 그것이 자아라면 병들지 않아도 될 것이며, '이렇게 되라.' 혹은 '그렇게 되지 말라.'라고 할 수 있어야 한다. 그러나 육체는 조건에 의지해서 생성되고 소멸되는 것이므로 늙고 병들 수밖에 없으며, '이렇게 되라.' 또는 '그렇게 되지 말라.'고 할 수 없는 것이다. 따라서 조건 없이 스스로 이루어진 것도 아니며, 자율성이 없는 이 육체는 자아가 아니다. 우리들의 감각[受], 인식[想], 성향[行], 그리고 의식(識) 또한 그와 같은 것이다. 어떤가? 비구들이여. 이 육체는 유한한가? 혹은 무한한가?"

"일시적인 것입니다. 스승이시여."

고행자들이 한목소리로 대답했다. 그들은 지금 무아(無我)의 진리를 설파하고 있는 사람이 한동안 자신들과 함께 고행했던 과거의 수행 동료 싯다르타가 아니라는 것을 확연하게 깨달았다. 그들은 싯다르타가 위대한 스승이라는 사실을 인정하지 않을 수 없었다. 붓다도 제자들의 달라진 어투를 들으며, 그들의 마음속에 굳게 똬리 틀고 있던 아만(我慢)이 극복되었다는 사실을 알았다. 스승과 제자의 문답은 계속 이어졌다.

"그렇다면 이 무상한 육체는 괴로움(dukkha, 둑카)의 근원인가? 아니면 행복(sukkha, 쑤카)의 근원인가?"

"육체는 괴로움의 원천입니다."

"그렇다면 일시적이고, 변하지 않으면 안 되며, 괴로움의 원천인 것을 내 것이라거나, 나의 영원한 자아, 나의 영혼이라고 여기는 것이 온당한가?"

"실로 그렇지 않습니다. 스승이시여."

"제자들이여, 느낌, 지각, 성향, 의식은 무상한가?"

"그렇습니다."

"무상이라면 그것은 괴로움인가, 행복인가?"

"괴로움입니다."

"그렇다면 무상이고, 괴로움이고, 수시로 변하는 것이라면 이를 나, 내 것, 자아라고 볼 수 있겠는가?"

"그렇게 볼 수 없습니다."

"그렇다. 제자들이여, 그러므로 '육체는 내가 아니다. 내 것이 아니다. 내 자아가 아니다.'라고 바르게 통찰해야 한다. 육체와 마찬가지로, 느낌이 어떻건, 지각이 어떻건, 성향이 어떻건, 의식이 어떻건, 이것은 내가 아니며, 내 것이 아니며, 내 자아가 아니라고 바르게 통찰해야 한다. 다시 묻겠다. 육체는 영원한가, 무상한가?"

"무상합니다. 스승이시여."

"그렇다면 무상한 육체는 괴로움의 근원인가? 행복의 근원인가?"

"괴로움의 근원입니다."

"그렇다면 무상하고, 수시로 변하고, 괴로움의 근원인 것을 내 것이라거나, 영원한 자아, 영혼이라고 생각하는 것은 바른 것인가?"

"그렇지 않습니다. 스승이시여!"

"제자들이여, 만약 그대들이 참으로 이것을 이해했다면, 육체와 감각과 인식과 성향과 의식의 다섯 무더기를 내 자아라고 집착해서는 안 된다. 영원불멸한 자아가 있다고 생각해왔던 것은 상상의 그림자일 뿐이다. 그것은 착각이며, 번갯불이며, 꿈이며, 마치 한 번도 본 적이 없는 여인에게 반한 바람둥이와 같은 것이다."

붓다의 설법을 듣고 그들은 기쁨으로 충만했다. 일체의 집착이 사라졌다. 붓다의 충격적인 가르침에 의해 비로소 무기력한 잠에서 깨어난 것이다. 이와 같이 날마다 밤마다 붓다는 자신이 성취하고 정리한 체계를 거듭하여 강론하였다. 두 명의 비구에게 설명할 때는 다른 셋이 탁발해온 음식으로 허기를 채웠고, 또 세 명의 비구를 가르치고 있을 때는 두 사람의 비구가 탁발해온 음식으로 여섯 명이 허기를 채웠다.

삼보가 출현하다

다섯 수행자들은 붓다의 설명을 되뇌어 새기며 열성을 다해 정진했다. 이들의 가슴은 차츰 벅차오르기 시작했다. 가장 먼저 꼰단냐에게 티끌 없는 담마(진리)의 통찰력이 생겼다. 그는 무엇이든 생긴 것은 소멸한다는 진리를 깊이 이해했다. 꼰단냐는 자신이 이해한 붓다의 가르침을 마음속으로 정리했다.

"위대한 법미(法味, 진리의 묘미)가 있는 이 가르침을 듣고 나는 더욱 더 붓다의 가르침에 청정한 믿음을 내게 되었다. 완전하게, 집착 없이 사라지는 것이야말로 참 가르침으로서 교시된 것이다. 이 땅의 원륜 위에는 많은 그림들이 있는데, 생각해보면 그것들은 탐욕을 수반하고 청정한 사유를 교란시킨다. 바람 불어 날아오른 티끌이 구름에 의해서 지멸(止滅) 되듯이, 지혜의 눈으로 본다면 그때 사유가 지멸한다. '일체의 형성된 것은 무상하다.'라는 지혜로 본다면 괴로움에서 벗어나는 것이니 이것이 청정한 길이다. '일체의 형성된 것은 괴롭다.'라는 지혜로 본다면 그때 괴로움에서 벗어나는 것이니 이것이 청정의 길이다. '일체의 사실은 실체가 없다.'라는 지혜로써 볼 때에 괴로움에서 벗어난다. 이것이 청정의 길이다. 나의 출리는 예리하였으니 깨달은 분을 좇아 깨달은 장로, 나는 태어남과 죽음을 끊고 청정한 삶의 완성자가 되었다. 거센 흐름과 올가미가 있고 부수기 어려운 바위산과 같은 완고한 황무지가 있다. 올가미를 끊어버리고 부수기 어려운 바위산과 황무지를 부수고 끈단냐, 나는 그것들을 건너 피안에 도달하여 마침내 악마의 속박에서 벗어났다. 우쭐하고 동요하기 쉽고 악한 벗을 가까이 하는 수행승은 파도에 휩쓸려 거센 흐름에 가라앉는다. 우쭐하지 않고 동요하지 않고 감관을 수호하고 선한 벗을 가까이 하는 슬기로운 님이 괴로움을 종식시키는 자다. 사지는 깔라 나무의 결절과 같고 수척하여 혈관이 보이고 먹고 마시는 것에 분량을 아는 님은 비천하지 않은 정신을 갖고 있다. 한적한 숲, 울창한 총림 속에서 등에나 모기에 괴롭힘을 당해도 전장의 전열에 선 코끼리처럼 알아차림을 확립하고 견뎌내리라. 죽음을 기뻐하지 않고 삶을 환희하지도 않는다. 일꾼이 급여를 기다리듯, 단지 나는 때를 기다린다. 올바로 알아차리고 알아차림을 확립하여 단지 나는 때를 기다린다. 위대한 스승을 섬기어서 나에게 깨달은 님의 교법이 실현되었으니, 무거운 짐은 내려놓았고 존재의 통로는 제거되었다. 집에서 집 없는 곳으로 출가한 의취(意趣, 가르침을 설하는 의도)가 있었는데, 그 의취를 나는 성취했으니 숲속의 삶이 더할 나위 없음이랴."

이 순간 붓다의 표정이 한없이 밝아졌다. 자신에게 가르침을 배운 제자가 자신이 이뤄낸 경지에 도달한 순간이었으니 그 환희로움과 벅참은 비교할 데가 없었다.

"아, 꼰단냐는 참으로 알아들었다! 꼰단냐는 참으로 깨달았
다!"

붓다는 기쁨의 탄성을 내뱉었다. 대각을 이룬 후 설법을 할지 말지 망
설였던 순간이 떠올랐다. 설법을 결심하고 실제로 진리를 설한 후, 첫
아라한이 탄생하는 순간의 기쁨과 안도는 형언할 수 없는 것이었다.
이후 꼰단냐는 깨달은 꼰단냐라는 뜻으로 안나 꼰단냐로 불렸다.

　　안나 꼰단냐의 뒤를 이어 사흘 후 왑빠와 밧디야가 티끌 없는 담
마(붓다의 가르침)의 통찰력을 얻었다. 붓다가 아직 깨달음을 성취하지
못한 나머지 두 사람을 가르치는 동안, 담마를 이해한 세 수행자가 마
을로 나아가 음식을 얻어와 함께 공양했다. 일주일이 지나 마하나마
와 앗사지에게도 티끌 없는 담마의 통찰력이 생겼다. 그들은 붓다의
가르침에 큰 기쁨을 얻은 후 예의를 갖추어 청했다.

"세존이시여, 저희들은 당신께 출가하여 구족계를 받고 싶습
니다. 부디 허락해주십시오."

붓다가 말했다.

"오라, 비구들이여! 가르침은 잘 설해졌다. 이곳에서 청정한
행을 닦고 괴로움을 소멸하라."

이렇게 여섯 아라한이 생기면서 삼보(三寶)가 갖추어졌다. 붓다가 불
보(佛寶)가 되고, 이시빠따나에서 선포한 가르침이 법보(法寶)가 되

고, 다섯 비구가 승보(僧寶)가 되었다. 붓다가 와라나시에 온 지 7일째 되는 날이었다.

날라까, 성자의 길을 묻다

싯다르타가 태어났을 때, 장차 위대한 성자가 될 것이라는 예언을 했던 아시따 칼라데왈라의 조카인 날라까(Nālaka)는 삼촌이 유언처럼 남긴 "훗날 사끼야 족의 왕자가 세존이 되거든 반드시 찾아가 법을 묻고 청정한 삶을 살아가도록 하라."는 당부를 듣고 즉시 출가하여 유행자가 되었다. 날라까는 엄청난 부를 가지고 있었으나, 삼촌의 가르침을 받아들여 세속적인 부가 부질없는 것임을 깨닫고, 모든 것을 버리고 출가를 감행한 후 히말라야의 한 기슭에서 수행을 하고 있었다. 날라까는 유익한 생각을 지니고, 최상의 청정한 삶을 보는 이가 출현하면 그 가르침을 받아 지니겠다는 원력을 세워놓고, 온갖 공덕을 쌓으며 승리자(세존)를 기다리고 있었다. 또한 하루하루 감각능력을 수호하며 청정한 삶을 살아가고 있었다.

그에게 싯다르타가 대각을 이룬 후 붓다가 되어 와라나시의 녹야원에서 다섯 고행자를 상대로 진리의 수레바퀴를 굴렸다는 소문이 전해졌다. 그는 이 소문을 듣자마자 부리나케 와라나시로 달려갔다. 이시빠따나에 도착한 날라까는 곧바로 붓다에게 예경한 후 진리의 가르침을 전해줄 것을 요청했다.

"세존이시여, 저의 삼촌이신 아시따 칼라데왈라께서 세존께
서 탄생하실 때, 세존의 모습을 살핀 후 제게 당부했던 말씀을

듣고, 저는 세존의 출현을 기다리며 히말라야에서 홀로 정진하고 있었습니다. 그렇게 오랜 기간을 보내다가 얼마 전 세존께서 이곳에서 첫 설법을 펼치셨다는 소문을 듣게 되었고, 오늘 이렇게 한걸음에 달려왔습니다. 저는 집 없는 삶을 찾아 탁발의 삶을 추구해왔습니다. 모든 현상의 피안에 도달하신 세존께 여쭙겠습니다. 부디 성자들의 최상의 삶에 대하여 말씀해주시기를 간청드립니다."

"그렇습니까? 그렇다면 그대에게 성자들의 삶에 관해 알려드리겠습니다. 성자들의 삶은 성취하기도 어렵고 실천하기도 힘듭니다. 그러므로 내가 알려주는 것을 굳건히 하여 단단하게 지켜야 할 것입니다."

"그렇게 하겠습니다. 세존이시여. 부디 가르침을 설해주십시오."

"성자는 마땅히 마을에서 욕을 먹든지 절을 받든지 한결같은 태도로 대하여야 합니다. 정신의 혼란을 수습하여 고요히 하고, 교만을 떨쳐버리고 유행해야 합니다. 가령 숲속에 있더라도 불의 화염 같은 높고 낮은 것들이 나타납니다. 숲속으로 놀러오거나 땔감을 구하러 온 아낙네가 수행자를 유혹할 수도 있습니다. 아낙네로 하여금 유혹하는 마음을 내지 않도록 처신해야 합니다. 성적 교섭에서 떠나 온갖 감각적 쾌락의 욕망을 버리고, 동물이든 식물이든 모든 생명 있는 것에 대해 적대하지 말고, 애착하지도 말아야 합니다."

자신의 탄생 당시를 지켜보았던 유행자였기에 그런 것인지, 가르치는 붓다의 표정과 목청은 매우 진지하고 엄숙했다. 붓다의 가르침을 하나도 놓치지 않으려는 듯 날라까의 눈빛도 가르침이 진행될수록 반짝였다. 붓다의 설법이 계속됐다.

"수행자는 배를 가득 채우지 않아야 합니다. 음식을 절제하고, 욕심을 적게 하고 탐내지 말아야 합니다. 욕망이 없어져 버리면 욕망 없는 것이 소멸됩니다. 성자의 삶을 사는 이는 탁발을 하고 나서, 나무 아래로 가까이 가서 자리를 잡고, 숲속의 빈터에 머무는 것이 좋습니다. 성실하게 선정에 전념하고, 숲속에서 즐기며, 스스로 만족해하며, 나무 아래서 선정을 닦아야 합니다. 밤이 지나 새벽이 밝아오면 마을 어귀로 가는 것이 좋습니다. 그러나 마을에서의 초대나 가져온 것을 너무 반겨서도 안 됩니다. 마을에 이르러 가정집에서 조급하게 행동해서는 안 됩니다. 음식을 얻고자 하는 이야기를 삼가고, 암시적인 말을 꺼내지 말아야 합니다. 손에 바리때를 들고 다닐 때, 사람들은 그를 두고 벙어리는 아니지만 벙어리같이 생각합니다. 시물이 적다고 꾸짖지 말고, 시주를 경멸하지도 말아야 합니다."

수행자들이 지켜야 할 최상의 삶에 대해 상세하게 설명한 붓다는 이어 성자가 되는 해탈의 길에 대해 설법했다.

"날라까여, 지금부터는 내가 성취한 해탈의 길에 대해 말하겠습니다. 혀를 입천장에 붙이고 면도날처럼 해야 합니다. 그러고 나서 배에 집중하여 자신을 다스려야 합니다. 마음이 침체되어서는 안 되고, 많은 것을 생각해서도 안 됩니다. 비린내가 없이, 집착이 없이, 청정한 삶을 궁극으로 삼아야 합니다. 홀로 앉아 명상을 닦고 수행자로서의 수행을 배워야 합니다. 홀로 있는 데서 기쁨을 찾아야 합니다. 홀로 있는 것이 해탈의 길이요, 성자가 살아가야 할 삶의 방식이기 때문입니다. 그렇게 하면 시방을 비추게 됩니다. 감각적 쾌락의 욕망을 버리고, 선정에 든 현자들로부터 찬탄의 소리를 들으면, 더욱 겸손해야 하고 믿음을 일으켜야 합니다. 작은 여울은 소리를 내며 흐르지만, 큰 강물은 소리 없이 흐릅니다. 빈 깡통이 요란하듯이 모자라는 것은 소리를 내지만, 가득 찬 것은 조용합니다. 어리석은 자는 반쯤 물을 채운 항아리 같고, 지혜로운 님은 가득 찬 연못과 같습니다. 수행자가 많은 말을 한다면, 그것은 상대적인 것으로 이익에 도움이 되는 것을 말하는 것입니다. 그런 사람은 스스로 느낀 가르침을 설하며, 스스로 느끼는 대로 많이 말하는 것입니다. 그러나 스스로 자제해서 스스로 말을 삼간다면, 그는 성자의 삶을 누릴 만하며, 성자의 삶을 성취한 것입니다."

붓다로부터 가르침을 듣고 다시 히말라야로 돌아간 날라까는 치열한 정진을 거듭한 끝에 머지않아 아라한과를 얻었다.

야사, 붓다를 만나다

그즈음, 야사(Yasa)라는 청년이 와라나시에 살고 있었다. 그는 와라나시의 부자 상인의 아들로 준수한 용모를 가진 젊은이였다. 부자들이 으레 그랬듯이 그에게도 감각적 쾌락을 누릴 수 있는 많은 기회와 여유가 제공되어 있었다. 철 따라 옮겨가며 지낼 수 있는 주거시설과 환락의 정원은 물론 온갖 이국적인 음식과 마실 거리가 충분히 마련되어 있었다. 또한 매일 밤 여흥을 제공해줄 여자 악사들과 무희들이 대기하고 있었다.

어느 날 아침, 그는 평소보다 일찍 일어나 아래층으로 내려왔다. 그때 그의 눈에 들어온 것은 헝클어진 머리에 큰소리로 코를 골며 거실 여기저기에 어지럽게 쓰러져 잠들어 있는 악사들과 무희들이었다. 항상 깔끔하게 치워지고 값비싼 가구로 치장되어 있던 거실이 그날따라 화장터처럼 보였다. 눈앞에 펼쳐진 광경이 깔끔하고 섬세한 성정의 소유자인 그의 심사를 뒤흔들어 버렸다.

그가 중얼거렸다. '아, 흉물스럽구나! 이 모습처럼 온갖 해악으로 가득 찬 것이 인생일지도 모른다! 산다는 게 이토록 비참한 것이었구나!' 상념에 젖은 그는 그길로 집을 나와 인근의 이시빠따나로 향했다.

이른 아침 숲속을 거닐던 붓다는 한 젊은이가 다가오는 것을 보았다. 붓다 가까이 다가와 멈춰 선 젊은이가 다시 혼잣말로 중얼거렸다.

'아, 온갖 해악으로 가득 찬 것이 인생이라니! 산다는 것은 이토록 비참한 것인가!'

그 모습을 지켜보던 붓다가 말했다.

"젊은이여, 무엇이 그토록 싫고 비참한가?"
"존자시여, 제 스스로 '나는 행복한 사람'이라고 아무리 되뇌어 봐도 저의 삶은 너무 비참합니다."
"그런 것이네, 젊은이. 그대의 삶은 끝없는 허전함과 불만족을 반복하다가 결국 파멸에 이를 것이네. 그대가 서 있는 곳은 매우 위험하고 불안하다네. 이곳으로 오게나, 젊은이여. 여기는 아무런 해악도 괴로움도 없다네. 비참하지 않은 것이 여기 있네! 이리 오게나. 여기에 앉아 내 이야기를 들어보지 않겠나? 내 그대를 위해 평화롭고 안온한 가르침을 주겠네."

붓다의 잔잔한 음성은 곧 본래 착한 성정을 가진 야사의 마음을 진정시켰다. 야사는 기꺼운 마음으로 붓다에게 예를 올리고 자리에 앉았다. 붓다의 첫 번째 제자들인 다섯 비구들이 상당한 기간 동안 혹독한 고행을 닦던 수행자들이었던 것과는 달리 야사는 호사스럽게 자라 세상 물정을 모르는 젊은이였다. 수행 경험이 많았던 첫 제자들에게 붓다는 곧바로 수준 높은 수행방법과 수행의 궁극적 목표인 해탈에 이르는 방법에 대해 설명할 수 있었다. 그러나 아무런 수행 경험이 없는 야사에게 그런 방법은 통하지 않을 것이었다. 인간 심리를 꿰뚫어 볼 수 있는 붓다였기에, 야사가 사성제를 깨닫도록 이끌기 위해서는 심도 높은 심리적 처방을 하기 전에, 상당한 준비가 필요하다고 판단했다. 붓다는 훗날 자신의 정규 교수 방법이 된 점진적인 설법(次第說法)을 야사를 상대로 적용하기 시작했다.

"야사여, 보다 향상된 삶을 위해서 재가자가 실행할 수 있는 첫 단계의 실천은 자신의 능력에 따라 널리 나누는 일이다. 바르게 벌어들인 재물을 가난하고 의지할 곳 없는 사람들이나 이런저런 불운으로 끼니조차 때울 수 없는 사람들과 함께 나누는 것은 다섯 가지의 좋은 결실을 맺게 한다. 첫째, 나누는 사람은 타인을 기쁘게 하고 많은 사람들로부터 호감을 산다. 참된 보시는 자비심으로 나누는 것이다. 둘째, 그렇게 나누는 사람은 선량한 사람들, 그리고 그 비슷한 사람들과 어울리게 된다. 설령 사악한 사람이 못된 마음을 가지고 자비로운 사람들 속에 끼어든다 하더라도 이내 드러나게 된다. 셋째, 진실하게 나누는 사람은 마치 꽃향기가 바람에 퍼져나가듯, 좋은 평판이 퍼지게 된다. 넷째, 나누는 사람은 사람들이 모여 있는 자리에 머뭇거리지 않고 당당하게 걸어 들어갈 수가 있다. 다섯째, 그런 사람은 이 목숨이 다하고 몸이 부서지고 나면 인간계의 좋은 환경에, 혹은 천상의 신들의 세계에 태어나게 된다."

야사가 물었다.

"세존이시여, 그 다섯 가지 중에 네 가지는 이해하겠습니다. 그러나 내생에 관한 마지막 이야기는 스승을 믿고 그렇다고 우선 받아들이겠습니다."

"야사, 그렇게 하라. 머지않아 스스로 알게 될 것이다."

붓다는 이어서 바르고 건전하게 살고자 하는 사람이 우선 닦고 키워야 할 다섯 가지 덕목[戒]을 설명했다.

"초심자로서 보다 고양된 삶을 위해서 우선 실천하고 키워야 할 다섯 가지 덕목이 있다. 생명을 해치는 것을 삼가며, 주어지지 않은 것을 취하지 않으며, 잘못된 감각적 쾌락을 삼가고, 거짓말하지 않으며, 술이나 약물 같은 것에 취해 늘어지지 않는다. 이 덕목들은 건전한 사회의 초석이 되며, 이것을 지키는 사람 스스로에게 좋은 과보가 있다."

"스승이시여, 그 덕목을 지켜 생기는 과보는 어떤 것입니까? 그것을 어기는 사람에게 벌이 있다는 말씀입니까?"

"그렇다. 거기에는 보상과 벌이 있다. 사람이 각기 이 세상에서 지은 바에 따라 다음 생에 갈 곳으로는 다섯 가지가 있다. 천상, 인간, 명계, 축생, 그리고 지옥이다. 천상은 신들이 극도의 기쁨과 행복을 누리는 곳이다. 인간으로 이 세상에서 살면서 덕을 행한 과보로 거기에 태어나며, 오랜 수명을 누린다. 그러나 신이라고 해서 영원한 생명을 누리는 존재는 아니다. 과보가 다하면 다시 다른 곳에 태어나게 된다. 신들은 인간으로 태어나기를 바란다. 오직 인간만이 완전한 생사로부터의 자유, 해탈을 성취할 수 있기 때문이다. 사악도(四惡途), 즉 아수라, 아귀, 축생, 지옥에서의 삶은 고통과 불행이다. 어리석고 탐욕스러워, 이 세상에 살면서 선행을 닦지 않고 인색하여 가진 것을 나누어 누릴 줄 모르는 사람들이 가는 곳이 명계와 축생이다. 또한 악행을 일삼는 사람들에게는 지옥의 무시무시한 정신과 육체적 고통이 기다리고 있다."

야사의 얼굴에 나타난 두려움을 눈여겨 본 붓다가 물었다.

"야사, 천상의 기쁨과 지옥의 고통이란, 사람들이 죽지 않고도 바로 지금 이 세상에서 겪고 있는 것들이 아닌가?"
"그렇습니다. 스승이시여."

야사를 진정시키기 위해 붓다는 감각적 쾌락을 추구함으로써 생기는 허영과 타락 따위의 달갑지 않은 결과와 그것을 버림으로써 갖게 되는 좋은 결과에 대해 이야기했다. 야사가 충분히 이해할 수 있는 상태가 되었을 때, 비로소 붓다는 성스러운 네 가지 진리(四聖諦), 즉 고, 고의 발생, 고의 소멸, 고로부터의 해탈로 이끄는 팔정도를 설명했다. 붓다의 설법을 들은 야사는 '조건에 의해 생겨난 모든 것이 결국 소멸될 수밖에 없다.'는 진리를 깨달았다. 그에게 진리의 눈(법안)이 열린 것이다. 야사는 자신이 성취한 거룩한 경지를 이렇게 노래했다.

잘 화장하고 멋지게 차려입고
모든 장신구로 치장하였으나
세 가지 명지(明知, 분명하게 앎)를 성취하였으니
깨달은 님의 교법이 나에게 실현되었다.

최초의 재가수행자

야사의 어머니는 집 나간 아들이 한동안 보이지 않자, 남편에게 이 사실을 알렸다. 그는 집안 구석구석을 살피고 사방으로 사람들을 보내 아들을 찾게 명령했다. 그러나 어디에도 아들의 모습은 보이지 않았다. 야사의 아버지는 아들이 산책을 위해 이시빠따나로 갔을지도 모른다는 생각을 하고는 이시빠따나로 향했다. 아들을 찾아 야사의 아버지가 붓다가 있는 쪽으로 오고 있었다. 사태를 짐작한 붓다는 신통력으로 그의 눈에 야사를 보이지 않게 만들었다. 붓다에게 다가와 혹시 자신의 아들을 보지 않았는지 묻는 야사의 아버지에게, 붓다는 아들이 가까운 곳에 있으니 곧 보게 될 것이라고 안심시킨 후 자리에 앉기를 권했다. 안심하고 자리에 앉은 그에게 붓다는 야사에게 했던 것과 같이 보시의 공덕과 가정생활을 하는 재가자가 지키고 닦아야 할 다섯 가지 덕목에 대해 이야기했다. 다섯 가지 덕목은 붓다의 가르침에 대한 의심 없는 믿음[信具足], 청정한 도덕적 생활[戒具足], 늘 진리의 가르침을 듣고[聞具足], 언제나 나누며[施具足], 완전한 지혜를 갖추는[慧具足] 것 등이다. 붓다로부터 자상한 설법을 들은 그는 붓다의 가르침에 대해 청정한 신심을 일으켰다. 그는 감격하며 이렇게 말했다.

"미묘합니다. 세존이시여. 기쁜 일입니다. 마치 넘어진 자를
일으켜 세우듯이, 헤매는 자에게 길을 가르쳐주듯이, 어둠 속

에 등불을 비추고 눈 있는 자는 보라고 하듯이, 당신께서는 갖가지 방편으로 진리를 가르쳐주셨습니다. 이제 저는 붓다와 붓다의 담마(가르침), 그리고 붓다의 상가에 귀의합니다. 세존께서 저를 받아주신다면 오늘부터 목숨이 다하는 날까지 재가수행자가 되겠습니다.”

붓다는 이를 허락하며 삼귀의를 게송으로 불러주었다.

> “첫째, 깨달은 붓다에게 귀의하라. 둘째, 깨달은 붓다의 가르침에 귀의하라. 셋째, 깨달은 붓다의 상가에 귀의하라.”

야사의 아버지는 삼귀의를 외운 최초의 재가수행자가 되었다. 자신의 아버지가 붓다의 설법을 듣고 있는 동안, 야사는 땅바닥을 응시하며 깊은 생각에 잠겼다. 그것은 강력한 집중력이었다. 강력한 집중의 힘과 강력한 알아차림을 통해 무상과 고, 무아를 체득한 야사는 곧 마음속 모든 번뇌를 벗어버리고 대자유를 성취했다. 붓다가 자신의 아버지에게 설법하는 아주 짧은 시간 동안에 아라한이 된 것이다. 야사가 아라한과를 성취한 것을 간파한 붓다는 그때서야 야사의 모습이 그의 아버지에게도 보이게 만들었다. 홀연히 나타나 곁에 앉아 있는 아들 야사를 보고 그의 아버지가 말했다.

> “사랑하는 아들아, 네가 보이지 않아 어머니가 몹시 슬퍼하고 있단다. 어서 집으로 돌아가 네 어머니를 위로해다오!”

그러자 붓다는 야사의 아버지에게 아들 야사가 깨달음을 성취해 궁극의 목적인 해탈을 이루었다는 것에 대해 설명하고 물었다.

"당신의 아들이 또 다시 세속의 환락으로 돌아갈 거라고 생각하십니까?"
"아, 아닙니다. 그렇지는 않습니다. 스승이시여!"

야사의 아버지는 붓다와 제자들을 점심공양에 초대했다. 붓다는 침묵으로 초청에 응했다. 아버지가 돌아간 뒤 야사는 붓다에게 출가수행자 비구로 받아줄 것을 요청했다. 붓다가 그를 제자 비구로 받아들임으로써 그는 승가의 일곱 번째 아라한이 되었다.

최초의 여성 재가자가 탄생하다

이튿날 와라나시 야사의 집에서 야사 아버지가 마련한 점심공양을 마친 다음 붓다는 그 자리에 모인 사람들에게 가정에 거주하는 재가자에 알맞은 가르침을 설법했다. 설법을 들은 야사의 어머니와 야사의 부인이 재가의 신자가 되겠다는 요청을 해오자 붓다는 흔쾌히 받아들였다. 이렇게 그들은 불교교단의 삼귀의를 외우고 귀의한 첫 여성 재가수행자가 되었다.

야사가 붓다의 제자가 되었으며, 깨달음과 해탈을 성취하였다는 소문이 곧 와라나시 전역에 퍼졌다. 야사와 절친했던 친구 위말라, 수바후, 뿐나지, 가왐빠띠 등 네 사람은 이 소식을 듣고 크게 놀랐다. 어떻게 야사가 그 많은 재산과 온갖 즐거움을 내던지고 출가수행자가 되었단 말인가? 그들은 생각했다.

'분명히 붓다의 가르침은 평범한 가르침이 아닐 것이다. 야사의 출가는 분명 보통 일이 아니다.'

출가 전 야사의 친구였던 위말라, 수바후, 뿐나지, 가왐빠띠는 크고 작은 부호 상인의 아들들이었다. 그들은 대부호의 아들 야사가 출가하였다는 소식을 듣고 이렇게 생각하였다.

'야사가 머리와 수염을 깎고 노란 가사를 입고 출가한 것을 볼 때, 이 가르침은 보통 가르침이나 계율이 아닐 것이다. 야사가 출가한 것도 보통 출가가 아님이 분명하다.'

이 네 명의 친구들은 야사를 찾아 이시빠따나로 달려갔다. 야사는 이들을 부처님께 데리고 갔다. 부처님은 야사에게 적용했던 것처럼 이들에게도 쉬운 가르침부터 시작하여 점차적인 지도를 해나갔다. 그러자 그들 역시 차례로 가르침을 보았고, 가르침을 얻었고, 가르침을 알았고, 가르침을 통달하였다. 의심을 벗어났고 불확실한 것을 제거하였으며 스승의 가르침 속에서 온전한 만족을 얻었기 때문에 다른 어떤 것도 필요 없게 되었다. 그들이 붓다에게 말했다.

"스승이시여, 저희들은 스승께 출가하여 계를 받고자 합니다. 허락하여 주십시오."
"어서 오라! 비구여, 가르침은 잘 설해져 있다. 가르침을 잘 배우고 일체의 괴로움을 끝내기 위해 청정한 수행을 하도록 하라."

이렇게 그들은 붓다로부터 비구계를 받았다. 붓다는 그들을 가르치고, 분발하게 하고, 격려하고, 그리고 기쁘게 만들었다. 붓다의 간곡한 가르침을 받는 동안 그들의 마음에서 집착이 사라졌고, 모든 번뇌에서 벗어나 해탈하였다. 이로써 이 세상에 아라한은 열한 명이 되었다.

대부호의 아들 야사와 그의 친구들의 잇따른 출가는 와라나시 사람들을 깜짝 놀라게 했다. 야사 비구가 출가하기 전 교유했던 친구 50명에게도 야사와 야사 친구들의 출가 소식이 전해졌다. 그들은 모두 와라나시 지방에서 역사가 가장 오래된 훌륭한 가문의 자제들이거나, 그다음으로 오래된 훌륭한 가문의 자제들이었다. 이들은 이시빠따나를 찾아와 야사를 방문하고 나서, 자신들도 야사의 길을 따르기로 하고 붓다를 찾아와 예배하고, 가르침을 듣게 되었다. 붓다로부터 훌륭한 가르침을 듣고 배운 이들도 머지않아 진리를 받아들이고, 통달하게 되었다. 그들은 출가를 결심하여 붓다에게 허락을 구하고, 그 자리에서 계를 받고는 곧 집착이 사라져 모든 번뇌에서 벗어나 해탈을 성취했다.

붓다가 깨달음을 이룬 첫해, 빗방울이 흩날리는 우기 동안, 붓다의 설법을 듣고 깨달음을 얻어 아라한과를 이룬 이는 붓다를 포함해 모두 예순한 명으로 늘었다.

진리를 전하러 길을 떠나라

간단없이 내리던 장대비가 그치자 맑은 하늘이 드러났다. 거센 폭우에 자취를 감췄던 작은 생명체들이 스멀스멀 은신처에서 기어 나와 제자리를 찾아갈 무렵, 붓다는 예순 명의 제자 아라한들을 한자리에 모이도록 했다. 마침 그날은 9월 15일 해제 날이기도 했다. 그날따라 제자들을 바라보는 붓다의 표정에는 비장함이 서려 있었다. 잠시 침묵을 지키던 붓다가 부드럽지만 단호한 목소리로 말했다.

"비구들이여, 나는 천상계나 인간계에 속하는 모든 속박에서 벗어났다. 그대들 역시 천상계와 인간계의 모든 속박에서 벗어났다. 비구들은 이제 이 세상에 대한 자비심으로 많은 사람들의 행복과 기쁨을 위해, 신과 인간의 유익함과 행복을 위해 길을 떠나야 한다. 비구들이여, 길을 떠나라. 두 사람이 같은 방향으로 가지 말고 혼자서 가도록 하라. 비구들이여, 처음도 뛰어나고 중간도 뛰어나고 마지막도 뛰어난 법, 의미와 표현을 잘 갖춘 이 법을 널리 전하라. 원만하고 완전하며 청정한 삶을 널리 알려라. 세상에는 때가 덜 묻은 눈 밝은 사람들도 있을 것이다. 그러나 이들도 법을 듣지 못하면 깨닫지 못한다. 그들을 교화하라. 그들은 법을 듣지 못하면 퇴보하겠지만 들으면 분명히 진리를 깨달을 것이다. 비구들이여, 나 또한 법을 전하러 우루웰라의 세나니가마로 갈 것이다."

깨달음과 열반을 성취하고 윤회의 굴레에서 벗어난 궁극의 목적, 해탈을 이루었으니, 이제부터는 대자비심으로 중생들을 위해 법을 펼치라는 명령, 전도명령이었다. 전도명령을 내린 붓다는 곧이어 제자들에게 전법에 임하는 자세에 대해 말했다.

"비구들이여, 법을 펼 때는 남에게 존경 받겠다는 생각을 내어서는 안 된다. 남에게 봉사할 줄 모르고 법에 의해 먹고 살려는 자는 법을 먹는 아귀(餓鬼, 굶주린 귀신)와 다를 바 없다. 또 그대들이 전하는 법을 듣고 사람들은 기뻐할 것이다. 그럴 때 자칫 교만에 빠지기 쉽다. 사람들이 기뻐하는 것을 보고 마치 자기 능력처럼 착각한다면 그는 벌써 법을 먹는 아귀가 된 것이다."

붓다의 당부를 들은 비구들이 여쭈었다.

"세존이시여, 저희의 설법을 듣고 출가를 희망하는 사람이 생겼을 때는 어떻게 해야 합니까?"
"출가하여 수행자가 되고 싶은 사람이 있다면, 먼저 머리와 수염을 깎게 한 후 가사를 입히고 비구의 발아래 삼배를 하게 하라. 그리고 신발을 벗고, 오른쪽 무릎을 땅에 꿇고는 합장하고 이렇게 말하게 하라. '저 아무개는 거룩한 붓다께 귀의합니다. 거룩한 진리(법)에 귀의합니다. 거룩한 상가에 귀의합니다.'

이것을 세 번 낭송하게 하라."

붓다에 이어 두 번째 아라한이 된 안나 꼰단냐가 자신의 고향 도나왓 뚜(Donavattu)로 향하는 것을 필두로 해서 60명의 비구들은 진리를 전 하기 위해 각기 인연 있는 도시와 마을로 흩어졌다.

꼬살라 국 왕자들을 제도하다

전도명령에서 선언한 대로 붓다는 깨달음을 얻기 위해 찾아갔던 네란자라 강기슭에 위치한 마을 우루웰라로 향했다. 남쪽으로 가던 도중, 깝빠시까(Kappāsika) 숲속의 어느 나무 아래에서 휴식을 취하고 있을 때, 화려하게 옷을 차려 입은 남녀의 무리들이 무엇인가를 찾아 숲속을 헤매고 있었다. 이들은 밧다왁기 왕자들(Bhaddavāggiyā)이었다. 꼬살라 국의 왕과 이복형제들인 30명의 왕자들이 각각 부인을 데리고 그 숲으로 놀러온 것이었다. 그들 중 한 명은 부인이 없어 대신 기생을 데리고 왔는데, 그들이 먹고 마시며 노느라 정신없는 틈을 타서 그 기생이 밧다왁기 왕자들의 재물을 모두 훔쳐 달아났다. 왕자들은 도망간 기생을 찾으려고 숲속을 헤매다가 나무 아래에 앉아 있는 붓다를 발견했다. 그들은 다가와 인사도 하지 않은 채 다짜고짜 물었다.

　"한 여자가 지나가는 것을 보지 못했습니까?"

이들의 눈동자는 잠시도 가만있지를 못하고 좌우로 흔들렸다. 붓다가 물었다.

　"젊은이들이여, 여자는 왜 찾는가?"
　"그 여자는 도둑입니다."

"차근차근 얘기해줄 수 있겠는가?"

"저희는 모처럼 아내와 함께 이 숲으로 나들이를 나왔습니다. 다만 저 친구가 아내가 없어 기녀를 대신 데려왔는데, 노는 데 정신이 팔린 사이 그 기녀가 귀한 보석을 몽땅 훔쳐서 달아났지 뭡니까. 그 도둑을 빨리 잡아야 합니다."

이야기를 다 들은 붓다가 말했다.

"젊은이들이여, 그 여자를 찾는 일과 자기 자신을 찾는 일 중 어느 것이 더 중요한가?"

"그야 물론 자기 자신을 찾는 일이 더 중요하겠습니다만…."

"그렇다. 그렇게 생각한다면 거기 앉으라. 내가 그대들에게 자기 자신을 찾을 수 있는 방법을 알려주겠다."

잠시 웅성거리던 젊은이들이 하나둘 붓다 주위로 몰려들었다. 보석을 찾는 일이 급했지만 이상하게도 수려한 외양을 가진 처음 대하는 수행자에게 몸과 마음이 끌렸던 것이다.

붓다는 이들을 향해 덕과 재물을 베푸는 나눔의 삶이 얼마나 아름답고 고귀한 것인지, 도덕을 어기지 않는 청정한 삶이 얼마나 당당하고 훌륭한 것인지, 그런 삶에 얼마나 좋은 과보가 따르는지를 차근차근 설명했다. 그리고 지금 우리가 살고 있는 이 세계에서 누리는 행복과 즐거움이 얼마나 허망하고 보잘것없는 것인지, 또한 사람의 몸을 받고 태어나는 것이 얼마나 어려운 일이며, 나아가 참된 진리를 만나 죽음의 고통에서 벗어나는 것이 얼마나 가치 있는 일인지를 상세하게 설명해주었다.

　초조함에 마구 흔들리던 그들의 눈동자가 붓다의 법문이 진행되면서 점차 초점을 되찾기 시작했다. 어느덧 그들은 세속적인 욕망에 강한 염오를 느끼며, 자신의 마음을 활짝 열고 설법에 귀를 기울이고 있었다. 붓다는 이 젊은이들에게 네 가지의 성스러운 진리(사성제)를 가르쳐주었다. 그리고 모든 고뇌의 뿌리인 탐욕과 분노와 어리석음을 뽑아버리도록 권했다. 보석을 잃어버리고 헤매던 젊은이들은 더없이 행복한 삶을 발견한 기쁨에 낯빛이 환해졌다. 붓다의 법문 끝에 30명의 왕자들 가운데 어떤 왕자는 수다원, 어떤 왕자는 사다함, 어떤 왕자는 아나함이 되었다. 법문을 듣고 성자의 흐름에 든 왕자들은 한 사람도 빠짐없이 출가할 마음을 일으켰다. 서른 명의 왕자들이 자리에서 일어나 붓다의 두 발에 예배했다.

　　"거룩하신 분이시여, 저희들은 세존께 출가하기를 원합니다.
　　부디 허락해주십시오."
　　"오라, 그대들이여! 가르침은 잘 설해졌다. 이곳에서 청정한
　　행을 닦고 괴로움을 소멸하라. 그리하여 마침내 궁극의 목표
　　를 성취하라."

붓다의 이 말이 그들의 수계가 되었다. 성자의 흐름에 든 30명의 비구가 새로이 탄생한 것이다. 이들은 나중에 꾸시나라의 빠와(Pāvā)에서 두타행을 실천하며 수행하다가 모두 아라한과를 성취하였다.

마가다 국을 뒤흔든 개종 사건

마가다 국으로 돌아온 붓다는 다섯 고행자들과 함께 수행했던 곳, 우루웰라로 향했다. 이전 우루웰라에서 머물던 시절, 그는 이미 깟사빠 3형제로 불리는 타래머리 수행자와 그를 따르는 수많은 제자들에 대해 여러 차례에 걸쳐 들은 적이 있었고, 대각을 이루기 전 그들의 수행처를 살펴본 일도 있었다. 특히 3형제 중 맏형인 우루웰라 깟사빠는 염력에 정통한 요가수행자로 이적을 행한다는 소문이 자자한 인물이었다. 그의 이적에 현혹된 젊은이들이 제자가 되기 위해 그의 휘하에 모여들었다. 수행의 경지를 불가사의한 위력의 수준과 동일시하는 브라만들로서는 그가 이룬 경지와 신비한 능력에 놀라움과 함께 일종의 두려움을 느끼고 있었다. 따라서 그는 제자들의 충성과 브라만 가장들의 존경을 한몸에 받고 있었다. 재가의 브라만들은 물론 그의 출가 제자들까지도 자진해서 자신의 재산을 다 팔아 엄청난 비용이 들어가는 헌납의식을 다투어 떠맡으려 했다. 그 중에서도 특별히 불의 신 아그니(Agni)에게 바치는 제물의 규모는 대단한 것이었다. 그러나 신에게 올리는 헌납의식임에도 불구하고 제물의 내용은 우루웰라 깟사빠에게 올리는 것이라고 해도 좋은 것들이었다. 이런 과정을 통해서 우루웰라 깟사빠는 엄청난 규모의 부를 축적하게 되었고, 대단한 세력과 특권을 소유한 실력자가 될 수 있었다. 그의 신통력이 세속적 부와 쾌락을 누리게 하는 일종의 방편이었던 것이다.

우루웰라에 도착한 붓다는 곧바로 우루웰라 깟사빠가 머물고 있는 수행처를 찾아갔다. 우루웰라 깟사빠에게는 오백 명의 제자가 있었다. 소라처럼 상투를 튼 머리 모양으로 인해 결발행자로 불린 그들은 브라만의 전통에 따라 『베다』를 암송하며, 가장 성스럽게 여기는 불이 꺼지지 않도록 지키고 있었다. 우루웰라 깟사빠와 대면한 붓다가 정중한 목소리로 말했다.

"우루웰라 깟사빠여, 당신의 처소에서 쉬어갈 수 있겠습니까?"

브라만의 권위를 자부하는 우루웰라 깟사빠는 곁눈질로 붓다를 바라보았다. 두려울 것이 없었던 그에게 알 수 없는 꺼림칙함이 스쳐지나갔기 때문이었다. 그는 흔쾌히 수락하지 않고 잠시 뜸을 들인 후 말했다.

"이곳에는 이미 수많은 수행자들이 머물고 있소. 그러므로 그대가 쉴 처소는 없습니다."

그 말에 물러날 붓다가 아니었다. 제자들에게 전법을 명령하고, 자신이 첫 전법지로 이곳을 정해 찾아온 까닭이 있었기 때문이었다. 붓다는 당시 마가다 국에서 가장 큰 영향력을 가지고 있으며, 왕족과 백성들에게 큰 존경을 받고 있는 브라만이 우루웰라 깟사빠라는 점을 정확히 파악하고 있었다. 따라서 그를 교화해 제자로 삼는데 성공한다면 당시 신흥 강국이었던 마가다 국 교화에 결정적인 교두보를 확보

하는 것이라고 판단했다. 전법의 일대 전기를 마련할 수 있는 교두보를 앞에 둔 붓다의 표정은 미동도 하지 않았다. 붓다는 싸늘하게 거절하는 우루웰라 깟사빠에게 여유 있는 표정으로 말했다.

"우루웰라 깟사빠여, 내가 머물 처소가 없다면, 사당에서라도 하룻밤 자고 갈 수 있게 허락해주시겠습니까?"
"뭐, 원한다면 그렇게 하시오. 내게 지장이 될 건 없지만, 사당 안에는 사나운 독사(毒蛇)가 살고 있소. 그대를 해치지나 않을까 염려가 되오."
"그건 걱정하지 마십시오. 하룻밤 쉴 수 있게 허락만 해주시면 됩니다."

우루웰라 깟사빠로서도 더 이상 거절할 명분이 없었다. 그는 이미 고따마 붓다가 깨달음을 얻어 수십 명의 제자들을 두었으며, 점차 세력을 늘려갈 것이라는 소문을 듣고 있었다. 마가다 국 최고의 종교지도자로 엄청난 명성과 부를 쌓았음에도 그는 본능적 질투와 교만 때문에 의도적으로 붓다의 출현에 애써 관심을 기울이지 않고 있었다. 그렇지만 자신의 처소를 찾아온 고따마 붓다가 달갑지는 않았다. 만약 고따마가 자기와 동일하거나 능가하는 신통력을 가지고 있다면, 여태껏 제자들의 신뢰감을 유지시켜준 자신의 수법이 그에 의해 무너져버릴 수 있다는 우려가 있었다.

그는 뇌리에 고따마 붓다를 아예 제거해 후환을 없앴으면 좋겠다는 생각이 일어났다. 그런 참에 붓다가 맹독을 지닌 독사가 살고 있는 사당에서 머물 수 있도록 청하고 있으니 되레 잘된 셈이었다.

"알겠소. 이곳의 사당은 아주 넓소. 그대가 그곳을 원하니 뜻
대로 하시오."

사당에는 그들이 섬기는 세 개의 불꽃이 타오르고 있었다. 붓다는 풀
을 깔아 자리를 만든 다음 가부좌를 틀고 선정에 들었다. 한편 우루웰
라 깟사빠는 몇몇 제자들에게 내일 아침 사당에 가면 독사에 물려 죽
은 사람이 있을 것이니, 시신 치울 들것을 미리 준비해두라고 말했다.

아니나 다를까. 한밤중이 되자 사당 안에 치명적인 독을 품은 독
사 한 마리가 나타났다. 경배를 하지도 않고 자기의 거처를 차지하고
있는 낯선 사람에게 화가 난 듯 독사는 독기를 내뿜으며 다가왔다. 사
나운 독사의 기세를 잠재우기라도 하는 듯 붓다는 미동도 하지 않았
다. 보통 사람 같았으면 이런 정도의 기운으로도 기겁을 해 기절을 하
거나 줄행랑을 쳤을 것이었다. 그러나 붓다는 가장 편안하고 고요한
자세로 독사 따위는 아랑곳하지 않는다는 듯 깊은 삼매에 들어 있었
다. 독사는 당장이라도 한입에 삼켜버릴 듯한 기세로 머리를 곧추세
우고 위협적인 자세를 취하며 붓다 주위를 맴돌았다.

그러나 깨달은 이, 붓다는 더없이 침착하고 고요했다. 두려워하
는 기색도 전혀 없었다. 공포를 일으키는 모든 열망과 갈애를 벗어난
그에게 당황할 일이란 없었다. 붓다는 마른 풀이 깔린 바닥에 앉아 평
안하게 잠에 들었다. 너무도 태연한 붓다의 모습에 독사도 주눅이 들
었는지, 붓다를 전혀 건드리지 않은 채 움막 한구석에 똬리를 튼 채
평온하게 밤을 새웠다.

"쯧쯧. 오늘 밤, 한 사람이 또 죽어나가는구나! 안 됐군, 안 됐

어.”

“그는 사끼야 국의 왕자 출신이라지? 출신이 고귀하면 뭐하
나. 오늘 밤 처참하게 죽어나갈 텐데.”

우루웰라 깟사빠의 제자들이 수군거리며 멀찍이서 사당을 지켜보고
있었다. 그들은 곧 싸늘한 시체가 될 사끼야 족 젊은 수행자가 안됐다
는 듯이 저마다 한마디씩을 내던지고 있었다. 다음날 아침 시신을 옮
길 들것이나 준비하자며 이들은 자리를 떴다.

　이튿날 아침, 우루웰라 깟사빠와 그의 제자들이 사당으로 몰려
들었다. 그 중에는 시신을 운반할 들것을 든 사람들도 있었다. 바로
이 순간 아무 일도 없었다는 듯 붓다가 사당에서 당당한 모습으로 걸
어 나왔다. 사람들은 놀라 입을 다물지 못했다. 이제까지 사당에서 밤
을 지새운 후 살아나온 이는 없었기 때문이었다. 도무지 믿기지 않는
다는 표정을 짓고 있는 우루웰라 깟사빠 앞으로 다가간 붓다가 한 손
에 들고 있던 바리때를 내보였다.

　“우루웰라 깟사빠여, 이것이 당신이 말하던 그 독사입니까?”

바리때 안에는 독사가 똬리를 튼 채 얌전히 앉아 있었다. 우루웰라 깟
사빠는 아무 말도 할 수가 없었다. 그는 속으로 생각했다. ‘이 사나운
독사를 굴복시키다니! 과연 듣던 대로 사문 고따마의 신통력은 대단
하구나. 하지만 아직 나와 같은 수준까지 도달한 것은 아닐 것이다.’

　당황한 기색이 역력한 우루웰라 깟사빠의 뒤에 서 있던 많은 제
자들도 놀라기는 마찬가지였다. 그것은 여태껏 자기들이 보아온 어

떤 이적보다도 위대한 것이었기 때문이었다. 우루웰라 깟사빠가 애써 태연한 표정을 지으며 붓다에게 물었다.

"고따마여, 이 독사를 길들이기 위해 어떤 이적을 행했는가?"
"우루웰라 깟사빠여, 나는 이적을 일으키지 않습니다. 이적이라고 한다면, 이미 나 자신을 길들이는 기적을 성취했을 뿐입니다. 자신을 길들인 자는 독사나 사자, 코끼리와 같은 맹수들은 물론 가장 사악한 인간조차도 큰 어려움 없이 길들일 수 있습니다."

붓다의 당당하면서도 자신에 찬 대답에 우루웰라 깟사빠의 오만한 콧대가 그의 제자들 앞에서 꺾이고 말았다. 우루웰라 깟사빠의 이마에 시나브로 진땀이 배어 나오고 있었다. 밀려오는 수치심으로 몸을 가누는 것조차 힘겨워 보였다. 그는 붓다가 한 말의 숨은 뜻을 간파하고 있었던 것이다.

'생각이 없는 미물, 독사조차도 고따마 붓다를 해코지하지 않는데, 큰 무리를 이끄는 지도자라는 내가 뱀보다 못한 짓을 저질렀다니! 부끄럽구나.'

그런데 신이한 일은 이뿐만이 아니었다. 그날 이후 붓다가 그들의 처소에서 멀지 않은 곳에 위치한 숲에 머물렀는데, 우루웰라 깟사빠의 제자들은 칠흑처럼 어두운 밤에 붓다가 머물고 있는 곳에서 휘황찬란한 빛이 뿜어져 나오는 것을 보며 밤마다 소스라치게 놀랐다. 누가 시키지도 않았지만 우루웰라 깟사빠의 제자들 사이에서 붓다는 '위대한 사문'으로 불리기 시작했다.

건기에 접어들면서 이들에게 가장 큰 제사 행사인 앗타까(Attha ka, 팔일제) 일이 다가왔다. 앗타까는 물과 불에 의해 몸과 마음을 정화한다며 8일 간 열리는 축제였다. 잠부디빠에서는 가장 추운 계절인 건기에 거행되는 유명한 고행축제였다. 앗타까에 참가하는 결발행자들은 몸과 마음을 청정하게 한다며 차가운 물속에 들어가 자맥질을 했고 물 밖으로 나와서는 더운 물로 추위를 견뎠다. 앗타까는 음력으로 매년 1월의 마지막 4일과 2월의 처음 4일 동안 열렸다. 네란자라 강에서 앗타까가 열릴 때에는 마가다 국과 인접한 앙가(Angā) 국에서 많은 신자들이 우루웰라로 모여들었다.

그러나 우루웰라 깟사빠는 성대한 축제와 제단에 바쳐질 진귀한 공양물에 대한 기대보다 걱정이 앞섰다. 매일 아침 탁발을 하러 자신의 처소를 찾아오는 붓다가 영 마음에 걸렸던 것이다. 우루웰라 깟사빠는 속으로 생각했다.

'만약 저 사문이 사람들 앞에서 신통력을 보이기라도 하면 나의 위신이 크게 떨어질 것이다. 사람들이 가장 많이 운집하는 앗타까의 마지막 날 만큼은 제발 이곳에 오지 못하도록 해야 할 텐데….'

그런데 제사를 지내는 날 아침 붓다는 우루웰라 깟사빠의 처소를 찾아오지 않았다. 우루웰라 깟사빠는 내심 안도의 한숨을 쉬었다. 다음날 아침이 되자 붓다가 바리때를 들고 어김없이 나타났다. 우루웰라 깟사빠는 짐짓 반색을 하며 붓다를 맞았다.

"고따마여, 어제는 공양물도 많았는데 어째서 오지 않았소?"

붓다가 빙그레 미소를 지으며 말했다.

"우루웰라 깟사빠여, 당신은 내가 오지 않았으면 하고 생각하지 않으셨습니까?"

그날 이후, 우루웰라 깟사빠와 그의 제자들은 더욱 붓다에게 함부로 대할 수 없었다. 그러던 어느 날, 갑자기 폭우가 쏟아졌다. 날이 저물고 어둠이 찾아와도 비는 그칠 줄 몰랐다. 강물이 범람해 언덕 위에 자리한 우루웰라 깟사빠의 처소까지 넘실거렸다. 우루웰라 깟사빠는 강기슭에 머물고 있는 붓다의 안위가 걱정되었다. 다음날 아침까지 기다릴 수 없다고 판단한 그는 제자들과 함께 배를 타고 횃불을 밝혀 붓다가 머무는 곳으로 찾아갔다. 강기슭의 숲은 이미 거센 물결이 삼켜버린 뒤였다. '허어, 큰일 났구나! 별일 없어야 할 텐데.' 우루웰라 깟사빠가 소리쳤다.

"고따마여, 어디 계시오? 위대한 사문이여, 어디에 계십니까?"
"우루웰라 깟사빠여, 저는 여기에 있습니다."

강물을 헤치며 마치 육지를 걷듯 물 위를 가볍게 걸으며 다가오는 붓다를 발견한 우루웰라 깟사빠와 그의 제자들은 순간 자신들의 눈을 의심했다. 더 놀라운 것은 붓다의 가사가 전혀 젖어 있지 않은 것이었다. 누가 시킨 것도 아닌데 우루웰라 깟사빠는 붓다의 발아래 머리를 조아렸다. 오랫동안 이 순간을 기다려온 붓다가 말했다.

"우루웰라 깟사빠여, 당신은 지난 며칠 동안 수많은 사람들이 모여든 가운데 앗타까를 거행했습니다. 그러나 나는 물과 불로서 몸과 마음을 정화할 수 있다는 것을 인정하지 않습니다. 강물 속에서 목욕하는 것으로 청정해지지 않습니다. 오직 진실과 고귀한 원리(담마)에 의해서만이 청정해질 수가 있습니다. 이것이 거룩한 가르침입니다."

"…"

우루웰라 깟사빠의 얼굴이 백지장처럼 창백해졌다. 자신의 마음을 꿰뚫어 알고 있는 젊은 수행자 앞에서 그가 할 수 있는 것은 아무것도 없었다. 붓다가 말을 이어갔다. 우루웰라 깟사빠는 물론, 그와 함께 온 결발제자들도 침묵한 채 젊은 수행자의 말에 집중하고 있었다.

"강물에서 목욕하여 청정해진다면 강물 속 물고기들이나 물소들도 모두 해탈했을 것입니다. 만일 누군가 죄를 짓고 강물에서 목욕하는 것으로 죄가 씻겨나간다면 이 세상은 범죄로 들끓게 될 것입니다. 목욕으로 청정해지지 않습니다. 세례로 죄가 없어지지 않습니다. 어둠의 반대가 빛이고 무지의 반대가 앎인 것과 같은 식으로, 목욕이 악의 반대는 아닙니다. 그러므로 물에 의한 청정은 없습니다."

붓다는 이어 결발행자들 앞에서 즉시 500개의 화로를 만들어내는 놀라운 이적을 행했다. 차가운 강물에 들어가 자맥질하고 나온 수행자들이 물 밖에 나와서 몸을 데울 수 있도록 한 배려였다. 붓다는 또 사방으로 물을 물러나게 하여 땅바닥이 드러난 곳에서 경행(행선)을 하는 신통을 보여주기도 했다. 우루웰라 깟사빠와 제자들은 말문이 닫힌 채 그저 두 눈만 휘둥그레 뜨고 있을 뿐이었다. 잠시 그들을 둘러본 붓다가 말했다.

> "우루웰라 깟사빠여, 그대는 거룩한 님이 아닐 뿐만 아니라 거룩한 길에도 들어서지 못했습니다. 그대가 거룩한 님이 되게 하거나 그대를 거룩한 길에 들어서게 하는 길이 그대에게는 없습니다."

그러자 우루웰라 깟사빠는 붓다 앞으로 나아가 무릎을 꿇고 고개를 숙인 채 솔직하게 자신의 입장을 털어놓았다. 자신의 마음을 들여다본 듯 알고 있는 위대한 이 앞에서 감히 거짓 행동을 할 엄두가 나지 않았던 것이다.

> "그렇습니다. 세존이시여, 부끄럽지만 세존 앞에서 솔직하게 인정하지 않을 수 없습니다. 저는 거룩한 님이 아닙니다. 거룩한 길에 이르지도 못했습니다. 고따마 붓다여, 당신이야말로 진정한 거룩한 님이십니다."

이렇게 깟사빠 3형제 중 가장 맏형인 우루웰라 깟사빠는 자신의 교만과 권위를 홀연히 버리고 붓다 앞에서 합장한 채 말을 이어갔다. 그는 자신도 모르는 사이에 붓다를 '세존'이라고 부르고 있었다.

> "세존이시여, 제가 당신을 따르도록 허락하소서."

잠시 침묵하던 붓다가 말했다.

"우루웰라 깟사빠여, 당신은 오백 명이나 되는 브라만들의 지
도자입니다. 나의 제자가 되고자 한다는 뜻을 먼저 당신의 제
자들에게 알려야 합니다. 당신의 제자들이 각자의 길을 선택
할 수 있는 기회를 주어야 합니다. 그것이 당신이 먼저 해야
할 일입니다."

공손한 자세로 붓다를 안내해 자신의 처소로 돌아온 우루웰라 깟사
빠는 자신의 500 제자들을 한 사람도 빠짐없이 한자리에 모이게 하
고는 큰 소리로 말했다.

"여러분, 나는 거룩한 님, 아라한이 아닙니다. 나의 가르침 역
시 아라한으로 가는 길이 아닙니다. 진정한 아라한은 오직 한
분, 여기 계신 세존, 붓다뿐이십니다. 진정한 아라한의 길 역시
세존의 가르침뿐입니다. 나는 오늘부터 이분의 제자가 될 것
입니다. 그러니 여러분은 여러분의 길을 가십시오."

그러자 제자들이 한목소리로 말했다.

"저희들도 스승님의 뒤를 따르겠습니다."

우루웰라 깟사빠와 그의 오백 제자들은 땋았던 타래머리를 자르고
붓다에게 제자로 받아줄 것을 간청했다.

"세존이시여, 저희들이 당신께 출가하여 비구가 될 수 있도록
허락하여주십시오."
"오십시오. 비구들이여. 나의 가르침을 따라 청정한 수행을 함
으로써 모든 괴로움에서 완전히 벗어나도록 하십시오."

밤낮없이 타오르던 사당의 불은 꺼졌다. 갖가지 제사 도구들은 성스
러운 네란자라 강에 모두 버려졌다. 여러 생에 거쳐 지은 죄업을 모두
강물에 씻어버리기라도 하는 듯이 500명의 브라만들이 머리를 깎고
붓다의 제자, 비구로 새롭게 탄생했다.

하류에서 많은 제자들과 함께 있던 우루웰라 깟사빠의 동생 나
디 깟사빠는 강물에서 뭉텅뭉텅 잘라진 머리카락과 형님이 가장 아
끼던 제사 도구들이 떠내려 오는 것을 보고 소스라치게 놀랐다. 삼형
제 중 둘째인 나디 깟사빠는 허겁지겁 우루웰라로 달려가 큰형님인
우루웰라 깟사빠를 찾았다. 그는 다시 한번 크게 놀랐다. 기상과 위엄
이 넘치던 형님이 브라만의 권위와 수행자의 자존심을 상징하던 머
리카락을 자른 채 한 젊은 사문의 발아래 엎드려 예배하고 있었던 것
이다.

"아니! 형님, 대체 이게 어찌된 일입니까?"

우루웰라 깟사빠는 그동안에 있었던 일들을 자세하게 동생에게 들려
주었다. 눈을 감고 한참이나 생각에 잠겼던 둘째 동생이 입을 열었다.

"형님, 제가 어떻게 하는 것이 좋겠습니까?"

우루웰라 깟사빠가 잘라 말했다.

"아우님도 나와 같이 세존의 제자가 되는 것이 좋겠네."

형님을 절대적으로 신뢰하고 존경했던 나디 깟사빠는 형님의 말을 따르기로 하고, 그의 제자 300명과 함께 미련 없이 머리카락을 자른 후 사문이 되었다. 가야에 머물던 셋째 동생 가야 깟사빠 역시 형들이 붓다의 제자로 출가해 비구가 되었다는 소식을 듣고, 부리나케 제자 200명과 함께 우루웰라로 찾아와 붓다에게 예배하고 제자가 되었다. 불에 제사를 지내는 것으로 공덕을 쌓고 물로 죄업을 씻으려던 깟사빠 삼형제, 우루웰라 깟사빠, 나디 깟사빠, 가야 깟사빠와 그들의 제자 일천 명은 이렇게 보시로 공덕을 쌓고 팔정도로 죄업을 씻는 열반의 강에 몸을 담갔다. 잘못된 믿음을 갖고 있다가 붓다를 만나 비로소 정법에 귀의하게 된 일천 명의 새로운 제자들에게 붓다는 연민과 환영의 마음으로 말했다.

"꾸사의 풀잎(길상초)으로 악취 나는 생선을 묶으면 그 잎에는 생선 썩은 냄새가 배는 것처럼 어리석은 사람을 사귀는 것도 마찬가지이다. 냄새가 없는 발리사 나뭇잎으로 향을 싸서 묶으면 그 잎에 좋은 향내가 배는 것처럼 현자와 사귀는 것도 마찬가지이다. 그러므로 업이 무르익는 것이 마치 과일이 저절로 익는 것과 같음을 알아서 지혜로운 자는 부정한 자를 따르지 말고 착하고 정직한 자를 따라야 한다."

비로소 거룩한 길로 인도하는 참 스승을 만난 기쁨에, 일천 비구들의 얼굴은 환하게 피어올랐다. 이때가 붓다가 깨달음을 얻은 지 2년이 지날 무렵이다.

빔비사라의 초청을 받아들이다

마가다 국의 최고 수행자로, 왕실은 물론 많은 대중의 존경과 귀의를 받았던 깟사빠 3형제가 붓다에게 귀의해 제자가 된 것은 온 나라를 뒤흔든 충격적인 사건이었다. 이 일이 있은 후 마가다 국에서 붓다의 명성이 하루가 다르게 높아간 것은 당연한 일이었다. 수많은 수행자들과 브라만들이 붓다의 가르침에 따라 수행하는 제자의 무리, 즉 붓다의 상가에 문을 두드리기 시작했다.

붓다가 주창하는 새롭고 신선한 가르침은 브라만교의 의식주의와 미신의 멍에에 얽매어 있던 대중들에게 큰 희망과 위안을 가져다주었다. 삽시간에 마가다 국 전역에 고따마 붓다의 명성이 퍼져나갔다. 우루웰라에서의 놀라운 전법 성과는 붓다에게 보다 이른 시일 안에 고향 까삘라왓투를 방문해야겠다는 마음을 일어나게 했다.

깟사빠 3형제와 그 제자들을 개종시킨 것은 붓다의 전법 성공 사례이기도 했지만, 지금까지 마가다 국 사람들이 절대적으로 의지해왔던 브라만교라는 거대한 댐에 큰 구멍을 뚫은 사건이었다. 마가다 국 사람들에게 깟사빠 3형제처럼 절대적 권위와 존경을 받았던 수행지도자들이 붓다의 제자가 되었다는 사실은 선뜻 믿기지 않는 일이었다. 그러므로 그들의 개종이 마가다 국 사람들에게 자연스럽게 받아들여지기까지는 일정한 시일이 필요했다. 아무튼 그들의 개종 소문은 마치 섶에 붙은 불처럼 퍼져 곧 빔비사라 왕에게도 전해졌다.

소문을 듣자마자 빔비사라 왕이 시종들을 불러 말했다.

"몇 해 전 고따마 싯다르타를 보았을 때, 나는 그가 머지않아
최상의 깨달음을 성취할 것이라고 생각했다. 그때 그와 나누
었던 언약도 있었다. 어서 그를 만나러 가야겠다."

빔비사라 왕은 많은 시종들과 브라만 재가자들을 거느리고 서둘러
붓다가 제자들과 함께 머물고 있는 우루웰라를 향해 출발했다. 우루
웰라에 도착한 빔비사라 왕의 눈에 황색 가사를 입은 일천여 비구들
이 특별한 정경을 자아내고 있는 장면이 들어왔다. 승려들의 가사 색
은 그들의 밝고 고요한 얼굴과 훌륭한 조화를 이루고 있었다. 마치 구
름 한 점 없이 맑은 하늘에 수천의 달이 빛나는 것처럼 은은하고 신
성한 기운이 우루웰라 전역에 넘쳐나고 있었다. 이전에는 볼 수 없었
던 일대 장관이요, 분위기였다. 빔비사라 왕은 고따마 붓다에게 다가
가 정중하게 예를 올리고 말했다.

"고따마여, 당신을 처음 만났을 때 나는 당신께 깨달음을 이루
게 되면 라자가하로 돌아와 나의 종교 고문이 되어달라고 청
한 적이 있습니다. 그러나 이제와 생각하니 나의 그런 요구는
너무 이기적인 것이었습니다. 나는 당신의 깨달음과 가르침
에 의해 온 세상이 이롭게 될 수 있다는 것을 믿습니다. 모레,
당신의 제자들과 함께 라자가하의 궁전으로 오셔서 저희가
준비한 공양을 받아주시기 바랍니다."

붓다는 침묵으로 빔비사라 왕의 공양 초청을 수락했다. 서둘러 라자 가하로 돌아온 빔비사라 왕은 바로 붓다와 그 제자들을 맞아들일 채비를 갖추도록 시종들에게 지시했다. 사치를 즐기던 깟사빠 3형제를 조복시켰다는 것으로 볼 때, 붓다는 호화롭거나 번거로운 것에 흥미가 없을 것으로 여긴 왕은 가급적 번잡한 장식은 피하도록 했다. 붓다를 친견하러 법회장에 참석할 사람들에게는 청결한 흰옷을 차려입도록 권했다.

상두산에서의 '불[火]의 법문'

마가다 국의 가장 큰 교단이 통째로 붓다에게 귀의하여 집단 개종한 사건은 온 나라의 화젯거리가 되었고 이런 소문은 점점 이웃나라에까지 확산되고 있었다. 빔비사라 왕의 초청을 수락한 붓다는 일천 명에 이르는 제자와 함께 마가다 국의 수도 라자가하로 향했다. 우루웰라에서 가야로 넘어가는 길목에는 코끼리 머리처럼 평평한 바위가 있는 가야산[象頭山]이 자리하고 있다. 붓다는 제자들과 함께 가야산 정상에서 잠시 쉬어가기로 했다. 산 아래를 굽어보던 붓다의 시야에 멀리 산봉우리에서 맹렬히 불길이 솟아오르는 장면이 들어왔다. 그 불길을 한참 동안이나 바라보던 붓다는 새로 개종해온 일천 제자들을 돌아보며 말했다.

    "온 세상이 불타고 있구나!"

평생 불을 섬기며 관찰해온 깟사빠 3형제는 순간 귀를 쫑긋 세웠다. 그들이야말로 누구보다도 불의 성질을 잘 알고 있었기 때문이었다. 우루웰라 깟사빠가 때를 놓치지 않고 제일 먼저 자리에서 일어나 합장하고 여쭸다.

    "세존이시여, 온 세상이 불타고 있다는 말씀은 무슨 뜻입니까?"

일천 명에 이르는 비구들의 모든 시선이 붓다에게 쏠렸다. 붓다가 말했다.

"비구들이여, 무엇이 불타고 있는가? 사람의 눈이 불타고 있다. 눈에 보이는 빛깔과 형상이 불타고 있다. 눈의 분별이 불타고 있다. 눈과 그 대상의 접촉이 불타고 있다. 눈과 대상의 접촉에서 생기는 즐겁고 괴로운 느낌들이 불타고 있다. 비구들이여, 무엇 때문에 불타는 것인가? 탐욕의 불, 분노의 불, 어리석음의 불 때문이다. 그 까닭에 늙음의 불길, 질병의 불길, 죽음의 불길, 걱정의 불길, 슬픔의 불길, 고통의 불길, 고뇌의 불길이 치솟고 있는 것이다. 귀에서도, 코에서도, 혀에서도, 몸에서도, 나아가 마음에서도 불길이 훨훨 타오르고 있다."

비구들의 표정에는 자못 긴장이 흘렀다. 붓다의 말씀 한마디 한마디를 놓치지 않겠다는 의지가 역력했다.

"비구들이여, 이와 같이 관찰할 수 있는 현명한 제자는 눈에 대해서도, 눈으로 보는 빛깔과 형상에 대해서도, 눈과 대상의 접촉에 대해서도, 그 접촉에서 생기는 즐겁고 괴로운 느낌에 대해서도 집착하지 않는다. 그들은 집착을 벗어나 마음의 해탈을 얻는다. 탐욕의 불, 분노의 불, 어리석음의 불에서 벗어나 마음이 해탈한 이는 '나는 이미 해탈했다.'고 자각하게 될 것이다. 그럴 때 그는 할 일을 다 마쳤다. '이제는 더 이상 윤회의 굴레에 속박되지 않는다.'라고 스스로 알게 될 것이다.”

붓다는 탐욕과 어리석음의 불길이 거세게 타오르는 것은 나를 근본으로 삼기 때문이라고 설명했다. 이 탐·진·치의 세 가지 불을 멸하려면 먼저 나의 근본을 끊어야 하고, 그렇게 함으로서 세 가지 불길은 모두 꺼지고, 삼계를 윤회하는 모든 괴로움은 스스로 사라지게 될 것이라고 역설했다.

　설법을 듣고 있던 제자들은, 부처님의 제자가 되기 전까지도 불(火)을 숭배하며 불이 이 세상과 인간의 삶의 근원이며 절대숭배자라는 가르침을 받고 믿으며 살아왔던 자신들의 무지를 한탄하며 붓다가 펼치는 진리의 참모습에 감탄하였다. 이렇게 붓다로부터 '불의 법문'을 들은 깟사빠 3형제를 비롯한 일천 제자들은 모두 집착을 벗어나 정신의 해방을 얻었다. 우루웰라 깟사빠는 가장 먼저 성인의 흐름에 들었고, 둘째와 셋째도 그 뒤를 이었다. 둘째 나디 깟사빠는 성인의 흐름에 든 기쁨을 시(詩)로써 노래했다.

　깨달은 님께서 나를 위해
　참으로 네란자라 강에 오셨으니,
　그분의 가르침을 듣고
　삿된 견해를 나는 버렸다.

　여러 가지 희생제를 치르며
　화신(火神)에게 나는 공양했다.

'이것이 청정하다.'라고 여겼으니,
눈먼 어리석은 범부였다.

삿된 견해의 정글에 뛰어들어
규범과 의례에 대한 집착에 미혹되어
눈멀고 무지한 나는
부정한 것을 청정한 것이라고 여겼다.

삿된 견해는 나에게 끊어지고
일체 존재는 파괴되었다.
공경해야 할 화신을 공경하니,
이렇게 오신님께 예배드린다.

어리석음은 나에게 끊어졌고
존재와 갈애는 파괴되었다.
태어남으로 인한 윤회는 부수어졌으니,
이제 결코 다시 태어남은 없다.

셋째 가야 깟사빠도 성인의 흐름에 들어 할 일을 다 마친 기쁨을 이렇게 노래했다.

아침, 점심, 저녁
하루 세 번,
가야 시의 팍구나(phaggu, 음력 2~3월)의 달

물속으로 나는 들어갔다.

'예전에 내가 다른 생에서
행한 어떠한 악이든,
그것을 이제 여기서 씻겠다.'라고,
이전에는 이런 견해를 가졌었다.

잘 설해진 말씀,
가르침의 의취를 갖춘 경구를 듣고,
여실하고 실제적인 의취를
이치에 맞게 나는 관찰했다.

모든 악을 나는 씻어냈다.
때를 여의고 깨끗하고 맑고,
청정한 자의 청정한 상속자이니,
깨달은 님의 적자(嫡子)이다.

여덟 갈래 흐름에 뛰어들어
일체의 악을 씻어냈다.
세 가지 명지를 성취하였으니,
깨달은 님의 교법이 나에게 실현되었다.

이상적인 통치자 마하삼마따

빔비사라 왕과 약속한 날 아침, 수많은 제자들을 거느린 붓다가 라자가하에 도착했다. 붓다와 그 제자들은 라자가하 서남쪽 교외의 평화롭고 한적한 랏티와나(Latthivana, 杖林) 숲의 사당에 머물렀다. 앙가국과 마가다 국의 성소인 그곳에는 종파와 상관없이 수행자들이 머물 수 있도록 편의가 제공되고 있었다. 사끼야 족의 성자가 우루웰라 깟사빠와 함께 라자가하에 도착했다는 소식은 삽시간에 라자가하 전역에 퍼졌다. 빔비사라 왕은 약속대로 고따마 싯다르타가 붓다가 되어 라자가하를 찾아준 것에 대해 큰 행복감을 느끼고 있었다.

붓다와 그의 제자들 행렬이 흰옷 입은 주민들이 거리를 가득 메운 라자가하에 도착했을 때, 주민들의 흰옷은 수행자들의 황색 가사와 묘한 대조를 이루었다. 마치 간밤에 자욱하게 낀 순백의 안개가 밝은 해가 지평선으로 떠오르고 있음에도 걷히지 않는 것 같았다.

빔비사라 왕은 붓다와 그의 제자들이 라자가하 성에 도착하자 신하들을 보내어 붓다 일행을 궁중으로 안내했다. 빔비사라 왕은 왕실 가족들과 함께, 오늘의 법석을 위해 특별히 지은 거대한 정자에 자리한 붓다와 제자들 앞에 나아가 예를 올렸다. 이어 왕은 궁중 주방에서 마련한 최상의 재료로 만든 음식을 올렸다. 붓다와 일천여 비구들이 공양을 마쳤을 때, 빔비사라 왕이 앞으로 나아가 오른쪽 무릎을 꿇고 합장한 채 말했다.

"스승이시여, 당신께서는 무적의 우루웰라 깟사빠를 개종시키는 희유한 기적을 행하셨습니다. 도무지 믿기지 않는 능력을 보이신 당신께서는 무엇이든지 답할 수 있는 위대한 성자일 것으로 생각됩니다. 그래서 한 가지 묻고자 합니다. 원하옵건대 무엇이 우리 같은 크샤트리아를 이상적인 통치자로 만드는지 말씀해주실 수 있겠습니까?"

"왕이시여!"

붓다가 빔비사라 왕을 부르는 것으로 대답을 시작했다.

"이상적인 통치자는 진심으로 백성들의 복지를 생각하는 사람입니다. 이상적인 통치자는 무력이 아닌 정의로써 통치합니다."

"그러나 스승이시여, 저의 종교 고문을 맡은 브라만들은 정의는 칼에 의해 지켜지며, 그런 까닭에 크샤트리아를 칼잡이라고 부른다고 말합니다."

"그렇게 말하는 이들이 누구든 간에, 정의를 위해서 무력을 사용할 수 있다고 주장하는 자들은 그 정의가 지고의 존재, 즉 그들이 말하는 창조신 브라흐마가 제정한 법칙이라고 가정합니다. 그들은 그 법칙이 당연한 세계의 진리이며, 인간은 그 성스러운 신의 명령과 법칙에 반대할 수 없다고 주장합니다. 따라서 그런 법에 반하는 것은 진리가 아닌 악이며, 마땅히 칼에 의해 처단되어야 한다고 주장하는 것입니다."

붓다의 당당한 말에 빔비사라 왕의 종교 고문으로 이 자리에 함께 참석하고 있던 브라만 사제들이 짐짓 당혹스러운 표정을 지으며 서로를 쳐다보았다. 붓다가 말을 이어갔다.

"그러나 나는 그렇지 않다는 것을 알았습니다. 왕이시여, 내가 발견한 세계에 관한 진리는 어떤 것이든 조건에 의지해서 발생하고 조건에 의지해서 소멸하는 원리, 즉 연기(緣起)입니다. 정의 역시 이 조건에 의지에서 발생하는 원리에 의해 설명되고 이해되어야 합니다."

"스승이시여, 저는 아직까지 조건에 의지해서 발생하고 소멸하는 원리가 무엇인지, 그리고 그 원리에 의한 정의가 어떤 것인지 알지 못합니다. 어떻게 하면 그것이 나라를 다스리는 데 이용될 수 있겠습니까?"

"왕께서 이해하지 못하고 의구심을 가지는 것은 당연합니다. 지금부터 내가 발견한 연기의 원리를 설명하겠습니다. 신중히 들으십시오."

붓다의 말에, 빔비사라 왕과 자리에 함께한 브라만들이 자리를 고쳐 앉으며 귀를 쫑긋 세웠다.

"인간은 조물주나 자기 자신에 의해 창조된 존재가 아닙니다. 복잡한 조건들이 조합된 결과로 생성된 것입니다. 한 인간이 사회 안에서 살아가는 동안 그가 어떤 범죄를 저질렀을 때, 그 범죄에 그 자신의 욕망과 열정이 관계되는 한 그에게 책임이 있습니다. 깨닫지 못한 인간에게는 열정과 욕망이 있습니다. 인간들은 유년기부터 받아온 교육에 의해서, 혹은 모든 욕구와 열정을 만족시킬 기회를 갖지 못해서 욕망을 절제하거나 자제하게 됩니다. 그러나 만약 그가 적절한 교육을 받지 못했거나 욕망할 환경과 기회가 주어진다면 대부분 스스로 드러낸 욕망과 열정에 지배당합니다. 그러한 경우 그것은 그 자신만의 책임이 아니라, 그의 부모, 스승, 그가 살고 있는 사회의 책임이기도 합니다. 이렇게 그의 범죄가 복잡한 조건의 결과일 때, 왜 오직 그 사람 혼자서 처벌을 받아야 됩니까? 또한 처벌이 필수적인 것이라고 하더라도, 그 처벌의 동기가 복수를 위한 보복이어서는 안 됩니다. 처벌은 오직 교정을 하거나 잘못된 것을 바로잡는 복구를 위한 것이어야 합니다. 따라서 어떤 경우에도 무력을 사용하는 것은 정당하지 않습니다. 일반적으로 극형은 교정이 불가능하다는 이유로 정당화됩니다. 그러나 나는 선도될 수 없는 인간이 있다고 생각하지 않습니다. 인간은 탐욕과 증오, 미혹에 의해 악한 존재가 됩니다. 그러나 이 세 가지 악의 근원은 뿌리째 제거될 수 있습니다. 나는 수행을 통해 그러한 경지를 획득했고, 나와 함께 이 자리에 있는 대부분의 내 제자들 또한 그렇습니다. 어떤 사람이 이와 같은 악의 근원을 제거할 수 있다면, 다른 사람에게는 불가능하다고 단정할 수 없는 것입니다. 왕이시여, 나는 살아 있는 인간의 생명을 파괴하는 것을 정당화하는 어떤 것도 옹호할 수 없습니다. 윤회를 끝내는 것과 존재하는 생명을 파괴하는 것은 엄연히 다른 일입니다. 일단 존재하게 된 생명은, 설령 자기 자신일지라도 파괴할 권리가 없습니다. 왕이시여, 자기 자신에게 행해진 해로운 행위를 어떻게 생각합니까? 그것은 좋은 것입니까? 나쁜 것입니까?"

붓다의 질문에 잠시 머뭇거리던 빔비사라 왕이 대답했다.

"스승이시여, 그것은 나쁜 것입니다."
"다른 사람을 해롭게 하는 것은 어떻습니까?"
"그것 역시 나쁜 것입니다."
"자기 자신과 타인을 함께 해롭게 하는 행위는 또 어떻습니까?"
"그 또한 나쁜 것이라고 생각합니다."
"그렇다면 어떤 것이 선행이며, 어떤 것이 악행입니까?"
"스승이시여, 악행이 다른 사람은 물론 자기 자신을 해롭게 하는 것이라면, 다른 사람과 함께 자신을 행복으로 이끄는 행위가 곧 선이라고 해야 할 것입니다."
"그렇습니다. 왕이시여, 내가 발견한 진리가 바로 그것이며, 그것이 곧 정의입니다. 이 진리는 신의 계시에 의한 것도, 천상의 법령에 근거한 것도 아닙니다. 그것은 다만 우리가 이 세계에서 경험하는 것들이 조건에 의지해서 발생한다는 연기의 원리에 그 근거를 두고 있는 것입니다. 그것은 선악 양쪽 모두가 인과관계 속에서 발생하고 소멸하는 것이라는 원리에 근거하고 있습니다. 선의 증장이 그것이 생겨날 수 있는 조건을 촉진함으로써 실현되는 것이라면, 악의 제거는 그것을 일으키는 조건의 제거에 의해 성취되는 것입니다. 따라서 이상적인 통치자란 세계의 본성을, 조건에 의지해서 발생하는 것이라고 이해하고 선의 증장을 도모하며, 피지배자인 백성은 물론 자신 속의 악업을 제거하도록 노력하는 자라고 할 수 있습니다."

"스승이시여, 그렇다면 그 이야기는 이상적인 통치자가 꼭 크샤트리아일 필요는 없다는 뜻입니까?"

"그렇습니다. 크샤트리아는 그의 가문의 덕이 아니라 자신의 행위에 의해서 크샤트리아가 되는 것입니다. 누군가 통치자로 선택되는 것은 그가 특별한 가계에서 태어났기 때문이 아니라, 거기에 적당한 사람이기 때문입니다. 왕이시여, 인간의 최초의 통치자에 대해서 들은 적이 있습니까?"

크샤트리아 출신이기에 붓다의 말에는 힘이 실리고 있었다. 설명을 하다가 되묻는 붓다의 설법에 빔비사라 왕도 긴장하고 있었다. 정신을 집중해 설법을 듣지 않았다면 당황할 수도 있는 예리한 질문이었다.

"예, 그는 마하삼마따(Mahāsammata)라는 분이었습니다."

"왜 그가 마하삼마따라는 이름으로 불렸습니까?"

빔비사라 왕은 잠시 생각에 잠겼다. 그 이름은 크샤트리아 출신에게는 매우 친숙한 것이었지만, 일찍이 그 이름의 의미에 대해서는 깊이 생각해 본 적이 없었던 것이다.

"스승이시여, 잘 아시다시피 '마하'는 '위대한'이라는 뜻이며, '삼마따'는 '의견의 일치'란 의미로 보입니다만…."

"옳습니다. 그것이 바로 그 이름이 뜻하는 바입니다. 마하삼마따는 '많은 백성의 동의를 얻은 자'라는 뜻입니다. 그렇다면, 그가 크샤트리아였기 때문에 통치자로 선정된 것입니까?"

"그렇지 않습니다. 스승이시여. 그는 최초의 크샤트리아였으며 나머지는 모두 그의 자손들입니다."

"그는 어떻게 해서 크샤트리아 가계에서 출생하지 않고도 크샤트리아가 될 수 있었습니까?"

붓다가 질문했다. 그러나 당황한 빔비사라 왕은 대답할 말이 없었다. 그의 곁에 앉아 있던 아자따삿뚜(Ajātasattu) 왕자의 얼굴에 분노의 빛이 떠올랐다. 붓다가 계속했다.

"그는 다수의 대중에 의해 선정되었습니다. 그는 공정하고 성실했기 때문이며, 훌륭한 외모와 도덕적 결백과 정직함, 공평무사함 등으로 다수 대중의 존경을 받았기 때문입니다. 그러므로 나는 왕위의 세습이 온당하지 않다고 주장하는 것입니다. 백성들로부터 적법하게 권리가 부여되지 않는 한 그 누구도 그들을 통치할 권리가 없습니다. 따라서 백성들로부터 누군가에게 통치권이 주어졌을 때, 그는 단지 자신을 지지한 사람들뿐만 아니라, 전체의 행복과 복지를 생각하지 않으면 안 됩니다. 후원자에 대한 편애나 반대자에 대한 증오는 다수 대중들이 공감해 받아들이는 선과 악의 개념에 따르더라도 홀

룡한 통치자라고 할 수 없습니다. 이상적인 통치자란 다수의
타인은 물론 자신의 행복을 위해 통치하는 자입니다.”

왕은 기뻤다. 그는 붓다의 위대함과 이 사회가 수용하고 있는 모든 독
단에 대항하는 용기, 더 나아가 모든 인간 생명을 향한 붓다의 자비를
깨달았다.

한편 이 자리에 붓다의 제자로 참석하고 있는 우루웰라 깟사빠
는 마가다 국과 앙가 국 백성들에게 오래전부터 존경을 받아온 인물
이었다. 그런 그가 명성과 권위를 버리고 누군가의 제자가 되었다는
소문은 실로 놀라운 일이 아닐 수 없었다. 게다가 그의 스승이 너무도
젊었기에 사람들은 우루웰라 깟사빠가 삭발과 가사를 입고 붓다의
발아래 앉아 있는 현장을 목도하면서도 선뜻 그 사실을 받아들일 수
없었다.

붓다와 그 제자들이 이 자리에 참석했을 때부터 많은 백성들은
의혹의 눈초리와 함께 붓다와, 그 옆에 앉아 있는 우루웰라 깟사빠를
번갈아보며 누구에게 먼저 예배를 들여야 할지를 머뭇거렸을 정도였
다. 그들은 나이 많은 깟사빠와 젊은 붓다를 바라보며 ‘누가 스승이고
누가 제자란 말인가?’라며 곤혹스러운 표정을 감추지 못했다. 이런
분위기를 읽은 붓다가 우루웰라 깟사빠에게 눈길을 주며 물었다.

“우루웰라의 숲에서 살던 깟사빠여, 그대는 불을 섬기고 불에
제사를 지내던 브라만이었습니다. 그대에게 묻겠습니다. 무슨
법을 보았기에 그대는 불을 섬기는 제사를 그만 두었습니까?”

붓다의 뜻을 알아차린 우루웰라 깟사빠가 자리에서 일어났다. 그가 일어서자 웅성거림은 잦아지고 사방이 고요해졌다. 우루웰라 깟사빠는 가사를 고쳐 입고 두 손을 모아 공손히 합장한 채 큰 소리로 말했다.

"제사는 보이는 것, 들리는 것, 맛있는 것, 향기로운 것을 찬탄하고, 아름다운 여인을 칭송합니다. 많은 공물과 정성을 바치며 신들을 찬탄하는 이유는 그 보답으로 그런 것들을 얻기 위해서였습니다. 그러나 저는 오욕의 즐거움이 몸에 묻은 때와 같다는 걸 알았습니다. 그런 감각적 쾌락의 기쁨이 부질없다는 걸 알았습니다. 이제 제게는 크고 작은 제사를 지내는 것이 추구해야 할 일이 아니게 되었습니다."

"우루웰라 깟사빠여, 그대의 마음이 오욕을 좋아하지 않게 되었다면 지금은 무엇을 좋아합니까?"

붓다가 다시 물었다.

"스승이시여, 제가 지금 좋아하는 것은 열반입니다. 열반은 고요합니다. 열반에는 욕심의 근거가 되는 몸도 없고 대상도 없습니다. 저는 더 이상 오욕의 즐거움에 집착하지 않습니다. 열반을 성취했으므로 다시 태어나 늙고 병들어 죽는 것을 걱정할 필요도 없습니다. 저는 모든 집착에서 벗어난 붓다, 스승님의 가르침에서 만족을 찾았습니다. 열반으로 향한 길 이외에 다른 법에는 관심이 없습니다. 열반을 알게 된 지금 이 늙은 제자의 마음은 더 이상 크고 작은 제사를 즐거워하지 않습니다."

우루웰라 깟사빠는 붓다의 발아래 엎드려 최대한의 존경을 담아 예배했다. 그러고는 자리에서 일어나 대중들을 향해 외쳤다.

"여기 세존께서는 저의 스승이시고, 저는 그분의 제자입니다."

우루웰라 깟사빠는 이어 자신이 스승의 가르침을 받고 이룬 경지를 수만의 대중 앞에서 당당하게, 그러나 가장 겸손한 태도로 공표했다.

"세존께서 보여주신 그 놀라운 기적을 보고도, 질투와 교만 때문에 저는 스승께 존경을 표하지 않았습니다. 세존께서는 이런 저의 의도를 아시고 인간을 길들이는 최고의 조련사답게 연민으로 꾸짖어주셨습니다. 스승님의 꾸짖음과 가르침에 저는 전율이 일어났습니다. 그리고 이전에는 없었던 외경이 생겨났습니다. 비구가 되기 이전 결발행자였을 때 제가 가진 신통은 하찮은 것이었습니다. 저는 그것을 버리고 위대한 승리자, 세존의 교법에 출가했습니다. 감각적 쾌락에 대한 욕망에 정신이 팔려 예전에는 희생제에 만족했으나, 세존께 귀의한 후 탐욕과 성냄과 어리석음을 뿌리째 뽑아버렸습니다. 전생의 삶을 알았고, 하늘눈(天眼)은 깨끗해졌으며, 신통력이 생겨났고, 타인의 마음을 아는 자로서 실로 저는 하늘귀(天耳)를 얻었습니다. 집에서 집 없는 곳으로 출가한 의취(義趣, 열반

에 이르게 하는 진리), 바로 그 의취를 성취하였으니 제게 일체의
결박이 부수어졌습니다."

흰머리가 뽀얗도록 신들을 섬기며 살아온 우루웰라 깟사빠의 희열에
찬 고백을 들은 라자가하의 사람들은 큰 충격에 휩싸였다. 충격으로,
그리고 외경심으로 찬물을 끼얹은 듯 고요해진 대중에게 붓다는 차
례로 보시에 관한 이야기, 계율에 관한 이야기, 천상에 태어나는 올바
른 길에 관한 이야기를 들려주었다. 그리고 법문을 듣는 사람들의 마
음이 편안하고 고요해졌을 때, 네 가지 성스러운 진리에 대해 설했다.

　　"이것은 괴로움입니다. 이것은 괴로움의 발생 원인입니다. 이
　　것은 괴로움의 소멸입니다. 이것은 괴로움의 소멸에 이르는
　　길입니다."

붓다의 중생을 사랑하는 간절한 설법에 수많은 백성들이 기뻐했고,
빔비사라 왕을 비롯한 많은 대신들이 그 자리에서 붓다의 지혜에 눈
을 뜨고 삼보에 대한 굳건한 믿음을 일으켰다. 붓다의 지혜로써 바른
것을 보고 바른 것을 존경할 수 있게 된 빔비사라 왕이 존경 가득한
목소리로 말했다.

　　"세존이시여, 저는 태자 시절 다섯 가지 소원이 있었습니다.
　　첫째는 제가 국왕이 되는 것, 둘째는 왕이 되었을 때 제가 다
　　스리는 나라에 붓다께서 오시는 것, 셋째는 그 붓다를 섬기고
　　받들 기회를 얻는 것, 넷째는 붓다께서 설하시는 법을 제가 듣

는 것, 다섯째는 붓다께서 설하시는 법을 제가 이해하고 깨닫는 것이었습니다. 세존이시여, 저는 이제 이 다섯 가지 소원을 다 이루었습니다. 당신의 가르침은 너무도 거룩하고 훌륭합니다. 저를 제자로 기억해주십시오. 목숨이 다하는 날까지 의지하고 받들겠습니다. 당신의 거룩한 가르침을 받기 위해 항상 마가다 국에 머물러주실 것을 요구하는 것은 온당하지 못합니다. 그러나 부디 훌륭한 제자 몇 분을 여기에 남게 하셔서 마가다 국 사람들과 제가 항상 그분들의 가르침을 받을 수 있도록 해주십시오. 저는 오늘 기꺼이 왕실의 대나무 동산을 붓다의 상가(saṅgha, 僧家)에 헌정하겠습니다."

이날 붓다가 진리를 설하는 자리에 참석한 수많은 브라만과 크샤트리아, 그리고 갖가지 직업을 가진 자들을 비롯하여 백성들 대다수가 기쁨으로 고따마 붓다의 새로운 가르침을 받아들였다. 황색 가사를 걸친 1천여 비구들과 흰색 옷을 입은 수만의 라자가하의 백성들이 자리하고 있던 이 날, 마치 새하얀 천에 맑고 깨끗한 황색 물감이 번져 나가 듯 진리에 물이 퍼져 나갔다. 붓다의 가르침에 적의를 품은 단한 사람, 빔비사라 왕의 아들 아자따삿뚜를 제외하고.

사리뿟따와 목갈라나의 귀의

깨달음을 이룬 제자들이 세상에 진출하면서, 사끼야 족 출신 수행자 고따마 싯다르타가 스스로 해탈의 길을 발견하고 붓다가 되었다는 소문이 잠부디빠 전역으로 퍼져나갔다. 마가다 국의 빔비사라 왕과 깟사빠 3형제 등 마가다 국을 대표하는 권력자와 종교지도자들이 붓다의 제자가 되었다는 소식은 이런 소문에 불을 붙였다. 실제로 붓다의 가르침은 빼어났고, 그가 주창하는 종교생활은 완벽하고 순수했다. 방랑수행자들과 브라만들이 붓다를 만나기 위해 라자가하로 모여들었다. 인생의 고뇌에 대한 해답을 찾아 헤매온 방랑수행자들에게 붓다의 가르침은 오랜 가뭄 끝에 내리는 단비와도 같은 것이었다.

이미 상당 기간 동안 수행생활의 중요한 구성요소로서 요가를 실행해온 수행자들로서는 붓다의 가르침을 이해하는 데 큰 어려움이 없었다. 붓다의 가르침에 따라 평온과 평정을 획득하는 과정이 비교적 용이했고 순조로웠다. 종전과 달리 붓다는 요가 심리학적 분석과 함께, 어떻게 하면 세계에 관한 극단적인 관점에서 벗어나 갈등과 고뇌를 피할 수 있을 것인가 하는 인간적 지식을 아주 상세하게 설파했다. 브라만들의 반응은 종잡을 수 없는 것이었다. 어떤 사람은 붓다의 가르침에 깊은 감명을 받아 제자가 되었으며, 다른 브라만 사제들은 자기네 종교를 부활시킬 새로운 영감을 얻기 위해 붓다를 찾아오기도 했다. 당시 브라만교는 의식주의에 대한 일반대중의 믿음이 약해지면서 점점 퇴보하는 기미를 보이고 있었다. 또한 사회적 지위에 관계없이 많은 남녀들이 가정의 분란과 어려움을 해결할 방법을 찾기 위해 붓다를 찾아오기도 했다.

우기(雨期)가 시작되고 있었다. 부득이 붓다는 고향 까삘라왓투 방문을 뒤로 미뤄야 했다. 대신 그는 고향에 돌아갈 때까지 자신의 가르침에 대한 대중의 반응을 관망하며 남부에 머물기로 했다.

붓다가 라자가하의 대나무 동산에 머물고 있는 동안 앗사지는 라자가하 시 일대를 돌며 붓다의 가르침을 전하고 있었다. 앗사지가 라자가하 시가에 들어간 어느 날이었다. 탁발을 하고 있던 앗사지의 모습이 산자야 벨랏티뿟따(Sañjaya Belatthiputta)의 제자 우빠띠싸(Upatisa)라는 젊은 수행자의 눈에 띄었다. 평온한 모습으로 바리때를 손에 들고 탁발을 위해 집집마다 돌고 있는 앗사지의 모습에 강한 인상을 받은 우빠띠싸는 생각에 잠겼다. 처음 보는 수행자 앗사지의 외모와 고요하게 가라앉은 눈빛, 고결하고도 차분한 행동이 너무나 감동적이었기 때문이었다. '내 평생 저와 같은 수도자의 모습은 일찍이 본 적이 없다. 저분은 필시 아라한이거나 아니면 아라한이 되기 위해 수행하는 분임이 분명하다. 저분에게로 가서 아라한의 길을 물어봐야 되지 않을까?' 그는 다시 생각했다. '지금 저 수행자는 탁발하러 가는 길이니 가서 질문을 하는 것은 적절하지 않을 것 같다. 구하는 자가 하는 법도대로 나도 저분의 뒤를 따라가는 것이 좋겠다.'

우빠띠싸는 탁발을 마치고 식사를 위해 한적한 장소로 가는 앗사지의 뒤를 따라갔다. 우빠띠싸의 스승 산자야 벨랏티뿟따는 인간의 지식으로는 불확실성과 철학적 설명의 모호성을 완전하게 극복할 수 없으므로, 어떤 식의 질문에도 확정적인 대답을 피하는 회의론자였다. 우빠띠싸와 그의 친구 꼴리따(Kolita)는 오랫동안 산자야 벨랏티뿟따의 제자로 있으면서 언제부턴가 그의 가르침에 환멸을 느끼고 있었다. 구원의 가르침을 알려줄 수 없는 스승 밑에서 수행생활을 계속하는 것은 무의미하다고 생각했다. 우빠띠싸와 꼴리따는 크고 작은 수많은 마을과 도시를 찾아다니면서 구원의 길을 인도해줄 스승을 찾았다. 현명한 수도자나 브라만이 어디 있다는 소식을 듣기만 하면 두 청년은 언제나 그리로 찾아가 가르침을 받았다. 그러나 자신들이 품고 있는 의문에 해답을 줄 수 있는 사람을 찾을 수가 없었던 차였다.

두 친구는 혹시 새로운 사상을 접하거든 스승 산자야 벨랏티뿟따와 상의하기 전에 서로에게 먼저 알려주기로 약속하고 있던 터였다. 앗사지가 탁발을 마치고 공양을 하기 위하여 조용한 곳을 찾고 있을 때 그는 들고 다니던 방석을 놓아 자리를 마련하고 앗사지에게 앉기를 권했다. 그리고 그는 앗사지가 거기에 앉아서 식사를 다 마치자 자기 물통에서 물을 따라 올렸다. 우빠띠싸는 앗사지에게 스승에 대한 제자로서의 예의를 깍듯이 갖추었다. 앗사지가 공양을 마치자 두 사람은 예의에 맞게 인사를 공손히 나눴다. 우빠띠싸가 먼저 말을 꺼냈다.

"벗이여, 당신께서는 내가 여태껏 보아온 수행자들과 매우 다릅니다. 참으로 평온해 보입니다. 안색도 맑고 밝아 보입니다. 당신은 어느 분의 가르침을 따라 수행하고 있습니까? 당신의 스승은 누구이며, 어떤 교설을 주장합니까?"
"벗이여, 사끼야 족의 후예로서 그 가문으로부터 출가하신 고따마 싯다르타라는 위대한 수행자가 계십니다. 그분은 깨달은 사람, 붓다로 저의 스승이십니다. 나는 그분의 진리를 따르고 있습니다."

"그분께서 가르치는 것은 무엇이며, 다른 위대한 스승들의 가
르침과 다른 것은 무엇입니까?"

이런 질문을 받자 앗사지는 생각에 잠겼다. '이런 방랑하는 사문들은
흔히 붓다의 가르침에 반대하는 견해를 가지고 있다. 붓다의 가르침
이 얼마나 심오한지를 이 젊은이에게 보여주는 것이 좋겠다.' 생각이
여기에 미치자 앗사지가 말했다.

"벗이여, 나는 수행의 길에 접어든 지 얼마 되지 않았습니다.
출가한 지도 얼마 되지 않았을 뿐 아니라 특히 붓다를 스승으
로 모시고 그분의 가르침과 수행을 접하게 된 것도 최근의 일
입니다. 그래서 그분의 가르침, 즉 진리(법, 담마)에 대해 상세
하게 설명해 드릴 수가 없습니다."

자신을 내세우지 않고 겸손한 태도를 보이는 앗사지에 더욱 감동한
우빠띠싸가 다시 말했다.

"벗이여, 저는 우빠띠싸라고 합니다. 다만 얼마라도 당신의 법
력이 미치는 한 알려주십시오. 온갖 수단을 다하여 그 의미를
깨우치는 것은 저의 몫이 될 것입니다. 말씀해주실 것이 많건
적건 알고 싶은 건 그 속에 담긴 뜻 그것입니다. 오직 저의 소망
은 그 의미를 아는 것이지 많은 말이 필요한 것은 아닙니다."

잠시 망설이던 앗사지가 말했다.

"정 그렇다면 붓다의 가르침의 의미만 간단하게 전달하겠습니다. 잘 들으십시오."

앗사지는 연기의 이치를 포괄하고 있는 게송을 읊었다.

원인이 있어 생겨나는 이 모든 것들에 대해
붓다께서는 그 원인을 일러주셨나니,
이 모든 것들이 멸한다는 것, 그것까지도
대사문께서는 설하셨습니다.

게송을 읊은 앗사지가 말했다.

"그분은 연기법, 즉 어떤 것이든 조건에 의지해서 발생한다는 원리를 가르치십니다. 원인이 있어 생겨나는 이 모든 것들에 대해 그 원인을 일러주셨습니다. 또한 이 모든 것들이 조건이 성숙하면 멸한다는 것까지 저의 스승께서는 말씀해주셨습니다. 내 스승 붓다께서는 영원불멸의 자아를 부정하며, 경험되는 모든 것들을 의지해서 발생한다는 가르침을 설하십니다. 그분이 가르치는 수행 또한 연기의 원리에 근거한 것으로, 나는 그분이 가리키는 길을 따라 내 모든 갈애와 욕망을 제거하고 굴레를 벗어났습니다. 이렇게 자유로운 새처럼 세상을 살아갈 수 있게 되었습니다."

우빠띠싸의 심장이 요동치기 시작했다. 짧은 게송이었지만 그것만으로도 앗사지의 스승이 가르치는 바를 짐작할 수 있었다. '생기는 것은 반드시 소멸한다.'는 간결한 시구였지만 명쾌한 진리의 말씀이었다. 아직까지 어디서도 들어보지 못한 새로운 교의(敎義)였다. 사실 우빠띠싸는 앗사지의 게송 처음 두 구절을 듣고서 번뇌를 벗어나 불법에 대한 흠 없는 통찰을 이룰 수 있었다. 수다원도에 들었던 것이다. 그는 앗사지의 마지막 게송 두 구절을 듣고는 즉시 수다원과를 이루었다. 올바른 길을 찾지 못해 헤매기는 했지만 어린 시절부터 지금까지 오랜 수행을 해왔기에 그의 진전은 놀랍도록 빨랐다. 그는 곧바로 알아차렸다. '여기서 해탈의 방법을 찾을 수 있겠구나!' 우빠띠싸는 뛸 듯이 기뻤다. 그는 이 낯선 수행자의 스승이라는 깨달은 이, 붓다를 만나 직접 가르침을 받고 싶었다.

"고맙습니다. 그분의 진리에 대해 제게 더 말씀해주실 것은 없습니다. 이것으로 족합니다. 그런데 그 스승께서는 지금 어디에 계십니까? 어디로 가면 만나볼 수 있겠습니까?"
"나의 스승 세존께서는 지금 라자가하의 대나무 동산에 계십니다."
"고맙습니다, 벗이여! 먼저 가십시오. 제게는 진리를 만나면 같이 나누기로 약속한 친구가 있습니다. 그 친구에게 알려 당신이 가신 길을 따라 함께 큰 스승님 앞으로 가겠습니다."

우빠띠싸는 앗사지의 발아래 경배를 한 후 짧은 인사말을 남기고 친구 꼴리따를 찾아 서둘러 자리를 떠났다.

꼴리따는 가까이 오는 친구의 모습을 보자 곧바로 무엇인가 달라졌다는 것을 알아차렸다. '오늘 내 친구의 모습이 사뭇 달라.' 꼴리따는 우빠띠싸에게 무슨 일이라도 있느냐는 표정을 지어보였다.

"친구여, 드디어 불사(不死)의 경지로 가는 길을 찾았다네!"

감격어린 표정을 한 우빠띠싸는 조금 전 앗사지를 만났던 일에 대해 모두 이야기하고 자신이 들은 게송도 읊어주었다. 게송이 끝났을 때 꼴리따에게도 새로운 길에 대한 확신이 밀려왔다. 꼴리따 역시 우빠띠싸의 전언을 듣는 순간 수다원도와 수다원과를 성취했다.

"우빠띠싸, 그렇다면 우리 그리로 가서 큰 스승님을 만나보세."

꼴리따가 말했다. 그러나 스승을 존경하는 마음을 놓지 않았던 우빠띠싸가 말했다.

"친구여, 우선 우리를 가르치던 유행승 산자야 벨랏티뿟따에게 가서 불사의 길을 찾았음을 알려야 하네. 그분이 이 사실을 납득한다면 진리를 꿰뚫어 볼 수 있을 것이고, 그렇지 못하더라도 우리를 믿으니까 함께 큰 스승님을 뵈러 갈 것이네. 큰스승의 가르침을 들으면 산자야 그분도 불사(不死)의 도를 성취할 수 있지 않겠나?"

그래서 두 친구는 산자야 벨랏티뿟따에게 가서 이 같은 사실을 알렸다.

"스승이시여, 붓다가 세상에 출현하셨습니다. 그분의 법은 잘 설해져 있으며 그분을 따르는 상가는 바른 도를 지니고 있으니 우리와 함께 큰 스승님을 뵈러 가십시다."

"그대들은 지금 무슨 소리를 하고 있는가?"

산자야 벨랏티뿟따는 그들과 함께 가기를 거절했다. 오히려 그 두 사람에게 자기 집단의 공동 지도자가 되어준다면 크나큰 이익과 명성을 얻게 될 것이라고 설득했다. 그러나 그들은 결심을 굽히지 않으며 이렇게 말했다.

"우리는 끝끝내 제자의 위치에 머물더라도 개의치 않습니다. 다만 스승께서는 갈 것인지 아닌지를 결정하셔야 합니다."

그러자 산자야 벨랏티뿟따는 생각했다. '저들은 아는 것이 많으니 내가 뭐라고 해도 듣지 않을 것이다.' 그는 이렇게 대답했다.

"자네들은 가도 좋지만 난 못 가네."

"어찌하여 못 가십니까? 스승님."

"나는 많은 사람들의 스승이 아닌가. 내가 지금 다시 제자의 자리로 되돌아가게 되면, 이는 마치 큰 물통이 조그만 물병으로 변하는 것이나 마찬가지지. 이제 와서 누구의 제자로 살아갈 수는 없네."

"그렇게 생각하지 마십시오. 스승이시여!"

두 제자는 다시 간청했다.

> "그냥 내버려두게, 이 사람들아. 자네들은 가도 좋지만 나는
> 못 가네."
> "스승이시여, 붓다께서 이 세상에 출현하시어 많은 사람들이
> 그분에게로 구름처럼 모여들어 무리를 이루고 향과 꽃으로
> 존경을 표하고 있습니다. 우리도 그분에게 가야 합니다. 이제
> 당신은 어떻게 되려고 그러십니까?"

이 말에 산자야 벨랏티뿟따는 다음과 같이 물었다.

> "이 사람들아, 이 세상에 현명한 사람이 많은 것 같은가 아니
> 면 어리석은 사람이 많은 것 같은가?"
> "어리석은 사람은 많지만 현명한 사람은 많지 않습니다."
> "여보게들, 그것이 사실이라면 현명한 자들은 현명한 수행자
> 고따마에게 갈 것이고, 어리석은 자들은 나에게 올 테지. 자,
> 어서 자네들이나 가보게. 나는 가지 않겠네."

그래서 두 친구는 이런 말을 남기고 떠났다.

> "스승이시여, 언젠가는 당신께서 실수했음을 알게 될 것입니다."

이들이 떠난 후 산자야 벨랏티뿟따의 제자들 사이에 분열이 일어나
그의 사원은 거의 텅 비어버렸다. 텅 빈 사원을 바라보던 산자야는 뜨

거운 피를 토했다. 그의 제자들 중 5백 명이 우빠띠싸와 꼴리따를 찾아갔으나 그 중에 250명은 산자야 벨랏티뿟따에게 되돌아갔다. 나머지 250명과 더불어 두 친구는 본디 자기들을 따르던 이들을 이끌고 라자가하의 대나무 동산에 도착했다. 마침 그곳에서 붓다는 사부대중에 둘러싸여 법을 설하고 있었다. 이 두 사람이 들어오는 것을 보자 붓다는 비구들에게 말했다.

> "저기 이곳으로 오고 있는 두 사람 우빠띠싸와 꼴리따는 장차
> 나의 뛰어난 한 쌍의 제자가 될 것이다."

두 친구는 붓다 가까이 다가서서 지극한 마음으로 절을 한 후에 한쪽에 앉았다. 자리를 잡은 후 그들은 이렇게 여쭈었다.

> "세존이시여, 저희들을 거두어 당신의 문하에 출가하도록 허락
> 하여주십시오. 저희들이 비구가 될 수 있도록 허락해주십시오."

붓다가 말했다.

> "오라, 비구들이여. 불법은 참으로 잘 설해졌도다. 이제부터
> 고(苦)를 멸하기 위해 청정한 삶을 영위하도록 하라."

붓다는 이 말로 두 사람을 제자로 맞았다. 두 사람은 붓다의 상가에 들어오면서 우빠띠싸는 사리뿟따(Sāriputta), 꼴리따는 목갈라나(Moggallāna)라는 새로운 이름으로 불렸다.

두 상수제자, 아라한이 되다

어떤 형태의 지식에 대해서도 의혹을 품는 옛 스승 산자야 벨랏티뿟 따의 철학적 태도의 영향이 아주 깊이 스며들어 있던 사리뿟따와 목 갈라나의 입장에서, 붓다의 가르침을 그대로 온전하게 받아들이고 깨달음에 이르는 것이 쉬운 일은 아니었다.

목갈라나는 집중적인 수행을 하기 위해 마가다 국의 깔라왈라뿟 따(Kallavālaputta) 마을에 가서 탁발하며 지냈다. 그가 수계한 지 7일 째 되는 날, 맹렬히 정진하고 있던 중 피로와 졸음[혼침]이 엄습했다.

그때 붓다는 졸음에 빠져 몸을 흔들고 앉아있는 목갈라나의 모 습을 깊은 선정에 들어 살펴보고는 경책을 하기 위해 그를 찾아갔다. 졸음을 극복하지 못한 상수제자에게 졸음에서 벗어나는 법을 알려줌 으로써 넓게는 상가 전체의 비구들에게 졸음을 극복하는 법을 일러 주려는 의도에서였다.

"목갈라나여, 그대는 졸고 있지 않는가? 목갈라나여, 그대는 졸고 있지 않는가?"

붓다는 두 번을 반복해서 물었다. 돌연한 붓다의 목소리에 놀라 졸음 에서 깬 목갈라나가 대답했다.

"그렇습니다. 세존이시여."

"목갈라나여, 그대가 어떤 인식을 가져서 머물 때 혼침(昏沈)
이 생기면 그런 인식을 그대는 가지지 말라. 그런 인식을 많이
짓지 말라. 그대가 그렇게 머물 때 혼침이 제거될 수 있을 것
이다."

붓다는 이어서 혼침을 극복하는 법을 자세히 설명했다.

"목갈라나여, 만일 그대가 이와 같이 머물러도 혼침이 제거
되지 않으면 그대는 들은 대로 배운 대로 법을 사유하고 고찰
하고 마음으로 숙고해야 한다. 그대가 그렇게 머물 때 혼침이
제거 될 수 있다. 그래도 혼침이 제거되지 않으면, 법을 자세
히 독송해야 한다. 그래도 혼침이 사라지지 않으면 두 귓불을
잡아당기고 손으로 사지를 문질러라. 그래도 혼침이 제거되
지 않으면 자리에서 일어나 물로 눈을 씻고는 사방을 둘러보
고 별자리와 별들을 쳐다보라. 그래도 혼침이 사라지지 않으
면 광명상(光明想)을 마음에 단속하여 '낮이다.'라는 인식에 집
중하라. 낮에 광명을 본 것처럼 밤에도 광명을 보고, 밤에 광
명을 본 것처럼 낮에도 광명을 본다. 이와 같이 열려 있고 방
해받지 않은 마음으로 그대의 마음을 밝게 만들라. 목갈라나
여, 그래도 혼침이 제거되지 않으면 감각기능을 안으로 들이
켜 마음이 밖으로 향하지 않도록 한 채 앞과 뒤를 똑바로 인식
하면서 경행에 마음을 확고히 하라. 그래도 혼침이 사라지지
않으면 언제 일어날 것이라는 인식을 마음에 잘 간직한 채 마

음을 챙기고 알아차리면서[正念, 正知] 발로써 발을 포개고 오른쪽 옆구리로 사자처럼 누워도 된다. 그리고 다시 깨어나면 '나는 드러눕는 즐거움이나 기대는 즐거움이나 자는 즐거움에 빠지지 않으리라.'라고 생각하면서 빨리 자리에서 일어나야 한다."

목갈라나는 붓다가 자상하게 가르쳐준 혼침을 극복하는 방법을 염두에 두고, 의존적 발생의 원리라는 가르침, 그리고 몸의 네 가지 원소[四大]와 마음의 다섯 가지 다발[五蘊]의 빈 현상을 통찰했다. 그리고 마침내 이날, 즉 출가 7일 만에 가장 높은 경지에 도달할 수 있었다. 비구들은 목갈라나를 염력의 달인이라고 불렀다. 목갈라나는 세 단계의 높은 도(일래, 불환, 아라한과)를 차례로 성취함으로써 완전한 경지에 이른 성자가 되었다. 목갈라나는 자신이 이룬 경지를 환희에 찬 목청으로 이렇게 노래했다.

수천 억 나의 존재를
한순간에 나타내리라.
나는 신변(神變)에 밝고
또한 신통(神通)에 능숙하다.

삼매와 명지(明知)에 정통하여 궁극에 이른 자,
목갈라나 성을 가진 자로서
무착의 교법에 확고하고, 감관이 정립되었으니,
코끼리가 악취의 넝쿨을 끊듯, 속박을 끊었다.

스승을 섬기어서 나에게
깨달은 님의 교법이 실현되었으니,
무거운 짐은 내려놓았고
존재의 통로는 제거되었다.

한편 사리뿟따는 붓다의 제자가 된 이후 계속 스승의 곁에 머물고 있었다. 그는 스승의 처소 근처의 멧돼지굴이라는 의미를 가진 수까라카따(Sūkarakhata)라고 불리는 토굴에 기거하며 탁발을 했다. 그러나 그는 아직 목갈라나의 통찰력에는 미치지 못하고 있었다. 사리뿟따가 입문한 지 보름이 지났을 때, 사리뿟따의 조카(사리뿟따 여동생의 아들)이기도 한 유행자 디가나카(Dīghanakha)가 붓다를 찾아왔다. 디가나카는 브라만 가문 출신이었지만 브라만의 전통을 따르지 않았던 회의주의적 편력자였다. 그가 갑자기 붓다를 찾아온 것은 그의 외숙부 사리뿟따가 붓다의 제자가 되었다는 소식을 듣고 도대체 붓다가 어떤 분이기에 숙부가 귀의하게 되었을까 하는 궁금증 때문이었다. 디가나카와 붓다가 대화를 나누는 자리에는 사리뿟따도 함께 있었다. 사리뿟따는 붓다의 뒤에 서서 부채질을 해드리고 있었다. 그는 마치 남을 위해 마련한 음식을 나누어 먹듯이 스승의 법문을 주의 깊게 음미하며 귀를 기울였다. 디가나카가 예를 갖춘 후 붓다에게 물었다.

"고따마 붓다이시여. 많은 출가수행자와 브라만들이 만물의 본질에 관한 이론에 대해 사색합니다. 그러나 저의 견해로는 '만물의 본질에 관한 이론'이란, 사실 어떤 경우에도 만족스럽지 않습니다."

붓다는 잠시 생각했다. 그는 깨닫기 이전에 이미 웃달라까 아루니와 같은 철학자들이 최초의 실재, 혹은 원인(原人, 푸루사)이라는 말로 모든 것을 설명하려 한다는 것을 알았다. 개중에는 그러한 교의에 부정적인 반응을 보이는 사람들도 있었다. 붓다는 미소를 머금은 채 디가나카를 바라보며 말했다.

> "디가나카, 그대는 만물의 원리에 관한 어떤 이론도 불만스럽다는 그대의 견해를 말했다. 그렇다면 그대 자신의 그 견해에는 만족하는가?"

방랑수행자 디가나카는 고따마 붓다가 명확한 답변을 피하고 자신의 말꼬리를 잡아 모호한 진술로 유도하려는 것이라고 생각했다. 그는 그런 식의 애매한 말놀음을 좋아하지 않았기 때문에 쏴붙이듯 대답했다.

> "그것이 제 자신에게는 만족스러운 것이라 하더라도, 근본적으로는 그것 또한 다른 것과 마찬가지일 것입니다."

붓다는 이 대답 하나로 디가나카가 자존심이 강하고 오만한 사람임을 파악했다. 붓다는 순간적으로 디가나카의 언급 속에 내포된 의미와 그것이 가져올 달갑지 않은 결과를 신중하게 분석했다.

> "디가나카, 두 종류의 철학자가 있다. 대부분의 철학자들은 자연과 만물의 본질에 대해 사색한다. 그 가운데 어떤 사람들은

자신의 사색에 만족하고 자기 나름의 체계를 세운다. 그리하여 그들은 스스로 만든 체계에 빠지고, 집착하게 된다. 다른 사람들은 그러한 사색과 이론 정립에 만족하지 않으며, 따라서 거기에 혹하거나 집착하지 않는다."

붓다의 말에 디가나카는 기분이 좋아졌다. 그가 붓다를 찬탄하며 말했다.

"고따마 붓다, 깨달으신 분이여! 당신은 내 견해를 인정하시고, 내 견해를 칭찬하십니다."

그러자 붓다는 미소를 머금고 말했다.

"디가나카, 신중하게 들어라! 어떤 사람은 자신이 세운 체계에 집착하고, 고집스럽게 주장한다. '오직 이것만이 참이다. 그 밖에는 모두 그릇된 것이다.'라고. 그리하여 그는 독단론자가 된다. 다른 사람들은 그런 사색과 이론에 불만을 품고, 그 역시 완고하게 자신의 입장을 고집하여 말한다. '이것 하나만이 참이다. 그밖에 모든 것은 틀린 것이다.'라고. 따라서 그 역시 독단에 빠지고, 이들 양극단의 독단론자 사이에 갈등은 피할 수 없게 된다. 이런 충돌은 결국 논쟁으로, 다시 드잡이 싸움으로, 괴로움으로 이끈다. 그러나 어디에도 집착하지 않을 때, 이들 모든 견해를 버릴 때, 거기에 고요와 평정이 있다. 디가나카, 우리가 경험하는 모든 것들은 영원하지 않으며, 성향에 의지해서 발생한 것이며, 얼마 동안 머물다가 부서지고 결국 소멸되어 사라지는 것이다. 지혜로운 사람은 세계 안에 존재하는 사물과 세계에 관한 견해에 초연하다. 그에게 갈망은 없으며, 그는 자유롭다. 갈애로부터 벗어난 그는 어떤 것에도 매달리거나 반발할 것이 없다. 논쟁을 벌일 일도 없다. 그는 언어에 집착하는 일도 없이, 보통 사람들이 쓰는 일상어를 사용하는 것이다."

붓다의 설명은 계속 이어졌다. 붓다의 설명은 표면적으로는 앞에 있는 디가나카를 향하는 것이었지만, 사실은 자신의 뒤에서 부채질을 하는 제자 사리뿟따를 더 의식한 것이었다.

"디가나카여. 이 몸은 물질로 된 것이고, 사대로 이루어진 것이며, 부모에게서 생겨났고, 밥과 죽으로 성장했으며, 무상하고 파괴되고 분리되고 분해되기 마련인 것이다. 그것을 무상하다고, 괴로움이라고, 병이라고, 종기라고, 쇠살이라고, 재난이라고, 질병이라고, 남[他]이라고, 부서지기 마련인 것이라고, 공한 것이라고, 무아라고 바르게 관찰해야 한다. 그 몸에 대해 이렇게 관찰한 자는 몸에 대한 갈애와 몸에 대한 갈애를 동반한 애정과 몸에 순종하는 오염원(kilesa)을 버린다."

처음 들어보는 설법에 디가나카의 눈망울을 점점 더 또렷해지고 있었다. 붓다의 설법은 계속 이어졌다.

"디가나카여. 세 가지 느낌이 있으니 즐거운 느낌과 괴로운 느낌과 즐겁지도 괴롭지도 않은 느낌이다. 사람이 즐거운 느낌을 느낄 때, 그때는 괴로운 느낌이나 괴롭지도 즐겁지도 않은 느낌은 느끼지 않고 오직 즐거운 느낌만을 느낀다. 괴로운 느낌을 느낄 때나 즐겁지도 괴롭지도 않은 느낌을 느낄 때도 마찬가지로 괴로운 느낌만을, 그리고 괴롭지도 즐겁지도 않은 느낌만을 느낄 뿐이다. 디가나카여, 즐거운 느낌도 무상하고 형성된 것이고 조건 따라 일어난 것이고 부서지기 마련인 것이고 사그라지기 마련인 것이고 빛바래기 마련인 것이고 소멸하기 마련인 것이다. 괴로운 느낌과 괴롭지도 즐겁지도 않은 느낌도 마찬가지이다."

붓다의 유수와 같은 설법에 디가나카는 물론 사리뿟따도 마치 숨이 멎은 듯 미동도 하지 않은 채 경청에 몰입하고 있었다. 붓다의 설법은 마지막을 향해 달려가고 있었다.

"디나나카여. 이와 같이 보는 잘 배운 성스러운 제자는 즐거운 느낌도 꺼려하고, 괴로운 느낌도 꺼려하고, 괴롭지도 즐겁지도 않은 느낌도 꺼려한다. 꺼려하기 때문에 탐욕이 빛을 바랜다. 탐욕이 빛바램으로 해탈한다. 해탈했을 때 해탈했다는 지혜가 생긴다. '태어남은 다했다. 청정범행은 성취되었다. 할 일을 다 해 마쳤다. 다시는 어떤 존재로도 돌아오지 않을 것이다.'라고 꿰뚫어 안다. 이와 같이 마음이 해탈한 비구는 누구를 편들지도 않고 누구와 논쟁하지도 않는다. 세상에서 통용되고 있는 말에 집착하지 않고 사용할 뿐이다."

붓다의 말을 경청하며 디가나카에게 티끌이 없고 때가 없는 법의 눈이 생겼다. 그는 법을 보았고, 법을 얻었고, 법을 체득했고, 법을 간파했고, 의심을 건넜고, 혼란을 제거했고, 무외(두려움에서 벗어남)를 얻었고, 붓다 외에 다른 사람에게 의지하지 않게 되었고, 마침내 성인의 흐름에 들게 되었다. 디가나카가 거듭 머리를 조아려 예의를 표하고 말했다.

> "경이롭습니다. 세존이시여. 마치 넘어진 자를 일으켜 세우시
> 듯, 덮여 있는 것을 걷어내 보이시듯, 방향을 잃어버린 자에게
> 길을 가리켜주시듯, 눈 있는 자 형상을 보라고 어둠 속에서 등
> 불을 비춰주시듯, 세존께서는 여러 가지 방편으로 법을 설해
> 주셨습니다. 저는 이제 세존께 귀의하옵고, 법과 비구 승가에
> 귀의합니다. 세존께서는 저를 재가신자로 받아주소서. 오늘부
> 터 목숨이 붙어 있는 그날까지 귀의하옵니다."

두 사람의 대화를 경청한 사리뿟따는 디가나카의 물음에 답변하는 붓다의 태도와 그 내용에 매료되었다. 철학적 논의에 임하는 붓다의 방법이 그를 긴장하게 만든 것이었다. 그는 여러 해 동안 산자야 벨 랏티뿟따 밑에서 모든 지식에 대해 의혹을 품고, 어떤 식의 단언도 거부하도록 배워왔다. 그는 어떤 식의 단정적인 결론도 근본적으로 틀린 것이며, 그것은 갈등의 원인이 된다고 믿었다. 따라서 충돌을 피하는 유일한 방법은 일체의 단정적인 진술을 회피하는 것이었다. 그러

나 디가나카를 위한 설법에서 붓다는 세계에 널려 있는 갈등은 언어가 본래적으로 가지는 묘사 능력의 결핍에서 오는 것이 아니라, 자신의 견해를 고집하게 하는 독단에서 비롯된다고 밝혀주었다. 실로 모든 갈등이 일어나는 원인은 자기 견해에 대한 인간의 집착임을 설파한 것이었다. 붓다는 다만 감각적 쾌락에 대한 집착만 버린 것이 아니라, 사상적 견해에 대한 집착까지도 버린 것임을 사리뿟따는 비로소 간파했다. 붓다는 견해를 갖지 않은 것이 아니라 견해로부터 자유로웠던 것이다.

사리뿟따는 생각했다. '세존께서는 참으로 이런 법들을 최상의 지혜로 알아서 제거하는 것을 말씀하시는구나. 세존께서는 참으로 이런 법들을 최상의 지혜로 알아서 제거하는 것을 말씀하시는구나.'

사리뿟따가 이처럼 숙고하였을 때 그에게서 취착이 사라졌다. 취착이 사라지니 온갖 번뇌에서 마음이 해탈했다. 마침내 사리뿟따에게 지혜의 눈이 열리는 계기가 마련된 것이었다. 그러나 사리뿟따는 아직까지 통찰과 해탈이라는 궁극의 경지에 이르지는 못하고 있었다. 그는 붓다의 '어떤 것이든 조건에 의지해서 발생한다.'는 연기의 원리가 혁신적이라고 확신했다. 그것은 모든 경험적인 사실로 입증되었다. 자연과 살아 있는 성자, 아라한의 행위까지도 조건에 의지해서 발생한다는 원리로 설명될 수 있음을 확신했다. 그러나 깨달은 사람, 아라한의 사후는 어떤가? 해탈을 증득한 붓다가 죽은 다음에는 어떻게 되는가? 무언가 그의 본질이라고 단언할 수 있는 것이 있는가? 일상적인 언어로 아라한의 사후를 적절히 설명할 수 있는가? 등의 마음속 깊이 간직한 의혹까지 말끔히 해결된 것은 아니었다. 이런 이유로 사리뿟따로서는 쉽사리 존재의 속박을 풀어버릴 수 없었다.

그는 기회를 기다리다 붓다에게 물었다.

"스승이시여, 아라한은 사후에도 존재합니까?"
"사리뿟따, 나는 그 질문에 답하지 않은 채 남겨두겠다."
"그렇다면 사후에는 존재하지 않습니까?"
"그 역시 답하지 않은 채 남겨두겠다."
"그것은 아라한은 사후에 존재하기도 하고, 존재하지 않기도
한다는 뜻입니까?"
"사리뿟따, 그 또한 답하지 않은 채 남겨둘 질문이다."

사리뿟따는 혼란스러웠다. '최소한 이 문제에 관한 한, 붓다는 언어가
이런 주제를 설명하기에는 부족한 것이라고 인정하지 않으면 안 될
것이다. 산자야 벨랏티뿟따와 마찬가지로 붓다 또한 애매한 태도를
보이는 것이다.' 그가 다시 물었다.

"스승이시여, 저는 당신의 교의가 옛 스승 산자야 벨랏티뿟따
와 다르다고 생각했습니다. 그러나 아라한의 사후에 관한 제
질문에 대한 스승님의 답변은 산자야 벨랏티뿟따와 다를 바
가 없어 보입니다."
"사리뿟따, 산자야 벨랏티뿟따는 그대의 모든 질문에 그와 같
이 애매한 답변을 했는가?"

사리뿟따의 심리상태를 꿰뚫어 살핀 붓다가 물었다.

"그렇습니다."

"그렇다면 거기에는 차이가 있다. 사리뿟따, 나는 내게 주어진 모든 질문에 그런 식으로 대답하지 않는다. 내가 설명하지 않은 채 남겨둔 몇 가지의 질문이 있다. 때로 역(逆)질문을 제기하여 그곳에 내포된 암시를 명료하게 해명할 질문이 있는가 하면, 단언적인 답을 제시할 질문이 있다. 그러면 무언가 산자야 벨랏티뿟따와 다른 점이 있는가?"

"예, 실로 다릅니다."

"사리뿟따, 아라한의 죽음에 관해 제기할 수 있는 두 가지 질문이 있다. 첫째는 아라한의 죽음에 이르러 어떤 일이 생기는가 하는 것이며, 또 하나는 아라한의 사후에 관한 질문이다. 그 첫 번째 질문에 대해 나는 이미 명확한 답을 제시했다. 즉 자신의 존재를 포함한 모든 사물에 대한 집착을 제거함으로써 그는 재생의 원인을 제거해버렸다. 윤회는 끝났다. 따라서 그는 다시 태어나지 않는다. 이 설명은 내가 주창하는 의존적 발생의 원리와 일치한다. 그러나 만약 그대가 거기서 더 나아가, '아라한의 사후, 혹은 윤회가 끝난 다음에는 무슨 일이 일어나는가?'라고 묻는다면 나는 거기에 답할 수 없다. 그것은 적절치 못한 질문이기 때문이다."

붓다가 계속해서 설명했다.

"절대 유(有)에 대한 믿음에 빠져 있는 사람들은 아라한이 죽은 다음 불멸의 행복한 경지에 머문다고 주장한다. 그러나 무

(無)를 주장하는 사람들은 아라한이 사후에 완전히 소멸될 뿐이라고 고집한다. 그러나 어떤 방법으로도 그것을 알 도리가 없는 나로서는 이 문제에 대해 차라리 침묵을 택하겠다. 사리뿟따, 그대의 생각은 어떤가? 불꽃이 꺼진 뒤, 그것이 사라져 없어진 뒤, '그 불꽃이 간 곳은 어딘가, 동쪽인가, 아니면 서·남·북쪽인가?'라고 묻는 것은 적절한가?"

"적절하지 못한 질문입니다."

"무슨 까닭인가?"

"알 도리가 없기 때문입니다. 불꽃을 일으키는 필수적인 조건이 사라진 이상, 그 불꽃은 다시 일어나지 않을 것입니다."

"마찬가지로, 사리뿟따. 더 이상 색수상행식(色受想行識) 오온(五蘊)으로 분별할 수 없게 된 사후의 아라한을 존재한다거나, 혹은 존재하지 않는다고 말할 수는 없는 것이다. 의존적 발생의 원리를 수락하고 그 원리 속에서 살아 있는 아라한에 대해 논의한다면, 그대는 아라한의 사후에 대해서 묻지 말아야 한다."

이어 붓다가 사리뿟따에게 물었다.

"그대는 내가 설명하지 않은 채 남겨두는 질문들과 그 이유에 대해 알고 싶은가?"

"그렇습니다. 세존이시여. 그것을 아는 것은 틀림없이 제 의혹을 해소하는데 도움이 될 것입니다."

"사리뿟따, 만약 그대가 나에게 이 세계가 시간적으로 영원한지 아닌지, 또는 공간적으로 무한한지 아닌지, 영혼과 육체는

동일한 것인지 아니면 영혼이 육체와 별개의 것인지를 묻는
다면, 나는 이 모든 질문에 답하지 않고, 설명도 어떤 단언도
하지 않을 것이다. 무슨 까닭인가? 우선, 나는 그 가운데 어떤
것도 내 경험을 바탕으로 답할 수 없기 때문이다. 나는 비범한
인식능력, 즉 초인적인 청력과 투시력을 계발했으며, 텔레파
시나 과거를 소급해서 인지하는 고도의 초능력을 계발한 바
있다. 그러나 나는 우주의 시초를 감지할 수 없었으며, 세계와
인간 속에서 영원불멸의 실체를 보지 못했다. 무한하며 형언
할 수 없는 궁극적 실재를 본 적도 없다. 어떻게 스스로 경험
하지 않는 것을 설명할 수 있겠는가. '그것은 어떻게도 묘사되
거나 한정지을 수 없는 것'이라고 말하지도 말고 침묵하는 것
이 옳지 않겠는가? 만약 누군가 아무런 경험도 없이 설명했
다면, 그것은 겨우 가정된 전제에 의한 추론에 불과한 것이다.
그런 식의 추론은 그 사람의 편견과 기호에 근거할 것이며, 다
른 사람들의 것과 차이가 생길 것이다. 이렇게 각기 다른 이론
을 고집하는 사람들 사이에 갈등은 피할 수 없게 된다. 거기
에 누가 옳고 누가 그르다고 판정할 수 있는 길은 없다. 따라
서 나는 경험하지 않은 것에 관한 질문이나, 경험에 근거할 수
없는 것에 관한 질문에 답하지 않는다. 그런 질문에 답하지 않
음으로써 논쟁에 말려들지 않는다. 다음으로, 그러한 문제에
관한 답은 우리가 이 세계에서 마주치는 많은 문제들의 해결
과는 전혀 무관한 것이다. 세계가 영원하건 말건, 공간이 무한
하건 말건 괴로움은 존재한다. 이 괴로움에는 원인이 있다. 그
원인은 제거될 수 있다. 그와 같은 괴로움의 소멸로 인도하는

길이 있다. 사리뿟따, 내 그대에게 한 가지 더 묻겠다."

"……"

"만약 그대가 독 묻은 화살에 맞았다면 그대는 어떻게 하겠는가? 그대는 화살을 빼내기 전에 그 화살이 어느 방향에서 왔는지 알아야 되겠다고 고집하겠는가? 누가 활을 쏘았고, 그는 어떤 계급 출신이며, 피부색은 검은지 흰지, 아니면 감색인지, 그가 귀족인지 천민인지를 알아야 화살을 빼겠다고 하겠는가?"

"아닙니다. 그것을 알 때까지 기다리지는 않을 것입니다."

사리뿟따가 대답했다.

"어떻게 해야 되겠는가?"

"즉시 화살을 빼야 합니다."

"왜가?"

"그런 의문에 대한 답을 찾기 전에 죽게 될 것이기 때문입니다."

"그렇다. 이와 같은 우주의 기원에 대한 답이나, 우리가 당면하고 있는 문제의 해결과 무관한 의문 또한 그렇다. 실로 거기에 대한 답을 발견하기 전에 그는 죽어 사라질 것이다. 이 땅 위에 인간이 살아온 이래 그 질문에 대해 만족할 만한 답을 발견한 자는 없었다. 그대는 그대의 생을 허비하고자 하는가?"

"스승이시여, 이제는 더 이상…."

그 후 며칠 동안 사리뿟따는 자신의 열정과 욕망을 제어하는 데 전력을 다하여, 마침내 깨달음과 대자유를 이루었다. 사리뿟따는 마침내 자신이 이루어낸 깨달음의 경지를 이렇게 읊었다.

> 눈을 갖춘 님, 깨달은 님, 세존께서는
> 무지한 자를 위해 가르침을 설하셨으니,
> 가르침이 설해질 때에,
> 나는 간절히 원하여 귀를 기울였다.
>
> 그 경청은 헛되지 않아서,
> 일체의 번뇌를 여의고 나는 해탈했으니,
> 그것은 전생의 삶에 관한 것도 아니요
> 하늘눈에 관한 것도 아니었다.
>
> 타인의 마음을 읽는 것도,
> 신통도, 죽음과 태어남에 관한 것도,
> 귀의 세계의 청정에 관한 것도,
> 실로 나의 서원에는 없었다.
>
> 머리를 깎고 가사를 입고
> 나무 아래에 의지해서
> 지혜가 최상인 장로
> 우빠띠싸가 선정에 들었다.

사리뿟따가 아라한의 경지에 이르자, 그날 밤 붓다는 모든 제자들을 불러 모았다. 이날 1,250명의 아라한들이 웰루와나에 모였다. 깟사빠 3형제와 그의 동료들 1,000명, 사리뿟따와 목갈라나의 동료 250명이었다. 이 자리에서 붓다는 사리뿟따와 목갈라나를 상가의 지도자로 임명했다.

> "비구들이여, 나는 얼마 전 새롭게 우리 상가에 입문한 사리뿟따, 목갈라나 두 장로에게 상수제자의 지위를 내리기로 결정했다. 모든 비구들은 앞으로 이에 합당한 예의로 두 장로를 대해야 할 것이다."

붓다는 상수제자 임명을 마친 후 칠불통계게(七佛通戒偈)를 주제로 설법했다.

> "악을 행하지 말고 선(善)을 구족하며 그 마음을 깨끗이 하라. 이것이 모든 붓다들의 가르침이다. 인욕이 최고의 고행이요 열반이 으뜸이라고 붓다들은 말씀하신다. 남을 비난하는 자는 출가자가 아니요, 남을 해하는 자는 사문이 아니다. 남을 비난하지도 말고 해치지도 말며 계목으로 단속하라. 음식의 양을 알고 한적한 곳에 머물고 높은 마음을 힘써 닦아라. 이것이 붓다들의 가르침이다."

한편 출가한 지 얼마 되지 않은 사리뿟따와 목갈라나를 상수제자로 임명한 붓다의 결정에 대해 몇몇 비구들이 불만을 표출했다.

"스승께서는 상수제자의 자리를 가장 먼저 입문한 제자들인 다섯 비구에게 주셨어야 했다. 아니면 야사가 이끄는 55명의 비구들에게, 그도 아니면 깟사빠 3형제에게 주셨어야 했다. 그런데 스승께서는 이 훌륭한 장로들을 모두 제쳐놓고 가장 늦게 입문한 사리뿟따와 목갈라나에게 상수제자의 지위를 주셨다. 아무리 스승께서 하신 일이지만 이것은 잘못이다."

비구들 사이에서 터져 나온 이런 불만은 곧 붓다에게 전해졌다. 그러자 붓다는 제자들을 모아놓고 자신의 결정에 대해 설명했다.

"비구들이여, 나는 어떤 제자도 편애하지 않고 각자 서원한 대로 성취하게 해준다. 예를 들어 안나 꼰단냐는 전생에 한 번의 수확기 동안에 아홉 번이나 공양을 올렸는데, 그때 그는 수제자가 되고자 서원하지 않았다. 그의 서원은 누구보다 먼저 아라한의 경지에 도달하는 것이었고 결국 그리 되었다. 그러나 여러 겁(劫) 전 아노마닷시(Anomadassi) 붓다 때에 사리뿟따와 목갈라나는 상수제자가 되겠다는 서원을 세웠다. 이제 그 서원이 성취될 조건이 무르익은 것이다. 나는 그들이 서원했던 바를 성취하도록 한 것이지 편애해서 그렇게 한 것은 아니다."

붓다에 의해 상수제자가 된 두 사람, 사리뿟따와 목갈라나는 상수제자가 담당해야 할 세 가지 역할, 즉 불법이 굳건히 뿌리내려 인간과 천상의 많은 존재에게 정신적 변화를 가져오고 해탈의 수레가 될 수 있도록 세존을 돕는 것, 다른 비구들의 수행을 지도하면서 진실로 본

받을 만한 모범이 되는 것, 승가의 운영을 돕고 특히 붓다가 멀리 길을 떠나 자리를 비웠을 때 승가를 돌보는 것 등을 마지막 순간까지 훌륭하게 수행했다.

붓다는 상가의 여러 비구에게 이 두 상수제자를 본보기로 따르라며 이렇게 훈계하곤 했다.

"비구들이여, 신심 깊은 비구는 이와 같이 올바른 서원을 품어야 할 것이다. '아, 이 몸도 사리뿟따와 목갈라나처럼 되어지이다!'라고. 왜 그런가? 사리뿟따와 목갈라나가 나의 모든 제자들에게 모범이자 귀감이 되기 때문이다."

한편 사리뿟따는 자신에게 붓다의 진리를 처음 알게 해준 앗사지를 은인으로 섬겼다. 그는 잠을 잘 때에도 머리를 앗사지가 머물고 있는 방향으로 두었을 만큼 진리의 길을 열어준 은인에 대한 고마움을 평생 잊지 않았다.

마하 깟사빠의 귀의

라자가하의 거리에 붓다의 진리를 전파하고 진리를 배우는 비구들의 수가 나날이 늘어났다. 그러던 어느 날이었다. 붓다가 바리때와 가사를 들고 누구에게도 알리지 않은 채 조용히 대나무 동산에서 나와 홀로 북쪽으로 향해 걸어갔다. 라자가하를 벗어나 날란다로 향하는 큰 길을 따라 한참을 걸어간 붓다는 길가의 한 커다란 니그로다 나무를 바라보더니, 그곳 그늘 아래로 가 자리를 펴고 앉았다. 평소 눈에 띠는 행동이나 모습을 보이지 않았던 붓다의 이날 행보는 매우 이례적인 것이었다. 붓다는 수많은 사람들과 짐을 실은 수레가 오가는 길목에서, 보란 듯이 눈부신 빛을 발하며 선정에 들어 있었다. 한낮을 달구던 태양이 차츰 서쪽으로 기울고 대지가 석양으로 물들 무렵이었다. 한 나그네가 다가와 니그로다 나무 아래 앉아 있는 붓다의 두 발 아래 예배하고 말했다.

"세상에서 가장 존귀한 분이시여. 당신은 저의 스승이십니다."

이 나그네는 마가다 국 마하띳따(Mahātittha) 마을에 사는 부유한 브라만 까삘라(Kapila)와 그의 아내 수마나데위(Sumanadevī) 사이에서 태어난 아들 삡빨리(Pippali)였다. 여덟 살 때부터 네 가지 『베다』를 비롯하여 다양한 학문에 통달하였던 삡빨리는 일찍이 출가에 뜻을 두고 있었다. 하지만 외동아들 하나만 바라보는 부모님을 두고 차마 집을 떠날 수가 없는 처지였다. 그가 성장했을 때 그의 부모들은 아들이 혼인하기를 원했으나 출가를 염두에 두었던 그는 결혼에 뜻이 없었다. 부모의 강력한 결혼 권유를 피하기 위해 그는 아름다운 자태를 지닌 여인의 조각을 만들어 이처럼 아름다운 여인이 있다면 혼인하겠다고 말했다. 그러자 그의 부모는 사방으로 수소문을 한 끝에 싸갈라(Sāgala) 시에서 삡빨리가 만든 여인 조각과 거의 똑같이 생긴 여인 밧다 까삘라니(Bhaddā Kapilānī)를 찾아냈다. 밧다 까삘라니는 꼬시아 족 장자의 딸이었는데, 그녀 역시 삡빨리와 마찬가지로 어릴 적부터 출가에 뜻을 두고 있었다. 삡빨리는 스무 살 되던 해, 약속대로 여인 조각과 똑같이 생긴 밧다 까삘라니와 결혼을 권하는 부모님의 성화에 떠밀려 결혼을 하게 되었다.

> "아버지, 어머니께서 살아계시는 동안에는 제가 정성껏 모시겠습니다. 그러나 그 후에는 출가를 할 생각입니다."

우여곡절 끝에 결혼한 두 사람은 식이 끝난 후 서로가 마음속에 지니고 있는 출가의 뜻을 확인했다. 두 사람은 혼인을 해 부부가 되었지만 앞으로 한 이불 속에서 잠자지 않겠다고 약속하고, 첫날밤부터 둘 사이에 꽃으로 줄을 만들어 놓고 잠에 들었다. 그들은 그렇게 여러 해 동안 다정한 부부로 살았지만, 한 번도 둘 사이의 꽃 줄이 헝클어지는 일은 없었다.

어느 날 삡빨리는 들로 나아가 농부들이 밭갈이 하는 장면을 지켜보다가 흙 속에서 기어 나오는 벌레들을 새들이 잽싸게 날아와 쪼아 먹는 장면을 보고, 살아 있는 존재들은 죽음의 고통에서 벗어나지 못한다는 사실을 새삼 깨달으며 더욱 출가의 마음을 굳혔다. 같은 시간 밧다 까삘라니 역시 까마귀가 작은 벌레를 잡아먹는 장면과 이 순간 흙 밖으로 튀어나온 곡식의 씨앗이 말라죽는 것을 목격하고는 동물은 물론 식물까지도 결국 생명을 잃게 된다는 사실을 깨달으며 출가할 마음을 더욱 다잡았다. 이렇게 두 사람은 출가의 의지를 다지며 세속에 살면서 수행자의 삶을 살아갔다.

세월이 흘러 부모님이 모두 돌아가시자, 그들은 세속에서의 생활을 마치 불난 초가집 태우듯이 신속하게 정리했다. 약속이나 한 듯 서로의 머리를 깎아 준 두 사람은 궁궐처럼 커다란 집과 엄청나게 많은 재산을 하인들에게 모두 나누어주고 흙으로 빚은 바리때 하나만 들고서 조용히 집을 나섰다. 소유하고 있던 방대한 토지는 고르게 나누어주었으며, 하인의 신분까지 해방시켜주었다. 자애로운 주인의 출가를 하인들이 온몸으로 막아서며 울부짖었지만 두 사람의 얼굴에는 한 점 아쉬운 기색이 없었다. 집에서 나와 한참을 걷던 두 사람이 갈림길에 접어든 순간 걸음을 멈추고 마주 보았다.

"밧다 까삘라니여, 우리는 이제 수행자가 되었습니다. 예전처럼 함께 길을 걷는 것은 온당치 않습니다. 이제는 우리가 헤어져야 할 시간입니다. 먼저 길을 고르십시오."

뻽빨리의 말에 밧다 까삘라니가 호응했다.

"마땅히 그리 해야 할 때입니다. 당신은 남자이니 오른쪽 길을 가십시오. 저는 여자이니 왼쪽 길로 가겠습니다."

이렇게 마지막 인사를 나누고 두 사람은 헤어졌다. 삡빨리는 멀어지는 아내의 뒷모습을 한동안 바라보았다. 부부의 연을 맺었을 정도로 지중한 인연인 그녀가 부디 훌륭한 스승을 만나 궁극의 목표에 도달할 것을 마음속으로 기원했다. 그는 그런 뒤 스스로에게 다짐했다. '완전한 지혜를 가진 성자를 꼭 만날 것이다. 청정한 삶을 반드시 성취하고야 말 것이다.'

삡빨리는 발길을 돌렸다. 그가 향한 쪽은 라자가하로 가는 길이었다. 날란다를 지나 한참을 더 갔을 때였다. 저만치 길가의 나무 아래에 한 수행자가 광채를 내며 앉아 있는 모습이 보였다. 저무는 햇살에 온몸이 황금빛으로 찬란하게 빛나고 있었고, 얼굴에는 평온함이 가득했다.

'저분이시다! 저분이 나의 스승이시다.'

오랜 세월 마음속에 그리던 성자를 삡빨리는 한눈에 알아보았다. 그는 조심스레 다가가 연꽃같이 고결한 모습을 한 성자의 두 발에 머리를 조아렸다. 한마디 대화도 나누지 않았지만 그는 알 수 없는 힘에 이끌려 몸과 마음을 한껏 낮추어 오체투지를 한 후 조심스럽게 입을 열었다.

"세상에서 가장 존귀한 분이시여, 당신의 저의 스승이십니다. 세상에서 가장 존귀한 분이시여, 당신은 저의 스승이십니다. 이제부터 저는 당신의 제자입니다."

이때 붓다는 지그시 두 눈을 뜨고 빙그레 미소 지으며 반가운 손짓을 하셨다.

"가까이 오라. 그대를 기다렸다."

뻽빨리는 가슴 깊은 곳에서 솟는 환희를 주체할 수 없었다. 그는 거듭 절하며 말했다.

"저는 까뻴라와 수마나데위의 아들, 깟사빠 종족 출신인 뻽빨리입니다. 당신은 저의 스승이십니다. 저는 당신의 제자입니다. 당신은 진정 저의 스승이십니다. 저는 영원한 당신의 제자입니다."

붓다가 빙그레 미소를 지으며 대답했다.

"아는 척하거나 본 척하는 거짓된 스승이 그대처럼 진실한 마음을 가진 사람의 예배를 받는다면 그의 머리는 일곱 조각으로 깨어질 것이다. 나는 모르면서 아는 척하거나 보지 못했으면서 본 척하는 사람이 아니다. 보아라, 그대의 예배를 받고도 터럭 하나조차 움직이지 않는다. 사실대로 알고 사실대로 보았기에 알고 본다고 말하는 나는 그대의 예배를 받을 자격이 있다. 그렇다. 나는 그대의 스승이고, 그대는 나의 제자다. 내가 유산을 주리라."

붓다는 삡빨리를 깟사빠라고 불렀다. 종족의 성을 따 이름을 정한 것이었다. 붓다는 깟사빠에게 훌륭한 가문 태생이 가지기 쉬운 자존심과 교만의 위험성을 지적하고 스스로를 한없이 낮추도록 일렀다. 아름다운 얼굴과 몸에 대한 자신감과 기쁨을 떨쳐버리기 위해 낱낱의 부위를 하나하나 관찰해 그 실상을 파악하도록 가르쳤다. 붓다는 일주일 동안 깟사빠와 식사와 잠자리를 함께 하며 오직 그를 위해 법을 설했다.

> "깟사빠, 그대는 신분의 우월함을 버리고 선배와 후배와 동료들 사이에서 항상 신중함을 보여야 한다. 깟사빠, 그대는 식견의 우월함을 떨쳐버리고 어떤 법을 듣건 귀를 기울이고 마음에 새기며 깊이 사유해야 한다. 깟사빠, 그대는 탁월한 재능을 지닌데 대한 자만심을 버리고 항상 게으르지 말며 즐거운 마음으로 부지런히 수행해야 한다."

비구가 된 지 8일째 되는 날, 깟사빠는 모든 번뇌와 집착에서 벗어나 아라한이 되었다. 마하 깟사빠의 탄생이었다. 이 모두 붓다의 깟사빠에 대한 정성어린 가르침에 힘입은 것이었다.

두 아라한은 함께 라자가하의 대나무 숲 동산으로 향했다. 스승과 제자는 따가운 햇살을 피하고 잠시 휴식도 취할 겸 숲으로 들어갔다. 깟사빠는 재빨리 가사를 벗어 네 겹으로 접은 다음 잎이 무성한 나무 아래에 깔았다.

> "세존이시여, 이곳에 앉으십시오."

미소를 지어보인 붓다가 깟사빠가 만들어놓은 자리에 앉았다. 붓다는 가사의 끝자락을 매만지며 말했다.

"그대의 가사가 참 부드럽구나."

깟사빠는 기다렸다는 듯이 합장하고 말했다.

"이 가사를 세존께 바치고 싶습니다. 받아주십시오."
"그대는 어찌하려고?"
"스승께서 입고 계신 가사를 제게 주십시오."

붓다는 웃음을 보이며 당신의 가사를 벗어 깟사빠에게 건넸다. 그 가사는 묘지에 버려진 헝겊을 기워 만든 분소의였다. 깟사빠의 출가는 붓다가 깨달음을 이룬 후 3년째의 일이었다. 이후 깟사빠는 우루웰라 깟사빠, 나디 깟사빠, 가야 깟사빠 등 깟사빠 3형제와 구별하기 위해 마하 깟사빠로 불렸다.

마하 깟사빠는 언제나 의식주에 대한 탐착을 누르고 간소한 생활규율을 엄격하게 지키는 수행자로 큰 존경을 받았다. 그의 철저한 수행은 수많은 비구들로부터 경외하는 마음을 일으킬 정도로 엄격했다. 그는 그를 따르는 비구들에게 두타의 행을 견지하도록 이끌었다. 많은 사람들이 따르거나, 재가자의 공양 요청이 잇따르거나, 공경을 받는 것을 경계하라며 이렇게 가르쳤다.

"군중의 환대를 받아 유행하지 말라. 혼란스러워 삼매에 들기 어렵다. 여러 사람들의 호의는 괴로움이라고 보고 군중이 모인 것에 기뻐하지 말라. 재가의 가정에 자주 드나들지 말라. 혼란스러워 삼매에 들기 어렵다. 탐욕을 일으켜 맛에 탐닉한다면, 행복을 가져오는 의취를 버리는 것이다. 가정에서의 예배와 공양이 있지만, 그것을 진흙수렁이라고 알아야 한다. 날카로운 화살은 뽑기 어렵고 공경 받는 것은 악인이 버리기 어렵다."

대나무 동산에 정사를 짓다

붓다가 웰루와나(대나무 숲) 동산에 머물던 어느 날 아침, 라자가하에 사는 독실한 재가자 마하셋티 까란따 장자가 대나무 동산을 찾아왔다. 당시 웰루와나 동산에는 방사(房舍)가 없었으므로 비구들은 빈터나 나무 아래, 동굴 숲, 혹은 짚 덤불 위에서 생활하고 있었다. 그는 그런 모습을 보고 크게 감동을 받아 수행자를 만나면 저절로 머리를 숙였다. 그 순간 그의 뇌리에 이 수행자들에게 비와 바람을 피할 수 있는 방사를 제공한다면 수행에 큰 도움을 줄 수 있겠다는 생각이 일어났다. 그는 동산 여기저기에서 수행하는 비구들에게 물었다.

"제가 만약 이곳에 방사를 지어드린다면 어떻겠습니까?"
"마하셋티 까란따여, 세존께서는 아직 그러한 일을 허락하신
일이 없습니다."
"그렇다면 허락 여부를 한번 여쭈어 봐주시겠습니까?"

비구들이 붓다에게 마하셋티 까란따의 제안을 전하니 붓다는 마하셋티 까란따를 불러 그의 근기에 맞는 법문을 설한 뒤, 일정한 제한구역 내에서 다섯 종류의 방사를 짓도록 허락했다. 마하셋티 까란따는 크게 기뻐하며 즉시 비구들이 머물 방사를 짓기 시작했다. 마하셋티 까란따는 또 방사가 모여 있는 곳 인근에 아름다운 연못을 만들어 방사

와 함께 기증하기로 했다.

　머지않아 60채의 방사와 연못이 만들어졌다. 모든 공사가 마무리되었을 때 마하셋티 까란따가 붓다 앞으로 나아가 말했다.

　"세존이시여, 여러 채의 방사와 연못을 완공했습니다. 내일이
　준공을 하는 날이니 부디 저의 초대에 응해주십시오."

이렇게 해서 웰루와나 수도원, 즉 죽림정사가 성립되었다. 붓다의 상가가 성립한 이후 최초의 승원이 완성된 것이다. 이후 붓다는 이곳에서 오래 머물며 설법했다. 죽림정사가 지어진 것은 붓다가 깨달음을 성취한 뒤 3년째의 일이었다.

아나타삔디까의 귀의

이 시기에 꼬살라 국 사왓티 시에 사는 거부 수닷따(Sudatta)가 라자가하를 방문했다. 그는 '아나타삔디까(Anāthapindika)', 즉 '의지할 곳 없는 사람들의 부양자'라는 별칭으로도 널리 알려진 사람이었다. 그는 라자가하의 부자 상인인 처남 집에 머물고자 대문을 두드렸다. 여러 차례 문을 두드렸지만 반응이 없다가 한참 시간이 지나서야 문이 열렸다. 방문할 때마다 즉시 두 팔을 벌리며 달려 나오던 처남이었기에 무언가 급한 일이 있는 듯 보였다. 아니나 다를까. 여느 때처럼 마중을 나오지도 않더니 무슨 일이 바쁜지 찾아온 사람에게 얼굴조차 비쳐주지 않았다. 전에 없던 처남의 태도에 수닷따는 놀랍기도 하고 한편으로 섭섭하기도 했다. 그런데 처남만 그런 것이 아니었다. 온 집안사람들이 자신에게 눈길조차 주지 않는 것이었다. 부엌에서는 음식 준비로 분주했고, 하인들은 구석구석 청소하느라 정신이 없었다. 여기저기 기웃거리던 그는 사람들 틈에 끼여 무엇인가를 열심히 하고 있는 처남을 발견하였다. 다가가 보니 그는 손수 전단나무로 짠 평상을 펴고 색동방석을 깔고 있었다.

  "아니 얼마나 거창한 잔치가 있기에 이렇게 법석을 떠십니까?"
  "오, 자네 왔는가?"

처남은 매제의 얼굴을 보고도 말로만 반기고 있었다. 멀리서 온 사람을 반기키기는커녕 너는 뒷전이라는 표정이었다. 어쩔 수 없이 사왓티에서 온 이 상인, 아나타삔디까는 방석만을 들었다 놓았다 하며 고개만 갸웃거릴 뿐이었다. 처남은 한참만에야 흐뭇한 미소를 지으며 손을 털고 돌아섰다.

"누가 결혼을 합니까? 아니면 마가다 국의 대왕이라도 초대하신 것입니까?"
"결혼식이 있는 것도 아니고, 국왕을 초대한 것도 아닐세."
"그럼 이렇게 큰 잔치를 준비하는 까닭이 도대체 무엇입니까?"
"내일 붓다와 붓다의 제자들을 공양에 초대했거든."
"붓다라고요?"
"그래, 붓다. 깨달으신 분!"
"정말, 붓다가 계신가요?"
"허허, 이 사람. 우리가 초대한 분이 붓다시라니까."

완전한 지혜를 깨달으신 분, 번뇌에 물들지 않고 온갖 고뇌를 해결해주시는 성자가 세상에 출현하셨다니! 처남으로부터 붓다에 대한 이야기를 전해들은 그는 자신의 귀를 의심하지 않을 수 없었다.

"그분은 지금 어디에 계십니까?"
"붓다께서는 성 밖에 있는 공동묘지 근처의 수행처 '차가운 숲' 시따와나에 머물고 계신다네."

"지금 찾아뵐 수 있습니까?"

"이 사람, 급한 성미하고는. 날이 저물어 오늘은 늦었네. 내일 공양시간에 우리 집에 오시면 뵙든지, 정 기다리기 힘들면 날이 밝거든 일찌감치 찾아뵙도록 하게나."

달그락거리는 그릇 소리와 분주한 발걸음도 잦아들고 마당에는 별빛이 내려앉았다. 눈을 감고 누웠지만 이 사왓티의 상인은 잠을 이룰 수 없었다. 이상하게도 한 번도 뵌 적이 없는 붓다가 그의 가슴을 벅차게 하고 있었던 것이다.

'아, 내가 세상에 출현한 붓다를 뵙게 되다니….'

그는 잠을 이루지 못한 채 밤새 여러 차례 방문을 열어 바깥을 바라보았다. 멀리 동쪽 하늘 끝으로 희끗한 기운이 감돌았다. 동이 트기 시작한 것이었다. 그는 더 이상 기다릴 수 없었다. 여전히 어둠이 짙게 드리운 새벽녘, 아나타삔디까는 처남의 집을 나섰다.

성문 밖은 아직 칠흑처럼 어두웠다. 간간이 새어나오던 민가의 불빛마저 끊기자 길은 고사하고 코앞에 무엇이 있는지 분간이 되지 않았다. 숲에 들어서자 등골이 오싹해지고 두려움이 엄습해왔다. 발밑에서는 마른 뼈다귀가 나뒹굴고 사방에 시체들이 널브러져 있었다. 시따와나 숲은 야차들이 출몰하는 곳으로 알려져 있었다. 밀려드는 두려움에 후들거리는 다리를 옮기지 못하고 있을 때 머리 위에서 날짐승 소리가 들려왔다. 온몸이 섬뜩해졌다. '그냥 돌아갈까?' 하는 마음도 일어났지만 그는 다시금 마음을 다잡았다.

'돌아가서는 안 된다. 붓다를 뵙기 위해 여기까지 오지 않았나. 붓다를 만나기 위해 내딛는 이 한 걸음은 보배보다 더 귀하다. 결코 물러나지 않으리라.' 그는 다시 용기를 내어 발길을 내딛었다. 한 걸음 내딛자 누군가 횃불이라도 비춘 듯 길이 환하게 열렸다. 몇 번이나 머뭇거리며 스스로를 다그치는 사이 시나브로 여명이 밝아오고 있었던 것이다. 여명과 함께 맑은 새소리가 숲을 깨우기 시작했다.

그때였다. 새벽이슬을 밟으며 누군가 저만치서 소리 없이 다가오고 있었다. 사왓티에서 온 이 상인은 그 자리에서 한 발짝도 움직일 수 없었다. 그저 넋을 놓고 바라볼 뿐, 한마디 인사말도 건넬 수 없었다. 합장조차 하지 못하고 있을 때, 붓다가 아침 햇살처럼 눈부신 모습으로 다가왔다.

"어서 오세요. 수닷따."

'처음 보는 사람의 이름을 어떻게 알았을까?' 밝게 웃으며 자신의 이름을 부르는 성자의 모습에 상인은 짐짓 정신을 차렸다. 그는 자기도 모르게 무릎을 꿇고 합장 예배했다.

"저는 사왓티의 상인 수닷따입니다."
"수닷따, 나는 당신을 기다렸습니다. 당신은 적절한 시간에 때
맞추어 이곳에 왔습니다."

수닷따는 안심이 되었다. 그런데 그는 붓다가 자신의 이름을 알고 불렀다는 것이 무척이나 놀라웠다. 그가 붓다의 발아래 엎드려 절하고

말했다.

"세존께서는 평안하십니까? 혹시 세존과 제자들을 위해 제가
도울 일이 있겠습니까?"

붓다는 수닷따의 말과 몸짓에서 전혀 다른 생각이 끼지 않은 순수한
선의를 느낄 수 있었다.

"그렇습니다. 수닷따! 나는 충분히 편안합니다. 감각적 즐거움
을 버리고 존재에 집착하지 않는 사람은 마음속에 어떤 갈등
도 불만도 없습니다. 그런 사람은 잘 자고 잘 깨어나며, 해야
할 일에 전념하고, 늘 평안하게 지냅니다."

붓다는 수닷따가 무언가 도울 수 있을까 물었을 때, 단순히 물질적
인 도움을 생각한 것으로 알고 이렇게 대답한 것이었다. 붓다가 다
시 말을 이었다.

"수닷따, 누군가 나와 제자들을 도울 수 있는 최선의 길은 도
덕적으로 청렴하게 사는 것입니다. 내가 가르친 팔정도를 실
천하는 것은 자신뿐만 아니라 주위의 모든 사람들을 돕는 것
이 됩니다. 출가하지 않고 세속에서 가정생활을 계속하는 사
람이라도 감각적 즐거움을 누리면서 얻을 수 있는 네 가지의
행복이 있습니다."

수닷따는 마음속으로 흥분하고 있었다. 그는 고따마 붓다가 사람들로 하여금 가정생활을 버리고 출가하도록 부추기고, 오직 출가수행자들에게만 괴로움으로부터 벗어나는 길을 가르치고 있다고 생각하고 있었던 것이다. 하지만 그는 지금 전혀 다른 인상을 받았다. 그가 붓다에게 물었다.

"세존이시여, 재가자가 가정생활을 하면서 성취할 수 있는 네 가지 형태의 행복이란 어떤 것입니까?"

"수닷따, 자신의 노력으로 애써 땀 흘리고, 도덕적인 수단으로 부를 소유하게 된 사람은 자신의 재물에 대해 이렇게 생각합니다. '나는 내 자신의 노력과 정당한 수단으로 이것을 획득했다.' 이 생각으로 그는 커다란 행복과 만족감을 느낍니다. 그가 그렇게 도덕적으로 무결하며 올바른 수단으로 부를 축적한 다른 사람들과 어울려 그것을 누리고, 또한 덕스러운 활동에 참가할 때 체험하는 행복이 그 두 번째 것입니다. 부를 바르게 누림으로써 갖는 행복입니다. 세 번째는 빚지지 않는 것으로부터 오는 행복감입니다. '누구에게도 빚진 게 없다.'고 생각하면서 그는 빚 없는 행복을 즐깁니다. 마지막으로 재가자는 정갈하고 남들의 비난을 받지 않는 자신의 생활에 대해 '몸과 말과 생각으로 벌이는 내 행위에 흠이 없다.'고 생각함으로써 커다란 만족과 행복이 옵니다. 이렇게 그는 비난받지 않는 행복을 누리는 것입니다."

수닷따는 행복하기 그지없었다. 그는 소문으로만 듣던 깨달은 이, 붓다의 가르침과 세상에 대한 안목과 시각이 완전히 새롭고 독창적이라는 것을 알게 되었다. 그는 또한 바로 이러한 붓다의 가르침이 수많은 가족에게 커다란 불행을 안겨준 까닭이라는 것을 알았다. 붓다를 스승으로 모시고 수행에 전념하기 위해서 많은 사람들이 가정을 버렸고, 많은 여인들이 남편을 잃고, 많은 부모들은 그들의 아들을 잃어버린 것이었다. 그러나 붓다는 세속에서 가정생활을 지속하면서도 인간은 행복하고 만족할 수 있다고 가르침으로써 사람들의 불안감을 가라앉히고 있었다. 이것은 실로 중도의 가르침이었다. 행복이 오직 수행생활에만 한정되거나, 출가수행자만이 깨달음에 이를 수 있는 것만은 아니라는 것이 아닌가. 수닷따가 물었다.

> "세존이시여, 당신의 가르침은 실로 훌륭합니다. 당신의 가르침은 실로 장대한 것입니다. 오늘로부터 저를 붓다께 귀의한 재가의 제자로 받아주십시오. 세존이시여, 부디 꼬살라 국의 사왓티도 방문하시어 신심 있는 사왓티 사람들로 하여금 당신의 가르침을 받게 해주십시오."

붓다는 침묵으로 수닷따의 청을 수락했다. 붓다가 자신의 사왓티 방문 요청을 거절하지 않은 것으로 안 수닷따는 기쁜 마음에 절을 올리고 물러나 처남의 집으로 돌아갔다.

해가 높이 뜨고 조용하고 온화한 수행자들이 공양을 받기 위해 줄을 지어 처남의 집으로 찾아왔다. 온 집안사람들은 예의를 다해 성스러운 이들을 맞이하고 정성껏 준비한 음식을 공손히 올렸다. 붓다와 제자들은 두 손으로 바리때를 들어 음식을 받고 말없이 앉아 음식을 먹었다. 공양이 끝나고 붓다는 집안사람들에게 법문을 했다. 법문이 끝나자 수닷따가 자리에서 일어나 합장 예배한 후 붓다에게 여쭈었다.

"세존이시여, 저는 다시 사왓티로 돌아가야 합니다. 세존께서 사왓티에 오시어 머물기에 알맞은 장소를 물색할 비구를 저와 동행하게 해주십시오."

수닷다의 요청을 듣고 좌중을 돌아본 붓다가 말씀하셨다.

"사리뿟따여, 이 일을 그대가 맡아주겠는가."
"그렇게 하겠습니다. 세존이시여."

기원정사의 설립

수닷따는 라자가하에서 처리할 일을 마무리한 후 사리뿟따 존자와 함께 사왓티로 돌아갔다. 그는 이미 막대한 재산을 가지고 있었으므로 더 이상 벌어들일 필요는 없었다. 그는 도중에 만나는 사람들에게 간청했다.

> "벗들이여, 깨달은 이, 붓다께서 이 길로 오실 것입니다. 여러
> 분들의 뜰을 깨끗이 치우고, 붓다, 그분과 그분의 제자들에게
> 공양할 음식을 준비합시다!"

사왓티에 도착한 그는 사리뿟따와 함께 온 지역을 돌며 붓다와 제자들이 머물 장소를 찾기 시작했다. 물색 끝에 그는 제따(Jeta) 왕자가 소유하고 있는 쾌적한 동산을 발견했다. 사리뿟따 존자도 이곳이 붓다와 붓다의 제자들이 머물만한 적당한 장소라는 데 동의했다. 마음속으로 장소를 확정한 수닷따는 제따 왕자를 찾아가 말했다.

> "왕자님의 동산을 저에게 파십시오."
> "수닷따여, 나는 동산을 팔 생각이 없습니다."

돈이 아쉽지 않는 왕자는 큰 나무들이 즐비하고 맑은 샘과 연못이 시

원한 자신의 동산을 팔 이유가 없었다. 왕자가 고개를 돌리자 수닷따는 다급해졌다.

"왕자님, 제발 그 동산을 제게 파십시오. 간청 드립니다."
"나는 팔 생각이 없다고 이미 말씀드렸습니다."
"값은 원하는 대로 쳐드리겠습니다. 제발 그 동산을 파십시오."

그러자 제따 왕자는 묘한 미소를 지었다. 꼬살라 국 최고의 거상이 겨우 동산 하나를 갖지 못해 안달을 부리는 모습이 우습기도 했다. 왕자는 장난삼아 한마디를 더 던졌다.

"돈이 많으신 모양입니다. 그 동산을 황금으로 덮기라도 한다면 모를까…."
"그럼, 거래가 성사된 겁니다."

예기치 않았던 수닷따의 반응에 걸음을 멈춘 제따 왕자가 반문했다.

"무슨 말이요? 거래가 성사되다니요?"
"동산을 황금으로 덮으면 팔겠다고 왕자님께서 방금 말씀하지 않으셨습니까?"

왕자는 순간 화가 치밀었다.

"나는 당신에게 동산을 팔 생각이 없으니 썩 물러가시오."

그러나 사왓티의 최고 장사꾼인 수닷따는 호락호락 물러서지 않았다. 그는 곧 재판을 신청했고 제따 왕자의 동산을 둘러싼 분쟁은 꼬살라 국 최고법정의 판결을 기다리게 되었다. 꼬살라 국의 원로와 현인들이 모여 긴 시간 상의를 한 끝에 결론이 내려졌다. '말에는 신의가 있어야 하며, 누구든 자신이 한 말에 책임을 져야 하므로 태자가 농담이라고 해도 내뱉은 말은 지켜야 한다.'는 것이 결론이었다. 수닷따는 환호하며 자신의 집에 보관해두었던 황금을 가져다 동산에 깔기 시작했다.

졸지에 원하지 않은 거래를 하게 된 제따 왕자는 몹시 불편한 심기로 수닷따의 행동을 지켜보고 있었다. 마차들이 종일 황금을 날랐지만 동산은 반의반도 덮이지 않았다. 석양빛에 쭈그려 앉아 고심을 거듭하고 있는 수닷따에게 제따 왕자가 다가섰다.

"장자여, 후회가 된다면 지금이라도 말하시오."

그러나 자리에서 일어선 수닷따의 얼굴에는 한 점 그늘도 없었다.

"후회하는 것이 아닙니다. 다만 어느 창고의 금을 꺼내올까 생각한 것입니다."

제따 왕자는 도무지 수닷따의 태도가 이해되지 않았다.

"이렇게 많은 재물을 낭비하면서까지 내 동산을 사려는 까닭이 도대체 무엇입니까?"

"왕자님, 저는 붓다와 그 제자들을 위해 정사(精舍)를 세우고자 합니다."

수닷따는 자신이 고민한 것은 머지않아 붓다께서 사왓티에 도착하게 될 텐데, 붓다와 제자들이 사왓티에 도착하기 전에 마땅한 거처가 마련하지 못할 것에 대한 걱정이었다고 말했다. 자초지종을 들은 제따 왕자가 물었다.

"수닷따여, 붓다와 붓다의 제자들에게 이렇게까지 할 만한 가치가 있다는 말입니까?"

"왕자님, 저는 이익을 추구하는 장사꾼입니다. 저는 붓다를 만나 어느 거래에서보다 큰 이익을 얻었습니다. 지금 제가 들이는 밑천은 앞으로 얻을 이익에 비하면 아무것도 아닙니다. 이 동산에 정사가 건립되면 매일같이 붓다를 뵙고 진리의 말씀을 들을 수 있을 것입니다."

수닷따의 눈동자는 확신과 기쁨으로 빛나고 있었다. 자신의 전부를 던질 만큼 존경하는 사람이 있다는 것은 행복한 일이었다. 제따 왕자는 수닷따의 그 모습에 감동을 받았다. 인부들에게 더 많은 황금을 가져오라고 지시하는 수닷따 장자를 말리면서 제따 왕자가 말했다.

"장자여. 그, 그만하시오. 이 땅을 드리겠소."

이 문제를 너무 장삿속으로만 생각했다는 가책을 느꼈던 것이다. 그는 다시 수닷따에게 자신 소유의 땅이 붓다와 그 제자들을 위한 것이라면 거저 내어주겠다고 강조해 말했다. 수닷따는 뛸 듯이 기뻤다.

> "왕자님, 그러나 저는 이 동산을 거저 받고 싶지 않습니다. 애초 요구한 액수에는 미치지 못하지만 제가 가진 모든 것을 드리겠습니다."
> "좋습니다. 수닷따! 그렇다면 제가 말했던 반값으로 그 동산을 가지십시오. 나머지 반은 붓다와 그분의 제자들에 대한 제 선물로 하겠습니다."

수닷따는 더없이 행복했다. 제따 왕자의 놀라운 관대함으로 수닷따가 붓다와 제자들이 머물 장소를 보시하는 것이 가능하게 되었기 때문이었다. 그에게는 자신의 재산을 기꺼이 나누어주려는 또 다른 사람, 제따 왕자를 발견한 것도 큰 기쁨이었다. 이것이 바로 붓다께서 말씀하신 재가자가 누릴 수 있는 행복 중의 하나였기 때문이다.

수닷따는 서둘러 상가 대중을 위한 주거시설을 만들었다. 주택과 회랑, 대문, 대기실, 부엌, 창고, 변소를 짓고 길을 고르며 욕실을 만들었다. 연못을 만들고 그곳에 여러 빛깔의 아름다운 연꽃을 심었다. 정사 주위에는 달콤한 열매와 그늘을 제공할 망고나무도 심었다. 또한 큰길 가까이에는 시원한 물이 솟는 샘을 여러 개 파서 비구들은 물론 오가는 사람들도 손쉽게 이용할 수 있게 배려했다. 제따 왕자에 대한 고마움의 표시로 그는 그곳의 이름을 '제따 동산(기원정사)'이라고 정하고, 아름다운 동산의 입구에 표지를 달았다.

한편 라자가하의 웰루와나에서 두 번째 안거가 끝나자 붓다는 대중들을 이끌고 사왓티로 향했다. 수닷따로부터 사원이 완성되었다는 전갈을 받았기 때문이었다. 사왓티로 가는 도중 일부 비구들이 서로 좋은 자리, 좋은 숙소, 좋은 음식을 차지하려고 질서 없이 행동하는 일이 벌어졌다. 이 일로 인해 비구들 사이에서 논의가 일어났다. 계급 순으로 차례를 정해야 한다는 주장에서부터 초선정, 이선정, 삼선정 등 선정의 단계가 높은 순서대로 차례를 정해야 한다는 주장, 수다원, 사다함, 아나함, 아라한, 삼명(三明)을 갖춘 아라한, 육신통을 갖춘 아라한 등 도과가 높은 순서대로 차례를 정해야 한다는 주장까지 갖가지 기준들이 난무했다. 논의를 통해 결론이 도출되지 않자 이 광경을 지켜보던 붓다가 나서 정리했다.

> "비구들이여, 숙소를 배정하거나, 목욕 순서를 정하거나, 탁발 순서를 정하거나, 자리에 앉는 순서를 정하거나 모든 차례를 정할 때에는 계급이나, 경율을 더 잘 알거나, 선정이 높다거나, 도과가 높다거나 하는 것은 중요하지 않다. 항상 승랍(비구계를 받은 나이) 순서대로 차례를 정해야 한다. 어떠한 경우든 승랍이 낮은 비구는 승랍이 높은 비구에게 합장하고 삼배를 올리고 경의를 표하고 자리를 양보해야 한다."

붓다가 이 기준을 정한 것은 계율을 지켜 청정한 삶을 살아온 시간을 중시했기 때문이었다. 다시 사왓티로 향해 출발한 붓다와 비구들은 얼마 후 수닷따와 제따 왕자를 비롯한 많은 사람들의 환영 속에 꼬살라 왕국의 수도 사왓티에 도착했다. 당시 꼬살라 국의 왕은 마가다 국

의 왕 빔비사라의 매부인 빠세나디(Pasenadi)였다. 빠세나디 왕과 말
리까(Mallikā) 왕비는 붓다를 만난 적은 없었지만 붓다가 사왓티에 도
착해 머물고 있다는 것을 알게 되었다. 말리까 왕비는 오빠인 마다가
국의 왕 빔비사라를 방문했을 때, 붓다는 마침 다른 곳에 머물고 있었
다. 따라서 붓다를 친견할 수는 없었지만 그녀는 라자가하에 남아 있
던 제자들을 통하여 붓다의 가르침을 듣고 이미 마음속으로부터 개
종을 했던 터였다. 사실 빠세나디 왕은 붓다에 대해 별다른 관심을 기
울이지 않고 있었다. 반면 말리까 부인은 늘 붓다와 제자들의 칭찬을
노래 삼아 부르고 있었다.

쑤부띠의 귀의

붓다의 제자 가운데 '평화롭게 사는 데 제일[無爭第一]'이자 '보시 받는 가치가 있는 데 제일[托鉢第一]'로 불리는 쑤부띠(Subhūti)가 있었다. 그는 수닷따 장자의 동생으로 형님이 기원정사를 지어 승단에 기증하는 날, 붓다의 설법을 듣고 확고한 마음을 내어 출가했다.

쑤부띠는 비구계를 받고 논의의 주제와 명상 주제를 깊이 사색하고 숲속에 머물며 철저하게 수행자의 삶을 살았다. 특히 쑤부띠는 자애명상을 닦고 통찰을 계발하여 마침내 거룩한 경지를 얻었다. 그는 사람들에게 가르침을 전하면서 가르침의 안내자인 스승을 따라서 제한을 두지 않고 법을 펼쳤다. 탁발을 하면서 집집마다 집 앞에서 자애의 명상에 들었다가 "이와 같은 보시에 많은 공덕이 있기를!"이라고 기원하면서 음식을 받았다. 그래서 그에게 제공되는 보시는 최상의 공덕을 낳았고, '보시 받을 가치가 있는 이 가운데 제일'이 되었다. 따라서 붓다도 '나의 제자 수행승 가운데 쑤부띠는 평화롭게 사는 님 가운데 제일'이라며 칭찬했다.

스스로 초월의 길을 완성한 경지의 정점에 이르렀을 때, 쑤부띠는 스승의 법을 세상에 알려 보다 많은 사람들이 축복을 받을 수 있게 지방을 유행했다. 유행을 하며 마가다 국의 수도 라자가하에 도착했을 때, 마가다 국의 빔비사라 왕은 붓다 상가의 대장로가 라자가하에 도착했다는 소식을 듣고 찾아가 예경했다. 빔비사라 왕은 "존자여, 이곳에서 편히 지내십시오."라고 말하고, "머무를 처소를 지어드리겠습니다."라고 약속했다. 그러나 정사에 바빴던 빔비사라 왕은 그만 쑤부띠 존자에게 한 약속을 까맣게 잊어버리고 말았다. 따라서 쑤부띠는 부득이 야외에서 지내야 했다. 그러자 이상하게도 그날부터 하늘에서 비가 내리지 않았다. 비가 내리지 않는 날이 계속되자 곧 가뭄이 시작됐다. 사람들은 가뭄이 가져다준 막대한 피해에 괴로워하다가 왕을 찾아가 하소연을 했다. 왕은 왜 하늘에서 비를 내리지 않는지를 조사했지만 그 원인을 찾을 수가 없었다. 그러던 어느 날, 빔비사라 왕은 쑤부띠 장로가 머물 처소가 없어 야외에서 지내고 있다는 것을 뒤늦게 깨달았다.

'아, 천신들이 대장로께서 비 맞을 것을 염려하여 비를 내리지 않는구나! 내가 큰 실수를 저질렀어.'

자신의 경솔함을 자책한 빔비사라 왕은 서둘러 쑤부띠 존자에게 초암을 지어 올렸다.

쑤부띠 장로는 새로 마련된 초암으로 들어가 풀로 엮은 방석을 깔고 가부좌를 틀고 앉았다. 그러자 하늘에서 비가 내리기 시작했다. 그러나 조금씩 비를 내릴 뿐, 하늘은 충분한 비를 내려주지 않았다. 그러자 쑤부띠 장로는 세상의 가뭄에 대한 공포를 제거해주기 위해 자신의 안팎에 위난이 없다는 것을 천신들에게 게송으로 전했다.

나의 초암은 지붕이 이어졌고,
바람이 들이치지 않으니, 쾌적하다.
하늘이여, 비를 내리려거든 내리소서.
나의 마음은 잘 집중되어 해탈되었고,

정진하는데 어려움이 없으니,

하늘이여, 비를 내리려거든 내리소서.

쑤부띠 존자의 게송이 끝나자 거짓말처럼 하늘에서 많은 양의 비가 쏟아져 내렸고, 곧 가뭄이 해갈되었다.

계율 제정에 나서다

'오라 비구여!'

안나 꼰단냐, 앗사지 등 사르나트(녹야원)의 다섯 수행자, 우루웰라 깟사빠 등 깟사빠 3형제, 사리뿟따와 목갈라나, 그리고 마하 깟사빠 등과 같은 빼어난 제자들이 교단에 참여하는 데는 붓다의 이 한 마디면 충분했다. 그러나 라자가하의 죽림정사에서 터전을 잡은 후 수많은 출가자와 재가자들이 붓다의 상가에 들어오면서 사정이 달라지기 시작했다. 더 정비되고 구체적인 입교(入敎) 절차가 요구되었다. 그들은 다음과 같이 맹세했다.

> "붓다께 귀의합니다. 붓다의 가르침에 귀의합니다. 붓다와 붓다의 가르침을 따르는 상가에 귀의합니다."

그런데 상가의 규모가 급속도로 커지면서 시끄러운 문제들이 내부에서 하나둘씩 불거져 나오기 시작했다. 큰소리로 거리를 누비며 음식을 구걸하고, 걸식한 음식을 두고 찬탄하거나 타박하며, 승방으로 돌아와 잡담으로 시끄럽게 떠드는 이들이 나타났다. 가사를 입은 모양이 단정치 않고, 걷고 서고 눕는 모양새를 제멋대로 하는 이들도 있었다. 비구의 자질이 부족한 이, 수행자의 기본 예절조차 지키지 않는 이들도 생겨났다. 또한 물과 젖처럼 화합하며 서로를 보살피라는 당부에도 불구하고 종족과 출신을 따지고 관습에 따라 행동하는 일들이 상가 내에서 벌어지기도 했다.

붓다는 상가의 위계와 질서를 유지하고 당신의 눈과 귀가 미치지 않는 곳에서 출가하는 이들의 자질을 염려해 입단 절차를 제도화하지 않으면 안 되었다. 따라서 비구가 되기 위해서는 구족계(具足戒, 비구계)를 받도록 하고, 계의 조목을 하나하나 정비해나갔다.

구족계를 받으려는 자는 먼저 자신의 화상(和尙)을 선택해 평생 스승으로 모시고, 세속의 아버지와 아들처럼 서로를 보살피고 돕도록 했다. 화상은 제자에게 필요한 덕목을 가르치고 행동 하나하나를 지도하며 필요한 물품을 마련해주도록 하였고, 제자가 병들면 그의 신변을 보살피고 식사까지 돌보게 했다. 제자는 화상을 섬기고 의식주 모두에 걸쳐 마음을 써서 불편이 없도록 하며, 세수와 목욕에서부터 식사, 청소, 빨래에 이르기까지 화상의 일을 거들어주도록 정했다. 화상을 정해 수학한 이만이 스승인 화상의 보증 아래 비구가 될 자격을 가질 수 있었다. 또한 상가의 한사람으로서 완전한 자격을 인정받기 위해서는 전체 상가의 동의를 구하도록 제도화했다. 상가 구성원이 모두 모인 자리에서 출가하려는 당사자와 그의 보증인이 될 화상의 이름을 거론하며 대중의 뜻을 묻는 절차였다. 대중에게 세 번을 물어 이의를 제기하는 사람이 없을 경우에만 상가가 동의한 것으로 간주하고 비구가 지켜야 할 계목들을 일러주며 출가를 허락했다.

화상을 정한 다음에도 문제는 발생하였다. 그의 화상이 다른 고장으로 떠나버려 홀로 남겨지거나 환속하거나 죽거나 다른 종교로 전향하는 경우도 종종 발생하였다. 이럴 때를 대비해 아사리 제도를 만들었다. 아사리 제도는 화상이 곁에 없는 이들을 가르치고 지도하는 것은 물론 일상생활에서도 스승과 제자로서 서로를 돕고 보살피도록 하는 제도였다.

붓다는 출가의 조건이나, 출가 후 생활에 있어서 계급과 재능의 차별을 인정하지 않았다. 비구는 같은 복장에 같은 규율을 지키며 생활하도록 했다. 따라서 상가 안에서 위계와 질서의 기준, 즉 좌석의 차례를 정하는 방법은 한 가지 뿐이었다. 그것은 바로 구족계를 받은 순서였다. 따라서 구족계를 받을 때는 당사자와 화상의 이름은 물론 장소와 의식을 집행하던 상황, 날짜와 시간까지 정확하게 기억하도록 했다.

구족계가 제도로서 확립되자 그에 따른 세부 규정들도 보완되었다. 라자가하에서 우빨리라는 청년이 열여섯 명의 친구와 함께 목갈라나에게 출가하였는데, 나이가 어렸던 탓에 시도 때도 없이 추위와 굶주림을 호소하는 일이 발생했다. 그들 열일곱 명은 추위와 굶주림, 사람들의 모욕을 견디기에는 아직 어린 나이였다. 이 사실을 전해 들은 붓다는 성년, 즉 만 스무 살이 넘은 사람에게만 구족계를 주도록 정했다. 미성년자도 출가는 허용되었지만 정식 비구로 인정되지 않았다. 비구들의 지도와 보살핌을 받도록 한 그들을 상가에서는 사미(沙彌)라고 불렀다.

지켜야 할 계의 조목 또한 끊임없이 정비되었다. 상가가 구성된 초기에는 출가생활의 기본 방침으로 4의지(四依支)를 일러주었다. 즉 출가 수행자는 걸식하는 생활에 의지하고, 분소의를 입는 생활에 의지하고, 나무 아래에서 수행하는 생활에 의지하고, 동물의 대소변을 이용해 만든 진기약(陳棄藥)을 사용하는 생활에 의지한다는 정도였다.

초기의 제자들은 일일이 규제하지 않아도 마땅히 지켜야 할 것과 하지 말아야 할 것을 잘 알고 있었다. 그러나 출가자가 늘어감에 따라 마땅히 지켜야 할 것들이 지켜지지 않는 상황들이 발생했다. 범행(梵行), 즉 일체의 성행위를 금하는 것은 붓다의 상가는 물론 니간타를 비롯한 다른 교단의 출가수행자들도 기본적으로 지키던 의무사항이었다. 그러나 이런 기본 사항들조차 지켜지지 않는 일이 교단 내부에서 발생하게 되었다. 갖가지 사건들을 계기로 살생, 거짓말, 도둑질 등의 사회윤리부터 상가의 특수성을 반영한 세부조항까지 구족계의 항목들은 점차 늘어났다. 승원 생활을 터전으로 구족계는 끝없이 정비되었고, 계를 지킴으로써 교단의 구성원으로 인정받게 되었다. 또한 보름에 한 번씩 일정 지역에 거주하는 상가 구성원들은 의무적으로 한자리에 모여 계경(戒經)을 낭독하고 잘못을 고백하며 참회하는 포살(布薩)의식을 시행하도록 제도화했다.

그 외에도 상가에는 많은 규정들이 생겨났다. 그중 대표적인 것이 안거(安居)였다. 3개월에서 4개월 동안 비가 지속적으로 내리는 우기(雨期)에는 한곳에 정착해 생활하며 외출과 유행(遊行)을 삼가는 풍습이 인도 대부분 지역에 있었다. 다른 교단들 역시 초목을 밟거나 동물에게 피해를 주기 쉬운 이 시기에는 일정한 곳에 머물게 하는 것이 일반적이었다. 라자가하를 중심으로 교단이 성립될 무렵, 비구들은 우기에 구애되지 않고 포교를 위해 분주하게 여러 곳을 돌아다녔다. 그러자 이를 비난하는 목소리가 높아졌다. 이에 붓다는 안거 제도를 마련했다. 우기 동안에는 한곳에 거주하며, 질병과 재난 등 어쩔 수 없는 경우를 제외하고는 외출하는 일이 없도록 금지했다. 안거 기간에는 스승과 장로들로부터 가르침을 듣고 수행에 매진하는 시기로 삼도록 했다. 우기가 끝날 무렵이면 다음 포교활동을 위해 신자들로

부터 옷감을 제공받아 가사를 만들고, 바리때가 깨어졌으면 새 바리
때를 마련하기도 했다. 안거 마지막 날에는 안거를 함께 한 이들이 모
두 모여 그동안 보고, 듣고, 의심한 허물들에 대해 토로하고 참회하는
자자(自恣)의식을 행하였다.

4

—

고향 방문과
친족들의 출가

숫도다나의 초대

까삘라왓투에도 사끼야 족의 왕자 고따마 싯다르타가 완전한 깨달음을 이룬 붓다가 되었고, 그의 가르침이 마가다 국 전역과 까시 왕국의 구석구석에 퍼지고 있다는 소식이 전해졌다. 특히 중인도의 가장 강력한 통치자 마가다 국의 빔비사라 왕이 붓다의 가르침에 감동하여 그를 신봉하게 되었다는 소식은 사끼야 족 모두를 기쁘게 했다. 사끼야 족의 긍지와 자존심은 마치 보름 무렵 사리 때의 조수처럼 불어났다. 그러나 그들은 붓다가 자신의 고향을 서둘러 찾지 않고 있는 것에 약간의 실망감을 가지고 있었다.

숫도다나 왕은 그러한 주민들의 기분을 알게 되었다. 그 역시 아들을 만나고 싶었다. 사끼야 족의 명예를 세상에 드날린 아들을 한시라도 빨리 만나고 싶었다. 모든 이들에게 찬탄과 존경을 받는 자랑스러운 모습으로 돌아와 가슴속에 깊숙이 응어리진 원망과 슬픔을 풀어주길 고대하였다. 숫도다나 왕은 아들을 초청하기 위해 라자가하로 사신을 파견했다.

> "아비는 네가 하루빨리 까삘라왓투로 돌아오기를 기다리고
> 있다. 뜻을 이루었으니 이제 고향으로 돌아오라."

그러나 숫도다나 왕의 기대는 번번이 수포로 돌아갔다. 그의 자랑스

러운 아들은 어찌된 영문인지 고향으로 돌아올 기미를 보이지 않았다. 파견한 사신들은 한번 가면 감감 무소식이었다. 기다리다 지쳐 다시 사신을 보내면 그 역시 소식이 끊겼다. 함흥차사가 따로 없을 지경이었다. 무려 아홉 명의 사신을 보냈지만 아들이 있는 남쪽에서는 아무런 소식도 들려오지 않았다. 그도 그럴 것이 파견된 사신들은 하나같이 위대한 성자가 된 붓다를 만나고 나서는 곧바로 출가를 해버렸던 것이다. 숫도다나 왕은 할 수 없이 가장 믿을 만한 재상의 아들 깔루다이(Kāludāyī)를 라자가하로 보내기로 했다. '사끼야 족의 안위를 누구보다 염려하는 깔루다이라면 이 일을 충분히 수행할 수 있을 것이다. 어린 시절 싯다르타와 함께 흙장난을 하며 자란 동갑내기 친구의 말이라면 내 아들도 귀를 기울일 것이야.' 생각이 여기에 미친 숫도다나는 궁으로 깔루다이를 불러 당부했다.

> "깔루다이, 너는 싯다르타와 형제나 다름없었다. 내 아들을 까삘라왓투로 데려올 사람은 너밖에 없는 것 같구나. 부디 꼭 태자를 이곳으로 데려와다오. 나와 약속해줄 수 있겠니?"

깔루다이는 누구보다도 숫도다나 왕의 심정을 잘 알고 있었다. 슬픔이 가득한 왕의 눈빛은 그의 당부가 명령이 아니라 애원임을 말해주고 있었다. 처진 어깨에서 흘러내리는 숫도다나 왕의 옷자락을 받쳐들며 깔루다이는 맹세했다.

> "대왕이시여, 제가 꼭 태자님을 모셔오겠습니다."

숫도다나 왕이 깔루다이를 통해 붓다에게 보낸 전갈은 '죽기 전에 한 번 만나보고 싶다.'였다. 그러나 깔루다이 역시 라자가하의 죽림정사에서 벌어지고 있는 일들에 매혹되어 그곳에 가게 된 자신의 임무도 까맣게 잊어버렸다. 그는 붓다와 함께 생활하고 있는 수많은 승려들의 모임과 진종일 붓다를 찾아 줄을 잇는 재가신자들과 수행자들의 물결에 아연해졌다. 그는 자신이 사끼야 혈통이라는 점이 자랑스러웠다. 거의 매일 찾아와 존경의 예를 올리는 빔비사라 왕을 보면서 깔루다이는 일찍이 체험하지 못한 겸허함을 갖게 되었다. 고따마 싯다르타의 가족과 긴밀한 관계를 유지하고 있고, 그의 출가 이전에 개인적으로 친숙한 친구 사이였음에도 그는 붓다 앞에 나설 엄두가 나지 않았다.

꽤 오랜 시간 동안 깔루다이는 붓다에게 다가가지 못했다. 붓다 주위를 에워싼 비구들로 인해 깔루다이는 붓다와 눈을 맞출 기회를 잡지 못했다. 무려 칠 일 동안 꼬박 멀리서 바라만 봐야 했다. 붓다의 모습은 커다란 코끼리처럼 위엄이 넘쳤고, 목소리는 보름달처럼 밝고 상쾌했다. 깔루다이는 어느새 자신도 모르게 합장하고 있었다.

그러던 어느 날, 설법을 마치고 처소로 향해가던 붓다가 군중의 가장자리에 앉아 있는 깔루다이를 알아보고 걸음을 멈추었다. 깔루다이는 붓다 앞으로 나아가 예를 올리고 침묵에 잠겼다. 붓다가 물었다.

"깔루다이, 무슨 일로 라자가하에 오게 되었는가? 공무로 온 것인가, 아니면 가정생활을 청산하고 출가하려는 것인가?"
"세존이시여, 당신을 까삘라왓투로 초청하기 위해서 당신의 아버지 숫도다나 왕께서 저를 이곳으로 보냈습니다. 세존이시여, 까삘라왓투의 숫도다나 왕께서는 마치 백합이 태양 떠오르기를 기다리듯이 세존의 귀향을 기다리고 있습니다. 또한 많은 사끼야 족 사람들이 직접 세존의 설법을 듣고 싶어 합니다. 세존이시여, 지금이 고향을 방문하기에 적절한 때입니다."

"깔루다이, 내가 까삘라왓투로 가는 것은 아직 이르다. 조금 더 기다리도록 하자. 이번 우기가 끝나면 우리 모두 함께 갈 수 있을 것이다. 그런데 까삘라왓투는 요즘 어떤가? 그대의 가족은 안녕하신가? 그리고 내 부모님들은 편안하신가? 야소다라는 내 출가를 어떻게 받아들였으며, 어린 라훌라는 어떤가?"

"세존이시여, 당신의 부모님들이나 저의 부모님 모두 평안하십니다. 그리고 야소다라와 라훌라 역시 잘 있습니다. 당신께서 출가한 뒤 숫도다나 왕의 깊은 애정이 야소다라에게 큰 위안이 되었습니다. 라훌라는 미소년으로 성장하고 있으며, 예나 지금이나 당신에 대해 묻고 있습니다."

"내 출가가 야소다라와 라훌라에게 생각했던 것만큼 심한 충격을 주지 않았다니 다행이다. 깔루다이, 우리는 이 세계에 홀로 태어난다. 물론 이 세상에서의 우리의 존재는 부모님들에게 부분적인 책임이 있고, 또 보호하고 살필 의무가 있는 것도 사실이다. 그러나 그것이 얼마나 지속될 수 있으리라고 생각하는가? 더구나 과잉보호는 오히려 해로운 것이다. 그것은 사람들로 하여금 남에게 의존하게 하며, 어떤 문제에 직면했을 때 거기에 대처할 능력을 파괴하는 것이다. 결국 스스로 자신을 살피지 않으면 안 된다. 그 누구도, 조물주라고 불리는 브라흐마(梵神)조차도 우리를 구원하거나 완전을 성취하는데 도움을 주지 못하는 것이다. 스스로 자기 자신의 주인이 되어야 한다. 그밖에 누가 있어 그 자리를 차지할 것인가?"

"아무도 없습니다. 세존이시여!"

깔루다이가 대답했다.

그는 지금까지 사끼야 왕국의 유력한 재상의 아들로서 누려왔던 안온함이 그릇된 것이었음을 반성했다. '여기 숫도다나 왕의 아들, 옛 친구 고따마 싯다르타는 지금 자기 자신의 구원을 위해 스스로 노력해야 할 필요성을 역설하고 있다. 그런데 나는 과연 무엇인가?' 깔루다이는 세계와 자신에 대한 시각과 태도를 바꾸고, 이어 며칠 동안 붓다의 설법을 경청하면서 붓다가 설법하는 내용이 진실하고 타당한 것임을 확신하게 되었다. 그는 붓다의 허락을 받아 출가해 비구가 되었다. 그리고 붓다의 가르침과 지도에 따라 온 힘을 다해 정진했다. 그는 오랜 시간이 걸리지 않아 갈애와 증오와 미혹, 세 가지 악의 뿌리를 완전하게 제거하여 당당한 승리자가 되었다. 붓다에 이어 깨달음을 얻은 최초의 사끼야 족 출신 비구가 된 것이다.

우기가 끝나갈 무렵, 붓다는 제자들을 소집하여 함께 까삘라왓투로 가자는 뜻을 밝혔다. 아라한이 된 비구 깔루다이는 붓다의 허락을 받아 숫도다나 왕에게 붓다의 방문 소식을 알리기 위해 며칠 먼저 길을 떠났다. 깔루다이가 숫도다나의 왕궁에 도착했을 때, 숫도다나 왕은 그를 미처 알아보지 못했다.

"수행자여, 낯익은 얼굴인데도 나는 그대를 알아볼 수 없습니다. 범상한 수행자가 아닌 듯한데, 그대는 누구시오?"

"왕이시여, 저는 당신의 아들을 이곳으로 초청하기 위해 라자가하에 갔던 깔루다이입니다. 저는 라자가하에서 당신의 아들 고따마 싯다르타, 즉 붓다의 제자가 되었습니다. 저는 그 누구와도 견줄 수 없는 위대한 스승 붓다께 귀의하여 모든 인간고에서 벗어나 해탈을 이루었습니다. 왕이시여, 당신의 아들이신 거룩한 스승께서 지금 까삘라왓투로 오시는 중이며, 곧 수많은 제자들과 함께 이곳에 도착하게 될 것입니다."

"아, 깔루다이였구나. 그런데 너도 사문이 되었느냐?"

"예, 저도 붓다의 가르침을 따르기로 했습니다. 그리하여 출가해서 비구가 되었습니다."

숫도다나 왕은 아들의 친구였지만 지금은 거룩한 수행자가 된 깔루다이 앞에 엎드려 예를 표시했다. 그만큼 그는 무엇보다도 아들과의 해후를 고대하고 있었다. 그는 마음속에 그려보던 아들의 모습을 깔루다이를 통해 보고 있는 것이었다. 숫도다나 왕은 한없이 기뻤다. 그는 즉시 붓다와 그의 제자들이 도착하면 니그로다 동산에 머물 수 있도록 준비를 서둘렀다.

한편 시문(詩文)에 뛰어났던 깔루다이는 숫도다나 왕과 사끼야 족 사람들에게 생기 있는 음성으로 붓다가 된 고따마 싯다르타를 찬탄했다.

인간세계에서 온전한 깨달음을 얻으신 붓다께서는
바른 선정에 들어 평안을 즐기시는 분,

일체법을 초월하여 집착 없는 참된 분,

사람들은 물론 신들조차 예배하는 분,

일체의 탐욕에서 해탈을 즐기시네.

금광의 암석에서 황금을 만들어내듯

온갖 속박 벗어나 평안을 즐기시네.

번뇌의 가시 숲 거침없는 코끼리처럼,

허공에 뜬 태양처럼,

우뚝 솟은 봉우리처럼,

커다란 권능 지니고도 모든 생명 해치지 않는

위대하고 신비로운 용과 같은 코끼리,

여러분께 그분을 자랑하렵니다.

고행과 범행은 그분의 뒷발,

믿음의 코로 진리를 탐구하고,

지혜와 평정이 상아처럼 빛납니다.

온갖 가르침 가득 담긴 두둑한 배,

외떨어진 꼬리처럼 고독을 즐기시는 분,

가건 서건 앉건 눕건 그 코끼리는

늘 몸과 마음이 선정에 든답니다.

청정하고 맑은 공양 따뜻하게 받아주고

순수하지 않은 공양 받지 않으시며

구차하게 목숨에 집착하지 않으시니

어떤 허물도 그분에게선 찾아볼 수 없답니다.

온갖 번뇌 끊어 없애고

일체 속박 벗어나 자유롭게 노닐며 구속되지 않는 분,

세상에 태어나 이 세상에 살면서도
어떤 욕심에도 물들지 않는 분,
새하얀 저 연꽃과 같답니다.
부드러운 향기에 사랑스러운 빛깔,
더러운 물에서 나고 그 물에서 자라도
물과 진흙의 더러움에 물들지 않는답니다.

고향 까삘라왓투를 찾다

숫도다나 왕과 수많은 사끼야 족 주민들이 두 달 가까운 긴 여정을 거쳐 까삘라왓투에 도착한 붓다를 영접했다. 사끼야 족 출신 영웅의 귀환에 백성들은 왕궁으로 난 길을 청소하고 꽃을 뿌리며 환호하였다. 숫도다나 왕은 자신의 가슴속에서 용솟음치는 끝 모를 기쁨을 감출 수가 없었다. 아들이 멀리서 다가오는 것을 바라보는 숫도다나와 고따미의 눈에는 감동의 눈물이 흘러내렸다. 위대한 성자가 된 아들의 아름다운 위엄에 저절로 기쁨이 솟아났다.

'아, 저 모습이 진정 우리 아들 고따마 싯다르타의 모습이란 말인가!'

두 사람의 마음은 위대한 사문이 아주 가까이 있는 것 같으면서도 동시에 한없이 멀게만 느껴졌다. 이미 저 존귀한 성자는 이제 그들의 아들 고따마 싯다르타가 아니었던 것이다. 그러나 상당수의 사끼야 족들은 붓다라고 해도 자신의 조카뻘이나 동생뻘쯤 된다는 생각에 예배를 올리지 않았다. 붓다는 전법에 앞서 자존심이 지나쳐 자만심으로 물든 사끼야 족의 교만을 조복 받을 필요가 있었다. 그래야 참진리를 수용할 마음가짐을 가질 수 있을 것이기 때문이었다.

이적행을 결심한 붓다는 명상(제4선정)에 들어 '1만 세계를 비추리라.'는 의도를 일으켰다. 그러자 1만 세계의 인간들, 신들, 범천들이 비추어졌다. 놀라운 광경을 본 사끼야 족들이 환호하는 동안 붓다는 순식간에 공중으로 날아올라 몸의 열두 부분에서 물과 불이 동시에 뿜어져 나오는 쌍신변(雙身變)의 기적을 보여주었다. 이 광경을 본 숫도다나 왕은 엉겁결에 아들에게 큰절을 올렸다. 왕이 절을 하자 수많은 사끼야 족들도 일제히 엎드려 붓다에게 절을 올렸다.

붓다는 왕궁으로 이어진 길을 벗어나 성 밖 니그로다(Nigrodha) 숲으로 향했다. 성대한 연회를 준비하고 기다리던 숫도다나 왕과 사끼야 족은 당황할 수밖에 없었다. 그러나 숫도다나 왕은 애써 침착함을 되찾고 '내 아들이 돌아왔으니 그것으로 되었다.'며 스스로를 위로하고 모여든 사끼야 족 백성들을 위로했다.

"자, 다들 니그로다 숲으로 가봅시다."

니그로다 숲에 이르자, 아들이 가까이 다가왔다. 숫도다나 왕은 재빨리 마차에서 내려 자신이 먼저 아들에게 인사하며 말했다.

"실로 7년여 만에 만나게 되었습니다. 우리는 이 순간을 애타게 기다려 왔습니다."

누가 시킨 것도 아닌데, 숫도다나 왕은 자신도 모르게 아들에게 경어를 사용하고 있었다.

"나의 아들 싯다르타가 태어나던 날, 전륜성왕의 운명을 타고 났다는 선인들의 예언에 나는 아들의 발에 예배하였습니다. 왕자의 어린 시절, 농경제가 열리던 날 잠부나무 아래에서 명상에 든 거룩한 모습을 보고 나는 또 한 번 마음속으로 아들을 우러러보았습니다. 그리고 오늘 이 순간, 만개한 꽃처럼 밝고 깨끗한 얼굴을 보니 나는 또 내 아들의 발아래 예배를 드립니다."

조금 전까지만 해도 거만한 태도를 보였던 사끼야 족의 원로들과 왕족들도 붓다에게 다가가 꽃을 바치고 머리를 조아렸다. 자부심 강한 사끼야 족의 정수리에 붓다의 발바닥에 묻었던 흙먼지가 날렸다. 수많은 대신들과 백성들이 차례로 절을 하고 자리에 앉았다. 사끼야 족이 오만함과 교만을 버리고 낮은 자세로 믿음의 천을 마련하자 비로소 붓다는 환한 미소를 보이며 온화한 눈빛으로 동족을 둘러보았다.

붓다는 사끼야 족을 향해 설법을 시작했다. 보시하는 공덕의 위대함, 계율을 지키고 욕됨을 참아내는 삶에 아름다운 과보가 기다리고 있음을 알리고, 특별히 출가의 공덕을 찬탄했다. 그러고 나서 모든 고뇌와 속박에서 벗어나는 법을 가르쳤다. 사끼야 족의 마음이 진리를 받아들일 만큼 부드러워지고 나서야 붓다는 진리의 요체인 사성제를 갖가지 방편을 들어 설했다. 오랜 시간 이어진 설법에도 사끼야 족들은 싫증을 내지 않았다. 일찍이 본 적 없던 광경을 목격하고, 들은 적 없던 희유한 말씀을 들은 사끼야 족은 모두 기쁨이 넘치는 얼굴로 그들의 영웅을 찬탄하고 있었다.

이때 숫도다나 왕이 아들이지만 위대한 스승이 된 붓다에게 다가가 물었다.

"스승이시여, 이 왕국을 넘겨주고 싶지만, 내가 그렇게 하더라도 붓다께서는 이 왕국을 한갓 한 줌의 재로 여길 것이라고 생각합니다."

숫도다나 왕은 한때 태자였던 아들에게 여전히 남아 있는 미련을 이렇게 표현했다.

"부왕이시여, 당신의 마음이 아들에 대한 사랑으로 가득 차 있으면서도 아들 때문에 크게 상심하고 계시다는 것을 잘 알고 있습니다. 출가한 아들에 대한 애정에 못지않은 자비심으로 백성들을 보살피십시오. 그렇게 하시면 아들 대신에 더욱 위대한 사람, 진리의 교사, 옳은 길의 창도자, 평안과 열반의 초대자가 당신의 마음속에 자리할 것입니다."

붓다가 아버지를 위로하는 애잔한 표정으로 말했다. 아들의 말을 듣는 순간 숫도다나 왕은 환희의 전율과 함께 눈에서 다시 한번 눈물이 쏟아져 내렸다. 그는 두 손을 합장하면서 말했다.

"참으로 놀라운 변화입니다. 나를 짓누르던 슬픔이 말끔히 가셨습니다. 무겁기만 하던 나의 가슴이 이제는 자랑스러운 내 아들이 이룬 크나큰 결실로 가득 차 있습니다. 권력이라는 물리치기 어려운 쾌락을 거부하고 도를 닦는 생활 속에서 숭고한 목표를 이룬 붓다의 행동이 옳았다는 것을 이제야 깨달았습니다. 올바른 길을 발견했으니, 이제는 미혹으로부터 해방을 갈망하는 모든 사람들을 이끌어주어야 할 것입니다."

숫도다나 왕은 잠시 붓다와 그 제자들을 돌아본 후 물었다.

"저 비구들은 어떤 분들입니까?"
"이 사람은 빔비사라 왕의 존경을 받으며 오백 명의 제자를 거
느렸던 우루웰라 깟사빠입니다. 이 사람은 우빠띠싸 마을 촌
장의 아들 사리뿟따입니다. 이 사람은 꼴리따 마을 촌장의 아
들 목갈라나입니다. 이들 모두 마가다 국의 브라만 출신으로
학문이 출중한 비구들입니다."

숫도다나 왕은 적지 않게 당황했다. '내 아들 싯다르타는 순수혈통의
크샤트리아이다. 크샤트리아인 나의 아들을 저런 위대한 브라만 출
신들이 제자가 되어 감싸고 있다니….'
숫도다나 왕은 붓다와 이별하고 다시 궁전으로 돌아왔다. 잔뜩
마음이 들떠 있는 며느리 야소다라가 그를 기다리고 있었다. 그녀가
물었다.

"아버님, 저의 남편 싯다르타는 어떻던가요? 많이 변해 있었
나요?"
"그렇다. 싯다르타는 왠지 근심스럽고 불행해 보이던 예전의
싯다르타가 아니었다. 더 이상 쉽게 격해지고 감성적인 그런
사람이 아니었어. 평온하며 침착했고, 확신에 차 있었다. 그의
얼굴은 맑고 밝게 빛나고 있었단다. 격렬한 고행의 후유증에
서도 거의 회복된 것 같더구나."

숫도다나 왕이 자랑스러운 아들의 모습을 떠올리며 약간은 상기된 표정으로 대답했다. 그러나 야소다라는 아직 붓다를 만날 채비가 되어 있지 않았다. 그녀는 7년 넘게 떨어져 있던 남편과의 해후가 몹시 불안했다. 그녀는 자신의 감정이 어떨지, 또는 싯다르타가 어떤 반응을 보일지 상상할 수도 없었다. 그녀는 제자들에게 둘러싸여 있는 붓다를 방문한다는 것이 여간 불편하고 불안한 게 아니었다. 그것은 달갑지 않은 경험이 될 것이 분명했다. 그녀는 싯다르타가 왕궁을 방문할 때까지 기다리기로 했다.

그날, 까삘라왓투 사람들은 놀라운 광경을 목격하게 되었다. 황색 가사를 단정하게 걸친 붓다와 그의 제자들이 탁발을 위해 거리로 나온 것이다. 집에서 집으로 옮겨가는 그들의 걸음걸이와 절제된 행동은 고요하게 흐르는 맑은 강물과도 같았다. 붓다가 바리때를 들고 집집마다 찾아다니면서 탁발을 하고 있다는 소문이 삽시간에 퍼져나갔다.

"예전에는 시종들을 거느리고 마차만 타고 다니던 시내에서
싯다르타가 걸식을 하고 있다니! 붉은 흙색의 옷을 입고 손에
는 얻은 음식을 담을 질그릇을 들고 있다."

이런 소문은 곧 숫도다나 왕에게도 전해졌다. 숫도다나 왕은 황급히 붓다에게 달려가 우려를 전달했다.

"지금 붓다와 제자들이 걸식을 하는 행동은 나의 얼굴에 먹칠을 하는 것입니다. 크샤트리아는 음식을 구걸하지 않습니다.

크샤트리아는 구걸하느니 차라리 굶기를 택합니다. 당신은 크샤트리아 가문의 명예를 짓밟고 있는 것입니다. 또한 내가 얼마든지 음식을 제공할 수 있다는 것을 모르지는 않을 것인데, 이런 모습은 참으로 황당합니다."

"부왕이시여, 탁발은 우리 출가 비구들의 관습입니다."

"그렇더라도 이것은 아닙니다. 붓다께서는 이 나라의 왕자로, 음식을 구걸해야 할 그런 사람이 아니었습니다."

"아버님과 가족들이 왕족의 자손임을 자랑스럽게 여기듯이, 저는 '오래된 붓다'의 후예임이 자랑스럽습니다. 옛날에도 붓다들은 음식을 구걸했으며, 언제나 보시에 의존하며 살았습니다. 또한 왕이시여, 크샤트리아 가계는 당신의 것일 뿐 내 것이 아닙니다. 나는 그와 같은 혈통을 버린 지 이미 오래입니다. 그것은 이제 나와 무관한 것입니다. 나에게 더 이상 크샤트리아의 자존심은 없습니다. 그런 자존심이 없으므로 나는 어느 것도 욕되게 하지 않습니다. 브라만, 크샤트리아, 바이샤, 그리고 수드라 따위의 구별은 브라만들이 만든 구분일 뿐입니다. 나는 브라만의 노예가 아니라 붓다, 즉 깨달은 사람입니다. 모든 강물들, 야무나, 강가(갠지스) 그리고 아찌라와띠 등의 강물이 바다에 이르렀을 때 그들의 각기 다른 이름은 사라지게 되듯이, 모든 종족과 출신 계급은 우리들의 상가에 들어옴으로써 예전의 차별을 버리게 되는 것입니다."

숫도다나 왕이 침묵하고 있자 붓다가 계속해서 말했다.

"누구나 감추어져 있는 보물을 찾아내면 가장 값진 것은 자신의 아버지에게 먼저 바치는 것이 관습입니다. 그러므로 제가 최상의 보물인 진리(담마)를 드리니 받아주시기 바랍니다. 만약 아버님이 꿈에서 깨어나 진리에 마음을 열고, 부지런하게 올바른 길로 나아가신다면, 영원한 축복을 발견하실 것입니다."

아들의 말에 조용히 귀를 기울이고 있던 숫도다나 왕이 말했다.

"붓다여, 당신의 말대로 실천하기 위해 노력하겠습니다."

숫도다나 왕은 자신이 논쟁에 무력하다는 것을 깨닫고 더 이상 붓다와 제자들의 탁발을 저지하려 하지 않았다. 대신 다음날 그들이 궁중에서 공양하도록 초청했다.

야소다라와의 재회

다음날 아버지와 약속했던 공양을 받기 위해 붓다는 제자들과 함께 왕궁에 도착했다. 숫도다나 왕과 고따미 왕비, 이복동생 난다, 그리고 아들 라홀라가 붓다를 영접했다. 라홀라는 처음 만나보는 아버지를 대하면서 어리둥절한 표정을 감추지 못했다. 황색 가사를 걸친 아버지 붓다를 바라보며 어린 라홀라는 생각했다.

'왜 아버지는 이런 식의 생활을 선택했을까? 왕궁에서 얼마든지 편안하고 호사스럽게 지낼 수 있었는데도 왜 아버지는 저런 가사를 입고 거지처럼 음식을 구걸하러 바리때를 들고 다니시는 걸까?'

라홀라의 나이가 지난 날 파종 축제 때 아버지 숫도다나 왕에게 『베다』의 의미를 묻던 싯다르타의 나이에 이르렀지만, 그는 아직 당시의 싯다르타만큼 정신적으로 성숙하지 않았고, 어린 시절 아버지가 가졌던 자립 의지에도 미치지 못하고 있었다. 싯다르타가 떠나고 없는 동안 할아버지 숫도다나 왕은 어린 라홀라의 아버지 역할까지 대신 해왔다. 라홀라로서는 태어나서 처음으로 친아버지를 만나는 것이었다. 그러나 라홀라는 선뜻 아버지에게 다가설 수 없었다. 그런 자신이 서글프게 느껴지기도 했다. 그는 자신과 아버지 사이에 엄청난 거리가 있다는 것을 깨달았다. 아버지는 다가와서 안아주지 않았고, 그 자신 역시 아버지에게 달려가 매달리지도 못했다. 라홀라는 이런 어색함과 슬픔이 왠지 억울하게 느껴졌다. 만약 붓다가 그냥 아버지 싯다르타로 남아 있었더라면 이런 어색한 일이 일어나지도 않았을 것이며, 라홀라 자신의 생활 또한 훨씬 만족스러웠을 것이기 때문이었다.

제자들과 함께 준비된 자리에 앉고 나서야 붓다는 그 자리에 야소다라가 참석하지 않았음을 알았다. 붓다는 동정과 연민에 찬 눈길로 라홀라를 바라보았다. 내내 아버지를 주시하고 있던 라홀라는 막상 아버지와 눈이 마주치자 얼른 눈길을 돌려 땅바닥을 바라보았다. 알 수 없는 쑥스러움과 주눅 같은 것이 그의 고개를 숙이게 했던 것이다.

붓다는 그 자리에 모인 사람들의 마음속에 남아 있는 태자 싯다르타와 붓다가 된 현재의 상대적 가치에 대한 의구심을 지워버릴 필요가 있다고 생각했다. 붓다는 또 아들 라홀라의 심중에 피어나고 있는 곤혹스러움을 느낄 수 있었다. 붓다는 공양을 마친 다음, 존재의 세 가지 특성(삼법인), 즉 고(苦), 무상(無常), 그리고 무아(無我)에 대해 이야기했다. 그러고는 이번 사끼야 족을 위한 법회를 주관한 숫도다나 왕에게 물었다.

"왕이시여, 왕으로서 누리는 부귀와 영화는 영원한 것입니까,
아니면 유한한 것입니까?"

질문을 받고 잠시 생각에 잠겼던 숫도다나 왕이 대답했다.

"무상한 것입니다."
"그렇습니다. 그런데 일시적이며 변화하는 이 세계에서 인간

은 영원한 행복과 만족을 추구합니다. 왕이시여, 인간이 그와 같은 행복과 만족을 이룰 수 있다고 생각하십니까?"

어리둥절해진 숫도다나 왕이 붓다에게 반문했다.

"그렇다면 스승이시여. 행복과 불멸의 경지를 찾아 안락하고 즐거운 가정생활을 버린 당신께서는 영원한 행복과 불멸의 경지를 성취하지 못했다는 말입니까?"
"나는 물론 영원한 행복과 불멸을 찾아 출가했습니다. 그러나 내가 발견한 행복과 불멸은 처음 찾아 나섰던 그것과는 다릅니다."

더욱 더 어리둥절해진 숫도다나 왕이 물었다.

"세존께서 발견한 것은 어떤 것입니까?"
"나는 인생의 본질, 즉 인간적 불행의 원인을 발견함으로써 마침내 그 불행으로부터 벗어나는 길을 찾아냈습니다. 그리고 나는 죽음을 제거함으로써가 아닌 윤회와 재생으로 끌고 가는 원인을 제거함으로써 불멸을 성취하였습니다."
"스승이시여, 그렇다면 우리 모든 사끼야 족을 위한 자비심으로 부디 당신이 발견한 위대한 진리를 설해주시지 않겠습니까? 우리 사끼야 족 모두는 당신의 가르침을 간절히 원합니다."

숫도다나 왕이 정중하게 청했다. 미소로 요청을 수락한 붓다가 설법을 시작했다.

"왕이시여, 인간계보다 열등한 축생계가 있습니다. 축생들의 성격은 대개 융통성이 없고 완고한 편입니다. 축생들은 주변 세계와 접촉할 때 거의 자동적으로 반응합니다. 반면 인간의 성격은 축생에 비해 월등하게 진화되어, 아주 정교하고 유연합니다. 그래서 인간은 세계와 접할 때 동물처럼 생각 없이 반사적으로 행동하지 않습니다. 먼저 생각을 한 후에 결단을 내립니다. 이런 결단이 인간을 생존하게 하며, 위난으로 가득 찬 이 세계의 삶에 체계를 세우는 것을 가능하게 합니다. 무상하고 끊임없이 변화하는 세계에서 인간은 자신의 세계를 창조합니다. 인간은 행복을 갈망하며 고통으로부터 벗어나려 하며, 자신의 생명을 연장시키려고 갖은 노력을 기울이며 죽음을 피하려 합니다. 또한 인간은 자신의 미래를 보호하기 위하여 좀 더 많은 재물을 축적하려 합니다. 부유해졌을 때 인간은 자신의 부를 훔치려는 타인들의 기도(企圖)를 막아낼 길을 모색하게 됩니다. 인간은 자신을 보호하기 위해 안전한 성채를 짓고 그 안에 자신의 쾌락과 만족을 충족시키기 위한 갖가지 시설과 장치들을 만듭니다. 인간은 못과 샘, 꽃과 과일나무로 가득 찬 정원을 만들고, 자신의 향락을 위해 악사, 가수, 무희를 고용합니다. 늙으면 자신의 생명을 늘리기 위해 노구를 돌볼 최고의 의사를 찾습니다. 왕이시여, 이것이 인간의 성향에 따라 창조된 세계입니다. 이런 식으로 사람들은 제각기 제 자신의 능력에 따라 자기 세계를 만듭니다. 사회의 최하위에 있는 노예로부터, 법을 보호하고 법으로써 전륜성왕에 오른 마하 수다싸나(Mahā Sudassana)와 같은 위대한 군주에 이르기까지 모든 사람들이 각기 자신의 성향에 따라 자기 세계를 창조하는 것입니다. 왕이시여, 어떻게 생각합니까? 인간의 성향으로 인하여 형성된 것들은 영원한 것입니까? 아니면 무상한 것입니까?"

"무상한 것입니다. 스승이시여."

"그렇게 유한한 것들은 만족스러운 것입니까, 혹은 불만스러운 것입니까?"

"만약 인간이 무상한 것 속에서 영원함을 찾는다면 그것은 결국 불만으로 끝날 것입니다."

"무상하며 만족스럽지 못한 것을 실재라거나, 당신의 영원한 자아, 혹은 영원히 당신에게 속한 것이라고 여긴다면 옳은 것입니까?"

"그렇지 않습니다. 스승이시여."

"이 육체와 가족과 나라가 내 것이라고 집착하는 것은 옳은 것이겠습니까?"

"아닙니다."

"바로 그와 같습니다. 왕이시여. 집착하거나 매달리지 않고 나의 모든 성향들을 진정시키며, 모든 갈망과 미움과 미혹을 제거함으로써 나는 괴로움과 불만의 끝에 도달했습니다. 마치 흙탕물 속에서 자라는 연꽃이 물 밖으로 솟아올라 더러움에 젖지 않듯이, 나는 이 세상에 살면서도 세속에 물들지 않은 채 있습니다. 물에 젖지 않은 채 시들어갈 연꽃처럼, 목숨이 다할 때 나는 지혜로운 현자들과 괴로움으로부터 해탈한 사람들에게 위안을 주고 사라질 것입니다."

이 설법이 끝나면서 숫도다나 왕은 자신의 무지와 자존심을 극복하고 입류과(入流果), 즉 미래세에 아라한이 될 것이 약속된 예비 성자(수다원)의 반열에 들어갔다.

밖에서 이런 일들이 벌어지고 있는 동안 감히 남편 싯다르타와 대면할 용기를 내지 못한 야소다라는 안으로 문을 잠그고 방안에 들어앉아 있었다. 야소다라는 깊은 생각에 잠겨 있었다.

야소다라의 애매하고도 곤란한 입장을 헤아린 붓다가 자리에서 일어나 숫도다나 왕에게 다가갔다. 대중 앞에서 자신을 만날 수 없는 야소다라의 난처한 입장을 이해한 붓다는 부친에게 야소다라의 처소까지 동행해줄 것을 요청했다. 붓다는 제자들 가운데 상수제자인 사리뿟따와 목갈라나 두 제자만을 대동하고, 아버지 숫도다나와 양모 고따미, 아들 라훌라와 함께 야소다라가 기거하고 있는 위층으로 올라갔다. 야소다라의 방문 앞에 이르러 숫도다나 왕이 문을 두드렸다. 방문이 열리자, 붓다의 눈에 야소다라의 마음속에서 일어났던 것들이 그대로 드러났다. 방 한구석에서 울음을 삼키는 어두운 그림자가 보였다. 그는 야소다라였다. 붓다가 들어서자 야소다라가 열린 문 한쪽으로 비켜섰다. 사리뿟따와 목갈라나를 문밖에서 기다리도록 하고 방안으로 들어선 붓다가 자리에 앉자 야소다라는 여러 해 동안 우울함과 어둠만이 드리웠던 자기 방이 마침내 눈부신 빛으로 가득 차고 있는 것을 느꼈다. 방 구석구석은 물론 모든 가구들과 옛 추억이 담긴 집기들에 활기가 넘쳐나는 것을 느꼈다. 지난 몇 년 동안 그것들은 마치 죽어 있는 것처럼 보였다. 야소다라는 더 이상 자신의 감정을 감출 수 없는 상태로 다가가고 있었다. 싯다르타와 함께 지냈던 몇 년 동안의 추억들이 파노라마처럼 마음속에 펼쳐졌다. 싯다르타와 처음 만났던 음악제, 결혼 허락을 받기 위해 자기의 집에 찾아왔던 싯다르타의 모습, 우여곡절 끝에 성사된 결혼식, 그리고 아기를 가졌을 때 싯다르타가 보여준 자상함과 사랑…. 재회의 감동과 함께 일어나는 갖가지 추억들이 쏟아지는 눈물을 더욱 부추겼다. 그녀는 엎드린 채 두 손으로 붓다의 발을 붙잡고 흐느꼈다. 보고 싶었다는, 왜 이리 늦게 왔느냐는 말은 한마디도 꺼내지 못한 채 목에 걸린 울음만 신음처럼 토해냈다. 슬픔이 잦아들기를 기다릴 뿐 누구도 이런 야소다라를 말리지 않았다. 그 슬픔을 막을 수 있는 사람은 아무도 없었다.

붓다는 앉은 채 연민의 눈길로 야소다라를 지켜보았다. 눈물로 그의 두 발이 흥건히 젖었지만 아무 말도 하지 않은 채 슬픔이 진정되기를 기다렸다. 고요가 안개처럼 흘렀다. 안개를 흔드는 건 고통스럽게 삼키는 야소다라의 목울음뿐이었다. 이윽고 눈물을 멈춘 야소다라가 고개를 들어 붓다의 얼굴을 올려다보았다. 오랜 시간이 흐른 뒤에 바라보는 옛 남편의 얼굴에 자비와 연민의 정이 넘쳐나고 있었다. 그녀는 문득 감정을 자제하지 못한 자신이 부끄럽다고 생각했다. 등줄기로 서늘한 땀이 흘러내렸다. 야소다라는 다시 허리를 굽혀 손과 이마를 붓다의 발에 대어 경배한 후 천천히 일어섰다. 그들의 해후를 지켜보는 숫도다나 왕과 고따미 왕비, 라훌라는 마치 깎아 놓은 석상처럼 꼼짝도 하지 않고 서 있었다. 두 뺨으로 흘러내리는 뜨거운 눈물만이 그들이 돌덩이가 아니라는 것을 알려주고 있었다.

숫도다나 왕이 맨 먼저 침묵을 깨뜨렸다.

"스승이시여, 당신께서 떠나고 난 다음 몇 년 동안 야소다라는
고행자와 같은 생활을 해왔습니다. 당신이 삭발을 했다는 소
식을 들었을 때는 며늘아기도 함께 삭발을 했으며 향수와 장
신구의 사용을 중단했습니다. 당신이 맨땅에서 잔다는 소식
을 듣고는 이불을 모두 치워버렸습니다. 당신께서 출가한 후
다른 왕실에서 위로의 뜻으로 패물을 보내왔지만 모두 되돌
려 보냈습니다. 또한 바리때에 음식을 얻어 공양을 받는 남편
을 따라서 정해진 시간에 질그릇에 담긴 음식만 먹었습니다.
모든 감각적인 즐거움을 버리고 궁중에 들어앉아 외출도 거
의 하지 않았습니다. 나의 며느리 야소다라에게 남아 있는 유
일한 즐거움은 라훌라를 키우는 일이었습니다. 야소다라의
이런 행동은 일시적인 감정에 따른 것도 아니며 용기가 없어
서도 아닙니다."

아버지의 말을 들으며 야소다라의 눈물을 말없이 바라보던 붓다는
고개를 끄덕이더니, 나지막한 목소리로 말했다.

"네. 잘 알고 있습니다. 야소다라가 저를 보살피고 변함없는
사랑을 보여주었던 것은 금생만이 아닙니다."

그러고는 숫도다나 왕을 향해 말을 이었다.

"왕이시여, 감각적 즐거움이 주는 만족은 지극히 일시적인 것입니다. 거기에 집착함으로써 불만이 생기게 됩니다. 가정생활을 하면서도 세속적인 것들에 대한 집착을 줄임으로써 만족을 느끼고 행복해질 수 있습니다."

이어 붓다가 옛 아내 야소다라에게 연민어린 차분한 목청으로 말했다.

"야소다라, 당신은 내가 출가할 수 있도록 배려했던 큰 용기와 위대한 정신력을 가지고 있습니다. 내가 출가하여 수행할 때에 당신의 순수한 마음, 우아한 몸가짐, 헌신적인 자세에 대한 기억은 커다란 격려와 힘이 되었습니다. 야소다라, 그런 용기와 정신력으로 이제 당신은 과거에 마음 아파하거나 오지 않은 미래의 환상에서 벗어나, 당신의 새로운 삶을 만들어갈 수 있어야 합니다."

붓다는 이렇게 짧은 말을 남기고 자리에서 일어났다.

난다를 출가시키다

붓다는 아래층으로 내려와 궁전의 본관에 자리해 있던 제자들과 합류했다. 붓다가 아래층에 내려왔을 때, 동생 난다(Nanda)가 붓다의 바리때를 들고 서 있었다. 붓다는 바리때를 난다 손에 그대로 들려둔 채 제자들과 함께 니그로다 동산으로 향했다. 붓다에게 바리때를 돌려줄 용기를 내지 못한 채 난다는 할 수 없이 붓다의 제자들을 따라 나설 수밖에 없었다. 난다가 궁전을 나설 때 그의 약혼녀 자나빠다깔야니(Janapadakalyānī)가 다가와 조금은 불안한 어투로 귓속말을 했다.

"난다. 빨리 돌아와요. 꼭 와야 돼!"

난다는 니그로다 동산에 도착할 때까지 약혼녀가 느끼는 불안을 실감하지 못했다. 동산에 이르러 그는 바리때를 돌려주기 위해 붓다 앞으로 다가갔다. 배다른 동생 난다를 바라보며 붓다는 생각했다.

'나는 출가 전 난다가 자라는 것을 보아왔었다. 난다의 성격은 유약하고 이기적이다. 제 스스로 온갖 것을 누리면서도 왕실의 하인들을 생각하거나 배려하는 마음이 충분하지 못했다. 이런 성정을 지닌 사람이 부왕의 뒤를 이어 사끼야 족을 다스리게 된다면 사끼야 족 전체에게 막대한 괴로움을 안겨주게 될 것이다. 그에게 업을 짓게 하는 것은 온당하지 못하다. 난다를 설득시켜 출가하도록 해야겠다.'

"난다!"

붓다가 위엄 가득한 표정으로 동생을 향해 입을 열었다.

"그대는 왕실 가족 가운데 누군가가 승단에 들어와야 한다고
생각하지 않는가?"

난다는 말없이 땅바닥을 바라보았다. 사전 예고도 없이 불쑥 나온 말
이었다.

"난다야, 네가 보기에 내가 부끄러운가?"
"아닙니다. 이 세상 어느 누가 형님, 아니 세존처럼 당당할 수
있겠습니까. 제가 잠시 바리때를 들고 탁발을 하는 세존을 수
치스럽게 생각했던 것은 사실입니다. 그러나 세존의 당당한
눈빛과 걸음걸이, 세상 모든 사람들에게 고통을 벗어나는 길
을 가르치시는 모습을 보고, 곧 제가 잘못 생각했다는 것을 깨
달았습니다. 지금 전 세상 누구보다 나의 형님, 세존이 자랑스
럽습니다."
"그렇게 생각하는가? 난다야, 모든 탐욕을 떨쳐버린 삶은 참
으로 당당한 것이다. 난다야, 모든 분노와 원망을 떨쳐버린 삶
은 또한 안온하단다."

붓다는 출가의 공덕과 과보를 난다에게 차근차근 설명했다. 밝게 웃
는 난다에게 붓다가 나지막이 물었다.

"난다야, 너도 비구가 되겠느냐?"

난다는 순간 빨리 돌아오라고 외치던 약혼녀 자나빠다깔야니의 얼굴이 떠올랐다. 즉시 답을 하지 못하고 고개를 숙이고 있는 난다에게 붓다가 재차 물었다.

"난다야, 너도 비구가 될 수 있겠느냐?"

붓다의 음성에는 감히 거역할 수 없는 위엄이 서려 있었다. 난다는 미처 앞뒤를 가려 따지거나 생각해 볼 겨를도 없이 고개를 끄덕였다. 자신의 의지라기보다는 형님 싯다르타에 대한 존경심에서 비롯된 것이었다.

라훌라의 상속

난다의 출가는 왕실 가족을 깜짝 놀라게 했다. 숫도다나 왕은 무엇보다도 난다를 승단에 받아들인 붓다의 의도를 이해할 수 없었다. 난다가 돌연 출가를 결심하게 된 동기가 무엇인지도 짐작할 수 없었다. 그러나 그는 차분하게 마음을 가라앉혀 사태의 추이를 관망하며 붓다에게 이 문제에 대해 물으려 하지도 않았다. 이유야 어쨌든 난다는 자신의 의사를 결정할 수 있는 성인이었고, 이미 오래 전에 싯다르타의 출가를 경험한 숫도다나 왕으로서는 또 다른 아들 난다의 출가에 자신의 의지를 억지로 강요하고 싶지 않았다.

난다가 출가한 후 가장 심각한 혼란에 처하게 된 것은 이제 갓 일곱 살이 된 어린 라훌라였다. 그가 어머니 야소다라에게 물었다.

"어머니, 난다 삼촌이 아버지의 상가에 들어간 것은 무슨 까닭일까요?"
"자기 형님으로부터 물려받을 게 있다고 생각한 거겠지. 라훌라야, 아마 너도 언젠가 난다 삼촌처럼 붓다를 계승하는 문제에 대해 생각해야 할 일이 다가올지도 모른다."

싯다르타가 자신을 위해 획득한 평온과 행복이 결국에는 모든 왕실 가족에게 나누어지게 될 것이라고 생각한 야소다라가 대답했다. 라홀라는 어머니의 설명을 되뇌어 생각해보았다.

'아버지는 더 나은 무언가를 찾아 모든 재산과 편안한 삶을 버렸다. 삼촌 난다는 지금 나의 아버지께서 이룬 무엇인가를 얻으려 한다. 그렇다면 나에게도 아버지에게 유산을 요구할 권리가 있을 것이다.'

라홀라는 할아버지와 어머니에게 다시 아버지를 만나고 싶다고 말했다. 숫도다나 왕은 난다의 출가를 기뻐하지 않았지만, 설마 어린 라홀라까지 붓다의 승단에 합류하게 되리라고는 꿈에도 생각하지 못했다. 라홀라는 수행자가 되기에는 아직 너무 어렸던 것이다. 그는 아버지를 만나려는 라홀라의 바람이 너무나 당연한 것이라고 생각했다. 따라서 그는 라홀라에게 니그로다 동산에 머물고 있는 붓다를 방문하도록 허락하고, 왕궁의 경호원 한 사람을 지명하여 라홀라와 동행하도록 했다.

겨우 한 명의 경호원과 함께 니그로다 동산을 찾은 라홀라의 방문은 막 출가한 난다와 많은 수행자들에게도 의아스럽게 여겨졌다. 정상적인 경우라면 어린 라홀라는 할아버지 숫도다나 왕이나 어머니 야소다라를 따라왔어야 하는 것이기 때문이었다. 다가오는 어린 라홀라를 바라보며 붓다는 자신의 아들이 단순히 아버지를 다시 만나고 싶어 하는 것이라고 생각했다. 그러나 어린 아들이 무언가를 요구해 올 것이라고는 전혀 예상하지 않았다. 붓다 앞에 이른 라홀라가 또렷한 목청으로 말했다.

"세존이시여, 난다 삼촌은 당신의 상속자가 되었습니다. 그렇다면 아들인 저도 그 상속을 나누어 가질 권리가 있다고 생각합니다. 저는 상속자가 되기 위해 이곳에 왔습니다."

순간 붓다가 미소를 지었다. 그렇다고 '아버지가 아들에게 물려주는 그런 식의 유산은 나에게 없다. 나는 무소유를 실천하는 출가수행자가 아니냐!'라고 말할 수는 없었다. 붓다는 잠시 생각했다. '난다가 승단에 들어왔으니, 아버지 숫도다나 왕이 생각할 수 있는 후계자는 라훌라일 것이다. 그러나 저 어린 라훌라에게 내가 물려줄 수 있는 것은 무엇인가? 라훌라 역시 내가 줄 수 있는 재물이란 아예 없다는 것을 알고 있을 것이다. 그러나 저 아이도 인간이 획득할 수 있는 가장 위대한 재산, 행복을 성취하는 길을 계승할 수 있을 것이다. 이렇게 제 발로 찾아온 아이를 세상으로 되돌려 보낸다는 것은 옳지 못한 일이다.'

붓다가 어린 라훌라에게 말했다.

"라훌라야. 나에게는 금은보화가 하나도 없다. 그러나 만약 네가 정신적인 보물을 갖고 싶다면, 그리고 그런 보물들을 지니고 살아갈 마음이 있다면, 나는 많은 것을 줄 수가 있다. 나의 정신적인 보물은 올바른 길(正道)이다. 너는 최고의 기쁨을 얻을 수 있도록 마음을 수련하는 일에 일생을 바치는 사람들과 함께 하고 싶으냐?"

"네, 그렇게 하겠습니다."

라훌라가 힘차게 대답했다. 흐뭇한 미소를 머금은 붓다는 가장 뛰어난 제자인 사리뿟따를 불러 라훌라를 사미로 받아들일 것을 부탁했다. 사리뿟따는 라훌라를 데려가 삭발을 시키고 황색 가사를 입혔다. 니그로다 숲의 수행자들이 모두 우물가로 모여들어 라훌라의 머리에 물을 뿌려주며 진리의 왕, 붓다의 진리를 상속한 라훌라를 축하해주었다.

라훌라를 수행했던 경호원은 눈앞에서 벌어지는 일에 놀라움을 금치 못했다. 그렇다고 감히 나서서 말릴 수도 없는 일이었다. 그는 서둘러 왕궁으로 돌아가 숫도다나 왕에게 니그로다 동산에서 벌어진 사건의 전말을 보고했다. 숫도다나 왕은 자신의 귀를 의심할 수밖에 없었다. 처음에는 싯다르타, 다음으로 난다, 이제 라훌라까지 자신을 떠나는 현실을 도저히 믿을 수 없었다. 비록 붓다의 설법을 듣고 마음 속 깊이 사리고 있던 자존심이 사라지고, 깨달은 사람으로서 붓다를 만날 때의 엄청난 기쁨에도 불구하고, 붓다의 방문은 언제부턴가 악몽으로 변해가는 것 같았다. 이제 자기 집안에 사끼야 족의 왕으로서 자신을 계승할 직계 존속은 아무도 없었다. 망연자실한 그는 즉시 붓다가 머무는 니그로다 숲으로 달려갔다. 허겁지겁 달려오는 할아버지에게 삭발하고 가사를 걸친 라훌라는 자랑스럽게 자신의 바리때를 들어보였다. 그 모습을 본 숫도다나 왕은 그 자리에 주저앉고 말았다. 아들의 무릎에 기대어 가까스로 정신을 가다듬은 숫도다나 왕이었지만 끝내 터져 나오는 흐느낌은 제어할 수 없었다.

"스승이시여. 당신이 숲으로 떠났을 때, 내 가슴은 찢어질 듯 아팠습니다. 그런데 당신의 빈자리를 채우려던 난다도 출가를 하고 말았습니다. 그 아픔도 밤새 나를 괴롭혔습니다. 하지만 그 아픔도 마지막 남은 손자 라훌라의 출가를 보는 지금의 아픔에는 미치지 못합니다. 저 어린 것마저 데려가 버리면 이 늙은이는 누굴 바라보고, 누굴 의지하란 말입니까?"

숫도다나 왕은 어린 아이처럼 애원했다. 그러나 붓다는 꿈쩍도 하지 않았다. 모든 것이 되돌려질 수 없는 것이라고 판단한 숫도다나 왕이 말했다.

> "스승이시여, 한 가지 부탁할 것이 있습니다. 이미 나에겐 돌이킬 수 없는 일이 되었지만, 앞으로는 부모의 허락 없이 어린 아이를 당신의 상가에 받아들이지 말아주십시오."

붓다는 그 말에 기꺼이 동의했다. 그러나 라훌라의 생부로서 아들을 승단에 받아들인 자신의 결정을 철회할 필요는 없었다. 붓다는 제자들에게 지금부터 부모가 동의하지 않는 소년의 출가를 금지하라고 분부했다. 붓다는 8일간의 고향 방문을 마치고 새로 출가한 비구들을 대동한 채 제자들과 함께 까삘라왓투를 떠나기로 했다.

고따미, 가사를 공양하다

붓다와 그 제자들이 까삘라왓투를 떠날 준비를 서두르고 있을 때, 고 따미가 깨끗하게 싼 한 벌의 가사를 들고 붓다의 처소를 찾아왔다.

> "세존이시여, 제자들께서 당신의 가사를 준비하기에 바쁘며, 가사가 만들어지는 대로 까삘라왓투를 떠날 계획이라고 들었 습니다. 이 새 가사는 당신께서 출가한 뒤 내 손으로 실을 자 아내고 베를 짜, 만든 것입니다. 스승이시여, 저를 위한 연민으 로 부디 이 가사를 받아주십시오."
>
> "어머니, 그 가사를 상가에 주도록 하십시오. 그것을 우리 상 가에 줄 때, 어머니께서는 나와 제자들 모두에게 함께 주는 것 이 됩니다."

고따미가 세 번이나 간청했으나 붓다의 대답은 한결같은 것이었다. 마침 곁에 있던 숩빠붓다가 붓다가 가사를 받지 않는 이유를 짐작하 고는 붓다에게 말했다.

> "스승이시여, 고따미가 올리는 가사를 받아주십시오. 고따미 는 당신의 친어머니가 돌아가신 뒤 당신을 키운 이모이자 양 모이십니다. 어린 당신을 돌보아 양육했습니다. 고향에 오신

세존께서는 훌륭한 가르침으로 고따미에게 큰 선물을 주셨습니다. 그녀는 붓다와 붓다의 가르침, 그리고 붓다의 상가에 귀의하고, 당신으로부터 오계(五戒)를 받았습니다. 살아 있는 생명을 죽이지 않고, 내 것이 아닌 것을 취하지 않으며, 부정한 행실을 피하고, 거짓말 하지 않고, 술이나 약물을 사용함으로써 생기는 나태에 빠지지 않을 것을 다짐한 것입니다. 그녀는 또한 세존의 가르침과 교단에 대해 어떤 의구심도 갖지 않고, 온전히 신뢰하고 있습니다. 그 가사는 이미 사적인 선물이 아니라, 붓다와 붓다의 상가 전체에 대한 상호 부조의 표시인 것입니다."

붓다가 고따미의 가사를 거절한 것은 제자와 후원자들 사이에 개인적인 정분에 의해 제공되는 물건이 사적으로 소유되는 것이 출가수행자로서 바람직하지 않다는 것을 일러주기 위함이었다. 그러나 숩빠붓다의 설명으로 그 자리에 있던 고따미와 제자들에게 그녀의 가사 공양이 붓다 개인에 대한 편애라고 생각되지 않기에 충분했다. 붓다는 상가의 이름으로 가사공양을 허락하며 보시에 대해 설법했다.

"세상에 네 가지의 보시가 있습니다. 이 보시가 청정하거나 혹은 불순하게 되는 것은 주는 사람과 받는 사람에 의해 결정됩니다. 주는 사람에 의해 청정해지는 보시가 있는가 하면, 받는 사람에 의해 청정해지는 보시, 주는 쪽과 받는 쪽 둘 모두에 의해 불순해지는 보시, 그리고 주는 쪽과 받는 쪽 모두에 의해 청정해지는 완전한 보시가 있습니다. 주는 사람이 선량하고 자비로운 성격의 소유자임에도 받는 사람이 사악한 사람이라면, 그 보시는 주는 사람에 의해 청정한 것이 됩니다. 베푸는 사람이 사악한 사람임에도 받는 사람이 친절하고 자비로운 사람이라면, 그렇게 베풀어진 보시는 받는 사람에 의해 청정한 것이 됩니다. 주는 사람은 물론 받는 사람도 사악한 사람이라면 베풀어진 것이 불순한 것이 되겠지만, 양쪽 다 선의와 자비심으로 주고 또 받는다면 그런 보시는 둘 모두에 의해 청정한 것이 되는 것입니다. 따라서 최상의 보시는 주는 사람과 받는 사람, 양쪽 모두의 선의에 의해 청정해지는 그런 보시입니다."

설법에 만족한 고따미와 숩빠붓다는 붓다에게 기쁜 마음으로 경배하고 물러났다. 며칠 안에 제자들 모두가 가사를 장만했고, 붓다는 제자들과 함께 까삘라왓투를 떠나 라자가하로 향했다.

이발사와 사끼야 족 왕자들

붓다가 갑작스럽게 까삘라왓투를 떠나고 난 다음, 많은 사끼야 족 젊은이들이 실의에 빠졌다. 그들 중에는 붓다의 제자가 되고자 출가하려고 했지만 부모들에 의해 제지당한 젊은이들이 많았다. 아난다(Ānanda))를 비롯하여 아누룻다(Anuruddha), 밧디야(Bhaddiya), 바구(Bhagu), 데와닷따(Devadatta), 그리고 낌빌라(Kimbila) 등 사끼야 족의 왕자들도 출가에 뜻을 가진 젊은이들이었다. 이들 가운데 데와닷따 등 몇몇은 어릴 적부터 싯다르타와 가까운 사람들이었다.

여섯 명의 사끼야 족 왕자들은 마치 동산으로 나들이를 가듯, 무리를 지어 까삘라왓투를 출발했다. 부모와 친척들이 출가를 반대할 것이 뻔해 몰래 빠져나온 것이었다. 국경에 이르자 그들은 자신들이 까삘라왓투를 빠져나오는 데 도움을 준 이발사 우빨리(Upāli)와 작별을 고했다. 그들은 자기들의 휘장과 보석 등을 떼어 한데 묶어서 우빨리에게 건네주며 말했다.

"우빨리, 이쯤에서 너는 까삘라왓투로 돌아가는 것이 좋겠다. 네가 여생을 보내기에 충분한 재산이 여기 있다. 우리의 탈출을 도와주어서 고맙구나. 너의 은혜를 잊지 않겠다."
"네…, 알겠습니다."

내키지 않는 이별을 하고 까삘라왓투로 되돌아가는 길에 우빨리는 깊은 생각에 잠겼다.

'사끼야 족들은 태생적으로 자존심이 강하고 때때로 난폭해지기도 한다. 그들은 크샤트리아 자제들이 달아날 수 있도록 도와준 나에게 분노하고, 처벌하려 들지도 모른다. 많은 재산과 세력을 가진 저 사끼야 크샤트리아들이 가정을 버리고 붓다의 제자가 되기 위해 떠나고 있다. 그들에 비해 아무것도 가진 게 없고, 더구나 천민 출신인 나는 어떤가? 나는 가진 것도, 버릴 것도 없다. 나야 말로 출가를 결심하는데 아무런 장애가 없는 존재다. 그렇다면…, 나도 저 왕자님들을 따라 거룩한 스승, 붓다의 제자가 되어 수행자가 될 수는 없는 걸까? 붓다의 상가는 브라만이나 크샤트리아뿐만 아니라 모든 사람들에게 열려 있다고 하는데…. 그렇다. 그분은 출신 계급이나 이전에 신봉했던 교의에 아무런 차별도 두지 않는다고 들었다.'

생각이 여기에 미친 우빨리는 사끼야 족 젊은이들이 준 꾸러미를 풀어 값진 물건들을 나무에 매달아 놓고 혼잣말로 말했다.

'누구든 가져갈 만한 사람이 가져가겠지!'

그는 다시 발길을 돌려 사끼야 족 크샤트리아들에게 되돌아갔다. 가쁜 숨을 몰아쉬며 허겁지겁 다시 돌아온 이발사 우빨리를 보고 그들이 물었다.

"아니, 우빨리. 어찌 된 건가? 무슨 일이라도 생겼는가?"
"왕자님들, 저는 까삘라왓투로 돌아갈 수 없었습니다. 제가 돌아가면 당신들의 출가를 도왔다는 이유로 틀림없이 벌이 내려질 것입니다."

"그러면 어떻게 할 텐가?"

데와닷따가 물었다.

"귀한 집안에서 태어나 부귀영화를 누리던 왕자님들도 세상
의 영화를 버리고 이렇게 수행자의 길을 선택하셨습니다. 저
와 같은 미천한 신분의 사람이 뭐가 아쉬워 출가를 망설이겠
습니까? 저도 왕자님들을 따라 세존의 상가에 들어가 비구가
되고 싶습니다. 왕자님들께서 허락한다면 저도 붓다를 친견
하고 제자로 받아주실 것을 간청하겠습니다."

아난다가 말했다.

"잘 생각했네. 사실 사끼야 족들은 지나치게 자존심이 강하고
모질고 난폭한 성정을 가진 사람들이야. 출가하는 우리를 도
왔다는 것을 알면, 자네 목숨이 위태로울 걸세. 좋네. 우리와
함께 가세!"

서둘러 발길을 재촉한 덕에 그들은 라자가하로 가는 길에 말라
(Mallā) 족이 사는 아누삐야(Anupiyā)의 망고 숲에서 머물고 있는 붓
다의 일행을 만날 수 있었다. 붓다는 이발사 우빨리와 동행하고 있는
사끼야 왕실의 청년들을 밝은 미소로 맞이했다. 그들이 크샤트리아
의 복장을 벗어버린 것으로 보아 출가할 마음으로 자신을 좇아온 것
임을 알 수 있었다. 왕자들은 붓다의 발아래 경배하고 물러나 앉았다.

이어 아난다가 고개를 들어 말했다.

"세존이시여, 저희가 출가할 기회를 찾고 있을 때, 세존께서는 서둘러 까삘라왓투를 떠나셨습니다. 저희는 이발사 우빨리의 도움으로 까삘라왓투를 빠져나왔습니다. 저희 모두 세존의 출가 제자가 되게 해주십시오."

그들은 이어 가장 먼저 우빨리를 제자로 받아달라고 요청했다. 그렇게 함으로써 천민 출신 우빨리가 왕자들의 선임자가 되고, 그들은 천민 출신인 우빨리에게 손윗사람의 예를 올림으로써 사끼야 족의 오만함과 지나친 자존심을 버릴 수 있을 것이라고 설명했다.

붓다는 사끼야 족 왕실 청년들의 이런 태도를 매우 기특하게 여겼다. 사끼야 족 젊은 크샤트리아들이 스스로 자신들의 오만을 극복하고 출신과 지위를 문제 삼지 않는 승가의 일원이 되겠다는 간절한 마음을 확인하였으니, 흐뭇하기도 했다. 붓다는 왕자들의 결심을 손윗사람을 공경하는 좋은 일로 여기고 관련한 이야기를 들려주어야겠다고 생각했다. 어린 시절 양모 고따미가 들려준 이야기를 기억해냈던 것이다. 붓다가 사끼야 족 왕자들에게 말했다.

"손윗사람을 공경하는 것은 그것 자체로 훌륭한 수행이다. 그것은 불필요한 다툼을 막고 화목하게 하기 때문이다. 내가 어릴 때 양모께 들었던 이야기가 생각난다. 히말라야 어딘가에 세 친구가 살고 있었다. 메추라기, 원숭이, 그리고 코끼리였다. 그들은 한 그루 보리수 밑에 살고 있었는데, 서로 몹시 무례하고 불경스러웠으며 남의 사정을 헤아리지 않은 채 다투기를 일삼았다. 어느 날 그들은 이렇게 생각했다. '우리 중에 누가 제일 어른인지 알게 되면, 그를 공경하고 존중하며 그의 충고를 따르며 싸우지 않고 살 수 텐데…' 가장 먼저 메추라기와 원숭이가 코끼리에게 물었다. '그대는 얼마나 오래 전 일까지 기억할 수 있는가?' '내가 어렸을 때, 내가 가랑이 사이로 이 나무를 넘어가면 나무 꼭대기가 내 배를 스쳤지.' 이어 메추라기와 코끼리가 원숭이에게 똑같이 물었다. 원숭이는 '내가 어렸을 때, 나는 땅바닥에 앉아 이 보리수 꼭대기의 새싹을 갉아 먹곤 했지.'라고 답했다. 마지막으로 그들은 메추라기에게 물었다. '어느 골짜기에 커다란 보리수가 있었지. 나는 거기서 씨 하나를 먹고 바로 이 자리에 배설했는데, 바로 그 씨에서 이 나무가 나온 거라네.' 그러자 원숭이와 코끼리가 메추라기에게 말했다. '당신이 우리 중에서 가장 어른이십니다. 이제부터 우리는 당신을 어른으로 모시고 존중하며, 당신의 충고를 따르겠습니다.' 그 뒤 그들은 화목하게 살게 되었다고 한다.”

사끼야 족 왕자들의 얼굴에 빙그레 미소가 떠올랐다. 붓다가 계속했다.

“그러나 연장자라는 이유만으로 존경받는 사람이 될 수는 없다. 도덕적인 행위[戒]와 집중력[定], 그리고 지혜[慧]를 갖춘 자라면 그가 손위거나 손아래거나 상위 카스트 출신이거나, 천민 출신이거나, 부자거나, 가난하거나 상관없이 마땅히 그를 존경해야 한다.”

아난다가 말했다.

"실로 옳은 말씀입니다. 스승이시여!"

우빨리에 이어 사끼야 족의 여섯 크샤트리아가 차례로 상가에 받아들여졌다. 그들은 거의 모든 시간을 붓다의 가르침에 귀 기울이고 수행에 전념했다.

이들 가운데 가장 먼저 깨달음을 성취한 비구는 밧디야였다. 출가 전 연로한 숫도다나 왕을 대리하여 사끼야 족의 통치 실무를 맡았던 그는 친형인 마하나마(Mahānāma)에게 사끼야 족의 통치를 맡기고, 절친했던 아누룻다와 의기투합해 출가를 결심한 높은 신분의 왕자였다. 아누룻다의 어머니가 아들의 출가를 말리다가 밧디야가 출가한다면 허락하겠다는 조건을 걸었고, 밧디야가 출가를 결심하면서 아누룻다도 출가의 길을 걸을 수 있었다. 밧디야는 높은 신분 출신으로 어릴 적부터 무엇이든 부족함 없이 살아왔기 때문인지 출가 비구로 살아가면서도 여유가 넘쳤다. 아무런 염려나 근심도 없었으며, 탁발한 음식과 넝마를 기워 만든 가사를 걸치고 숲속에서 살아가는 새 삶이 예전과는 너무나 대조적인 것이었지만, 그의 생활은 안일해 보일 정도로 태평했다. 그러나 근심 걱정 없는 안일한 생활은 그로 하여금 빨리 수행의 궁극적 목표에 이르는 것을 가로막는 요인이 되고 있었다. 그러나 오랜 전생으로부터 큰 공덕을 지은 그였기에 머지않아 점점 그런 감흥이 사라졌고, 곧 생사의 굴레를 벗고 대자유, 해탈을 성취할 수 있었다. 열반의 기쁨을 만끽한 밧디야가 어느 날 숲속 외진 곳에서 홀로 선정에 잠겨 있다가 숲이 쩌렁쩌렁 울리도록 큰 소리로 외쳤다.

"아, 좋구나! 아, 좋구나!"

그러자 함께 정진하던 비구들이 밧디야가 예전의 쾌락에 넘친 생활을 잊지 못하고, 그때를 회상하며 소리를 치고 있다고 보고했다. 소식을 전해들은 붓다가 밧디야를 불러 연유를 물었다.

"세존이시여, 저는 지난날 겹겹이 둘러쳐진 높은 성벽과 칼과 창으로 무장한 병사들의 보호를 받고도 편히 잠들 수 없었습니다. 인적 없는 나무 아래, 깊은 밤 홀로 있어도 두려울 것 하나 없는 지금의 제가 너무 행복합니다. 그래서 '좋구나, 좋구나!'라고 소리쳤던 것입니다."

밧디야의 대답을 들은 붓다는 흐뭇한 미소를 보이며 아라한이 된 밧디야의 성취를 같이 기뻐했다.

"그렇다, 밧디야. 나의 법은 실로 행복으로 이끄는 길이다. 열반은 실로 안온한 것이다."

그러나 함께 출가한 왕자들 모두가 밧디야처럼 빠르게 가르침을 이해하고 열반의 기쁨을 누린 것은 아니었다. 특히 유독 곱게 자란 아누룻다는 게으르고 나태하기까지 했다. 부유한 그의 부모님은 아누룻다에게 '없다.'는 말을 한 번도 한 적이 없을 만큼 그가 원하는 것이면 무엇이든 다 들어주었다. 그런 아누룻다에게 숲속 생활은 불결하고 고단한 일상의 연속이었다. 모든 일에 태만하고 법문을 듣는 자리에서 꾸벅꾸벅 졸기까지 하는 아누룻다를 경책하기 위해 붓다는 대중이 모인 자리에서 호되게 꾸짖었다. 그때서야 정신을 차린 아누룻다는 자신의 게으름을 자책하고 누구보다 열심히, 그러나 걱정스러울 만큼 독하게 정진을 이어나갔다. 얼마나 지독하게 수행을 했는지 붓다가 '지나친 정진을 삼가라.'며 만류했을 정도로 아누룻다의 잠을 자지 않는 정진은 끝없이 이어졌다. 결국 극심한 피로와 수면부족으로 아누룻다는 눈에 이상이 생겨 시력을 잃고 말았다. 그러나 아누룻다는 세상 사람들이 보지 못하는 것을 보는 천인의 눈(天眼)을 얻었으며, 마침내 아라한이 되어 열반의 기쁨을 누리게 되었다. 어느 날, 떨어진 가사를 손질하던 아누룻다가 벗들에게 외쳤다.

> "어디 공덕을 짓고 싶은 분이 계십니까? 어느 분이 저를 위해
> 바늘에 실을 꿰어주시겠습니까?"

이때 말없이 다가와 그 바늘과 실을 받아든 이가 있었다. 붓다였다. 바늘에 실을 꿰어준 사람이 붓다라는 것을 안 아누룻다가 몸 둘 바를 몰라 하자 다정스러운 음성으로 붓다가 말했다.

> "아누룻다여, 공덕을 짓는 데 가장 부지런한 사람은 바로 나이
> 니라."

아누룻다가 아라한과를 성취한 이후 바구와 낌발라도 곧 뒤를 이어 깨달음을 얻었다. 다만 데와닷따와 아난다는 그 뒤에도 깨달음에 이르지 못한 비구로 남아 있었다. 데와닷따는 붓다가 주위의 모든 사람

들로부터 얼마나 존경받고 있는가를 주로 보았다. 그는 붓다를 몹시 좋아했고 어린 시절의 절친한 동무요 사촌동생이었음에도, 그의 마음속 깊이 자리하고 있는 질시의 감정을 버리지 못했다. 바로 그 시기심이 그 자신의 수행을 방해하는 요인이 되었다. 아난다의 문제는 또 다른 것이었다. 그는 붓다의 가르침에 따라 인생고를 벗어나는 수행에 전념하기보다는 붓다의 설법에 매료되어 좀 더 자주 법문을 듣기 위해 줄곧 붓다 곁에 가까이 머물고자 했다. 붓다가 가는 곳이라면 그는 어디라도 따라갔다. 붓다의 법문을 놓치지 않고 경청하려는 이유에서였다.

왕자 출신 비구들과 함께 출가한 우빨리도 머지않아 깨달음을 성취했다. 우빨리는 붓다의 가르침에 대한 지극한 신심과 자신의 완성에 대한 확고한 신념을 키워나갔다. 매우 진중한 성정을 가진 사람이었기에 우빨리는 모든 비구들의 모범이 되었을 정도로 칼날처럼 계율을 지켰다. 거기에 깊은 사려까지 갖춘 그는 계율로 인한 논란이나 마찰이 생겼을 때, 계율을 제정하신 붓다의 뜻을 면밀히 살펴 현명하게 판단해주는 역할을 맡곤 했다. 붓다는 우빨리를 상가의 규율을 제일 잘 알고, 제일 잘 지키는 비구라고 지칭하며 칭찬을 아끼지 않았다.

한편 수많은 사끼야 왕실의 젊은 크샤트리아들이 출가할 때 홀로 남아 나라를 책임져야 했던, 아누룻다의 형 마하나마는 숫도다나왕이 타계한 후 사끼야 왕국의 왕이 되었고, 붓다와 붓다의 상가에 대한 열렬한 신심으로 까삘라왓투를 방문하는 비구들에게 공양을 올리고 수행 뒷바라지를 하는 데 한 치의 소홀함이 없었다. 특히 병든 비구들은 언제든 찾아와 약재를 가져가도록 허용할 만큼 상가를 극진히 공경하고 봉양했다.

5

—

누구나 법 앞에
평등하다

이교도들을 교화하다

붓다가 라자가하로 돌아왔을 때, 마가다 국 빔비사라 왕과 주민들은 붓다 일행을 열렬하게 환영했다. 붓다가 자리를 비운 사이에 죽림정사에 남아 있던 제자들은 수많은 새로운 출가자들을 상가에 받아들였다. 그러나 브라만교 지도자들은 마가다 전역에 선풍을 일으키고 있는 붓다의 가르침에 당면한 자기네 종교의 운명에 점점 불안을 느끼기 시작했다. 그 가운데 자누쏘니(Jānussonī)라는 지도자가 있었다. 그는 꼬살라의 유명한 브라만 마을이었던 잇차낭깔라(Iccānanagala) 출신이었다. 빠세나디 왕의 궁중제관이었던 덕에 많은 재산을 가진 재가 브라만이었다. 그는 늘 그 이전이나 동시대 사람들처럼 만물의 본질에 관한 문제에 부심하고 있었다. 그것은 많은 지도자들을 당혹스럽게 하는 문제였기 때문에 자누쏘니는 거기에 대한 붓다의 견해를 확인하고 싶었다. 그는 붓다가 까삘라왓투에서 돌아와 라자가하의 죽림정사에 머물고 있다는 것을 알고는 먼 길을 마다하지 않고 붓다를 찾아와 물었다.

"벗이여, 수행자들과 브라만들이 만물에 대해 이야기합니다.
만물에 대한 그대의 견해는 어떤 것입니까?"

붓다는 지난날 친구들과 스승들, 그밖에 다른 사람들과 벌였던 열띤 토론들을 떠올리고 그들이 최초의 물질, 또는 영원한 자아처럼 '어떤 실재'라는 말로 만물의 본질을 설명하려고 했던 것을 상기했다. 붓다는 그것이 경험에 근거할 수 없는 사변적인 유희에 지나지 않는다고 생각했다. 지금 자누쏘니 역시 쉽사리 빠져나올 수 없는 형이상학적 사변의 함정으로 자신을 끌어들이려는 것을 알 수 있었다.

"자누쏘니여, 나에게 만물이란 눈과 형상, 귀와 소리, 코와 냄새, 혀와 맛, 피부와 접촉대상, 그리고 두뇌와 개념처럼 감각기관과 거기에 대응하는 감각대상으로 이루어진 것들입니다. 나는 보고, 듣고, 냄새 맡고, 맛보고, 감촉하고, 그와 같은 경험을 근거로 생각하는 것을 떠나서는 존재에 대해 말하지 않습니다."

"만약 누군가가 눈, 귀, 코, 혀, 그리고 피부에 의존하지 않고 인지하고 보는 것이 가능하다고 말한다면 그때는 어떻게 하겠습니까?"

"어떤 사람은 오감 혹은 육감과 관계없이 인식하고 알 수 있다고 주장할 수 있을 것입니다. 다시 말해 주관과 객관의 이원성이 사라진 곳에서 특수한 형태의 인식이 가능하다고 주장할 수도 있을 것입니다. 그러나 나로서는 그런 식으로 인지하고 볼 수 있는 능력을 계발한 적이 없습니다. 따라서 나는 만물의 본질에 관한 그들의 어떤 견해에도 동감할 수 없습니다. 나에게 그와 같은 본질이란 경험 밖의 일이기 때문입니다."

"그러나 벗이여, 이들 수행자와 브라만들은 요가수행의 최고 단계에 이른 사람들이 그런 식의 인식과 투시 능력을 가진다고 말합니다."

자누쏘니가 따지듯이 말했다. 그러자 붓다는 이렇게 말했다.

"자누쏘니, 나는 명상을 통하여 평정된 마음의 최고 단계인 수상멸처(受想滅處), 즉 모든 인식과 감각이 완전히 소멸되는 단계에 이릅니다. 그러나 나는 거기서 만물의 본질이라고 할 수 있는 그 어떤 것도 보거나 인식하지 못했습니다. 혹자는 그런 식의 인식능력을 주장할 수도 있고, 혹자는 그것을 강하게 부정할 수도 있습니다. 그러나 거기에 대한 어떤 경험도 없는 나로서는 어떤 단정도 내리지 않습니다. 그런지 그렇지 않은지 알지 못하는 나로서는 부정도 하지 않습니다. 이런 문제에 나는 차라리 침묵하는 것을 선택합니다. 세상이 나와 다투기를 원한다고 해도 나는 침묵으로써 세상과 다투지 않습니다."

자누쏘니는 붓다로부터 더 이상의 대답을 들을 수 없다는 것을 알고 죽림정사를 떠났다. 붓다와 자누쏘니의 대화를 듣고 있던 까짜야나(Kaccāyana)라는 제자가 붓다 앞으로 나아가 질문했다.

"스승이시여, 저는 세존께서 만물의 본질에 관한 자누쏘니의 질문에 답하지 않은 이유를 이해하고 있습니다. 어떤 것이 올바른 견해일까요?"

"이 세상 사람들은 세계에 관한 두 가지 견해, 즉 존재[常, 絶對有]와 무[斷, 絶對無]의 견해에 집착한다. 그러나 그 가운데 어느 하나를 주장하거나 부정하기 전에 우리는 그것들의 의미와 암시를 면밀히 분석하지 않으면 안 된다. '존재'라는 말은 여러 가지로 이해될 수 있다. 먼저 그것은 경험적으로 주어진 어떤 것을 의미한다. 둘째, 존재 그 자체를 의미한다. 셋째로 그것은 실체 혹은 본질의 존재를 의미하기도 한다. 어떻게 생각하는가? 까짜야나. 이 의미들은 동일한 것인가, 혹은 다른 것인가?"

"그것들은 각기 다릅니다. 스승이시여."

까짜야나가 대답했다. 붓다가 다시 물었다.

"첫 번째 의미로 사용된 존재라는 말을 설명하는 예를 들어볼 수 있겠는가?"

"예, 세존이시여. 눈이 존재한다고 말할 때 눈이라는 시각 대상이 존재합니다. 그래서 우리는 '시각대상으로서의 눈이 존재한다.'는 우리의 경험에 주어진 사실을 가리켜 존재라는 말을 사용합니다."

"두 번째로 쓰인 존재라는 말을 설명할 예를 들어보라."

"그것은 어렵습니다. 세존이시여."

"그렇다. 까짜야나. 그것은 실로 어려운 일이다. 이 경우 철학자들이 하고 있는 것은 존재한다고 단정된 어떤 사물로부터 존재를 추상하는 것이다. 그들은 추상명사 '존재'라는 것이 동사 '존재한다.'로 표현된 어떤 사물을 초월하여 선행하는 '실재'를 암시한다고 생각한다. 까짜야나, 그대는 사물로부터 '존재'를 분리시킬 수 있다고 생각하는가?"

"아닙니다. 세존이시여. 존재라는 것이 존재하는 사물로부터 독립된 것이라고 말할 수는 없습니다."

"사물로부터 존재를 분리할 수 없고, 존재 그 자체가 언급될 수 없다면 어떤 사물이 존재한다고 말할 수 없다는 것인가?"

"그렇지 않습니다. '이 영역 혹은 대상이 존재한다.'는 말은 완벽한 의미를 가집니다. 그러나 '이것의 존재가 존재한다.'는 말은 아무런 의미가 없는 것입니다."

"그렇다. 까짜야나. 이것이 곧 옛적 『베다』 전통의 쁘라자빠띠 빠라메스띤과 같은 성자가 '존재가 존재한다.' 또는 '존재가 존재하지 않는다.' 따위의 단언을 거부한 까닭이다. 빠라메스띤이 그렇게 양자택일의 단언을 거부했음에도 불구하고, 근래의 웃달라까 아루니 같은 사람은 '존재가 존재한다.'고 고집했다. 불행하게도 빠라메스띤은 처음에 그가 피하고자 했던 함정에 빠졌다. 그는 물(水)을 만물의 근원이라고 생각한 것이다. 이렇게 그는 두 번째 존재에 관한 언급을 피했지만, 세 번째 존재, 즉 만물의 근원, 실체의 존재를 인정한 것이다."

"그러나 세존이시여, 위의 두 가지는 서로 연관된 것이 아니겠습니까?"

"그렇다. 누군가 추상적 의미의 존재를 믿을 때, 그것은 '만물은 영원히 존재한다.'고 말하는 것이나 다름없다. 두 가지 모두 영구불멸의 믿음으로 끌고 가기 때문이다. 누군가 추상적 의미의 무(無)를 믿을 때도 '만물은 영원히 존재하지 않는다.'고 말하는 것과 같다. 모두 절멸의 믿음으로 유도하기 때문이다. 나는 이 영원불멸과 절대무의 양극단에 떨어지지 않는다. 모든 사물은 생겨나 소멸하는 것이기 때문에, 나는 세계를 변화하는 것이라고 말한다. 사물이 발생하는 것을 보면서 무를 믿는 것은 그릇된 것이다. 또한 사물이 소멸하고 사라지는 것을 보면서 불멸을 믿는 것도 잘못이다. 발생하는 사물에 대한 이해는 절대적인 무의 믿음을 물리치고, 사물의 소멸은 영원한 존재에 대한 믿음을 지운다. 내가 가르치는 의존적 발생의 원리, 즉 연기의 원리는 이 양극단을 벗어난 중도인 것이다. 까짜야나, 이것이 내가 이해하는 세계에 관한 올바른 견해다."

무리 속에 있던 다른 제자가 물었다.

"스승이시여, 어떻게 조건에 의지해 발생하는 것을 인지할 수 있으며, 무엇이 우리 지식의 근원입니까?"
"비구들이여, 여기 두 가지 지식이 있다. 경험을 통한 지식과 추론을 통한 지식이다. 주변에서 일어나는 일들을 눈여겨 봄으로써 우리는 발생하는 사물과 그것이 지속되고 변화하며 소멸하는 것에 관한 지식을 얻는다. 무언가 생겨날 때, 우리는 주변의 다양한 조건과 영향에 따라 다른 결과가 일어난다는 것을 안다. 소멸도 이와 같다. 이것이 바로 현상에 관한 지식, 경험에 의한 지식이다. 이 세상에 붓다가 태어났건 말았건, 이 사물의 존재양식, 인과의 질서, 이 상호 의존은 지속되는 것이다. 이러한 경험에 의한 지식을 바탕으로 우리는 희미한 과거와 미래에 관한 추론을 만들어낸다. 따라서 비구들이여, 조건에 의지해서 발생하는 원리, 즉 연기법은 상호 의존해 발생한 사물로부터 분리될 수 없다. 누군가 조건에 의지해서 발생하는 원리를 이야기할 때, 그는 조건에 의지해서 발생한 사물로부터 의존적 발생의 원리를 추출해낼 수 있다는 인상을 주어서는 안 된다. 만약 그렇게 되면 조건에 의지해서 발생하는 원리는 우리가 피하고자 하는 추상적 의미의 존재나 본질을 암시하는 것이나 다름없게 된다. 까짜야나에 대한 내 충고는 모순이 되는 것이다."

소박한 브라만들의 귀의

라자가하 부근에 있는 깃자꾸따(Gijjakūta, 독수리봉) 산의 기슭에는 브라만들만이 모여 사는 70여 가구 규모의 마을이 있었다.

어느 날 이들을 귀의시키기 위해서 이 마을을 방문한 붓다가 나무 그늘에 앉아 있었다. 그의 몸에서는 위엄이 풍겼고, 눈부신 광채가 풍기고 있었다. 이런 상서로운 광경을 목격한 마을 사람들이 호기심을 갖고 붓다 주위로 몰려들었다. 붓다는 그들에게 이곳 산중에서 얼마나 살아왔으며, 직업은 어떤 것인지를 물었다.

> "우리는 이곳에서 지난 30세대 동안 소를 기르며 살아오고 있습니다."

그들의 대답을 들은 붓다가 다시 물었다.

> "그대들의 종교는 무엇입니까?"
> "우리는 계절에 따라서 변하는 해와 달, 비와 불을 숭배하고 공희(供犧)를 바칩니다. 우리 중 한 사람이 죽으면 우리는 함께 모여 망자가 브라흐마의 천국에서 태어남으로써 윤회를 면하게 되기를 기도합니다."

그들의 대답을 들은 붓다가 올바른 길에 대해 설법했다.

"그것은 올바른 방법이 아닙니다. 무익한 것입니다. 올바른 길은 나를 따르고 진실한 금욕주의자가 되어 닙바나(열반)를 얻기 위한 완전한 자기 평정을 수행하는 것입니다."

붓다의 말에 브라만들은 귀를 쫑긋 세웠다.

"진실을 진실하지 않은 것이라고 생각하고, 진실하지 않은 것을 진실이라고 생각하는 사람들은 이단적 견해를 가지고 있어 진정한 종교적 진전을 이룰 수가 없습니다. 그러나 진실한 것을 진실로 알고 부정(不正)한 것을 부정으로 생각하는 자세야말로 완벽한 올바름이며 진정한 공덕을 가져다줄 것입니다. 인생 도처에 죽음이 있으며 어느 누구도 그것을 피할 수 없습니다. 생자필멸(生者必滅)은 모든 존재에게 적용되는 법칙입니다. 그러므로 생과 죽음으로부터 벗어나기를 갈망한다면, 종교적 진리 속에서 자기 자신을 단련해야 합니다."

붓다로부터 이전에는 들어보지 못한 말을 들은 칠십 명의 브라만들은 즉석에서 사문(沙門), 즉 붓다의 제자가 되기를 원했다. 붓다는 이를 흔쾌히 승낙했다. 그들은 즉시 머리를 깎고 제자의 모습으로 붓다 앞에 다시 섰다. 이들은 붓다의 정사를 향해 출발했다. 길을 가는 그들은 집에 남아 있는 처자들 생각으로 머릿속이 어지러운 데다가 장대 같은 비가 갈 길을 막자 더욱 더 심란해졌다. 마침 길가에 십여 채의 집이 있어 그들은 잠시 비를 피하기로 했다. 한 집에 들어갔는데, 천정에서 빗물이 줄줄 새고 있었다. 붓다는 이를 두고 새롭게 제자가 된 70명의 비구들에게 말했다.

"지붕이 튼실하지 못하면 빗물이 새는 것처럼 우리의 생각을 주의 깊게 억제하지 않으면, 정욕이 우리의 모든 좋은 결심에 구멍을 뚫는 법이다. 그러나 지붕이 튼실하면 빗물이 새지 못하는 것처럼 자신의 생각을 억제하고 신중하게 행동하면, 그런 욕망이 생기지도 않고 번뇌에 빠지지도 않는다."

붓다의 말씀을 들은 칠십 명의 제자들은 자신들의 집착을 힐책해야 한다고 확신하면서도 한편으로는 회의에서 완전히 벗어나지 못한 채 계속 길을 걸었다. 도중에 길가에서 냄새나는 꾸러미가 버려져 있는 것을 발견하자 붓다가 일행의 주의를 환기시킨 뒤에 꾸러미 속을 살펴보고 생선 내장에서 악취가 나는 것을 확인하고는 다시 한마디 했다.

"저급하고 열등한 것을 가까이하는 사람은 악취 나는 물건을 취급해야 하는 사람처럼 자신의 몸에 나쁜 냄새가 밴다. 나쁜 것만을 계속 추구하는 사람은 마지막에는 이유도 모른 채 파멸에 빠지고 만다. 그러나 어진 것을 가까이 하는 현자는 향기 나는 물건을 취급하는 사람의 몸에 달콤한 향기가 배어드는 것처럼 어진 성질을 가지게 된다. 지혜를 넓히고 덕을 쌓는 사람은 완성의 길로 나아가면서 만족을 얻게 된다."

붓다의 말씀을 들은 칠십 명의 브라만들은 집과 쾌락에 대한 미련은 오점이라는 것을 깨닫고는 그런 생각을 떨쳐버리고 계속 길을 걸어 붓다의 상가에 도착했고, 이후 정진에 정진을 거듭해서 아라한의 경지에 도달했다.

빈틈없는 붓다의 하루 일과

붓다는 몸을 아끼지 않고 중생들에게 깨달아 성취한 진리를 가르쳤다. 수면이나 휴식 등 육체적인 피로를 회복하는데 필요한 시간 외에는 오로지 중생을 교화하는 활동으로 하루를 보냈다. 붓다의 하루 일과는 매우 체계적이고 조직적이었다. 내적으로는 위빠사나 명상을 하면서 열반을 체험하고, 외적으로는 세상 사람들의 정신적·도덕적 향상을 위하여 헌신적으로 자비를 베풀었다. 가장 먼저 깨달은 스승으로서 다른 사람들도 자신이 개척한 길을 걸어감으로써 생사윤회의 고통에서 완전하게 해방되도록 도와주는 데에 혼신의 노력을 쏟아부었다.

붓다의 하루 일과는 오전, 오후, 저녁, 밤, 새벽 등 크게 다섯 가지로 구분되었다. 오전, 즉 이른 아침 시간인 6시가 되면 붓다는 가사를 걸치고 제자들과 함께 천안(天眼)으로 살펴 찾아낸 도와줄 사람을 향해 길을 나섰다. 정신적인 도움이 필요하거나 성자의 흐름에 들기 직전 줄탁동시(啐啄同時)의 가르침이 필요한 사람이 있으면 설사 초대받지 않았더라도 직접 걸어가거나 신통으로 날아가서 그 사람을 올바른 길, 성자의 길로 인도했다. 붓다는 대체적으로 사악하고 청정하지 못한 사람들에게는 직접 찾아가 교화를 했고, 반면 청정하고 덕이 있는 사람에게는 처소에서 맞아 가르침을 내렸다. 특별한 원칙이 있어서라기보다는 악하고 청정하지 못한 사람이 붓다를 찾아올 가능성은 거의 없기 때문에 생겨난 일종의 관행이었다.

재가자들의 공양 초대가 없는 날이면 붓다는 오전 8시에서 9시 사이에 탁발을 나섰다. 제자들과 함께 나가기도 했고 때로는 홀로 나가기도 했다. 정오 이전에 공양을 마치고 처소로 돌아와서는 설법을 듣기 위해 법당에 모여 가르침을 청하는 수행자들, 즉 비구들을 지도했다. 이때 비구들이 평소 가지고 있던 의문에 대해 질문하면 붓다는 자세히 설법을 해 의문을 풀어주었으며, 각각의 근기에 맞는 수행 주제를 내려주기도 했다. 스스로 깨닫고 체계화한 진리를 전하는 데 붓다처럼 정성과 최선을 기울이는 이는 없었다. 간혹 비구로 출가할 사람이 있을 때면 이 시간에 수계의식을 거행해 상가의 일원으로 맞아들였다.

이렇게 공양 후의 일과를 마치고 나면 붓다는 다시 처소로 돌아가 휴식을 취했다. 때때로 피로를 느낄 때면 오른쪽으로 누워 위빠사나 수행을 하며 잠깐 눈을 붙이기도 했다. 휴식에서 깨어나는 즉시 대자비 삼매에 들어서 천안으로 살핀 후에 필요한 곳을 찾아가 자비를 베풀었다. 특히 수행을 위해 홀로 외딴 곳에 있는 비구나 정신적인 향상이 필요한 사람을 찾아내 도움을 주는데 주력했다. 도움이 필요한 사람이 먼 거리에 있으면 신통으로 즉시 가서 향상해주고 곧바로 처소로 돌아왔다.

재가자로부터 공양 요청을 받은 날이면 그들의 집으로 가 공양을 받는 것으로 복전(福田)의 역할을 다했다. 공양을 마친 후에는 그들을 대상으로 간단하게 설법을 해, 그들이 삼보에 귀의하도록 인도하였다. 이때에는 반드시 5계를 준수하도록 지도했다. 살아가면서 가능한 선업을 짓게 하려는 대자비의 발로에 다름 아니었다. 만약 수행이 향상된 사람이 있으면 성자의 반열로 오르는 도과(道果)로 나아가 도록 성심껏 도왔다.

저녁 무렵(오후 4~6시)은 주로 설법을 들으러 수행처를 찾아온 재가자들을 위한 시간이었다. 재가자들의 수준과 근기를 불안(佛眼)으로 파악한 후 약 한 시간 안팎의 설법을 했다. 모여든 대중들은 각양각색이었지만 붓다의 설법은 법문을 듣는 모든 사람에게 제각각 특별하게 들렸다. 이 또한 붓다가 발휘한 불가사의한 신통 가운데 하나였다. 대체로 붓다는 설법을 할 때 우화와 일상에서 겪는 평범한 예를 들어 설명했다. 청중들이 쉽고 명료하게 가르침을 받아들이게 하려는 배려였다. 붓다의 설법에는 청중의 근기에 따라 주제와 수준을 맞추는 일정한 원칙이 있었다. 일반 사람들에게는 제일 먼저 관용과 베풂[布施]의 공덕, 건전한 삶[持戒]의 유익함, 하늘세계[天上]의 축복에 대해 설법했다. 이 원칙은 일반 사람들이 붓다의 교법을 온전하게 받아들일 수 있게 하는 몸과 마음가짐을 갖추도록 하기 위한 과정이었다. 반면 수행이 제법 진척되거나 향상된 사람에게는 물질적인 쾌락의 해독과 놓아버림(무집착)의 이익에 대해 설법했다. 비구 등 수행에 큰 진보를 이룬 사람에게는 붓다의 가르침을 체계화한 사성제 등 핵심 교설을 설법했다. 아주 드문 경우이기는 했지만 꼭 필요할 경우에 아주 제한적으로 이적행을 방편으로 보이기도 했다.

저녁 시간인 오후 6시부터 10시 사이의 시간에는 가르침의 대상을 출가자, 즉 비구만으로 한정했다. 이 시간 동안 비구들은 자유롭게 붓다에게 찾아와 수행 주제를 받거나 수행을 하면서 생겨난 의문이나 궁금한 점을 물었다.

밤 10시에서 새벽 2시 사이에 붓다는 하늘세계에 살고 있는 천인들을 대상으로 가르침을 설했다. 오전 2시부터 6시까지의 새벽 시간은 다시 4단계로 나누어졌다. 첫 번째 새벽시간인 2시부터 3시까지는 경행, 즉 천천히 걸으면서 위빠사나 수행을 했다. 두 번째 단계인 3시부터 4시 사이에는 위빠사나 선정에 들어 마음을 집중하면서 오른쪽으로 누워 숙면을 취했다. 세 번째 단계인 4시부터 5시 사이에는 아라한의 삼매에 들어 적멸의 상태로 보냈다. 네 번째 단계인 5시부터 6시 사이에는 적멸의 삼매에서 빠져나와 모든 중생들에게 한없는 자비를 보내면서 천안으로 오늘(이날) 도울 수 있는 사람이 누구인가를 살폈다.

붓다의 하루 일과는 이처럼 하루 두 시간 숙면과 휴식, 적멸의 삼매에 드는 것을 제외하고는 빈틈이 없을 정도로 중생을 향한 자애, 즉 설법과 지도에 맞춰져 있었다.

웨살리의 재앙을 퇴치하다

붓다가 깨달음을 이룬 지 4년. 라자가하의 웰루와나(죽림정사)에서 머물 때였다. 화려한 저택과 동산이 즐비한 왓지 연맹의 수도 웨살리(Vesāli)에 재앙이 찾아들었다. 웨살리 지역에 가뭄이 계속되더니, 우기가 됐는데도 비가 한 방울도 내리지 않았다. 파종한 씨앗들은 싹도 틔워보지 못한 채 말라죽었고 나무도 열매를 맺지 못했다. 굶주림에 지친 사람들은 구걸할 기력조차 잃어버렸고, 역병이 창궐해 썩어가는 시체들이 거리를 메웠다. 웨살리 사람들은 악취에 시달리며 갑자기 찾아온 병마의 공포에 떨어야 했다.

> "웨살리를 수호하던 신들이 떠나가고, 악귀가 도시를 점령했다."

죽음의 공포에 휩싸이자 점차 민심이 흉흉해지기 시작했다. 대중의 공의를 중시하던 웨살리의 릿차위 족 사람들은 어느 날 공회당에 모여 대대적인 회의를 열었다.

> "기근과 질병으로 백성들이 죽어가고, 살아남은 이들마저 공포에 떨고 있습니다. 이 일을 어찌해야 하겠습니까?"

릿차위(Licchavī) 족을 이끄는 왓지(Vajjī) 연맹의 왕이 대중에게 묻자 많은 이들이 제각각 의견을 제시했다. 브라만의 전통에 따라 신들에게 제사를 지내자는 의견도 있었지만, 공의는 지혜와 권능을 가진 성자를 초빙해 그분의 힘으로 재앙을 극복하자는 쪽으로 기울었다. 성인으로 추앙받는 많은 이들이 물망에 올랐지만 대중들은 혜성처럼 나타나 신성한 가르침으로 마가다 국 등을 휩쓸고 있는 사끼야 족 출신의 젊은 성자 붓다에게 기대를 걸었다. 마침내 회의를 주재하던 왕이 말했다.

> "사끼야 족의 태자 출신인 붓다께서는 6년 고행을 마치고 보리수 아래에서 깨달음을 얻으실 때 모든 마라들에게 항복을 받았다고 들었소. 일체의 지혜를 꿰뚫어 아신 붓다라면 우리 웨살리를 휩쓸고 있는 가뭄과 역병, 그리고 잡신들의 창궐을 모두 물리칠 수 있을 것이라고 생각하오. 우리 모두 붓다께 찾아가 도움을 청해봅시다."

붓다에게 도움을 청하기로 의견을 모은 릿차위 족 사람들은 젊은 시절 딱까실라에서 유학한 국사의 아들 마할리(Mahāli)를 대표로 선출하였다. 그리고 왕실의 브라만과 왕자들로 사절단을 구성해 마가다 국의 수도 라자가하로 파견했다. 마할리는 꼬살라 국의 빠세나디 왕은 물론 마가다 국 빔비사라 왕과도 같이 유학을 했던 사이로 돈독한 교분이 있는 사람이었다. 일거수일투족에서 학덕이 우러나고, 지혜로운 풍모를 갖춘 마할리는 정성껏 선물을 준비하여 라자가하의 빔비사라 왕을 찾아갔다.

"대왕이시여, 우리 웨살리가 큰 재난에 빠졌습니다. 수많은 사람들이 죽거나 병들고, 실의에 빠져 있습니다. 위대한 성자의 감화가 아니면 이 재앙은 결코 물러나지 않을 것입니다. 대왕이시여, 부디 자비를 베푸소서. 당신의 땅에 머물고 계시는 붓다를 웨살리로 보내주소서."

빔비사라 왕은 내심 붓다가 자신의 나라를 떠나는 것을 원하지 않았다. 더구나 정치적으로 적국이나 다름없던 왓지 연맹의 수도 웨살리의 재앙은 그에게는 기회나 다름없었다. 그렇다고 격식을 갖추고 찾아와 간청하는 오랜 친구의 얼굴을 마냥 외면하기도 어려웠다.

"마할리여, 붓다는 나의 신하가 아닙니다. 웨살리로 가고, 가지 않고는 그분께서 직접 결정할 일입니다."

내키지 않는 반응을 보이는 빔비사라 왕을 대하는 마할리는 내심 불쾌하기도 하고 불안하기도 했지만, 자존심을 내세울 처지가 아니었다. 그만큼 웨살리의 사정은 급박했다. 그는 빔비사라 왕에게 무거운 표정으로 깊이 머리 숙여 인사하고 왕궁에서 빠져나와 붓다가 머물고 있는 죽림정사로 향했다. 붓다를 만난 마할리가 예를 갖춘 후 말했다.

"세존이시여, 성인께서는 중생의 고통과 아픔을 외면하지 않는다고 들었습니다. 풍요롭던 웨살리가 지금 가뭄으로 인한 기근과 역병으로 시달리고 있습니다. 넘쳐나는 시체들을 치우지 못해 화려하고 향기롭던 거리에는 악취가 진동하고 있

습니다. 그러자 수많은 악귀들이 몰려와 도시 전체가 황폐화
하고 있습니다. 세존이시여, 악귀가 점령하여 폐허로 변해가
는 웨살리를 당신의 힘으로 구해주소서."

잠시 침묵하던 붓다가 말했다.

"마할리여, 나는 지금 빔비사라 왕의 초대로 라자가하에 머물
고 있습니다. 빔비사라 왕께서 허락한다면 웨살리로 가겠습
니다."

마할리는 다시 빔비사라 왕을 찾아가 붓다의 뜻을 전하며 머리를 조
아렸다. 사정이 여기에 이르자 빔비사라 왕도 더 이상 어쩔 수가 없었
다. 빔비사라 왕은 라자가하에서 강가(갠지스)까지 이르는 닷새 동안
의 여정을 빈틈없이 준비하고 웨살리를 향해 떠나는 붓다와 오백 명
의 비구들을 강기슭까지 최대한의 예의를 갖춰 배웅하였다.

강 건너에서는 릿차위 족 사람들이 붓다와 그 제자 일행을 마중
하기 위해 기다렸다. 강을 건넌 붓다께서 막 왓지 연맹의 땅에 발을
딛는 순간, 기다렸다는 듯이 천둥 번개가 치더니 폭우가 쏟아져 내리
기 시작했다. 순간 사람들은 놀라움을 감추지 못한 채 탄성을 자아내
며 붓다와 그 일행을 향해 절을 올렸다. 붓다의 일행이 강가에서 웨살
리까지 이르는 사흘 동안에 빗줄기는 가늘어지지 않고 줄기차게 쏟
아져 내렸다. 먼지가 풀풀 날리던 왓지 국의 대지에는 파란 싹들이 다
시 돋아나기 시작했다. 단비에 기운을 차린 백성들은 거리에 쌓인 시
체들을 치웠고, 숲의 나무들도 이내 새순을 틔우며 위대한 성자를 맞

이하는 듯했다. 웨살리의 성문에 도착한 붓다는 아난다에게 바리때를 건네주며 왓지 연맹의 왕자들과 함께 깨끗한 물을 담아 성 주변은 물론 거리마다 뿌리며 라따나(Ratana, 보배)의 게송을 외우도록 했다.

땅에 있는 것이나 하늘에 있는 것이나
모든 존재들은 다 행복하라.
그리고 내가 하는 이 말을 잘 새겨들어라.
모든 존재들이여 귀를 기울이라.
밤낮으로 그대들에게 제물을 올리는 인간들에게
자애를 베풀어 그들을 괴로움으로부터 성심껏 보호하라.
어떤 종류의 보배라 할지라도
이 세상 것이든 천상의 것이든
따타가따(Tathāgata, 여래)와 견줄 만한 것은 아무것도 없다.
이 소중한 보배는 붓다께 있는 최고의 보배이다.
이런 붓다의 진리에 의해 모든 존재들에게 평안이 있기를!
사끼야 족의 성자는 선정삼매를 통하여
욕망의 소멸을 깨달았고
죽음이 없는 온전한 평화를 깨달았다.
이것과 견줄 만한 것은 아무것도 없다.
이 소중한 보배는 가르침 안에 있다.
이런 붓다의 진리에 의해 모든 존재들에게 평안이 있기를!

아난다와 5백 비구, 왓지 연맹의 왕자들과 대신들이 라따나 게송을 읊으며 웨살리의 거리를 돌자 시민들도 줄지어 그 뒤를 따르며 게송을 염송했다. 이들의 행렬이 끊이지 않고 이어져 라따나 게송을 염송하는 소리가 웨살리 도시 전체에 가득했다. 이렇게 칠일 동안을 계속하자 신이하게도 질병으로 곧 죽는 사람이 더 이상 발생하지 않았다. 또한 골목골목을 메웠던 악취와 질병의 기운도 씻은 듯 가셨다. 붓다의 신통과 감화에 감복한 릿차위 족 사람들은 세존과 비구들을 공회당에 모시고 공양을 올리며 극진히 대접했다. 또한 붓다의 은혜에 보은하는 뜻으로 웨살리 근교의 큰 숲에 이층 강당 꾸따가라살라(Kūtāgārasālā, 중각강당)를 건립해 붓다의 상가에 기증했다. 붓다의 위신력에 힘입어 웨살리 시는 다시 번영하기 시작했다. 수많은 사람들이 붓다가 보여준 위신력과 탁월한 설법에 감동해 다투어 붓다의 제자가 되었다. 니간타 나따뿟따(Nigantha Nātaputta)를 따르는 많은 신자들의 개종도 잇따랐다.

시하 장군의 개종

웨살리는 니간타 나따뿟따의 본향인 만큼 수많은 왕족과 백성들이 나체수행자 집단의 교도들이었다. 그러나 붓다의 위신력으로 가뭄과 역병을 해결한 사건을 계기로 웨살리를 비롯한 왓지 연맹의 땅에 붓다의 가르침이 빠르게 퍼져나갔다. 이런 영향으로 수많은 니간타 나따뿟따의 교도들이 다투어 붓다의 가르침과 상가에 귀의하게 되었다. 그들 중 대표적인 사람이 웨살리의 총사령관 시하(Sīha) 대장군이었다.

붓다가 웨살리의 큰 숲에 있는 중각강당에 머무르던 때의 어느 날이었다. 수많은 릿차위 족 사람들이 한 집회소에 모여 앉아서 여러 가지 방법으로 붓다를 칭송하고, 붓다의 가르침과 붓다를 따르는 상가를 한목소리로 칭송하고 있었다. 이 자리에는 왓지 연맹의 실력자 시하 대장군도 앉아 있었다. 시하 대장군은 붓다를 칭송하는 릿차위 사람들의 이야기를 들으며 생각했다.

'의심할 여지가 없이 붓다께서는 아라한이고, 정등각일 것이다. 그래서 이들 잘 알려진 릿차위 사람들이 그분과 그분의 가르침, 그리고 그분을 따르는 제자들에 대해 칭송을 아끼지 않고 있는 것이다. 나도 그분 세존 아라한 정등각을 친견해봐야겠다.'

결심을 굳힌 시하 대장군은 니간타 나따뿟따에게 가서 이렇게 말했다.

"존자시여, 저는 사문 고따마를 친견하러 가고자 합니다."

"시하, 그대는 업 지음을 말하는 자(도덕긍정론자)인데 왜 업 지음 없음[無爲]을 말하는 자(도덕부정론자)인 사문 고따마를 보러가고자 하는가? 시하, 사문 고따마는 업 지음 없음을 말하는 자라서 업 지음 없음의 법을 설하고 그것으로 제자들을 인도한다."

니간타 나따뿟따의 말을 듣자 붓다를 친견하려는 시하 대장군의 의도는 가라앉아버렸다. 그러나 그가 가는 곳마다 붓다와 그분의 가르침, 그분을 따르는 제자들을 칭송하는 소리가 그치지 않았다. 그러자 시하 대장군은 다시금 붓다를 친견하겠다는 마음이 일어나 또 한 번 니간타 나따뿟따를 찾아갔다. 두 번째 찾아가서도 똑같은 말을 듣고 붓다를 친견하는 것을 포기했다. 그러나 또다시 붓다와 진리와 붓다의 상가를 칭송하는 릿차위 사람들을 만났고 다시금 붓다를 친견해야겠다는 마음을 일으켰다. 시하 대장군은 이번에는 니간타 나따뿟따에게 허락을 청하지 않고 세존을 찾아가야겠다고 생각했다.

며칠 후 시하 대장군은 붓다를 친견하기 위해 한낮에 오백 대의 마차를 준비하여 웨살리를 나갔다. 더 이상 마차로 갈 수 없는 곳에 이르자 마차에서 내린 후 걸어서 큰 숲으로 들어갔다. 세존에게 다가간 그가 절을 올린 뒤 한곁에 앉았다가 이렇게 말했다.

"세존이시여, 저는 '사문 고따마는 업 지음 없음을 말하는 자라서 업 지음 없음의 법을 설하고 그것으로 제자들을 인도한다.'고 들었습니다. 세존이시여, 그런 소문은 사실입니까? 세존을 거짓으로 헐뜯지 않고 세존께서 설하신 것을 반복한 것입니까? 저는 세존을 비방하고 싶지 않습니다."

"시하여, 한 가지 이유가 있으니, 그 이유 때문에 나에 대해 바르게 말하는 어떤 사람이 이렇게 말할지도 모릅니다. '사문 고따마는 업 지음 없음을 말하는 자라서 업 지음 없음의 법을 설하고 그것으로 제자들을 인도한다.'라고. 시하여, 같은 이유로 나에 대해 바르게 말하는 사람이 또 이렇게 말할지도 모릅니다. '사문 고따마는 단멸을 말하는 자(단멸론자)라서 단멸의 법을 설하고 그것으로 제자들을 인도한다. 사문 고따마는 혐오를 느끼는 자라서 혐오의 법을 설하고 그것으로 제자들을 인도한다, 폐지론자라서 폐지하기 위하여 법을 설하고 제자들을 인도한다, 고행자라서 고행의 법을 설하고 그것으로 제자들을 인도한다, 모태에 들지 않는 자라서 모태에 들지 않게 하기 위해 법을 설하고 그것으로 제자들을 인도한다, 편안한 자라서 안식을 위해 법을 설하고 그것으로 제자들을 인도한다.'라고."

붓다는 자신의 말에 깊이 집중하고 있는 시하 대장군을 잠시 응시하더니 다시 말을 이어나갔다.

"시하여, 어떤 이유가 있어, 그 때문에 나에 대해 바르게 말하는 어떤 사람이 '사문 고따마는 업 지음 없음을 말하는 자라서 업 지음 없음의 법을 설하고 그것으로 제자들을 인도한다.'라고 말할지도 모릅니다. 시하여, 나는 업 지음 없음을 가르칩니다. 나는 몸으로 **나쁜** 행위를 저지르고, 말로 **나쁜** 행위를 저지르고, 마음으로 **나쁜** 행위를 저지르는 자에게 여러 가지 나쁜 업을 짓지 말 것을 가르칩니다. 시하여, 이것이 그 이유이니, 그 때문에 나에 대해 바르게 말하는 어떤 사람이 '사문 고따마는 업 지음 없음을 말하는 자라서 업 지음 없음의 법을 설하고 그것으로 제자들을 인도한다.'라고 말할지도 모릅니다. 시하여, 마찬가지로 나는 몸으로 좋은 행위를 짓고, 말로 좋은 행위를 짓고, 마음으로 좋은 행위를 짓는 자에게 여러 가지 선법들을 지을 것을 가르칩니다. 시하여 나는 탐욕과 성냄과 어리석음의 단멸을 가르칩니다. 시하여, 나는 몸과 말과 마음으로 짓는 나쁜 행위를 혐오하고 여러 가지 불선법들을 혐오합니다. 시하여, 나는 탐욕과 성냄과 어리석음을 폐지하기 위해서 법을 설합니다. 또한 나는 몸과 말과 마음으로 짓는 나쁜 행위에 대해서 고행할 것을 말합니다. 고행을 통해서 불선법들이 제거되고 그 뿌리가 잘리고 줄기만 남은 야자수처럼 되고 멸절되고 미래에 다시는 일어나지 않게끔 된 자를 나는 고행자라고 말합니다. 시하여, 내생에 모태에 들어 다시 존재[再有]를 받아 태어남이 제거되고 그 뿌리가 잘리고 줄기만 남은 야자수처럼 되고 멸절되고 미래에 다시는 일어나지 않게끔 된 자를 나는 모태에 들지 않는 자라고 말합니다. 마찬가지로 시하여, 나는 편안한 자여서 최고의 편안함으로 안식을 위해 법을 설하고 이것으로 제자들을 인도합니다. 시하여. 바로 이런 것 때문에 나에 대해 바르게 말하는 어떤 사람이 '사문 고따마는 업 지음을 가르치고, 단멸의 법을 설하고 혐오의 법을 설하고, 폐지론자라고 말하고, 고행의 법을 설하고, 모태에 들지 않기 위한 법을 설하고, 안식을 위해 법을 설하는 자라고 말할지도 모릅니다."

붓다의 세간의 소문에 대한 답변을 듣고 시하 대장군은 머리를 조아리며 말했다.

"세존이시여, 경이롭습니다. 마치 넘어진 자를 일으켜 세우시듯, 덮여 있는 것을 걷어내 보이시듯, 방향을 잃어버린 자에게 길을 가리켜주시듯, 눈 있는 자 형상을 보라고 어둠 속에서 등불을 비춰주시듯, 세존께서는 여러 가지 방편으로 법을 설해주셨습니다. 저는 이제 세존께 귀의하옵고 법과 비구 승가에 귀의합니다. 세존께서는 저를 재가 신자로 받아주소서. 오늘부터 목숨이 붙어 있는 그날까지 귀의하옵니다."

그러자 붓다는 간청하는 시하 대장군에게 조용히 만류했다.

"시하 대장군이여, 다시 한번 잘 생각해보십시오. 그대처럼 명망 있는 사람은 심사숙고하여 신중하게 행동해야 합니다."

예상치 않은 붓다의 충고에 시하 대장군은 놀랐다. 다른 사람이었다면 깃발을 들고 시내를 돌아다니며 자신의 개종 사실을 선전했을 것이다. 그런데 붓다는 오히려 자신의 개종을 말리고 있지 않은가. 붓다의 만류는 그에게서 붓다에 대한 신뢰를 더 크게 만들었다. 붓다에게

서 이기심과 교만이라고는 눈을 씻고 보아도 찾아볼 수 없었다. 시하 대장군은 더욱 깊이 머리 숙이며 맹세했다.

"세존이시여, 오늘부터 저는 붓다와 붓다의 제자들에게만 공양을 올리겠습니다."

그러나 붓다는 시하 대장군의 그 다짐마저 만류했다.

"그 말씀은 거두십시오. 그대의 가문은 오랫동안 니간타 나따뿟따와 그 추종자들에게 공양을 올릴 준비가 되어 있는 우물과 같은 것이었습니다. 그러니 그들이 찾아오면 그들에게도 평등하게 공양해야 합니다."

이어 붓다는 시하 대장군에게 시주(施主)의 다섯 가지 공덕에 대해 설법했다.

"시주에는 다섯 가지 공덕이 있습니다. 첫째 명예가 널리 퍼지고, 둘째 누구를 만나도 두렵지 않으며, 셋째 많은 사람의 존경을 받고, 넷째 기쁨을 누리며, 다섯째 죽어서는 천상에 태어납니다."

붓다는 다시 게송으로 시주의 공덕에 대해 강조했다.

베풂은 중생을 위한 복의 그릇이요

참된 진리에 이르는 길이니
누구라도 보시의 공덕을 생각하거든
기쁘고 즐거운 마음을 내라.

베풂은 널리 공평하게 하되
좋고 나쁨을 가리지 않아야만
베푸는 마음속에서
구제받는 인연을 만나리라.

선과 악은 늘 제 과보를 받는 법
과보는 사라져 없어지지 않는다.
그 사람이 행한 바를 알려거든
지금 받는 과보로서 알 수 있나니

선행에는 선의 과보가
악행에는 악의 과보가 따르는 법
씨앗을 뿌려 그 열매를 거두듯이
선악의 결과도 그 자신이 거두리라.

즐거운 마음으로 널리 베풀면
뭇 사람의 사랑과 칭찬이 따른다.
어디를 가든 두려울 것이 없고
누구에게도 미움을 사지 않는다.

지혜로운 사람의 베풂은
온갖 나쁜 생각을 멀리 떨쳐버리고
태어나는 곳곳마다 좋은 곳이리니
모든 하늘이 칭찬할 것이다.

그러므로 진실한 베풂을 하려거든
모든 중생을 평등하게 대하고
옳다 그르다 시비하는 마음을
결코 일으키지 말아야 하리.

붓다는 시하 대장군의 세 번에 걸친 귀의 요청을 받아들이고, 가르침
을 받아들일 마음이 갖춰진 것을 꿰뚫어 본 후 순차적인 가르침을 설
했다. 먼저 보시의 가르침, 계의 가르침, 천상세계에 대한 가르침을
설하고 이어 감각적 욕망들의 위험과 타락과 오염원, 출리에 대한 공
덕을 자세하게 일러주었다. 붓다는 마침내 시하 대장군의 마음이 준
비가 되었고, 부드러워져 마음의 장애가 없어지고 마음이 고무되고
마음에 깨끗한 믿음이 생겼음을 확인한 후, 직접 깨달아 성취한 괴로
움[苦]과 괴로움의 일어남[集]과 소멸[滅]과 그것을 끊어내는 길[道]
에 대한 가르침을 설했다. 그러자 마치 얼룩이 없는 깨끗한 천이 바르
게 잘 염색되는 것처럼, 그 자리에서 '일어나는 법은 그 무엇이든 그
것은 모두 멸하기 마련인 법[集法卽滅法]'이라는 티 없고 때가 없는 법
의 눈[法眼]이 시하 대장군에게 생겼다.

빠세나디 왕의 귀의

붓다가 수닷따가 세운 제따 동산의 아나타삔디까(기원정사)에 머물고 있을 때였다. 금지옥엽처럼 키우던 외아들을 잃고 크게 낙담하여 실의에 빠진 한 사내가 붓다를 찾아왔다. 가눌 수 없는 슬픔으로 그는 거의 실성할 지경이었다. 까닭을 묻는 붓다에게 그가 말했다.

> "세존이시여, 저는 사랑하는 외아들을 잃었습니다. 어떻게 제 정신일 수 있겠습니까? 아들이 죽고 나서는 도무지 손에 일이 잡히지 않고, 살고 싶은 생각도 없습니다. 줄곧 아들을 화장했던 곳을 오가며 소일하고 있습니다. 저는 아무 일도 할 수가 없습니다."

가만히 사내를 지켜보던 붓다가 말했다.

> "그게 이런 겁니다. 귀엽고 사랑하는 사람은 슬픔과 비탄, 괴로움, 절망을 가져다줍니다."
> "아니, 어떻게 그렇게 생각할 수가 있습니까?"

사내가 도무지 납득이 가지 않는다는 의아한 표정으로 물었다.

"세존이시여, 귀엽고 사랑하는 사람은 행복과 기쁨을 가져다 주는 것이 아닙니까? 그런데 슬픔과 비탄, 괴로움, 절망을 가져다준다니요?"

붓다의 설명이 도저히 귀어 들어오지 않은 그는 위안은커녕 화가 가득 난 채로 돌아갔다. 그는 길에서 만난 몇몇 노름꾼에게 방금 전 붓다에게 들은 것을 이야기했다. 그러자 노름꾼들이 동조하며 말했다.

"이보시오. 이 세상 모든 것이 괴로움으로 가득 차 있다고 생각하는 작자들의 말은 듣지도 마시오. 이 세상에 있는 모든 기쁜 일을 다 버리게 하려는 뒤틀린 심보에서 나온 소리가 아니겠소?"
"그렇소. 나도 동감이오."

이 소문은 머지않아 꼬살라 국의 왕궁까지 들어갔고, 이 이야기를 들은 빠세나디 왕이 말리까 왕비에게 핀잔을 주듯 말했다.

"왕비, 당신이 그토록 존경하는 고따마 붓다는 '귀엽고 사랑하는 사람은 슬픔과 비탄, 괴로움, 절망을 가져다준다.'고 가르친다고 들었소. 그건 무슨 까닭이오?"
"그래요? 까닭은 잘 모르겠지만, 만약 붓다께서 그리 말씀하셨다면, 틀림없이 그게 옳을 거예요. 여보!"

말리까 왕비의 대답을 들은 빠세나디 왕은 무작정 붓다를 편드는 왕비의 태도에 은근히 화가 치밀었다.

"그 사람이 무슨 말을 하건 당신은 마냥 칭찬할 줄밖에 모르는
것이오? 어쩌다가 당신이 맹신자가 되어버린 거요?"

정나미가 떨어진 듯 왕은 왕비에게 핀잔을 주었다. 빠세나디 왕의 입
장에서는 자신이 통치하는 꼬살라 국의 보호 아래 있는 사끼야 족의
왕자 출신 수행자에게 푹 빠진 왕비가 영 못마땅했다.

며칠 뒤 그들의 딸인 십대 소녀 와지리 공주가 친구들과 함께 왕
궁 뒤 숲속으로 들꽃을 꺾으러 가고 싶다며 왕에게 허락을 구했다. 빠
세나디 왕은 경호원을 불러 공주 일행을 호위하도록 명령한 후 외출
을 허락했다. 이 장면은 말리까 왕비가 빠세나디 왕에게 반박할 수 있
는 좋은 기회였다.

"여보, 공주에게 경호원을 딸려 보낸 것은 무슨 까닭이지요?"

빠세나디 왕은 당연한 것을 두고 무슨 뚱딴지같은 말이냐는 표정으
로 되물었다.

"왕비, 그게 무슨 말이오? 그러면 보호할 사람도 없이 위험한
숲속에 여자 아이들만 보낸단 말이오?"
"그러면 어때서요?"
"허어, 당신은 마치 그 애를 전혀 걱정하지 않는 사람처럼 말
하는구려."

왕이 짜증 섞인 목소리로 대답했다.

"여보, 만일 무슨 일이 생긴다면 슬픔과 비탄, 불행과 절망을 가져다줄 만큼 그 애가 사랑스러운가요?"
"물론이지. 그걸 질문이라고 하시오?"

왕의 답변을 들은 왕비가 의미심장한 미소를 지었다. 왕비의 미소를 보는 그 순간 빠세나디 왕은 자신의 어리석음을 깨닫고 부끄러운 생각이 들었다. 그는 자리에서 일어나 깊은 생각에 잠겨 오락가락 거닐다가 걸음을 멈추고 말리까 왕비에게 말했다.

"왕비여, 조만간 나와 함께 붓다를 찾아뵈어야겠소. 그리고 공양에 초대도 합시다."

말리까 왕비는 기뻤다. 드디어 붓다를 친견하고 싶어 했던 소원이 이루어졌기 때문이었다. 빠세나디 왕은 태자 시절 간다라의 딱까실라로 유학을 다녀왔을 만큼 지혜롭고 명민했다. 빠세나디 왕은 그곳에서 공부하며 릿차위 족의 왕자 마할리, 말라 족의 왕자 반둘라(Bandhula) 등과 돈독한 친분을 쌓았고 전통 학문은 물론 요나라고 불린 그리스 문물까지 두루 섭렵하여 국제적인 감각까지 지닌 실력자였다.

빠세나디는 왕이 된 이후 관리들의 부정부패를 근절시키고 법질서를 바로 세우는데 힘썼으며, 곳곳에 역참을 설치해 자신의 명령이 신속하게 전달될 수 있는 체계를 세웠다. 군사와 행정을 정비하는 한편 마가다 국의 빔비사라 왕에게 억만장자 멘다까의 아들 다난자야(Dhanañjaya)를 꼬살라 국으로 이주하도록 요청해 사께따(Sāketa)에 새로운 상업도시를 건설하는 등 자국의 부국강병을 위해 혼신의 노력을 기울였다. 또한 브라만 뽀카라사띠(Pokkharasāti)와 짱끼(Cankī)에게 봉토(封土)를 하사하는 등 기존 종교 지도자들과도 폭넓게 친분을 쌓고 있었으며, 니간타와 아지위까(Ājīvika) 등이 이끄는 신흥종교에도 후원을 아끼지 않는 열린 성정의 소유자이기도 했다.

이튿날 빠세나디 왕은 말리까 왕비와 많은 수행원을 거느리고 기원정사(아나타삔디까)로 향했다. 말리까 왕비는 드디어 말로만 듣던 붓다를 직접 만나서 설법을 들을 수 있게 된 것에 기쁨을 감추지 못했다. 빠세나디 왕은 하얀 코끼리에 황금으로 장식한 안장과 일산을 갖추고 위엄과 권위를 한껏 드러내며 기원정사에 도착했다. 그러나 그는 정작 기원정사에 도착했을 때, 붓다에게 예의를 갖추고 싶은 생각이 한순간에 사라졌다. 아무리 존경받는 수행자라고 하지만 국왕이 찾아왔는데 일어나 맞이하지도 않는 것이 내키지 않았다. 게다가 붓다는 나이도 빠세나디 왕과 또래였다. 빠세나디 왕으로서는 삶을 완전히 이해하기에 아직은 젊은 나이인 붓다가 완전한 지혜를 갖췄다는 것이 잘 납득이 되지 않았다. 심기가 불편해진 빠세나디 왕은 머리를 숙이지 않은 채 육중한 몸을 땅에 던지듯 털퍼덕 자리에 앉으며 물었다.

"고따마여, 당신은 가장 높고 바른 깨달음을 성취한 분이라고 온 나라에 칭송이 자자하더군요. 고따마께서도 스스로를 삼마삼붓다(Sammāsambuddha, 바르고 완전하게 깨달은 분)라고 인정하십니까?"

존경받는 수행자를 씨족의 이름으로 부르는 것은 일종의 모욕이었다. 그러니까 빠세나디 왕이 붓다에게 '고따마'라고 칭한 것은 모욕으로 받아들여질 수 있는 무례한 행동이었다. 붓다는 그러나 한 치의 머뭇거림도 없이 곧바로 대답했다.

"그렇습니다. 대왕이여. 나는 가장 높고 바른 깨달음을 얻었다고 사실대로 말합니다."

붓다의 얼굴에는 당황하는 기색도 어떤 노여움도 없었다. 노련한 빠세나디 왕은 순간 웃음을 흘렸다.

"고따마여, 뿌라나 깟사빠, 빠꾸다 까짜나, 아지따 께사 깜발라, 막칼리고 살라, 산자야 벨랏티뿟따, 니간타 나따뿟따 이 여섯 분도 온 세상이 칭송하는 훌륭한 스승들입니다. 제가 직접 그분들을 만나 지금처럼 물었을 때, 오랜 세월 수행한 그분들도 누구 하나 자신을 삼마삼붓다라고 말하진 않더군요. 고따마께서는 그들보다 나이도 어리고 수행자로 지낸 기간도 길지 않은데 어떻게 그렇게 자신합니까?"

도발적이며, 불경한 질문이었지만 붓다는 개의치 않았다. 오히려 붓다의 얼굴에는 미소가 흐르고 있었다.

"대왕이여, 이 세상에 아무리 작아도 가볍게 볼 수 없는 것이
네 가지 있습니다. 왕자, 독사, 불씨, 수행자 이 네 가지는 아무
리 작아도 가벼이 보아서는 안 됩니다."

그 순간 빠세나디 왕은 뻗었던 다리를 얼른 당겼다. 붓다의 눈빛과 목
소리에는 결코 가볍게 여기지 못할 당당함과 위엄이 서려 있었기 때
문이었다. 빠세나디 왕은 한결 부드러워진 목소리로 물었다.

"자세하게 설명해줄 수 있겠습니까?"
"대왕이시여, 임금의 아들은 아무리 어려도 존중하지 않을 수
없습니다. 나이가 어리고 권능을 온전히 갖추지 못했더라도
왕자를 예우하지 않고 핍박하는 일은 있을 수 없습니다. 만일
그렇다면 그가 왕이 되었을 때 크나큰 형벌로 보복할 것입니
다. 대왕이여, 독사는 아무리 작아도 주의하지 않을 수 없습니
다. 맹독을 지닌 독사는 한 뼘 길이의 새끼도 거대한 코끼리를
쓰러뜨릴 수 있습니다. 그런 뱀을 가벼이 여겨 함부로 만진다
면 그는 목숨을 보장하기 힘들 것입니다. 대왕이여, 불씨는 아
무리 작아도 조심하지 않을 수 없습니다. 손톱만한 불씨라도
바람이 도우면 산과 들을 모조리 태웁니다. 그런 불씨를 가벼
이 여긴다면 그에게는 재앙과 커다란 손실이 기다릴 뿐입니
다. 대왕이여, 마찬가지로 수행자는 아무리 어려도 무시할 수
없습니다. 청정한 계율을 갖추고 부지런히 지혜를 갈고 닦으
면 그는 반드시 아라한이 됩니다. 번뇌의 뿌리를 모조리 뽑아
버린 아라한은 공손한 예배를 받기에 충분한 자격을 갖추고

있습니다."

사실 빠세나디는 왕권을 놓고 백여 명의 이복형제들과 살육을 벌이며 왕위에 오른 인물이었다. 왕권을 다투는 과정, 왕권을 지키는 과정에서 그는 수없이 많은 살해의 위협을 겪어야만 했다. 왕권 강화를 위해 아버지의 신하들을 죽이고, 반역의 기미가 보이면 자신을 옹립한 권신들까지 용서하지 않았다. 그는 세상의 위험과 두려움을 누구보다 잘 알고 있었다. 앞뒤 말에서 빈틈을 찾아볼 수 없는 붓다에게 빠세나디 왕은 자신도 모르게 예를 갖추고 한쪽으로 비껴 앉았다. 그 모습을 지켜보는 말리까 왕비의 기쁨은 한이 없었다. 지금까지 그녀에게 붓다의 가르침은 모두 다른 사람들을 통해 전해들은 것들뿐이었다. 그러나 이제 그녀는 붓다의 가르침을 직접 들을 기회를 갖게 된 것이다. 빠세나디 왕이 마음을 다잡고 다시 붓다에게 물었다. 그의 목소리에는 이전에는 없던 공손함이 묻어 있었다.

"고따마여, 저는 당신께서 귀엽고 사랑하는 사람은 슬픔과 비탄, 괴로움, 절망을 가져다준다고 말씀하셨다는 이야기를 전해 들었습니다. 그렇다면 이 세상에서 인간이 누릴 행복은 없다는 것입니까? 그것이 당신으로 하여금 가정과 사랑하는 사람들을 떠나 수행자가 되게 한 이유입니까?"
"대왕이시여, 귀엽고 사랑하는 사람이 슬픔과 비탄, 괴로움, 절망을 가져다준다는 것은 사실입니다. 그러나 이 세상 모든 것이 괴로움을 만들어낼 뿐이라는 뜻은 아닙니다. 다만 모든 만족이 영원하지 않으며 실체가 없는 것임을 깨닫지 못하면,

그러한 만족은 결국 불만으로 변할 수밖에 없다는 것입니다. 만족의 본성을 깨달은 사람은 불만에 시달리지 않고 가정생활을 지속할 수 있습니다. 나는 가정과 가족으로부터 떠남으로써 보다 높은 경지의 자유와 행복을 찾았습니다. 그것은 계속되는 윤회로부터 완전히 벗어난 대자유, 해탈입니다."

"스승이시여, 이제 저는 세존께서 설하시는 진리의 가치와 의미에 눈뜨게 해준 말리까 왕비에게 감사합니다. 몇 달 전 라자가하를 방문한 뒤 왕비는 깨달은 이, 붓다와 붓다의 가르침, 그리고 붓다의 상가에 대한 굳은 신심을 갖게 되었습니다. 오늘부터 저도 당신의 재가 제자가 되고 싶습니다. 저를 제자로 받아주십시오. 그리고 세존이시여, 부디 제자들과 함께 내일 저의 공양 초청을 받아주십시오."

어느 순간 빠세나디 왕의 붓다에 대한 호칭이 '고타마여'에서 '스승이시여'로 바뀌어 있었다. 붓다는 최상의 예의로 공양을 초청하는 빠세나디 왕에게 자애로운 미소를 전하는 것으로 수락한다는 뜻을 알렸다.

말리까 왕비에 이어 빠세나디 왕, 수닷따, 그리고 제따 왕자의 잇따른 개종과 함께 꼬살라 왕국은 붓다의 가르침에 깊은 영향을 받게 되었다. 이후에도 붓다가 사왓티에 머물 때면 빠세나디 왕은 늘 붓다를 찾아뵙고 예배와 공양을 올리는 제자로서의 예의를 다했다. 또한 또래의 나이인 붓다를 스승이자 좋은 벗으로 섬기며 남들에게 말 못할 속사정과 개인적 아픔까지도 털어놓았고, 때때로 국가의 중대사를 의논하기도 했다. 나아가 국왕의 도리를 묻거나 올바른 정치에 대한 자문을 구하기도 했다. 그런 빠세나디 왕에게 붓다는 늘 국왕의 올바른 길에 대해 역설했다.

"대왕이여, 자비로운 마음으로 백성들을 외아들처럼 보살펴야 합니다. 그들을 핍박하거나 해쳐서는 안 됩니다. 그릇된 견해를 멀리하고 올바른 길을 걸으십시오. 교만하지 말고 남을 얕보지 마십시오. 간신들의 소리에 귀를 기울이지 말며, 왕이라 해도 법을 어기지 말아야 합니다. 대왕이여, 법답지 못한 것은 항복받으십시오. 단 열매를 따려면 반드시 좋은 나무를 심어야 합니다. 심지 않고 열매를 딸 수 없는 것처럼 선행을 닦지 않으면 훗날 즐거움을 기대할 수 없으니 스스로 반성하고 악행을 삼가십시오. 자기가 지은 것은 반드시 자기가 거두어야 합니다. 과보는 세상 어디를 가도 피할 수 없다는 것을 명심해야 합니다. 대왕이여, 권력만 믿고 세월을 허비하지 마십시오. 목숨이 있는 한 죽음은 피할 수 없습니다. 항상 바른 법을 닦아야 죽음이 다가왔을 때 두려움에 떨지 않을 수 있습니다. 이 세상은 잠시도 멈추지 않고 변합니다. 더없이 나를 행복하게 하던 부귀와 권력도 먼 훗날 돌아보면 그땐 아침이슬과 같은 것입니다."

빠세나디 왕은 살라나무 숲에 작은 정사를 지어 붓다에게 바쳤다. 그리고 왕비 말리까와 함께 교단의 든든한 후원자가 되었다. 또한 빠세나디 왕은 자신의 충신 이시닷따와 뿌라나 형제도 부처님께 귀의하도록 권하는 등 삼보를 후원하고 불법을 홍포하는 데 혼신의 힘을 바쳤다.

붓다 역시 빠세나디 왕의 귀의 이후 많은 시간을 사왓티의 기원
정사에서 보냈다. 사실상 사왓티는 붓다의 상시 거처 역할을 담당했
다. 빠세나디 왕의 귀의에 이어 사왓티에 사는 위사카(Visākhā)라는
부인이 개종을 하게 되었고, 그녀가 동쪽에 승원(동원정사)을 지어 상
가에 제공함으로써, 꼬살라 왕국은 명실상부하게 붓다와 상가의 근
거지가 되었다.

사끼야 족과 꼴리야 족의 물싸움

붓다가 깨달음을 성취한 뒤 4년째 되던 해의 여름, 붓다는 새벽 명상에 들어 천안으로 세상을 살피고 있었다. 붓다는 얼마 전 다녀온 고향 까삘라왓투의 사정이 궁금해 그곳을 살펴보고 있었다. 그때 까삘라왓투에는 극심한 가뭄이 계속되고 있었다. 로히니(Rohīnī) 강을 사이에 둔 사끼야 족과 꼴리야 족들 사이에도 가뭄으로 인한 갈등이 증폭되고 있었다. 농부들은 한 바가지의 물이라도 더 대기 위해 아침부터 저녁까지 강물을 퍼다 날랐지만 바닥이 드러난 로히니의 강물로는 턱없이 부족했다. 논바닥은 바둑판처럼 갈라지고 태양의 열기를 견디지 못해 모가 누렇게 탔다. 두 부족의 농부들의 마음도 타들어가기는 마찬가지였다. 불만은 꼴리야 족 쪽에서 먼저 터져 나왔다.

"친구들, 얼마 되지도 않는 강물을 양쪽에서 사용하면 그쪽이나 이쪽이나 한 해 농사를 망치게 되고 말 것이오. 그쪽이야 어차피 한 뼘 남짓한 모이지만, 일찌감치 파종한 우린 한 번만 물을 흠뻑 대면 제대로 수확할 수 있소. 그러니 우리가 먼저 물을 댑시다."

그러나 속이 타들어가기는 사끼야 족도 마찬가지였다.

"그게 무슨 섭섭한 말씀이신가. 그럼 당신들 곳간이 그득해질 때 우린 금은보화를 싸들고 당신들에게 양식이나 구걸하러 다니란 말이요. 늦게 파종했다고 물을 쓰지 말라는 게 말이나 되는 소린가."

"이러다가는 둘 다 죽게 되었으니 하는 말 아니오. 당신들이야 어차피 망친 농사, 우리에게 양보하라는 게 뭐 그리 잘못되었단 말이오."

"어차피 망친 농사라고? 그럼, 우리가 강물을 모두 써도 농사를 망칠 것 같은가? 양보를 하려면 그쪽에서 하시오."

삿대질과 함께 언성을 높이던 농부들은 분노를 참지 못하고 결국 주먹다짐까지 하게 되었다. 타들어가는 가슴에 분풀이할 곳을 찾던 주변의 농부들이 싸움에 뛰어들었다. 소란의 원인이 무엇인지도 모른 채 싸움은 점점 격렬해졌다. 피투성이가 되고 나서야 농부들은 양쪽 언덕으로 갈라서 길길이 날뛰며 소리쳤다. 온갖 험담이 오갔고 더 이상 수습할 수 없을 만큼 양쪽의 앙금이 커져갔다.

두 종족 간의 오랜 결속과 우의는 타들어가는 논바닥 앞에서 순식간에 사라졌다. 사끼야 족과 꼴리야 족은 같은 옥까까(Okkāka) 왕의 후손으로서 친족 관계를 유지하고 있었지만 자부심 강한 두 종족은 내심 서로를 문둥이와 개돼지로 부르며 깔보고 있었다.

강을 사이에 두고 분노와 조롱이 뒤섞인 험악한 말들로 서로를 할퀴던 두 종족은 함성을 지르며 되돌아섰다. 꼴리야 족이 내뱉은 말은 곧 사끼야 족 땅에 퍼지고, 사끼야 족이 내뱉은 말은 곧 꼴리야 족 땅에 퍼졌다. 결국 이 다툼은 사끼야와 꼴리야의 왕족과 젊은이들까지 분노에 물들게 했다. 서로에게 본때를 보여주자고 결의한 이들은 급기야 전쟁 직전까지 가며 험악하게 대립하기에 이르렀다. 코끼리 부대와 기마부대, 칼과 창으로 무장한 용감한 병사들이 함성을 지르며 까삘라왓투의 성문을 나섰다.

이 광경을 지켜보던 붓다는 생각했다.

'내가 가지 않으면 나의 친가와 외가 두 부족은 공멸하고 말 것이다. 그들을 화해시키는 것이 지금 내가 할 일이다.'

혼자서 조용히 처소를 나선 붓다는 공중으로 몸을 날려 한순간에 까삘라왓투의 로히니 강으로 몸을 옮겼다. 작은 강을 사이에 두고 양쪽 언덕에는 술에 취한 코끼리들이 줄지어 늘어서고, 재갈을 물린 말들이 금방이라도 뛰쳐나갈 듯 앞발을 쳐드는 그 순간, 붓다는 로히니 강 한가운데 공중에서 결가부좌를 한 모습을 나타냈다.

붓다의 돌연한 출현에 놀란 두 종족은 순간 모든 동작을 멈췄다. 팽팽히 시위를 당겼던 양쪽의 궁수들이 활을 내려놓고 길 위에 엎드리기 시작했다. 대지에 휘몰아치던 함성과 먼지가 한순간 가라앉았다. 붓다 주위에는 강물보다 더 짙은 푸른빛이 휘돌고 있었다. 붓다를 발견한 양 종족의 왕족들도 약속이나 한 듯 칼과 창을 내려놓았다. 진영의 한가운데 자리한 붓다는 발아래 예배하는 양쪽의 왕족들에게 조용히 물었다.

"왕족들이여, 친족 간에 왜 싸우려는 것인가?"
"저들이 우리를 개돼지라고 모욕했습니다."
"대추나무에 둥지를 튼 문둥이라고 한 것은 당신들이오."

높아지는 언성을 가로막으며 붓다께서 다시 물었다.

"어떤 이유로 그런 말을 하게 된 것인가?"

한 사람씩 돌아가며 왕족들에게 물었으나 누구도 그 이유는 알지 못했다. 붓다는 장군들을 불러 그 연유를 물었으나 그들도 모르고 있었다. 그렇게 물어물어 가던 붓다는 싸움의 발단이 된 논에서 물을 대던 농부들에게서 이 싸움이 시작되었음을 알았다. 붓다는 위엄이 가득한 목소리로 왕족들에게 물었다.

"이 강물과 사람 중에 어느 쪽이 더 소중한가?"
"물보다 사람이 더 소중합니다."
"그런데도 물을 위해 소중한 사람의 목숨을 버리겠단 말인가?
말라버린 로히니 강바닥을 피로 물들이겠다는 말인가?"

사끼야와 꼴리야 왕족들은 머리를 숙였다. 붓다는 목소리를 누그러뜨리고 사람들을 가까이 불러 모았다. 칼과 창을 던지고 모여든 군사들에게 붓다가 말했다.

"내가 여러분에게 재미난 이야기를 하나 들려드리겠습니다. 어느 종려나무 숲에 한 그루 도토리나무가 있었습니다. 그 나무 아래 살던 토끼 한 마리가 문득 이런 생각을 하게 되었답니다. '저 하늘이 무너지면 어쩌지.' 바로 그때 도토리 하나가 종려나무 잎사귀에 털썩 소리를 내며 떨어졌답니다. 겁 많은 토끼는 깜짝 놀라 '큰일 났다. 하늘이 무너진다!'라고 외치며 달렸답니다. 옆에 있던 토끼가 이 말을 듣고 함께 달리기 시작했고, 두 마리 토끼는 곧 세, 네 마리로 점점 늘어나더니, 마침내 수천 마리 토끼가 도망치기 시작했습니다. 토끼들의 소란에 온 숲은 벌집을 건드린 듯 들썩거렸습니다. '다들 왜 저러지? 무슨 일인가?' '큰일 났어. 하늘이 무너졌대.' 이 말을 들은 노루도 멧돼지도, 물소도 코끼리도 모두 두려움에 떨며 덩달아 달리기 시작했습니다. 높은 언덕에서 이 광경을 지켜보던 사자는 생각했습니다. '하늘이 무너졌다고? 그럴 리가 없지.' 그들이 달리는 길목에는 벼랑이 기다리고 있었습니다. 그대로 내버려두면 다들 죽을 게 뻔했습니다. 숲의 동물들을 가엾게 여긴 사자는 쏜살같이 행렬 앞으로 달려가 큰 소리로 포효하였습니다. 사자의 기세에 놀란 동물들이 멈춰 서자 사자가 물었습니다. '왜 도망가는가?' 그러자 동물들이 대답했습니다. '큰일났습니다. 하늘이 무너지고 있습니다.' '누가 그것을 보았는가?' 코끼리, 물소, 멧돼지, 노루 누구도 하늘이 무너지는 것을 본 적이 없었습니다. 까닭을 추궁하던 사자는 그 말이 겁쟁이 토끼에게서 비롯된 것임을 알았습니다. 사자가 토끼에게 물었습니다. '네가 하늘이 무너지는 것을 직접 보았느냐?' '네 제가 직접 보았습니다.' 사자는 숲속 동물들과 함께 두려움에 떠는 토끼를 앞세워 하늘이 무너지는 걸 봤다는 곳으로 갔습니다. 그 자리에는 굵은 도토리 한 알만 뒹굴 뿐 무너진 하늘은 어디에도 없었습니다. 사자는 도토리를 주워 토끼에게 보였답니다. '이것이 네가 보았다는 하늘인가?'"

붓다의 이야기를 듣던 사끼야 족과 꼴리야 족 군사들은 머쓱한 표정을 지은 채 깔깔대며 웃었다. 그러자 붓다는 미소를 보이며 말했다.

"친족들은 서로 화해해야 합니다. 친족이 화목하면 어떤 적들의 침략도 막아낼 수 있습니다. 저 히말라야의 숲을 보십시오. 거센 태풍이 불어도 저 숲은 온전합니다. 수많은 나무와 잡초, 덤불과 바위가 서로 뒤엉켜 의지한 저 숲은 무엇 하나 다치지 않습니다. 하지만 넓은 들판에 홀로 선 나무를 보십시오. 굵은 가지와 무성한 잎을 자랑하지만 태풍이 휩쓸고 가면 뿌리째 뽑힙니다. 감정이 없는 풀과 나무도 함께 어울려야 위험에서 벗어날 수 있다는 것을 아는데, 하물며 사람이겠습니까? 두 부족의 여러분에게 말하겠습니다. 부디 싸우지 말고 한마음이 되십시오. 하나가 되어 화목할 때 여러분은 행복할 수 있습니다. 서로 미워하면 결국 파괴와 상처만 남습니다. 이제 다 같이 평화를 배워야 합니다. 평화는 모든 성자들이 찬탄하는 것입니다. 평화와 정의를 사랑하는 부족만이 번영할 수 있다는 것을 명심하십시오."

합장하고 귀 기울이는 두 부족들에게 붓다는 거듭 화목과 평화를 당부했다. 사끼야 족과 꼴리야 족 사람들은 곧 칼과 창을 던지고 붓다에게 머리를 조아려 예배했다. 바닥난 로히니 강에 다시 깊고 푸른 신뢰와 관용의 강이 흐르기 시작했다. 일촉즉발의 위기 상황으로 치달았던 두 종족 간의 분쟁은 모두에게 부끄러운 과거로 기억되었다. 붓다는 두 종족에게 당부의 말을 끝낸 후 게송을 읊었다.

아, 우리 행복하게 살아가세!
원한 많은 사람들 속에서 원한 없이
미워하는 사람들 속에서 미움 없이
우리 진정 행복하게 살아가세.

아, 우리 행복하게 살아가세!
병든 사람들 속에서 건강하게
아파하는 사람들 속에서 아픔 없이
우리 진정 행복하게 살아가세.

아, 우리 행복하게 살아가세!
쾌락을 좇는 사람들 속에서 쾌락을 좇지 말고
갈망하는 사람들 사이에서 갈망 없이
우리 진정 행복하게 살아가세.

원한과 증오를 털어버린 두 종족의 사람들은, 출가하지 않았으면 분명 전륜성왕이 되셨을 붓다의 덕을 찬탄하며 보은의 의미로 각각 이백오십 명의 젊은이들을 선발해 붓다를 보살피도록 했다. 그러나 붓다는 이 오백 명의 젊은이들을 출가시켜 제자로 받아들였다. 붓다는 새로이 탄생한 5백여 사끼야와 꼴리야 족 출신 비구들과 함께 세간의 왕이 아닌 진리의 왕으로서 진리의 수레바퀴를 굴리며 까삘라왓투의 거리를 누볐다. 5백 명의 비구가 새롭게 탄생한 것은 곧 5백 명의 여인들이 졸지에 남편을 잃고 홀로 살아가야 하는 것을 의미하기도 했다.

숫도다나의 죽음, 그리고 고따미의 간청

5백 비구들과 함께 까삘라왓투를 떠난 붓다는 웨살리의 큰 숲 중각강당(重閣講堂)에서 머물고 있었다. 이때가 대각을 성취한 지 5년째 되던 해였다. 그런데 붓다의 아버지 숫도다나 왕이 이 해에 병이 들었다. 부왕(父王)이 몸져누웠다는 소식을 접한 붓다는 아버지의 수명이 다했음을 간파하고는 제자들과 함께 까삘라왓투로 향했다.

까삘라왓투에 도착한 붓다는 까삘라왓투 교외의 큰 숲에 머물며 틈틈이 부왕을 찾아가 법을 설해 드렸다. 붓다가 까삘라왓투를 첫 방문했을 때, 법문을 듣고 성자의 흐름에 들었던 숫도다나 왕은 아들이자 스승인 붓다의 법문을 들으면서 마침내 완전한 청정(아라한과)을 얻을 수 있었다. 생을 마감할 시점에 임박해 아라한이 된 숫도다나 왕은 모든 번뇌가 소멸된 열반의 기쁨과 궁극의 목표인 해탈을 성취했다는 즐거움을 한껏 누리고 있었다. 숫도다나 왕이 아라한과를 성취한 지 7일째 되던 날, 붓다가 머물던 까삘라왓투의 교외 큰 숲으로 왕궁에서 파견한 사자가 급하게 말을 달려 찾아왔다.

"세존이시여, 부왕께서 위독하십니다. 대왕께서는 마지막으로 세존과 난다, 라훌라, 그리고 아난다 존자님을 보고 싶어 하십니다."

붓다는 먼저 난다를 왕궁으로 보내고 채비를 갖춰 그 뒤를 따랐다. 가슴에 열이 얽히어 괴롭고 초초하고 불안한 증상(번조증)으로 고통스러워하던 숫도다나 왕은 붓다가 도착하자 그를 에워싸고 있던 친족들을 물리치고 아들에게 손을 내밀었다.

"좀 어떠십니까?"
"세존이시여, 마치 돌을 눌러 기름을 짜는 듯한 고통이 가슴을 짓누르고 있습니다. 하지만 이렇게 세존을 보니 이 아픔도 사라지는 것 같습니다."

붓다는 말없이 부왕의 다리를 주물렀다.

"아, 세존이시여, 아주 편안합니다."

시나브로 숫도다나 왕의 눈가에 눈물이 고이고 있었다. 눈물이 흘러 베갯잇으로 떨어졌다. 그러나 그것은 회한의 눈물이 아니라 기쁨의 눈물이었다.

"세존이시여, 당신은 붓다가 되겠다는 꿈도 이루었고, 중생들을 제도하겠다는 꿈도 이루었는데…. 나는 실로 이룬 것 없이 죽음을 맞이합니다. 그러나 자랑스러운 나의 아들이자 스승인 당신으로 인해 마침내 나의 할 일을 다해 마치고 이렇게 세연을 마치게 되었으니 고마운 일이 아닐 수 없습니다. 나의 사랑스러운 아들, 붓다여. 고맙습니다."

이 광경을 지켜보던 숫도다나 왕의 형제들이 눈물을 훔치며 위로하였다.

"형님, 지혜와 신통을 겸비한 세존께서 당신의 아들인데 무슨 걱정이십니까. 또한 둘째 아들 난다와 손자 라홀라, 그리고 아난다가 모두 이 자리에 있는데 악마의 그물인들 두렵겠습니까."

그때 조용히 일어나 몇 걸음을 옮긴 붓다가 부왕의 이마에 손을 얹었다.

"부왕이시여, 걱정하지 마십시오. 부왕의 덕은 청정하며 마음의 때도 없습니다. 근심하거나 괴로워하지 마십시오. 지금까지 들은 진리를 다시 생각하고, 지금까지 쌓아온 선행의 공덕을 믿으십시오. 부디 마음을 편히 가지십시오."
"세존이시여, 나에게 여전히 남아 있는 이 슬픔에서 벗어나게 해주십시오."
"제가 수없는 생애 동안 쌓은 공덕과 보리수 아래에서 얻은 이익이 부왕을 슬픔은 물론 모든 고통에서 벗어나게 할 것입니다."

숫도다나 왕은 존경하고 사랑하는 아들의 손을 잡아 가슴에 얹고는 환한 미소를 지어 보였다.

"이제 내 소원도 이루어졌습니다. 이렇게 붓다를 보고 가는 마지막 길이 행복합니다."

숫도다나 왕은 누워서 합장한 채 조용히 눈을 감았다. 세연을 마친 것이었다. 왕을 돌보아왔던 사끼야 족 의사가 향수로 왕의 몸을 씻고, 솜과 털과 명주로 시신을 감싸 관에 안치했다. 시신을 다비장의 사자좌로 옮길 때였다.

"제가 앞쪽에서 관을 들겠습니다."

붓다가 이렇게 말하자 친족들이 말리고 나섰다.

"세존께서는 하늘 위 하늘 아래 가장 존귀한 분이십니다. 아무리 숙세의 인연이 깊다지만 인천의 스승께 인간의 상여를 지게 할 수는 없습니다."
"여러분들의 뜻을 잘 알고 있습니다. 그러나 만일 제가 상여를 들지 않으면 비구는 부모의 은혜도 모른다고 비난하는 자들이 생길 것입니다."

몇 차례 실랑이가 오간 후, 붓다는 시신을 드는 대신 향로를 들고 다비장으로 앞장섰고, 꽃을 뿌려 공양하고는 쌓아놓은 땔감 위에 불을 붙였다. 타오르는 불길 앞에서 달려들 듯 울부짖는 사람들에게 붓다가 말했다.

"이 세상은 무상하고, 무상하기에 고통스럽습니다. 영원한 것이란 어디에도 없으니, 몸뚱이 또한 본래 덧없는 것입니다. 한 세상을 산다는 것, 환상과 같고 타오르는 불꽃과 같고 물에 비친 달그림자와 같습니다. 모두가 잠시 그렇게 있는 것처럼 보일 뿐입니다. 무상한 몸으로 잠시 살다가는 것이 인생입니다. 여러분, 모든 것을 앗아가버리는 저 사나운 불길을 보십시오. 이 불길을 뜨겁다 여길지 모르지만 욕심의 불길은 이보다 더 뜨겁습니다. 그러니 게으르지 말고 부지런히 수행하여 생사의 괴로움에서 벗어나 해탈의 즐거움을 얻으십시오."

부왕 숫도다나의 장례를 마친 후 붓다는 한동안 니그로다 동산에 칩거했다. 먼 여행과 부왕의 임종을 지키고 다비를 지켜본 탓에 몹시 피곤했기 때문에 휴식이 필요했다.

한편 붓다의 양모 고따미는 니그로다 숲으로 붓다를 찾아볼 계획을 세우고 있었다. 고따미는 생각했다. '이제 나는 이 세상에 홀로 남았다. 사랑하는 남편은 가버렸고, 마치 내 생명의 한 부분처럼 키웠던 싯다르타는 왕위도 버리고 출가수행자가 되었다. 아버지 뒤를 이을 난다도 형을 따라 나섰고, 어린 손자 라훌라까지 그리 되었다. 까삘라왓투에서의 내 삶은 이제 아무런 의미도 없는 게 되어버렸다. 이제 나도 스스로 내 삶의 의미를 찾아야 할 필요가 있다. 오직 붓다만이 나를 도울 수 있다.'

곧 그녀는 니그로다 동산으로 붓다를 찾아갔다. 붓다는 그녀의 얼굴에 가득 찬 비탄과 슬픔을 보았다. 붓다에게 예를 올리고 자리에 앉아 그녀가 말했다.

"세존이시여, 세존의 가르침 아래 여인네들도 출가할 수 있도록 허락하시면 좋겠습니다."

붓다는 한동안 생각에 잠겼다. 양모 고따미가 이렇게 중대한 문제를 제안하리라고는 예상하지 못했던 것이다. 붓다는 즉석에서 확답을 내릴 수가 없었다. 그러한 혁신적인 조치를 내릴 경우 장기간에 걸쳐 야기할 여러 가지 결과를 면밀히 숙고할 필요가 있었기 때문이었다. 붓다의 가르침은 이미 브라만교가 지배하고 있던 잠부디빠의 철학, 종교, 사회 및 정치생활에 일대 변혁을 일으키고 있었다. 영원불변하는 실재로서의 자아와 영혼의 부정, 의식주의에 대한 단호한 비판, 카스트 제도의 거부, 그리고 왕권신수설에 대한 붓다의 비판은 일부 브라만교도들의 소동을 야기했고, 크샤트리아들의 원성을 사기도 했다. 하물며 상가에 여성을 받아들이는 것은 더욱 심각한 사회 조직의 와해를 초래할 것이며, 브라만교도들뿐만 아니라 여성이 가족을 결합하고 유지시키는 중요한 구성요소라고 생각하는 다른 종교인과 일반인들까지도 반발할 것이 분명했다. 붓다는 종교생활에 있어서 남녀의 평등을 인정하면서도, 자신의 가르침이 기존의 질서를 사회전반의 반발을 불러일으킬 정도로 급속하게 변혁시키고 붕괴시키는 것을 피하고자 했다. 붓다는 좀 더 시간을 두고 점진적인 사회 변화를 이끌어갈 분위기가 성숙되기를 바랐다.

양모 고따미가 자신을 출가수행자, 비구니로 상가에 받아들여 줄 것을 직접적으로 요구한 것은 아니지만, 출가수행자가 되기를 바라는 그녀의 의도는 의심할 나위가 없는 것이었다. 여기에 붓다가 당면한 두 가지의 곤란한 문제가 있었다. 하나는 양모 고따미가 슬픔을 극복하고 위안을 찾을 수 있도록 돕는 것이며, 다른 하나는 자신을 주축으로 성립된 상가가 세상에서 건전하게 존속될 수 있느냐의 문제였다. 쉽사리 결정할 수 없는 딜레마가 아닐 수 없었다. 간청하는 고따미를 지켜보던 붓다가 이윽고 입을 열었다.

"고따미여, 나의 상가에 여성 출가자를 받아달라고 요구하지 마십시오."
"선왕의 그늘에 의지해 저는 몸과 마음이 편안할 수 있었습니다. 이제 그 그늘이 사라졌습니다. 붓다께서도 아시는 것처럼 이곳 까삘라왓투에는 남편이나 아들이 출가함으로써 혼자 남은 여자들이 많습니다. 곁을 떠난 사람들로 가슴 아파하는 여인들입니다. 세존이시여, 불쌍한 저희들이 세존의 그늘에 의지할 수 있게 해주세요."
"고따미여, 나의 상가에 여성 출가자를 받아달라고 요구하지 마십시오. 여인이 나의 상가에 들어와 가사를 입는 것을 바라지 않습니다. 목숨이 다할 때까지 청정한 행을 닦아 밝게 깨닫도록 하십시오."

붓다의 이 한마디는 고따미의 심장을 쥐어짰다. 고따미는 붓다의 발등에 볼을 부비며 거듭 애원했다.

"여자는 태어나 아버지에게 의지하다가 결혼하면 남편에게 의지합니다. 나이가 들어 남편이 세상을 떠나면 자식을 의지해 살아가야 합니다. 선왕도 떠나고 두 아들도 떠나고, 귀여운 손자마저 떠난 지금 제겐 의지할 곳이 없습니다. 부디 가련한 저를 붓다의 그늘에서 쉴 수 있게 허락해주시기 바랍니다."

"고따미여, 나의 상가에 여성 출가자를 받아달라고 요구하지 마십시오. 여인이 나의 상가에 들어와 가사를 입는 것을 바라지 않습니다. 목숨이 다할 때까지 청정한 행을 닦아 밝게 깨닫도록 하십시오."

이 광경을 지켜보던 사끼야 족 여인들이 더는 참지 못하고 소리 내어 통곡하기 시작했다. 이들의 대부분은 지난 해 물싸움 때 붓다에게 출가한 5백 비구들과 생이별했던 사끼야와 꼴리야 족 젊은이들의 부인들이거나 어머니들이었다.

"세존이시여, 아버지를 잃고 남편을 잃고 아들을 잃은 여인들이 붓다의 그늘에 출가할 수 있도록 허락해주소서."

"고따미여, 나의 상가에 여성 출가자를 받아달라고 요구하지 마십시오. 여인이 나의 상가에 들어와 가사를 입는 것을 바라지 않습니다. 목숨이 다할 때까지 청정한 행을 닦아 밝게 깨닫도록 하십시오."

고따미가 두 번, 세 번 간청했지만 붓다의 대답은 한결같았다. 그녀는 풀이 죽어 눈물을 흘리며 니그로다 동산을 떠났다. 그러나 그녀의 얼굴에는 냉정을 잃지 않은 모종의 결기가 서려 있었다. 그것은 무언가 굳게 결심을 하는 표정이었다. 고따미가 떠나고 난 다음 아난다가 붓다에게 물었다.

"스승이시여, 어머님께서 몹시 실망한 것 같습니다. 그런데 여자들을 우리 상가에 받아들일 수 없는 어떤 이유라도 있습니까? 여자는 깨달음과 해탈에 이를 능력이 없는 것입니까?"

"아난다, 나는 여인들이 깨달음과 해탈을 성취할 능력이 없다고 생각하지 않는다. 그러나 나의 상가에 출가해 있는 많은 남성 수행자들이 아직 목표에 이르지 못하고 있다. 많은 수행자들이 욕망과 정염의 속박 속에 여전히 갇혀 있는 것이다. 물론 앞으로도 많은 출가수행자들이 그런 상태에 남아 있을 것이다. 아난다. 나의 첫 번째 제자가 남자였다는 것이 여인들에게는 안타까운 조건으로 작용했을 뿐이다. 이미 형성된 우리의 상가는 당연히 그들의 깨달음과 해탈에 도움이 되는 환경으로 유지되어야 한다. 그래서 나는 여인의 출가를 허락하지 않는 것이다."

붓다는 한동안 생각에 잠겼다. 시간이 흐른 뒤 붓다는 다시 입을 열었다.

"아난다, 나는 여자 이상으로 남자의 마음을 사로잡는 어떤 것도 알지 못한다. 어떤 소리나 냄새도, 맛도, 감촉도 여자와 관계된 것 이상으로 남자의 마음을 사로잡는 것은 없다. 마찬가지로 아난다여, 남자 이상으로 여자의 마음을 사로잡는 어떤 것도 나는 생각할 수 없다. 어떤 소리나 냄새도, 맛도, 감촉도 남자와 관계된 것 이상으로 여자의 마음을 사로잡는 것은 없을 것이다. 이게 곧 여자가 느끼는 남자의 매력이며, 남자가 느끼는 여자의 매력이다. 아직 갈망으로부터 자유롭지 못한 남녀 제자들을 함께 생활하게 하는 것은 마치 불과 기름을 가까이 두는 것과 같다. 그럴 경우 매우 엄격한 계율로 상가를 통제할 수밖에 없을 것이다."

아난다는 입을 다물고 있었다. 사끼야 족들은 극단적인 고행에 거의 호감을 갖고 있지 않았다. 붓다의 첫 번째 까삘라왓투 방문 때, 붓다의 가르침에 대해 잠시 부정적인 반응을 보였던 것도 금욕주의에 대한 그들의 선입견이 작용한 것이었다. 그러나 시간이 가면서 고따마 붓다가 가르치는 완화된 형태의 금욕주의가 그들 사이에서 인정되고 있었다. 브라만 사제들의 권위를 무너뜨린 붓다의 정치, 사회철학과 함께 세속적 생활의 가치를 인정하는 가르침은 점차 사끼야 족의 생활 속에 깊이 스며들고 있었다. 따라서 그들은 로히니 강물을 놓고 물싸움을 벌일 때 두 번째로 까삘라왓투를 방문한 붓다를 존경과 호의로 맞이할 수 있었던 것이었다.

사끼야 족들은 노환으로 위급한 부왕의 임종을 지키기 위해 붓다가 까삘라왓투에 도착하기 얼마 전에 대형 회당의 건축을 마쳤다. 그들은 이 회당의 낙성식에 붓다를 초청했다. 낙성식의 절정은 붓다의 설법이었다. 그러나 막상 사끼야 족 대중을 상대로 이야기할 시간이 되었을 때, 붓다는 쌓인 피로와 통증으로 간략하게 법문을 마칠 수밖에 없었다. 붓다는 아난다에게 조용히 말했다.

"아난다, 나는 지금 등에 심한 통증을 겪고 있다. 들어가 쉬어야겠다. 내가 하던 이야기를 계속하고, 이미 했던 이야기를 자세히 설명해주도록 해라.”

붓다는 휴식을 취하기 위해 회당의 안쪽 방으로 조용히 물러났다. 붓다의 설법에 이어 아난다가 대중 앞으로 나서 '수행자의 길'에 대한 설법을 하고, 어떻게 도덕성[戒]과 집중력[定], 그리고 지혜[慧]를 향상시킬 것인가에 대해 자세하게 설명했다. 설법의 말미에 아난다가 선언했다.

"혈통을 기준으로 할 때, 사람들 가운데 크샤트리아가 으뜸입니다. 그러나 신과 인간 가운데 지혜와 도덕성을 갖추고 정의롭게 처신하는 자야 말로 가장 뛰어난 사람입니다.”

아난다의 설법에 만족한 사끼야 족 사람들은 역시 사끼야 족 왕자 출신인 아난다에게도 아낌없는 찬양의 갈채를 보냈다.

장인 숩빠붓다를 위한 설법

출가 후 6년이라는 긴 세월 동안 행한 격심한 고행과 몸을 돌보지 않는 수행과 전법행에서 오는 피로의 후유증이 조금씩 붓다에게 나타나기 시작했다. 특히 대각을 이룬 후 보다 많은 사람들에게 자신이 깨달은 진리를 전하기 위해, 나라에서 나라로, 도시에서 도시로 이어지는 끝없는 여정이 마침내 붓다의 육신에 경종을 울린 것이었다. 그 뒤로도 며칠 동안, 붓다는 몸져누운 채로 니그로다 동산에 머물고 있었다. 아난다는 붓다에게 필요한 음식과 약을 마련하고 몸소 간호하고 있었다. 붓다가 앓고 있다는 소식을 들은 많은 사끼야 족 사람들이 니그로다 동산으로 찾아왔지만, 아난다는 붓다가 쉬고 있는 움막 앞에 서서 그들을 되돌려 보냈다.

> "여러분, 세존께서는 고행의 후유증으로 앓고 계십니다. 지금
> 은 쉬셔야 합니다. 회복되었을 때 다시 오십시오. 지금 붓다를
> 위해 필요한 것들은 잘 마련되어 있습니다. 걱정하지 마시고
> 돌아가십시오."

며칠이 흐르고 붓다의 건강도 점차 회복되어가고 있을 때, 이제는 나이가 들고 기력도 쇠해져 지팡이에 의지해야만 하는 붓다의 장인인 야소다라의 아버지 숩빠붓다가 붓다를 찾아왔다. 아난다가 그를 붓

다가 머무는 움막 안으로 들어가도록 안내하고, 붓다에게 미음을 드리기 위해 처소 바깥으로 나갔다. 미음을 들고 돌아온 아난다가 움막 안에서 들려오는 소리를 들었다. 숩빠붓다가 붓다에게 평소 궁금했던 것을 질문하고 있었다. 노쇠한 그는 붓다와 헤어짐이 못내 아쉬워 다시 찾아온 것이었다.

> "세존이시여, 이전 법문에서 세존께서는 '집중[禪定]하는 자에게 지혜(智慧)가 온다.'고 말씀하셨습니다. 그런데 이 선정이 지혜를 불러오는 것입니까? 아니면 지혜가 있어야 선정에 들 수 있는 것입니까?"

아난다는 생각했다. '세존께서 이제 겨우 회복되고 계신데, 숩빠붓다가 까다로운 질문으로 휴식을 방해하고 있구나. 이런 때 긴 설명으로 다시 피로하게 해서는 안 된다.'
　아난다는 그들의 대화를 중단시키기 위해 붓다에게 죽을 바쳐 올리고, 공손하게 숩빠붓다의 손을 잡아 이끌고 밖으로 나가려고 했다. 그러자 붓다는 한때 사위였던 자신을 찾아온 노쇠한 크샤트리아를 천막 안에 머물도록 했다. 잠시 머뭇거리던 숩빠붓다가 다시 질문을 시작했다.

> "세존이시여, 세속에 사는 재가자가 잊지 말아야 할 교훈이 있다면 어떤 것입니까?"

몹시 피곤한 상태였지만, 붓다가 대답했다.

"숩빠붓다여, 나를 따르는 사람들은 확신을 가진 자입니다. 그들은 손과 발로, 입으로, 그리고 온전한 마음으로 내 가르침을 실천하고 있습니다. 그들은 항상 깨어 있어 미혹하지 않으며, 헛된 맹신에 휘둘리지 않습니다. 믿음(saddhā), 정진(viriya), 알아차림(sati), 마음집중(samādhi), 빤냐(paññā, 지혜)가 행복을 성취하게 하는 다섯 기둥입니다. 이 다섯 기둥을 늘 간직하도록 하십시오. 그러나 처음부터 완벽하게 실천하기란 쉽지 않습니다. 여기에는 점진적 수행의 인내가 필요합니다."

노(老) 크샤트리아는 붓다의 간곡한 설법에 더욱 집중했다. 붓다가 말을 이어갔다.

"점진적 수행은 인내를 요구합니다. 참고 견디는 힘을 이끄는 조건은 다음과 같습니다. 첫째, 깨달은 사람의 말에 자주 귀 기울이는 것입니다. 그러나 먼저 그 사람이 정말 깨달은 사람인가? 깨달음을 이루고 그대로 실천하며 사는 바른 사람인가? 나아가 행실이 이웃에게 존경과 감화를 주고 있는가? 혹 속임수나 신통력, 요상한 신비로 위장하고 있는 것은 아닌가? 이렇게 먼저 살펴봐야 합니다. 둘째, 그가 가르치는 교의가 애매모호한 것은 아닌가? 실제 경험에 근거한 것인가? 어떤 특정한 시대나 장소에 한정된 것은 아닌가? 세상 어느 곳에서나 두루 입증되는 보편타당한 이론이며, 성자들에 의해서 지금도 실천되고 있는 것인가? 이렇게 점검하도록 하십시오. 셋째, 그들의 제자들에 대해 숙고하십시오. 그들의 행실은 고결하며, 솔직하고 바른가? 청정하게 살면서 이웃에 봉사하고, 훌륭한 도의와 모범이 되고 있는가? 이렇게 점검하도록 하십시오. 넷째, 자신의 도덕적 자세를 비판적으로 숙고하십시오. 내 행위는 무조건 올바른 것인가? 혹 방종하며, 고집불통이고 독단적이지 않은가? 그리고 명상생활에 도움이 되는 것인가? 이렇게 점검하도록 하십시오. 다섯째, 자신의 착하고 관용적 자세를 비판적으로 숙고하십시오. 내 생활이 탐욕에 예속된 허위의 삶은 아닌가? 나는 검소하고 낭비를 자제하며 살고 있는가? 나는 이웃에게 인색하지 않고 널리 보시하는 삶을 살고 있는가? 이렇게 점검하면서 행복의 다섯 기둥을 성취하도록 하십시오."

붓다의 설법을 들은 숨빠붓다에게 큰 기쁨이 일어났다. 그는 가정생활에 관한 갖가지 문제에 대해 묻고 싶었다. 그러나 붓다를 친견하기 위해 차례를 기다리는 많은 사람들을 보고, 그는 존경의 예를 올리고 한쪽으로 물러났다.

구도에 나선 여인들

어느 정도 몸을 추스른 붓다와 제자들은 까삘라왓투를 떠나 웨살리로 향했다. 웨살리에 도착한 붓다는 큰 숲의 중각강당에 머물고 있었다.

이 무렵, 붓다의 보호 아래 여자들도 출가생활을 할 수 있게 해 달라는 요청을 관철시키지 못했던 고따미가 무엇인가 단단하게 결심을 한 듯 손수 머리를 깎고 거친 베옷을 걸친 채 까삘라왓투의 거리에 나타났다. 왕비의 지위로 화려한 비단과 보석을 마다하지 않던 그녀가 화장을 지우고 맨발로 거리에 나서자, 약속이라도 한 듯 사끼야 족 여인들이 하나둘 그 뒤를 따랐다. 꼴리야 족의 영역을 지나 말라 국의 땅으로 들어섰을 때에는 하나둘씩 늘어나던 여인들의 행렬은 오백 명이나 되었다. 사끼야 족 여인들이 집단으로 붓다를 만나 여성의 출가를 허락할 것을 다시 간청하기로 의기투합했던 것이다.

떠나간 남편과 아들을 그리워하며 잠을 이루지 못했던 여인들은 아무런 준비도 없이, 가진 것도 없이 무작정 고따미를 따라 붓다가 머물고 있는 웨살리의 큰 숲으로 향했다. 그들 가운데 특히 눈에 띄는 사람들로는 야소다라의 친정어머니 빠미따 부인, 야소다라와 절친했던 아노빠마 등도 있었다. 그들은 스스로 삭발하고, 황색 가사를 걸치고는 웨살리로 향해 출발했다. 까삘라왓투에서 웨살리까지 머나먼 여정은 크샤트리아 여인들로서 호사스럽고 편안하게 살아온 그들에게는 실로 어렵고 힘든 과정이었다. 천신만고 끝에 웨살리에 도착한 그들의 발은 상처와 물집으로 부르트고, 온몸은 더러운 먼지로 뒤덮였으며, 체력은 바닥나 기진맥진해 있었다.

그들은 묻고 또 물으며, 붓다와 제자들이 머물고 있는 첨탑당까지 도착했다. 그때 마침 아난다는 붓다가 쉬고 있는 방문 앞 작은 벤치에 앉아 있었다. 그는 황색 가사를 입고 다가오는 일단의 여인들을 보고 소스라치게 놀랐다. 고따미가 인솔하는 사끼야 여인들 모두가 먼지투성이에 다리를 절며 극도로 지쳐보였다. 그러나 그들의 눈빛은 굳은 결의로 초롱초롱 빛나고 있었다. 아난다가 말했다.

"고따미시여, 무슨 까닭으로 헤진 옷을 입고 맨발로 서서 얼굴은 더럽고 옷은 먼지투성이인 채로 이렇게 지쳐서 울고 계십니까? 여러분, 점심은 드셨는지요? 제가 어떻게 하면 여러분을 조금이라도 편안하게 해드릴 수 있겠습니까?"

"아난다이여, 저희들의 식사는 염려하지 마십시오, 다만 오직 한 가지 우리가 편안해질 수 있는 길이라면, 세존을 뵙고 우리도 출가하여 붓다의 상가에 들어갈 수 있도록 허락을 받는 것입니다. 지금 나는 여자라는 이유 때문에 세존의 법과 계율을 받고 출가하지 못합니다. 그것 때문에 이렇게 스스로 슬퍼하고 있는 것입니다."

고따미가 단호한 표정을 지은 채 대답했다.

"그만 멈추십시오, 고따미시여. 잠시 마음을 진정하시고 저를 기다리고 계십시오. 제가 지금 들어가서 세존께 여러분들의 뜻을 말씀드려 보겠습니다."

아난다는 그들을 거기서 기다리도록 하고, 붓다가 휴식을 취하고 있는 방으로 들어갔다. 이미 아난다와 사끼야 족 여인들 사이에 오가는 대화를 들은 붓다가 아난다에게 물었다.

"아난다, 나를 만나기 위해 멀리서 귀한 손님들이 오신 게 아니냐?"

"그렇습니다. 까벨라왓투에서 온 많은 사끼야 족 여인들이 세존을 뵙고자 합니다. 그 가운데는 세존의 어머니 고따미와 야소다라의 어머니 빠미따도 있습니다."

"아직도 그들이 출가를 원하는 것이냐?"

"네. 그렇습니다. 그런데 이미 그렇게 해버렸습니다. 그들은 삭발한 머리에 황색 가사를 걸치고 있습니다. 오직 세존의 허락을 받기 위해 그 먼 길을 맨발로 걸어 여기까지 온 것입니다. 그들의 발은 부르트고 온몸이 먼지투성이이며 완전히 지쳐 있습니다. 세존이시여, 저 여인들이 교단에 들어와 수행자로 살도록 허락하시는 것이 어떻겠습니까?"

그러나 붓다는 단호했다.

"아난다, 여인들이 나의 상가에 들어오는 것을 청하지 말라."

그러자 아난다가 무릎을 꿇고 애원했다.

"스스로 머리를 깎고 험한 길을 맨발로 걸어온 여인들입니다. 부르튼 발에서는 피가 흐르고, 때와 먼지 가득한 얼굴에는 눈물자국만 선명합니다. 세존께 간청드립니다. 저 딱한 여인들이 교단에 들어와 수행자로 살도록 허락하여주십시오."

"아난다, 여인들이 나의 상가에 들어오는 것을 청하지 말라."

그러나 아난다는 붓다의 옷자락을 붙들고 거듭 애원했다.

"세존이시여, 고따미는 젖을 먹여 당신을 기른 어머님이십니다."

아난다의 눈에 눈물이 맺혔다. 그러나 붓다의 대답은 한결같았다. 고개를 숙이고 한참을 눈물짓던 아난다가 무언가 중대한 결심을 한 듯 옷깃을 바로하고 붓다에게 여쭈었다.

"세존이시여, 세존께서는 여자도 수행하면 남자와 같이 수행의 효과를 얻을 수 있다고 말씀하신 적이 있습니다. 그렇다면 당연히 여자에게도 깨달음을 성취해 열반을 얻을 기회가 제공되어야 마땅할 것입니다. 부디 첫 여성 아라한이 될 기회를 고따미에게 주십시오."

붓다는 눈을 감고 침묵했다. 꽤 오랜 시간이 정적 속에 흘렀다. 이윽고 생각에 잠겨 있던 붓다가 아난다에게 말했다.

"아난다, 더 이상 여인들을 상가의 바깥에 세워둘 수 없게 되었구나. 그들도 이제 출가교단의 한 부분이 되게 해야겠구나. 그러나 아직 깨달음을 얻지 못한 채 가까이 살게 될 남녀 제자들을 계도하기 위해서는 엄격한 계율을 제정할 수밖에 없을 것이다."

아난다는 몹시 기뻤다. 그는 서둘러 밖으로 뛰어나갔다. 그는 이 열정적인 사끼야 족 여인들의 출가를 위해 자신이 맡은 역할에 스스로 기꺼워졌던 것이다. 아난다가 사끼야 족 여인들 앞으로 나아가 말했다.

"만약 여러분들이 엄격한 계율을 감수할 각오가 되어 있다면, 세존께서 여러분의 출가를 허락하실 것입니다. 그런 계율 제정에 동의하시겠습니까?"
"그렇습니다. 아난이시여, 우리들의 출가가 허락된다면 어떤 계율도 감수하겠습니다."

한목소리로 대답하는 여인들의 목청에 기쁨과 감동이 가득했다. 여인 출가의 허락 조건인 팔경법(八敬法)은 매우 무거운 계율이었다. 붓다가 이런 계율을 내린 것은 반드시 여성이 남성보다 세속에 대한 집착이 강하다는 인식, 여성을 대하는 당시 사회의 차별적 의식 때문만은 아니었다. 실제로 붓다는 비구니는 물론 재가 여성들에게 일체의 차별을 두지 않고 법을 펼쳤다. 당시 붓다의 상가는 갓 일어난 신흥종교였다. 교세를 확장해가는 과정에 외도들의 위협을 수없이 받았고, 승가가 자리를 잡는 동안 국왕 등 통치자를 의식하지 않을 수 없었다.

수많은 사람들이 출가를 하면 가정과 사회가 붕괴되는 것은 불을 보듯 뻔했다. 특히 여성은 가정을 지키는 안주인이었고, 가정을 유지하고 자녀를 출산해 양육해야 하는 아주 중요한 존재였다. 이들의 출가는 잠부디빠를 좌지우지하는 지배 계급에게 붓다 상가에 대한 공격의 빌미를 줄 개연성이 아주 큰 것이었다.

이외에도 수행자들의 생활환경이 여성들에게 결코 녹록치 않았다. 수행자들은 일정한 거처가 없이 걸식을 하며 숲이나 공터에서 밤을 보냈다. 여성이 혼자 있을 때는 무슨 일이 일어날지 모르는 상황이었다. 이와 같은 현실적인 문제들이 붓다로 하여금 여성의 출가 허용을 고민하게 했던 것이었다.

우여곡절 끝에 출가를 허락받은 고따미 등 사끼야 족 여인들은 한없이 기뻤다. 먼 여독으로 쌓인 피로도 순식간에 사라져버린 듯했다. 그들은 본래의 안색과 윤기를 금세 되찾았다. 그들은 한적한 자리로 물러나와, 먼지와 때에 찌든 몸을 씻고 가사를 빨았다. 한동안 휴식을 취한 그들은 붓다의 저녁 설법을 듣기 위해 대중들이 모여 있는 곳으로 갔다.

구족계를 받아 최초의 여성수행자, 즉 비구니가 된 고따미는 붓다에게 다가가 예경하고 한쪽으로 물러났다. 그러자 붓다가 가르침을 설했다. 고따미는 붓다로부터 명상 주제를 받고, 자상한 지도 아래 수행에 전념했다. 늦은 나이에 수행하는 만큼 그 누구보다도 무섭게 정진의 고삐를 죄었다. 불굴의 정진과 스승의 각별한 지도에 힘입어 고따미는 머지않아 곧고 바른 앎과 분석적인 앎을 수반하는 거룩한 경지에 도달할 수 있었다. 고따미는 깨달음을 성취한 후 스승이기도 하고 아들이기도 한 붓다 앞에서 이렇게 할 일을 다해 마친 소회를 노래했다.

나를 괴로움에서 벗어나게 하고,
다른 많은 사람들을 구제한
깨달은 님이시여, 영웅이시여,
일체중생들의 최상자이시여, 귀의하나이다.

일체의 괴로움은 완전히 알려졌고
원인인 갈애는 말라버렸고,
고귀한 여덟 가지 길은 닦여졌고
적멸은 나에게 실현되었습니다.

예전에 나는 어머니이자
자식이자 형제이자 자매였으나,
있는 그대로를 알지 못하며,
죄를 씻지 못하고 윤회해 왔습니다.

저 세존을 내가 친견했으니,
이것이 최후의 몸으로,
태어남으로 인한 윤회는 부수어졌으니,
이제 다시는 윤회하지 않습니다.

분발하여 노력하고
항상 용맹정진하니,
화합된 제자들을 봅니다.
이것이 깨달은 님들에 대한 예경입니다.

많은 사람들을 위하여
마야 부인께서는 고따마를 낳았으니,
질병과 죽음에 타격받은 자들의
괴로움의 다발을 제거했습니다.

붓다는 고따미에 이어 나머지 오백 명의 수행녀들을 최상의 경지로
이끌기 위해 한자리에 모이게 한 후 설법을 시작했다.

"성자의 도 닦음에 대해 말하리라. 그것은 행하기도 어렵고,
도달하기도 어렵다. 이제 그것을 설명할 것이니, 굳게 하고 확
고히 하라. 마을에서 욕설도 듣고 공경도 받는다. 그러나 마음
은 평정을 유지해야 한다. 마음의 성냄으로부터 멀리하라. 교
만 없이 평온하게 유행하라. 숲에서 불의 화염처럼 여러 가지
가 나타난다. 수행자들이 유혹을 느끼게 행동하지 말라. 성행
위를 삼가고, 온갖 감각적 쾌락을 버리고, 식물이건 동물이건
살아 있는 존재에 집착하지도 말고 적대하지도 말라. '나는 그
들과 같고, 그들은 나와 같다.'고 자신을 그들과 비교하여 죽
이지도 말고 죽이도록 하지도 말라. 일반 사람들이 집착하는
욕망과 탐욕을 버리고 지혜를 가진 사람은 길을 가라. 그리고
이 지옥의 그 너머로 가라. 배를 비우고, 음식을 절제하고 적
게 원하고 탐욕이 없어야 한다. 갈애에서 벗어나면 욕망이 없
어 평온하게 된다. 성자는 탁발을 하고 나서 숲으로 가서 나무
아래 앉아야 한다. 명상에 전념하는 지혜로운 성자는 숲에서
즐거워야 한다. 스스로 기뻐하면서 나무 아래서 명상을 하라."

붓다가 설법을 마칠 때 5백여 여인 출가자들은 여섯 가지 신통의 조건인 곧바른 앎, 즉 아빈냐(abhiññā)를 성취했다.

붓다, 난다의 게으름을 꾸짖다

사미(沙彌) 라훌라가 사리뿟따로부터 따로 지도를 받고 있을 때, 붓다의 이복동생 난다는 출가한 이래 줄곧 붓다와 함께 생활하고 있었다. 그러나 그보다 늦게 출가한 많은 제자들이 마지막 목표인 해탈을 잇달아 이루고 있음에도 그는 여전히 수행에 이렇다 할 진전을 보이지 못하고 있었다.

붓다는 난다의 게으름과 더딘 진보를 잘 알고 있으면서도 불필요한 억압을 가하지는 않았다. 난다 스스로 자신의 곤경을 극복해야 한다는 것이 붓다의 생각이었다. 난다의 출가는 순전히 형님인 고따마 붓다에 대한 존경심 때문이었다. 그러나 머지않아 그는 갈등에 휩싸였다. 형님을 따라 출가수행자가 된 애초의 결정을 흔쾌히 받아들이던가, 아니면 출가수행의 길을 포기하고 까삘라왓투에 있는 약혼녀 자나빠다깔야니에게 돌아가던가에 대한 고심이 그를 짓누르고 있었다. 스스로 결단을 내리지 않으면 안 되는 압박이 점점 더 높은 강도로 밀려왔다.

붓다는 비록 난다가 갈등에 휩싸여 있지만 점차 자신의 딜레마를 극복하며 수행생활에 익숙해질 것이라고 생각했다. 그렇기에 난다가 붓다 자신의 뜻에 수동적으로 따르도록 강요하지 않았다. 고행으로 인한 후유증 탓에 휴식이 더 필요했던 붓다는 마음이 편한 고향 까삘라왓투로 가서 몸을 추스르는 것이 좋겠다고 생각하고, 떠날 채

비를 서둘렀다. 붓다는 까삘라왓투를 방문하는 길에 난다가 동행할 것을 권했다. 여전히 마음을 잡지 못하는 난다를 자신의 감독 하에 두려는 마음 때문이었다. 그러나 난다를 깨달음을 성취하기 이전에 까삘라왓투로 데려가는 것이 마치 거북이를 물에 넣어주는 것과 같은 결과를 초래하리라는 것까지는 염두에 두지 않았다.

　붓다의 고향에 도착한 비구들은 까삘라왓투 거리로 탁발을 나갔다. 난다는 까삘라왓투에 다시 오게 된 것에 매우 흥분하고 있었다. 그는 약혼녀 자나빠다깔야니를 만나게 될 것을 내심 고대하고 있었다. 그렇기에 탁발에 나서면서도 그는 자신의 외모에 유난히 신경을 썼다. 가능한 가장 멋진 모습으로 나가고자 했다. 어쩌다 탁발 길에 옛 애인을 마주칠 수도 있다는 것을 염두에 두고 있었기 때문이었다. 난다는 가사를 다림질하고, 눈가에 기름을 발랐다. 바리때를 반들거리게 닦기까지 했다. 함께 탁발을 나갔던 비구들이 난다의 행동과 차림새가 평소와 다른 것을 알아채고, 붓다에게 그 사실을 알렸다. 난다의 심리상태를 파악한 붓다는 곧바로 난다를 불러 호되게 꾸짖었다.

"난다, 너는 출가수행을 위해 가정까지 버리는 결단을 했다. 그런 네가 세속적 욕망의 굴레 속에 갇혀 가사를 다림질하고, 눈두덩에 기름을 바르고, 반들거리는 바리때를 들고 나가는 것이 온당한 일이냐? 제대로 수행하는 비구는 응당 숲속에서 제한된 생활을 하며, 음식을 빌고, 넝마 조각을 기워서 만든 가사를 입는다. 감각적 쾌락에 대한 갈망을 지우도록 애쓰는 것이다. 너의 행동을 보고 어떻게 내가 너에게 그런 행동을 기대할 수 있겠는가?"

스승이자 형인 붓다로부터 꾸지람을 들은 난다는 극도로 불안해졌다. 그는 자신이 가장 존경하는 형님이자 스승의 뜻을 거스른 것에 말할 수 없는 부끄러움을 느꼈다. 그 일이 있고 난 후, 난다는 극도의 금욕생활에 들어갔다. 전적으로 탁발에 의지하며, 넝마로 지은 가사를 입고 자신의 감각을 제어하는 정진에 전념했다.

붓다는 병에서 완전히 회복될 때까지 까삘라왓투에 머문 뒤, 다시 서남쪽 왓지 공화국의 수도 웨살리를 향해 떠났다. 붓다로부터 꾸짖음을 듣고 난 이후에도 난다는 수행에 별 진전을 보이지 못하고 있었다. 비록 그가 형님인 붓다의 충고에 따라 보다 엄격한 금욕생활을 하고는 있었지만, 진전을 이루기에는 여러 가지 어려움이 남아 있었다. 굳은 결의나 뚜렷한 목적의식 없이 금욕생활을 계속하면서 그의 안색은 점점 파리해졌고 하루가 다르게 수척해져갔다.

어느 날, 붓다는 한 부자 상인의 공양 초청을 받고 난다를 비롯한 비구들과 함께 상인의 집으로 향했다. 부자 상인은 천상의 요정들처럼 귀엽고 예쁜 딸들을 거느리고 있었다. 그녀들의 미모는 난다의 약혼녀 자나빠다깔야니와는 비교할 수 없을 만큼 빼어났다. 그런데 이들 아름다운 처자들 가운데 누구 하나 허약하고 수척한 난다를 눈여겨보는 사람은 없었다. 수려한 용모로 늘 여인들로부터 눈길을 받았던 난다는 이제 자신에게 처자들의 주의를 끌만한 것이라곤 아무것도 없게 되었다는 것을 알았다.

처소에 돌아온 붓다는 실의에 빠져 있는 난다를 불러 물었다.

"너를 괴롭히는 것이 무엇인가? 난다."

붓다의 물음에도 난다는 입을 꼭 다물고 침묵을 지킬 뿐이었다. 재차, 삼차 똑같은 질문을 계속하는 붓다에게 그는 더 이상 입을 다물고 있을 수 없었다. 이렇게 된 바에야 모든 것을 털어놓는 것이 좋겠다는 생각이 들자, 그는 자신의 감정을 숨기지 않고 차근차근 이야기했다. 난다의 이야기를 들은 붓다가 연민이 가득 밴 목소리로 말했다.

"그랬구나. 난다. 그러나 너는 한때 사끼야 족 미녀에게도 반하지 않았던가?"

붓다가 미소를 머금고 물었다. 난다는 사실을 숨기고 대답하기가 두려웠지만 용기를 내어 자신의 심경을 털어놓았다.

"세존이시여, 제 약혼녀였던 자나빠다깔야니가 예쁘기는 하지만 오늘 본 처녀들의 미모에는 비교도 되지 않습니다. 여기에 비하면 자나빠다깔야니는 불에 덴 원숭이나 다름없습니다."
"그런가? 난다. 그렇게 생각한다면 기꺼운 마음으로 정진에 전념하라. 그렇게 하면 너는 그 처자들보다 훨씬 아름다운 여인들의 주목을 받게 될 것이다."

그날부터 난다는 이전과는 확연히 다르게 정진에 정진을 거듭했다. 가까운 동료들은 금세 난다가 아름다운 여인들의 환심을 사기 위해 수행에 열성을 보이고 있다는 것을 알았다. 다른 동료 수행자들에게도 난다가 아름다운 여인을 만날 목적으로 수행하고 있다는 소문이 돌았다. 소문이 자자해지면서 비구들은 난다를 자기 자신을 팔아버린 노예처럼 취급하기 시작했다. 난다는 자신을 둘러싸고 퍼져나가는 악소문에 고개를 들고 나서기조차 어려울 지경이었다. 그에게 닥쳐오는 모든 상황들이 그를 당황하게 하였고, 수치스럽기 그지없게 만들었다. 그러자 그는 인적이 드문 곳에 깊숙이 들어가 홀로 지냈다. 수행의 궁극 목표인 세속적 쾌락의 집착을 완전히 벗어버리고 해탈을 성취할 때까지 근면하고 성실하게 자제하며 살아가기로 굳게 결심했던 것이다.

그러던 어느 날, 난다에게 강력한 통찰의 지혜가 발현되면서 마침내 궁극의 경지에 도달할 수 있었다. 마침내 해야 할 일을 다 마친 난다는 성인의 흐름에 들어선 기쁨을 이렇게 노래했다.

이치에 맞지 않게 정신활동을 기울여
치장에 전념하였으니,
나는 교만했고 경박했고,
감각적 쾌락의 탐욕에 고통을 당했다.

방편에 밝은 스승님
태양의 후예 아래서,
나는 이치에 맞게 수행하면서
존재에서 마음을 건져냈다.

니간타 나따뿟따 제자들의 도전

웨살리에 머물 때면 붓다는 거의 '항상 수행자들이 모여드는 숲'이라는 뜻의 이름을 가진 '대삼림'에 거처를 정했다. 가뭄과 역병으로 큰 곤경을 겪다가 붓다의 신통력으로 위기를 극복한 릿차위 사람들은 붓다와 붓다를 따르는 수행자들이 사용할 수 있도록 그곳에 몇몇 큰 건물을 지었는데, 붓다는 그 가운데 하나인 첨탑당이라는 건물에 머물렀다.

릿차위 사람들은 대부분 인물이 수려한 편이었다. 이런 이유로 그들은 마치 지상에 내려온 삼십삼천의 신들이라는 찬사를 받기도 했다. 화합하며 선행을 해온 공덕으로 릿차위 사람들은 모든 면에서 거의 완벽한 인간의 외모를 갖추고 있었다. 붓다가 출현하기 전 릿차위 사람들은 대부분 자이나교 지도자인 니간타 나따뿟따를 따르고 있었다.

웨살리를 가뭄과 역병으로부터 구한 사끼야 족 출신의 수행자가 웨살리에 머물고 있다는 소식이 알려지며, 붓다에 귀의한 웨살리 사람들은 물론 이곳의 많은 니간타 나따뿟따의 제자들도 종교와 철학에 관한 갖가지 문제를 토론하기 위해 붓다를 찾아왔다. 붓다는 이들을 물리치지 않고 기꺼이 만나 진지한 토론을 마다하지 않았다.

붓다를 찾아온 니간타 나따뿟따의 제자 가운데 삿짜까(Saccaka)라는 사람이 있었다. 그는 박식하고 논쟁에 능한 사람으로 많은 웨살리 사람들의 존경을 받고 있었다. 삿짜까는 '나와 논쟁을 시작하면 동요하지 않고 떨지 않고 전율하지 않고 겨드랑이에 식은땀을 흘리지 않는 자를 보지 못했다.'며 큰소리를 치고 다니는 사람이었다. 그는 붓다의 첫 제자들 다섯 비구 가운데 앗사지를 만나 붓다가 오온무상과 오온무아를 설한다는 말을 듣고는 자신이 사끼야 족의 젊은 수행자를 논쟁으로 물리치겠다며 호기를 부렸다. 어느 날, 그는 많은 릿차위 사람들이 대삼림에 모여 있는 것을 보았다. 그들에게 다가간 삿짜까는 사람들에게 자신이 지금 첨탑당에 머물고 있는 붓다와 논쟁을 벌이겠다고 선포했다. 그러자 삿짜까와 붓다의 논쟁을 보기 위해 수많은 사람들이 첨탑당으로 모여들었다. 의기양양하게 붓다에게 다가간 삿짜까가 물었다.

"고따마여, 질문을 허락하신다면 당신의 가르침에 관해 묻겠습니다. 내게 설명해주실 수 있겠습니까?"

삿짜까는 붓다에게 충분한 예의를 표하지 않은 채 '고따마'라고 부르며 도발적인 자세로 물었다. 그를 지켜본 붓다가 부드러운 미소를 지으며 말했다.

"삿짜까여, 의심스러운 것이 있으면 무엇이든지 물으시오."
"고따마께서는 어떻게 제자들을 가르치고 있습니까?"
"삿짜까여, 나는 세계가 무상하며, 그곳에 영원불멸의 실체란 없다고 알고 있습니다. 형상, 감각, 인식, 성향, 그리고 의식으로 이루어진 인간적 경험의 세계는 무상하며 실체가 없는 것입니다. 성향으로 결정된 사물들을 포함한 모든 의도된 행위 또한 무상합니다. 어디에도 불변하는 실체는 없습니다. 나는 세계가 그와 같다고 알고, 제자들에게 세계를 그렇게 인식하도록 가르치고 있습니다."

"고따마여, 저는 사물들을 당신과 다르게 이해하고 있습니다. 식물이건 동물이건 생명이 있는 것이라면 모두 성장을 위해 이 대지에 의지합니다. 이 대지는 그에 의존하여 다양한 기능을 수행하는 모든 것들의 근거가 됩니다. 마찬가지로 인간이 덕 혹은 부덕을 쌓을 때, 그는 자아에 의지하여 그리합니다. 그의 모든 행위는 자아에 근거하는 것입니다."

"삿짜까, 그대는 신체 혹은 형상이 그대 자신이며, 감각과 인식, 성향, 의식이 그대의 자아하고 말하는 것입니까?"

"그렇습니다. 저는 자아가 존재하며, 이 자아는 인간을 구성하는 요소, 즉 신체와 감각, 인식, 성향, 그리고 의식과 동일한 것이라고 단언합니다. '물질은 나의 자아다, 느낌은 나의 자아다, 인식은 나의 자아다, 심리현상들은 나의 자아다, 알음알이는 나의 자아다.'라고 말입니다. 그리고 이것은 대다수 사람들의 견해이기도 합니다."

"삿짜까, 남들의 견해는 괘념치 마세요. 그대는 다만 그대 자신이 믿는 바를 설명하면 되는 것입니다."

"좋습니다. 나는 자아가 존재하며, 그것은 인간을 구성하는 다양한 요소와 동일한 것이라고 믿습니다."

"삿짜까여, 그대가 인정하는 그 자아에 대해 좀 더 이야기할 수 있겠습니까?"

"물론입니다. 이 자아는 영원하며, 지속적이고 불멸의 것임에 틀림이 없습니다. 그것은 또한 모든 인간행위의 주체입니다. 그것이 행위하고 그것이 결과를 받아들이는 것입니다. 그런 자아가 없다면 어떻게 덕과 부덕의 축적을 설명할 수 있겠습니까? 만약 변화하지 않고 지속되는 자아를 부정한다면, 우리는 어떤 행위를 한 사람과 그 결과를 받는 사람이 다른 사람이라고 해야 할 것입니다. 따라서 이미 말한 대로 모든 행위는 자아에 의존하는 것이며, 그것은 행위의 근거가 되는 것입니다."

"삿짜까, 그대가 말하는 자아는 매우 자발적인 것처럼 보이는데, 그렇다면 그대의 자아는 무엇이건 원하는 대로 행위하고, 그 결과를 거둬들인다는 것입니까?"

"실로 그렇습니다. 고따마여!"

"삿짜까, 그대는 몸과 의식이 그대 자신이며, 그 자아는 자발적인 것이라고 말했습니다. 그렇다면 그대는 그대의 자아인 몸뚱이와 의식을 '이렇게 되라.' 혹은 '이렇게 하지 마라.'고 할 수 있습니까?"

붓다의 예리한 질문에 삿짜까는 내심 크게 당황하며 침묵에 잠겼다. 청중들은 삿짜까의 침묵에 숨을 멈춘 채 안절부절 어쩔 줄 몰랐다. 당황한 삿짜까가 주변을 돌아보았다. 자신을 주시하는 청중들의 시선은 마치 험상궂은 도깨비가 손에 번개 칼을 들고 어서 대답하라고 채근하는 것만 같았다. 처음 이 논쟁을 벌이자고 한 것은 삿짜까 자신이 아니던가. 그는 머리카락 모두가 곤두서는 듯했다. 급기야 땀까지

홀리기 시작했다. 삿짜까는 붓다의 마지막 질문이 무엇이었는지조차 잊어버렸다.

"고따마 존자여, 당신께서 지금 제게 무엇을 물었는지, 다시 말해줄 수 있겠습니까?"

삿짜까가 간신히 입을 열었다. 어느 순간 그는 붓다를 '고따마 존자여'라고 부르고 있었다. 무엇인가 지금까지 대론을 벌였던 사람들과는 차원이 다르다는 불길한 예감이 호기 넘치던 그를 다소곳하게 만든 것이었다.

"삿짜까, 그대는 신체나 의식이 그대의 자아라고 단언했습니다. 그렇다면 그대는 신체를 지배할 어떤 능력이라도 가지고 있다는 것입니까? 아니면 그 의식이 자발적으로 이리 되기도 하고 저리 되기도 하는 것입니까?"
"그럴 수는 없습니다. 고따마 존자시여."
"자, 삿짜까, 그대가 이야기한 것을 돌아보십시오. 지금 그대의 대답은 그대가 이미 단언했던 것과 다릅니다. 어떠한가? 삿짜까여. 그대의 몸과 의식은 영원합니까? 아니면 무상합니까?"
"무상합니다. 고따마 존자시여."
"무상하다면, 그것은 만족스럽고 행복한 것입니까?"
"무상한 것은 곧 불만족스럽고 불행한 것입니다."
"무상한 것, 불만족스러운 것, 그리고 변화하지 않으면 안 되는 것들을 '내 것'이라고, '나'라고 또는 '내 자아'라고 여기는 것이 온당한 것입니까?"

"…"

"삿짜까여, 다시 묻겠습니다. 그대는 '물질은 나의 자아다.'라고 주장하는데, 그대는 '내 물질은 이렇게 되고, 이렇게 되지 마라.'고 그 물질을 지배할 수 있습니까?"

"아닙니다. 고따마 존자시여."

"삿짜까여, 그대의 말은 먼저 한 말과 나중에 한 말이 일치하지 않습니다. 또 뒤에 한 말이 앞에 한 말과 일치하지 않습니다. 마찬가지로 삿짜까여, 그대는 '느낌은 나의 자아다.'라고 주장하는데, 그대는 '내 느낌은 이렇게 되고, 이렇게 되지 마라.'고 그 느낌을 지배할 수 있습니까?"

"아닙니다. 고따마 존자시여."

"삿짜까여, 인식[想]도, 심리현상들[行]도 알음알이[識]도 마찬가지인 것입니다."

삿짜까는 붓다의 논리정연한 설명에 입을 열지 못한 채 침묵으로 일관했다. 더 이상 붓다 앞에서 옴짝달싹할 수 없는 자신의 처지가 처량했다. 그는 자기도 모르게 고개를 숙였다. 잠시 침묵을 지키던 붓다가 다시 물었다. 어느 순간 붓다의 말에는 더 많은 무게가 실렸다.

"삿짜까여, 어떻게 생각하는가? 물질은 항상한가? 무상한가?"

"무상합니다. 고따마 존자시여."

"그렇다면 무상한 것은 괴로움인가, 즐거움인가?"

"괴로움입니다. 고따마 존자시여."

"그러면 무상하고 괴로움이고 변하기 마련인 것을 두고 '이것은 내 것이다. 이것은 나이다. 이것은 나의 자아다.'라고 보는 것인 타당한 것인가?"

"그렇지 않습니다. 고따마 존자시여."

"삿짜까여. 느낌도, 인식도, 심리현상도, 알음알이도 마찬가지이다. 이것이 나의 제자들이 내게서 배우는 것이다."

삿짜까는 한마디도 더 꺼낼 수가 없었다. 그의 얼굴과 온몸에는 온통 땀방울이 흘렀고, 윗옷이 흥건히 젖어 땅에 떨어질 정도였다. 붓다가 다시 말했다.

"삿짜까, 그대는 어떤 사문이든, 브라만이든 간에, 그가 상가를 가졌든 무리를 가졌든 무리의 스승이든, 또한 아라한 정등각자라고 자처하든, 그대와의 논쟁에서 동요하지 않고 전율하지 않고 겨드랑이에 식은땀을 흘리지 않는 자를 보지 못했다고 말했습니다. 그대는 또 '비록 내가 무정물인 기둥과 논쟁을 시작하더라도 막상 논쟁이 시작되면 그 기둥도 동요하고 떨고 전율할 것인데 하물며 인간이야 말해서 무엇하겠는가?'라고 말했습니다. 그러나 삿짜까여. 이제 그대의 이마가 온통 땀방울에 젖어서 윗옷을 모두 적시고는 땅에 떨어졌군요. 그러나 잘 보시오. 내 몸에는 땀이 한 방울도 없습니다."

붓다는 이렇게 말하고 대중들 앞에서 황금색 몸을 드러내 보였다. 대중들은 붓다의 빛나는 몸을 보고는 놀라움과 감동에 휩싸였다. 삿짜까는 말없이 의기소침하여 어깨를 늘어뜨리고 고개를 숙이고 우울한 표정으로 아무런 대답을 하지 못한 채 앉아 있었다.

그때 대중 속에 있던 릿차위의 후예 둠무까가 자리에서 일어나 붓다에게 예경한 후 이렇게 말했다.

"세존이시여. 제게 비유가 떠올랐습니다."

"그런가? 그것을 말해보라."

"세존이시여. 예를 들면 마음이나 성읍으로부터 멀지 않은 곳에 연못이 있는데 그곳에 게가 있다고 가정해 보겠습니다. 세존이시여. 이제 많은 소년 소녀들이 나타나 연못으로 들어가 게를 물 밖으로 끄집어내어 땅바닥에 던져놓습니다. 그 게가 집게발을 내밀면 그들이 집게발을 막대기나 돌로 쳐서 잘라버리고 끊어버리고 박살을 냅니다. 이렇게 그 게는 모든 집게발들이 잘리고 끊어지고 박살이 나 다시는 전처럼 그 연못으로 내려갈 수가 없습니다. 이와 같이 니간타의 후예인 삿짜까가 곡해하고, 안절부절 동요하는 것은 세존에 의해 모두 잘리고 끊어지고, 박살이 나버렸기 때문입니다. 그래서 삿짜까는 다시는 세존과 논쟁을 벌이겠다고 찾아오지 못할 것입니다."

말문이 닫혀 있던 삿짜까가 마음을 추스른 듯 자리에서 일어나 붓다에게 예의를 취한 뒤 말했다.

"고따마 존자여, 제가 논쟁에서 고따마 존자와 맞붙을 수 있다고 생각했으니 참으로 무례하고 무모했습니다. 고따마 존자여, 사람이 취기 오른 코끼리와 대적하여 안전할 수는 있어도 고따마 존자와 대적하여 안전할 수 없습니다. 고따마 존자여, 사람이 타오르는 불덩이를 습격하여 안전할 수는 있어도 고따마 존자와 대적하여 안전할 수는 없습니다. 고따마 존자여, 사람이 맹독이 있는 독사를 습격하여 안전할 수는 있어도 고따마 존자와 대적하여 안전할 수는 없습니다. 고따마 존자여, 저는 논쟁에서 고따마 존자와 맞붙을 수 있다고 생각했으나 참으로 무례하고 무모했습니다. 고따마 존자께서는 비구 상가와 함께 저의 공양을 허락하여 주십시오."

삿짜까는 자신의 무지와 오만을 뉘우치고 붓다와 제자들을 다음 날 공양에 초청했다. 이 자리에 참석했던 많은 릿차위 사람들은 붓다의 가르침에 깊은 감명을 받아, 수많은 젊은이들이 붓다의 상가에 들어와 제자가 되기로 결심했다.

이 무렵 웨살리 부근에 방랑자들을 위해 만들어진 '외로운 연꽃'이라는 사원에 왓차곳따(Vacchagotta)라는 방랑수행자가 있었다. 당초 웨살리 출신인 그는 니간타 나따뿟따가 스스로를 전지자(全知者)로, 앉거나 서거나 자거나 깨어 있을 때나 항상 모든 사물에 대한 통찰력을 가졌다고 공언하고 있다는 소문을 들었다.

붓다가 깨달음을 공언한 이래 웨살리 사람들은 붓다 역시 마하비라와 같은 그런 전지자일 것이라고 믿고 있었다. 왓차곳따는 붓다가 웨살리에 온 기회에 직접 붓다를 만나 사람들이 그런 믿음을 갖는 것에 어떤 근거가 있는 것이지 확인해보고 싶었다. 그러던 어느 날 아침이었다. 붓다가 탁발에 나섰다. 시가로 내려가기에는 너무 이른 시간이어서 붓다와 제자들은 방랑수행자들이 모여 있는 '외로운 연꽃' 사원에 들어갔다. 왓차곳따는 생각지 못한 시간에 붓다를 만나게 된 것이 무척 기뻤다. 그는 붓다가 자신의 의도를 읽고 일부러 방문한 것이라고 생각했다.

"어서 오십시오. 세존이시여! 드디어 전지자 붓다께서 우리를 찾아주셨습니다. 여기 이 자리에 앉으십시오."

붓다의 발아래 한쪽에 자리 잡고 앉은 왓차곳따가 물었다.

"저는 세존께서 모르는 게 없는 전지자로서 앉거나 서거나 자거나 깨어 있거나 항상 모든 사물을 꿰뚫어 보는 투시안을 가지고 있다고 들었습니다. 세존에 관한 이런 이야기가 사실이겠지요?"
"그렇지 않습니다. 왓차곳따여. 그것은 사실이 아닙니다. 그렇게 말하는 자들은 나에 대해 잘못 전하고 있는 것입니다. 그것은 옳지 않은 짐작입니다."
"세존이시여, 어떻게 하면 세존에 관해 거짓되지 않고 정확하게 표현하는 것이 되겠습니까?"
"왓차곳따여, 나는 세 가지 지혜를 가지고 있습니다. 첫째, 소급인식 능력(숙명통)입니다. 그렇게 하고자 하면 나는 바로 이전 생으로부터 수백 수천 전생의 세세한 일까지 기억할 수 있습니다. 두 번째는 투시 통찰력(천안통)입니다. 나는 초인적인 투시안으로 사람들이 죽어서 제 업에 따라 어떻게 다시 태어 나는지를 볼 수 있습니다. 세 번째는 모든 번뇌를 지우고 바로 이생에서 성취한 해탈에 관한 지혜(누진통)입니다. 누군가 나에 대해 정확하게 말하려면 고따마 붓다는 오직 이 세 가지 지혜 이외에는 가진 게 없다고 말해야 할 것입니다."

왓차곳따는 붓다의 설명에 기쁘고 고마웠다. 붓다는 자신이 이룬 것에 대한 오해를 명료하게 해명하고 탁발을 위해 시가로 내려갔다.

암바빨리의 제안

왓지 국의 수도 웨살리에는 암바빨리(Ambapāli)라는 유명한 기녀가 있었다. 암바빨리는 어릴 적 웨살리 시 외곽에 있는 그윽하고 깊숙한 동산인 왕립 유원(幽園)에 있는 망고나무 아래에 버려진 고아였다. 유원지기가 그를 발견하고 데려다 키웠는데 너무나 출중한 미모에 왕자들의 전쟁이 발발할 정도였다. 사태가 심각해지자 재판관이 '너는 모든 사람의 소유가 되라.'고 판결하며 그녀에게 기녀의 지위를 부여하게 되었다. 어느 한 사람의 소유가 될 수 없다는 판결이었다.

그녀는 관능적이었고, 신체의 열다섯 부분, 즉 머리카락, 눈썹, 눈, 코, 귓불, 이빨, 소리, 목, 팔, 손, 유방, 몸통, 허벅지, 정강이, 발 등으로 구성된 자신의 몸에 스스로 도취되어 있었다. 어느 곳 하나 완벽한 아름다움을 갖추지 않은 곳이 없었기 때문이었다. 그녀는 웨살리 부자들의 감각적 욕구를 만족시켜주는 대가로 많은 재산을 축적하고 있었다.

암바빨리가 마침 많은 시중들을 거느리고 라자가하에서 웨살리로 돌아가는 길이었다. 그녀는 고따마 붓다의 교단에 여성 출가자들이 들어오고 있으며, 마침 붓다가 날란다에 머물고 있다는 소문을 들었다. 그녀는 붓다가 쉬고 있는 빠와리까(Pāvārika) 망고 숲을 물어물어 찾아갔다.

'망고지기'라는 이름과는 달리, 암바빨리는 돈과 세도를 가진 릿차위 사람들이 희구하는 여인이었다. 그녀는 준수한 용모로 이름난 릿차위 사람들 가운데서도 가장 뛰어난 미모를 가진 여인이었다. 거의 완벽에 가까운 미모는 마치 천상의 여신과도 같았다. 그녀의 암갈색 머리카락은 짙게 자라 잘 빗겨져 있었으며, 아름다움을 더하기 위해 항상 이국풍의 꽃들로 장식되었다. 그녀의 눈썹은 솜씨 좋은 화가의 그림과도 같았고, 눈동자는 찬란한 보석처럼 빛났다. 곧게 오똑 솟은 코와 귓불, 그리고 하얀 이는 하나같이 그녀의 매력과 아름다움을 더하는 것이었다. 그녀의 풍만하고 균형 잡힌 가슴은 모든 웨살리 여인들의 부러움을 샀다. 가냘픈 허리, 아름다운 허벅지, 장신구로 단장한 발목, 연꽃 같은 발부리는 마치 요정을 연상시키는 절묘한 아름다움의 극치였다. 슬쩍 훔쳐보는 것만으로도 가슴이 뛰게 만드는가 하면, 꾀꼬리 같은 목소리는 자연의 음악에 매료된 사람들에게 엄청난 만족과 희열을 주었다.

그녀의 아름다움은 수행하는 경호원들에게는 항상 커다란 걱정거리였다. 그녀가 집을 나설 때면 언제나 건장한 사내들이 그녀를 에워싸고 호위했다. 그녀의 미모에 반한 몇몇 부호들은 그녀의 환심을 사기 위해 전 재산을 탕진한 경우도 있었다. 그런 암바빨리가 붓다를 방문할 것이라는 소문이 돌자 사람들이 수군대기 시작했다.

"허어, 이제 그 사끼야 족 출신 수행자도 곤란한 지경에 놓이게 됐군! 아무리 그가 만나는 사람마다 모두 개종시키는 놀라운 능력이 있다고 해도, 드디어 암바빨리한테 개종당할 차례가 된 것이야. 누구도 그녀의 유혹에서 빠져나올 수 없어. 사끼야 족 전지자도 예외일 수 없겠지. 그렇지 않나?"

암바빨리는 경호원들에게 둘러싸여 붓다를 찾아갔다. 그녀가 붓다에게 인사를 올리고 한쪽에 앉았다. 자리에 앉은 그녀는 상가에 들어온 지 얼마 되지 않는 비구니들을 둘러보았다. 그 가운데는 젊고 아름다운 비구니들도 섞여 있었다. 이를 본 암바빨리가 말했다.

"스승이시여, 아직껏 인생을 제대로 즐겨볼 기회를 가져본 적도 없는 젊고 아름다운 여인들을 교단에 받아들인 것은 심각한 죄악이라고 생각하지 않습니까? 자연은 우리가 원하는 것이라면 무엇이건 가질 수 있게 관대합니다. 무엇 때문에 저 젊은 남녀가 넝마를 걸친 채 배고프고 궁색하게 생활해야 합니까?"

암바빨리의 당돌한 첫 질문에 붓다는 내심 좋은 계기가 될 것 같다는 생각이 떠올랐다. 입가에 미소를 머금은 채 붓다가 대답했다.

"암바빨리, 그대는 매우 아름답고 매력적입니다. 또한 그대가 원하는 부를 가지고 있습니다. 그러나 저 경호원들이 그대를 보호하지 않고 그대 홀로 돌아다닐 때, 그대는 얼마나 자유스러울 수 있습니까? 그대는 지금 이생의 생명이 얼마나 지속될 것이라고 생각합니까? 그대는 어부의 손에 잡혀 부뚜막의 솥 속에 넣어진 꽃게와도 같습니다. 그 물이 뜨거워지기 전까지는 느긋하고 편안할 수 있을 것입니다. 그러나 그 편안함과 자유는 오래 가지 않습니다. 이 세계는 무상하고 변덕스럽습니다. 그것은 누구도 무시할 수 없는 진리입니다."

붓다가 조용하지만 연민이 깃든 위엄 있는 목소리로 말했다. 웨살리의 거의 모든 돈을 끌어 모은 암바빨리의 성공, 그녀와 교제하려는 부자들의 물릴 줄 모르는 요구, 그리고 그런 자들 가운데서 자기가 원하는 남자를 마음대로 선택할 수 있다는 그녀의 자만은 그녀로 하여금 세상을 제대로 볼 수 없게 가로막고 있었다. 그런 그녀에게 사끼야 족 출신의 낯선 수행자가 타이르듯 말을 전하고 있었다. 당황한 눈빛을 한 암바빨리가 말했다.

> "세존이시여, 듣던 대로 세존께서는 역시 참으로 준수하십니다. 만일 당신께서 저와 함께 여생을 즐기시겠다면, 저는 당신을 위해 모든 것을 마련할 것입니다. 저의 제안에 당신의 마음이 바뀌거든 제게 알려주십시오."

그녀는 난생처음으로 자기가 원하는 남자로부터 거절당한 채, 호기심과 실망감을 동시에 느끼며 집으로 돌아갔다.

"라훌라, 수행자의 거짓말이란?"

일곱 살 무렵 아버지를 따라 사리뿟따를 스승으로 출가한 라훌라에게, 붓다의 아들이라고 해서 일체의 특혜가 주어지지 않았다. 그러나 상가의 대중들은 어린 라훌라를 예뻐하며 사랑스럽게 대했다. 사실 라훌라는 자신이 원해서 출가한 것이 아니고 아버지로부터 상속을 받을 것이 있을 것이라는 어머니의 말씀에 따라 얼떨결에 상가에 들어온 것이어서 다른 출가자와는 그 동기가 달랐다. 그러므로 아직 부모님 품에서 재롱을 떨 나이인 그에게 대부분의 비구들이 선정에 들어 있거나 걸식, 법문을 하고 있는 환경은 지루하고 따분했다. 그래서인지 라훌라가 가졌던 유일한 재밋거리는 거짓말을 하는 것이었다. 처음 거짓말을 시작할 때에는 사소한 거짓말이었지만 소년기에 접어들면서 대중 전체에게 피해가 될 정도로 대담한 거짓말을 하는 경우도 종종 있었다. 그의 이런 행동들은 상가의 최고지도자 붓다의 아들로서 주목을 받고자 하는 마음에서 비롯된 측면도 있었다.

붓다가 마가다 국을 방문할 때는 주로 라자가하의 깃자꾸따(영축산)나 죽림정사가 있는 웰루와나에서 머물렀다. 그런데 깃자꾸따와 죽림정사 중간쯤에도 암발랏티까(Ambalatthikā)라는 비구들의 수행처가 있었다. 이곳은 집중적으로 가행정진을 하는 수행자들이 머문 곳이라 붓다는 특히 이곳에서 수행하는 비구들을 칭찬했다.

붓다의 아들이라고 해서 아버지로부터 눈길 한번 더 받는 것도 아니어서, 라훌라는 어린 마음에 아버지의 관심을 끌고, 칭찬을 받고 싶은 마음에 이 중간 처소에 머무는 것을 좋아했다. 이곳의 대중들이 라훌라에게 붓다가 어디에 계시는지 아느냐고 물으면, 라훌라는 장난기가 발동해 깃자꾸따에 계시면 죽림정사에 계신다고 말하고, 죽림정사에 계시면 깃자꾸따에 계신다고 말해 대중들을 골탕먹이는 일이 있었다. 라훌라의 거짓말로 불거진 소동 소식은 붓다에게도 전해졌다. 붓다는 평소 '라훌라가 출생, 성씨, 가문, 계급의 화려함 등으로 교만하고 수다스러워서는 안 된다.'고 생각해 마주칠 때마다 경계의 말을 들려주곤 했다.

날란다에 머물던 붓다 일행이 라자가하의 죽림정사, 다람쥐 동산에 도착해 머물고 있었다. 어느 날 저녁 무렵 붓다는 홀로 처소에서 나와 암발랏티까로 라훌라를 직접 찾아갔다. 아직 어린 라훌라를 지도하기 위해서였다.

아버지가 다가오는 것을 발견한 라훌라는 앉을 의자와 대야에 발 씻을 물을 준비했다. 라훌라가 절하고 자리에 앉을 때 붓다는 라훌라를 바라보았다. 붓다는 의자에 앉아 대야에 담긴 물로 자신의 발을 씻었다.

"라훌라, 내가 없는 동안 잘 지냈느냐?"
"예, 스승이시여, 사리뿟따 존자께서 제게 무척 친절하게 대해 주시고, 계속 제게 교의를 가르쳐주셨습니다."
"라훌라, 너 지금 네가 하고 있는 이 생활이 즐거우냐?"

라훌라는 침묵했다. 그러자 붓다는 물 대야에 물을 조금 남기고, 물이 약간 담긴 대야를 가리키며 라훌라에게 물었다.

> "라훌라야, 너 이 대야에 물이 조금 남아 있는 것이 보이느냐?"
> "예, 보입니다. 세존이시여."
> "라훌라야, 고의로 거짓말하는 것을 전혀 부끄러워하지 않는 자들의 출가수행이라는 것도 이와 같이 조금 남은 물처럼 보잘것없는 것이다."

이어서 붓다는 그 조금 남은 물을 쏟아 버리고 대야를 내려놓으며 라훌라에게 물었다.

> "라훌라야, 조금 남아 있던 물이 버려지는 것을 보았느냐?"
> "네, 보았습니다. 세존이시여."
> "라훌라야, 고의로 거짓말을 하는 것을 전혀 부끄러워하지 않는 자들은 자신이 쌓은 정신적 성취를 이처럼 쏟아내 버리고 있는 것이니라."

붓다가 다시 물었다.

> "라훌라야, 이 대야가 이제 비어 있는 게 보이느냐? 거짓말하면서 부끄러운 줄 모르는 자의 정신적 성취도 이와 똑같이 비어 있느니라."

붓다는 그 대야를 뒤집어 놓으면서 다시 말했다.

"라훌라야, 이 대야가 뒤집어져 있는 것이 보이느냐? 이와 똑
같이 고의로 거짓말하는 자는 자신의 정신적 성취를 뒤집어
놓기 때문에 향상할 수 없게 되느니라."

그리고 붓다는 뒤집어 놓은 대야를 다시 바로 세워놓고 라훌라에 물
었다.

"라훌라, 너는 이 움푹 꺼지고 텅 빈 대야가 보이느냐?"
"보입니다. 세존이시여."
"라훌라, 고의로 거짓말하는 것을 부끄러워하지 않는 사문의
덕성은 이와 같이 움푹 꺼지고 텅 빈 것에 지나지 않는다."

붓다는 그러므로 농담으로도 고의로도 거짓말을 해서는 안 된다며
자신의 아들이기도 한 제자 라훌라를 훈계했다. 이어 붓다는 거짓말
에 관하여 설법했다. 아들을 위한 혼신의 설법이었다.

"거짓말을 삼가지 않으면 악에서 해방될 수 없다. 그러므로 농
담으로라도 거짓말을 하는 일이 없도록 자신을 연마해야 한
다. 이와 마찬가지로 모든 행동, 말, 모든 생각을 할 때마다 행
동과 말과 생각을 올바르게 하도록 숙고해야 한다. 어떤 행동
을 하고자 할 때는 자신이나 타인에게 해가 되는 점은 없는지
잘 살펴야 한다. 그릇된 행위는 고통을 유발할 뿐만 아니라 심

화시킨다. 이렇게 숙고하여 그릇된 행동, 그릇된 말, 그릇된 생각이라는 것을 알게 되면 중지해야 하겠지. 그러나 숙고 결과 해로움은 없고 좋은 점만 있다면 실행해도 좋을 것이다. 우애심을 길러 악의를 소멸시키고 자비심을 길러 번뇌를 소멸시켜라. 타인의 행복에서 느끼는 기쁨을 깊게 하여 반감을 소멸시키고, 마음의 평정을 굳게 하여 혐오감을 소멸시키고, 육체적 타락 여부를 잘 관찰하여 정욕을 소멸시켜라. 사물의 무상함을 잘 인식하여 자신의 오만을 다스려야 한다."

붓다가 또 물었다.

"발 씻은 물을 버린 그 대야에 음식을 담아 먹을 수 있겠느냐?"
"어떻게 이 더러운 대야에 음식을 먹을 수 있습니까."

붓다가 다시 말했다.

"라훌라야, 너도 이와 같다. 대야라는 그릇은 있지만 더러운 물이 담겨져 있던 까닭에 음식을 담을 수 없듯이, 너는 사문이라는 이름을 갖고 있지만 진실이 없고 마음으로 진리를 닦는 데 열심이지 않으니 진리를 담을 수가 없는 것이다."

호된 꾸지람을 받은 라훌라는 크게 뉘우쳤다. 그러나 붓다의 훈계는 이것으로 끝나지 않았다. 붓다가 대야를 발로 차 데굴데굴 굴린 후 물었다.

"라훌라야, 너는 내가 대야를 찼을 때 저 대야가 깨질까 봐 걱정을 하였느냐?"

"아닙니다, 저것은 값싼 물건이기 때문에 걱정하지 않았습니다."

"그렇다. 라훌라야, 사문이 되어서 몸과 입과 뜻을 함부로 하여, 나쁜 말로 장난을 하고 남에게 해를 끼치면 저 구르는 대야처럼 가치가 없게 되는 것이다. 따라서 대중으로부터 사랑을 받을 수 없고, 자비심 많고 지혜로운 분들로부터 가르침을 배울 수가 없다 그렇게 하면 괴로움에서 벗어나지 못하고 윤회를 거듭하게 될 것이다."

붓다가 다시 라훌라에게 말했다.

"라훌라야. 엄니상아가 전차의 장대만큼 길고, 키가 완전히 자라고, 품종이 좋고, 전투에 익숙한 코끼리가 있다고 가정해 보아라. 전투에서 그 코끼리는 앞발과 뒷발, 앞몸과 뒷몸, 머리와 귀, 엄니상아와 꼬리를 가지고 자신의 임무를 수행하겠지만, 그러나 자신의 코는 숨기려고 할 것이다. 그러면 그 코끼리를 탄 기수는 생각할 것이다. '이 코끼리가 자신의 코는 숨기려고 한다. 이 코끼리는 아직 자신의 목숨을 버리지는 않았다.' 그러나 이 코끼리가 자신의 코를 가지고 자신의 임무를 수행하면 그 코끼리를 탄 기수는 생각할 것이다. '이 코끼리는 자신의 코마저도 이용해서 전투에서 자신의 임무를 수행한다. 이 코끼리는 자신의 목숨도 포기하였다. 이제 이 엄니를 가진 코끼리가 피할 것은 아무것도 없다.' 라훌라야, 그와 마찬가지로, 사람이 거짓말을 하는 것을 부끄러워하지 않으면, 그 사람이 피할 수 있는 악은 아무것도 없다. 그러므로 라훌라야. 너는 이와 같이 단련해야 한다. '나는 농담으로라도 거짓된 말을 뱉지 않을 것이다.'라고."

붓다가 잠시 침묵을 지킨 후 다시 물었다.

"라훌라야. 이 거울은 어디에 소용되는 것이냐?"
"자기 얼굴을 비춰 보기 위한 것입니다."
"마찬가지로 라훌라. 어떤 신체적인 행위를 할 때, 너는 마치 거울에 자신의 모습을 비추어 보듯 그 행위가 너 자신이나 타인, 그리고 자타 모두를 해치는 것이 아닌지 깊이 숙고하지 않으면 안 된다. 그렇게 생각해 보아 만일 그것이 네 자신이나 타인, 그리고 자타 모두를 해치는 것임을 알면, 그런 행위는 악행이며 괴로움을 일으키는 행위이기 때문에 피하지 않으면 안 된다. 입과 마음으로 하는 행위도 또한 그와 같다. 그러나 라훌라, 육체적인 행위 혹은 입이나 마음으로 행하는 어떤 행위가 네 자신이나 타인, 그리고 자타 모두를 해롭게 하는 것이 아니라면, 그것은 선행, 행복에 이르게 하는 것으로 여겨 더욱 연마하고 증진시켜야 한다. 그렇게 스스로 닦고 늘려가는 것이다. 알겠느냐. 라훌라."

신체적인 행위에 대해 설법한 붓다는 이어 말과 마음의 행위에 대해서도 같은 비유를 들어 상세히 설명했다. 붓다는 또한 라훌라에 대해 출가생활 전반에 걸쳐 끊임없이 경책해야 할 조목을 일러주었다.

"라훌라야, 늘 함께 살고 있기 때문에 어진 이를 무시하는 것은 아니냐? 사람들을 위해 횃불을 비추는 님을 너는 존경하고 있느냐?"

"늘 함께 살고 있다고 해서 어진 이를 무시하는 일은 없습니다. 사람들을 위해 횃불을 비추는 님을 저는 항상 존경합니다."

"믿음을 가지고 집을 떠났다면, 사랑스럽고 마음을 즐겁게 하는 감각적 쾌락의 대상들을 버리고, 괴로움을 증식시키는 사람이 되라. 선한 친구와 사귀어라. 인적 없이 외딴 곳, 고요한 곳에서 거처하여라. 그리고 음식의 분량을 아는 사람이 되어라. 의복과 얻은 음식과 필수의약과 침구와 깔개, 이런 것에 욕심을 부려서는 안 된다. 다시는 세속으로 돌아가지 말거라. 계율의 항목을 지키고 다섯 감관을 지켜, 너의 몸에 대한 새김을 확립하라. 세상을 아주 싫어하여 떠나라. 탐욕에 물들어 아름다워 보이는 인상을 회피하라. 부정한 것이라고 마음을 닦되, 마음을 하나로 집중시켜라. 인상이 없는 경지[無相]를 닦아라. 교만의 잠재적 성향을 버려라. 그리하여 교만을 그치면, 너는 고요하게 지낼 수 있으리라."

자신의 유일한 핏줄인 라훌라를 향한 붓다의 마음은 비록 표시를 내지는 않았지만 늘 사랑과 연민 그 자체였다. 아들의 출가는 보통의 경우와는 아주 달랐으므로 붓다는 특별히 갈애를 거두고, 감각적 욕망에 대한 열정과 갈구를 버릴 것이며, 착한 벗을 가까이 할 것을 누누이 당부했다.

라홀라는 아버지 붓다의 이 가르침을 성실히 받들어 지키며 닦겠다고 굳게 결심했다.

왕비 케마의 출가

깨달음을 성취한 후 6년. 붓다가 마가다 국의 수도 라자가하의 죽림 정사에 머물고 있을 때였다. 붓다의 발길이 닿는 곳마다 수없이 많은 사람들이 귀의하고 새로운 삶을 살아가는 일이 이어지자 붓다와 그 제자들에 대한 라자가하 사람들의 찬사와 공경은 하늘을 찌를 듯했다. 특히 마가다 국의 빔비사라 왕의 신심은 더욱 깊어졌다. 꼬살라 국에서 왕비 말리까가 왕과 친족들을 불법으로 이끌었다면 마가다 국에서는 그 반대였다. 붓다를 만나는 것이 행복한 일이라며 빔비사라 왕은 틈이 날 때마다 친족과 대신들을 거느리고 죽림정사를 찾았다. 왕비와 왕자들에게도 붓다에게 귀의할 것을 늘 권했다.

마가다 국의 빔비사라 왕에게는 세 명의 왕비가 있었다. 첫째 왕비는 마하꼬살라의 딸이자 빠세나디 왕의 누이인 웨데히(Vedehī)였다. 빔비사라 왕과 웨데히 왕비 사이에서 태어난 왕자가 아자따삿뚜였다. 둘째 왕비는 웨살리를 중심으로 한 왓지 연맹 릿차위 족의 쩨따까 왕비의 딸 쩰라나였고, 셋째 왕비는 맛다(Madda) 국 사갈라의 공주 케마(Khemā)였다. 그 외에도 빔비사라 왕 주위에는 아름다운 여인들이 많았다. 특히 빠두마와띠는 아완띠(Avantī) 국의 수도 웃제니의 기녀였는데, 절세미인이었던 그녀의 소문을 듣고 빔비사라 왕이 라자가하로 데려왔다. 그녀와 빔비사라 왕 사이에서 태어난 아들이 아바야(Abhaya) 왕자였기 때문에 그녀는 아바야의 어머니로도 불렸다. 또 웨살리의 유명한 기녀 암바빨리와의 사이에서 태어난 위말라꼰단냐 (Vimalakondañña)라는 아들도 있었다.

그런데 끊임없는 왕의 권유에도 죽림정사를 찾지 않는 왕비가 있었다. 그는 황금빛 피부를 가진 셋째 케마 왕비였다. 빼어난 미모만큼이나 교만하기도 했던 케마는 사랑스런 아내를 버려두고 출가를 했고, 더구나 아리따운 여인을 더러운 종기나 피고름 덩어리에 비유하곤 한다는 붓다를 그리 달갑지 않게 생각하고 있었다. 사랑스러운 것이 주변에 찬란하게 빛나고 있고, 자신에게 향하는 사랑이 영원하리라 믿었던 케마에게 인생은 즐겁기만 할 뿐이었다. 그런 케마였지만 어느 화려한 봄날 죽림정사를 다녀온 어린 아이들의 노랫소리에 이상하게 마음이 동했다.

어서 가보셔요 대나무 숲으로
나무도 아름다운 대왕의 동산
상큼하고 부드러운 것 좋아하는 당신
대숲 꽃동산에 지금 빨리 가보셔요.

가지가지 꽃송이에 기묘한 나무들
아름답게 수를 놓고 조화를 이룬 곳
다음에 가보리라 미루지 마셔요.

때가 지나면 다시 기회 있을까요?
사랑스런 케마 당신 혼자 남았네요.
하늘나라 동산처럼 아름다운 그곳

지금 빨리 가보셔요 대나무 숲으로

그곳에 가면 천녀처럼 즐거우리.
천상에서 꽃놀이하던 아리따운 천녀들도
향기 좇아 내려오는 인간의 동산
어서 가보셔요 그 대숲으로
기쁨에 취해 돌아올 줄 모르리.

이 노래를 듣고 있던 케마에게 슬그머니 죽림정사에 대한 궁금증이 일어났다. 그렇다고 해서 붓다를 만나고 싶은 것은 아니었다. 붓다와 마주치지 않으면서 죽림정사를 볼 수 있는 방법은 없을까? 궁리 끝에 꾀를 낸 케마는 상가의 대중이 모두 걸식을 나간 아침 시간에 조용히 왕궁을 빠져나와 몰래 대나무 동산을 찾아갔다. 꽃과 과일나무, 연꽃과 풀들이 조화를 이룬 죽림정사는 평화로웠다. 바람에 실린 꽃향기와 새들의 지저귐에 취해 정사 깊숙이 들어갔을 때였다. 케마는 뜻밖의 장면에 깜짝 놀랐다. 라자가하의 거리로 걸식을 나갔으리라 여겼던 붓다가 정사 한 가운데 앉아 있었던 것이다.

그런데 여인의 몸을 종기와 피고름 주머니로 생각한다는 그런 분의 발밑에는 숨을 쉴 수 없을 만큼 젊고 아름다운 여인이 예배하고 있었다. 케마는 넋이 나간 채 붓다에게 가까이 다가갔다. 그 여인은 케마에게 눈길도 주지 않은 채 붓다에게 다가가 공손히 부채질을 해드리고 있었다. 날마다 거울 앞에서 화장을 하는 케마였지만 그녀 앞에 서자 자신은 늙은 원숭이에 불과했다.

'어쩜 저렇게 아름다울까?!'

같은 여자였지만 도저히 눈을 뗄 수가 없었다. 그런데 진짜 놀란 만한 일은 다음에 벌어졌다. 눈부시게 아름다운 여인이 차츰 중년의 여인으로 변해가더니, 이어 노년의 여인으로 순식간에 변해갔다. 중년이 된 여인은 나름대로 미녀의 품격을 갖추었지만 거칠어진 살결과 주름을 감추지는 못했다. 노년의 여인은 허리도 굽었고 늙은 원숭이 피부처럼 볼살이 늘어지고 머리카락은 돼지의 털처럼 뻣뻣했으며, 이도 빠지고 성글성글한 흰 머리카락이 바람에 휘날리며 볼썽사나운 모습을 하고 있었다.

젊고 아름다운 여인, 늙음을 감추기 위해 화장을 하고 애써 아름답게 보이려 애쓰는 중년의 여인, 그 모든 노력마저 통하지 않아 보기에도 안타까울 만큼 늙어버린 여인을 동시에 한자리에 나란히 지켜보며 놀라움에 입을 다물지 못하고 있는 케마를 향해 붓다가 입을 열었다.

"왕비여, 자세히 보십시오. 케마여, 자세히 들으십시오. 지혜의 눈이 없는 장님 같은 이들은 이 육체의 아름다움을 아끼고 찬탄하지만, 자 보십시오. 이 몸은 쉽게 늙고 병들어 무너집니다. 화려한 옷과 향기로운 분으로 덮고 가리지만 아홉 개의 구멍으로 고약한 냄새를 풍기는 오물들이 끊임없이 흘러내리고 있습니다. 왕비여 돌아보십시오. 무너지지 말라고 아무리 애써도 그것은 무너지는 것입니다. 아름답다고 아무리 되뇌어도 그것의 본성은 아름답지 않은 것입니다. 자신의 육체를 사랑해 쓰다듬고 보듬어 보지만 다음에 기다리는 것은 슬픔과 두려움과 고통입니다."

대왕의 사랑을 독차지하고는 빳빳이 목을 세우고 도도하게 왕궁을 거닐던 케마였지만 세월이 흐를수록 주눅이 든 모습을 감출 수 없었다. 그녀 역시 늘어가는 속살의 주름이 늘 두렵지 않은 것은 아니었다. 왕비는 자신도 모르게 붓다 앞에 무릎을 꿇었다.

"아, 세존이시여. 제가 어떻게 해야 합니까?"
"왕비여, 그곳에 휴식은 없습니다. 케마여, 이곳에서 쉬십시오. 있는 그대로의 진실을 알아 육체에 대한 집착과 갈애를 버릴 때, 마음은 고요해지고 편안해집니다."

케마는 일어나 붓다의 두 발에 예배했다.

"어리석은 저는 붓다의 말씀을 충분히 이해하지 못했습니다. 저를 가엾이 여겨 자세히 설명해주십시오."

붓다가 말했다.

"왕비여, 벗어날 길을 찾으십시오. 케마여, 지혜를 닦으십시오. 당신이 아름답다고 여기는 것, 보기 좋다고 여기는 것, 거기에 영원한 아름다움은 없습니다. 그런 것은 원래 없는 것입니다. 탐욕과 분노와 어리석음을 떨치고 자세히 보십시오. '나'와 '너'가 실재하는 것이라 생각해선 안 됩니다. '나'와 '너'를 비교해서도 안 됩니다. 그로 인해 교만심을 일으켜서는 더더욱 안 됩니다. 행동과 말씨와 마음가짐을 조용히 가라앉히고

예의를 갖추십시오. 공손하고 부드러운 자세로 마음속에 도
사린 교만을 버려야 합니다. 그렇게 하면 고요하고 편안한 열
반의 경지에 곧바로 도달할 것입니다."

케마는 자신의 교만을 참회하고 붉은 연꽃 같은 붓다의 두 발에 진심
으로 머리를 숙였다. 죽림정사를 떠나는 그녀의 뒷모습은 평화로웠
다. 왕궁으로 돌아온 케마는 낯선 집을 찾은 손님의 발걸음으로 조심
조심 왕 앞으로 나아가 말했다.

"대왕이시여, 대왕께서 허락하시면 저는 붓다의 교단에 들어
가 비구니가 되고 싶습니다."

예전 같지 않은 모습에 놀란 빔비사라 왕은 왕좌에서 내려와 왕비의
손을 잡았다. 철부지 아이처럼 응석을 부리고 대신들 앞에서도 언성
을 높이던 케마가 아니었던가. 그런 그녀가 하녀처럼 고개를 숙이고
낮은 소리로 말하고 있다니! 그 모습에 빔비사라 왕은 걱정이 앞섰다.

"무슨 일이 있었소?"

왕비 케마는 죽림정사를 찾았던 일을 왕에게 자세히 말했다. 그런 뒤
재차 무릎을 꿇고 간청했다.

"대왕께서는 저의 주인이십니다. 주인께서 허락하시면 저는
붓다의 교단에 들어가 비구니가 되고 싶습니다."

빔비사라 왕은 왕좌로 돌아가 말없이 눈을 감았다. 한참 후 빔비사라 왕은 대왕의 위엄을 갖추고 말했다.

"케마여, 당신의 출가를 허락합니다. 당신이 비구니가 되는 일
을 내가 준비하겠습니다."

빔비사라 왕은 사랑하고 아끼던 케마 왕비를 황금으로 만든 가마에 태우고 음악을 연주하며 라자가하 거리를 돌았다. 꽃과 향을 뿌리며 환호하는 백성들의 축복 속에 케마 왕비는 비구니들이 머무는 정사로 찾아가 머리를 깎고 계를 받았다. 그리고 다시 비구 승단을 찾아가 출가를 허락받았다. 영특했던 그녀는 붓다의 가르침을 빨리 성취해 오랜 시간이 지나지 않아서 최고의 경지에 오를 수 있었다. 붓다는 날카로운 지혜를 지닌 케마를 '비구니 제자 가운데 제일가는 지혜를 가진 사람'이라며 대중 앞에서 칭찬했다. 케마는 붓다의 친절한 지도로 자신이 성취한 경계를 이렇게 노래했다.

이 병들고 파괴되고
부패하는 육신에
나는 괴로워하고 부끄러워한다.
감각적 쾌락에 대한 갈애는 제거되었다.

감각적 쾌락의 욕망은 창칼과 같고,
존재의 다발은 그 형틀과 같다.
감각적 욕망의 쾌락이라고 부르는 것,

이제 나에게는 불쾌한 것이다.

모든 곳에서 환락은 파괴되고
어둠의 다발은 부수어졌으니,
악마여, 이와 같이 알라.
사신(死神)이여, 그대는 패배했다.

어리석은 자들이여, 그대들은
별자리에 예경하고 숲속에서 화신을 섬기며,
있는 그대로 알지 못하고
청정한 것이라고 생각한다.

그러나 나는 올바른 님,
사람 가운데 위없는 님께 귀의하여
일체의 고통에서 벗어났으니,
스승의 교법이 참으로 실현되었다.

담마딘나, 설법제일 비구니

최고의 권력을 자랑하던 마가다 국의 왕비가 비구니가 됨으로써 붓다 교단의 위상은 한층 높아졌다. 또한 그녀의 출가로 라자가하 여인들의 출가가 잇따르게 되었다. 담마딘나(Dhammadinnā)는 라자가하의 부호 위사카의 아내였다. 그녀는 붓다가 탄생할 무렵 라자가하의 한 훌륭한 가문에 태어나 성년이 되자 위사카에게 시집을 갔다. 독실한 불교신자였던 남편에게 감화되어 담마딘나는 출가를 결심하게 되었고, 위사카는 그런 아내를 위해 케마가 출가할 때 사용한 가마를 빔비사라 왕에게 빌려왔다.

　　남편의 배려로 여성수행자의 처소로 들어간 담마딘나는 출가 이후 명상 주제를 붙잡고 며칠간 그곳에서 지내다가, 좀 더 치열한 수행을 위해서는 사람들로 붐비지 않는 멀리 떨어진 곳에 사는 것이 좋겠다고 생각하고 허락을 얻어 다른 장소로 이동했다. 담마딘나는 그곳에 살면서 과거의 형성들을 부수었기 때문에 머지않아 분석적인 앎과 더불어 거룩한 경지를 얻었다. 그녀는 거룩한 경지를 성취하고 나서 '나의 마음은 최상의 상태에 이르렀다. 내가 여기서 지내면서 무엇을 할 것인가? 라자가하로 가서 스승께 예경하고 많은 나의 친지들을 위하여 공덕을 짓겠다.'라고 생각하고 수행녀들과 함께 라자가하로 돌아갔다.

　　라자가하로 돌아온 담마딘나의 소식을 들은 옛 남편 위사카는 담마딘나가 얻은 바를 시험하면서 다섯 가지의 존재의 다발 등의 주제에 대한 질문을 던졌다. 담마딘나는 그 질문에 대해 아주 날카로운 칼로 연꽃을 잘라내듯, 모두 명쾌하게 대답했다.

위사카가 이런 사실을 붓다를 찾아가 보고하자, 붓다는 '담마딘나는 슬기롭다.'고 칭찬하고 '가르침을 설하는 님 가운데 제일'이라고 명명했다.

어려운 법문을 쉽게 설명하는 탁월한 능력을 갖춘 법사가 되어 돌아온 담마딘나에게 수많은 라자가하 사람들이 법문을 들으러 몰려들었고, 옛 남편 위사카 장자도 그 자리를 채웠다. 담마딘나 비구니는 꿀벌처럼 부지런히 진리의 꿀과 향기를 날랐다. 그녀는 그 마을의 거처에 살면서 낮은 단계의 길에 도달하고 나서 최상의 길(aggamagga)을 위해 통찰수행을 확립한 후 기쁨의 게송을 읊었다.

궁극을 지향하여 의욕을 일으키고
정신적으로 충만하여야 하리.
감각적 욕망에 마음이 묶이지 않는 님이
흐름을 거슬러 가는 님이라 불리는 법.

꼬삼비의 세 정사

이제까지 들어보지 못했던 새롭고 심오한 가르침을 펼침으로써 붓다의 영향력은 잠부디빠 전역으로 빠르게 번져나갔다. 붓다의 명성을 들은 꼬삼비(Kosambī)의 세 거상이 오백 대의 수레에 공양물을 가득 싣고서 붓다가 머물고 있는 사왓티까지 먼 거리를 마다않고 찾아온 것도 이런 흐름에서 비롯된 일이었다. 그들은 붓다의 상가에 공양을 올린 후 보름 동안 사왓티에 머물며 붓다의 설법을 듣고 제자가 되었다. 그들은 사왓티를 떠나며 붓다에게 간곡하게 청했다.

"세존이시여, 저희가 살고 있는 꼬삼비에도 오시기를 원합니다. 꼬삼비에서도 안거에 들어주시기 바랍니다. 저희들이 세존과 비구들의 수행을 돕기 위한 정사를 마련하겠습니다."

세 명의 장자는 고사까, 꾹꾸다, 빠와리까였다. 꼬삼비로 돌아온 세 장자는 붓다와 그 제자들이 머물 정사를 각각 하나씩 건립하였다. 고사까가 세운 정사는 고시따라마(Gositārāma)이고, 꾹꾸다가 설립한 정사는 '꾹꾸다라마(Kukkutārāma)'이며, 빠와리까가 망고동산에 세운 정사는 '빠와리까암바와나(Pāvārikambavana)'라고 이름을 지었다.

꼬삼비는 마가다 국의 서쪽에 위치한 왐사(Vamsā) 국의 수도였다. 기원전 8세기 『베다』의 권위를 신봉하던 빠우라와(Paurava) 제국이 대홍수로 몰락하면서 아리야인의 땅으로 불렸던 꾸루, 빤짤라, 맛차, 수라세나는 점차 세력을 잃게 되었고, 강가 강 중류에 새로운 국가들이 흥성하게 되었는데, 그 가운데 하나인 꾸루 족 일파가 이주하여 새롭게 건설한 도시가 꼬삼비였다. 꼬삼비는 서쪽으로 수라세나의 마두라와 야무나 강으로 연결되고, 남쪽으로는 아완띠의 웃제니와 육로로 연결되었으며, 동쪽으로 강가 강의 뱃길을 따라 와라나시와 마가다 국 그리고 앙가(Angā) 국으로 연결되는 교통의 요충지에 위치한 도시였다. 또한 꼬삼비는 꾸루, 빤짤라, 맛차, 수라세나에서 쇠퇴해가던 브라만 문화의 새로운 중심지로 부상하고 있었다.

세 장자의 귀의로 꼬삼비에 전법의 터전이 마련됨으로써 붓다의 교단은 브라만교 본토 사람들에게 본격적으로 가르침을 전할 수 있는 계기를 맞이하게 되었다. 그러나 신흥종교에 배타적인 자세를 견지하고 있던 이 지역 사람들의 저항은 결코 만만한 것이 아니었다. 꼬삼비를 찾은 붓다와 붓다의 제자들은 갖가지 모욕과 멸시를 감수해야만 했다. 붓다의 가르침에 새롭게 귀의하는 이들에게도 남다른 신심과 의지가 요구되는 상황이 좀처럼 개선되지 않고 있었다. 그러나 이처럼 척박한 토양 속에서도 붓다의 가르침은 싹을 틔웠고, 고결한 꽃을 피우기 시작했다. 랏타빨라(Ratthapāla) 역시 눈부신 꽃다발 가운데 한 송이였다.

랏타빨라는 꾸루(Kuru) 국의 툴라꽃티까 출신이었다. 출가를 허락지 않는 부모님에게 자신의 신념을 관철하기 위해 랏타빨라는 물한 모금 마시지 않고 일주일 동안 땅에 누워 꼼짝하지 않는 시위를 해야만 했다. 그의 부모는 아들의 죽음이 두려워 결국 출가를 허락할 수밖에 없었다. 그러나 그의 부모는 아들이 출가한 후에도 붓다 교단에 대한 불편한 감정을 감추지 않았다. 세월이 흐른 후 아라한이 된 랏타빨라는 고향으로 돌아가 부모님을 교화하고, 온갖 시련을 극복하며 꾸루 국에 붓다의 가르침을 전했다.

증오는 증오하지 않음으로!

붓다는 각지에서 정진과 전법에 매진하는 제자들을 만나면 자주 이렇게 물었다.

"그대들은 견딜 만한가? 잘 지내는가? 탁발을 하는데 어려움
은 없는가? 그대들은 사이좋게 지내고 화합하고 정중하고 다
투지 않고 물과 우유가 잘 섞이듯 서로를 우정 어린 눈으로 보
면서 머무는가?"

붓다는 제자들에게 화합하고 서로 위하라고 당부했다. 제자들에게는
물론 반대자나 적대자에게도 불친절한 말을 하지 않았다. 혹여 사람
들이 상스러운 말로 공격하고 강한 어조로 비난을 해온다고 해도 붓
다는 안색을 흐리지 않고 오히려 미소를 지었다.

　붓다가 꼬삼비에 머물고 있을 때였다. 하루가 다르게 인기가 치
솟는 붓다와 그의 상가에 좋지 않은 감정을 가지고 있던 마간디야
(Māgandiyā)가 우데나 왕의 왕비가 되어 붓다에게 복수할 기회를 엿
보고 있었다. 그녀는 깡패와 건달들을 매수해서, 붓다가 탁발을 하러
마을로 들어오면 욕을 하도록 시켰다. 그들은 붓다를 따라다니며 "강
도, 못된 놈, 바보, 낙타, 황소, 얼간이, 지옥에 갈 자, 짐승 같은 자, 구
제받지 못할 자, 지옥에서 영원히 고통을 받을 자"라는 등 모욕적인

말로 비방하며 욕설을 퍼부었다. 붓다와 함께 탁발을 나서다 이 욕설을 들은 아난다가 붓다에게 간청했다.

"세존이시여, 이 도시 사람들은 우리에게 욕설과 비방을 퍼붓고 있습니다. 다른 곳으로 가시면 어떻겠습니까?"

"아난다여, 어디로 간다는 말인가?"

"세존이시여, 어디든 다른 도시로 가야 합니다."

"아난다여, 거기서도 욕설과 비방을 퍼붓는 사람들이 있다면, 그땐 어디로 가야 하는가?"

"세존이시여, 그렇다면 또 다른 도시로 가야 합니다."

"아난다여, 그렇게 해서는 안 된다. 어려움이 일어나면 어려움이 가라앉을 때까지 그곳에서 기다려야 한다. 어려움이 가라앉은 다음에 다른 곳으로 가야 한다. 아난다여, 우리에게 욕설과 비방을 퍼붓는 사람들은 어떤 사람인가?"

"하인들과 종들과 이교도들 모두가 우리에게 욕설과 비방을 퍼붓고 있습니다."

"아난다여, 나는 전쟁터에 나간 코끼리와 같다. 전쟁터에 나간 코끼리가 사방에서 날아오는 화살을 참고 견디듯, 나는 사악한 자들이 내뱉는 말을 참고 견딘다."

붓다는 이런 일을 당할수록 자애를 닦아야 한다는 것을 제자들에게 강조했다. 어느 날 붓다는 제자들을 모아놓고 이렇게 말했다.

"비구들이여, 만약 양쪽에 날이 달린 톱으로 도둑이나 첩자가

사지를 마디마디 잘라낸다 하더라도 그들에 대해 마음을 더럽힌다면 그는 나의 가르침을 따르는 자가 아니다. 비구들이여, 여기서 그대들은 이와 같이 배우고 익혀야 한다. '내 마음은 그것에 영향을 받지 않으리라. 악담을 내뱉지 않으리라. 이로움과 함께 연민을 가지고 머물리라. 자애로운 마음을 가지며 증오를 품지 않으리라. 나는 그 사람에 대해 자애로운 마음을 가득 채우고 머물리라. 그리고 그 사람을 대상으로 삼아 모든 세상을 풍만하고, 광대하고, 무량하고, 원한 없고, 악의 없는, 자애가 함께한 마음으로 가득 채우고 머물리라.'라고. 그대들은 이와 같이 배우고 익혀야 한다."

붓다는 제자들에게 다시 강조했다.

"비구들이여, 그대들은 남들이 나를 비방하고 법을 비방하고 상가를 비방하더라도 거기서 적대감을 가져서는 안 되고 기분 나빠해서도 안 되고 마음으로 싫어해서도 안 된다. 그대들이 거기에 자극받아서 분노하고 싫어하는 마음을 낸다면 그것은 그대들에게 장애가 된다. 비구들이여, 남들이 나를 비방하고 법을 비방하고 상가를 비방한다고 해서 그대들이 자극을 받아 분노하고 싫어하는 마음을 낸다면 그대들은 남들이 말을 잘했는지 잘못했는지 제대로 알 수 있겠는가?"

"알 수 없습니다. 세존이시여."

"비구들이여, 남들이 나를 비방하거나 법을 비방하거나 상가를 비방한다면 거기서 그대들은 사실이 아닌 것은 사실이 아

니라고 설명해주어야 한다. '이러하기 때문에 이것은 사실이
아닙니다. 이러하기 때문에 이것은 그렇지 않습니다. 우리에
게는 이러한 것이 없습니다. 이것은 우리에게는 알려지지 않
은 것입니다.'라고."

붓다는 '증오는 결코 증오로 극복할 수 없으며, 오직 증오하지 않음으
로 가라앉는다.'고 강조했다.

사마와띠와 쿳줏따라

붓다의 상가가 새로운 지역에 정착하기 위해서는 그 지역 세력가들의 후원과 보호가 필요했다. 꼬삼비(Kosambī)가 수도였던 왐사(Vamsā) 국 우데나 왕의 호의를 이끌어내는 데 크게 공헌한 사람은 그의 첫째 왕비 사마와띠(Sāmāvatī)였다. 사마와띠는 왕궁에 꽃을 나르는 시녀 쿳줏따라(Khujjuttarā)가 전해주는 붓다의 말씀만 듣고 귀의했을 정도로 수승한 근기를 가진 우바이였다. 그날 이후 왕비는 붓다의 법을 전해주는 시녀를 스승처럼 섬기며 붓다의 가르침을 매일같이 경청했다. 왕비는 붓다를 직접 뵙고 싶었지만 질투심 강한 우데나 왕이 허락할 리 없었다. 사마와띠는 궁전 담벼락에 구멍을 뚫고 지나가는 붓다를 향해 남몰래 합장 예경하는 것으로 만족해야 했다.

이런 사실을 알게 된 셋째 왕비 마간디야(Māgandiyā)가 붓다와 사마와띠가 내통하고 있다며 우데나에게 거짓을 전했다. 마간디야는 꾸루의 깜마사담마(Kammāsadamma) 출신 미녀였다. 그녀는 왕의 사랑을 두고 경쟁한 사마와띠도 미웠지만 붓다와는 더욱 좋지 않은 인연이 있었다. 붓다가 언젠가 깜마사담마를 방문했을 때, 붓다의 당당한 모습에 반한 브라만 내외가 자기의 딸을 데려와 아내로 삼아달라고 간청한 적이 있었다. 그때 붓다는 눈이 부실만큼 아름다운 딸을 앞에 두고 보리수 아래에서 대각을 이루기 전 악마의 딸들이 자신을 유혹했던 이야기를 들려주었다. 그러고는 아름다운 여인도 결국 똥오줌으로 가득 찬 가죽주머니에 불과하다며 단호하게 거절했던 것이다. 붓다의 법문에 감복한 브라만 부부는 동생에게 딸을 맡기고 그 자리에서 비구와 비구니가 되었다. 바로 그때 그들 부부가 동생에게 양육을 맡겼던 딸이 바로 셋째 왕비 마간디야였다.

'똥오줌 가득한 가죽주머니'라는 말을 자신에 대한 모욕으로 받아들였던 마간디야는 옛날의 상처를 잊지 않고 앙심을 품고 있었다. 마간디야의 끈질긴 음해에 성질 급한 우데나 왕은 마침내 사마와띠와 궁녀들의 죄를 추궁하고 나섰다. 시기심에 불탄 왕은 화살 끝에 독을 바르고 시위를 팽팽히 당겨 위협했지만 사마와띠와 궁녀들은 조금도 동요하지 않았다. 담장 너머 법문만으로 그녀들은 이미 진리의 길에서 물러나지 않는 경지(수다원과)를 성취하였던 것이다. 평온한 여인들의 모습에 더욱 화가 치민 우데나 왕은 군사들에게 활을 쏘도록 명령했다. 그러나 원한과 증오심을 떨친 그녀들 앞에서 화살은 낙엽처럼 떨어질 뿐이었다. 기이한 현상에 놀란 우데나 왕은 자초지종을 조사한 후 왕비와 궁녀들에게 잘못이 없음을 알고는 용서를 구했다. 이 일을 계기로 우데나 왕은 왕비의 청에 따라 붓다와 비구들을 궁궐로 초대해 공양을 올리고 설법을 듣게 되었다. 이때 붓다는 쿳줏따라를 '우바이 가운데 가장 박식한 사람'이라고 칭찬했고, 사마와띠를 '우바이 가운데 가장 따뜻한 마음을 가진 사람'이라고 찬탄했다.

남쪽 아완띠에도 진리를 전하다

붓다가 출현했다는 소식은 남쪽 멀리 아완띠(Avantī)까지 전해졌다. 아완띠 국 짠다빳조따(Cannda-ppajjota) 왕은 붓다를 초청하기 위해 깟짜야나(Kaccāyana, 가전연)를 비롯한 일곱 사람으로 구성된 사신단을 사왓티로 파견했다. 깟짜야나는 웃제니(Ujjenī) 출신으로 국사의 아들이었으며 흑인이었다. 짠다빳조따 왕의 요청을 전달하기 위해 붓다를 찾아온 여덟 사신은 붓다의 설법을 듣는 순간 자신들의 임무를 까맣게 잊어버렸다. 붓다의 설법에 감동한 그들은 모두 출가를 결단하고 비구가 되었다. 그들 가운데 깟짜야나가 수행의 과위를 가장 빨리 성취하였다.

논리적 사유와 언변이 뛰어났던 깟짜야나는 붓다의 간단한 설법을 자세히 분석해 설명하고 논의하는 데 있어 최고의 능력을 발휘했다. 붓다 역시 이 능력을 칭찬하며 그에게 '논의제일'이라는 별칭을 내려주었다. 아라한과를 증득하여 출가의 목적을 완수한 후 깟짜야나는 이윽고 짠다빳조따 왕의 요청을 떠올리고 붓다에게 간청했다.

"스승이시여, 아완띠의 왕 짠다빳조따가 세존을 초청하였습니다. 부디 아완띠 국을 방문해주십시오."

잠시 침묵한 붓다가 대답했다.

"깟짜야나, 그대가 가는 것으로도 충분하다."

붓다로부터 귀향 허락을 받은 깟짜야나는 고향 웃제니로 돌아와 왕의 동산에 머물렀다. 그의 귀국으로 붓다의 가르침이 아완띠 국에도 널리 퍼지게 되었다. 그의 분석적이고 논리적인 설법을 들은 사람들은 모두가 환희심을 내고 붓다와 붓다의 가르침, 붓다의 교단에 귀의했다. 깟짜야나는 그를 따르는 제자들을 엄격하게 훈육하고, 정성을 다해 설법했다. '혼자서 가도 된다.'는 붓다의 절대적인 신뢰에 부응이라도 하는 듯, 그의 빼어난 설법에 감응하지 않는 사람이 없을 정도였다.

"수행자로 살고자 한다면 많은 일을 하지 말라. 사람들을 멀리하고, 지나치게 애쓰지 말라. 맛에 탐닉하여 번거로우면 안락을 가져오는 의취(義趣, 열반에 이르게 하는 진리)를 놓친다. 가정에서 예배와 공양을 받지만 그것을 '진흙수렁'이라고 알아야 한다. 날카로운 화살은 뽑기 어렵고, 공경받는 것은 버리기가 어렵다. 죽어야만 하는 자의 악한 업은 타자에 의한 것이 아니다. 스스로 그런 업을 짓지 않도록 해야 한다. 중생의 업은 친척과 같기 때문이다. 타인의 말에 의해서 도둑이 되는 것이 아니고, 타인의 말에 의해서 성자가 되는 것이 아니다. 자신에 대해 아는 그대로 하늘사람들도 안다. 다른 사람들은 알지 못한다. '우리는 이 세상에 태어난 존재로 언젠가는 죽을 수밖에 없다.'는 것을. 이러한 관점에서 그들이 그것을 알면 그들이 싸움을 그치게 된다. 지혜가 있는 자라면 재산을 잃어도 산다. 지혜를 얻지 못하면 재산이 있어도 살지 못한다. 귀로 모든 것을 듣고 눈으로 모든 것을 본다. 슬기로운 자라면 본 것, 들은 것, 모든 것을 믿어서는 안 된다. 눈 있는 자는 오히려 눈먼 자와 같고, 귀 있는 자는 오히려 귀먹은 자와 같아야 한다. 지혜가 있는 자는 오히려 바보와 같고 힘센 자는 오히려 허약한 자와 같아야 한다. 생각하건대 의취가 성취되었을 때, 죽음의 침상에 누워야 하기 때문이다."

수많은 사람들이 깟짜야나의 논리적인 설법에 감화되어 제자가 되거나 출가를 원하게 되었다. 그런데 수행자가 되고자 출가한 사람에게 구족계를 주려면 최소 열 명의 비구가 필요했다. 그런데 변방이나 다름없던 아완띠 국에서 열 명의 비구를 모으기는 결코 쉬운 일이 아니었다. 그렇다고 출가를 원하는 이들을 다른 상가에 보내자니 가장 가까운 상가라고 해도 멀고 먼 꼬삼비 국에 있었다. 비구들은 붓다가 제정한 계율을 생명처럼 여겼다. 붓다 한 분 외에는 누구도 계율을 제정할 수 없었고, 함부로 고칠 수도 없었다.

깟짜야나는 이 문제를 논의하기 위해서 붓다를 뵙고자 사왓티의 기원정사로 떠나는 제자 소나꼬띠깐나(Sona-Kotikanna)에게 아완띠 국의 사정을 말씀드리게 했다. 지역의 특성을 고려해 계율의 적용을 적절히 가감할 수 있도록 요청한 것이었다.

붓다는 아완띠 국의 사정을 고려해 다섯 명의 비구만으로 구족계를 줄 수 있도록 예외 규정을 만들었다. 또한 검고 딱딱한 아완띠의 토질을 고려해 보름에 한 번으로 정해진 목욕을 보다 자주 할 수 있도록 허용했고, 양이나 염소, 사슴 등의 가죽으로 만든 이불도 사용할 수 있도록 허락했다. 이처럼 엄격한 붓다 교단의 계율 조항이 환경과 사정에 맞춰 수정됨으로써 아완띠에 새로운 상가가 정착될 수 있었다.

악기를 연주하듯

온몸에 황금빛 털이 가득한 소나꼴리위사(Sona-Kolivisa)라는 비구가 있었다. 라자가하에서 붓다의 게송을 듣고 출가한 그는 짬빠 시의 가장 부유한 장자 우싸바의 아들이었다. 우싸바의 아내가 아들을 잉태할 때부터 우싸바의 재산이 엄청나게 불어났고, 소나꼴리위사가 태어날 때에는 도시 전체가 축제를 벌일 정도로 큰 부를 축적했다. 부호의 아들답게 소나꼴리위사는 출가 전 건기, 하기, 우기의 인도 세 계절에 맞게 지어진 삼시전에서 지냈을 정도로 호화로운 삶을 살았다. 그러다가 라자가하에서 붓다가 설법을 한다는 소식을 듣고 부모와 함께 참석했다가 감명을 받고 출가를 결행했다.

출가 후 그는 시따바나 숲에서 명상을 하였으나 너무 많은 사람들이 그곳을 찾았기 때문에 집중하기 어려웠다. 그러나 그는 개의하지 않고 불굴의 노력으로 명상을 계속했다. 그런 그는 붓다로부터 '열심히 노력하는 님 가운데 제일'이라는 칭호를 받았다. 그런데 낮밤을 가리지 않고 정진했지만 그에게는 좀처럼 수행의 결과가 체득되지 않았다. '배운 대로 실천하자. 뒤로 물러서지 말자. 열심히 노력해 반드시 평안을 얻고 말겠다.'는 다짐을 하고, 피가 맺히도록 노력해도 보람이 없자 마음 한구석에 회의가 찾아들었다.

'죽을 힘을 다해 노력했으나 나는 여전히 속세의 미혹에서 벗어나지 못하고 있다. 아무런 소득도 없이 헛된 행만 거듭하고 있다. 수행의 결과를 증득하기에는 아무래도 자질이 부족한가 보다. 아, 차라리 집으로 돌아가 세속 생활에 만족하며 살까? 맛있는 것을 즐기면서 가난한 사람들에게 널리 보시하고 공덕을 쌓는 것이 낫지 않을까?'

이때 그의 마음을 천안으로 살펴 안 붓다가 직접 소나꼴리위사를 찾아갔다.

"소나꼴리위사, 그대에게 묻겠다. 그대는 집에서 지낼 때 악기를 잘 연주했다고 들었다. 사실인가?"

"예, 세존이시여."

"그대가 악기를 연주할 때 현을 너무 팽팽히 조이면 소리가 듣기 좋던가?"

"좋지 않습니다."

"그럼 지나치게 느슨하면 소리가 듣기 좋던가?"

"그 역시 좋지 않습니다. 스승이시여, 악기를 연주할 때 현의 완급을 적당히 조율하지 않으면 좋은 소리가 나지 않습니다."

붓다가 말했다.

"소나꼴리위사, 진리의 길을 걷는 것도 마찬가지다. 의욕이 지나쳐 너무 급하면 초조한 마음이 생기고, 열심히 하려는 뜻이 없으면 태만으로 흐르는 것이다. 그러니 극단적으로 생각하지 말고 항상 가운데 길로 걸어가야 한다. 그러면 머지않아 이 속세의 미혹을 벗어나게 될 것이다."

붓다의 이 가르침으로 다시 마음을 다잡은 소나꼴리위사는 머지않아 중도(中道)를 체득하였다. 그는 자신이 얻은 경지를 이렇게 노래했다.

지나치게 용맹스런 정진에
세상에서 위없는 스승,
눈을 갖춘 님께서 비파의 비유를 들어
가르침을 나에게 설했다.

나는 스승의 말씀을 듣고,
가르침에 기뻐했으니,
최상의 의취를 성취하기 위해
평정을 닦았다.
세 가지 명지를 성취하였으니
깨달은 님의 교법이 나에게 실현되었다.

세상에서 출리를 지향하고
폭력의 여읨에 전념하여
집착을 부순 자의
마음의 멀리 여읨을 보라.

갈애의 부숨을 지향하고,
마음으로 미혹을 여의고
감각영역의 생성을 관찰하니
올바로 마음이 해탈된다.

올바로 마음이 해탈되어
적멸에 든 수행승에게
행한 것에 덧붙여야 할 일도 없고
해야 할 일도 없다.

도리천에서 진리를 설하다

붓다가 대각을 성취한 지 7년째 되던 해였다. 사왓티의 기원정사에서 머물던 붓다는 깊은 고민에 빠져 있었다. 어떤 일이 닥치든 막힘없이 해결하는 지혜와 위신력을 가진 붓다였지만 이번만은 사정이 달랐다. 바로 신통에 관한 고민이었던 것이다.

실제 붓다는 마꿀라(Makula) 언덕에서 여섯 번째 안거를 지낸 후 라자가하에서 전단목으로 만든 바리때를 신통력으로 차지한 삔돌라 바라드와자(Pindola Bhāradvāja)를 나무란 적이 있었다. 삔돌라 바라드와자는 아라한이 된 후 자신 있게 사자후를 토해 붓다로부터 '사자후를 토하는 자들 가운데 으뜸'이라는 별칭을 얻기도 한 비구였다. 붓다가 신통을 금한 이유는 남의 마음을 읽거나 하늘을 날아다닌다고 한들 그런 것들은 한순간의 감탄사만 자아낼 뿐이고 그 신통을 부리는 자만이 경험하고 그것을 나타내는 자의 것에 불과하여 다른 사람들과 나누어 가질 수도, 사람들의 삶의 질을 바꿔줄 수도 없다는 것이었다. 붓다는 오직 잘 설해진 진리를 배워 익히고 실천함으로써 각자가 자신을 바꿔나가며 삶을 향상시키는 것을 진정한 이적으로 여겼다. 또한 붓다는 이 사건 이후 모든 비구들이 전단목으로 만든 목바리때를 사용하지 않도록 규율을 정했다.

"비구들이여, 재가자들에게 인간을 뛰어넘는 법인 신통변화를 보여주어서는 안 된다. 보여주면 둑까따(dukkata, 악작죄)가 된다. 비구들이여, 그 나무로 만든 바리때를 부수어 가루로 만들어 비구들의 연고에 섞는 향료로 나누어주어라. 비구들이여, 그 나무로 만든 바리때를 갖고 다녀서는 안 된다. 지닌다면 둑까따가 된다."

이처럼 붓다는 신통에 대해 매우 신중한 입장이었다. 엄청난 신통의 능력을 갖춘 붓다가 그것을 나타내 보이는 것을 꺼려한 이유도 여기에 있었다. 붓다는 지금까지 쌍신변(雙神變)의 신통을 두 번 보여준 적이 있었다. 첫 번째는 정각을 성취한 후 대보리수(Mahābodhi) 아래에서 천신과 범천의 마음에 일어난 의심을 풀어주기 위해서였고, 두 번째는 까삘라왓투를 방문했을 때 모여든 친족, 즉 사끼야 족들의 자만심을 꺾기 위해서였다.

붓다가 비구들에게 신통을 금할 것을 분부한 후 붓다의 상가가 급속하게 성장하는 데 두려움과 시기심을 갖고 있던 이교도들은 도리어 잘되었다며 반겼다. 그러고는 붓다와 이적 대결을 벌여 콧대를 꺾어놓겠다는 적의를 품고 있었다. 사왓띠에 머물고 있는 붓다에게 이교도들로부터 잇따른 이적 대결 제안이 들어온 것도 이즈음이었다.

붓다로서는 그들의 대결 제의가 탐탁지 않았으나, 언제까지 무시할 수도 없는 지경이었다. 붓다가 이적 대결을 피한다며 붓다를 조롱하거나 비난하는 자들의 목소리가 조금씩 힘을 얻고 있기도 했다. 더구나 며칠 전, 삭까(제석천왕)가 동틀 무렵에 붓다를 찾아와 간청을 올린 일이 있었다.

"세존이시여, 붓다가 세상에 출현함은 다섯 가지 큰일을 위함이라고 알고 있습니다. 첫째는 법을 설하여 사람과 하늘을 교화함이고, 둘째는 부모를 제도함이며, 셋째는 믿지 않는 자를 믿게 함이고, 넷째는 아직 보살의 마음을 일으키지 못한 자에게 보살의 마음을 일으키게 함이며, 다섯째는 보살에게 어느 때에 부처가 될 것을 증언하기 위해서입니다. 그런데 세존의 어머니께서 도리천에 계시며 세존의 법을 듣고자 간절한 마음을 내고 있는데 어찌하여 세존께서는 이를 행하지 않으십니까? 부디 도리천에 오르시어 어머니를 위해 법을 설하소서."

삭까의 말을 들은 후부터 붓다의 고민은 시작되었다. 붓다는 도리천에 오르는 것을 포함하여 사람들에게 이적을 보여야 할 것인가, 말 것인가를 선택해야 하는 기로에 서 있었던 것이다. 스스로는 물론, 제자들에게 이적을 금하라는 당부를 해온 탓도 있었지만, 당시의 정황은 붓다가 이 문제를 쉽게 판단할 수 있는 단계가 아니었다. 더구나 붓다의 출현에 위협을 느낀 이교도들은 붓다에 대한 극성스러운 시기와 비방을 서슴지 않고 있었다. 이를 방치할 경우 교단 전체에 해악을 끼칠 수도 있다는 우려가 분출되고 있었다. 혜성처럼 나타나 수많은 수행자와 재가자들로부터 귀의를 받고 있는 붓다에 대해 기성의 종교 지도자들이 질투와 두려움을 갖는 것은 당연한 것일 터였다.

　붓다의 생사와 우주의 본질을 꿰뚫는 가르침과, 수행자들을 교화하는 탁월한 능력에 위협을 느낀 이교도들로서는 그가 펼치는 가르침들이 모두 삿된 것이라고 힐난하는 것만으로는 도저히 붓다가 펼치는 진리의 확장을 막을 수 없었다. 그들이 붓다를 향해 이른바 '이적행 대결'을 제안하고 나선 것은 그들로서는 마지막 수단과 같은 것이었다. '당신이 정말 대단한 깨달음을 얻었다면 이적의 행을 해보여라, 누가 더 대단한 이적을 보이는가, 한 번 대결을 펼쳐보자.'는 이교도들의 집요한 요구를 무작정 거절할 수도 없었다. 게다가 **빠세나디** 왕조차 이적을 피하면 우매한 사람들은 붓다의 법을 외면하게 될 수도 있다며 이적행을 보일 것을 권하고 있었다.

　'아, 이적을 보일 것인가, 말 것인가. 이적을 보이는 것이 과연 옳은 일인가.' 긴 시간 동안 고민을 거듭한 붓다는 드디어 결단을 내렸다. '부모를 제도하기 위해, 믿지 않는 자를 믿도록 하기 위해' 그토록 삼갔던 이적행을 나타내 보이기로 결심한 것이었다. 이적을 보임으로써 근거 없이 자신과 자신의 상가를 비난하는 자들을 일시에 제압하는 동시에 도리천에 머물고 있는 어머니 마야데위도 교화하는 기회로 삼고자 꺼렸던 방편을 선택한 것이었다.

　'이적행 대결'의 장소는 사왓티 기원정사 인근에 위치한 암라(Amra, 망고)나무 숲으로 정해졌다. 사왓티는 나체수행자를 비롯한 많은 이교도들의 사상이 팽배해 있던 지역이었다. 따라서 그들은 자신들의 영역에 들어온 이방인 붓다를 욕보이려는 음모를 여러 차례 꾸몄다. 음모는 갈수록 그 수법이 과격하고 교묘해졌다. 한번은 순다리라는 한 여인을 꾀어내 붓다의 아이를 가졌다고 꾸며댐으로써 붓다의 권위를 한꺼번에 짓밟으려는 시도를 한 일이 있었다. 물론 이 음모는 실패로 돌아갔지만 그들은 이후에도 수없이 많은 비열한 짓을 자행했다. 아무런 근거도 없는 비방이라고는 하지만, 그 소문이 씨앗이 되어 헛소문이 꼬리를 물며 점점 퍼져나갔다. 결국 붓다와 붓다가 이끄는 교단에 대한 악의적인 평판이 흉흉해졌고, 이것은 붓다가 마침내 이 적행의 결단을 내리는 배경이기도 했다.

"사왓티의 동쪽 암라나무 숲에서 신통을 보이겠노라."

암라나무 숲은 자그마한 언덕이었다. 이적 대결이 열리는 날, 붓다의 제자를 비롯하여 많은 수행자들, 이교도들, 그리고 군중들이 구름같이 암라나무 숲으로 모여들었다. 좌정한 붓다의 앞에는 망고동산의 지기가 공양 올린 망고가 놓여 있었다. 군중들은 숨을 죽인 채 붓다의 일거수일투족을 주시하고 있었다.

이윽고 붓다가 가만히 망고를 들어 천천히 망고를 먹은 다음, 망고 씨앗을 땅에 심었다. 그 순간, 땅속의 망고 씨가 싹을 틔우더니 파죽지세로 무섭게 자라나기 시작했다. 군중들은 이 믿기지 않는 광경을 보고 두 눈이 휘둥그레졌다. 이어 붓다는 자신의 몸을 분리해 동시에 천 명의 붓다가 동시에 공중에 모습을 나타내 보이는[千佛化現] 이적을 보였다. 이어 붓다는 쌍신변의 놀라운 이적을 행했다. 붓다가 보여준 이적들은 그 수준과 스케일 면에서 몇몇 이교도 지도자들의 것과는 비교조차 할 수 없는 것이었다. 운집했던 이교도들은 물론이고 군중들도 붓다의 불가사의한 능력에 감복해 어쩔 줄을 몰라 했다. 군중들이 놀라움과 감동에 빠져 있을 즈음, 붓다는 조용히 몸을 감춰 하늘세계[天上]로 올랐다. 붓다가 오른 하늘 세계는 생모 마야데위가 있는 도리천이었다.

사별한 생모를 처음 만나게 되는 붓다의 마음은 복잡했다. 기쁘

기도 했고 설레기도 했으며 왠지 모를 슬픔도 밀려왔다. 붓다가 삭까
천왕의 보좌에 올라앉자 마야데비는 물론 도리천과 야마천, 타화자
재천 등 다른 하늘세계의 천신들이 구름처럼 찾아와 예경하고 붓다
의 법석에 함께 했다. 이윽고 붓다가 어머니와 하늘세계 사람들을 위
하여 법을 설하셨다.

> "삼계의 중생이 경험하는 것은 괴로움과 즐거움 두 가지 길입
> 니다. 어머니께서 이때까지 지내온 것도 그것입니다. 이제부
> 터는 괴로움과 즐거움의 구렁텅이에서 떠나야 합니다. 세상
> 사람이나 하늘사람이나 지니고 있는 몸은 다 사대(지수화풍)와
> 사온(수상행식)이 화합하여 거짓 신명을 구성한 것입니다. 그
> 것은 그 자체가 본래 실체가 없어서 내 것이라고 할 주체가 없
> 는 것이며, 늘 있는 것이 아닙니다. 나고 죽음의 존재이며 마
> 침내 고통의 근본이 되는 것입니다. 깊이 이 이치를 보아 깨닫
> 는 이는 바로 삼계의 굳은 감옥을 깨뜨리고 닙바나(열반)의 저
> 언덕에 이르게 되는 것입니다."

 위대한 스승이자 자신의 아들이기도 한 붓다의 설법을 들은 마야데
위는 이내 속세의 깊은 인연의 고리와 번뇌의 얽힘에서 풀려나와 깨
달음을 성취하고, 열반의 언덕에 올라 더 할 일이 없는 경지에 올랐
다. 붓다의 설법이 끝나자 마야데비가 나서며 붓다에게 말했다.

> "세존이시여, 저는 세존의 법을 듣고 마침내 나고 죽음의 감옥
> 을 벗어나 깨달음을 얻었습니다. 불에 달구어진 쇳덩이에 접

촉하는 자의 몸이 타는 것과 같이 번뇌의 불에 타는 중생은 다
나고 죽는 윤회의 구렁에 빠집니다. 세상 사람들이 번뇌의 흐
름에 따라 구르는 것은 마치 빠른 바람 앞에 흔들리는 나뭇잎
과 같습니다."

이어 마야데위는 자신의 아들 앞에서 게송으로 깨달음의 기쁨을 노
래했다.

　나에게 법의 비를 부어주어
　타는 목을 적셔주시고
　마른 싹을 틔어냄이여
　이 싹을 길러 열매 맺으리.

　어두운 밤에 헤매며 무명의 잠 속에 갇혀
　나아갈 길도 찾을 줄 몰랐나니
　세존께서 이제 길을 보여주셨네.

　세존은 큰 의왕(醫王)이시라
　병을 따라 약 베푸시니
　사람이 그것 믿고 받아먹으면
　반드시 병 없는 몸이 되리라.

　끝없는 그 옛적부터 불타던
　사람의 번뇌를 없애주시고

가없는 희망을 베풀어 주심은
오직 세존 한 분뿐일세.

생모의 게송을 경청한 붓다는 다시 모든 하늘 사람들을 위하여 법을
설했다.

"세상 사람이 미혹의 세계에서 벗어나지 못하는 것은 욕심과
성냄과 어리석음의 세 가지 독한 마음이 있기 때문입니다. 이
것으로 인하여 하늘이나 인간에 나기도 어렵거늘 하물며 나
고 죽음을 벗어날 수 있겠습니까? 삼독을 녹여버리고 하늘의
복락을 길이 누리고자 하거든 언제나 남에게 베풀어주기를
좋아하며, 어떤 욕됨과 어려운 일이라도 참으며, 법을 들어 지
혜 닦기를 즐겨해야 합니다. 그리고 이 몸은 오온이 화합한 거
짓의 것임을 알아 그것에 탐착하지 말아야 합니다. 이 탐착을
여읜 이는 장차 나고 늙고 병들고 죽는 근심, 걱정, 괴로움을
벗어나게 될 것입니다."

그때에 한 천인이 자리에서 일어나 붓다에게 예배하고 게송으로 노
래했다.

모든 사람을 불쌍히 여기시어
집을 떠나 깨침을 구하심이라.
오랜 시간에 고행을 닦아
인간 천상에 복 밭을 이루셨네.

아아 지극하신 성자시어
모든 악마를 다 이기시고
길이 어둠을 여의시어
세상에 뛰어나는 도 이루셨네.

한편 사왓티에서는 붓다의 이적행을 계기로 수많은 이교도들과 청중들이 붓다와 붓다의 상가에 다투어 귀의했다. 이후 이교도들이 붓다와 붓다의 교단을 넘보는 일도 눈에 띄게 줄어들었다. 붓다와 그 가르침, 그리고 상가의 위상이 크게 격상되었기 때문이었다. 붓다가 하늘세계에 머문 시간은 석 달이었다. 이적행을 보인 후 홀연히 사라진 스승을 찾아 하늘세계까지 좇아온 아누룻다의 간청에 의해 붓다는 사왓티 인근의 도시 산카샤(Sankassa)를 통해 다시 잠부디빠로 하강했다.

붓다가 도리천으로부터 다시 세상으로 돌아오던 날, 붓다의 제자 중 가장 신통력이 뛰어났던 목갈라나는 스승이 다시 세상에 돌아오는 장소가 산카샤라는 것을 미리 알고, 사리뿟따 등 다른 제자들에게 알려 하늘에서 내려오는 붓다를 마중하도록 했다. 이 일을 기화로 목갈라나와 사리뿟따는 신통력과 지혜력에서 역시 으뜸가는 제자임을 대중들로부터 다시금 입증받게 되었다.

과거생의 부모님

붓다가 깨달음을 성취한 후 8년, 붓다는 그해 안거를 박가(Bhaggā) 족의 수도 숭수마라기리(Sumsumāragiri) 근처의 베사깔라(Bhesakalā) 동산에서 보내고 있었다. 왓지 연맹의 일원인 박가 족의 주요 활동 무대였던 숭수마라기리는 왐사(Vamsā) 국에게 정복되어 우데나의 아들 보디가 총독으로 파견되어 있었다. 보디 왕자는 연꽃 모양의 아름다운 궁전 고까나다(Kokanada) 낙성식에 붓다를 초청한 인연으로 붓다에게 귀의하고 삼보를 받드는 우바새가 되었다.

붓다가 야생동물들을 보호해 사냥을 금지하던 베사깔라 숲에서 지내던 어느 날이었다. 걸식을 하러 성 안으로 들어섰을 때, 다정히 손을 잡고 걸어오던 칠순의 노부부가 붓다를 보고 소리쳤다.

"아들아!"

그들의 두 눈에 눈물이 고였다. 두 팔을 벌리고 달려드는 노부부를 붓다 옆에 있던 비구들이 막아섰다. 그때 붓다가 조용한 목소리로 말했다.

"노부부께서 내게 오는 것을 막지 말라."

비구들이 물러서자 붓다 옆으로 다가선 노부부는 붓다를 앞뒤로 껴안고 얼굴을 부비며 반가워 어쩔 줄 몰랐다.

"아들아, 어서 집으로 가자. 여러분도 같이 갑시다. 오늘 식사
는 저희 집에서 하세요."

붓다의 바리때를 빼앗아 든 노인은 앞장섰고, 붓다의 손을 잡아끈 부인은 그들의 집에 도착하자 대문을 밀치며 소리쳤다.

"우리 아들이 왔다. 어서 자리를 깔아라."

공양을 하는 동안 갖가지 음식을 집어 그릇에 놓아주고 발아래 엎드려 울기도 한 노부부는 붓다 곁을 떠나지 못했다. 붓다가 공양을 마치고 바리때를 거두자 노인이 말했다.

"우리는 결혼을 하고 바로 아들 하나를 얻었지. 날다람쥐처럼
재빠르고 영리하라고 나꿀라라고 이름을 지었는데…. 어찌나
닮았는지 나는 그대가 내 아들 나꿀라(Nakula)인 줄 알았어."
"아드님은 지금 어디에 있습니까?"
"결혼해서 멀리 가 살고 있지. 딸자식들도 마찬가지고. 무슨
일이 일어났는지 몇 해가 지나도록 소식이 없구먼."

거칠고 주름진 피부에 휑한 눈동자가 그들의 외로움을 말해주고 있었다. 붓다는 잠깐이나마 자신을 아들로 착각했던 노부부를 위해 차

근차근 법문을 들려주었다. 노부부는 붓다의 설법을 들으며 합장한 손을 내려놓지 못했다. 노인은 붓다의 발을 쓰다듬으며 청했다.

> "우리에겐 세존께서 꼭 우리 아들같이 보입니다. 감히 세존을 아들이라고 불러도 되겠습니까?"

붓다는 웃으며 노인의 손을 잡고 말했다.

> "예, 그렇게 부르십시오."
> "지금 세존께서는 어디에 머물고 계십니까? 이 도시 가까이 머물면 날마다 우리 집으로 와서 공양하시기를 원합니다."

그러나 붓다는 정중히 거절했다. 그날 이후 이 노부부는 노인들에게는 결코 가깝지 않은 길을 걸어 날마다 베사깔라 숲을 찾아왔다. 달콤한 과일이라도 생기는 날이면 들고 오는 것도 빠뜨리지 않았다. 늙은 부부는 공작새보다 조심스러운 걸음으로 다가와 붓다가 앉는 자리와 경행하는 오솔길을 청소하고, 마실 물이 없으면 항아리에 물을 길어다 놓았다. 또 풀이 우거지면 호미와 괭이로 깨끗이 뽑고, 나뭇잎이 어지럽게 흐트러져 있으면 한 사람은 빗자루를 들고 한 사람은 소쿠리를 들었다. 노인들의 손놀림은 느렸지만 온화했다. 노부부의 때를 가리지 않는 방문에도 숲속에 자리한 비구들은 누구하나 불평하는 일이 없었다. 도리어 서쪽으로 해가 기울 때면 자비로운 늙은 부부의 방문을 은근히 기다리곤 했다. 지팡이를 짚고도 서로 맞잡은 손을 놓지 않는 노부부의 사랑은 숲속 앵무새도 부러워할 정도였다. 어느 날

아내의 손을 꼭 잡은 노인이 붓다에게 말했다.

"세존이시여, 저희 두 사람은 젊은 나이에 결혼해 근 육십 년
을 함께 살았답니다. 그날부터 이때까지 서로를 속인 적이 한
번도 없답니다. 서로의 뜻에 어긋나는 일이면 몸은 고사하고
마음으로도 짓지 않았답니다. 이제 남은 소원이라면 지금까
지도 그랬듯 죽는 날까지 늘 함께 하는 거랍니다. 아니, 다음
다음 생에도 언제나 함께 하는 게 소원이랍니다. 세존이시여."

이 말을 들은 붓다가 다정한 음성으로 말했다.

"아내와 남편 두 사람이 한평생 웃으며 함께 가고, 다음 생에
도 언제나 손을 잡고 함께 가기를 원하신다면 두 분이 같은 믿
음을 가져야 합니다. 훌륭한 덕목들을 같이 지키고, 훌륭한 이
들에게 같이 보시하고, 지혜 역시 같아지도록 함께 노력해야
합니다. 그렇게 하신다면 두 분의 소원이 이루어질 것입니다."

그런데 붓다와 숲속 비구들을 친아들처럼 여기며 온갖 정성을 아끼
지 않던 부부가 며칠째 모습을 보이지 않았다. 그러던 어느 날 휘청거
리는 몸을 지팡이에 의지한 채 노부부가 다시 숲을 찾아왔다. 그 사이
에 노인은 부쩍 쇠약해져 있었다. 입가에 흐르는 침을 닦아가며 한마
디 한마디를 또렷이 말하려고 애쓰는 기색이 역력했다.

"세존이시여, 언제나 세존을 뵙고 싶고, 마음을 편안하게 해주

는 수행승들을 날마다 모시고 싶지만, 제가 늙고 병들어 기력이 없습니다. 이제는 하루하루가 다르게 쇠약해져갑니다. 자꾸 자리에 눕게 되는군요. 마음은 그렇지 않은데 말이지요. 어디 한 군데 아프지 않은 곳이 없어요. 세존이시여, 사정이 이렇다 보니 저는 세존과 마음에 새겨야 할 고귀한 비구들을 거의 친견할 수 없습니다. 세존이시여, 세존께서 이런 저희를 훈도해주시면 안 되겠습니까? 세존이시여, 세존께서 저희를 가르쳐주소서. 그러면 저희에게 오래도록 이익과 행복이 될 것입니다."

붓다는 허리를 숙이고 노인의 손을 잡았다.

"그렇게 하겠습니다. 잘 들으십시오. 이 몸은 끊임없이 병들고 있습니다. 스치기만 해도 깨지는 새알의 껍질처럼 우리 몸을 보호하고 있는 살결은 얇고 연약합니다. 이런 몸을 끌고 다니면서 잠시라도 '나는 건강하다, 나는 튼튼하다, 나는 병이 없다.'고 자부하는 이가 있다면 어찌 어리석은 사람과 다르다고 하겠습니까? 그는 그 순간이 지난 다음 언젠가는 '내가 제정신이 아니었다.'고 후회하는 날이 올 것입니다."
"세존이시여, 이렇게 아프고, 서글프고, 두려워질 땐 어떻게 수행해야 합니까?"

붓다가 대답했다.

"늘 이렇게 생각하십시오. '나의 몸은 병들었지만 마음은 병들
지 않을 것이다.'라고."

노부부의 얼굴에서 환한 미소가 피어났다. 붓다 앞에서 물러난 그들은
기쁜 마음으로 숲에서 나오다 사리뿟따 존자를 만났다. 사리뿟따는
숲을 들어서던 얼굴과는 전혀 달라진 노부부를 보고 다가가 물었다.

"장자 부부이시여, 오늘 당신들의 감각기관들은 참으로 고요
하고 안색은 아주 맑고 빛납니다. 오늘 당신들은 세존에게서
어떤 법문을 들으셨습니까?"

그러자 노 장자가 사리뿟따의 손을 잡으며 밝게 웃었다.

"존자시여, 세존이 제 아들인데 무슨 법인들 듣지 못하겠습니
까? 오늘 저는 세존으로부터 감로의 법문으로 관정(灌頂, 물이
나 향수를 정수리에 뿌리는 의식)을 하였습니다."

노 장자는 붓다에게 여쭌 말과 들은 법문을 자랑스럽게 사리뿟따에
게 말해주었다. 늘어진 그의 주름이 웃음으로 펴졌다. 사리뿟따 역시
기뻐하며 덧붙여 물었다.

"장자여, 그럼 당신께서는 세존께 '세존이시여, 그러면 어떤
것이 몸도 병들고 마음도 병든 것입니까? 그리고 어떤 것이
몸은 병들었지만 마음은 병들지 않은 것입니까?'라고 더 질문

을 드려야겠다는 영감이 떠오르지 않았습니까?"

"아차, 그것을 여쭈지 못했네요. 그건 우리 사리뿟따 존자께서 말씀해주시면 안 되겠습니까? 존자시여, 그 말씀의 뜻을 바르게 이해하기 위해서 저는 아무리 먼 곳에 있더라도 사리뿟따 존자의 곁으로 찾아와야 할 것입니다. 그러니 사리뿟따 존자께서 이 말씀의 뜻을 설명해주시면 감사하겠습니다."

"장자이시여, 그렇다면 잘 들으십시오. 잘 듣고 마음에 새기십시오. 지금부터 그것에 대해 설법하겠습니다."

"그렇게 하겠습니다, 존자시여."

나꿀라삐따(Nakulapitā) 장자는 사리뿟따 존자에게 예의를 다한 후 공손히 대답했다. 사리뿟따 존자가 말했다.

"장자이시여, 어떤 것이 몸도 병들고 마음도 병든 것이겠습니까? 장자이시여, 배우지 못한 범부는 성자들을 친견하지 못하고 성스러운 법에 능숙하지 못하고 성스러운 법에 인도되지 못하고 참된 사람들을 친견하지 못하고 참된 사람의 법에 능숙하지 못하여 물질을 자아라고 관찰하고, 물질을 가진 것이 자아라고 관찰하고, 물질이 자아 안에 있다고 관찰하고, 물질 안에 자아가 있다고 관찰합니다. 그는 '나는 물질이다. 물질은 내 것이다.'라는 삿된 견해에 사로잡힙니다. 그러나 이처럼 '나는 물질이다. 물질은 내 것이다.'라는 견해에 사로잡힌 자의 물질은 변하고 다른 상태로 되어가기 때문에 그에게는 근심·탄식과 육체적 고통, 정신적 고통, 그리고 절망이 일어납니다.

마찬가지로 범부들은 느낌을 자아라고 관찰하고, 느낌을 가진 것이 자아라고 관찰하고, 느낌이 자아 안에 있다고 관찰하고, 느낌 안에 자아가 있다고 관찰합니다. 그는 '나는 느낌이다. 느낌은 내 것이다.'라는 견해에 사로잡힙니다. 물질과 마찬가지로 '나는 느낌이다. 느낌은 내 것이다.'라는 견해에 사로잡힌 자의 느낌은 변하고 다른 상태로 되어가기 때문에 그에게는 근심·탄식, 육체적 고통, 정신적 고통, 그리고 절망이 일어납니다. 인식과 심리현상들, 알음알이도 이와 같습니다. 장자시여여, 이것이 몸도 병들고 마음도 병든 것입니다."

사리뿟따 존자의 논리 정연한 법문에 노 장자는 강력한 집중으로 빠져들어갔다. 사리뿟따의 법문이 계속 이어졌다.

"장자이시여, 그러면 어떤 것이 몸은 병들었지만 마음은 병들지 않은 것입니까? 여기 잘 배운 성스러운 제자는 성자들을 친견하고 성스러운 법에 능숙하고 성스러운 법에 인도되고 참된 사람들을 친견하고 참된 사람의 법에 능숙하여 물질을 자아라고 관찰하지 않고, 물질을 가진 것이 자아라고 관찰하지 않고, 물질이 자아 안에 있다고 관찰하지 않고, 물질 안에 자아가 있다고 관찰하지 않습니다. 그는 '나는 물질이다. 물질은 내 것이다.'라는 그릇된 견해에 사로잡히지 않습니다. 이처럼 '나는 물질이다. 물질은 내 것이다.'라는 견해에 사로잡히지 않은 자의 물질은 변하고 다른 상태로 되어가지만 그에게는 근심·탄식, 육체적 고통, 정신적 고통, 그리고 절망은 일어나지 않습니다. 느낌과 인식과 심리현상들과 알음알이도 물질과 같은 이치와 마찬가지입니다. 장자이시여, 이것이 몸은 병들었지만 마음은 병들지 않은 것입니다."

사리뿟따 존자의 법문이 끝나자 노 장자 부부는 존자의 발아래 머리를 조아렸다. 그동안 지혜가 밝지 못해 오온이 뭉쳐진 이 몸을 '나'라고 생각하거나 '나의 것'이라고 생각해온 자신들이 부끄러웠다. 그렇게 생각하기 때문에 이 몸을 집착하고 붙들려고 애써온 자신, 집착하고 붙들기 때문에 이 몸이 변하고 무너지고 파괴되는 것을 보고 통곡하고 탄식했던 자신, 차가운 슬픔과 뜨거운 번민에 괴로워했던 자신이 부끄러워졌다. 동시에 그에게는 지혜로운 안목이 생겨났다는 기쁨이 넘쳐흘렀다. 노 장자는 자신도 모르게 탄성을 내뱉었다.

"오, 사리뿟따 존자여! 당신은 참으로 지혜로우십니다."

우기가 끝나고 붓다가 숭수마라기리를 떠나 여러 곳을 유행한 뒤 다시 숭마마라기리에 왔을 때, 붓다는 노 장자가 돌아가셨다는 연락을 받았다. 붓다는 그의 장례식에 직접 참석했다. 붓다는 장례식에 모인 사람들에게 말했다.

"사람의 목숨은 짧아 백 년도 살지 못합니다. 아무리 오래 산다 해도 결국 늙고 죽는 것을 피할 수 없습니다. 사람들은 '내 것'이라 여겨 슬퍼하지만 참으로 '내 것'이란 영원한 것이 아닙니다. 그런 것은 존재하지 않는 것임을 알고 소유하는 삶에 머물지 마십시오. 사람들은 '이것이 내 것이다.'라고 생각하지만 죽음으로 그것을 잃게 됩니다. 현명한 나의 벗들이여, 이와 같이 알고 '내 것'이라는 것에 경도되지 말아야 합니다. 꿈에서 만난 사람을 잠에서 깨어난 사람이 다시 볼 수 없듯이, 사랑하는 사람이 죽어 세상을 떠나면 다시는 그를 볼 수가 없습니다. 살아서 이름을 부르던 그 사람은 눈으로 보기도 하고 목소리를 듣기도 했지만 그들이 죽으면 이름만 불릴 뿐입니다."

붓다가 잠시 대중을 돌아보고 말을 이어갔다.

"내 것에 탐욕을 부리면 걱정과 슬픔과 인색함을 버리지 못합니다. 그러므로 안온을 보는 성자는 소유를 버리고 유행하는 것입니다. 모든 탐욕을 떠나 자기를 내세우지 않고 홀로 명상하며 유행하는 것이 수행자에게 어울리는 삶입니다. 성스러운 삶을 사는 사람은 어디에도 머무르지 않고, 결코 사랑하거나 미워하지 않습니다. 물이 연잎을 더럽히지 못하듯, 슬픔도 인색함도 그런 사람은 더럽히지 못합니다. 연잎에 물방울이 묻지 않듯, 연잎이 물방울에 더럽혀지지 않듯, 보이는 것과 들리는 것과 생각한 것에 의해 성자는 더럽혀지지 않습니다. 보이는 것과 들리는 것과 생각한 것으로부터 청정한 사람은 그것에 매몰되지 않으며, 다른 것에 의해 청정해지기를 원하지도 않습니다. 탐착하지 않고, 따라서 탐착을 떠나려 하지도 않습니다."

훗날 붓다는 '세존을 아들로 부르던 나꿀라삐따 부부와의 인연'을 묻는 아난다의 질문을 받았다.

> "세존이시여, 노부부가 세존을 보자마자 아들이라 부른 것은
> 무슨 인연입니까?"
> "아난다, 저 노부부는 오랜 전생에 나의 부모님이셨다."

붓다는 금슬 좋은 나꿀라삐따 부부의 행복한 결혼생활이 다음 생에도 이어지기를 발원했다. 붓다는 이 두 사람을 '제자들 중 가장 의좋은 사이'로 인정했다.

행복과 파멸의 문

붓다가 사왓티의 기원정사에 머물 때였다. 어느 날 새벽 동이 틀 무렵 한 천신이 제따 숲을 매우 아름답게 비추면서 붓다께서 계시는 곳으로 찾아왔다. 천신은 붓다 앞으로 가까이 다가와서는 예배를 올린 후 한쪽에 서서 물었다.

> "사람들은 물론 많은 천신들도 행복을 추구하며, 축복을 생각합니다. 인천의 스승이시여, 무엇이 세상을 살아가는 사람들에게 최상의 행복이며, 어떻게 하면 그 행복을 성취할 수 있겠습니까?"

붓다는 모두가 추구하는 행복에 대해 말할 좋은 기회라고 여기고 행복해지는 방법에 대해 자세히 답했다.

> "어리석은 사람과 어울리지 않고, 지혜로운 사람과 가까이 지내며, 존경할 만한 사람을 공경하는 것, 이것이야말로 최상의 행복이며 복을 짓는 더없이 좋은 방법이다. 적절한 곳을 찾아 조화로이 사는 것, 무슨 일이든지 앞서 미리 선행을 닦는 것, 스스로 몸과 마음을 옳은 곳에 두는 것, 이것이야 말로 최상의 행복이며 복을 짓는 더 없이 좋은 방법이다. 널리 배워 많은

것을 아는 것, 훌륭한 기술을 익히는 것, 현행 규범을 익히고 잘 따르는 것, 좋은 말로 서로 함께 대화하는 것, 어머니와 아버지를 가까이 모시는 것, 자녀와 배우자를 화목하게 돌보는 것, 안정된 직업으로 생활하는 것, 물질을 베푸는 것, 가르침에 따라 여법하게 살아가는 것, 친지들을 도와주는 것, 잘못된 일을 하지 않는 것, 나쁜 것을 혐오하여 삼가는 것, 악한 것으로부터 아주 멀리 떠나는 것, 정신을 흐리게 하는 술 등을 멀리하는 것, 붓다의 가르침대로 열심히 정진하는 것, 이것이야 말로 최상의 행복이며 복을 짓는 더 없이 좋은 방법이다. 진리의 가르침을 존중할 줄 아는 것, 가르침 앞에 스스로 겸손할 줄 아는 것, 어떤 상황에서도 만족할 줄 아는 것, 일이 성취됨에 고마운 줄 아는 것, 자주 자주 때맞춰 법문을 듣는 것, 이것이야 말로 최상의 행복이며 복을 짓는 더 없이 좋은 방법이다."

붓다는 계속해서 최고의 행복에 대해 자세히 설파했다.

"욕된 일마저 자제하며 인내할 줄 아는 것, 수순하며 용서할 수 있는 것, 수행하는 이들을 찾아뵙는 것, 자주 때맞춰 담마(진리)에 대해 이야기 나누는 것, 열정적으로 힘써 도를 구하는 것, 청정한 삶을 사는 것, 사성제에 눈을 뜨는 것, 몸소 열반을 체험하고 성취하는 것, 세상살이 많은 일에 부딪쳐도 마음이 흔들리지 않는 것, 슬픔과 번민 없이 안온한 것, 물듦 없는 깨끗한 마음을 갖는 것, 고요하여 더 없이 평안한 것, 이것이야 말로 최상의 행복이며, 복을 짓는 더 없이 좋은 방법이다."

붓다는 이어 사람들이 파멸에 이르는 길에 대해서 설법했다.

"참된 이치를 싫어하는 것, 잠꾸러기에 여럿이 어울리는 것을 좋아하는 것, 애써 노력하는 일 없이 나태하며 곧잘 화를 내는 것, 자기는 풍족하게 살면서 늙고 쇠약한 부모를 돌보지 않는 것, 브라만과 수행자 혹은 걸식하는 이들을 거짓말로 속이는 것, 엄청난 재물과 황금과 먹을 것을 가진 이가 맛있는 음식을 혼자서 먹는 것, 혈통을 자부하고 재산을 자랑하고 가문을 뽐내면서 자기 친지를 멸시하는 것, 여자에게 미치고 술에 중독되고 도박에 빠져 버는 족족 없애버리는 것, 자기 아내로 만족하지 않고 매춘부와 놀아나며 남의 아내와 어울리는 것, 청춘을 넘긴 남자가 띰바리때(멜론과 비슷하게 생긴 구형의 열매를 맺는 나무) 열매 같은 가슴을 가진 젊은 여인을 유혹하고 또 그녀에 대한 질투로 밤잠을 설치는 것, 술에 취하고 재물을 낭비하는 여자나 남자에게 실권을 맡기는 것, 왕족의 집안에 태어난 이가 권세는 적으면서 욕심이 지나치게 커 이 세상에서 왕위를 얻고자 하는 것이 파멸로 가는 문이다."

이교도들의 비방

붓다와 붓다의 상가에 대한 세상의 좋은 평판과 칭찬이 퍼져나가면서 마가다 국의 수많은 귀공자들이 붓다에게 다투어 귀의했다. 그러나 이런 모습을 본 사람들 가운데에는 붓다를 비방하는 사람들도 생겨났다. 특히 사랑하는 아들, 또는 젊은 남편이 가족을 버리고 잇따라 출가를 하면서 붓다와 붓다의 상가에 대한 원성도 높아졌다.

> "사문 고따마가 부모들로부터 자녀들을 빼앗고, 주부들을 과
> 부로 만들며 가정을 파괴하고 있다. 그는 천 명의 자틸라(머리
> 를 조개모양으로 결발하는 수행자)와 산자야의 제자로 있던 250명
> 의 편력행자들에게 수계했고, 마가다 국의 수많은 젊은 귀공
> 자들이 그의 밑에서 금욕생활을 하고 있다. 다음에는 또 어떤
> 일이 일어날지 아무도 모른다."

점차 불만이 늘어나면서 그들 가운데에서는 비구들이 탁발을 하거나 거리를 다닐 때 비난을 퍼붓는 이들도 생겨났다.

> "대사문이 마가다 국의 라자가하로 와서 산자야의 제자들을
> 전부 데려갔다. 다음에는 누구를 데려갈 것인가?"

이런 비난의 소리를 들은 비구들이 세존에게 보고하자 세존은 전혀 미동도 하지 않은 채 담담하게 말했다.

"걱정하지 말라. 그런 소음은 오래 가지 않는다. 이레가 지나고 나면 잠잠해질 것이다. 그들이 그대들을 비난하면, 위대한 진리가 올바르게 인도한다는 것은 사실이라고 대답하라. 사람들을 올바르게 인도하는 현자에게 누가 무슨 이유로 투덜거리며, 왜 불만을 품는가? 나의 진리에는 어떤 강제성도 없으며, 집을 버리건, 집에 남아 있건 그것은 각자 개인의 자유다."

비구들이 붓다의 지시대로 비난하는 사람들에게 대답하자, 사람들은 '사끼야 족 출신의 성자 고따마는 부당한 방법이 아닌 진리로 사람들을 제도한다.'고 말하면서 이레 만에 비방을 멈췄다.

붓다가 펼치는 진리의 위력은 속임수가 아닌 공개적이고 당당한 방법으로 전파되었기에 이교도들에게 특히 위협적이었다.

꼬삼비 비구들의 분쟁

깨달음을 이룬 지 9년째 되던 해, 붓다는 꼬삼비(Kosambī)에서 우기를 보내고 있었다. 그런데 꼬삼비 상가 내에서 비구들이 두 패로 갈려 서로를 욕하고 심지어는 주먹질까지 하는 큰 분쟁이 일어났다. 사건의 발단은 아주 사소한 것이었다. 경전을 가르치는 장로가 화장실에 갔다가 쓰고 남은 물을 버리지 않고 그냥 남겨두고 나오는 일이 화근이 된 것이었다. 마침 그다음 순서로 화장실을 사용한 사람이 계율을 가르치는 장로였다. 남겨진 물을 발견한 계율을 가르치는 장로는 경전을 가르치는 장로를 불러 따지듯이 말했다.

"이보시오. 바가지 물을 버리지 않고 그냥 남겨 둔 이가 당신
이 맞지요?"
"예, 제가 남겨두었습니다."
"화장실에서 사용한 물을 남기면 참회해야 될 허물이라는 것
을 아십니까? 모르십니까?"
"아, 제가 미처 생각지 못했습니다."
"일부러 그런 것이 아니라면 뭐 허물이랄 것도 없지요."

사실 이 일은 장로들끼리 서로를 낮춤으로써 이 정도에서 그냥 덮고 지나갈 수 있는 일이었다. 그런데 그 후 계율을 가르치는 장로가 경전

을 가르치던 장로가 범한 이 작은 허물을 자기의 제자에게 무심코 말하고 말았다. 그 후 이 이야기는 순식간에 대중에게 퍼졌고, 상대를 공격하는 것으로 무리 속에서 자신을 보호하고자 하는 나약한 이들의 교만이 고개를 들게 되었다. 사실 계율을 공부하는 비구들과 경전을 공부하는 비구들 사이에서는 경쟁심이 작용하고 있었고 이로 인해 미묘한 긴장이 흐르고 있었다. 계율을 배우던 이들은 이 일을 기회 삼아 경전을 배우던 이들을 향해 비아냥거리기까지 했다.

"당신들의 스승은 자기가 저지른 허물조차 모르나 봅니다."

스승을 욕하는 소리에 경전을 배우던 비구들은 발끈했다.

"당신들의 스승이 허물이 되지 않는다고 말했다는데 이제 와서 허물을 들먹거린단 말이오? 이렇게 말했다가, 저렇게 말했다 가 하는 걸 보니 당신들의 스승은 믿을 수 없는 사람이군요."

두 장로 사이에 일어난 사소한 실수는 이내 그들의 제자들 사이에서 상대편을 향한 걷잡을 수 없는 분노의 불길로 번졌다. 사태는 붓다가 나설 수밖에 없는 지경까지 악화되었다. 붓다는 양쪽의 장로를 직접 찾아갔다. 붓다는 계율을 가르치던 장로에게 "계율의 적용에 앞서 교단의 화합을 중시해야 한다."고 타일렀다. 이어 경전을 가르치던 장로에게 "아무리 사소한 허물이라도 참회하지 않고 묻어두어서는 안 된다."고 간곡하게 타일렀다. 하지만 붓다의 간곡한 타이름에도 불구하고 꼬삼비 상가 내의 소란은 좀처럼 가라앉지 않았다. 동조하는 세력을 규합한 두 무리는 마침내 거처를 달리하더니, 급기야 포살을 비롯한 갖가지 상가의 행사까지 따로 치르는 최악의 상황에까지 이르렀다.

일정 지역에 거주하는 상가가 두 곳에서 따로 포살을 시행한다는 것은 있을 수 없는 일이었다. 정사 안과 정사 밖에서 부딪칠 때마다 서로를 비난하고 욕하던 그들 사이에는 급기야 폭력을 행사하는 물리적 충돌까지 일어나게 되었다. 게다가 갈라진 두 상가를 각각 지지하는 재가의 신도들까지 다툼에 합세해 꼬삼비의 상가에서는 고함소리가 그치지 않았다.

"비구들이여, 싸움을 그만 두라. 다투지 말라. 논쟁하지 말라.
원한은 원한에 의해 풀어지지 않는다. 원한은 원한을 버림으
로써만 풀어질 수 있다."

나라를 빼앗고, 아버지와 어머니를 죽이고, 자신까지 죽이려 한 브라흐마닷따 왕을 용서한 디가우 왕자의 이야기를 들려주면서 붓다는 간곡하게 갈라선 비구들을 꾸짖고 타일렀다. 그러나 분노와 교만에 들뜬 양쪽 비구들은 붓다의 간곡한 권유조차도 무시하고, 불경스럽게도 붓다에게 간여하지 말 것을 통보했다.

"세존이시여, 조금만 참아주십시오. 걱정 마시고 잠시 물러나
계십시오. 이 문제는 저희들끼리 해결하도록 하겠습니다."

붓다는 물러설 줄 모르는 비구들을 찾아가 다시 한번 타일렀다.

"수족을 자르고, 목숨을 빼앗고, 소와 말과 재산을 훔치고, 나
라를 약탈하는 도둑패거리도 뭉칠 줄 아는데 너희들은 어째
그렇지를 못하느냐? 참으로 안타까운 일이다."

세 번에 걸친 붓다의 간곡한 타이름에도 불구하고 꼬삼비 비구들은
싸움을 멈추지 않았다. 이에 붓다는 아무런 말없이 꼬삼비를 떠났다.
시자에게도 알리지 않고 홀로 길을 떠난 것이다.

    붓다는 꼬삼비 근처의 빨라깔로나까라(Bālakalonakārā, 소금 굽는)
마을에서 왁꿀라(Vakkula)를 만나 홀로 떨어져 수행에 매진하는 공덕
을 칭찬했다. 왁꿀라는 붓다의 제자 수행승 가운데 '잘 병들지 않는
님 가운데 제일'이라는 별칭을 가진 수행자였다. 그리고 다시 아누룻
다, 낌벨라, 난디야(Nandiya) 세 사람이 함께 머무는 쩨띠(Ceti) 국의
빠찌나왐사다야(Pācīnavamsadāya, 동쪽 대나무 숲) 동산으로 갔다. 그곳
에 머무는 세 비구의 삶은 청정하고 아름다웠다. 이른 아침 가사를 단
정히 입고 걸식을 나가고, 걸식에서 먼저 돌아온 사람이 공양할 방을
쓸고, 자리를 펴고, 발 씻을 물과 앉을 자리를 준비했다. 공양이 많으
면 깨끗한 그릇에 여분의 밥을 덜어 놓고, 마실 물과 그릇 씻을 물을
준비한 다음 혼자서 조용히 공양하고 방을 나갔다. 다음에 돌아온 비
구는 자기 바리때의 밥이 적으면 앞 비구가 담아놓은 밥을 덜어먹고,
앉는 자리와 발 씻는 자리를 거두고, 빗자루로 깨끗이 쓸고, 마실 물과
씻을 물과 화장실 물을 채워놓았다. 혼자서 하지 못할 일이 있을 때는
소리 내지 않고 손짓으로 도움을 청하였다. 그들의 숲은 짐승보다 조
심스런 움직임으로 선정 속에서 나날을 보내고 있었다. 서로를 방해
하지 않고 도우며 의지하는 그들은 닷새마다 한자리에 모여 진솔하게

법을 논했다. 그런 세 비구를 보고 붓다는 큰 소리로 칭찬했다.

"훌륭하구나, 훌륭하구나."

그렇게 1년이 흘렀다. 깨달음을 이룬 후 10년째 되던 해, 붓다는 세 비구와 헤어진 후 빠릴레이야까(Pārileyyaka)라는 외딴 마을로 갔다. 그곳에 있는 깊은 숲속 나무 아래에서 홀로 우기를 보냈다. 붓다가 떠나고 나자 꼬삼비 상가에서는 두 편으로 갈려 다투는 비구들을 비난하는 목소리가 사방에서 조금씩 분출하기 시작했다. 비구들을 따라 양분되었던 꼬삼비의 우바새와 우바이도 상가를 비난하고 나섰다. 붓다의 가르침을 따르지 않고, 붓다의 간곡한 권유도 받아들이지 않아, 붓다가 꼬삼비를 떠나가게 한 이들을 더 이상 스승으로 받들 수 없다며 한 끼의 공양조차 제공하기를 거절했다. 어떤 방법으로도 해결되지 않던 다툼이 공양 거부라는 재가자들이 내린 특단의 조처에 무릎을 꿇은 것이었다. 사납게 타오르던 분쟁의 불길은 공양 거부 조처에 신기할 정도로 순식간에 스러졌다. 뒤늦게 자신들의 교만과 독선을 후회하게 된 꼬삼비의 비구들은 백방으로 붓다를 찾아 나섰지만 어디에서도 붓다를 찾을 수 없었다. 붓다가 사라졌다는 소식은 멀리 사왓티까지 전해졌다. 결국 아난다를 비롯한 사왓티의 비구들이 붓다를 찾아 나섰다.

　붓다가 머물고 있는 빠릴레이야까 외딴 숲에 도착한 아난다는 비구들을 입구에 세워두고 혼자서 숲속으로 들어갔다. 넝쿨이 우거진 오솔길을 헤치던 아난다는 깜짝 놀라 걸음을 멈췄다. 다리가 기둥보다 굵고 상아가 칼날처럼 날카로운 커다란 코끼리 한 마리가 앞을 가로막고 있었던 것이었다. 코끼리가 코를 높이 세우고 당장이라도 아난다를 밟아버릴 듯 앞발을 치켜들었을 때였다.

"빠릴레이야까, 그 비구를 막지 말라."

그립던 스승의 목소리였다. 그러자 코끼리는 힘차게 코를 흔들어 보이고는 몸을 돌렸다. 코끼리를 따라 숲 가운데로 들어서자 넓은 그늘을 드리운 큰 나무가 나타났다. 그 아래 붓다가 앉아 있었다. 바리때와 가사를 내려놓은 아난다는 홀로 거칠어진 붓다의 발아래 예배했다. 코끼리도 그늘 아래에 자리했다. 아난다는 고개를 들 수 없었다. 오랜 침묵이 흐르고 붓다가 도리어 위로하듯 먼저 침묵을 깼다.

"아난다, 무리를 벗어난 저 코끼리가 안거 동안 나와 함께 했다. 이른 아침이면 나무 아래를 깨끗이 청소하고, 더위가 심할 때면 시원한 물을 뿌려주었다. 크고 작은 과일들을 따다가 나에게 주고, 마을로 걸식을 나갈 때면 숲 입구까지 배웅하고 돌아올 때까지 기다렸다."

아난다는 스승을 홀로 안거에 들게 한 것이 죄송스러워 그저 눈물만 흘렸다.

"혼자 왔느냐?"
"아닙니다. 비구들과 함께 왔습니다. 원치 않으실 거란 생각에 입구에서 기다리게 하였습니다."

"그런가? 그들을 데리고 오라."

잠시 후 붓다 앞으로 온 비구들도 스승을 제대로 모시지 못했다는 자책감에 고개를 들지 못했다.

> "비구들이여, 모든 존재에게 폭력을 사용하지 말고, 누구에게 도 상처를 주지 말라. 비구들이여, 그대들이 어질고 지혜로운 동반자, 성숙한 벗을 얻는다면 어떤 난관도 극복할 수 있을 것이다. 그러나 어질고 지혜로운 동반자, 성숙한 벗을 얻지 못했거든 코뿔소의 뿔처럼 혼자서 가라. 좋은 친구를 얻는 것은 참으로 행복한 일이다. 훌륭하거나 비슷한 친구와 함께 하는 것도 참으로 행복하다. 그러나 그런 벗을 만나지 못했거든 코뿔소의 뿔처럼 혼자서 가라. 결박을 벗어난 사슴이 초원을 자유롭게 뛰놀듯, 왕이 정복한 나라를 버리고 떠나듯, 상아가 빛나는 힘센 코끼리가 무리를 벗어나 숲을 거닐 듯, 물고기가 힘찬 꼬리로 그물을 찢듯이 모든 장애와 구속을 벗어나 코뿔소의 뿔처럼 혼자서 가라. 소리에 놀라지 않는 사자같이, 그물에 걸리지 않는 바람같이, 물과 진흙이 묻지 않는 연꽃같이, 코뿔소의 뿔처럼 혼자서 가라."

붓다의 밝은 목소리에 용기를 얻은 아난다가 담아두었던 말을 조심스레 꺼냈다.

> "세존이시여, 사왓티의 빠세나디 대왕과 아나타삔디까(수닷

따) 장자께서 스승님 뵙기를 간절히 청하고 있습니다. 모든 제
자들이 선업을 키울 수 있도록 사왓티로 와주십시오."
"아난다, 바리때와 가사를 들어라."

"나도 밭을 갈고 씨앗을 뿌린다"

어느덧 붓다가 대각을 이루고 전법의 수레를 굴리기 시작한 후 11년째로 접어들고 있었다. 붓다는 마가다 국을 유행할 때 종종 머물던 라자가하 남쪽에 위치한 브라만 마을 에까날라(Ekanālā) 근처의 닥끼나기리 정사에서 지내고 있었다. 마침 파종기가 되어 까씨 바라드와자(Kasī-Bhāradvāja)라는 이름을 가진 브라만이 밭을 갈기 위해 쟁기를 멍에에 묶고 있었다.

붓다는 탁발 시간이 되자 바리때를 들고 까씨 바라드와자가 일하는 곳으로 찾아갔다. 마침 까씨 바라드와자는 일꾼들에게 음식을 나누어주고 있었다. 붓다도 한쪽에 서 있었다. 이 모습을 본 까씨 바라드와자가 못마땅한 표정을 지은 채 말했다. 그렇지 않아도 붓다의 위세가 하루가 다르게 커지며 기존 브라만들의 영역이 축소되어 마음이 불편하던 차에 탁발을 하고자 서 있는 붓다의 모습은 그의 눈에 한낱 게으름뱅이에 지나지 않았던 것이었다.

"수행자여, 나는 밭을 갈고 씨를 뿌리며 밭을 갈고 씨를 뿌린
뒤에 먹습니다. 그대도 밭을 갈고 씨를 뿌린 뒤에 드십시오."

브라만의 심리를 꿰뚫어 본 붓다가 말했다.

"브라만이여, 나도 밭을 갈고 씨를 뿌립니다. 밭을 갈고 씨를 뿌린 뒤에 먹습니다."

붓다의 말을 들은 브라만이 따지듯 다시 물었다.

"그러나 나는 그대 고따마의 멍에도, 쟁기도, 쟁기날도, 몰이 막대도, 황소도 보지 못했습니다. 그런데 고따마여, 그대는 '나 도 밭을 갈고 씨를 뿌리며, 밭을 갈고 씨를 뿌린 뒤에 먹는다.' 고 말했습니다. 그대는 밭을 가는 자라고 스스로 주장하지만 나는 그대가 밭을 가는 것을 보지 못했습니다. 그대가 밭을 가 는 자라면 나의 물음에 대답하십시오. 어떻게 우리가 그대가 경작하는 것을 알 수 있습니까?"

"잘 들으시오. 브라만이여. 믿음이 씨앗이고 감관의 수호가 비 며, 지혜가 나의 멍에와 쟁기입니다. 부끄러움이 자루이고 정 신이 끈입니다. 그리고 올바른 새김(알아차림)이 나의 쟁기날 과 몰이막대입니다. 몸을 수호하고 말을 수호하고 배에 맞는 음식의 양을 알고 나는 진실을 잡초를 제거하는 낫으로 삼고, 나에게는 온화함이 멍에를 내려놓는 것입니다. 속박에서 평 온으로 이끄는 정진이 내게는 짐을 싣는 황소입니다. 슬픔이 없는 곳으로 도달해서 가서 되돌아오지 않습니다. 이와 같이 밭을 갈면 불사(不死)의 열매를 거두며, 이렇게 밭을 갈고 나면 모든 고통에서 해탈합니다."

붓다의 말을 들으며 까씨 바라드와자는 마음이 바뀌어가기 시작했다. 먼지를 가라앉히는 이슬비처럼 붓다의 게송이 그의 가슴에 스며들었던 것이다. 게으르고 볼품없는 사문으로 알았던 붓다의 게송은 너무도 감미로웠고 향기로웠다. 이런 지혜와 재능을 갖춘 수행자라면 굳이 쟁기를 잡지 않더라도 공양을 받기에 모자람이 없다는 생각이 일어났다. 까씨 바라드와자는 커다란 청동 그릇에 유미죽을 하나 가득 담아 붓다에게 건네며 말했다.

> "고따마께서는 유미죽을 드십시오. 당신은 진실로 밭을 가는 분이십니다. 왜냐하면 당신 고따마께서는 불사의 과보를 가져다주는 밭을 갈기 때문입니다."

브라만이 붓다의 게송에 감명해 호의를 베풀고자 함에도 불구하고 붓다는 음식을 받지 않았다. 붓다가 말했다.

> "게송으로 설법한 대가를 나는 받지 않습니다. 브라만이여, 그것은 정견을 갖춘 이에게 옳지 않은 것입니다. 깨달은 이는 게송을 읊은 대가를 받지 않습니다. 브라만이여, 이치를 따른다면 그것이 청정한 행위입니다. 번뇌가 부서지고 의심이 소멸된 완전한 님, 위대한 성자에게 다른 음식과 음료수로 달리 봉사하십시오. 공덕을 바라는 자에게 그것은 복밭이 될 것입니다."

호의를 거절당하자 당황한 브라만이 붓다를 향해 물었다.

"그러면 존자 고따마여, 이 유미죽을 저는 누구에게 드려야 합니까?"

"브라만이여, 신들의 세계, 악마들의 세계, 하늘님들의 세계, 성직자들과 수행자들의 후예들, 그리고 왕들과 백성들의 세계에서 여래와 그의 제자를 빼놓고는, 아무도 이 유미죽을 먹고 소화시킬 사람은 없습니다. 그러므로 브라만이여, 이 유미죽은 생물이 없는 물에 버리십시오."

브라만의 표정이 일순 일그러졌다. 호의를 거절당한 것도 모자라 그런 음식을 먹을 사람은 세상천지 어디에도 없다는 건 모욕이나 다름없다고 받아들인 것이었다.

"끝내 거절하신다면야 할 수 없지요…."

볼멘소리로 언짢은 기분을 드러낸 브라만 까씨 바라드와자는 유미죽을 생물이 없는 물속에 쏟아버렸다. 그런데 그 유미죽은 물속에 버려지자마자 부글부글 소리를 내면서 끓어올랐다. 마치 온종일 뙤약볕에 달궈진 호미날이 물에 던져진 것처럼 부글부글 엄청난 거품이 끓어올랐다. 이 광경을 지켜본 브라만은 모골이 송연해졌다. 그는 두려움에 떨면서 붓다의 곁으로 다가가 두 발에 머리를 조아리며 말했다.

"존자 고따마여, 훌륭하십니다. 존자 고따마여, 훌륭하십니다. 마치 넘어진 자를 일으켜 세우듯이 가려진 것을 열어 보이듯 어리석은 자에게 길을 가리켜주듯이 눈을 갖춘 자는 형상을 보라고 어둠 속에 등불을 가져오듯이 존자 고따마께서는 이와 같이 여러 가지 방법으로 진리를 밝혀주셨습니다. 그러므로 이제 세존이신 고따마께 귀의합니다. 또한 그 가르침에 귀의합니다. 또한 붓다께서 이끄는 수행승의 참모임에 귀의합니다. 저는 고따마 앞에서 출가하여 구족계를 받고자합니다. 허락하여 주십시오.”

브라만 까씨 바라드와자는 그 자리에서 출가하여 구족계를 받았다. 그 후 홀로 떨어져서 게으르지 않고 열심히 정진하였다. 그는 머지않아 위없이 청정한 삶을 지금 여기에서 스스로 알고 깨달아 아라한과를 성취했다.

웨란자에서의 안거

깨달음을 성취한 지 12년째 되는 해, 붓다는 사왓티에 머물고 있었다. 그때 사업 관계로 사왓티를 방문했던 웨란자(Verañjā)의 브라만 왕 악기닷따(Aggidatta)가 붓다의 명성을 듣고 기원정사로 찾아왔다. 야무나 강 인근에 위치한 수라세나(Surasena)의 수도 마두라(Madhurā)를 지나 간다라의 딱까실라로 가는 도중에 있는 웨란자는 꼬살라 국 빠세나디 왕이 브라만 통치자 악기닷따에게 봉토(封土)로 하사한 땅이었다. 황금산과 같은 붓다의 풍모와 불꽃같은 가르침에 감복한 악기닷따는 기원정사를 떠나며 붓다의 발아래 엎드려 간청했다.

> "세존이시여, 세존과 비구들께서는 부디 다음 우기에 저희 웨란자로 오셔서 안거하시기를 원합니다."

침묵으로써 악기닷따의 요청을 수락한 붓다는 안거 시기가 다가오자 오백 비구와 함께 웨란자로 향했다. 그러나 정작 그 땅에 도착하자 악기닷따 왕은 궁전의 문을 닫아걸고 누구의 방문도 허락하지 않았다. 안거 동안의 지원을 약속받고 찾아온 붓다와 붓다의 상가에게는 큰 낭패가 아닐 수 없었다. 게다가 붓다의 명성조차 아직은 생소했던 그곳에는 심한 기근까지 겹쳐 안거를 원만히 마치기가 더욱 더 어려울 수밖에 없었다. 마을로 걸식을 나선 비구들이 식은 밥 한 덩이도 얻기가 힘들 정도였다. 온 대중이 굶주림에 허덕이자 목갈라나가 나섰다.

"세존이시여, 쌀이 자생하는 웃따라꾸루(Uttarakuru)로 가서 제
가 음식을 마련해 오겠습니다."

그러나 붓다는 단호하게 거절했다.

"목갈라나여, 그대의 신통력이라면 어렵지 않게 그곳의 음식
을 가져올 수 있을 것이다. 하지만 오랜 세월에 걸쳐 지은 과
보가 익어 떨어지는 것은 바꿀 수는 없다. 나는 그대의 요청을
허락할 수 없다."

때마침 와라나시에서 말을 키우는 사람들이 넓은 목초지를 찾아 웨
란자로 오게 되었다. 빈 바리때를 들고 마을에서 나오던 비구들에게
그들이 물었다.

"힘들고 피곤해 보이십니다. 어디가 편찮으십니까?"

비구들은 곤혹스러운 사정을 이야기했다. 그러자 말을 키우는 사람
들이 말했다.

"사정이 몹시 딱하긴 하지만 어쩌죠. 저희도 가진 양식이 거의
떨어졌습니다. 가진 것이라곤 사료용 보리뿐인데 이거라도
받아주실 수 있겠습니까?"

"고맙기는 하지만, 말이 먹을 사료를 저희에게 주시면 저 말들은 무엇을 먹고 살겠는지요? 말을 굶주리게 하면서까지 보리를 받을 수는 없습니다."

"아닙니다. 마침 풀들이 잘 자라 말들을 먹이기에 충분할 것 같습니다."

"그렇다면 고맙게 받겠습니다."

말을 먹이는 사람들은 가져온 사료의 반을 덜어 비구들에게 주었다. 비구들은 쭉정이가 수북한 겉보리를 그대로는 먹을 수가 없어 돌에 갈고 빻아 가루로 만들었다. 아난다는 붓다와 자신의 몫을 들고 마을로 들어갔다. 마침 저녁을 지으려고 준비하는 한 아낙네가 절구질을 하고 있었다. 아난다가 다가가 그 아낙네에게 말했다.

"가장 높고 바른 깨달음을 얻어 고통의 바다를 건너지 못한 이를 건네주고, 해탈하지 못한 이를 해탈케 하며, 번뇌를 없애지 [減盡] 못한 이들을 번뇌로부터 자유롭게 하고, 태어남, 늙음, 질병, 죽음, 근심, 슬픔, 괴로움, 번민을 벗어나게 하는 분이 계십니다. 붓다이신 그분이 지금 이곳에서 안거하고 계십니다. 여인이여, 그대가 붓다를 위해 이 보릿가루로 밥을 지어주지 않겠습니까?"

그러나 여인은 돌아보지도 않은 채 쌀쌀맞은 목청으로 말했다.

"저는 할 일이 많습니다."

때마침 지나가다가 아난다의 말을 들은 한 여인이 곁으로 다가왔다.

> "그렇게 훌륭한 분의 공양이라면 제가 짓겠습니다. 힘닿는 대
> 로 다른 분들의 공양도 제가 지어드리겠습니다."

고마운 여인이 지어준 밥을 들고 아난다는 스승이 계신 숲으로 향했
다. 착잡했다. 세상 누구보다 귀하게 자라신 분임을 두 눈으로 보아
잘 알고 있는 아난다로서는 사람이 먹지 못할 말 사료로 만든 음식을
공양 올리는 것이 너무나 가슴 아팠다. 그러나 붓다는 바리때를 받아
평상시와 다름없이 맛있게 잡수셨다. 그 광경을 지켜본 아난다는 죄
스럽고 부끄럽기도 해 목이 메었다. 아난다가 안절부절못하며 눈물
까지 그렁거리자 붓다가 미소를 보이며 말했다.

> "아난다, 너도 먹어보겠느냐?"

붓다는 당신의 바리때에서 한 덩이를 집어 아난다의 입에 넣어주었
다. 눈물 반, 음식 반으로 우물거리던 아난다는 깜짝 놀랐다. 부드럽
고 맛깔스러운 것이 전혀 거북스럽지 않았던 것이다. 그때서야 아난
다가 환히 웃으며 붓다께 말씀드렸다.

> "세존이시여, 오늘 한 여인에게 밥을 지어달라고 청하였으나
> 수락하지 않았습니다. 그런데 지나가던 한 여인이 청하지도
> 않았는데도 자원해서 밥을 지어주었습니다."

아난다의 말을 들은 붓다가 말했다.

"밥을 지어주지 않은 여인은 마땅히 얻을 것을 얻지 못하게 되었구나. 밥을 지어준 여인은 그 공덕으로 분명 전륜성왕의 첫째 부인이 될 것이다."

말들의 사료까지 먹으며 힘겹게 보낸 안거가 끝날 무렵이었다. 붓다는 아난다에게 물었다.

"자자(自恣)까지 며칠이나 남았느냐?"
"칠 일 남았습니다."
"그런가. 그렇다면 너는 성으로 들어가 브라만 악기닷따 왕에게 전하라. 그대의 나라에서 안거를 마쳤으니 이제 다른 나라로 유행을 떠나겠다고."

그러나 스승의 말에 아난다는 의아한 표정을 지으며 물었다.

"세존이시여, 그 브라만이 붓다와 비구들에게 무슨 은덕을 베풀었다고 그에게 떠난다는 인사를 전할 필요가 있습니까? 그의 초대로 이곳에 와서 이 고생을 했는데 작별인사를 하시다니요?"

붓다가 온화한 미소를 머금으며 말했다.

"브라만 왕이 베푼 은덕이 없다고는 하나 세상의 도리가 그게 아니다. 우리는 그의 손님으로 이곳에 오지 않았느냐? 대접이 시원찮았다고 떠날 때 주인에게 인사를 하지 않는 건 손님의 도리가 아니다."

붓다의 분부를 받들어 아난다가 궁으로 찾아가 작별을 고하자 악기닷따 왕은 뒤늦게 자신의 잘못을 후회하며 한걸음에 붓다가 머물고 있는 곳으로 달려왔다. 악기닷따 왕은 4개월 분의 양식을 가져와 붓다에게 공양을 올릴 수 있도록 허락해줄 것을 간청하였다. 붓다는 칠일 분만 허락했다. 이레가 지난 후 악기닷따는 한 줌의 곡식이 아까워 성인과의 약속을 어겼다는 비난을 받을 일이 두려워졌다. 악기닷따는 떠나는 붓다의 발 앞에 남은 양식을 흩뿌리며 말했다.

"이 곡식은 당신을 위해 준비한 것입니다. 한꺼번에 받아주소서."

붓다가 그의 행동을 제지하며 말했다.

"곡식은 입으로 먹어 사용하는 것입니다. 사람이 먹어야 할 곡식을 땅에 뿌려 밟고 지나가게 하는 것은 옳지 않습니다. 그건 곡식을 보시하는 것도 곡식을 받는 것도 아닙니다."

고개를 들지 못하는 악기닷따 왕에게 붓다가 연민의 마음으로 일렀다.

"외도들의 수행과 제사에서는 불을 공양하는 것이 으뜸입니다. 학덕을 성취함에 있어서는 이치를 통달하는 것이 으뜸입니다. 우러러 받들 인간들 중에는 전륜성왕이 으뜸입니다. 강과 시내 모든 물에서는 바다의 깊이가 으뜸입니다. 뭇별이 하늘 가득 펼쳐졌어도 해와 달이 광명의 으뜸이듯이 붓다가 세간에 출현하면 그에게 올리는 보시가 가장 으뜸입니다."

나는 이미 멈췄노라, 앙굴리말라!

라자가하에 머물던 붓다가 사왓티로 돌아와 머물던 때였다. 어느 날, 탁발 길에 나선 붓다에게 사람들이 황급히 달려와 말했다.

> "세존이시여, 이 길로 가지 마십시오. 이 길은 위험합니다. 이 근처 어딘가에 악당이 숨어 있습니다. 그는 이미 많은 사람들을 죽였습니다. 사람들은 두려움을 견디지 못하고 모두 이 근방에서 멀리 달아났습니다."

사람들의 이야기는 앙굴리말라(Aṅgulimāla)라는 젊은이가 사람의 손가락(앙굴리)으로 만든 목걸이(말라)를 걸치고 피투성이가 된 손으로 이 근처에 출몰한다는 것이었다. 사왓티 주민들은 언젠가 그가 시가나 마을을 습격할지도 모른다며 공포에 짓눌려 있었다. 그러나 붓다는 사람들의 간청에 미소로 답하고, 아랑곳하지 않고 가던 길로 계속 걸어갔다. 겁에 질린 사람들의 표정으로도 앙굴리말라가 재물을 빼앗기 위해 사람들을 해치는 흔한 강도가 아니라는 것을 알 수 있었지만 개의하지 않았다. 붓다는 앙굴리말라라는 젊은이가 지금 정신적인 병을 앓고 있다고 생각했다. 따라서 그 자신은 물론 앞으로 생길지도 모르는 희생을 막아야 한다고 판단했다. 앙굴리말라는 자신이 숨어 있는 외진 숲길에 나타난 붓다를 보고 생각했다.

'꼬살라의 왕 빠세나디도 내가 두려워 이 길을 피한다. 그의 군대조차 이 길 가까이 오려하지 않는다. 그런데 홀로 이 길을 걸어오는 저 사끼야 족 출신 수행자는 도대체 무슨 생각을 하고 있는 것일까. 내 손에 죽어, 나의 목걸이에 더할 손가락 하나를 보시할 셈인가?'

붓다가 가까이 오기를 기다리던 앙굴리말라가 숲에서 뛰쳐나오며 소리쳤다.

"거기 서라! 사문이여. 거기 서라. 그대와 이야기하고 싶다."

앙굴리말라는 몇 가지 의심스러운 것을 묻지 않고는 붓다에게 칼을 휘두르지 않을 참이었다. 필시 이 길을 혼자 온 것은 무슨 곡절이 있을 것이라고 생각했기 때문이었다. 붓다는 앙굴리말라의 말을 듣지 못했다는 듯이 천천히 앞으로 걸어갔다. 앙굴리말라는 그 자리에 선 채 목청껏 소리쳤다.

"멈춰! 멈추란 말이다!"

그때 앙굴리말라의 귀에 청아하면서도 위엄을 갖춘 목소리가 들려왔다.

"나는 이미 멈췄네. 그대도 멈추고 싶지 않은가?"

천천히 걷는 붓다의 목소리였다. 앙굴리말라는 어리둥절해졌다. 걸어가고 있으면서도 멈추었다고 말하는 속셈을 알 길이 없었다. '이게 도대체 무슨 경우인가?' 그는 골똘하게 생각했다.

'저 사끼야 족 출신 수행자는 거짓말을 하지 않고 진리를 주장한다고 들었다. 그런데 이 사람은 걷고 있으면서도 멈췄다고 말한다. 오히려 여기 멈춰 서 있는 나에게 멈추라고 말한다. 이게 뭔가? 뭔가 여기에 묘한 의미가 있음에 틀림없다.'

앙굴리말라는 멈추지 않고 계속해서 자기 길을 가고 있는 붓다의 뒤를 좇아가며 다시 소리쳤다.

"사문이여, 그대는 멈춰 섰다고 말하면서도 계속해서 걸어가고 있다. 그리고 멈춰 서 있는 나에게는 멈추고 싶지 않느냐고 묻는다. 그게 도대체 무슨 말인가?"

"앙굴리말라, 나는 이미 오래 전에 생명을 해치는 것을 멈췄다. 또한 윤회 속을 헤매며 달리는 것을 멈췄다. 그러나 그대는 무고한 생명들에게 가한 그 폭력에 의해, 급류에 휘말린 조각배처럼 끝없이 흘러가게 될 것이다. 지금 당장 멈추지 않으면 그대 앞에 참담한 재앙이 밀어닥칠 것이다."

부드러웠으나 위엄 어린 붓다의 꾸짖음에 앙굴리말라의 마음은 동요되고 있었다. 쫓기듯 마음이 다급해진 앙굴리말라가 물었다.

"내 앞에 무슨 재난이 온다는 말인가?"

"억센 힘과 극도의 주의를 계속 유지할 수 있다면, 그대는 아마 한동안 살인마의 짓을 계속할 수도 있을 것이다. 그러나 언젠가 단 한 순간이라도 방심하게 될 때, 그대에게 참사가 덮쳐

올 것이다. 왕의 군대는 그대를 붙잡아 그대의 모든 죄상을 응징하게 될 것이다. 설령 그와 같은 처벌을 모면한다 하더라도, 그대의 죄악은 망령처럼 따라붙어 세세생생 그대를 괴롭힐 것이다.”

붓다의 말을 듣는 순간 싸늘한 전율이 앙굴리말라의 등줄기를 타고 흘러내렸다. 그는 칼을 내려놓고 손가락 목걸이를 벗어 덤불 속에 내던져버리고는, 붓다 앞에 엎드려 절하며 간청했다.

“거룩하신 이여, 제게 자비를 베푸시어 미래의 고통으로부터 저를 구해주십시오. 저로 하여금 세존께 귀의하게 해주십시오.”

살기등등했던 살인마가 순식간에 나약하고 가련한 존재가 되어 애원하고 있었다. 붓다는 그런 모습을 말없이 응시하다가 무겁게 입을 열었다.

“오라, 비구여!”

흔쾌하게 앙굴리말라의 출가를 허락하는 순간이었다. 앙굴리말라는 이렇게 간결한 의식으로 상가에 입문했다. 극악한 살인자 앙굴리말라는 붓다의 제자, 즉 비구가 된 것이었다. 붓다는 비구가 된 앙굴리말라와 함께 기원정사가 있는 제따 동산으로 들어갔다.

잘 참았다. 앙굴리말라!

무차별 살인을 저지르던 무법자 앙굴리말라가 붓다의 제자들 속에 숨어 제따 동산에 살고 있다는 소문이 삽시간에 사왓티에 퍼졌다. 그러자 그가 언제 다시 나타나 험한 일을 저지를지 모른다고 걱정하는 주민들은 기원정사로 붓다와 제자 비구들을 방문하는 것조차 꺼려하게 되었다. 두려움을 떨쳐버리지 못한 그들은 왕궁 앞에 모여 빠세나디 왕에게 제따 숲으로 군대를 보내 살인자 앙굴리말라를 잡아달라고 요청했다. 빠세나디 왕 역시 앙굴리말라의 위험성을 잘 알고 있었기에 스스로 나서기로 결심하고 병사들을 이끌고 제따 동산을 향해 출발했다. 주민들은 빠세나디 왕이 살인마를 제자로 삼은 붓다와의 대결에서 어떤 결과를 얻을지 두려움 속에서 소식을 기다렸다. 이윽고 제따 동산에 도착한 왕에게 붓다가 물었다.

"왕이시여, 무슨 일이 일어났습니까? 혹시 변방에 전쟁이라도 일어난 것입니까?"
"아닙니다. 세존이시여! 어떤 인접 왕국도 우리를 공격해온 것이 아닙니다. 다만 앙굴리말라가 사왓티에 나타나 세존의 제자들 속에 숨어 있다고 들었습니다. 그는 매우 흉악한 자입니다. 붙잡아 처형하지 않으면 안 됩니다."
"그러나 왕이시여! 만약 그가 출가하여 삭발하고 황색 가사를

입고 있다면 어떻게 하겠습니까? 그가 살생을 멈추고 하루 한
끼 식사로 성스럽고 고결한 수행을 하고 있다면 어떻게 하시
겠습니까?"

"스승이시여, 그렇다면 저는 기꺼이 수행자에 대한 예를 올리
고, 공양하며 보호하도록 할 것입니다. 그러나 그것은 불가능
한 일입니다. 앙굴리말라는 해괴하고 사악한 의도를 가지고
많은 꼬살라 사람들에게 참사를 안겨주었습니다. 그런 사람
이 어떻게 고결한 수행자가 되어 근신하는 비구가 될 수 있겠
습니까?"

앙굴리말라는 붓다 가까이에 앉아 고개를 깊이 숙이고 세존과 왕의
대화를 듣고 있었다. 그 순간 붓다가 앙굴리말라를 가리키며 빠세나
디 왕에게 말했다.

"왕이시여, 여기 앙굴리말라 비구가 있습니다."

순간 왕은 깜짝 놀라지 않을 수 없었다. 머리카락이 곤두서는 듯했다.
붓다는 그의 동요를 알아채고 말했다.

"왕이시여, 두려워하지 마십시오. 무서울 게 아무것도 없습니
다. 앙굴리말라는 이제 더 이상 손가락 목걸이를 걸치지 않습
니다."

앙굴리말라는 머리를 들어 왕을 바라보며 미소를 지었다. 그것은 실

로 지난날 자신이 해친 생명들에 대한 무거운 가책을 담은 미소였다. 참으로 품위 있고 겸손하며 진심을 다한 미소였다. 왕의 두려움과 공포를 말끔히 씻어내는 미소였다. 왕은 앙굴리말라 앞으로 나가 물었다.

"앙굴리말라 비구께서는 고귀한 가문 태생이 아니십니까?"
"그렇습니다. 대왕이시여."

땅바닥을 내려다보며 앙굴리말라가 낮은 소리로 대답했다.

"부친께서는 어떤 가계였습니까? 어머니의 성은 무엇입니까?"
"부친은 '각가'이시며 어머니는 '만따니'였습니다."
"고귀한 각가만따니의 아들이시여, 저의 공양을 허락해주십시오. 가사와 음식, 거처와 약을 공양하겠습니다."
"대왕이시여, 나에게 꼭 필요한 것이 아닙니다. 나는 차라리 나무 밑에 살며, 탁발한 음식에, 사람들이 버린 넝마를 기워 만든 가사로 살면 족합니다."

빠세나디 왕은 앙굴리말라의 겸손과 근신에 깊은 감동을 받았다. 그는 붓다를 향해 말했다.

"스승이시여, 실로 훌륭하십니다. 자제할 수 없는 자를 근신케 하시는 세존의 힘은 실로 불가사의한 일입니다. 세존이시여, 부디 사왓티에 오래 머물러주십시오. 그것은 우리 꼬살라 왕국의 자랑이며 복입니다.”

붓다는 대답 대신 미소를 머금으며 이렇게 말했다.

“왕이시여, 이제 일어나기에 적당한 시간입니다.”

빠세나디 왕은 붓다에게 최상의 예를 올리고 자리를 떠났다.

며칠 뒤, 거리로 탁발을 나간 앙굴리말라는 한 집에서 새어나오는 비명을 들었다. 아주 조그만 오두막으로 몹시 가난하고 궁색해 보이는 집이었다. 잠깐 동안 문간에 서서 기다렸지만 누구 하나 내다보는 사람이 없었다. 그는 곧 지금 고통스럽게 비명을 지르는 여인은 집안에 홀로 있는 것이며, 도움이 필요할 거라고 생각했다. 그는 집안을 들여다보고 옹색한 침대 위에서 버둥거리며 해산의 고통으로 울부짖는 여인을 발견했다. 그는 서둘러 제따 동산으로 돌아가 붓다에게 정황을 알리는 수밖에 없었다. 앙굴리말라의 이야기를 들은 붓다가 말했다.

“앙굴리말라, 다시 그 집으로 돌아가라. 고통에 빠진 그 여인
을 구하도록 하라.”
“어떻게 하면 되겠습니까?”
“그 여인 앞으로 다가가 무언가를 외워서 그녀로 하여금 고통
스런 마음을 다른 곳으로 돌리도록 하라.”
“무엇을 외워야 합니까?”
“누이여, 내가 태어난 이래 나는 어떤 생명도 해친 적이 없다.

그 진실로 인하여 그대와 그대의 아이는 평안케 되리라!'라고 말하면 된다."

"스승이시여, 저는 그렇게 말할 수 없습니다. 그건 거짓말이기 때문입니다."

앙굴리말라가 곤혹스런 표정으로 말했다. 그러자 붓다는 미소를 머금었다. 앙굴리말라가 늘 방심하지 않으며 주의를 집중하고 있다는 것이 대견했던 것이다.

"그렇다. 앙굴리말라. 거짓은 도움이 될 수 없다. 좋은 결과를 얻기 위해서라도 거짓말을 하는 것은 수행하는 비구에게 올바른 길이 아니다. 그러나 앙굴리말라. 그대는 그대 자신에게 모순됨이 없이 이렇게 말할 수 있을 것이다. '누이여, 나는 성자의 제자로 다시 태어난 이래 어떤 생명도 고의로 죽인 적이 없습니다. 이 진실로 그대와 그대의 아이는 평안할 것입니다.'라고."

앙굴리말라는 그 집으로 다시 돌아가 여인 앞에서 그렇게 세 차례 외웠다. 여인은 더 이상의 고통 없이 아이를 낳았다. 문간 밖으로 걸어 나오는 비구가 앙굴리말라인 것을 알아본 마을 사람이 생각했다.

'붓다의 제자들은 초대받지 않은 집에 들어가지 않는다. 그들은 문간에 서서 시주를 받는다. 지금 이 집 남자주인은 출타하고 집에 없다. 나무꾼인 그는 지금 그의 밥벌이를 위해 나무를 베러 먼 숲에 가 있지 않은가? 저 흉악한 앙굴리말라는 지금 위대한 스승 붓다조차 욕

되게 할 못된 짓을 하고 있는 것이다.'

　앙굴리말라는 몰려든 마을 사람들이 던진 돌멩이와 몽둥이에 맞아 심한 상처를 입었다. 앙굴리말라는 터진 머리에 피를 흘리며, 깨진 바리때에 걸레처럼 찢긴 가사를 끌고 제따 동산으로 향했다. 붓다는 기원정사의 정문 앞에서 앙굴리말라를 기다리고 있었다. 붓다는 처참한 모습으로 기다시피 겨우 돌아온 앙굴리말라의 손을 잡고 연못으로 데려가 피 묻은 얼굴을 씻겨주며 말했다.

　"잘 참았다. 앙굴리말라! 견뎌야 한다. 세상은 무지하고 소견이 좁은 사람들로 가득 차 있다. 한번 만들어진 나쁜 평판은 쉽게 지워지지 않는다. 좋은 평판은 쉽게 만들어지지 않는다. 이 고통을 그대의 업이 익어 거두는 것이라고 생각하라. 끊임없이 갈고 닦아라. 열심히 정진하는 자에게는 과거의 악행으로 인해 생기는 괴로움도 더 이상 따라붙지 않게 된다. 그것이 바로 업으로부터 자유롭게 되는 길이다."

앙굴리말라는 무릎을 꿇고 합장한 채 말했다.

　"세존이시여, 저는 확고한 신념으로 가르침을 듣고, 실천하겠습니다. 확고한 신념으로 훌륭한 벗들과 사귀어 반드시 열반을 성취하겠습니다. 저는 본래 흉포한 악인, 손가락을 잘라 목걸이를 만든 더럽고 타락한 최악의 강변을 떠돌다 다행히 스승님을 만났습니다. 지금 제가 흘리는 피는 지난날의 업장을 녹이는 것이니 누구도 원망하거나 미워하지 않습니다. 지난

날 어리석어 악행을 일삼았지만 이제는 그쳐 다시 저지르지 않겠습니다. 구름을 헤치고 나타난 해님이 온 세상을 환히 밝히듯 제가 지은 악업이 다하는 날, 다시는 죽음의 길에 들어서지 않는 길을 걷겠습니다. 저는 구태여 살기를 바라지도 않으니, 이제는 참회하며 악업이 다하는 날을 기다리며 번민하지 않겠습니다.”

붓다가 밝은 웃음을 지으며 앙굴리말라를 칭찬했다.

“훌륭하구나! 훌륭하구나!”

이후 앙굴리말라는 한적한 곳에 들어가 홀로 살면서 수행에 전념했다. 근면하고 성실하게 수행한 앙굴리말라는 뛰어난 직관력을 성취했다. 마침내 그는 출가수행의 궁극 목표인 깨달음을 이루고, 그 감흥을 이렇게 노래했다.

전에 방일했지만 그 후로는 방일하지 않는 자,
그는 이 세상을 비추나니 구름을 벗어난 달처럼.
그가 지은 삿된 업을 유익함으로 덮는 자,
그는 이 세상을 비추나니 구름을 벗어난 달처럼.
참으로 젊은 비구가 세존의 교법에 몰두할 때
그는 이 세상을 비추나니 구름을 벗어난 달처럼.

나의 적들은 참으로 세존의 가르침을 듣고

세존의 교법에 몰두하기를!
나의 적들은 참으로 법으로 인도하는
좋은 분들을 섬기기를!

참으로 인욕을 설하고
온화함을 칭송하는 분들이 있으니
나의 적들은 그들의 법을 때때로 듣고
그것을 따라 행하기를!

그러면 분명 그들은 나를 해치지도
다른 이를 해치지도 않으리라.
최상의 평화를 얻어
악하거나 강한 자들을 보호하기를!

물 대는 자들은 물을 인도하고
화살 만드는 자들은 화살대를 곧게 하고
목수들은 나무를 다루고
지자들은 자신을 다스린다.

어떤 자들은 몽둥이로 길들이고
갈고리와 채찍으로 길들인다.
그러나 나는 몽둥이도 없고 칼도 없는
여여한 분에 의해서 길들여졌다.

비록 예전에는 살인자였지만
이제 내 이름은 '불해(不害)'이다.
이제야 나는 참된 이름을 가졌으니
그 누구도 해치지 않는다.

똥군 니디

사왓티 거리에서 변소의 똥 무더기를 치우며 근근이 생계를 이어가던 니디(Nidhi, 尼提)라는 사람이 있었다. 더벅머리에 낡고 해진 옷을 걸치고, 온몸에서 악취가 나는 그를 사람들은 더럽다며 피해 다녔다. 그와 손이 닿는 것은 물론 마주치는 것조차 싫어할 정도였다.

그러던 어느 날 붓다가 아난다와 함께 걸식을 하고 있었다. 니디가 인분이 가득한 무거운 똥통을 양어깨에 짊어지고 길을 뒤뚱뒤뚱 걸어오고 있었다. 뒤늦게 붓다를 발견한 니디는 급하게 비켜서려다 그만 발을 헛디디고 말았다. 벽에 부딪친 똥통이 박살나고 똥물이 사방에 튀었다. 붓다와 아난다의 가사에도 오물이 군데군데 묻었다. 니디는 오물이 흥건한 바닥에 주저앉아 손을 비볐다.

"세존이시여, 제발 용서하십시오."

금방이라도 울음을 터트릴 것 같은 니디에게 붓다는 손을 내밀었다.

"어서 일어나라. 니디여."

어쩔 줄 모르는 니디의 똥이 가득 묻은 손을 붓다는 잡아 일으켰다.

"가자. 나와 함께 강으로 가서 씻자."

"저같이 천한 놈이 어찌 존귀하신 분과 함께 길을 걸을 수 있
겠습니까?"

그러나 붓다는 아난다에게 바리때를 건네고 말없이 니디의 손을 이
끌었다. 니디는 당황해서 고개를 들지 못했다. 강에 이르러 붓다가 손
수 씻어주려 하자 니디가 물러섰다.

"안 됩니다. 세존처럼 성스러운 분이 저처럼 천한 놈의 더럽고
냄새나는 몸을 만지시다니요."

붓다는 개의치 않고 니디의 팔을 잡아당겼다.

"니디여, 그대는 천하지도 더럽지도 고약한 냄새를 풍기지도
않는다. 그대의 옷은 더러워졌지만 그 마음은 더할 바 없이 착
하구나. 그런 그대의 몸에선 아름답기 짝이 없는 향기가 난단
다. 니디여, 스스로를 천하게 여겨서는 안 된다."

니디는 그제야 안도의 숨을 내쉬며 맑은 눈동자로 붓다를 우러러보
았다.

"왜 그리 급하게 피했는가?"

"오늘 퍼내야 할 똥이 많아 정신이 없었습니다. 통이 하도 무
거워 온통 신경을 쏟다 보니 세존께서 오시는 줄 몰랐습니다.

알았다면 멀리 돌아갔을 것입니다.”

구석구석 꼼꼼히 씻는 부처님의 손길에 겸연쩍은 웃음을 보이며 니디가 말했다.

“세존이시여, 죄송합니다. 거룩한 가사를 그만 더럽혔습니다.”

붓다는 미소를 머금고 말했다.

“니디여, 출가하여 나의 제자가 되지 않겠는가?”

붓다의 말에 니디는 놀라 펄쩍 뛰었다.

“세존이시여, 그건 안 될 말씀입니다. 미천한 제가 감히 어떻게 사문들과 섞일 수 있겠습니까. 그건 안 될 말씀이십니다.”

붓다는 맑은 물을 움켜 니디의 정수리에 부어주며 말했다.

“염려 말거라. 니디여, 나의 법은 청정한 물이니 그대의 더러움을 깨끗이 씻어줄 것이다. 넓은 바다가 온갖 강물을 다 받아들이고도 늘 맑고 깨끗한 것처럼, 나의 법은 모두를 받아들여 더러움에서 벗어나게 한다. 나의 법에는 가난한 사람도 부자도, 귀한 사람도 천한 사람도, 남자도 여자도, 피부색의 차이도 없다. 오직 진리를 구하고, 진리를 실천하고, 진리를 성취하는 사람만 있을 뿐이다."

붓다의 자상한 설명을 들은 니디가 밝게 웃었다. 그리고 붓다 앞에 무릎을 꿇고 합장했다.

"세존이시여, 저도 붓다의 제자가 되고 싶습니다."

이렇게 똥군 니디는 비구가 되었다. 똥을 푸던 니디가 붓다의 제자가 되었다는 소문은 순식간에 주위에 퍼졌다. 사왓티 사람들의 손가락질도 시작됐다.

"세존께서는 왜 그런 천한 자에게 출가를 허락하셨을까?"
"아니 그럼, 붓다와 제자들을 초청하면 똥 푸던 그놈도 따라온단 말인가?"
"따라오는 게 대수겠어. 똥 푸던 그놈에게 머리를 숙여야 할 판에."

투덜거리며 불만에 가득 차 기원정사로 찾아온 사왓티 사람들에게 붓다가 말했다.

"누린내 나는 아주까리를 마찰시켜 불을 피우듯, 더러운 진흙에서 아름다운 연꽃이 피어나듯, 종족과 신분과 직업으로 비구의 값어치를 정할 수는 없습니다. 오직 지혜와 덕행만이 비구의 값어치를 정할 수 있습니다. 신분이 낮고 천한 직업을 가졌더라도 행위가 훌륭하다면, 여러분, 그 사람들을 공경하십시오."

인간적인, 너무나 인간적인…

사왓티 출신의 쭐라빤타까(Cūlapanthaka)도 숨겨진 보석 가운데 하나였다. 그의 형 마하빤타까는 뛰어난 지혜로 상가 내에서 존경을 받았다. 마하빤타까는 거룩한 경지를 얻고 나서 최상의 즐거움을 누리다가 생각했다. '내 동생 쭐라빤타까에게도 이 행복을 누리게 할 수 있는 방법은 없을까?' 그는 대부호였던 외할아버지를 찾아가 "만약 외할아버지께서 허락하신다면 쭐라빤타까를 출가시키겠습니다."라고 청했다. 할아버지로부터 허락을 받은 그는 동생을 출가시켰다. 그는 열 가지의 학습 계율을 확립하고 4구의 시를 외우도록 했다.

쭐라빤타까의 형이 내려준 4구의 시는 '훌륭한 향기를 지닌 홍련화처럼/ 연꽃은 아침에 피어난 향기가 사라지지 않는다/ 허공에서 태양처럼 작열하는/ 광휘를 비추는 앙기라씨를 보라.'는 것이었다. 그러나 쭐라빤타까는 넉 달이 넘도록 이 시를 외우지 못했다. 파악하고 파악하며 밤낮없이 외워도 외워지지가 않았다. 그러자 마하빤타까가 동생에게 말했다.

> "쭐라빤타까야, 너는 이 가르침을 배울 수가 없을 것 같구나. 넉 달이 지나도록 시 하나도 외울 수 없다니, 출가자로서 마땅히 해야 할 일을 어떻게 감당하겠느냐? 여기서 나가거라."

결국 형은 동생의 게으름과 무지를 꾸짖으며 동생을 승원에서 내쫓아버렸다. 기원정사 문 앞을 떠나지 못하고 울고 있는 쭐라빤타까의 손을 잡아준 사람은 붓다였다. 붓다는 그를 자신의 방으로 데려와 함께 공양을 하며 물었다.

"쭐라빤타까야, 왜 울고 있었느냐?"
"세존이시여, 형님이 저를 쫓아냈습니다."
"쭐라빤타까야, 그렇게 생각하지 말라. 그대는 나의 교법에 출가했다. 이제부터는 '라조하라낭(rajoharaṇaṃ, 티끌을 제거하라), 라조하라낭'이라고 외우며, 오직 이것을 붙잡고 정신 활동을 기울여라."

이후 쭐라빤타까는 붓다가 준 천 조각을 들고 늘 쓸고 닦고 어루만지면서 앉아 있곤 했다. 그가 그것을 만질수록 오염된 것들이 생겨났고, 더욱 어루만지자 접시를 닦는 행주처럼 되었다. 궁극적인 앎이 성숙되자 쭐라빤타까는 이렇게 생각했다.
'이 천 조각은 원래 아주 청정했다. 이 업으로 획득된 몸 때문에 오염되어 달리 변한 것이다. 그러므로 무상하다. 그것과 마찬가지로 이 마음도 그렇다.'
이렇게 깨끗해지고 더러워지는 모습들을 관찰한 쭐라빤타까는 모르는 사이에 지혜의 안목이 생겨나 마침내 붓다의 가르침을 성취하였다. 그는 괴멸에 의한 쇠퇴를 확립하여 그 가운데 선정을 거듭 생겨나게 해서, 바른 선정에 입각한 통찰을 통해 분석적인 앎과 더불어 거룩한 경지를 얻었다. 또한 거룩한 경지를 통해 붓다의 가르침과 계율, 그리고 가르침에 대한 여러 가지 논의들을 알게 되었다.

그 후 비구니들에게 설법할 차례가 돌아왔을 때였다. 쭐라빤타까가 자신이 유일하게 외우고 있는 게송을 읊자 비구니들은 어린아이들이나 외우는 게송이라며 비웃었다. 그러자 쭐라빤타까는 하늘로 솟아올라 열여덟 가지의 신통 변화를 보여주었다. 그는 놀라 입을 다물지 못하는 비구니들에게 말했다.

"여러분, 붓다의 가르침을 들었으면 아무리 쉽고 간단하다고 하더라도 반드시 한마음으로 게으름 없이 실천해야 합니다."

천한 사람이란

붓다가 사왓티의 기원정사에 머물고 계실 때였다. 어느 날 아침, 붓다는 가사를 걸치고 바리때를 들고 사왓티 시내로 탁발을 하러 들어갔다. 마침 불을 섬기는 브라만 악기까 바라드와자(Aggika Bhāradvāja)의 집에 성화가 켜지고 제단에는 재물이 차려져 있었다. 붓다는 사왓티 시에서 차례로 탁발을 하면서 악기까 바라드와자 브라만의 집 앞에 당도했다. 악기까 바라드와자는 붓다가 멀리서 오는 것을 보고 있다가 가까이 다가오자 나서며 말했다.

> "까까중아, 거기 서라. 가짜 수행자여, 거기 서라. 천한 놈아,
> 거기 서라."

당시 일부 브라만들은 붓다의 상가에 천한 계급 출신들도 수행승으로 들어와 있다는 것을 구실로 종종 붓다를 이렇게 비난했다. 악기까 바라드와자의 비난을 들은 붓다가 이렇게 말했다.

> "브라만이여, 도대체 그대는 천한 사람을 알고나 있으면서 그
> 런 비난을 하는가? 또 천한 사람을 만드는 조건이 무엇인가를
> 알고 있으면서 그런 비난을 하는가?"
> "고따마여, 나는 사람을 천하게 하는 조건조차 알지 못하오.

그런 것이 있다면 나에게 알려주시겠소?"

"브라만이여, 그렇다면 주의해서 잘 들으시오. 내가 말할 것입
니다."

"그렇게 하겠소."

붓다는 이어 천한 사람을 만드는 조건을 열거했다.

"화를 내고 원한을 품으며, 악독하고 시기심이 많고 소견이 그
릇되어 속이길 잘 하는 사람이 있다면, 그를 천한 사람으로 아
시오. 한 번 생겨나는 것이건(태생, 습생, 화생, 사회적으로 노예계
급을 상징) 두 번 생겨나는 것이건(난생, 사회적으로 브라만, 왕족,
평민 계급을 상징) 이 세상에 있는 생명을 해치고 살아 있는 생명
에 자비심이 없는 사람이 있다면, 그를 천한 사람으로 아시오.
마을들뿐 아니라 도시들을 파괴하거나 약탈하여, 독재자로 널
리 알려진 사람이 있다면, 그를 천한 사람으로 아시오. 마을에
있거나 숲에 있거나 남의 것을 나의 것이라고 하고, 주지 않는
것을 빼앗는 사람이 있다면, 그를 천한 사람으로 아시오."

붓다의 설법이 물 흐르듯 이어지자 악기까 바라드와자의 자세도 달
라졌다. 그는 미동도 하지 않은 채 붓다의 말을 경청했다. 붓다의 설
법이 계속됐다.

"빚을 졌으면서 돌려 달라는 독촉 받더라도 '갚을 빚이 없다.'
고 발뺌하는 사람이 있다면, 그를 천한 사람으로 아시오. 얼마

안 되는 물건을 탐내어 행인을 살해하고 그 물건을 약탈하는 사람이 있다면, 그를 천한 사람으로 아시오. 증인으로 불려 나갔을 때 자신이나 남 때문에 또는 재물 때문에 거짓으로 증언하는 사람이 있다면, 그를 천한 사람으로 아시오. 폭력을 행사하거나 혹은 서로 사랑에 빠져서 친지나 친구의 아내와 부적절한 관계를 맺는 사람이 있다면, 그를 천한 사람으로 아시오. 자기는 재물이 풍족하면서도 나이 들어 늙고 쇠약한 어머니와 아버지를 섬기지 않는 사람이 있다면, 그를 천한 사람으로 아시오. 어머니와 아버지, 형제자매, 혹은 배우자의 어머니를 때리거나 욕하는 사람이 있다면, 그를 천한 사람으로 아시오. 유익한 충고를 구할 때 불리하도록 가르쳐주거나 불분명하게 일러주는 사람이 있다면, 그를 천한 사람으로 아시오. 나쁜 짓을 하고서도 자기가 한 짓을 남이 모르기를 바라며 그 일을 숨기는 사람이 있다면, 그를 천한 사람으로 아시오. 남의 집에 가서는 융숭한 환대를 받으면서도 자기 집을 찾은 손님에게는 대접하지 않는 사람이 있다면, 그를 천한 사람으로 아시오. 식사 때가 되었는데도 성직자나 수행자에게 욕하며 먹을 것을 내주지 않는 사람이 있다면, 그를 천한 사람으로 아시오. 어리석음에 휩싸여 사소한 물건을 탐하고 진실이 아닌 것을 말하는 사람이 있다면, 그를 천한 사람으로 아시오. 자기를 칭찬하고 타인을 경멸하며 스스로 교만에 빠진 사람이 있다면, 그를 천한 사람으로 아시오. 남을 화내게 하고, 이기적이고, 악의적이고, 인색하고, 거짓을 일삼고, 부끄러움과 창피함을 모르는 사람이 있다면, 그를 천한 사람으로 아시오. 깨달은 사람을 비방하고 혹은 출가나 재가의 제자들을 헐뜯는 사람이 있다면, 그를 천한 사람으로 아시오. 거룩하지 못한 사람을 거룩한 사람이라고 주장한다면, 그는 그야말로 가장 천한 사람입니다. 내가 그대에게 설한 이러한 부류의 사람들은 참으로 천한 사람인 것입니다."

천한 사람의 조건을 열거한 붓다는 브라만 악기까 바라드와자에게 이렇게 강조했다.

"날 때부터 천한 사람인 것이 아니며, 태어나면서 브라만인 것도 아닙니다. 행위에 의해서 천한 사람도 되고 행위에 의해서 브라만도 되는 것입니다."

붓다의 설법을 들은 악기까 바라드와자는 자신이 했던 행동에 부끄러움을 느끼고 이렇게 말했다.

"존자 고따마여, 훌륭하십니다. 존자 고따마여, 훌륭하십니다. 존자 고따마여, 마치 넘어진 자를 일으켜 세우듯이, 가려진 것을 열어 보이듯 어리석은 자에게 길을 가리켜주듯이, 눈을 갖춘 자는 형상을 보라고 어둠 속에 등불을 가져오듯이, 존자 고따마께서는 이와 같이 여러 가지 방법으로 진리를 밝혀주셨습니다. 그러므로 이제 세존이신 고따마께 귀의합니다. 오늘부터 목숨 바쳐 귀의하오니 고따마 존자께서는 저를 재가의 신자로서 받아주십시오."

6

—

위대한
여성 수행자들

최초의 여성 재가자 장로 위사카

위사카(Visākha)는 사왓티에 살고 있는 부유한 여인으로, 많은 자녀와 손자를 두고 있었다. 붓다가 사왓티에 머물고 있던 어느 날, 위사카는 붓다와 그 제자들을 자신의 집으로 초대해 공양을 올리겠다고 요청했다. 전날 밤에는 폭우가 쏟아지기 시작해 다음날 아침까지도 계속됐다. 비가 쏟아지는 가운데 세존과 비구들은 비를 맞으며 위사카의 집으로 향했다. 쏟아지는 비에 비구들은 어쩔 수 없이 가사를 벗어 겨드랑이에 끼고 상반신을 드러낸 채 위사카의 집에 도착했다. 붓다와 비구들이 공양을 다 마치자 위사카가 붓다에게 다가와 물었다.

> "세존이시여, 저에게는 여덟 가지의 소원이 있습니다. 저의 소원을 들어주시겠습니까?"
> "위사카여, 나는 그 소원이 무엇인지 알기 전에는 들어준다고 말하지 않습니다."
> "세존이시여, 저의 소원은 무리하지도 않고 반대할 수도 없는 것일 겁니다."

붓다로부터 소원을 말해도 좋다는 허락을 받은 후 위사카가 말을 이어나갔다.

"세존이시여, 앞으로 일생 동안 상가에 우기용 옷을 기부하고, 찾아오는 비구들, 떠나가는 비구들, 병든 비구들, 병자들을 돌보는 비구들에게 음식을 제공하며, 병든 비구들에게는 약을 제공하고, 상가에 계속적으로 쌀과 우유를 제공하고, 또한 비구니들에게는 욕의를 제공하는 것이 저의 소원입니다."

위사카의 소원을 들은 붓다가 물었다.

"그렇다면 위사카여, 당신이 지금 열거한 것과 같은 여덟 가지 소원을 들어달라고 요청하게 된 동기는 무엇입니까?"
"저는 오늘 아침에 하녀에게 승원에 가서 식사 준비가 되었음을 알리라고 시켰습니다. 그러나 하녀는 승원에 가서 비구들이 옷을 벗고 상반신을 드러낸 채 비를 맞고 있는 모습을 보고는 그들은 세존의 제자 비구들이 아니라 나체로 나다니는 고행자들일 것이라고 생각했습니다. 그래서 하녀가 돌아와 제게 그렇게 보고했고, 저는 확인을 위해 그녀를 다시 승원으로 보냈습니다. 나체로 있는 비구들을 보는 것은 참으로 민망하고 딱한 노릇입니다. 스승이시여, 저는 이런 일을 겪고는 앞으로 일생 동안 우기용으로 특별히 만든 가사를 승단에 제공하는 것을 저의 첫 번째 소원으로 삼게 되었습니다."

위사카는 계속해서 나머지 소원들을 고했다. 사실 위사카가 처음 시집을 왔을 때, 니칸타 교도들도 실오라기 하나 걸치지 않은 나체수행자들을 보고 불쾌함을 느꼈던 일을 상기했던 것이었다.

"사왓티를 찾아오는 비구는 길을 모르기 때문에 음식을 탁발할 수 있는 곳을 몰라서 애를 먹는 경우가 있습니다. 이런 이유로 저는 앞으로 일생 동안 찾아오는 비구들을 위한 음식을 상가에 제공하는 것을 두 번째 소원으로 삼게 되었습니다. 또한 사왓티를 떠나는 비구는 탁발을 하다가 때를 놓쳐 밥을 굶은 채로 길을 떠나야 하므로 애를 먹는 경우가 있습니다. 이런 이유로 저는 앞으로 일생 동안 떠나는 비구를 위한 음식을 제공하는 것을 세 번째 소원으로 삼게 되었습니다. 병든 비구가 적당한 음식을 먹지 못하면 병이 악화되어 죽을 수도 있습니다. 이런 비구를 돕는 것이 저의 네 번째 소원입니다. 병자를 돌보는 비구는 자신의 음식을 탁발할 시간을 놓치는 경우가 있습니다. 이런 비구를 돕는 것이 저의 다섯 번째 소원입니다. 병든 비구에게 적당한 약을 먹이지 않으면 병이 악화되어 죽을 수도 있습니다. 이런 비구를 돕는 것이 저의 여섯 번째 소원입니다. 저는 세존께서 쌀과 우유는 정신을 맑게 해주고, 기아와 갈증을 없애주고, 건강한 사람에게는 좋은 영양식이 되고 병자에게는 약이 된다고 말씀하시는 것을 들은 적이 있습니다. 그래서 저는 앞으로 일생 동안 계속해서 쌀과 우유를 상가에 공급하는 것을 저의 일곱 번째 소원으로 삼겠습니다. 마지막으로 비구니들이 아치라바티 강물에서 창녀들과 함께 나체로 목욕을 하는데, 그럴 때면 창녀들은 비구니들을 놀려대면서 '젊은 당신네들은 무엇이 좋다고 순결을 지키고 있지? 늙을 때까지 순결을 지킨다고 해서 젊음과 순결 두 가지가 지켜질까?'라며 놀리곤 합니다. 하물며 비구니들이 이런 여자들 앞에서 나체를 드러내는 것은 참으로 민망하고, 구역질나는 딱한 노릇입니다. 세존이시여, 저는 이런 이유로 앞으로 일생 동안 욕의(浴衣)를 비구니에게 공급하는 것을 저의 여덟 번째 소원으로 삼겠습니다."

위사카의 순수하고도 절절한 소원을 듣는 붓다의 표정이 밝아졌다. 붓다가 물었다.

"위사카여, 그렇다면 나에게 여덟 가지 소원을 들어달라고 요청하는 것이 그대에게 어떤 이익이 된다고 생각합니까?"
"우기가 끝나면 이곳저곳으로부터 비구들이 세존을 찾아뵙기 위해 사왓티로 몰려들 것입니다. 그들은 세존을 만나자마자 이렇게 물을 것입니다. '스승이시여, 아무개 비구가 죽었습니다. 이제 그의 운명은 어떻게 됩니까?' 그러면 세존께서는 '죽은 비구는 신앙의 음덕으로 닙바나에 이르렀거나 아라한이 되었다.'고 대답하실 것입니다. 그러나 세존이시여, 저라면 그런 경우에 이렇게 묻겠습니다. '그 죽은 비구는 과거부터 사왓티에 살고 있었던 사람인가?' 이 질문에 대한 답을 들으면 저는 죽은 비구의 사망 원인이 우기에 옷이 허술했기 때문인지, 찾아오는 비구나 떠나는 비구가 굶주렸기 때문인지, 병든 비구가 적당한 음식을 못 먹었기 때문인지, 병자를 돌보는 비구가 굶주렸기 때문인지, 병든 비구가 약을 쓰지 못했기 때문인지, 쌀과 우유를 계속해서 제공받지 못했기 때문인지 확실하게 결론을 내릴 수 있을 것입니다. 이렇게 결론을 얻고 나면 저에게는 기쁨이 솟아날 것이며 따라서 저의 마음은 평안과 만족감으로 행복이 넘칠 것입니다. 이러한 감정은 제게는 덕행과 일곱 가지 지혜의 촉진제가 됩니다. 세존께서 저의 소원을 들어주실 때 제가 얻을 수 있는 이익은 바로 이런 것이라고 생각합니다."

붓다는 위사카의 요청을 밝은 미소로서 흔쾌히 수락하며, 부드러운 음성으로 말했다.

"좋습니다. 위사카여, 그대는 참으로 훌륭합니다. 그런 이익을 바라고 내게 소원을 들어달라고 부탁한 것이라면 잘한 일입니다. 받을 가치가 있는 사람들에게 베푸는 자비는 비옥한 땅에 씨를 뿌려 풍성한 수확을 거두어들이는 것과 같습니다. 그러나 번뇌 속에서 신음하는 사람에게 베푸는 공양은 척박한 땅에 씨를 뿌리는 것과 같습니다. 왜냐하면 번뇌는 미덕의 싹을 말려죽이기 때문입니다."

이어 붓다는 위사카에게 게송으로 고마움을 표시했다.

올곧게 살아가는 부인,
알고 보니 나의 참 제자일세.
베푸는 마음 즐겁고 너그러우니,
그대의 천국 같은 공양물
슬픔을 없애주고 축복을 안겨주네.

그대의 축복받은 생활,

타락과 부정을 멀리 하네.

선을 추구하는 그대는 행복하고,

자비심 넘치는 그대의 마음은 기쁨뿐이네.

엄청난 재산을 가지고 있었던 위사카는 또한 상가에 동원정사(東園精舍, 또는 '녹자모강당'이라고도 부름)를 지어 봉헌했다. 그녀는 붓다의 여성 제자 우바이 가운데 첫 여성 재가자 장로가 되었다.

여인에 대한 연민, 대법사를 낳다

라자가하에 살던 한 젊은 부인이 남편에게 집을 떠나 비구니가 되겠다며 출가를 허락해줄 것을 간청했다. 어렵게 남편에게 허락을 받은 여인은 집을 나왔다. 막상 집을 나왔으나 바른 수행에 대한 이해도 없었고, 또 어디로 가야할지도 몰랐다. 이 여인은 발길이 닿는 대로 가다가 당시 라자가하 상가를 책임지고 있던 데와닷따의 허락을 거쳐 그곳의 비구니 수행처로 들어가게 되었다.

출가를 허락받고 수행하던 어느 날 이 여인은 자신이 임신을 한 상태라는 사실을 알게 되었다. 시간이 지나면서 배가 불러왔고, 여인이 아이를 가진 것이 라자가하 상가 내에 알려지게 되었다. 그러자 비구니들이 그녀를 라자가하 상가의 스승인 데와닷따에게 데리고 가서 자초지종을 말했다. 이야기를 들은 데와닷따는 여인을 부정하게 여기고는 즉시 가정으로 돌려보내라고 지시했다.

그러나 그녀는 남편에게 애원해서 어렵게 출가한 입장에서 다시금 가정으로 되돌아갈 수는 없는 일이었다. 그녀는 붓다가 머물고 있는 사왓티의 기원정사로 찾아가 부정한 여인으로 몰려 라자가하 상가에서 쫓겨난 억울함을 호소하기로 했다.

사왓티까지 찾아온 여인으로부터 사정 이야기를 들은 붓다는 상가회의를 소집해 이 문제를 직접 다루지 않고 첫 우바이 장로 위사카와 우빨리 장로 등에게 여인의 문제를 합리적으로 처리할 것을 위임

했다. 먼저 위사카가 여인을 커튼 안으로 데리고 들어가서 임신을 한 시기와 현재의 신체 상황 등을 자세하게 검토했다. 위사카는 조사결과 이 여인이 비구니가 되기 전에 임신한 것이 틀림없음을 확인했다. 위사카가 자신이 조사한 사실을 우빨리 장로에게 알리자, 그는 여인의 무죄를 내외에 선포했다.

이렇게 해서 여인은 위사카의 보호 아래 열 달을 채우고 아들을 출산했다. 태어난 아들은 붓다의 요청에 따라 빠세나디 국왕의 양자로 들어갔다. 아들의 이름은 꾸마라깟사빠(Kumāra-Kassapa)였다. 왕자의 신분으로 궁에서 자라던 꾸마라깟사빠는 일곱 살이 되던 해 자신의 어머니가 비구니인 것을 알고는, 붓다께 귀의하기로 결심했다. 그는 즉시 붓다를 찾아뵙고 자신의 뜻을 말씀드리자 붓다는 기쁜 마음으로 법문을 들려주고 이어 출가를 허락했다.

그는 통찰수행을 닦으며 산꼭대기에 머물며 붓다의 가르침을 공부하고 실천했다. 부지런히 정진한 끝에 꾸마라깟사빠는 머지않아 아라한과를 성취할 수 있었다. 할 일을 다 마친 꾸마라깟사빠는 자신이 이뤄낸 경계를 게송을 읊었다.

깨달은 님들은 불가사의하다.
가르침들은 기적이다.
우리 스승께서 성취한 것들은 놀라운 것이다.
제자도 거기서 그와 같은 가르침을 깨달으리.

헤아릴 수 없는 겁을 거쳐서
자신의 몸을 얻었는데,

그 가운데서 이것이 마지막이고

이것이 최후의 몸이니,

태어남과 죽음의 윤회 속에서

이제 결코 다시 태어남은 없으리.

가까운 곳에서 아들의 성장을 지켜볼 수 있었던 어머니 비구니는 뿌듯했다. 그녀는 비록 출가한 몸이지만 자식에 대한 애정은 조금도 식지 않았던 것이다. 그런데 꾸마라깟사빠는 아라한과를 성취하고는 숲속 깊은 곳으로 들어가 12년 동안 일체 밖으로 나오지 않았다. 아들을 볼 수 없게 된 어머니 비구니는 상심이 컸다. 자나 깨나 아들을 걱정하며 그리워하다가 어느 날 아들이 머물고 있는 제따와나 수도원으로 직접 아들을 찾아갔다. 어머니 비구니는 그곳에 도착하여 아들을 만나자 기쁘고도 반가운 마음에 눈물을 흘리면서 아들의 이름을 불렀다.

꾸마라깟사빠는 어머니가 자기에 대한 애착이 깊은 것을 느끼고 '만약에 내가 반가운 표정을 지으며 상대해 드리면 어머니는 계속해서 자신에 대해 집착할 것이고, 이로 인해 어머니의 삶은 가련하게 될 것'이라고 생각했다. 그는 일부러 단호하게 말했다.

"비구니로서 이 무슨 꼴입니까? 아직도 아들에 대한 애착 하나 끊지 못하셨단 말입니까?"

아들의 냉혹한 호통에 어머니는 충격을 받았다.

"지금 무엇이라고 말했느냐?"

아들은 똑같은 말을 매몰차게 거듭했다. 아들의 차가운 태도에 놀란 어머니는 비탄에 빠졌다.

'아, 나는 아들을 그리워하며 12년 동안 눈물로 살아왔는데 내 아들은 나를 이토록 차갑게 대하는구나. 이런 자식에게 애착한들 무슨 이익이 있겠는가? 자식이란 모름지기 의지할 바가 못 되는 줄 이제야 알겠다.'

그녀는 이 일을 계기로 자기를 깊이 돌아보게 되었다. 자식에 대한 애착을 부끄럽게 여기고 이제부터라도 진심으로 공부해서 자식에 대한 모든 애착과 애정을 끊으리라 결심했다. 이후 이 비구니도 아라한과를 성취하게 되었다. 이 일이 있고 나서 얼마 후 비구들이 붓다께 여쭈었다.

"스승이시여, 만약 꾸마라깟사빠의 어머니가 처음 들어갔던 데와닷따의 수도원에 계속 머물러 있었다면 비구니와 그 아들이 어떻게 아라한과를 성취할 수 있었겠습니까? 그랬다면 데와닷따는 그들을 잘못 인도하여 불행에 빠뜨렸을 것입니다. 그런데 부처님이시여, 부처님께서는 지금도 아라한과를 성취한 그들의 의지처가 되시는지요?"

이에 붓다가 말했다.

"비구들이여, 아라한과를 이루려는 사람은 결코 남을 의지할 수 없다. 자신을 위한 일은 오직 자신만이 할 수 있으니, 자기 스스로 열성적이고 진지하게 노력해나가야 한다."

그러고는 게송으로써 제자들에게 일렀다.

진정 자기야말로 자기의 의지처,
어떻게 남을 자기의 의지처로 삼으랴.
자기를 잘 단련시켜야만
자기를 의지처로 만들 수 있는 것.
이는 실로 성취하기 어렵다.

이처럼 대중에게 가장 사랑받던 법사로 '가장 재기에 넘친 설교를 하는 님 가운데 제일'이라는 칭호를 받은 꾸마라깟사빠는 붓다의 세심한 배려가 없었다면 세상에 빛을 발하지 못했을 위대한 수행자였다. 아이를 잉태한 사실을 모르고 출가한 비구니를 연민으로 품어 안았던 붓다의 따뜻한 마음이 위대한 수행자 꾸마라깟사빠와 그의 어머니 아라한을 탄생시킬 수 있었던 것이다.

인간으로 태어난 이 기이한 인연을!

사왓티에 머물던 붓다가 많은 비구들을 이끌고 꼬살라 국의 이곳저 곳을 유행하다가 살라(Sālā) 마을의 브라만 촌을 방문하게 되었다. 살 라 사람들은 이미 붓다의 좋은 평판을 익히 듣고 있던 터라 그의 방 문을 기쁜 마음으로 기다리고 있었다. 붓다가 머무는 곳으로 많은 살 라의 브라만들과 주민들이 모여들었다. 그들과 이야기하던 도중에 붓다가 물었다.

> "살라의 재가자들이여, 여러분들이 이성적으로 믿고 신뢰할
> 만한 스승이 있습니까?"
> "없습니다. 스승이시여!"
> "그런 스승이 없다면, 훗날 그대들에게 훌륭한 스승을 가늠할
> 수 있는 안전한 원리를 설명하겠습니다. 잘 간수하면 여러분
> 들의 평안과 행복을 지키는 좋은 잣대가 될 것입니다."

살라 사람들은 고따마 붓다가 누구와도 비교할 수 없게 훌륭한 스승 이라고 생각하고 있었다. 그들은 무슨 이야기가 나올지 잔뜩 긴장했 다. 무리 가운데 나이 많은 노인이 물었다.

> "스승이시여, 그게 어떤 것인지 말씀해주십시오."

"재가자들이여, 어떤 사람은 방종한 삶을 찬양하며 보시나 희생의식이 쓸데없는 일이라고 주장합니다. 선행이나 악행이나 그것으로 끝이며, 다음에 일어날 일과는 전혀 상관없는 것이라고 말합니다. 내생도 없으며, 이생에서 행한 선행의 과보로 천상에 태어나는 일 따위도 없다고 합니다. 또 어떤 사람은 스스로 도덕적인 삶을 시작하고 해탈과 행복을 성취할 능력이 인간에게는 없다고 합니다. 그들은 설령 어떤 사람이 해탈과 행복을 성취했다 하더라도 그것은 인간의 능력 밖에 있는 자연적인 힘에 의한 것이라고 믿습니다."

아직까지 떠돌이 궤변론자들에게 오염되지 않고 서로 돕고 의지하며 사는 순박한 살라 사람들로서는 어떻게 그런 주장을 하는 사람들이 있을 수 있는지 의아스럽지 않을 수 없었다. 한 노인이 물었다.

"스승이시여, 왜 그런 생각을 가지게 되는 겁니까?"
"악행의 불행한 결과와 선행의 좋은 과보를 보지 못하기 때문입니다."

붓다는 이어 이미 언급한 잣대에 대해서 설명하기 시작했다.

"앞서 말한 문제에 대해 현명한 사람은 이렇게 생각합니다. '만약 그가 말한 대로 내생이 없다면, 깨끗한 삶을 부정하고 악행을 저지른다고 해도 죽은 다음에 아무 일도 없을 것이다. 그러나 내생이 있다면 그 사람은 그가 말하는 대로 살아간다면 틀림없이 사람들의 비난을 면할 수 없을 것이다. 그렇다면 이생도 내생도 다 잃는 것이다.'라고. 여러분들은 이생과 내생 모두 괴로움으로 이끄는 사람의 말을 신뢰할 수 있습니까?"

"아닙니다. 스승이시여."

살라 사람들이 한목소리로 대답했다. 붓다가 설법을 이어갔다.

"마찬가지로 재가자들이여, 현명한 사람은 또 이렇게 생각합니다. '설령 내생이 없다고 하더라도 선하게 이생을 보낸 사람은 그렇게 한 세상을 잘 산 것이다. 그런데 만약 내생이 있다면 그 사람은 좋은 곳에 복되게 태어날 것이다. 내생이 없다고 하더라도 그렇게 잘 사람은 바른 견해를 가진 고결한 사람이라는 칭송을 듣는다. 따라서 이 사람은 이생과 내생을 모두 얻은 것이다.'라고. 여러분들은 이생과 내생 모두 얻는 이런 견해를 신뢰합니까?"

"그렇습니다. 스승이시여."

설법을 마치고 기원정사로 돌아온 붓다는 비구와 비구니들에게 살라 사람들에게 했던 이야기를 다시금 설명했다. 우선 붓다는 살라 사람들에게 도덕적 삶을 권장하기 위한 방편으로 업보와 내생을 '내기 돈'에 비유해 설명했다고 말했다. 붓다는 이미 출가하여 수행생활을 하고 있으면서도 아직 깨달음에 이르지 못한 제자들을 위해 그들이 납득하고 이해할 만한 설법을 해야 할 필요성을 느꼈다.

"비구들이여, 내가 천국과 지옥을 이야기할 때, 거짓말을 한 것은 아니다. 다만 내가 말하는 천국과 지옥은 아주 극단적인 쾌락과 극단적인 고통의 다른 표현인 것이다. 이런저런 천상의 신들이란 극단적인 쾌락의 한 상징이다. 지옥 역시 우리가 경험하는 극단적인 형태의 고통과 다르지 않다. 이러한 상징은 초심자들로 하여금 도덕적인 삶을 수락하게 하는 데 아주 유용한 수단이 된다. 그러나 이미 출가하여 수행에 전념하는 그대들로서는 천국과 지옥에 대한 그런 식의 신앙은 더 이상 중요하지 않다. 그대들이 볼 수 있는 눈앞의 현상에 그대들의 관심을 집중하라."

"예, 세존이시여."

"먼저, 이 땅에 사는 곤충, 새, 물짐승, 그리고 동물들을 보라. 그것을 헤아릴 수 있는가?"

"아닙니다. 스승이시여. 그것들은 거의 셀 수 없을 만큼 많습니다."

"나는 이들을 축생이라고 부른다. 제각기 다른 종들 사이의 교접이나 번식은 되지 않는다. 그 많은 종 가운데는 다른 생물을 포식하는 것도 있고, 순전히 풀을 먹는 것, 인간의 배설물로 사는 것도 있다. 어떤 것은 어둠 속에서 태어나 어둠 속에 살고, 그 속에서 죽는다. 어떤 것은 물속에서 태어나 거기서 살고, 그렇게 죽는다. 그들의 생존과 그대들의 삶을 견주어 보라. 그대들 자신의 삶을 어떻게 생각하는가?"

"인간으로 태어난 우리는 실로 다행입니다."

"그렇다. 실로 우리는 복 받은 존재들이다. 제자들이여! 이 인간의 생명은 쉽게 얻어진 것이 아니다. 제자들이여, 바닷속에 한 마리 눈 먼 거북이 있다. 이 거북이는 백 년에 한 번씩 물 밖으로 머리를 내민다. 파도와 조류를 타고 흘러간다. 마침 거기 떠 있는 통나무 구멍에 거북이의 머리가 낀다. 거북이가 거기에 의지해서 하늘을 바라본다. 제자들이여, 이 기이한 인연은 어떤가, 얼마나 어려운 일인가?"

"지극히 어려운 인연입니다."

"그보다 더 어려운 것이 인간으로 태어나는 기연이다. 이토록 어렵게 만난 이 인간의 생을 그대들은 어찌해야 되겠는가?"

"스승이시여, 단 한 순간도 허비할 수가 없습니다."

"그렇다. 제자들이여! 이 귀중한 생을 허비해서는 안 된다. 바로 그것을 위해서 나는 팔정도를 설했다. 팔정도는 그대 자신과 남들의 귀중한 삶을 허비하지 않도록 하기 위해서 설해진 것이다."

붓다의 설법을 듣던 한 젊은 비구가 나서 간청했다.

"스승이시여, 다시 한번 상세하게 설명해주십시오."

"팔정도를 성스러운(아리야) 것이라고 말할 때, 종족으로서의 '아리안'이나 피부색, 사회적 지위를 가리키는 게 아니다. 그것은 안정과 평안, 복지, 그리고 그런 평화와 복지에 따르는 기쁨의 고결함을 말하는 것이다. 성스럽다는 것은 해탈을 향해 애써 가는 과정과 그 목표 모두를 이르는 것이다. 깨달음과 해탈에 이르기 전에 나는 잘못된 길을 걸었다. 출가하기 전에 나는 편안하고 호사스럽게 감각적 쾌락을 누렸다. 나는 몰랐었다. 내게 그런 편안함을 주기 위해 얼마나 많은 사람들이 고통을 당해야만 하는지. 심지어 병들거나 늙고, 죽은 사람들을 볼수 없게 가려져 있었다. 출가한 다음에는 극심한 고행으로 죽음의 문턱을 넘나들었다. 성스러운 팔정도는 바로 이 양극단을 지양한 중도다. 따라서 그것이 성스러운 것이기 위해서는 자신은 물론 타인을 해롭게 해서는 안 된다."

붓다는 상세한 설명을 요청한 비구에게 물었다.

"자, 설명에 들어가기 전에 그대에게 묻겠다. 그대는 팔정도가 무엇 무엇인지 아는가?"
"예, 스승이시여. 바른 견해[正見], 바른 사고[正思惟], 바른 말[正語], 바른 행위[正業], 바른 생계[正命], 바른 노력[正精進], 바른 기억[正念, 알아차림], 바른 집중[正定]입니다."
"그렇다."

붓다는 팔정도가 어떻게 자신과 남들의 삶을 허비하지 않고 행복에 기여할 수 있도록 하는지를 설명하기 시작했다.

"바른 견해란, 제자들이여, 절대적인 견해를 갖는다는 뜻이 아니다. 그것은 독단적인 견해와 무 견해의 중도다. 독단적인 견해는 자신의 견해만 옳고 나머지는 모두 잘못이라는 견해다. 인간 지식을, 절대로 오류를 범할 수 없고 불변하는 것으로 믿는 것이다. 그런 잘못된 확신은 자기와 다른 의견을 가진 사람에게 상처를 준다. 반대로 전혀 어떤 견해도 갖지 않는다면 상황에 대처할 어떤 수단도, 잣대도, 판단 근거도 갖지 않는 것이다. 아무런 준거도 없이 행동하는 것은 맹목적인 것이다. 어둠 속에 쏘아댄 화살은 누군가를 다치게 할 것이다. 이런 두 가지 견해에 반해 바른 견해는 인간에게 가능한 모든 지식을 포괄적으로 숙고하고, 인간과 인간을 둘러싸고 있는 자연에 이로운 방향으로 사용할 수 있는 견해다. 이런 견해는 바른 사고(의도, 목적, 계획)에 의해서만 나올 수 있다. 우리의 모든 인식과 개념 작용에는 이미 어떤 동기가 부여되어 있다. 완벽주의자는 말할 것이다. '아니다. 우리는 먼저 진실을 발견하고, 그 진실을 근거로 사물을 설명하고 사물은 이해한다.'라고. 그러나 인간과 인간 심리를 아는 나로서는 그런 관점을 그대로 수용하기는 곤란하다. 인간이 어떤 사물을 인지하는 데는 수없이 많은 동기가 관여한다. 두려움, 특히 죽음에 관한 공포는 가장 중요한 동기요소 가운데 하나다. 어떤 사람은 자연을 통제할 힘을 얻고자 꾀한다. 어떤 사람은 감각적 쾌락에 생각이 맞춰져 있고, 혹은 남을 해칠 생각으로 사물을 본다. 통치자는 보다 넓은 영토를 점령하고 저항하는 세력을 정복할 작전을 생각한다. 나는 출가사문으로서 악의를 씻고 누구도 해롭게 하지 않겠다는 생각이 앞선다. 끊임없이 이런 생각을 품고 키움으로써 사람들은 자비로워진다. 제자들이여! 어떻게 이 바른 사고가 나와 남을 해치는 것을 막을 수 있는지 알겠는가?"

"예, 스승이시여."

"바른 말은, 제자들이여, 아주 중요하다. 어떤 사람이 몸으로 누군가를 해치지 않고, 말로 잘못된 생각이나 믿음을 주어 그를 파멸로 이끌 수 있기 때문이다. 어린아이에게 잘못된 생각을 심어두면 그는 결국 인간 괴물이 될 것이다. 언어의 도덕성은 우리에게 진실과 타당성을 요구한다. 평온에 안주하는 현자는 잘 설해진 것을 칭찬하고 좋은 것을 말하며 악을 말하지 않는다. 기쁜 일을 이야기하고 달갑지 않은 것을 말하지 않는다. 진실을 이야기하고 거짓을 말하지 않는다. 그런 평온에 이르는 길은 그것이 법이건, 절대건, 혹은 최상의 존재건 인간을 구속하고 종속시키는 것은 아예 말하지 않는 것이다. 바른 말은 거짓이나, 악의에 찬 말, 험한 말, 경박한 말을 삼가는 것이다."

"스승이시여, 브라만 전통에 따르면 '말'과 '브라흐마'는 신성하다고 합니다. 그들이 말하는 것과 세존께서 설명하는 '말'과는 다르다는 뜻입니까?"

나이 들어 출가한 제자가 물었다.

"비구여, 나는 어떤 단어 혹은 말이 그것 자체로 신성하다고 말하지 않는다. 만약 신성함을 인정하려면, 그것은 전적으로 좋은 결과를 낸다는 전제 아래 가능하다. 더구나 브라흐마가 아래 세 계급의 창조자라고 주장할 때, 그것은 하부 카스트를 브라흐마에게 종속시키는 것이 된다. 그런 사상은 인간의 잠재력을 계발하기는커녕 인간을 억압하고 고통스럽게 하는 것이다."

붓다는 이어 바른 행위에 대한 설명을 이어나갔다.

"바른 행위는 생명을 해치는 것을 삼가고, 주어지지 않은 것을 취하지 않으며, 감각적 쾌락으로부터 자제하는 것이다. 이 바른 행위가 어떻게 나와 남을 행복으로 이끄는지는 더 설명할 필요도 없을 것이다. 그렇지 않은가?"

"그렇습니다. 스승이시여."

"재가자로서 취할 바른 생계에 대해서는 이미 여러 차례 설명한 바가 있다. 우선 자신과 남을 해치지 않아야 한다. 만약 어떤 사람이 사기나 속임수에 의지하지 않고 정당한 노력에 의해 재산을 벌어들였다면, 그는 쓰는 기쁨과 빚 없는 기쁨, 비난받을 일 없는 기쁨을 누릴 수 있다. 이런 사람은 기꺼이 자기가 가진 것을 다른 사람에게 나누어주고 베푸는 자비로운 사람일 것이다. 제자들이여, 나는 남들을 위해 자신을 희생하라고 가르치지 않는다. 여기서도 중도를 찾는 것이 중요하다. 내 제자인 출가 비구의 바른 생계에 대해서라면 나는 이렇게 말하리라. 오직 날개 무게로만 날아가는 새처럼 하라! 현자는 아름답고 향기로운 꽃을 상하지 않게 하는 벌처럼 마을을 지나간다."

팔정도에 대한 붓다의 가르침은 열정적으로 계속됐다.

"제자들이여, 조건에 의지해서 발생하는 원리에 따라 살아가

는 사람들에게 바른 노력은 삶의 중요한 전제조건이 된다. 조
건에 의지해 발생하는 원리가 절대적인 법칙이 아닌 한, 자신
의 조건을 개선하고 다른 사람들의 행복을 증진시킬 수 있는
여지가 거기에 있는 것이다. 만약 사람들이 노력하지 않는다
면, 인간사회는 마치 노 없는 배처럼 그저 흐름을 따라 흘러갈
것이다. 우선 예방하기 위해 노력한다. 즉 아직 일어나지 않은
해로운 성향들, 나와 남을 해롭게 하는 것들이 일어나지 않게
막는 것이다. 두 번째는 놓아버리는 것이다. 즉, 지금까지 키워
온 해로운 성향들을 내던져버리려는 결의다. 세 번째는 유익
하고 이로운 성향을 일으키고 증진하는 것이다. 마지막으로,
그렇게 이루고 가꾼 것들을 유지하고 지속시키기 위해 노력
해야 한다."

"스승이시여, 마지막 목표를 성취한 사람도 노력해야 합니
까?"

한 제자가 물었다.

"그렇지 않다. 도덕적으로 완벽한 사람에게 다시 해롭거나 건
전하지 않은 성향이 일어날 수는 없다. 마치 어린아이가 불붙
은 숯에 손을 댔다가 거둬들이는 것과 같다. 이미 해탈한 사람
은 유익한 성향을 증진시키거나 유지하려는 어떤 노력도 필
요 없이, 거의 자동적으로 나쁜 성향의 유입을 막아버린다. 그
러나 제자들이여, 이러한 논리는 바른 알아차림(기억챙김)에도
적용되는 것은 아니다. 따라서 나는 도덕적인 삶을 위해 정진

하는 초심자나 이미 해탈을 이루고 도덕적으로 완벽해진 사람이라 하더라도 끊임없이 바른 알아차림을 지켜야 한다고 가르친다. 나는 시공을 초월하여 '존재하는바 그대로 사물을 이해하는 지식'을 인정하지 않기 때문이다. 그런 사람은 어떤 것도 알려고 할 필요가 없다고 주장할 것이다. 그러나 나는 그런 지식을 가졌다고 주장하지 않는다. 나는 다만 그 사물이 어떻게 존재하게 되었는지 안다고 말한다. 조건에 따라 발생하는 사물에 대해 절대 확실성을 가지고 단언할 길은 없으며, 그런 까닭에 절대적으로 옳은 예상이란 없다. 그렇다면, 끊임없이 마음을 챙기고 깨어 있는 수밖에는 없다. 바른 알아차림은 바른 집중(삼매)과 결합되어야 한다. 그것은 곧, 건전하고 유익한 사실과 상태, 그리고 과정에 대한 주의집중이다. 여기서 유익한 것의 판단근거는 다시 자신과 타인의 행복을 위해 바람직한가 하는 것이다."

설명을 마친 붓다가 처음 질문했던 젊은 비구에게 물었다.

"비구여, 이제 이 귀중한 생을 허비하지 않고 자신과 타인의 행복을 이루는 것이 팔정도라는 것을 이해할 수 있는가?"
"예, 스승이시여! 조항 하나하나에 지극한 자비와 배려가 스며들어 있습니다. 가히 고결하고 신성한 길임에 분명합니다. 스승이시여, 위없는 깨달음과 해탈을 성취하신 위대한 성자, 세존께서도 계속 팔정도를 걷고 계시다는 사실은, 우리로 하여금 더욱 겸손하게 하고 더욱 열심히 정진하게 합니다."

라훌라, 아라한이 되다

붓다의 아들이자 일곱 살 때 출가해 최초의 사미가 되었던 라훌라는 사리뿟따를 스승으로 정진에 매진하고 있었다. 붓다는 유일한 피붙이 사미 라훌라를 특별하게 대우하지는 않았지만 틈틈이 시간을 내어 지도하곤 하였다.

붓다가 사왓띠 기원정사에 머물 때, 막 18살이 된 라훌라도 그곳에서 수행하고 있었다. 어느 날 아침 붓다가 옷매무새를 가다듬고 바리때를 들고 시내로 탁발을 나섰다. 기품 있는 걸음으로 앞서가는 붓다를 따라 라훌라도 탁발 행렬에 함께했다. 라훌라는 아버지이기도 한 붓다를 뒤따라가면서 발바닥부터 머리털까지 붓다를 살펴보았다. 어느 것 하나 우아하지 않음이 없는 모습을 보며 라훌라는 생각했다. '세존께서는 참으로 멋지시다. 서른두 가지 대인상을 가진 몸은 참으로 아름답다. 서른 가지 바라밀을 두루 완성하신 뒤에 생긴 몸은 이렇게 아름다운 광영을 구족하는구나!' 그리고 라훌라는 자신의 몸도 살펴보며 이렇게 생각했다. '나도 멋지다. 만약 세존께서 네 개의 대해에서 전륜성왕이 되셨다면 내게 지도자의 자리를 물려줄 수 있었을 것이다. 그렇게 되었다면 이 잠부디빠는 아주 아름다웠을 것이다.'

그때 붓다는 라훌라가 여전히 세속적인 열정과 욕망을 일으키고 있음을 알고 그의 마음속에 깊숙하게 자리한 오염원을 제거해주어야 하겠다고 생각하고 라훌라를 불러 말했다.

"라훌라야. 물질이라고 하는 것은 그 어떤 것이든, 그것이 과거의 것이든 미래의 것이든 현재의 것이든, 안의 것이든 밖의 것이든, 거칠든 섬세하든, 저열하든 수승하든, 멀리 있건 가까이 있건, 그 모든 물질에 대해 '이것은 내 것이 아니다. 이것은 내가 아니다. 이것은 나의 자아가 아니다.'라고 있는 그대로 바르게 통찰하여야 한다. 알겠느냐?"

붓다의 타이름에 라훌라가 용기를 내어 물었다.

"세존이시여, 오직 물질만 그러합니까? 오직 물질만 그러한 것입니까?"
"라훌라여, 물질도 그렇고, 느낌도 그렇고, 인식도, 심리현상들도, 알음알이도 그러하다."

그러자 라훌라는 자신에게 직접 경책을 내린 붓다의 마음을 간파하고는 이렇게 생각했다. '목전에서 세존의 경책을 들었거늘, 현명한 사람이라면 어찌 오늘 마을로 탁발을 나갈 것인가?' 라훌라는 탁발 가던 일을 그만두고 경책을 받은 그 자리에서 정사로 돌아와 한 나무 아래에 앉았다. 붓다도 발길을 되돌리는 라훌라의 모습을 보고는 '오늘 만큼은 몸에 대한 알아차림이라는 불사(不死)의 음식을 먹으리라.'고 생각하고 제지하지 않았다.

한편 나무 아래에서 온종일 정진을 하고 있는 라훌라를 발견한 사리뿟따가 다가가 말했다.

"라훌라여, 들숨과 날숨에 대한 알아차림을 닦아라. 라훌라여,
들숨과 날숨에 대한 알아차림을 닦고 많은 공부를 하면 더 큰
진전과 큰 공덕을 지을 수 있을 것이다."

세존의 지도에 따라 물질과 느낌, 인식, 심리현상, 알음알이에 대해
'이것은 내 것이 아니고, 나도 아니며, 나의 자아도 아님'을 관찰하고
있는 자신에게 은사 사리뿟따가 건넨 말을 들은 라훌라는 조용히 일
어나 은사 사리뿟따에게 예배하고는 발길을 돌려 붓다를 찾아갔다.
라훌라는 세존에게 예배를 하고 한곁에 앉아서 물었다.

"세존이시여, 어떻게 들숨과 날숨에 대한 알아차림을 닦고
어떻게 많이 공부를 하면 큰 결과와 공덕이 있게 되는 것입니
까?"

라훌라의 질문을 들은 붓다는 들숨날숨에 마음을 챙기는 수행방법보
다는 라훌라의 열망과 욕망을 제거하게 돕기 위해 물질, 느낌, 인식,
심리현상, 알음알이에 대한 설법을 해야겠다고 생각했다.

"라훌라야, 몸 안에 있고 개개인에 속하고 딱딱하고 견고하
고 업에서 생긴 것은 무엇이건 내적인 땅의 요소[地界]라 한
다. 예를 들면 머리털, 몸털, 손발톱, 이, 살갗, 살, 힘줄, 뼈, 골
수, 콩팥, 염통, 간, 근막, 지라, 허파, 창자, 장간막, 위 속의 음
식, 똥과 그 외의 몸 안에 있고 개개인에 속하고 딱딱하고 견
고하며 업에서 생긴 것은 무엇이든 지계라고 한다. 라훌라야,

이에 대해 '이것은 내 것이 아니다. 이것은 내가 아니다. 이것은 나의 자아가 아니다.'라고 있는 그대로 바르게 통찰해야 한다. 이와 같이 이것을 있는 그대로 통찰하면 땅의 요소를 염오하고, 마음이 땅의 요소에 대한 탐욕을 빛바래게 한다[離欲]."

붓다는 이어 물의 요소[水界], 불의 요소[火界], 바람의 요소[風界], 허공의 요소[空界]에 대해 설명하고, 땅을 닮는 수행, 물을 닮는 수행, 불을 닮는 수행, 바람을 닮는 수행, 허공을 닮는 수행을 닦을 것을 당부했다. 붓다의 간곡한 설법에 라훌라의 눈망울은 구슬처럼 빛났다. 세속적 욕망을 완전히 버리지 못한 자신에 대한 참회와, 친부이기도 한 스승의 혼신을 다한 가르침에 대한 고마움으로 그의 눈가에는 시나브로 물기가 맴돌았다. 붓다의 설법은 계속 이어졌다.

"라훌라야, 자애의 수행을 닦아라. 네가 자애의 수행을 닦으면 어떤 악의라도 다 제거될 것이다. 라훌라야, 연민의 수행을 닦아라. 네가 연민의 수행을 닦으면 어떤 잔인함이라도 다 제거될 것이다. 라훌라야, 더불어 기뻐함의 수행을 닦아라. 네가 더불어 기뻐함의 수행을 닦으면 어떤 싫어함이라도 다 제거될 것이다. 라훌라야, 평온의 수행을 닦아라. 네가 평온의 수행을 닦으면 어떤 적의라도 다 제거될 것이다. 라훌라야, 부정하다고 인식하는[不淨想] 수행을 닦아라. 네가 부정하다고 인식하는 수행을 닦으면 어떤 탐욕이라도 다 제거될 것이다. 라훌라야, 무상을 인식하는[無常想] 수행을 닦아라. 네가 무상을 인식하는 수행을 닦으면 물질 등에 대해 나라고 하는 자만은 모두

제거될 것이다. 라훌라야, 들숨과 날숨에 대한 알아차림(기억
챙김)을 닦아라. 네가 들숨날숨에 대한 알아차림을 닦고 거듭
거듭 행하면 실로 큰 결실과 이익이 있다."

라훌라를 가르치는 붓다의 심경은 어쩔 수 없이 더 간절할 수밖에 없
었다. 세상에서 하나밖에 없는 피붙이기에 그럴 수밖에 없는 경우
이기도 했다. 그러나 붓다는 한순간도 라훌라에 대한 엄격함을 놓치
지 않았다.

라훌라는 20세가 되어 비구계를 받았다. 비구계를 받고 2년 후
붓다가 사왓티 기원정사에서 14번째 안거를 하고 있을 때 라훌라를
불러들였다. 라훌라의 공부가 어느 정도 성숙해지면서 머지않아 궁
극의 경지에 이를 인연이 성숙되었음을 간파했기 때문이었다.

붓다의 자상하고도 간곡한 지도를 받은 라훌라는 곧 몸과 입, 그
리고 정신적 행위의 완전한 경지를 이루고, 오래지 않아서 최고의 경
지인 아라한의 지위를 증득했다. 할 일을 다 마친 라훌라는 이렇게 자
신의 경지를 게송으로 읊었다.

아는 자는 나에 대해 안다.
'현선(賢善)한 라훌라는 양면을 갖추었다.'라고.
나는 깨달은 님의 아들이자
가르침에 대하여 눈을 갖춘 님이다.

번뇌는 부서졌고 다시 태어남은 없다.
공양 받을 만한 거룩한 님으로

세 가지 명지를 갖추었으니,
불사(不死)를 보는 거룩한 님이다.

감각적 쾌락의 욕망에 눈멀어 그물에 걸린 자들,
갈애의 덮개에 덮인 자들,
방일의 결박에 묶인 자들은
통발에 잡힌 물고기와 같다.

감각적 쾌락의 욕망을 버리고
그 악마의 결박을 끊고
뿌리째 갈애를 뽑아버렸으니,
나는 청량하게 적멸에 든다.

진리 앞에 모든 것은 평등

붓다는 사왓티에 있을 때 주로 수닷따가 세운 기원정사에서 머물렀지만, 종종 위사카가 지은 사원인 동원정사에서도 머물곤 했다. 붓다가 동원정사에 머물고 있을 때였다. 와셋타(Vāsettha)와 바라드와자(Bhāradvāja)라는 두 젊은 브라만이 출가할 생각으로 찾아와 비구들과 함께 지내고 있었다. 와셋타는 붓다와 아난다가 그늘 아래서 산책하고 있는 것을 보고 친구 바라드와자에게 말했다.

> "바라드와자, 저기 세존과 아난다 존자가 그늘 속에서 산책하
> 고 계신다. 저분들께 가서 의심나는 것들을 물어보자."
> "그래, 그거 아주 좋은 생각이네."

그들은 붓다와 아난다가 있는 쪽으로 다가가 옆에 서서 함께 걷기 시작했다. 두 사람을 발견한 붓다가 물었다.

> "와셋타와 바라드와자, 그대들은 모두 브라만 집안에서 태어
> 나 출가사문이 되기 위해 여기 와 있다. 다른 브라만들이 그대
> 들을 중상하거나 비난하지는 않는가?"
> "스승이시여, 그들은 우리의 출신을 생각하라며 비난을 그치
> 지 않고 있습니다."

"출신 신분이 어떻다는 것인가?"

"스승이시여, 그들의 주장으로는 브라만이 가장 높은 카스트
이고, 나머지는 열등한 카스트라고 합니다. 브라만은 피부가
희고 나머지는 검으며, 자기들은 청정한데 나머지는 순수하
지 않으며, 브라만은 범신(梵神)의 입에서 태어났으니 적법한
범신의 상속자라고 주장합니다. 그들은 우리에게 '이런 최상의
카스트를 버리고 범신의 발바닥에서 나온 천하고 검은 작자들,
천박한 민둥머리 사문이 되려느냐?'고 힐난했습니다."

"와셋타와 바라드와자, 그런 브라만들은 옛 역사를 모두 잊어
버리고 그렇게 주장하는 것이다. 그들은 자기네 브라만 여인
들이 달거리를 하고, 임신한 뒤, 아기를 낳고, 젖을 물리는 것
을 보지 않았다는 것인가? 어떻게 여인의 태를 빌어 태어난 그
들이 스스로를 범신의 입에서 나왔다고 주장할 수 있는가? 그
들이 범신의 입에서 나왔다는 말은 그들이 도덕적으로 순수하
다는 의미의 다른 표현일 것이다. 그렇다면 그것은 크샤트리
아, 바이샤, 수드라도 또한 마찬가지가 아니겠는가? 브라만 가
운데 악행을 삼가고 유익한 행을 닦아가는 사람이 있는 것처럼
다른 카스트 출신들도 마찬가지다. 브라만 여인에게서 태어났
기 때문에 도덕적으로 우월하다고는 말할 수 없지 않겠는가?"

"그렇습니다. 스승이시여."

"그들 브라만들이 뭐라고 하든, 나의 제자들은 인간을 우월하
게 만드는 건 바로 도덕성이라는 것을 인정해야 한다. 그것은
여기서 뿐만 아니라 먼 미래 다른 곳에서도 마찬가지다. 와셋
타와 바라드와자, 한 가지 예를 들어보기로 하자. 꼬살라 왕국

의 빠세나디 왕은 수행자 고따마 붓다가 사끼야 족 출신이라
는 것을 알고 있다. 사끼야 왕국은 빠세나디 왕에게 공물을 바
치는 변방의 속국이다. 그들은 빠세나디 왕에게 이런저런 편
의를 제공하고, 엎드려 절하며, 적절한 부역을 제공해야 한다.
그러나 빠세나디 왕은 나에게, 그의 속국인 사끼야 족의 아들
인 나에게 사끼야 족들이 그에게 했던 것과 똑같은 일을 하고
있다. 왜 그렇다고 생각하는가?"
"스승이시여, 세존께서는 가장 덕스러운 분이기 때문입니다.
인간에게 있어 덕성은 지금 여기서나, 먼 훗날에도 가장 존경
할 만한 것입니다."

잠시 침묵하고 있던 와셋타가 다시 물었다.

"스승이시여, 만약 브라만들의 그런 주장에 정당성이 없다면
그들은 어떻게 그런 주장을 믿게 되었습니까?"
"와셋타, 지금 우리가 아는 이 사회가 어떻게 형성되고 유지되
어 왔는지 생각해보자. 우리는 아마 이 세상이 어떻게 존재하
는지 생각해 볼 수 있을 것이다. 그런 사색을 시작하기 위해서
우리가 채용하지 않으면 안 될 중요한 원칙이 있다. 세계가 어
떻게 존재하는지를 설명하기 위해서는 우리의 경험을 규준(規
準)으로 삼을 수밖에 없다는 것이다. 우리가 경험한 바에 의하
면 모든 것은 조건에 따라 생성되고 소멸된다. 따라서 우리는
이 세계 또한 그런 전개와 소멸 과정을 거친다고 가정한다. 그
러나 설령 우리가 세계의 진행을 설명하기 위해 그런 원리를

적용한다 하더라도 우리는 세계의 시초에 이를 수는 없다. 세계의 시초는 고사하고 인간 생명의 시작조차 알 수 없는 것이다. 와셋타, 아주 오랜 세월이 흘러 이 세계가 소멸될 수가 있을 것이다. 그때 어떤 생명체는 이 세상에서 쌓은 공덕으로 빛의 세계에 태어난다. 오직 마음으로 된 그들은 스스로 빛을 내고, 허공을 날며, 거기서 즐겁게 살아간다. 아주 오랜 세월이 흘러 이 세상이 다시 전개되어 진화하면, 빛의 세계에 살던 존재들이 이 세계로 돌아온다."

"스승이시여, 그때 이 세계는 어떤 상태에 있습니까?"

이번에는 바라드와자가 물었다.

"바라드와자, 아마 커다란 물 덩어리로, 어둠에 쌓여 있을 것이다. 해나 달이나 별도 분명하지 않을 것이며, 낮과 밤, 계절, 해, 암수 구분도 분명하지 않을 것이다."

"스승이시여, 어찌하여 아무것도 분명하지 않은 것입니까?"

다시 와셋타가 물었다. 붓다가 미소를 머금고 와셋타를 바라보며 말했다.

"거기에 어떤 생명도 없는데, 누구에게 무엇이 분명하겠는가? 빛의 세계에서 생명들이 내려옴으로써 비로소 존재 또는 생명이라는 것이 생기는 것이다."

와셋타는 붓다의 대답이 암시하는 바를 짐작할 수 있었다. 붓다의 이야기는 단지 인간의 경험이 미치지 못하는 아득한 옛적, 혹은 미래에 관한 추측에 불과한 것이었다.

"그들이 이 세계에 살게 된 최초의 생명체들이었다."

붓다가 계속해서 말을 이어갔다.

"다시 오랜 세월이 흐른 다음, 마치 끓었던 우유가 식으면서 표면에 거죽이 엉기듯이, 이 땅덩어리가 자양분과 함께 바다 위에 떠올랐다. 땅은 마치 달콤하고 맛있는 꿀과도 같았다. 생명체 가운데 하나가 손가락으로 땅의 자양분을 찍어 맛보았다. 그 뒤, 그 생명체는 그 맛에 탐착하게 되었다. 다른 생명들도 마찬가지였다. 그들은 점점 많은 양을 게걸스럽게 먹어 치웠다. 그러면서 그들의 몸은 빛을 잃었다. 그런 일이 일어나면서 해[日], 달, 별, 밤과 낮, 달[月]과 계절과 해[年]가 생겨났다. 그들이 자양분을 계속 먹으면서 몸은 점점 조악하고 거칠게 되고 피부색이 생겨났다. 이 피부색으로 그들은 서로를 구별하게 되었다. 이 달콤한 자양분이 사라지고 땅 위에는 식물이 나타나기 시작했다. 버섯, 넝쿨 식물, 마침내는 나무와 같은 큰 식물이 생긴 것이다. 애초 빛의 세계에서는 구분되지 않았던 생명들이 점차 암수 성으로 갈라지게 되었다. 그들에게 성욕이 일고, 결국 성을 탐닉하기 시작했다. 다른 생명들이 그러고 있는 것을 본 다른 생명들은 흙덩이를 던지며 저주했다. '죽어라, 이 더러운! 죽어라, 이 더러운!' 요즘에도 결혼하는 신혼부부에게 흙과 먼지를 뿌리는데, 사람들은 그 의미를 잊고 있지만 그건 바로 오랜 옛날 관습의 흔적이다. 그러나 와셋타, 그때 비도덕적이라고 했던 것들이 나중에는 아무렇지 않은 일이 되었다. 비도덕적인 행위를 감추고 숨기기 위해서 그들은 울타리를 만들고 집을 지었다. 이렇게 가족이 생기게 되었다. 가정생활과 향락에 필요한 시간을 아끼기 위해 그들은 농사를 짓고 식량을 저장하기 시작했다. 욕심 많은 자는 자기 것을 지키면서 남의 것에 손을 대는 일이 있었다. 처음에는 별 다툼 없이 넘어갔지만 세월이 가면서 그들은 나쁜 짓을 저지른 사람에게 벌을 주고, 싸움을 중재할 사람을 뽑으면 어떨까 생각하게 되었다. 선을 보호하고 악을 제지하는 정의의 심판관을 선출하게 된 것이다. 와셋타, 이게 바로 최초의 왕 마하삼마따, '위대한 선출'이다. 그의 임무는 들판을 관리하는 것이었다. 그에 대한 보수로 사람들은 자기 소득의 일부를 그에게 지급했다."

"스승이시여, 크샤트리아는 '들판의 관리자'가 아니라 '칼잡이'를 뜻하는 것이 아닙니까?"

"와셋타, 나라와 나라 사이에 전쟁이 생기기 훨씬 이전에도, 욕심 많고 힘센 사람들이 힘없는 사람들의 물건을 빼앗고 훔치는 일은 흔히 있었을 것이다. 따라서 최초의 왕은 영토를 확장하거나 방어하기 위해서라기보다는 사회 안에서 벌어지는 악행을 규제하기 위해서 선출했을 것이라고 보는 것이 더 타당하지 않겠나?"

붓다의 설명은 계속 이어졌고, 와셋타와 바라드와자는 귀를 쫑긋 세우고 경청했다.

"사회 안에 다른 사람들이 있었다. 그들은 인간들의 사악한 행위에 염증을 일으키고 숲속으로 들어갔다. 숲속에서 그들은 사회 속에 그런 악이 일어나게 된 이유와 어떻게 그런 악을 제거할 것인가 숙고했다. 그들이 곧 브라만, 명상 전문가들이다. 바로 그 명상가들은 이제 명상가가 아니라 떠버리 상담가로, 얼치기 교사로, 의식 전문가로 전락했다. 가족을 부양하기 위해서 이런저런 생업을 꾸리는 사람들이 바이샤가 되었고, 사냥꾼처럼 사람들이 꺼리는 일을 하는 사람이 수드라가 된 것이다. 이게 바로 네 가지 카스트가 생겨나게 된 바탕이다. 사람의 카스트는 태생이 아니라, 자기가 하는 일에 따라 정해진 것이다. 그렇다고 어떤 일이 귀하거나 천한 것이 아니다. 어떤 태도로 그 일을 하는가에 따라 귀하기도 하고 천하게도 되는 것이다. 모든 생명체를 보라. 곤충, 새, 파충류, 동물 가운데는 수없이 많은 종이 있다. 모든 종이 각각 다르다. 그러나 인간 가운데 그런 차이는 없다. 인간은 모두 한 종이다. 선천적으로 결함을 가지고 태어나는 사람도 있다. 그러나 다른 사람들의 보호와 자비의 대상이 될지언정, 그것이 어떤 차별의 이유가 되지 않는다. 인간을 높고 낮은 카스트로 구분하는 것은 최악의 사회 정의다. 거기에 어떤 정당성도 없다. 와셋타, 인간사회에 최상의 규준은 도덕성이다."

젊은 브라만 와셋타와 바라드와자는 붓다의 열린 사고방식과 모든 인간에 대한 한없는 자비심에 환희심이 솟구쳤다.

광대한 우주 속에서 인간은?

아난다는 붓다와 브라만 청년 와셋타, 바라드와자의 토론을 묵묵히
경청했다. 그는 그 브라만 청년들이 모든 의심을 풀어버리기를 바라
는 마음에서 대화에 끼어들지 않았다. 저녁 무렵, 그는 홀로 앉아 있
는 붓다에게 다가가 물었다.

> "세존이시여, 세존께서는 브라만 와셋타와 바라드와자에게
> 세계가 소멸한 다음, 다시 전개되어 인간사회가 형성되는 것
> 을 설명하셨습니다. 그러나 스승께서는 세계의 소멸에 관해
> 서는 상세하게 말씀하시지 않았습니다. 세존이시여, 대중을
> 위해 그 점에 대해 설명해주십시오."
> "아난다, 수미산을 생각해 보자. 수미산은 가로, 세로 사십만
> 요자나(1요자나는 소가 끄는 수레로 하루 가는 거리, 약 12킬로미터)
> 에, 바다 속으로, 다시 바다 위로 각각 사십만 요자나나 뻗어
> 있는 산 가운데 왕이라고 한다. 아난다, 세계 속에서의 인간의
> 위치와 인간의 수명을 이 산과 비교하면 어떤가?"
> "세존이시여, 수미산에 비하면 인간의 위치란 실로 미미하기
> 그지없는 것이며, 수명은 없는 거나 마찬가집니다."
> "그렇다. 아난다. 인생이란 실로 무상하고, 만족할 만한 것이
> 못된다. 그러므로 그대는 그것으로부터 고개를 돌려, 집착을

버리고 거기서 벗어나지 않으면 안 된다. 아난다, 아득히 먼 훗날, 언젠가 여러 해 동안 전혀 비는 내리지 않고 모든 생명, 씨앗, 곡식, 작은 풀조차 모두 타버리고, 완전히 사라지는 때가 있을 것이다. 그리고 다시 오랜 세월이 흘러 두 번째 태양이 나타난다. 그리되면 작은 개울과 연못들은 모두 말라버리게 된다. 다시 세 번째 태양이 나타나면서 강가, 야무나, 아찌라와띠, 사라부, 그리고 마히 같은 큰 강들이 말라버린다. 네 번째 태양이 나타나면 그 강들의 원천인 아노땃따, 시하빠빠따, 라타까라, 깐나문다, 꾸날라, 찻단따, 그리고 만다끼니 같은 큰 호수도 완전히 말라붙는다. 다시 오랜 세월이 흘러 다섯 번째 태양이 나타나면, 바닷물도 증발하여 줄어들기 시작한다. 나중에 대양의 바닥은 마치 비가 그치고 난 다음에 소발자국에 고인 물처럼 보일 것이다. 다시 여섯 번째 태양이 나타나면, 수미산과 대지는 연기를 내뿜기 시작한다, 마지막으로 아난다야, 일곱 번째 태양이 나타난다. 이제 수미산은 물론 이 대지는 완전히 타버리고 재조차 보이지 않게 된다. 아난다, 이 세상은 이렇게 아주 오랜 세월에 걸쳐 서서히 붕괴된다. 그 과정은 실로 헤아릴 수 없이 오랜 겁(劫) 동안에 일어나며, 다시 생겨나는 것도 또한 그럴 것이다."

"세존이시여, 세존께서는 이 세계가 다시 전개되면서 빛의 세계에서 온 생명들이 살게 된다고 하셨습니다. 그것은 이 세상 말고도 다른 세계가 있다는 뜻입니까?"

"그렇다, 아난다. 우리가 사는 이 세상은 무변광대한 우주의 아주 작은 점에 불과하다. 최소한 세 개의 대천(大天) 세계가 있다.”

“세존이시여, 그건 어떻게 생겼을까요?”

“아난다, 저 태양과 달이 돌면서 비추는 세계가 있다. 그런 세계 천 개를 합친다고 생각해 보라. 천 개의 태양, 천 개의 달, 천 개의 수미산, 천 개의 땅덩어리, 천 개의 사천왕 세계, 천 개의 야마천, 천 개의 도솔천, 천 개의 화락천, 천 개의 타화자재천, 천개의 범천…. 이것이 아난다, 하나의 소천(小天)세계다.”

“세존이시여, 소천세계라면 그보다 더 큰 세계가 있다는 것입니까?”

“그렇다, 아난다. 어떤가, 이 소천세계를 다시 천 개 합한다고 상상한다면?”

“세존이시여, 도저히 계산이 되지 않습니다.”

“이 천 개의 소천세계가 모여 하나의 중천세계가 된다. 다시 천 개의 중천세계가 모여 하나의 대천세계가 된다. 아마도 이 우주에는 최소한 이런 대천세계가 삼천 개 이상 있을 것이다.”

아난다는 붓다의 우주 묘사에 기가 질렸다. 혼란스럽기까지 했다. 이 광대한 시공 속에서 고작 백년을 넘지 못하는 덧없는 인생의 가치란 무엇이란 말인가? 아난다의 혼란과 곤혹스러움을 짐작한 붓다가 말했다.

“아난다, 시간은 인간을 먹어 치운다. 사람들은 자기네 삶이 시간의 처분에 달렸다고 생각한다. 또한 매정하고 냉혹한 것이 시간이라고 말한다. 그래서 사람들은 ‘죽었다.’는 표현을

'깔라까타', 즉 '시간을 다했다.'고 말하기도 한다. 그러나 깨달음을 이루고 해탈을 성취한 내 제자들은 시간에 먹히지 않는다. 그들은 시간을 쓸 뿐이다."

"세존이시여, 제가 이해하기에는 너무 어렵습니다."

"아난다, 나는 그 말을 이해하지 못하는 그대를 탓하지 않는다. 가장 치밀하고 정교한 머리를 가진 사람들도 그 문제로 고심했다. 그들은 세계가 공간적으로, 시간적으로 무한한지 혹은 유한한지 궁리하고 또 궁리했다. 그러나 참으로 흥미롭고 이상한 것은, 자기들이 지금 시간에 관해 숙고하고 있다는 사실을 까마득히 잊고 있었던 것이다. 아난다, 내 그대에게 간단한 질문을 하나 해볼까. 인간이 어떻게 시간 개념을 가지게 되는가? 좀 더 쉽게 말해서, 인간이 무엇에 근거해서 시간을 알게 되는가?"

붓다의 질문에 아난다는 낭패감을 느꼈다. 그로서는 전혀 생각조차 해보지 않은 문제였던 것이었다. 그동안 시간이라면 그저 당연한 것, 그 속에 모든 것이 나타나는 것으로 치부해버려 왔다. 사람들에게 시간이란 그냥 절대적인 것이었다. 붓다는 자신의 질문이 아난다에게는 너무도 난감한 질문이라는 것을 알았기에 잠시 침묵했다가 다시 입을 열었다.

"아난다, 인간에게 기억능력이 없다면 시간 감각을 가질 수 없을 것이다. 인간의 의식은 무언가를 기억하면서 작동하기 시작한다. 결과적으로 말해서, 인간의 기억이 바로 시간의 기원이다. 물론 우리가 과거의 몇몇 사건을 기억한다 하더라도 그것으로 세계의 시초를 말할 수는 없다. 오직 상상할 수 있을 뿐이다."

"그렇다면 세존이시여, 그곳에서 우리는 어떻게 해야 하겠습니까?"

"아난다, 내가 아는 한, 이 세계는, 세계의 시작과 소멸과 그 소멸에 이른 과정은, 이 볼품없는 한 길 몸뚱이 속에 있다. 다만 이 몸뚱이는 죽은 고기 덩어리가 아니라 기억하고, 느끼고, 인식하고, 깨어 있는 마음을 담고 있는 그릇과 같은 것이다. 깨달은 자는 시간에 먹히거나 시간에 제한당하지 않는다. 그는 오히려 시간을 먹고, 시간을 고르기에 시간으로 인해 근심할 일이 없는 것이다."

"세존이시여, 어디서 이런 법문에 접할 수 있겠습니까? 어디서도 전혀 들어보지 않은, 들어볼 수 없는 가르침입니다. 실로 전통의 고루한 껍질을 깨고, 새로운 경지를 활짝 여는 법문입니다."

홀로 수행하겠다고 떠났으나…

붓다가 성도한 후 13년째 되던 해였다. 붓다는 짤리까 바위산(Cālika pabbata)에서 안거를 보내고 있었다. 짤리까 바위산 근처에는 잔뚜(Jantu) 마을이 있고 끼미깔라(Kimikālā) 강이 옆으로 흐르고, 강둑으로는 망고 숲이 가로수처럼 펼쳐져 있었다. 그 광경이 한 폭의 수채화처럼 아름답고 싱그럽기 짝이 없었다.

이때 까삘라왓투의 사끼야 족 출신인 메기야(Meghiya) 비구가 붓다의 시자로 있으면서 시중을 들고 있었다. 그가 붓다를 모시고 탁발을 나갔다가 돌아오는 길에 끼미깔라 강변의 망고 숲을 보고는 매료되고 말았다.

'이 망고나무 숲은 아름답고 즐길 만하다. 이 망고나무 숲은 정진하기를 원하는 훌륭한 가문의 아들이 정진하기에 알맞다. 세존께서 허락하시면 나는 이곳에서 정진하리라.'

메기야는 붓다에게 나아가 끼미깔라 강변의 망고 숲에서 수행하고 싶다며 허락해줄 것을 요청했다. 그러자 붓다는 다른 비구가 올 때까지 기다리라며 두 번이나 허락하지 않았다. 그러나 메기야가 세 번째로 거듭 요청을 해오자 허락을 해주었다.

메기야는 붓다의 허락이 떨어지기가 무섭게 끼미깔라 강변의 망고 숲으로 달려가 수행을 시작했다. 그러나 수행은 제대로 되지 않았고, 되레 온갖 망상이 일어났다. 예전에는 일어나지 않았던 감각적 쾌락에 대한 욕망, 분노, 폭력의 욕구가 어지럽게 그를 괴롭혔다. 도저히 망상히 가라앉지 않자 메기야는 다시 붓다에게로 찾아와 예배한 후 말했다.

"세존이시여, 저는 끼미깔라 강변의 망고나무 숲에 머물 때 대부분 세 가지의 악하고 불건전한 사유가 일어났습니다. 그것은 감각적 쾌락에 매인 사유, 분노에 매인 사유, 폭력에 매인 사유였습니다. 그래서 저는 이렇게 생각했습니다. '나는 믿음으로 집에서 집 없는 곳으로 출가하였는데, 이런 불건전한 사유에 사로잡혀 있다니, 놀라운 일이다.'라고. 도무지 마음을 가라앉힐 수가 없어 이렇게 다시 돌아왔습니다."
"메기야여, 마음에 의한 해탈이 성숙하지 않았다면, 다섯 가지 원리가 성숙에 도움이 된다. 다섯 가지란 무엇인가? 메기야여, 여기 수행승이 선한 벗, 선한 친구, 선한 동료와 사귄다. 메기야여, 마음에 의한 해탈이 성숙하지 않았다면 이 첫 번째 원리가 성숙에 도움이 된다. 메기야여, 더욱이 수행승이 계행을 지키고 계율의 항목을 수호하고 알맞은 행동과 행경을 갖추고 아주 작은 잘못에서 두려움을 보고 학습 계율을 받아 배운다. 메기야여, 마음에 의한 해탈이 성숙하지 않았다면 이 두 번째 원리가 성숙에 도움이 된다."

붓다는 이어 수행승이 버리는 삶을 살고 마음을 여는 데 도움이 되고 오로지 싫어하여 떠나고, 사라지고, 소멸하고, 적멸하여, 곧바로 알고 올바로 깨닫고 열반에 드는 데 도움이 되는 이야기를 세 번째 원리로,

불건전한 원리를 제거하고 착하고 건전한 원리를 갖추기 위해 착하고 건전한 원리에 대하여 견고한 자이고 확고하게 노력하는 자이고 멍에를 내려놓지 않는 자로서 열심히 수행하는 것을 네 번째 원리로, 지혜로워 고귀한 꿰뚫음으로 올바른 괴로움의 소멸로 이끄는 생성과 소멸에 대한 지혜를 갖추는 것을 다섯 번째 원리로 제시했다.

붓다는 또 이와 같은 다섯 가지 원리와 함께 탐욕의 제거를 위해 부정을 닦을 것, 분노의 제거를 위해 자애를 닦을 것, 사유의 제거를 위해 호흡에 대한 알아차림을 닦을 것, 내가 있다는 자만의 제거를 위해 무상에 대한 지각을 닦을 것을 가르쳤다. 스승을 홀로 남겨두고 떠난 제자를 위해 노여움을 내기는커녕 한없는 자비와 연민으로 설법을 하는 붓다의 모습에 메기야는 고마움과 죄송함의 눈물을 흘렸다. 그런 모습을 지켜보던 붓다가 다시 말했다.

> "메기야여, 무상에 대한 지각을 이루면, 무아에 대한 지각이
> 이루어지고, 무아에 대한 지각을 이루면 '내가 있다.'는 자만은
> 제거되고 현세에서 열반을 이룬다."

붓다는 설법을 마친 후 그 뜻을 헤아리면서 감흥어린 시구로 참회하는 제자에게 자비를 베풀었다.

> 저열하고 미세한 사유가
> 따라오며 정신을 혼란시킨다.
> 이러한 정신에 나타나는 사유를 알지 못하고
> 방황하는 마음은 이리저리 달린다.

정신에 나타나는 사유들을 자각하고
정진과 알아차림을 갖추어
정신을 수호하는 깨달은 님은
정신을 따라오며 그것을 표류시키는
그 사유들을 남김없이 여읜다.

붓다의 시구를 들은 메기야는 그 자리에서 수다원과를 성취해 성자
의 흐름에 들었다.

사리뿟따의 사자후

안거 마지막 날, 사왓티에서 우기를 보낸 비구들은 가사와 바리때를 손질하고 유행(遊行)할 준비에 여념이 없었다. 떠날 채비를 끝낸 비구들은 하나 둘씩 동원정사로 모여들었다. 해가 기울며 어둠이 드리울 무렵, 선선한 바람이 불어오는 동원정사 안 큰 강당은 비구들로 빼곡히 들어찼다. 동쪽 하늘로 보름달이 떠오르자 한 비구가 일어나 말문을 열었다.

"비구들이여, 여러분께 청합니다. 지난 삼 개월 동안 함께 지내며 나의 말과 행동 가운데 진리에 부합하지 못하고 지탄받을 만한 점이 있었다면 말씀해주십시오. 그런 일이 있었다면 나를 가엾이 여겨 부디 지적해주십시오."

그 순간 바람결에 강당 안으로 스며드는 벌레의 울음소리도 정적을 깨지 못했다.

"비구들이여, 여러분께 청합니다. 지난 삼 개월 동안 내가 진리에 부합하지 못하고 지탄받을 만한 행동을 하는 것을 보거나 듣거나 의심한 적이 있는 분은 말씀해주십시오."

그 비구는 바로 붓다였다. 붓다는 달빛 같은 부드러운 목소리로 대중들을 향해 세 번이나 물었다.

"비구들이여, 여러분께 청합니다. 나에게 진리에 부합하지 못하고 지탄받을 만한 행동이 있었다면 부디 지적해주십시오."

가볍게 고개를 숙이고 있는 비구들 사이에서 상수제자 사리뿟따가 조심스럽게 일어나 합장하였다.

"세존이시여, 당신의 말씀과 행동 가운데 적당하지 못한 점을 제자들은 보지도 듣지도 못했습니다. 세존의 말씀 한마디는 모두 훌륭한 법입니다. 열반에 이르는 법을 그처럼 능숙하게 설할 수 있는 사람은 아무도 없습니다. 세존의 한 걸음 한 걸음은 열반으로 향하는 길입니다. 저희는 그 길을 따라 수행의 과위를 성취할 수 있었습니다."

붓다의 뒤를 이어 수많은 비구들이 차례차례 자신에게 있었던 허물을 대중에게 물었다. 밤은 깊어갔다. 동쪽 하늘이 밝아올 무렵, 자자(自恣)를 마친 비구들이 새롭게 제공된 가사와 바리때를 챙겨들었다. 가장 먼저 사리뿟따가 세존께 작별인사를 드렸다.

"세존이시여, 사왓티에서 안거를 마쳤으니 저는 이제 세상으로 유행을 떠나고자 합니다."
"사리뿟따, 그대가 가려는 곳으로 가라. 제도되지 못한 사람들이 있거든 제도하고, 해탈을 얻지 못한 사람이 있거든 해탈을 얻게 하고, 열반을 얻지 못한 사람이 있거든 열반을 얻게 해 주도록 하라. 사리뿟따, 그대가 가고 싶은 곳으로 가라."

이렇게 모든 비구들이 차례를 지켜 붓다에게 작별인사를 드리고 늘 그랬듯이 조용히 떠나갔다. 사리뿟따와 그 제자들이 떠난 후, 사왓티에서 안거한 또 다른 비구들이 차례차례 붓다에게 인사를 드리고 있었다. 그런데 안거 동안 불편함은 없었는지를 묻는 붓다의 작별인사에 상기된 얼굴로 목소리를 높이는 한 비구가 있었다. 그는 목에 가시가 걸린 듯 날을 세웠다.

"스승이시여, 이번 안거는 불편하기 짝이 없었습니다. 사리뿟따는 참 교만합니다. 자기 말에 고분고분한 사람에게는 부드럽게 대하고 자기 맘에 들지 않는 사람은 업신여겼습니다. 자기가 무슨 제일 제자라고 사사건건 이렇게 하라, 저렇게 하라, 간섭이 끝없었습니다. 오늘만 해도 그렇습니다. 다른 사람과는 정겹게 인사를 나누더니 저를 보자 어깨를 치고 지나가더군요. 그리고 한마디 사과도 없이 떠나버렸습니다."

이 이야기를 들은 붓다는 즉시 목갈라나와 아난다를 불렀다.

"목갈라나여, 지금 당장 사리뿟따를 돌아오게 하라. 아난다, 그대는 사왓티에서 안거한 비구들은 한 사람도 빠짐없이 모두 모이게 하라."

붓다의 지시에 따라 목갈라나는 사리뿟따를 찾아 떠났고, 아난다는 사왓티의 정사를 돌며 외쳤다.

"비구들께서는 들으십시오. 세존께서 한 사람도 빠짐없이 모 두 동원정사로 모이라고 하셨습니다. 비구들께서는 지금 바 로 한 사람도 빠짐없이 모두 동원정사로 모여주십시오."

몸과 입과 마음의 움직임에 한순간도 알아차림을 놓치지 않는 사리 뿟따 장로의 정진력과 위상을 너무도 잘 알고 있던 아난다는, 큰소리 로 한마디를 덧붙였다.

"오늘 사리뿟따께서 사자후를 하실 겁니다. 비구들께선 기회 를 놓치지 마십시오."

상가대중이 하나 둘 동원정사로 다시 모여들자 사리뿟따를 비난했던 비구의 얼굴은 조금씩 창백해지기 시작했다. 높이 떴던 해가 기울자 동원정사 강당은 다시 비구들로 들어찼다. 어둠이 드리워질 무렵 길 을 떠났던 사리뿟따도 동원정사로 돌아왔다.

"사리뿟따여, 등불을 밝히라."

대중 앞에 공손히 합장하고 선 사리뿟따에게 붓다가 말했다.

"사리뿟따, 그대가 떠난 뒤 얼마 후 저 비구가 나에게 찾아와 말했다. 안거 동안 사리뿟따가 교만하고 제일 제자임을 치부하며 사람을 업신여겼고, 사사건건 간섭했다고 말했다. 또 오늘 유행을 떠나는 자리에서 다른 사람에게는 정답게 인사를 나누고, 저 비구에게는 어깨를 치며 지나쳤고, 그런데도 한마디 사과도 없이 떠났다고 분개했다. 사리뿟따여, 저 비구의 말이 사실인가?"

사리뿟따가 고개를 돌려 비구를 바라보았다. 낯은 익지만 이름은 모르는 비구였다. 어깨를 부딪친 일이 있다면 아마도 가사 자락이 스칠 정도의 가벼운 일이었을 것이다. 그렇다고 이 자리에서 그 비구를 비난하거나 곤경에 빠뜨릴 수는 없다고 생각한 사리뿟따는 무릎을 꿇었다.

"세존께서는 저를 아십니다."

그러나 사리뿟따의 생각을 훤하게 읽고 있던 붓다의 목소리는 단호하고 차가웠다.

"사리뿟따여, 내 생각은 중요하지 않다. 그대는 많은 이들의 스승이 되는 사람이다. 그런 그대가 대중의 의심을 산다는 건 결코 가볍게 지나칠 일이 아니다."

정적이 흘렀다. 잠시 후, 사리뿟따의 목소리가 낭랑하게 강당을 울렸다.

"세존이시여, 늘 자신을 살필 줄 모르는 사람이라면 동료 수행자에게 모욕을 주고 유행을 떠날 수 있을 것입니다. 하지만 저는 늘 스스로를 살피며 주의력을 잃지 않았습니다. 그런 제가 어떻게 청정한 수행자를 업신여기고, 그런 행위를 저지르고도 기억하지 못하며, 그런 행위를 저지르고도 참회하지 않은 채 유행을 떠났겠습니까? 세존이시여, 땅에는 깨끗한 것도 버리고 깨끗하지 못한 것도 버립니다. 똥, 오줌, 침, 가래, 피, 고름도 버립니다. 그런 것을 버려도 땅은 싫어하거나 부끄러워하거나 혐오하지 않습니다. 세존이시여, 걸레는 깨끗한 물건도 닦고 깨끗하지 못한 물건도 닦습니다. 똥, 오줌, 가래, 침, 피, 고름도 닦습니다. 그런 것을 닦더라도 걸레는 싫어하거나 부끄러워하거나 혐오하지 않습니다. 세존이시여, 두 손이 잘린 비천한 찬달라(旃陀羅, 불가촉천민)는 모든 이들에게 고개를 숙입니다. 넝마를 걸치고 깨어진 바리때를 든 찬달라는 먹다 남은 음식을 주는 이들에게도 고개를 숙입니다. 감히 머리를 들 생각조차 하지 않습니다. 수모를 견딜 줄 아는 찬달라는 이 마을 저 마을로 떠돌며 누구에게도 해를 끼치지 않습니다. 세존이시여, 두 뿔이 잘린 황소는 네거리 한가운데서도 사람을 들이받지 않습니다. 뿔이 잘리고 잘 길들여진 황소는 참을성이 많아 이 거리에서 저 거리로 노닐어도 누구에게도 해를 끼치지 않습니다. 세존이시여, 제 마음은 대지와 같고, 걸레와 같고, 찬달라와 같고, 뿔이 잘린 황소와 같아 맺힘도 없고 원한도 없고 성냄도 없고 다툼도 없습니다. 저는 이렇게 당신으로 인해 눈뜬 진리 안에서 선을 쌓으며 자유롭게 노닐 뿐입니다."

고개를 숙인 그의 온화한 몸짓은 코끼리보다 웅장했고, 낮고 부드러운 그의 목소리는 사자의 포효보다 우렁찼다. 잠시 깊고 무거운 침묵이 흘렀다. 이윽고 붓다가 말했다.

　"비구여, 이제 그대가 말해보라. 추호라도 거짓이 있어서는 안
　된다."

그의 얼굴은 창백하다 못해 새까맣게 타들어가고 있었다. 사리뿟따를 비난한 비구는 비틀거리는 걸음으로 다가와 붓다의 발아래 엎드렸다.

　"세존이시여, 제가 잘못했습니다. 제가 청정한 수행자를 모함
　하고 비방했습니다."

붓다가 단호하게 말했다.

　"그대는 먼저 사리뿟따에게 참회해야 한다."

비구는 사리뿟따의 두 발에 눈물로 참회했다.

　"존자여, 용서하십시오. 미치광이처럼 안정되지 못한 제가 질
　투와 교만을 누르지 못하고 청정한 당신을 모함하고 비방하
　였습니다."

사리뿟따는 천천히 자리에서 일어나 옷깃을 가다듬었다. 그리고 눈물짓는 비구 앞에 무릎을 꿇고 두 손 모아 합장했다.

　　"비구의 허물을 제가 용서하겠습니다. 저에게 허물이 있었다
　　면 비구께서도 용서하십시오."

붓다의 교단이 아름다울 수 있었던 것은 보름달 주위를 수놓은 밤하늘의 별처럼 제자들이 스승 붓다 못지않게 훌륭했기 때문이었다. 그 가운데에서도 가장 빛나는 별은 사리뿟따였다.

잇따른 여성 아라한들의 출현

붓다 당시, 마가다 왕국이나 까시, 꼬살라 왕국의 사회조직 내에서 여성의 지위는 실로 비천한 것이었다. 가르갸, 마이뜨레이 등 공개토론과 논쟁에 활발히 참여한 몇몇 극소수의 여류 명사들이 있기는 했지만, 여성들은 거의 자기들의 능력을 마음껏 펼쳐볼 기회를 갖지 못했다.

잠부디빠에서 여성에 대한 편견은 뿌리 깊고 다양했다. 대개는 여인들이 겨우 남자들을 위한 향락의 대상일 뿐이라고 생각하거나, 그들의 능력이란 고작 잡다한 가정의 허드렛일이나 자녀를 부양하는 일에 한정된 것으로 여겼다. 여자도 남자가 도달할 수 있는 수행의 절정을 획득할 수 있다고 믿는 사람은 거의 없었다. 게다가 여자가 왕국을 통치한다는 것은 상상조차 할 수 없는 일이었다.

알라위(Ālavi) 국의 공주로 태어난 쎌라(Selā)는 알라위 국의 공주라는 신분이기에 알라위까라고도 불렸다. 그녀 역시 여인을 다만 감각적 향락의 대상일 뿐이며, 이 세계에서 자유와 평안을 이룰 수 없는 존재라고 믿었다. 붓다가 알라위 국을 방문했을 때 그녀는 아버지 알라위 왕과 함께 붓다의 가르침을 듣고 확신을 얻어 재가 여신도가 되었다가 나중에 외경을 얻어 출가했다. 붓다의 가르침에 따라 정진하던 그녀는 감각적 쾌락의 부질없음을 통찰하고, 형성된 것들을 성찰하면서 인연이 무르익어 궁극적인 앎이 성숙하자 머지않아 거룩한 경지를 얻었다. 그녀는 자신의 경지를 이렇게 노래했다.

> 감각적 쾌락의 욕망은 창칼과 같고
> 존재의 다발은 그 형틀과 같다.
> 감각적 쾌락의 욕망이라는 것,
> 이제 나에게는 불쾌한 것이다.

> 모든 곳에서 환락은 파괴되고
> 어둠의 다발은 부수어졌으니
> 악마여, 그대는 이와 같이 알라.
> 사신이여, 그대는 패배했다.

쏘마(Somā)는 자신의 제한된 능력으로는 남자가 획득할 수 있는 도덕적 궁극에 이를 수 없다고 생각한 여인이었다. 빔비사라 왕의 제관의 딸로 태어난 그녀는 성년이 되었을 때, 라자가하에서 붓다의 설법을 듣고 확신을 얻어 재가의 여신도가 되었다가 나중에 세속에 대한 염오를 일으켜 출가한 뒤 통찰 수행을 통해 분석적인 앎과 거룩한 경지를 얻었다. 그녀는 거룩한 경지를 얻은 후 해탈의 즐거움을 누리며 사왓티에 머물렀다. 쏘마는 특히 여성을 폄훼하는 사람들을 단호하게 꾸짖곤 했다. 최상의 경지는 두 손가락만큼의 지혜를 지닌 여자로서는 얻을 수 없다는 당시의 팽배했던 편견에 대해 쏘마는 게송을 통해 단호하게 반박했다.

> 마음이 잘 집중되어

최상의 진리를 보는 자에게
지혜가 항상 나타난다면,
여성의 존재가 무슨 상관이랴.

모든 곳에서 환락은 파괴되고
어둠의 다발은 부수어졌으니
악마여, 그대는 이와 같이 알라.
사신이여, 그대는 패배했다.

여성 수행자 위말라(Vimalā)는 오랫동안 여자에게는 오로지 아름다움만이 중요한 것일 뿐, 그 외에는 아무것도 없다는 생각에 속아 살았던 여인이었다. 웨살리에서 자신의 미모를 팔아 살아가는 여인의 딸로 태어난 그녀는 성년이 되어 어머니처럼 미모를 팔아 살아갔다. 그러던 어느 날 목갈라나 존자가 웨살리 시내에서 탁발을 하는 모습을 보고 마음이 사로잡혀 그의 처소까지 찾아가 유혹했다. 이런 그녀를 두고 사람들은 이교도의 사주를 받은 것이라고 생각했다. 그러자 목갈라나는 그녀에게 부정(不淨)한 것에 대해 설명하고 잘못된 행동을 나무랐다. 위말라는 부끄러움과 창피함이 일어났고 강력한 외경심이 생겨 우바이가 되었다가 나중에 교단의 허락을 받아 출가했다. 그녀는 이후 붓다의 지도 아래 용맹정진하면서 인연이 무르익자 머지않아 거룩한 경지를 얻었고, 그때의 성찰을 감흥어린 시구로 노래했다.

용모와 자태와
미모와 명성에 취하고

젊음에 우쭐하여
나는 다른 여인들을 깔보았다.

이 몸을 요란하게 단장하고
어리석은 사내를 유혹하며
올가미에 쳐놓은 사냥꾼처럼
창가(娼家)에 서 있었다.

장식을 보여주면서
여러 은밀한 곳과 드러난 곳을 보였으며
갖가지 종류의 환술을 행하며
많은 사람들을 희롱했다.

그러한 내가 삭발하고
대의(大衣)를 걸치고 탁발을 하고 나서
나무 아래 앉아
사유의 여읨을 성취했다.

천계에 속하든 인간계에 속하든
일체의 멍에를 끊어버리고
일체의 번뇌를 멸진시켰으니
청량해져서 열반을 실현했다.

꾸루 국의 깜마싸담마 시에서 브라만 가문에서 태어난 난닷따라

(Nanduttarā)는 몇 가지 학문과 기예를 배우고 출가하여 자이나교도가 되었던 여인이다. 그녀는 목갈라나에게 논쟁을 걸었다가 도리어 뼈 저린 훈계를 받고는 확신을 얻어 붓다의 상가에 출가했다. 그녀는 붓 다의 제자가 되기 전까지는 그녀가 참여할 수 있는 종교 활동이란 그 저 해나 달에게 절이나 하는 것이라고 생각했었다. 그녀 역시 분석적 인 앎과 거룩한 경지를 성취한 후 자신의 실천을 성찰하다가 궁극의 경지를 이룬 감흥을 이렇게 노래했다.

> 화신과 월신과 천신에
> 항상 나는 예배했다.
> 강의 목욕장에 나아가
> 물속에 들어가곤 했다.
>
> 많은 서계(誓戒)를 지켰으니,
> 머리를 반쯤 깎고
> 땅바닥을 침상으로 만들었고
> 밤에는 음식을 먹지 않았다.
>
> 단장과 치장을 즐기고
> 목욕과 마사지도 역시 즐기며
> 감각적 쾌락의 욕망에 괴로워하면서도
> 이 몸을 애지중지하기도 했다.
>
> 그 후에 확신을 얻어

집 없는 곳으로 출가했다.
이 몸을 있는 그대로 보니,
감각적 쾌락의 욕망과 탐욕이 뽑혔다.

일체의 존재가 끊어지고
욕망도 소망도 끊어지고
일체의 멍에에서 벗어나
정신적으로 적멸을 얻었다.

쏘나(Sonā)는 사왓티 시의 훌륭한 가문에서 태어나 성년이 되자 시집을 가서 열 명의 자식을 얻어 자식을 많이 낳은 여인이라는 의미의 '바후뿌띠까(Bahuputtikā)'라는 명칭을 얻었다. 그녀는 남편이 출가하고, 나이가 들자 모든 재산을 아들과 딸들에게 분배하고 자신에게는 아무것도 남기지 않았다. 그런데 그녀의 아들딸들은 단 며칠 동안만 그녀를 봉양하고는 멸시하기 시작했다. 그녀는 '내가 이렇게 자식들에게 멸시를 받으며 살아서 무엇하겠는가?'라고 생각했다. 지금까지의 자신의 인생은 다만 자녀를 생산하기 위해 태어난 것 같다는 생각을 했다. 고민 끝에 그녀는 사왓티의 비구니 수행처를 찾아가 출가를 요청했다. 구족계를 받은 그녀는 '나이가 들어 출가하였으니, 방일하지 말아야 한다.'고 생각하고 비구니로서의 모든 의무를 완수하면서 밤새도록 정진의 끈을 놓지 않았다. 그녀는 낮은 건물의 기둥을 손으로 잡고 발걸음을 옮기며 수행자의 삶을 닦았고, 걸으면서도, 어두운 곳에서는 머리를 나무나 다른 것에 부딪칠까봐 나무에 손을 대며 걸으면서 정진했다. 그녀의 이런 용맹정진이 알려지면서 붓다는 그녀에게 특별한 관심을 주고 자상하게 가르침을 설했다.

> "쏘나여, 최상의 원리를 보지 못하고 백 년을 사는 것보다 최
> 상의 원리를 보면서 하루를 사는 것이 낫다."

붓다의 이 가르침을 듣자 쏘나는 그 자리에서 거룩한 경지를 얻었다.
그녀는 자신이 얻은 경지를 감흥어린 시구로 읊었다.

이러한 집적의 몸으로
열 명의 자식을 낳았으니
그 후 허약하고 늙어서
나는 수행녀를 찾아갔다.

그녀는 나에게 가르침을 주었다.
존재의 다발과 감각의 영역과 인식의 세계에 대하여
그 가르침을 듣고
머리를 깎고 나는 출가했다.

그러한 내가 정학녀(淨學女)였을 때에
하늘눈이 청정해졌고
예전에 내가 살았던
전생의 삶에 대하여 알게 되었다.

마음을 통일하고 잘 정립하여

인상을 여읨을 알고
나는 즉시 해탈을 얻었으니,
집착 없이 적멸에 들었다.

실로 다섯 존재의 다발들은
완전히 알려졌고 뿌리째 뽑혔다.
비참한 고령의 그대여, 부끄럽다.
그러나 이제 다시 태어남은 없다.

이처럼 붓다에 의해 설립되고 붓다의 양모 고따미에 의해 인도된 여성 수행자, 비구니들은 붓다에 의해 잘 설해진 가르침에 따라 자신들이 처한 암울한 상황을 변혁시키는 창의성과 진취적 기상을 발휘했다. 여인들의 용기와 열정은 마침내 그들로 하여금 장애를 극복하고 도덕적·정신적인 문제에서 남성과 동일한 지위를 차지할 수 있게 했던 것이다.

쑤바 "감각적 쾌락은 악마가 퍼놓은 그물"

그러나 깨달음을 이룬 뒤에도 여성 제자들이 마주쳐야 되는 문제가
있었다. 평온하고 고요한 주변 분위기가 좋아 명의 지와까의 망고 숲
에 살고 있던 비구니 쑤바(Subhā)에게 그런 일이 벌어졌다. 사실 어느
때, 어디서나 다른 비구니들도 겪을 수 있는 문제였다. 어느 날 탁발
을 마치고 망고 숲으로 돌아오는 길에 한 호색한이 다가와 말을 걸어
왔다. 멈춰 선 쑤바 비구니가 그를 쳐다보며 물었다.

> "벗이여, 혹시 내게 무슨 잘못이라도 있는가? 왜 그대는 앞길
> 을 가로막는 것인가? 나는 거룩한 붓다의 제자로 청정한 길에
> 들어섰다. 무슨 까닭으로 내 길을 방해하는가?"
> "그대는 젊고 아름답다. 무슨 나쁜 일을 저질렀기에 그 황색
> 가사를 걸치고 사문처럼 나선 것인가? 그 추한 가사를 벗어
> 던지라. 그대의 아름다운 몸은 그따위 더러운 넝마가 아니라,
> 까시 산(産) 비단으로 감쌀 만하다. 그대보다 더 사랑스런 여
> 인은 어디에도 없으리라. 인생을 즐기자. 봄의 첫 새벽, 청춘의
> 즐거움을 누릴 더 좋은 시기는 없으리라. 나무들 꽃으로 덮여,
> 하늘엔 향기가 가득하다. 오, 아름다운 여인이여! 내 그대에게
> 온갖 환락을 누리게 하리라. 무엇 때문에 그대는 그 사랑스런
> 육체를 시들게 하는가? 연못에서 꺾어낸 연꽃처럼 실없이 시

들게 하려는가?"

"결국 화장터에 눕게 될 이 몸뚱이를 그렇게 보게 하는 것은 무
엇인가? 여기에 무엇이 있단 말인가?"

"이 세상에 참으로 아름다운 것은 극히 드물다. 오, 아름다운
여인이여! 그대의 눈은 모든 아름다운 것들을 무색하게 한다.
누가 그 고운 눈을 보고 잊을 수 있으리! 사랑스런 여인이여,
그 의미 없는 생활을 버리고 그대가 가진 특별한 자연의 선물
을 즐기자. 내 그대에게 간절히 비나니, 그대를 보고 난 뒤, 그
누구도 사랑할 수 없게 되었다."

"벗이여, 진전 없는 길을 가려하지 마라. 붓다의 제자를 따라
다니는 것은, 마치 달에게 애원하거나, 장대한 히말라야를 뛰
어넘으려는 것과 같다. 나는 이미 모든 감각적 쾌락을 버리고,
이 단출한 삶의 기쁨을 택했다."

젊은이는 그 정도의 말로는 물러갈 기미가 보이지 않았다. 그로부터
벗어나는 것은 참으로 어려운 일이었다. 그녀는 잠시 생각했다. 그의
악의를 벗어나는 길은 오직 한 가지밖에 없을 것 같았다.

"벗이여, 그대는 내 눈에 반한 것 같다. 만약 내가 이 두 눈을
뽑아 그대에게 준다면 만족하겠는가? 그러면 그대는 날 더 이
상 성가시게 하지 않겠는가?"

젊은이는 당황했다. 그가 입을 열기 전에 쑤바가 다시 말했다.

"벗이여, 나는 이 더러운 육체 때문에 괴로워하고 시달려 왔다. 나는 이 따위 몸뚱이에는 집착하지 않는다. 감각적 쾌락은 날선 칼이요, 인간의 매력이란 망나니의 도마와도 같다. 나는 거기서 어떤 기쁨도 찾을 수 없다."

"고행자들의 그 따위 말에 속지 마라. 그들은 온갖 감각적 쾌락을 즐기고, 더 이상 향수할 수 없게 되었을 때 가정을 떠나지 않았는가? 우리는 단 한 번 이 세상에 태어난다. 이 유일한 향락의 기회를 내던져버리는 것은 어리석은 짓이다."

"벗이여, 그대가 말한 대로 나이가 들었을 때야 출가한다고 생각하는 수행자나 브라만도 있을 수 있다. 그러나 모든 수행자가 다 그런 것은 아니다. 나는 사끼야 족 출신의 성자, 고따마 붓다의 가르침을 따른다. 나이든 사람이 수행으로 행복해질 수 있다면, 어찌 젊은 사람이라고 그런 행복을 이룰 수 없겠는가?"

"하지만 맛도 보지 않고 알지도 못하면서 어떻게 감각적 쾌락을 비난할 수 있는가?"

"나는 그럴 수 있다. 나는 그런 쾌락을 탐닉하는 자들이 그 욕망 때문에 결국 어떤 고통을 받는지 보아왔다. 나는 사람들이 탐욕과 증오와 미혹의 결과로 끝내 단두대에서 처형되고 마는 것을 보았다. 빔비사라 왕이 그와 같은 범죄자를 처형하라고 명령하는 것은 그들을 처단하기 위해서가 아니라, 그들이 바로 자기 행위의 상속자이기 때문이다."

"누이여, 그대가 옳기를 바란다. 그대의 삶에 기쁨이 있기를!"

젊은이는 자기 행위가 기다리고 있는 불행한 결과를 떠올리고, 갑자기 두려운 생각이 들었다. 더구나 그는 쑤바에게 수작을 거는 것은 전혀 쓸데없는 짓임을 알았다. 그는 달아나다시피 돌아서 사라졌다.

붓다를 만난 자리에서 쑤바는 그때의 일을 이야기했다. 붓다는 쑤바의 능력과 용기, 그리고 상황을 처리한 그녀의 방법을 칭찬했다. 또한 외롭게 수행자의 삶을 살아가는 젊은 비구니 제자들이 당면한 위험을 염려한 붓다는 그처럼 외진 거처는 피하라고 당부했다.

쑤바는 자신의 경계를 이렇게 노래했다.

감각적 쾌락의 욕망들은
공포스러운 공격과 같고
뱀의 머리와 같으나,
어리석고 눈먼 일반 사람들은 그것들을 즐긴다.

감각적 쾌락의 욕망이라는
진흙탕에 사로잡혔으니,
세상에 많은 사람들이 무지하다.
삶과 죽음의 끝을 그들은 곧바로 알지 못한다.

감각적 쾌락의 욕망 때문에
나쁜 존재의 길로 나아가며
자신의 질병을 가져다주는 길로
사람들은 다양하게 걸어간다.

이와 같이 감각적 쾌락의 욕망은
적의를 낳는 것, 고뇌를 주는 것,
오염시키는 것, 세속의 미끼,
결박시키는 것, 죽음의 속박이다.

감각적 쾌락의 욕망은
광기를 일으키고, 속이고, 마음을 혼란시키는 것으로
중생을 오염시키기 위해
악마가 펴놓은 그물이다.

감각적 쾌락의 욕망은
끝없는 위험이고, 고통은 많고, 해독은 크고,
쾌미는 적을 뿐, 갈등을 만들고
밝은 덕성을 해치는 것이다.

감각적 쾌락을 원인으로
그처럼 내가 불운을 겪고 나서,
항상 나는 열반을 기뻐했으니,
다시는 그곳으로 돌아가지 않으리.

우빨라완나 "끔찍하다! 감각적 쾌락의 욕망"

우빨라완나(Uppalavannā) 비구니는 라자가하 출신이었다. 그녀는 한 남자를 자기 어머니와 함께 남편으로 섬기게 된 기구한 운명을 박차고 출가하여 붓다의 제자가 되었다. 쑤바 비구니가 자신이 겪은 일을 붓다에게 이야기할 때, 우빨라완나도 그 자리에 함께 있었다. 그녀가 붓다에게 물었다.

"세존이시여, 그런 악한을 쫓아버리기 위해 신통력을 사용하면 어떻겠습니까? 그 사람의 뱃속으로 들어가 버리거나, 눈썹 사이에 붙어 눈에 보이지 않게 할 수 있다면…"
"그렇다. 우빨라완나. 그럴 수도 있을 것이다. 그러나 그것은 그런 상황을 처리하는 최선의 방법은 아니다. 쑤바는 그 젊은 이로 하여금 자신의 행위가 나쁜 결과를 가져올 것이라는 사실을 알려줌으로써 스스로 포기하게 했다. 이런 방법이 보다 더 오랜 효과를 내게 할 수 있다. 신통력으로 몸을 바꾸거나 숨는 것은 쑤바가 했던 것처럼 지속적인 효과를 내지 못할 것이다. 그런 상황을 벗어나기 위해 신통력을 사용하는 것이 잘못된 것은 아니지만, 그대의 힘을 과시하는 것보다는 스스로 마음을 고쳐먹게 하는 방법이 더 좋은 것이다."
"저도 동감입니다. 스승이시여!"

신통력보다는 인격적인 힘을 향상시킴으로써 자신을 보호할 수 있다고 말함으로써 여인들의 잠재력을 인정한 데 기쁨을 느낀 우빨라완나가 대답했다. 우빨라완나가 자신의 경지를 밝히는 게송을 읊었다.

우리 두 사람 어머니와 딸이
한 남자를 남편으로 삼았으니,
그러한 나에게 미증유의
털이 곤두서는 외경이 일어났다.

우리 두 사람 어머니와 딸이
한 남자를 남편으로 삼았으니,
끔찍하다! 감각적 쾌락의 욕망은
부정한 것, 악취 나는 것, 형극이다.

감각적 쾌락의 욕망의 재난을 보고
여읨에서 오는 견고한 안온으로 보았으니,
라자가하 시에 살던 그러한 나는
집에서 집 없는 곳으로 출가했다.

나는 전생의 삶을 알게 되었고
하늘눈은 맑아지고,
타인 마음을 읽는 지혜가 생겨났고
청각세계가 청정해졌다.

신통이 나에게 깨우쳐졌고
일체 번뇌는 부수어졌다.
여섯 가지 곧바른 앎이 이루어졌고
깨달은 님의 교법이 실현되었다.

신통력으로 사두마차를
내가 화작(化作)한 뒤에
영광스러운 세상의 수호자이신
깨달은 님의 두 발에 머리를 조아렸다.

나는 마음을 제어했고
신통의 기초를 잘 닦았다.
여섯 가지 곧바른 앎을 구현했고
깨달은 님의 교법을 실현했다.

감각적 쾌락의 욕망은 창칼과 같고
존재의 다발은 그 형틀과 같다.
그대가 감각적 쾌락의 욕망이라 부르는 것,
이제 나에게는 불쾌한 것이다.

모든 곳에서 환락은 파괴되고
어둠의 다발은 부수어졌으니,
악마여, 이와 같이 알라.
사신(死神)이여, 그대는 패배했다.

끼사고따미 "진리를 못 보고 백 년을 사느니…"

고따미는 사왓티의 가난한 집에서 태어났다. 그녀는 가난했기 때문에 고따미라는 이름을 얻었고, 몸이 가냘팠기 때문에 끼사고따미 (Kisāgotamī)라고 불렸다. 그녀는 까삘라왓투 출신으로 붓다의 친척인 부자 상인과 결혼했다. 그러나 그녀는 시집을 가서도 가난한 집안의 딸이라는 이유로 온갖 멸시를 받았다.

그녀는 아들을 한 명 낳았는데, 아들을 낳았다는 이유로 존경을 받을 수 있었다. 그러나 그 아들은 여기저기 뛰어다니며 놀다가 한창 나이에 죽었다. 외동아들이 죽자 그녀에게 슬픔의 광기가 생겨났다.

그녀는 '예전에 나는 멸시를 받았지만 아들이 생기고 부터는 존경을 받았다. 그들이 나의 아들을 밖에 내다가 버릴 것이다.'라고 말하며, 죽은 아들의 시체를 허리에 매고 집집마다 문을 두드리며 '내 아들을 위해서 약을 주세요.'라고 외치며 시내를 헤맸다. 사람들은 '약이 어디에 있느냐?'라며 욕을 해댔다. 그러나 그녀는 사람들의 말을 이해하지 못했다. 그때 한 현명한 사람이 '이 여자는 아들을 잃은 슬픔으로 마음이 혼란해진 것이다. 붓다께서는 그 약을 알고 계실 것이다.'라고 생각하고 '아주머니, 올바로 원만히 깨달은 님을 찾아가서 아들의 약에 대해 물어보시오.'라고 권했다.

그녀는 붓다가 법문을 하는 날 기원정사를 찾아가 법문이 끝난 후 애원하듯 말했다.

"세존이시여, 제 아들을 위해 약을 구해주십시오."

붓다는 그녀가 거의 실성할 지경이라는 것을 알았다. 인생의 무상함과 인간은 결국 사별할 수밖에 없다는 법문으로는 아무런 효과도 없었다. 그녀 스스로 냉정을 되찾고 인생의 실상을 깨닫게 하는 수밖에는 달리 도리가 없었다. 붓다는 그녀에게 말했다.

"단 한 번도 사람이 죽은 적이 없는 집을 찾아 겨자씨 한 줌을 얻어오시오!"

붓다의 말을 들은 후 그녀는 집집을 돌며 묻고 또 물었다. 그러나 사람이 죽지 않은 집은 어디에도 없었다. 그녀는 서서히 인생의 무상함과 살아 있는 한 결국 죽음을 받아들일 수밖에 없다는 것을 이해할 수 있었다. 그녀는 붓다가 자신을 위해 가장 친절하고 연민에 가득 찬 처방을 내려주신 것임을 깨달았다. 그녀는 아들의 시신을 시체 버리는 곳에 버리고 붓다에게 돌아와 비로소 설법을 듣고 받아들일 채비가 되었음을 알렸다.
붓다가 물었다.

"흰 겨자씨를 얻어왔는가?"
"세존이시여, 흰 겨자씨를 구하는 일은 그만두었습니다. 세존이시여, 저의 입각처가 되어주십시오."

그러자 붓다가 말했다.

"오로지 꽃들을 따는데 사람이 마음을 빼앗기면, 격류가 잠든 마을을 휩쓸어가듯, 악마가 그를 잡아간다. 불사(不死)의 진리를 보지 못하고 백 년을 사는 것보다 진리를 보면서 하루를 사는 게 낫다."

붓다의 이 한마디에 그녀는 성인의 흐름에 든 경지(수다원과)를 확립할 수 있었다. 그녀는 붓다의 허락을 얻어 출가하여 비구니가 되었다. 출가 후 열심히 팔정도를 닦아 깨달음에 이르고 해탈을 성취하게 되었다.

그런데 끼사고따미가 여인들이 당면한 불행한 상황을 깨닫고, 출가하여 정진에 전념하게 된 것은 빠따짜라라는 여인이 겪은 참담한 불운에 대해서 알고 난 다음이었다.

하인과 눈이 맞아 도망쳤으나

빠따짜라(Patācārā)는 사왓티 부자 상인의 딸이었다. 자기 집 하인과 눈이 맞은 그녀는 부모들이 정한 같은 카스트 출신 남자와 결혼하기로 되어 있는 날, 연인과 함께 달아나버렸다.

그들은 고향에서 멀리 떨어진 마을의 작은 오두막에서 살게 되었다. 남자는 산에 들어가 나무를 베어다 땔감으로 팔아서 생계를 연명했다. 그 사이에 두 아들이 생겨났다. 어느 날, 개미집에 올라서서 나무를 베던 사내가 뱀에 물려 쓰러졌다. 아이들을 데리고 사내를 찾아 숲으로 들어간 여인이 발견한 것은 싸늘하게 식어버린 시체였다. 누구 하나 비탄에 잠긴 그녀를 돌봐줄 사람은 없었다. 그녀는 사왓티의 부모에게 돌아가기로 작정했다. 그러나 친정으로 돌아오는 길에 강을 건너면서 두 아들을 잃었다. 겨우 고향집에 돌아온 그녀는 부모들이 이미 오래 전에 불길에 휩싸여 타죽었다는 것을 알았다. 완전히 정신이 나가버린 그녀는 거의 알몸으로 사왓티 거리를 헤매고 다녔다. 사람들은 온갖 욕설과 저주를 퍼부으며 돌멩이와 몽둥이를 내던져 그녀를 쫓아내려 했다.

붓다가 그녀를 발견했을 때, 그녀는 다친 몸으로 움직이지도 못하고 길바닥에 웅크리고 있었다. 사람들은 붓다를 보고 멈칫멈칫 물러섰다. 사태를 파악한 붓다는 나이든 여인네에게 벌거벗은 그녀가 입을 만한 옷가지를 가져오게 했다. 붓다는 그녀에게 제대로 옷이 입혀지고 나서 가까이 다가갔다. 붓다는 허리를 굽히고 잠시 그녀를 살펴보았다. 그녀는 그저 미친 여자가 아니었다. 그녀의 얼굴은 온갖 비탄과 너무 큰 슬픔에 젖어 있었다. 붓다가 말했다.

"누이여, 이제 부끄러움을 아시오!"

고향 사왓티에 돌아온 이래 그토록 따스하게 말을 붙여온 사람은 없었다. 그녀는 자신을 누이라고 불러주는 이 사람이 자상하고 따뜻한 사람이라는 것을 알았다. 그녀는 그 경황 중에도 무릎을 꿇고 엎드려 절했다.

"나랑 같이 갑시다."

붓다가 말했다. 나이 든 여인이 그녀를 일으켜 세우고 아나타삔디까 (기원정사) 사원까지 부축해서 따라왔다. 붓다는 비구니들에게 그녀를 씻기고 상처를 돌봐주라고 부탁했다.

　　몇몇 비구니들이 그녀를 보살펴주고, 자비로운 이야기와 함께 그녀의 슬픔을 나누었다. 그날 해질 무렵 그녀는 정신을 차리고 온전해졌다. 그녀는 붓다를 만나 출가하겠다는 결심을 말하고 허락을 받았다. 빠따짜라는 그 뒤 마음속에 쌓인 집착과 미움을 제거하기 위해 열심히 정진했다. 어느 날 밤, 그녀는 생각했다.

　　'어떤 사내는 호미로 밭을 파 씨를 묻고 곡식을 가꾸어, 아내와 자식을 먹이고 재산을 늘린다. 여기 나는 애써 정진하고, 계를 지키며, 끊임없이 스승의 가르침을 따른다. 그러나 아직도 마지막 목표는

아득하기만 하다.'

절망감 속에서 발을 씻고 방에 들어온 그녀는 손에 들고 온 등잔을 한쪽에 내려놓고 침상에 누웠다. 손을 뻗어 등잔불을 끄는 순간, 번쩍이는 섬광처럼 무상을 깨달았다. 순식간에 모든 집착과 갈애가 사라졌다.

사원은 이렇게 남성 출가자뿐만 아니라 일상의 괴로움에 시달린 많은 여성 출가자들이 안도의 숨을 내쉬고, 마침내 해탈의 꽃을 피워내는 곳이 되었다. 훗날, 빠따짜라는 자신이 이룬 경지를 게송으로 읊었다.

가족을 잃은 비참한 여인이여,
한량없는 고통을 겪었구나.
많은 수천의 생애 동안
그대는 또한 눈물을 흘렸다.

시체가 버려진 곳 한가운데에서
아들의 살이 뜯어 먹힌 것조차 보았다.
가족을 잃고 모두에게 경멸당하고
남편이 죽었지만, 나는 불사(不死)를 얻었다.

불사로 이끄는 여덟 가지
고귀한 길을 나는 닦았다.
열반이 실현되었으니,
가르침의 거울로 보았다.

야차들을 제도하다

붓다가 대각을 이룬 지 16년째 되던 해였다. 그때 알라위(Ālavi) 국의 왕이 뱅골 보리수에 살고 있는 식인귀(食人鬼) 야차 알라와까(Ālavaka)에게 사로잡히는 일이 발생했다. 왕은 야차 알라와까에게 매일한 사람을 제물로 바치기로 약속하고 가까스로 풀려났다. 왕은 대신들의 도움으로 처음에는 죄수들을 제물로 바쳤으나 머지않아 죄인들이 다 바쳐지고 나자 각 가정의 어린아이들을 바치기 시작했다. 그러자 알라위 국의 여인들은 자기 아이의 차례가 다가오면 아이를 데리고 도시를 떠나기도 했다. 왕은 이렇게 끔찍한 대가를 치르며 12년을 버텼으나 곧 한계에 부딪치게 되었다. 마침내 왕자인 알라와까 꾸마라(Ālavaka Kumāra)만이 남게 되어 제물로 바쳐질 차례를 기다리는 처지가 되었다. 왕은 왕자에게 옷을 잘 입히고 치장하여 야차에게 데려갔다.

그때 붓다가 천안으로 이 광경을 보고 야차들이 살고 있는 곳으로 순식간에 찾아갔다. 그러나 야차들의 우두머리 알라와까는 히말라야에 가 있었다. 주인이 없는 야차들의 궁전에 도착한 붓다를 문지기 가드라와(Gadrava)가 안내해 궁 안으로 모셨다. 가드라와는 붓다에게 무례하게 대하는 야차들을 꾸짖으며 붓다를 궁전 안으로 인도했다. 붓다는 가드라와가 붓다의 방문을 알리기 위해 히말라야로 떠난 사이에 알라와까의 보좌에 앉았다. 붓다는 알라와까의 궁녀들과 야차 싸따기라(Sātāgira)와 헤마와따(Hemavata)에게 설법을 했다. 그들은 붓다의 설법을 듣고 크게 개심하여 붓다에게 경의를 표하고 알라와까가 있는 히말라야로 향했다. 알라와까는 가드라와와 싸따기라, 헤비와따로부터 붓다의 방문 소식을 듣고 크게 화를 내었다. 그는 잠부디빠 전체를 진동시킬 만큼 큰 소리로 자신의 이름을 외치며 궁으로 돌아왔다. 그는 자신의 보좌에 앉아 있는 붓다를 끌어내리기 위해 온갖 신통력을 동원했으나, 붓다는 꿈쩍도 하지 않았다. 그러자 그는 붓다에게 가까이 다가가 말했다.

"수행자여, 나가시오."
"벗이여, 좋습니다."

붓다는 순순히 야차왕의 말을 따랐다. 그러자 야차가 다시 말했다.

"수행자여, 들어오시오."
"벗이여, 좋습니다."

세존이 다시 들어오자 알라와까가 다시 말했다.

"수행자여, 나가시오."
"좋습니다. 벗이여."

이렇게 나가고 들어오기를 세 차례나 거듭한 알라와까가 네 번째로 다시 나가라고 말하자, 붓다가 대답했다.

"벗이여, 나는 더 이상 나가지 않겠소. 그대 할 일이나 하시오."

자신의 말을 따르지 않는 붓다를 향해 알라와까가 협박했다.

"수행자여, 그대에게 묻겠습니다. 만일 그대가 내게 대답을 못 하면, 당신의 마음을 산란하게 하고 당신의 심장을 찢은 뒤, 두 다리를 잡아 강가 강 건너로 내던질 것이오."

야차 왕의 협박에도 미소를 잃지 않은 붓다가 당당한 목소리로 말했다.

"벗이여, 신들과 악마들과 천신들의 세계에서, 성직자들과 수행자들, 그리고 왕들과 백성들과 그 후예들의 세계에서, 내 마음을 산란하게 하고 내 심장을 찢고 두 다리를 잡아 강가 강 건너로 내던질 만한 자를 나는 아직 보지 못했소. 벗이여, 그대가 물어보고 싶은 것이 있거든 무엇이든 물어보시오."

붓다의 말이 끝나자 알라와까가 물었다.

"수행자여, 세상에서 사람의 으뜸가는 재산은 무엇이고, 무엇을 잘 닦아야 안락을 가져오며, 무엇이 참으로 가장 감미로운 맛이고, 어떠한 삶이 최상의 삶이라고 일컬어지는가?"
"믿음이 세상에서 으뜸가는 재산이고, 가르침을 잘 닦아야 안락을 얻으며, 진리가 참으로 가장 감미로운 맛이고, 지혜로운 삶이 최상의 삶이라고 아시오."

"사람은 어떻게 거센 흐름을 건너는가? 어떻게 커다란 바다를 건너고, 어떻게 괴로움을 뛰어넘는가? 그리고 어떻게 완전히 청정해질 수 있는가?"

"벗이여, 사람은 믿음으로 거센 흐름을 건너고, 방일하지 않음으로 커다란 바다를 건너며, 정진으로 괴로움을 뛰어넘고, 지혜로 완전히 청정해질 수 있음을 아시오."

"그렇다면 사람은 어떻게 해서 지혜를 얻는가? 또 어떻게 해서 재물을 얻으며, 어떻게 해서 명성을 떨치는가? 그리고 어떻게 해서 친교를 맺으며, 어떻게 이 세상에서 저 세상으로 가서 슬픔을 여의는가?"

"벗이여, 열반에 도달하기 위하여 거룩한 님의 가르침을 믿고 방일하지 않고 현명한 자라면, 배우려는 열망을 통해 지혜를 얻는다오. 알맞은 일을 하고 멍에를 지고 열심히 노력하는 자는 재물을 얻고, 진실함으로 명성을 떨치고, 보시함으로 친교를 맺는다오. 가정생활을 하는 신도일지라도, 진실·진리·결단·보시라는 네 가지의 원리를 갖추면 내세에 가서도 걱정이 없다오. 그리고 진실과 자제, 보시와 인내보다 세상에 더 나은 것이 있다면, 그것을 널리 수행자나 브라만에게 물어보도록 하시오."

붓다의 설명을 듣고 감동과 함께 귀의의 마음을 낸 순간 야차의 왕 알라와까는 성자의 흐름에 들었다. 알라와까가 붓다에게 예의를 표하며 말했다.

"스승이시여, 어찌 다른 수행자들이나 브라만들에게 물을 필요가 있겠습니까. 미래의 삶에 유익한 것을 저는 오늘 분명히 알게 되었습니다. 깨달은 님께서 알라위 국에서 지내려고 오신 것은 참으로 저에게 유익했으니 커다란 과보가 있는 가르침을 받았음을 오늘 분명하게 알았습니다. 올바로 깨달은 님과 잘 설해진 가르침에 예경하면서 저는 이 마을에서 저 마을로, 이 산에서 저 산으로 돌아다닐 것입니다."

날이 밝자 알라위 국의 왕과 신하들이 알라와까 꾸마라 왕자를 제물로 바치기 위해 야차를 찾아왔다. 왕자를 제물로 바치기 위해 궁으로 들어서는 순간, 그들은 야차들의 환호를 듣고 크게 놀라지 않을 수 없었다. 놀란 가슴을 달래며 알라위 국의 왕이 야차왕에게 왕자를 제물로 바치러 왔다며 건네려 하자 야차 알라와까는 붓다가 이 광경을 지켜보고 있다는 것에 부끄러움을 느끼며 어쩔 줄 몰랐다. 야차왕은 왕자를 붓다에게 건넸고, 붓다는 아이를 축복한 후 왕과 신하들에게 돌려주었다. 이 아이는 훗날 알라와까의 손에서 붓다의 손으로 건네졌다는 의미에서 핫타까 알라와까로 불렸다. 알라위 국의 왕과 신하, 시민들은 공포를 일으키는 야차왕 알라와까가 붓다의 제자가 되었다는 소문을 듣고, 벳싸와나(Vessavana) 근처에 특별한 궁전을 마련하고 꽃과 향료를 보시했다.

기생을 짝사랑한 비구, 성자가 되다

라자가하에 시리마(Sirimā)라는 빼어난 미모를 지닌 유명한 기생이 있었다. 그녀는 살라와띠(Sālavati)의 딸로 붓다의 주치의 지와까(Jīvaka)의 여동생이기도 했다. 아름다움과 총명함을 갖춘 그녀는 뭇 사내들의 마음을 사로잡았다.

그녀가 어느 해 우기철에 재정관 수마나의 며느리이자 재정관 뿐나까의 딸인 웃따라에게 뜨거운 기름을 부은 적이 있었다. 이 일로 웃따라와 시리마는 소원한 사이가 되었는데, 마음씨 고운 웃따라가 시리마와 다시 좋은 관계를 유지하고 싶다며 시리마를 용서해줄 것을, 붓다와 비구들을 공양 초청한 날 붓다에게 요청했다. 붓다는 웃따라의 고운 마음을 수용해 시리마에게 적절한 법문을 내렸다.

> "자애로써 분노를 이기라. 선으로써 악을 이기라. 베풂으로써
> 인색한 자를 이기라. 진실로써 거짓말쟁이를 이기라."

시리마는 이 법문을 듣고 그 자리에서 성자의 흐름에 드는 경지, 즉 수다원과를 성취했다. 시리마는 수다원과를 얻고 난 다음 날 붓다와 비구들을 집으로 초청해 공양을 올렸다. 그날부터 그녀는 여덟 개의 음식표에 따라 매일 여덟 명의 비구에게 공양을 올렸다.

"버터기름을 받으십시오. 우유를 받으십시오."

시리마는 비구들의 바리때에 음식을 넣어드리면서 이렇게 말하곤 했다. 그녀가 비구 한 명에게 올리는 공양은 서너 명이 먹어도 충분할 만큼 넉넉한 양이었다. 이렇게 공양을 올리기 위해 그녀는 매일 적지 않은 돈을 지출했다.

어느 날 한 비구가 여덟 개의 음식표 중 하나를 받아 그녀의 집에서 공양하고 3요자나를 걸어 어떤 사원에 들렀다. 저녁이 되어 사원에 앉아 있을 때 비구들이 그에게 물었다.

"여기 오기 전에 어디서 공양하셨습니까?"
"시리마가 매일 여덟 명의 음식표에 따라 올리는 음식을 받아 먹었습니다."
"그녀가 올리는 음식 맛은 어떻습니까?"
"그녀가 올리는 음식 맛은 말로 설명하기란 불가능합니다. 그녀가 올리는 음식은 최상의 재료로만 만든 것입니다. 또 음식량이 많아 1인분을 서너 사람이 먹어도 충분할 정도입니다. 그러나 음식도 좋지만 그녀를 보는 것만으로도 기쁨이 넘칩니다. 그녀의 뛰어난 아름다움은 음식 맛보다 더 설명하기가 불가능합니다."

그 비구는 이렇게 시리마에 대해 최상의 찬사를 늘어놓았다.

이 이야기를 들은 한 비구가 시리마를 한 번도 본적이 없었는데도 사랑에 빠지고 말았다. 그는 그녀를 꼭 만나러 가야겠다고 생각했다. 그는 꾸띠(처소)로 돌아가면서 시리마에게 공양을 받았던 비구에게 어떻게 하면 시리마의 집에 가서 공양을 받을 수 있는지를 물었다. 그러자 그 비구는 내일 웰루와나(죽림정사)로 가 아침 음식표를 배정하는 방으로 들어가서 장로인 체하고 앉아 있으면 여덟 장의 음식표 중 하나를 배정받을 수 있을 것이라고 일러주었다.

비구는 즉시 가사와 바리때를 챙겨 웰루와나로 향했다. 다음 날 아침 그는 일찍 일어나 음식표를 배정받는 방으로 가서 장로인 체하고 앉아 있다가 시리마의 집에서 주는 음식표를 받는데 성공했다.

그러나 시리마는 돌연 병에 걸려 직접 공양을 올리지 못하고 하녀들에게 대신 공양 올릴 것을 시킨 후, 나중에 예경을 올리기 위해 부축을 받으며 나와 간신히 비구들에게 절을 올렸다.

이 비구는 시리마의 모습을 보는 순간 욕정이 불타오른 것을 주체할 수 없었다. '병이 들었는데도 이렇게 아름다운데 건강한 몸으로 화장하고 장신구를 달고 있으면 얼마나 아름다울 것인가!' 주위가 텅 빈 것처럼 그녀 외에는 아무것도 보이지 않았다. 심지어 음식을 먹을 수조차 없었다. 그는 사원으로 돌아가 바리때 뚜껑을 닫아 한쪽 구석에 처박아놓고 가사를 뒤집어쓴 채 누워 시름시름 앓기 시작했다. 친한 비구가 와서 공양할 것을 권해도 그는 끝내 먹기를 거부했다.

한편 시리마는 병에서 회복되지 못하고 그날 저녁 죽어버렸다. 빔비사라 왕은 신하를 보내 붓다에게 그녀의 죽음을 알렸다.

"세존이시여, 지와까의 막내 여동생 시리마가 죽었습니다."

붓다는 이 소식을 듣고 왕에게 말을 전했다.

"시리마의 시신을 화장하지 말고 화장터에 그대로 놔두도록 하십시오. 그리고 까마귀와 개들로 인해 시체가 훼손되지 않도록 지켜주십시오."

왕은 붓다의 부탁대로 시리마의 시신을 보전했다. 3일이 지나 4일째가 되자 시체가 푸르뎅뎅하니 부풀어 오르고 아홉 구멍에서 상처가 나서 피고름이 흐르고 구더기가 기어 나왔다. 왕은 부하들을 시켜 북을 치며 온 도시에 시리마의 시신을 구경하도록 알렸다. 붓다 역시 비구들을 다 대동하고 시리마의 장례를 치르기 위해 화장터로 향했다. 나흘 동안 끙끙 앓고만 있던 문제의 비구도 '시리마를 보러 가자.'는 말에 벌떡 일어나 동료들의 부축을 받으며 화장터로 향했다.

붓다는 비구들과 함께 시리마의 시체가 놓인 한쪽에 자리 잡고 앉았다. 비구니들과 왕, 신하, 남녀 재가신도들은 시신의 반대편에 자리를 잡았다. 다른 시민들도 적당한 곳에 자리를 잡고 있었다. 모두가 자리를 잡자 붓다가 왕을 향해 물었다.

"대왕이여, 이 여인이 누굽니까?"
"세존이시여, 이 여인은 지와까의 여동생 시리마입니다."
"시리마가 맞습니까?"
"그렇습니다."
"이 여인이 시리마가 맞으면 북을 울려 '누구든 일정한 액수의 돈을 내면 시리마를 데려갈 수 있다.'고 공지하시겠습니까?"

붓다의 말을 들은 왕은 북을 울리고 공지하도록 신하들에게 명령했다.

"누구라도 돈을 내면 시리마를 데려갈 수 있다. 누구라도 시리
마를 데려갈 수 있다. 누구라도⋯."

그러나 단 한 사람도 시리마를 데려가겠다는 사람이 나타나지 않았
다. 나서기는커녕 조그만 움직임조차 보이지 않았다. 그러자 붓다가
다시 말했다.

"왕이시여, 그렇다면 가격을 내려보십시오."

그러나 점차 가격을 내려도 시리마의 시체를 가져가겠다는 사람은
나타나지 않았다. 왕이 마지막으로 '그냥 가져가도 좋다.'고 공지했지
만 여전히 시리마의 시체를 갖겠다는 사람은 나타나지 않았다. 그러
자 붓다가 비구들을 향해 말했다.

"비구들이여, 군중들은 이 여인이 아무 가치가 없다고 생각한
다. 이 도시 사람들 가운데 많은 이들이 이 여인과 하룻밤을
보내기 위해 큰돈의 지불도 마다하지 않았었다. 그러나 이제
는 거저 가져가라고 해도 데려가려는 사람이 없다. 여인의 아
름다움이라는 것은 이렇게 사라져 없어지는 무상한 것이다.
비구들이여. 이 시체가 썩어가는 모습을 자세히 보라."

썩어문드러지는 시신을 본 비구들의 얼굴에는 역겨움과 불편함이 서
렸다. 이 자리에 모인 대중들의 표정은 말할 것도 없었다. 잠시 침묵
하던 붓다가 게송으로 법을 설했다.

보라, 이 분칠한 모습을.
뼈마디로 엮어 이루어지고
오물로 가득 찬 가죽주머니를.
자주 병들고
번뇌망상으로 가득한 몸뚱이를.
이곳 어디에 항상함이 있고 견고함이 있는가?

붓다의 설법을 듣고 있던 한 비구, 시리마를 짝사랑했던 비구는 붓다의 게송이 끝나는 동시에 성자의 흐름에 들었다.

진실에 이르는 다섯 가지 실마리

붓다의 전법 여정은 중단 없이 계속됐다. 꼬살라 국에 머물던 고따마 붓다는 왕국의 전역을 종횡으로 누볐다. 때로는 초청에 따라, 때로는 자진해서 도시와 마을을 방문했다. 한번은 깔라마(Kālāma) 족에 속한 께사뿟따(Kesaputta)라는 작은 도시에 들렀던 적이 있었다. 이곳은 수많은 고행자와 방랑수행자들이 자주 지나치는 곳이었지만, 깔라마인들은 어느 특정 종교의 영향을 강하게 받은 적이 없는 사람들이었다. 사끼야 족 왕자 출신 고따마 붓다가 마을에 왔다는 소식이 전해지자 많은 깔라마 지도자들이 모여 붓다를 토론에 초대했다. 초대를 받아온 붓다에게 깔라마인들이 물었다.

"세존이시여, 사문과 브라만들이 잇따라 께사뿟따에 옵니다. 그들은 각기 자기가 생각하는 선과 악, 정과 사에 관한 견해를 설명합니다. 그들에게 우리가 이전에 들었던 다른 견해를 이야기하면 그들은 한결같이 남들의 견해를 비방하고, 자화자찬에 열을 올립니다. 우리는 그들의 태도에 당황하고 그들의 생각을 의심하게 됩니다. 누가 진실을 말하며, 누구 말이 그른 것인지 알 수 없습니다."

"깔라마인들이여, 여러분들이 어리둥절해지는 것은 당연합니다. 의심할 수밖에 없는 것에 의구심이 일어나는 것은 당연한 일입니다. 여러분들이 선과 악, 정과 사를 탐구함에 있어 몇 가지 피해야 될 것이 있습니다."

"세존이시여, 그것이 무엇인지 듣고 싶습니다."

"깔라마인들이여, 전적으로 전통에 의지하는 것은 정당하게 선악을 판단하는 데 도움이 되지 않습니다. 누군가의 보고, 혹은 바람을 타고 온 소문, 그리고 경전의 권위에 대한 의존도 마찬가지입니다. 논리적으로 그럴 수밖에 없다거나, 그럴싸한 추론이 진실한 것이 될 수도 없습니다. 생김새로 봐서, 당연한 것으로 받아들인 전제니까, 이 경우에는 이게 옳을 듯해서, 혹은 스승에 대한 존경심 등의 이유는 바르게 선악을 판단하는 준거가 되지 못합니다."

"세존이시여, 당신은 우리가 무언가를 판단하고 알아낼 수 있는 모든 수단을 다 열거하고 부정했습니다. 그것 말고 무슨 수로 선악과 옳고 그름을 판단하고 알 수 있습니까?"

청중 가운데 한 사람이 일어나 물었다. 붓다는 이들이 올바른 기준을 가지고 올바르게 살아갈 수 있는 기준을 제시해주는 것이 필요하겠다고 판단, 설법을 시작했다.

"깔라마인들이여, 이 세상에 일어나는 모든 사악한 행위는 탐욕과 증오와 무지에서 일어나는 것입니다. 그 밖에 다른 원인을 생각할 수 있겠습니까?"

"아마 우리가 상상할 수 있는 이유들은 모두 그 범주 안에 들어갈 것입니다."

"실로 이 세 가지가 모든 악행의 근원입니다. 깔라마인들이여, 이 탐욕과 증오와 미혹에 의해 유발된 행위는 자신은 물론 남들을 해롭게 하고 괴롭히는 것입니다. 현자들이 비난하고 질책하고 경멸하는 그런 행위가 선입니까? 혹은 악입니까?"

"세존이시여, 그것을 의심하는 사람은 아무도 없을 것입니다."

"그 말은 곧, 탐욕과 증오와 미혹에 의해 유발되지 않은 것, 그리고 사람들을 번영과 행복으로 인도하는 것이 바로 선이라는 것을 의미합니다. 그렇다면 깔라마인들이여, 선과 악을 판단하고 결정하는데, 전통, 보고, 풍문, 경전의 권위, 논리, 추론, 외관, 공준(Postulate, 公準), 적합성, 혹은 스승에 대한 존경심에 전적으로 의존하는 것은 별 도움이 되지 않습니다."

"세존이시여, 어떤 행위의 결과를 미리 짐작할 수 없을 때는 어떻게 해야 되겠습니까?"

"그대라면 어떻게 하겠습니까?"

"누군가 알 만한 사람에게 묻겠습니다."

"그렇습니다. 올바른 이해는 두 가지 조건에 의해 성립됩니다. 첫째는 다른 사람들로부터 들은 것, 둘째는 그렇게 받아들인 것을 연기의 원리에 따라 다시 숙고하는 것입니다."

"자세하게 설명해주십시오. 세존이시여."

"우선, 우리가 이해할 필요가 있는 상황에 생소하거나 전혀 경험이 없다면, 우리는 그것에 대한 지식을 가진 사람을 의존할 수밖에 없을 것입니다."

"하지만 세존이시여, 아무것도 알지 못하는 상황이라면, 자기가 말하는 것이 진실이라고 주장하는 사기꾼을 믿을 수도 있지 않겠습니까? 그럴 때, 어떻게 그게 옳은지 그른지 확인할 수 있습니까?"

"깔라마인들이여, 사람들이 진실에 이르는 다섯 가지 실마리가 있습니다. 신뢰, 기호, 전통, 외관, 그리고 이미 수락한 공준을 참조하는 것입니다. 그러나 불행하게도 이 다섯 가지 실마리는 각각 두 가지 결론을 만들어냅니다. 때로 선의의 신뢰감으로 받아들인 것이 그릇되고 공허하며 실제와 다른 것일 수 있는가 하면, 확신을 가지고 부정해 버린 것이 오히려 진실이고 실제일 수 있는 것입니다. 그런 까닭에 깔라마인들이여, 오직 이것만이 참이요, 나머지는 모두 그릇된 것이라는 결론을 내려서는 안 됩니다. 그렇다면 어떻게 다른 사람으로부터 들은 것을 참인지 그릇된 것인지 판단할 수 있을까요? 우리는 이미 탐욕과 증오와 미혹에 의해 유발된 소행이 악이라고 규정한 바 있습니다. 그렇다면 우리가 신뢰하고 귀를 기울이고자 하는 사람이 탐욕과 증오와 미혹에 자극된 사람인지 밝혀내야 할 것입니다. 그것은 그 사람의 말과 행동이 어떻게 같고, 어떻게 다른지 면밀히 살펴봄으로써 가능합니다. 그것이곧 가장 정확한 잣대가 될 것입니다."

"세존이시여, 그 사람의 말과 행동이 다름을 알았을 때, 어찌해야 되겠습니까?"

"깔라마인들이여, 그것을 알았다면, 다음에 할 일도 안 것이아닙니까?"

"세존이시여, 그렇습니다. 더 이상 그를 신뢰할 수 없습니다. 그러나 그의 말과 행동이 일치할 때, 우리는 그를 신뢰하고 그가 말하는 것을 모두 받아들여야 합니까?”

“그렇지는 않습니다. 깔라마인들이여. 그대들은 그를 신뢰할
수 있습니다. 그러나 주의할 것은 단지 신뢰감을 근거로 모든
것을 받아들일 필요는 없다는 것입니다. 누구나 스승이 필요
합니다. 그러나 신뢰하는 스승이라고 해서 그가 말하는 것이
라면 모두 받아들여야 한다는 뜻은 아닙니다. 이때 내가 이미
언급한 두 번째 조건이 매우 중요하게 됩니다. 즉 의존적 발생
의 원리에 따른 숙고는 그대가 신뢰 속에 수락한 것이 진실인
지 아닌지를 판단하는 유일한 길입니다.”

깔라마인들은 붓다의 명쾌한 설법에 점점 빠져들었다. 그들의 관심
은 보다 본질적인 것으로 나아가고 있었다.

“세존이시여, 의존적 발생의 원리에 따른 숙고란 무엇입니까?”
“깔라마인들이여, 그것은 바로 존재하는 사물이 어떻게 생성
되고 변화하는지를 숙고하는 것입니다. 깔라마인들이여, 어떤
사물이 생겨날 때 그것은 스스로 일어난 것입니까? 혹은 다양
한 요소와 조건에 의존하여 발생한 것입니까?”
“세존이시여, 우리가 아는 바로는 이 세상에 그것 스스로 생겨
난 것은 아무것도 없습니다.”
“깔라마인들이여, 만약 지금까지 우리가 경험한 것 모두가
의존적으로 발생한 것이라면, 어떤 사물이 일어나도록 한 조
건들을 무시하고 그 사물을 있는 그대로 안다고 할 수 있겠습
니까?”

"아닙니다. 세존이시여. 그것은 불가능한 일입니다."

"따라서 깔라마인들이여, 그 일이 어떻게 일어났는지 되돌아 보십시오. 지금까지 그것들은 의존적으로 발생해왔습니다. 사물이 어떻게 일어났으며, 어떻게 소멸하는지 신중하게 숙고하는 것은 우리로 하여금 악을 피하고 선을 증진시키게 합니다. 깔라마인들이여, 악을 피하고 선을 늘리는 것, 이것이 모든 정각자, 깨달은 사람들의 가르침입니다."

한번도 들어본 일 없는 명쾌한 설법에 깔라마인들은 붓다에게 귀의하고 이후 성실한 신봉자가 되었다.

'언어는 항상 변화의 흐름 속에 떠 있는 것'

고따마 붓다가 사왓티의 기원정사에 머물고 있던 어느 날, 비구들과 함께 정진하던 쑤부띠[須菩提]가 기쁨에 넘치는 감흥을 한 편의 시구로 읊었다.

> 지붕 잘 덮이고 바람은 솔솔
> 비야 뿌리려면 마음껏 뿌려봐라!
> 잘 길들여 깨 있는 마음 편안하기만
> 비야 쏟아지려면 얼마든지 쏟아져라!

쑤부띠의 시구를 들은 몇몇 젊은 제자들은 그것이 의미하는 바가 무엇인지 아리송하기만 했다. 고민하던 그들은 붓다를 찾아가 물었다.

"스승이시여, 쑤부띠 존자가 말하기를 '오두막 지붕은 잘 덮이고 통풍도 잘 된다. 잘 길들여져서 항상 깨어 있는 마음은 편안하다.'고 했습니다. 오두막과 그분의 삶에 무슨 관계가 있습니까? 저희는 뭐가 뭔지 도무지 이해할 수가 없습니다."
"비구들이여, 쑤부띠는 세상과 부딪치지 않고 평화롭게 살아가는 내 제자들 가운데서 가장 뛰어난 제자다. 그가 말하는 오두막은 정신[名]과 육체[色]의 조합으로서의 자기 자신을 말하는 것이다. 그의 마음이 잘 제어되었을 때, 그의 육체와 정신은 외부로부터 오는 감각적 자극에 영향을 받지 않는다. 세속적인 일들, 말하자면, 이해득실, 명성 혹은 오명, 칭찬이나 비난, 쾌감 혹은 고통 따위의 비가 아무리 쏟아져도 그는 흔들림이 없다. 빗물은 그래서, 잘 덮인 그의 지붕을 뚫지 못하는 것이다. 그렇게 세상의 온갖 현상에 흔들리지 않으면서도 그는 세상에 무관심하지 않다. 그는 세상을 향한 자비심으로 다른 사람들을 염려하고, 늘 깨어 있다. 이것이 바로 그의 오두막이 통풍이 잘 되어 바람이 솔솔 통한다는 뜻이다. 쑤부띠는 고립된 섬에 홀로 격리되어 바깥세상과 무관하게 사는 것이 아니다."

붓다의 설법을 들은 비구들이 거듭 간청했다.

"스승이시여, 어떻게 하면 그런 평안과 갈등 없는 경지를 이룰 수 있는지 상세히 가르쳐주십시오."
"비구들이여, 마음의 평안에 대해 이야기하겠다. 잘 들어라."
"예, 스승이시여."
"평안은 쾌락을 탐닉하거나 몸뚱이를 괴롭히는 고행으로 얻을 수 없다. 감각적 쾌락은 저속하고 천박하며, 이기적이며, 무시할 만하고, 결실이 없는 것이다. 고행 역시 고통스럽고 무시할 만하며 결실이 없다. 온화한 사람은, 이 양극단을 피하고 자신과 남을 해롭게 하지 않는 중도를 따른다. 이것이 곧 성스러운 팔정도다. 평안은 어떤 것을 인정하거나 부인함으로써

가 아니라 단지 도덕적 원칙, 즉 계(戒)를 실천함으로써 온다."

제자들은 약간 혼란스러웠다. 그들 가운데 하나가 물었다.

"스승이시여, 올바른 견해를 인정하고 사견을 부정하는 것이
잘못입니까?"
"만약 그대가 생각하는 바른 견해라는 것이 절대적으로 옳은
것이 아님을 알고, 그대가 생각하는 사견이 절대적으로 그른
것이 아님을 알고 있다면 잘못이 아니다. 일반적으로, 인정이
나 부정은 절대적인 이분법적 사고로부터 일어난 것이다. 그
러나 항상 기억하라. 항상 제3의 길, 두 극단을 지양하는 중도
가 있다는 것을! 그것은 오직 편견을 버리고, 어느 한쪽 극단
에 경도되지 않은 사람에게만 보이는 것이다."

붓다의 설명이 이어지는 동안 제자들은 한마디도 놓치지 않기 위해
온갖 신경을 곤두세웠다. 붓다의 설법이 물 흐르듯 이어졌다.

"평안은 행복이 무엇인지 판단할 수 없는 사람에게 오지 않는
다. 세상에 만연한 충돌과 갈등은 거의 모두 진정한 행복이 무
엇인지 판별할 수 없는 데서 온다. 사람들은 달갑고, 기껍고,
마음에 들고, 부추기고, 매혹적인 감각적 대상, 즉 형상과 소
리, 냄새, 맛, 그리고 감촉대상에서만 행복을 느낀다고 생각한
다. 그러나 나는 그러한 감각적 쾌감으로부터 초연함으로 생
겨나는 기쁨과 행복을 훨씬 수승(殊勝)한 것이라고 생각한다.

그것은 질적으로 다른 기쁨이요 행복이다. 다시 집중으로 인한 기쁨과 행복감은 그보다 훨씬 고양된 것이다. 그러나 이런 온갖 형태의 행복을 초월하여, 온전한 집중과 평정으로 이루어진 제4선정에서 진정한 출가의 행복과 평화 그리고 깨달음을 성취할 수 있다."

"스승이시여, 그런 형태의 평온과 평화는 외적인 것이라기보다는 내적인 것이라고 해도 되겠습니까?"

"그렇다. 그러나 내적인 평온은 외적인 평화의 바탕이다. 그런 경지를 이룬 사람은 남들의 비밀을 들추거나, 얼굴을 맞대고 남을 성가시게 하는 이야기를 하지 않을 것이다. 그런 사람은 화난 얼굴로 이야기하지 않을 것이며, 항상 자비심으로 사람을 대할 것이다. 설령 남의 비밀을 이야기하거나 남이 싫어하는 소리를 하더라도, 그것이 진실이고 사실이며 결실이 있는 경우에만, 그것도 적절할 때에만 할 것이다. 제자들이여, 이미 언급한 그 조건들 말고도 사회를 평화와 화해로 이끄는 또 다른 조건들이 있다. 이것은 대화하는 태도와 방법에 관한 것이다. 첫째, 서두르지 않고 차근차근 이야기하는 것이 아주 중요하다. 서둘러 이야기하는 것은 자신을 해칠뿐더러 의사전달도 제대로 안 된다. 그런 사람은 대화에 서툰 사람이다. 세상에는 적절한 대화의 부족으로 생기는 갈등이 많다."

"스승이시여, 대화가 어려운 이유 가운데는 수없이 많은 방언도 있습니다."

"방언 자체가 갈등의 이유가 되지는 않는다. 참으로 대화를 원한다면 그가 대화하고자 하는 사람의 말을 배우면 될 것이다.

갈등을 일으키는 원인은 방언 자체가 아니라 그 방언을 다루는 태도에 달려 있는 것이다."

"스승이시여, 우리가 이해할 수 없는 방언을 어떻게 대해야 되겠습니까?"

"제자들이여, 내가 지금 들고 있는 이 바리때, 빳따(patta)를 어떤 사람은 빠띠라고 부르기도 한다. 어떤 지역에서는 윗타, 또 다른 곳에서는 사라와, 다로빠, 뽀나, 삐실라라고도 한다. 그런데 보통 '그릇'으로 통용되는 이 '빳따'라는 단어가 어떤 언어에서는 특정한 용도의 그릇을 지칭하는 말로 쓰일 수도 있다. 우리는 지금 탁발할 때 쓰는 이 그릇을 '빳따'라고 부르지만, 어떤 사람에게는 '빳따'가 밥 지을 때 쓰는 솥을 가리키는 것이거나, 물 긷는 그릇이거나 밥 먹는 그릇을 의미할 수도 있다. 그렇다면, 이 '빳따'라는 단어가 오직 이것만을 뜻하며, 나머지는 모두 틀렸다고 말할 수 있겠는가?"

"아닙니다. 스승이시여, 그것은 옳지 않습니다."

"이것이 바로 제자들이여, 인간 갈등의 가장 주요한 이유 가운데 하나다. 사용하는 단어가 다르기 때문이 아니라, 언어를 대하는 태도가 문제인 것이다."

"스승이시여, 어떻게 그런 불화와 갈등을 피할 수 있습니까?"

"현명한 사람은 특정 단어의 어원에 집착하지 않고, 언어의 공통성을 너무 확장시켜 해석하지 않는다. 대신 이 말이 여기서는 이런 뜻으로 사용된다고 알면 그렇게 사용하면 될 것이다. 이것이 곧, 특정 지역의 어원에 집착하지 않는 것이요, 공통어법을 어기지 않는 것이다."

출가하기 전에 브라만 사제로 전통적인 언어학을 전공한 나이든 제자가 의문을 제기했다.

"스승이시여, 어원학과 문법은 전통적인 언어학의 두 갈래입니다. 일반적으로 어원분석을 통해서 언어의 근본요소를 취할 수 있다고 믿습니다. 마치 존재의 근본요소를 찾아내듯이 말입니다. 마찬가지로 문법을 통해서는 언어의 근본요소들의 관계를 파악할 수 있으며, 이 관계는 곧 가장 넓은 의미의 보편성의 반영이라는 것입니다."

"그렇다. 그것이 바로 전통적인 철학자들의 언어에 관한 이해다. 그것은 실재에 관한 자기들의 개념, 아트만과 브라흐마, 개체와 전체라는 구도에 모순되지 않고 상호 호환성이 있기 때문이다. 그러나 나는 그런 실재를 체험한 적이 없다. 따라서 내가 체험한 사실을 표현하기 위한 언어의 개념은 브라만 전통에 따른 언어 개념과는 다른 것이다."

"스승이시여, 그것은 전혀 들어보지 못한 이야기입니다. 실로 희유하고 놀라운 일입니다. 우리는 아직까지 언어에 어원학과 문법 이외에는 아무것도 없다고 알고 있었습니다. 부디 세존이시여, 우리에게 언어의 본질을 설명하여주십시오."

"신중히 들으라, 제자들이여! 언어 속에는 분석으로서의 어원학과 종합으로서의 문법만 있는 게 아니다. 첫째, 언어 속에는 그 언어를 사용하는 사람들의 합의와 관례가 들어 있다. 이 소리, 혹은 이런저런 소리의 조합, 그리고 이런저런 자음과 모음의 조합이 우리가 경험하는 어떤 대상을 지칭한다는 합의가 이미 이루어진 것이다. 언어는 이렇게 합의에 기초한 것이며, 이 합의는 집단과 사회에 따라 달라질 수 있다. 각각 환경과 요구가 다르기 때문이다. 두 번째로 언어는 정체된 현상이 아니다. 그것은 필요에 따라 끊임없이 바뀌고 변한다. 아마 우리는 지금 우리 조상들보다 훨씬 많은 어휘를 사용하고 있을 것이다. 언어는 항상 변화의 흐름 속에 떠 있는 것이다. 그렇다면 현재의 용법이 가장 중요한 것이다. 왜냐하면 언어란 대화의 수단이지, 성스러운 것으로 신전에 모셔둘 것이 아니기 때문이다. 나는 언어를 '빠나띠(Paññatti)'라고 한다. 체험의 표현이란 뜻이다."

"하지만 스승이시여. 그런 용어는 아직 어디에도 없습니다."

"그런 단어가 이전에 없었다는 것은 나도 안다. 그래서 내가 이미 말하지 않았는가. '언어는 항상 변화의 흐름 속에 떠 있는 것'이라고. 이미 있는 용어가 정형화된 의미로 쓰일 때, 한 가지의 좁은 의미로 굳어버렸을 때, 새로운 체험을 표현할 다른 방법이 없을 때, 사람들은 의식적으로 혹은 무의식적으로 적절한 용어를 모색하게 된다. 지혜를 표현할 때 사람들은 누구라도 '빤냐(Paññā)'라는 단어를 쓴다. 그러나 내가 보는 지혜는 근본적 실재에 관한, 혹은 절대적 진리에 관한 지식이 아니라, 조건에 따라 일어나고 소멸하는 현상에 관한 지식이다. 그래서 언어는 '앎'이나 '아는 것'이 아니고 '알게 해주는 것, 알게 만들어 주는 것, 지시하는 것, 빠나띠가 되는 것'이다. 그러나 '지혜의 표현'으로서의 언어는 실재, 근본, 혹은 절대의 언어가 아니라, '연기(緣起)의 언어'여야 할 것이다."

이 설법이 끝나면서 붓다에게 질문을 거듭했던 제자 앙가니까-바라드와자는 깨달음과 해탈을 이루었다. 그가 해탈의 벅찬 감회를 게송으로 읊었다.

> 잘못된 청정을 찾아
> 숲속에서 불을 섬겼네.
> 청정의 길 알지 못하고
> 영생을 찾아 고행 닦았네.

> 그러나 고행의 길 다시 밟지 않고도
> 행복을 통해 행복 찾았노라!
> 보라, 이 불법의 아름다움!
> 삼명(三明)을 얻고 붓다가 가리킨 곳, 끝에 이르렀노라!

> 내 일찍이 범신의 자식이더니,
> 이제야 비로소 참 브라만 되었네.
> 비로소 깨끗이 닦고,
> 평안하네, 지혜의 눈 얻었네!

7

—

연민과 참회

두타제일 마하 깟사빠와의 해후

한 사람이라도 진리에 눈을 뜨게 하기 위해 잠부디빠 전역을 유행하기를 중단하지 않았던 붓다였지만, 아난다를 시자(侍子)로 정한 이후부터는 유행보다는 정사에 머무는 경우가 많았다. 붓다가 대각을 성취한 지도 30년 가까운 시간이 흐르고 있었다. 그동안 마가다 국과 꼬살라 국이라는 두 강대국을 교화의 중심으로 해 붓다는 잠부디빠의 상당한 지역을 교화의 터전으로 삼아 쉼 없이 달려왔다. 각지에서 붓다의 뛰어난 제자들이 전법에 뚜렷한 성과를 내고 있는 것도 붓다가 좀 더 많은 시간을 정사에서 머물 수 있는 환경을 제공했다. 필요한 경우에는 전법을 위한 여정에 나서지만 정사에 머물며 비구들을 지도하고, 또한 각지에서 찾아오는 재가자들을 위해 설법을 하는 것이 더 효율적이기도 했다.

이런 이유로 붓다가 차츰 사왓티의 기원정사와 동원정사에 머무는 시간이 많아졌다. 이따금씩 라자가하를 비롯한 인근 지역을 유행하기도 했지만 주로 붓다의 거처는 사왓티가 중심이 되었다. 그날도 붓다는 사왓티의 기원정사 향실(香室)에서 비구들에게 에워싸여 법을 설하고 있었다. 붓다의 설법이 진행되는 동안 남루하기 짝이 없는 가사를 걸치고 헝클어진 머리카락과 긴 수염을 휘날리며 법석으로 들어서는 한 수행자가 있었다. 낡고 해져 더 이상 손볼 수가 없을 정도가 된 누더기 가사에서는 심한 악취가 배어나오고 있었다. 그러나 늘어진 머리카락 사이로 문득문득 비치는 그의 두 눈은 보석처럼 형형하게 빛나고 있었다. 마하 깟사빠였다. 일찍이 붓다의 제자가 되어 아라한이 된 이후 라자가하의 깊은 산속에 은거했던 그를 알아보는 사왓티의 수행자들은 많지 않았다. 그동안 마하 깟사빠는 교만을 잠재우라는 스승의 가르침을 실천하기 위해 붓다로부터 물려받은 분소의를 걸치고 평생을 인적이 드문 숲과 들에서 지내며 걸식과 정진으로 살아왔다. 그렇기에 다수의 비구들이 그를 알아보지 못하는 것은 당연한 일이었다.

"저 볼품없는 사람은 누구지? 누군데 감히 세존께서 계신 향
실로 거침없이 들어서는 거야!"

비구들은 마하 깟사빠가 지나갈 때 풍겨오는 역한 냄새에 저마다 코를 감싸 쥐었다. 어떤 비구는 구역질을 참기 위해 두 손으로 입을 막은 채 한참을 엎드려 있기도 했다.

"어서 오라. 마하 깟사빠."

마하 깟사빠를 한눈에 알아본 붓다가 반갑게 손짓하며 그를 불렀다. 그러고는 앉아 있던 자리의 반을 비우며 마하 깟사빠에게 앉을 것을 권했다.

"마하 깟사빠, 여기로 와서 앉아라."

환한 붓다의 표정을 본 비구들은 크게 놀라지 않을 수 없었다. 스승께서 당신의 자리에 앉을 것을 권하는 것으로 보아 남루한 수행자는 보통 비구가 아닐 것이기에, 모든 비구들은 호기심 어린 눈초리로 이 낯선 광경을 지켜보고 있었다.

"마하 깟사빠, 모든 비구들이 그대를 궁금해 하고 있구나."

그러자 마하 깟사빠는 붓다의 발아래 머리를 조아리며 절한 후 합장한 채 말했다.

"세존이시여, 저는 당신의 제자이고, 세존께서는 저의 스승이십니다."

참으로 오랜만에 사랑하고 존경하는 제자의 음성을 들은 붓다의 표정이 더욱 밝아졌다. 붓다가 말했다.

"그렇다. 마하 깟사빠. 나는 그대의 스승이고, 그대는 나의 제자이니라."

비구들은 놀라움에 입을 다물지 못했다. 저렇게 볼품없고 더럽기 짝이 없는 늙은이에게 자리의 반을 내어주며 반기는 세존의 태도, 게다가 '나의 제자'라며 자랑스럽게 말하는 스승의 입장을 도무지 이해할 수 없었다. 놀라움과 당혹감으로 우왕좌왕하는 비구들에게 붓다가 말했다.

"비구들이여, 나는 완전한 깨달음을 성취하고 완전한 경지에 올라, 밤낮없이 그곳에 머문다. 마하 깟사빠 역시 완전한 깨달음을 성취하고 완전한 경지를 성취해 그곳에 머물고 있다. 마하 깟사빠의 수행과 공덕과 지혜는 나와 더불어 조금도 다르지 않다."

애제자를 향한 붓다의 칭찬이 끝나자 두 상수제자인 사리뿟따와 목갈라나가 대중 앞으로 나서 이구동성으로 마하 깟사빠의 공덕과 지혜를 찬탄했다.

"비구들이여, 세존의 첫 번째 상속자 마하 깟사빠 존자께 예배하십시오."

두 상수제자의 요청에 따라 남루한 노수행자에게 인사를 하는 둥 마는 둥 한 비구들은 이후에도 한동안 괴상한 수행자의 출현에 수군거림을 멈추지 않았다. 마하 깟사빠는 스승과의 해후를 마치고 동원정사로 가 머물렀다. 며칠 후 마하 깟사빠가 기원정사로 다시 붓다를 찾아왔다. 붓다는 마하 깟사빠를 반가이 맞으며 가까이 와 앉으라고 손짓했다.

"마하 깟사빠, 그대도 이제 많이 늙었구나. 거친 숲과 바위틈에서 살기에는 나이가 너무 많다. 이 누더기도 이제는 무겁게 느껴진다. 그대도 이제부터 나처럼 정사에 머물며 보다 가볍고 부드러운 가사를 걸치도록 하면 어떻겠나?"

사랑하는 제자를 위해 배려를 아끼지 않는 붓다의 따뜻한 권유에 몸 둘 바를 모르겠다는 몸짓을 한 마하 깟사빠가 말했다.

"스승이시여, 스승의 넘치는 사랑과 배려, 고맙습니다. 그러나 저는 오랫동안 두타행(頭陀行)을 익혀왔고, 많은 이들에게 두 타행을 찬탄하고 권해 왔습니다."

마하 깟사빠의 정중한 거절에 붓다는 미소를 머금을 뿐 더 이상 강요 하지 않았다. 붓다가 물었다.

"마하 깟사빠여, 무슨 이익이 있기에 그토록 두타행을 고집하 는가?"
"스승이시여, 두타행에는 두 가지 이익이 있기 때문입니다. 분 소의를 기워 입고 아란야에 앉고 누우며, 걸식으로 살아가면 서 저는 고요하고 안락한 경지에 이르렀습니다. 이것이 첫 번 째 이익입니다. 스승이시여, 먼 훗날 지난날을 회상하는 이들 이 '과거 붓다의 제자들은 분소의를 입고 아란야에서 지내며 걸식으로 살아갔다.'고 떠올린다면, 그런 생각을 하는 사람들 도 그런 말을 듣는 사람들도 모두 환희심을 일으키며 수행에 더욱 정진할 것입니다. 이것이 두 번째 이익입니다. 스승이시 여, 이 두 가지 이익이 있으므로 저는 두타행을 실천하고, 두 타행을 많은 사람들 앞에서 찬탄합니다."

붓다의 첫 상속자 마하 깟사빠의 말을 들으며 기쁨에 찬 붓다가 사랑하는 늙은 제자를 칭찬했다.

"훌륭하구나. 마하 깟사빠. 훌륭하구나 마하 깟사빠. 만일 두
타행을 비방하는 사람이 있다면 그는 곧 나를 비방하는 자이
며, 두타행을 칭찬하는 사람이 있다면 그는 곧 나를 칭찬하는
자이다."

아자따삿뚜의 양심

빔비사라 왕이 라자가하에 죽림정사를 지어 바쳤지만 붓다는 그곳에 오래 머물지는 않았다. 아무리 안락하고 편안한 정사라도 우기가 끝나면 그곳을 떠나 다른 곳으로 전법여행을 떠났기 때문이었다. 그런데 붓다가 라자가하를 떠나 있을 때에도 데와닷따는 줄곧 죽림정사를 떠나지 않았다. 그는 깨끗한 우물과 연못이 있고, 국왕의 후원이 끊이지 않는 곳을 떠날 이유가 없다고 생각했다. 라자가하에 오래 머물면서 데와닷따의 명성은 점차 올라갔다. 명석한 두뇌와 유창한 언변, 그리고 입안의 혀처럼 비위를 맞출 줄 아는 사교 능력 덕분에 데와닷따 주위에는 권력과 재산을 가진 이들이 모여들었다. 자연스럽게 라자가하 상가를 이끄는 수장이 된 데와닷따는 빔비사라 왕의 아들 아자따삿뚜의 스승이 되었고, 아자따삿뚜가 태자가 되면서 그의 영향력은 한층 더 커졌다. 아자따삿뚜는 자신의 스승인 데와닷따에게 풍족한 음식과 물품을 보시했다. 그런데 데와닷따는 상가의 규율을 어기고 이 엄청난 양의 보시물을 상가 구성원 전체에게 고루 나눠주지 않았다. 자기를 따르는 사람들에게만 공양과 물품을 공급함으로써 새로운 무리를 형성했고, 맛난 음식과 좋은 가사에 끌린 상가 구성원들은 데와닷따를 따르는 무리에 편입되었다. 이 소식은 머지않아 전법유행을 하던 붓다에게도 전해졌다. 붓다는 데와닷따와 그를 따르는 무리들의 행태를 외려 부러워하는 비구들이 존재한다는 것을 알고는 이렇게 경책하곤 했다.

"비구들이여, 많은 보시와 드날리는 명성은 수행자에게 타오
르는 불과 같은 것이다. 불이란 좋은 이익도 가져오지만 조금
만 소홀하면 감당하기 힘든 재앙을 불러오기도 한다. 비구들
이여, 털이 긴 양이 가시넝쿨 속으로 들어가면 넝쿨에 뒤엉켜
옴짝달싹 하지 못하고 생명을 잃는다. 마찬가지로 많은 보시
와 드날리는 명성을 탐하는 비구는 들어가는 마을과 도시에
서 신자들과 뒤엉켜 비구의 법을 잊어버리게 된다. 바나나 나
무가 지나치게 많은 열매를 맺으면 말라죽듯이, 감당하기 힘
든 공양물과 명성은 그 스스로를 죽인다. 결과적으로 좋은 공
덕을 무너뜨리는 것이다."

붓다의 이런 경책이 곧 데와닷따에게도 전해졌지만 이미 권력과 명
예에 맛들인 그에게는 아무런 소용이 없었다. 그 뒤로 오랜 시간이 지
난 뒤 붓다와 비구 일행이 유행을 마치고 라자가하의 죽림정사에 와
머물고 있었다. 그러던 어느 날, 붓다가 비구들과 수많은 우바새 우바
이들에게 설법을 하는 자리에서 데와닷따가 일어나 합장한 후 힘이
잔뜩 들어간 목소리로 말했다.

"세존께서는 이제 연로하셨습니다. 이제는 선정에 들어 마음
편히 쉬실 때입니다. 교단은 제가 맡아 잘 통솔하도록 하겠습
니다."

붓다와 함께 유행을 다녀온 수많은 비구들은 데와닷따의 무례한 발언에 크게 놀라지 않을 수 없었다. 좌중에 있던 빔비사라 왕을 비롯하여 조정의 많은 대신들도 당혹스러운 표정을 감추지 못했다. 그러나 오랜 시간 라자가하에서 세력을 키워온 데와닷따와 그의 제자 아자따삿뚜, 데와닷따를 따르는 비구들에게는 그리 놀랄 일도 아니었다. 붓다가 말문을 닫자 데와닷따는 세 번에 걸쳐 교단의 통솔권을 이양하라고 요구했다. 침묵을 지키던 붓다가 말했다.

> "데와닷따, 나는 사리뿟따나 마하 목갈라나에게조차 상가의
> 통솔을 맡기지 않고 있다. 하물며 너처럼 다른 이가 뱉어버린
> 가래침을 주워 삼키는 자에게 어찌 상가를 맡길 수 있겠느냐?"

붓다의 단호한 대답은 데와닷따에게는 더 없이 큰 모욕이었다. 얼굴이 붉으락푸르락해진 데와닷따는 분노를 삼키면서 그 자리를 떠났다. 자신의 스승이 모욕을 당하는 광경을 역시 분노를 머금고 지켜본 아자따삿뚜는 붓다에 대해 이전보다 더 큰 증오의 마음을 갖게 되었다. 그의 이런 증오심은 데와닷따에 대한 지극한 공경으로 나타났다. 아자따삿뚜가 가야산에 지어 데와닷따에게 공양한 거대한 정사에 머물며 분노를 키우던 데와닷따의 야욕은, 아자따삿뚜가 부왕 빔비사라를 강제로 폐위시키고 왕위에 오르자 발톱을 드러내기 시작했다. 데와닷따는 자신을 찾아온 마가다 국의 새로운 국왕 아자따삿뚜에게 이렇게 말했다.

> "대왕이시여, 당신은 왕위에 올라 소원을 이루었지만 저는 소

원을 이루지 못했습니다."

데와닷따의 깊은 분노를 확인한 아자따삿뚜의 마음에 분노의 불길이 거세게 타올랐다. '사실 나의 아버지 빔비사라 국왕에 대한 붓다의 영향력은 내가 가진 합법적인 왕위 계승권을 거의 박탈하다시피 했었다. 지금 붓다는 왕실의 계보 따위를 무시하는 왓지 족과 주변의 다른 부족연합을 지지하고 격려하며 그들에게 조언을 아끼지 않고 있다. 그는 브라흐마로부터 대지를 통치할 권리를 부여받은 크샤트리아 계급을 파괴하고 있는 것이나 진배가 없다. 이런 이교도는 사태가 더 악화되기 전에 제거하지 않으면 안 된다.'

그렇지 않아도 붓다에 대해 앙심을 품고 있었던 아자따삿뚜는, 데와닷따의 붓다에 대한 분노를 이용해 붓다를 제거하기로 마음먹었다. '그렇다. 지금 붓다의 교단에서 붓다에게 대항할 수 있는 사람은 데와닷따밖에 없다. 그는 교단 통솔권을 요구했다가 붓다에게 매몰스럽게 거절당했다. 붓다가 라자가하에 머물고 백성들이 그의 가르침을 따르고 받드는 한, 비록 국왕이라고 해도 나의 권위는 결코 견고하게 뿌리내릴 수 없을 것이다.' 어떻게 하든 붓다의 영향력을 축소시키기로 작정한 그는 자신의 심복이자 대신인 와싸까라(Vassakarā)를 불러 말했다.

"와싸까라, 붓다가 마가다 사람들에게 나쁜 평판을 듣게 할 묘안이 없겠는가?"

"쉽지 않을 것입니다. 왕이시여."

"그것은 나도 아는 일이다. 그렇다고 아주 불가능한 일은 아닐

것이다. 고따마 붓다의 사촌인 데와닷따가 우리를 도울 수 있
을 것이다."

약삭빠른 성정을 지닌 와싸까라가 음모를 꾸미는 시간은 그리 오래
걸리지 않았다. 며칠 후 와싸까라는 아자따샷뚜에게 자신의 계획을
이야기했다.

"왕이시여, 붓다는 브라만 사제들과 고행자들 가운데서 그다
지 좋은 평을 받지 못하고 있습니다. 그 좋지 않은 평판이 아
주 유용하게 쓰일 수 있을 것입니다."
"붓다가 브라만 사제들에게 인기가 없다는 것은 이해할 수 있
네. 그러나 다른 수행자들에게 호감을 사지 못한다는 것은 무
슨 까닭인가?"
"많은 고행자들이 고따마 붓다가 호사스럽게 살고 있다고 착
각하고 있습니다. 그가 가는 곳 어디서나 사람들은 그와 제자
들을 위해 집을 짓고 최상의 음식을 올립니다. 붓다의 제자가
아닌 사람들은 혹독한 고행을 하면서도 완전히 빛을 잃고 있
습니다. 고행자들의 이런 불만은 붓다를 불신하게 하는 데 이
용될 수 있습니다."
"그것을 위해 우리가 할 일이 뭔가?"
"데와닷따의 붓다에 대한 앙심을 이용하는 것입니다."
"하지만 데와닷따가 무엇을 할 수 있다는 것인가? 그는 붓다
에 비해 이렇다 할 명망도 없는 사람 아닌가?"
"그렇지 않습니다. 데와닷따로 하여금 철저한 금욕주의를 주

장하도록 하는 겁니다. 평범한 사람들은 눈에 보이는 것만 믿는 법입니다. 범부들에게는 육안으로 볼 수 있는 것이 이성적으로 생각하는 것보다 훨씬 매력적입니다. 붓다가 정신적인 고행자일지는 모르지만, 외관으로 보이는 그의 실천은 전혀 고행자로 보이지 않습니다. 데와닷따로 하여금 붓다와 그의 신봉자들이 하고 있는 것보다 훨씬 엄격한 수행 방법을 제안하게 하십시오, 붓다의 제자들 가운데도 아직 깨달음에 이르지 못한 자들은 그런 식의 철저한 금욕주의에 호감을 갖게 될 것입니다."

"와싸까라, 그대는 실로 뛰어난 모사가다. 그대로부터 더 이상 무엇을 기대하겠나?"

아자따삿뚜는 와싸까라의 제안에 크게 기뻐하며 즉시 데와닷따를 찾아갔다. 데와닷따는 이미 자신을 따르는 일단의 제자들을 거느리고 사실상 붓다의 상가에서 분리되어 살고 있었다. 먼발치에서 제자이자 후원자인 아자따삿뚜를 본 데와닷따가 반갑게 그를 맞았다.

"대왕께서 어인 일이십니까? 대왕과 백성들을 위해 봉사할 일이라도 있습니까?"

"그렇습니다. 데와닷따 존자여. 나는 우리 마가다 국의 정신적 가치와 전통을 염려하고 있습니다. 니간타 나따뿟따의 지도를 받는 자이나교는 사회생활을 하는 주민들에게 위대한 정신력의 원천이 되고 있습니다. 그들은 아주 엄격한 생활을 하며, 어떤 생명도 해치지 않으려고, 심지어는 눈에 보이지도 않는 미물들을 해치지 않기 위해 극도로 세심한 주의를 기울입니다. 그러나 이런 고결한 고행 전통이 그 자신 호화로운 생활에 젖어 있을 뿐만 아니라 제자들 또한 그렇게 하도록 부추기고 있는 붓다에 의해 심각하게 위협당하고 있습니다. 니간타 나따뿟따처럼 고귀한 수행자들과는 달리 붓다는 매우 의심스러운 생활을 하고 있는 것입니다. 이런 불행한 상황을 바로잡을 수 있는 사람은 오직 데와닷따 존자밖에 없습니다. 존자께서는 붓다로 하여금 그의 제자들에게 철저한 금욕생활을 권고하도록 제안해야 합니다. 붓다는 그와 같은 요구를 거절할 수 없을 것이며, 지금껏 누리고 있는 평판도 유지할 수 없게 될 것입니다."

데와닷따는 잠시 생각했다. 지난번 그는 붓다에게 상가를 통솔하게 해달라고 요구한 적이 있었다. 불행하게도, 그때의 제안은 사실 자신의 명예와 잇속에 관련된 것이었고, 비록 붓다의 매정한 거절에 화가 나기는 했지만, 그것을 거절한 붓다에게 어떤 잘못도 찾을 수 없는 일이었다. 그러나 지금 아자따삿뚜의 제안은 기본적인 수행의 원칙과 계율에 보다 적합한 것이 아닌가. 만약 붓다가 자신의 제안을 거부한다면 그는 외부인들뿐만 아니라 자신의 제자들에게조차 악평을 듣게 될 것이다. 그는 아자따삿뚜의 제안에 진심으로 동조했다.

　아자따삿뚜의 제안에 동의한 데와닷따는 다섯 동료들과 함께 붓다를 찾아갔다.

　"데와닷따, 무슨 일로 나를 찾아왔는가? 다른 제안 거리라도 있는가?"

데와닷따와 그의 동료들은 내심 움찔해졌다. '저 깨달은 이는 우리가 여기 온 이유를 미리 알고 있다.' 데와닷따가 생각했다. '그의 혜안을 빠져나가는 것은 실로 어렵다. 그렇더라도 나는 그 말을 하지 않으면 안 된다. 그의 능력이 어떻든 그는 내 제안을 거부하기 어려울 것이다.' 그가 붓다에게 말했다.

"세존이시여, 세존께서는 항상 고행자의 삶을 따르고 있습니다. 그러나 요즘 호사스럽게 사는 비구들이 많이 있습니다. 감각적 쾌락을 포기했다는 그들의 말과 그들이 사는 모습은 서로 앞뒤가 맞지 않습니다. 여기 세존께서 그들로 하여금 더욱 빨리 출가의 목적을 성취하고, 금욕주의 수행 전통의 순수성을 보전하기 위해 제자들에게 분부하셔야 할 다섯 가지 사항이 있습니다."

"데와닷따, 그대 마음속에 있는 다섯 가지 사항이 무엇인가?"

"세존이시여, 출가수행자가 반드시 수용해야 될 다섯 가지의 행동지침이 있습니다. 첫째, 그는 어떤 형태의 사회생활도 피하고 평생 동안 숲속에서만 살아야 합니다. 둘째, 그는 전적으로 탁발한 음식에만 의존하고 어떤 초청도 수락해서는 안 됩니다. 셋째, 그는 재가신자들이 제공한 옷감 대신 넝마로 만든 가사를 입어야 합니다. 넷째, 그는 안락한 주택에 기거하지 않고 나무 밑에서 생활해야 합니다. 다섯째, 그는 결코 고기 혹은 물고기를 먹어서는 안 되며 완전한 채식으로 살아가야 합니다. 가정을 떠나 출가한 수행자들의 삶은 이렇게 준엄한 것이 되어야 합니다. 이러한 생활은 비단 수행의 목표에 보다 빨리 이르게 할 뿐만 아니라 사람들의 눈에도 찬탄할 만한 것이 되게 할 것입니다."

"그런가? 데와닷따."

잠시 후 붓다가 말했다.

"그렇다면 거기 인기 경쟁이 없도록 해야 한다. 어떤 비구가 모든 번뇌로부터 자유자재하다면 나는 그의 생활을 숲속에 제한시켜야 된다는 어떤 이유도 찾을 수 없다. 연못 속에 물에 젖지 않은 채 피어 있는 연꽃처럼. 깨달은 제자들은 사회 속에서 자신과 남을 해하지 않고 오히려 위대한 봉사자로 살 수 있다. 데와닷따, 숲속에 피었다가 거기서 지고 마는 아름다운 꽃이 어디에 얼마나 소용될 수 있겠는가?"

데와닷따가 동료들을 바라보았다. 누구 하나 붓다의 질문에 답하려는 사람이 없었다. 붓다가 말했다.

"나는 모든 속박으로부터 자유자재한 제자들이 마치 숲속의 꽃처럼 시들어 가기를 바라지 않는다. 세상 사람들은 그들의 도움을 필요로 한다. 그들은 나머지 생을 인간사회에 대한 봉사에 바쳐야 한다."

잠시 이야기를 멈췄던 붓다가 계속했다.

"그러나 만약 아직 집착을 자제할 수 없고 깨닫지 못한 제자가 숲속에 살기를 원한다면 그렇게 하도록 한다. 그러나 숲속에 사는 것이 그에게 장애가 되고, 그것이 수행의 목표를 성취하는 데 도움이 되지 않는다면 그로 하여금 마을이나 도회에서 생활하도록 한다. 나는 이미 여성제자들에게 외진 곳에서 살지 않도록 권유한 바 있다. 그들이 위험에 처할 수 있기 때문이다. 나머지 다른 사항에 대해서도 마찬가지다. 철저히 탁발에 의존하고, 넝마로 만든 가사를 입으며, 나무 밑에 살고 싶으면 그리하면 된다. 그러나 그것을 계율로 만들어 고정시킬 수는 없다. 마지막 사항, 육식에 대해서 나는 이미 비구들에게 세 가지 면에서 청정한 고기, 즉 죽이는 것을 보지 않고 듣지 않았으며 개인적으로 자기를 위해 잡은 것이라고 의심이 되지 않는 육류와 물고기는 먹을 수 있다고 허락했다."

"세존이시여, 만약 제자들이 따라야 할 분명한 규율이 없다면 그들이 어떻게 깨달음에 이를 수 있다고 기대할 수 있겠습니까?"

데와닷따가 따지듯이 물었다.

"데와닷따, 고정된 율법을 채택함으로써 인간이 자유로워지는 것은 오직 인간의 삶을 포함한 이 세상 모든 것이 고정된 법칙에 의해 다스려질 때에 한해서이다. 그러나 나는 이 세상에 고정불변의 법칙이 있다고 보지 않는다. 아직까지 그런 법칙을 보지 못했으며, 오히려 사물은 다양한 요소들에 의해 형성되는 조건에 의지해서 발생한 것이라고 보기 때문에 나는 세계를 변해가는 과정 중에 있는 존재라고 공언하는 것이다. 그렇다면 어떻게 상가의 규율을 위해 불가침의 법을 제정할 수 있겠는가? 데와닷따, 이 세상의 고뇌는 인간 개개인의 성벽(性癖) 혹은 성향에서 비롯된 것이다. 이런 성벽과 성향은 다양한 조건들에 의지해서 형성된 것이다. 행복은 바로 모든 성향의 평정에 의해 이루어지는 것이다. 그런데 이 성향이 다양한 조건에 의지해 형성된 것이라면, 행복과 자유에 이르는 길 또한 각기 다를 수 있다. 데와닷따, 따라서 나는 수행의 목표는 하나지만 거기에 이르는 길은 다양하다고 생각하는 것이다."

붓다의 설법을 듣자 데와닷따를 따랐던 동료들은 곧바로 데와닷따를 버리고 붓다에게 돌아오지 않을 수 없었다. 데와닷따는 홀로 자기 처소로 돌아갔다.

데와닷따의 음모

붓다에 대해 끓어오르는 분노를 잠재우지 못한 데와닷따는 아자따샷뚜의 지원을 받아 붓다를 위해하려는 음모를 꾸몄다.

그는 아자따샷뚜에게 부탁해서 궁수를 파견해 라자가하 외곽에 자리한 깃자꾸따(영취산)에 머물던 붓다를 살해하려 하였다. 하지만 궁수들이 붓다께 감화됨으로써 그 계획은 수포로 돌아가고 말았다. 분노의 불길이 더욱 거세진 데와닷따는 붓다를 직접 살해하겠다며 깃자꾸따를 오르내리는 붓다에게 바위를 굴릴 계획을 세웠다. 어느 날 붓다가 깃자꾸따를 오르는 것을 숨어서 지켜보던 데와닷따는 산마루에서 기다리고 있다가 산을 오르는 붓다를 향해 큰 바위를 굴렸다. 그러나 바위는 산산조각이 났고, 한 조각이 붓다의 발을 찔러 큰 상처를 입혔다. 다행히 의사 지와까(Jīvaka)가 다친 발의 염증을 칼로 도려내는 수술을 해 상처는 더 커지지 않고 아물 수 있었다. 상처를 치료하던 중 지와까가 물었다.

"세존이시여, 통증이 심하지는 않은가요?"
"지와까, 나는 윤회라는 긴긴 여행의 종착점에 도착하여 모든 번뇌와 방해와 핍박에서 벗어났다네. 그러나 마음속의 뜨거운 번뇌는 모두 소멸했지만 몸의 통증만은 어쩔 수 없구나!"

한편 데와닷따는 자신의 계획이 번번이 실패하자 상심했다. 데와닷따는 붓다를 위해하기 위해 다시 한번 아자따삿뚜를 만났다. 아자따삿뚜와 데와닷따는 전장에서 공격의 선봉에 섰던 난폭한 코끼리 날라기리(Nālāgiri)에게 술을 잔뜩 먹여 붓다가 지나는 길목에 풀어놓기로 했다.

다음 날 아침, 성문에서 붓다를 기다리던 아자따삿뚜의 군사들이 붓다가 나타나자 술에 취한 난폭한 코끼리를 풀어놓았다. 힘세고 포악한 날라기리는 전장에서 창과 칼로 무장한 적병을 추풍낙엽처럼 물리치던 코끼리였다. 날라기리가 붓다와 뒤따르는 황색 가사의 비구들을 보자 포효하며 앞발을 크게 쳐들었다. 사람들이 놀라 모두 흩어지고, 비구들은 붓다를 에워싼 채 몸을 피하시라고 애원했다. 그러나 붓다는 꿈쩍도 하지 않았다. 그러자 날라기리가 시뻘건 눈으로 붓다를 쏘아보며 괴성을 지르면서 달려들었다. 붓다의 바리때를 들고 뒤따르던 아난다가 앞으로 나서 두 팔을 벌리고 날라기리를 막으려고 했다. 그때 붓다가 단호한 목청으로 말했다.

"아난다, 비켜서라. 누구도 내 앞을 가로막지 말라."

붓다의 단호한 분부를 거역할 사람은 아무도 없었다. 그만큼 붓다의 음성은 당당하고 우렁찼으며, 태산을 제압할 위엄을 담고 있었다. 그때 어린아이의 자지러지는 울음소리가 들려왔다. 술 취한 코끼리의 갑작스런 출현에 놀란 한 여인이 아이를 떨어뜨렸는지도 모른 채 황급하게 도망친 것이었다. 아기의 울음소리가 거슬렸던지 날라기리가 긴 코를 휘두르며 아기에게 달려들었다. 기둥보다 굵은 앞발을 치켜

들고 아이를 짓밟아버릴 태세였다.

"날라기리!"

붓다가 큰 소리로 코끼리를 부르며 앞으로 걸어 나갔다.

"어린아이를 덮치라고 너에게 술을 먹이지는 않았을 것이다.
아마 나를 짓밟으라고 너에게 술을 먹인 듯하구나. 날라기리.
이리로 오너라. 튼튼하고 자랑스러운 너의 다리를 수고롭게
하지 말라."

코끼리의 태도가 갑자기 변했다. 눈빛이 선해진 날라기리는 천천히
코를 내리고 귀를 흔들며 붓다 앞에 두 무릎을 꿇었다. 앞으로 다가간
붓다가 날라기리의 미간을 쓰다듬으며 말했다.

"날라기리, 사람을 죽여서는 안 된다. 이제부터 자비로운 마음
을 길러라."

이 광경을 지켜보던 백성들은 끼고 있던 반지를 벗어던지며 환호했
다. 그날 붓다는 걸식을 하지 않고 정사로 돌아왔다. 그 후 어느 날 붓
다가 아난다와 함께 라자가하로 향하는 중이었다. 그런데 라자가하
시내로 들어서던 붓다가 갑자기 발길을 돌렸다. 영문을 모른 채 뒤따
르던 아난다가 한참 후 붓다에게 물었다.

"세존이시여, 왜 갑자기 발길을 돌리셨습니까?"

"우리가 가려는 길목에 데와닷따가 있더구나. 그래서 피한 것이다."

"세존이시여, 데와닷따가 두려우십니까?"

"아니다, 데와닷따가 두려운 것이 아니다. 악한 사람을 상대하지 않기 위해서이다. 아니다. 어리석은 사람과는 만나지 말라. 어리석은 사람과는 일을 상의하지 말라. 어리석은 사람과는 말로써 옳고 그름을 따지지 말라. 어리석은 사람은 하는 짓마다 진리에 부합하지 못하기 때문이다."

이교도 아바야 왕자의 귀의

니간타 나따뿟따의 제자 가운데 아바야(Abhaya)라는 왕자가 있었다. 아바야 왕자는 마가다 국 빔비사라 왕과 웃제니의 미인이었던 빠두마와띠 사이에서 태어난 아들이었다. 아자따삿뚜의 이복동생이기도 한 아바야는 니간타 나따뿟따를 따르는 신자였는데, 어느 날 니간타 나따뿟따로부터 사문 고따마를 논파하라는 지시를 받았다.

> "왕자여, 사문 고따마를 논파하라. 그러면 그대에게는 '아바야 왕자가 이와 같은 큰 신통력과 이와 같은 큰 위력을 가진 사문 고따마를 논파했다.'는 좋은 명성이 뒤따를 것이다."
>
> "존자시여, 그런데 어떻게 제가 사문 고따마를 논파할 수 있겠습니까?"
>
> "왕자여, 걱정할 것이 없다. 그대는 사문 고따마를 만나러 가라. 가서는 이렇게 말하라. '세존이시여, 세존께서도 다른 사람들에게 사랑스럽지 않고 마음에 들지 않는 말을 하실 때가 있습니까?'라고. 만일 사문 고따마가 이런 질문을 받고 '왕자여, 나도 다른 사람들에게 사랑스럽지 않고 마음에 들지 않는 말을 합니다.'라고 대답하면, 그대는 그에게 이렇게 말해야 한다. '세존이시여, 그러면 당신과 범부는 무슨 차이가 있습니까? 범부도 역시 다른 사람들에게 사랑스럽지 않고 마음에 들지 않

는 말을 하기 때문입니다.'라고. 또한 사문 고따마가 질문에 대해 '왕자여 나는 다른 사람들에게 사랑스럽지 않고 마음에 들지 않는 말을 하지 않습니다.'라고 대답하면 그대는 그에게 이렇게 말해야 한다. '세존이시여, 그러면 왜 당신은 데와닷따에 대해 설명하시기를 데와닷따는 악처에 떨어질 것이다. 데와닷따는 지옥에 떨어질 것이다. 데와닷따는 겁이 다 하도록 지옥에 머물 것이다. 데와닷따는 선도가 될 수 없다.'라고 하십니까? 당신의 그 말씀 때문에 데와닷따는 화를 내고 불쾌하게 여깁니다.' 라고."

니간타 나따뿟따는 사문 고따마도 이런 양극단의 질문을 받으면 그것을 뱉을 수도, 삼킬 수도 없을 것이라고 자신 있게 말했다. 다음날 아바야 왕자는 니간타 나따뿟따가 시키는 대로 라자가하의 죽림정사에 머물고 있던 붓다를 자신의 집으로 초대했다. 그는 붓다에게 니간타 나따뿟따가 시키는 대로 해야 될 말과 하지 말아야 될 말에 대해서 물었다.

"세존이시여, 세존께서는 다른 사람들을 불쾌하게 하고 듣는 사람의 마음에 들지 않는 것을 이야기하겠습니까? 만약 세존께서도 그리 하신다면 여느 보통 사람들과 다르지 않습니다. 그러나 만약 세존께서 남들이 불쾌하고 싫어할 말은 절대로 하지 않는다고 선언했다면 그것은 거짓말이 됩니다. 왜냐하면, 세존께서는 이미 '데와닷따가 사악한 사람이며, 오랫동안 고통을 받을 운명에 처했다.'고 했는데, 그것은 필시 데와닷따에게 심히 불쾌한 말이 될 것이기 때문입니다."

아바야 왕자의 질문은 양도(兩刀)논법(딜레마 논법)으로 붓다를 시험하는 것이었다. 그의 의도를 단박에 파악한 붓다는 빙긋이 미소 지으며 아바야 왕자를 바라보고 있었다. 그때에 어리고 아무것도 모르며 너무 어려서 뒤척이지도 못한 채 반듯하게 누워만 있는 갓난아기가 아바야 왕자의 무릎에 누워 있었다. 이 광경을 지켜본 붓다가 말했다.

"왕자여, 어떻게 생각하는가? 만일 그대가 소홀히 하거나 유모가 소홀히 한 틈을 타서 그대의 무릎 위에 누운 아이가 어떤 나뭇조각이나 조약돌을 입에 삼킨다면 그대는 어떻게 하겠는가?"
"세존이시여, 저는 그것을 끄집어낼 것입니다. 세존이시여, 만일 제가 처음에 끄집어내지 못한다면 왼손으로 머리를 잡고서 오른손으로 손가락을 구부려 피가 나더라도 그것을 끄집어낼 것입니다. 왜냐하면 제게는 아이에 대한 연민이 있기 때문입니다."
"왕자여, 그런가? 나의 대답도 그와 다르지 않다. 나는 그 말이 사실이 아니고 진실이 아니고 이익을 줄 수 없다고 알고, 또 그 말이 다른 사람들에게 사랑스럽지 않고 마음에 들지도 않는 것이면 그 말을 하지 않는다. 또한 그 말이 사실이고 진실이며 이익을 줄 수 있다고 알지만 그 말이 다른 사람들에게 사랑스럽지 않고 마음에 들지 않는 것이면 그 말을 해줄 바른 시기를 안다. 또한 그 말이 사실이 아니고 진실이 아니고 이익을 줄 수 없다고 알면 비록 그 말이 다른 사람들에게 사랑스럽고 마음에 드는 것이라도 그 말을 하지 않는다. 또한 그 말이 사실이고 진실이지만 이익을 줄 수 없다고 알면 비록 그 말이 다른 사람들에게 사랑스럽고 마음에 드는 것이라도 그 말을 하지 않는다. 또한 그 말이 사실이고 진실이고 이익을 줄 수 있다고 알고, 또 그 말이 다른 사람들에게 사랑스럽고 마음에 드는 것이면 그 말을 해줄 바른 시기를 안다. 그것은 무슨 이유인가? 왕자여, 나는 중생들에게 깊은 연민이 있기 때문이다."

붓다는 잠시 말을 멈춘 뒤 아바야 왕자를 연민의 눈길로 바라보았다. 시나브로 아바야 왕자의 표정에는 붓다에 대한 감동과 존경이 어려 있었다.

"아바야 왕자여, 우리 입을 떠난 말은 여러 가지 성격을 띨 수 있다. 그것은 진실이거나 거짓일 수 있고, 유용하거나 혹은 무용할 수도 있고, 남에게 기쁘거나 혹은 불쾌한 것이 되기도 한다. 다시 말하겠다. 어떤 진술이 거짓이며 무용하고 남에게 불쾌한 것이라는 것을 알면 아바야, 나는 그런 말은 하지 않을 것이다. 만약 어떤 진술이 사실이지만 무용하며 남에게 불쾌한 것일 때 그것 역시 피할 것이다. 그 말이 진실하며 유용한 것임을 알지만 남을 불쾌하게 하는 것일 때 나는 경우에 따라 결정할 것이다. 만일 어떤 진술이 거짓이며 무용하지만 남의 구미에 맞을 때 나는 그런 말을 피한다. 만약 어떤 진술이 진실이지만 무용하며, 그럼에도 남을 유쾌하게 한다면 그 역시 피할 것이다. 그러나 만약 어떤 진술이 진실하며 유용하고 남들의 마음에 맞는 것일 때, 나는 단언하거나 경우에 따라서는 반복하기도 할 것이다."

아바야는 계속 손가락을 꼽으며 헤아리고 있었다. 아직까지 붓다는 여섯 가지 경우를 언급했을 뿐이었다.

"세존이시여, 그렇다면 거짓되고 유용하며, 기쁘기도 하고 불
쾌하기도 한 진술은 어떻습니까?"
"아바야여, 그대는 숫자에 밝구나."

아바야 왕자는 겸연쩍은 미소를 짓지 않을 수 없었다. 붓다가 말했다.

"그릇된 것이 유용하다고 믿기는 어렵다. 아바야, 내가 언급하
지 않은 이유가 바로 그것이다."
"세존이시여, 세존께서는 듣는 이를 기쁘게 하든 불쾌하게 하
든 진실하고 유용한 진술을 하고자 하는 것으로 보입니다. 그러
나 세존께서 '경우에 따라서'라고 하신 것은 어떤 조건을 말하
는 것인데, 그것은 무슨 까닭입니까? 그것이 진실임에도 불구
하고 기꺼이 진실을 밝힐 준비가 되어 있지 않다는 뜻입니까?"
"아바야, 내가 어떤 말을 할 때, 절대적인 진리가 있다는 가정
아래 그렇게 진술하는 것은 아니다."
"그러나 세존이시여, 절대적인 진리의 개념을 부정하는 것은
많은 수행자와 브라만들이 수락한 의무와 정의의 개념을 거
부하는 것이 아닙니까?"
"아바야 왕자여, 자신의 의무를 행한다는 것은 매우 고결한 일
이다. 그러나 모든 인간이 다 깨달은 게 아니라는 것을 잊어서
는 안 된다. 의무라는 고결한 개념은 깨닫지 못한 누군가에 의

해 그 자신의 이득을 합리화하는 데 쓰이고, 다수의 타인을 해칠 가능성이 항상 있는 것이다. 깨달은 사람이 아닌 한, 완벽하게 공평무사한 의무를 집행하는 것은 참으로 어렵다. 나는 의무 수행을 반대하는 것이 아니라, 그것이 자신과 자기가 속한 집단의 이익을 위한 것이 아닌지 다시 살펴보라는 것이다. 아바야, 나는 많은 것을 염려한다. 모든 생명에 대한 자비심을 갖고 있기 때문이다."

"경이롭습니다. 세존이시여. 마치 넘어진 자를 일으켜 세우시듯, 덮여 있는 것을 걷어내 보이시듯, 방향을 잃어버린 자에게 길을 가리키시듯, 눈 있는 자 형상을 보라고 어둠 속에서 등불을 비춰주시듯, 세존께서는 여러 가지 방편으로 법을 설해주셨습니다. 저는 이제 세존께 귀의하옵고 법과 비구 상가에 귀의합니다. 세존께서는 저를 재가신자로 받아주십시오. 오늘부터 목숨이 붙어 있는 그날까지 귀의하옵니다."

아바야 왕자는 붓다의 인도주의적인 태도를 이해하고, 니간타 나따뿟따의 제자 가운데 붓다의 가르침에 귀의한 세 번째 인물이 되었다. 그는 훗날 아버지 빔비사라 왕이 아자따삿뚜에 의해 시해되자 마음이 심란해져 출가하였으며, 붓다의 지도 아래 정진한 끝에 아라한이 되었다. 졸지에 남편을 잃고 아들까지 떠나버린 아바야 왕자의 어머니 빠두마와띠(Padumavatī)도 출가한 아들의 설법을 듣고 발심해 출가했고, 피나는 정진 끝에 무애해(無碍解)를 갖춘 아라한이 되었다.

데와닷따의 비참한 최후

붓다의 관용과 잇단 타이름에도 데와닷따는 자신의 허물을 뉘우치지 않았다. 도리어 자신의 야욕을 그럴싸한 명분으로 위장하고 상가의 분열을 조장하려 했다. 수행자라면 반드시 고행을 생활화해야 한다는 데와닷따의 주장에 고깔리까(Kokālika), 사뭇다닷따(Samuddadatta), 까따모라까띳사까(Katamorakatissaka), 칸다데와(Khandadeva)와 비구니 툴라난다(Thullanandā), 그리고 새로 출가한 오백 명의 왓지 족 출신 비구들이 동조하고 나섰다. 데와닷따는 그들을 이끌고 가야산으로 가서 별도의 상가를 선언했다.

이에 붓다는 형식적인 고행이 열반의 길에 도움이 되지 않음을 지적하고, 사리뿟따와 목갈라나에게 데와닷따를 따라간 오백 명의 새내기 비구들을 데려오라고 분부했다. 사리뿟따와 목갈라나가 가야산까지 찾아오자 자신이 제시한 주장에 동조해 합류한 것으로 오해한 데와닷따는 붓다의 두 상수제자를 자신의 옆자리에 앉도록 자리를 비워주며 환영했다.

"잘 오셨소. 사리뿟따와 목갈라나, 여기에 앉으시오."

비구들이 운집한 가운데 데와닷따는 자신의 주장을 정당화하는 연설을 했다. 그런 뒤 기쁨에 들뜬 표정으로 말했다.

"당신들은 이제까지 고따마의 제일 제자였지만, 지금부터는
나의 제일 제자요. 내가 좀 피곤하니 그대들이 이어서 설법하
시오."

가볍게 눈을 붙이는가 싶더니 데와닷따는 곧 코를 골며 깊은 잠에 빠
져버렸다. 사리뿟따는 위의를 갖춰 바른 법을 설했다. 사리뿟따의 논
리 정연한 설법을 들은 오백 명의 비구들은 자신들의 소견과 행동이
천박했음을 깨닫고 사리뿟따와 목갈라나를 따라 붓다가 머무는 곳으
로 되돌아갔다. 붓다는 돌아온 비구들의 경솔함을 꾸짖지 않고 조용
히 타일렀다.

"사악한 사람들과 가까이하지 말고 지혜로운 사람과 가까이
하라. 사람이 본래 악한 것은 아니지만 악인을 가까이하면 훗
날 그 악명이 천하에 퍼지게 되는 것이다."

한참 후 라자가하에서 돌아온 고깔리까는 텅 빈 정사에서 홀로 잠든
데와닷따를 발견하고 화가 치밀었다. 고깔리까는 잠든 데와닷따의
가슴팍을 강하게 걸어차며 소리쳤다.

"사리뿟따와 목갈라나가 당신의 제자를 몽땅 데려갔는데 이
렇게 퍼질러 잠만 잔단 말이요."

자신들의 추종자를 잃어버린 고깔리까는 분통이 터져 사리뿟따와 목
갈라나를 근거도 없이 비방하고 나섰다. 청정한 수행자를 비방하는

것은 큰 죄라고 붓다께서 누차 타일렀지만 고깔리까는 오히려 붓다에게 불만을 터트렸다. 그리고 얼마 후 온몸에 부스럼이 생긴 고깔리까는 피를 토하며 죽었다. 그런 고깔리까를 두고 붓다가 비구들에게 말했다.

> "사람들은 이 세상에 태어날 때 도끼를 입에 물고 태어나 악한 말로 자기 몸을 스스로 찍는다. 욕할 사람을 두둔해 칭찬하고 마땅히 칭찬해야 할 사람을 오히려 헐뜯으니, 그의 죄는 입에서 나온 것이다."

데와닷따 역시 고깔리까에 걸어차인 다음부터 시름시름 앓더니 몸조차 제대로 움직일 수 없게 되었다. 병석에 눕고 나서야 데와닷따는 비로소 자신의 잘못을 뉘우쳤다.

'나는 지난 아홉 달 동안 세존을 해칠 생각만 했다. 하지만 세존께서는 나에게 어떤 반감도 품지 않으셨고, 팔십 명의 장로들 역시 어떤 악의도 보이지 않았다. 세존과 장로들에게 버림받고, 우바새와 친족들에게 버림받은 외로운 처지가 된 것은 다 나의 잘못이다. 이제 세존께 찾아가 나의 잘못을 참회해야겠다.'

데와닷따는 제 발로 걸을 수 없어 들것에 실려서 붓다가 머무는 사왓티로 향해 출발했다. 데와닷따가 참회하기 위해 사왓티로 오고 있다는 소식을 들은 붓다는 조용히 말했다.

> "데와닷따는 나를 만나지 못할 것이다."

밤길을 걸어 사왓티에 도착한 데와닷따가 기원정사 앞에 도착했을 때였다. 친족의 정을 끊지 못해 애달파하던 아난다가 기쁜 얼굴로 달려와 붓다에게 고했다.

"세존이시여, 드디어 데와닷따가 참회하러 왔습니다."

그때도 붓다는 조용히 말했다.

"아난다, 데와닷따는 끝내 나를 만나지 못할 것이다."

심한 갈증을 견디며 길을 재촉했던 데와닷따가 승원 앞에 있는 시원한 연못을 보고 제자들에게 말했다.

"나를 내려다오. 물이 마시고 싶구나."

그러나 발이 땅에 닿는 순간 데와닷따는 큰 고통을 느끼며 숨을 거뒀다. 데와닷따의 사망 소식을 접한 붓다가 제자들에게 말했다.

"제자들이여, 데와닷따는 사악한 인간의 덫에 빠져 쉽게 흔들리고 부추겨지는 사람의 좋은 본보기다. 내 그대들에게 간곡히 권고한다. 사악한 사람을 피하고 고결한 도반을 가까이 하라."

재가에 대한 연민

세월은 흘렀고 모든 것은 변하고 있었다. 붓다와 그의 제자들, 그를 외호하고 따랐던 수많은 재가의 제자들도 세월의 흐름을 역행할 수는 없었다. 생로병사의 엄격한 과정, 무상의 이치는 아라한이라고 해도 거스를 수 없는 것이었다. 어느 날 붓다는 사왓티의 기원정사에 머물고 있었다. 그 무렵 기원정사 상가의 재정적 후원자였던 수닷따 장자가 병이 들어 위중한 상태에 이르렀다. 고통을 감내하던 수닷따 장자가 한 사람을 불러 말했다.

> "여보게, 그대는 세존을 찾아뵙도록 하게. 세존을 뵙고 내 이름으로 세존의 발에 머리를 조아려 절을 올리고, '세존이시여, 수닷따 장자가 중병에 걸려 극심한 고통에 시달리고 있습니다. 그리하여 부득이 제가 장자를 대신하여 세존의 발에 머리 조아려 절을 올립니다.'라고 문안을 여쭙게."

붓다와 상가에 대해 돈독한 신심을 견지해온 수닷따는 중병으로 거동이 어렵게 되자 사람을 시켜 대신 붓다께 문안을 올리도록 당부한 것이었다. 수닷따 장자는 당부를 이어갔다.

> "그리고 사리뿟따 존자를 찾아뵙게. 존자님을 뵙고 내 이름

으로 사리뿟따 존자의 발에 머리 조아려 절을 올리고, '존자
시여, 수닷따 장자가 중병에 걸려 극심한 고통에 시달리고 있
습니다. 그가 사리뿟따 존자의 발에 머리 조아려 절을 올립니
다.'라고 문안을 여쭙게. 그리고 이렇게 말씀드려주게. '존자시
여, 사리뿟따 존자께서는 연민을 일으키시어 수닷따 장자의
거처를 방문해주시면 감사하겠습니다.'라고."

수닷따 장자의 중병 소식을 들은 붓다는 탁발을 나선 길에 따로 틈을
내어 수닷따 장자의 집을 방문하였다. 예고하지 않은 붓다의 방문에
수닷따 장자가 몸을 일으키려 하자 붓다가 만류하며 우선 병세를 물
었다.

"수닷따, 병세는 어떤가? 고통은 견딜 만한가? 더 나빠지지는
않는가?"
"갈수록 고통이 심해지는 것 같습니다."

수닷따 장자가 가까스로 대답했다. 그런 수닷따를 연민의 눈길로 바
라보던 붓다가 부드러운 음성으로 말했다.

"수닷따, 두려워하지 말라. 평소 삼보를 믿지 않고 계율을 실
천하지 않았다면 목숨을 마친 뒤의 일을 두려워할 수 있을 것
이다. 그러나 그대는 라자가하의 한림에서 나를 처음 만난 뒤,
삼보에 귀의하고 청정한 계율을 성취하였다. 또 많은 재물을
이웃과 상가에 보시하여 큰 공덕을 지었다. 그러니 무엇이 두

렵겠는가?"

붓다는 수닷따 장자의 손을 잡고 위로했다. 붓다의 위로를 받은 장자
는 마음이 편안해졌다. 그는 비록 아팠지만 기쁜 마음으로 붓다께 공
양 올리는 일을 잊지 않았다. 붓다가 문병을 다녀간 다음날 아난다와
사리뿟따 장로가 차례로 수닷따 장자의 집을 찾아와 장자의 상태를
살피고 위로했다. 수닷따 장자의 집을 찾은 사리뿟따 존자가 말했다.

  "장자여, 좀 어떻습니까? 견딜 만합니까? 괴로운 느낌이 진정
  되거나 더하지는 않습니까? 차도는 좀 있습니까. 혹시 더 심
  해지지는 않습니까?"
  "존자시여, 저는 견디기가 힘듭니다. 예리한 고통은 점점 심해
  지고 좀처럼 가라앉질 않습니다. 고통의 강도는 더 강해지고
  차도가 없습니다. 사리뿟따 존자시여, 마치 힘센 사람이 시퍼
  런 칼로 머리를 쪼개듯이 거센 바람이 제 머리를 내리칩니다."

수닷따 장자가 자신이 겪고 있는 고통을 호소했다. 사리뿟따는 장자
의 고통을 나눌 수 없다는 것에 안타까움을 느끼며 장자를 위한 짧막
한 법문을 설했다.

  "장자여, 그러므로 여기서 그대는 이렇게 공부를 해야 합니다.
  '나는 눈을 취착하지 않으리라. 그러면 나의 알음알이는 눈에
  의지하지 않을 것이다. 나는 귀를 취착하지 않으리라. 나는 코
  를 취착하지 않으리라. 나는 혀, 몸, 의식을 취착하지 않으리

라. 그러면 나의 알음알이는 눈, 귀, 코, 혀, 몸, 의식에 의지하지 않을 것이다.' 라고. 그런 다음에는 장자여. 눈과 귀, 코, 혀, 몸, 의식의 알음알이에 취착하지 않고, 형색을 취착하지 않음으로써 형색에 의지하지 않고, 소리, 냄새, 맛, 감촉, 법에 취착하지 않으리라고 공부를 지으며, 육근의 알음알이에 취착하지 않음으로써 육근의 감각접촉에 의지하지 않으리라, 이렇게 공부해가야 합니다. 그리하여 마침내 육근(六根, 안이비설신의)·육경(六境, 색성향미촉법)의 감각접촉에서 생긴 느낌을 취착하지 않으며, 그 느낌을 취착하지 않으리라, 공부를 지어가야 합니다."

사리뿟따 존자는 초연한 태도의 중요성과 감각에 집착하지 말라고 가르치면서 육근, 육경, 육식의 세계와 잘못 접촉하게 되면 삼사라(윤회)의 덫에 걸릴 수밖에 없다고 설법했다. 그러자 이 설법을 들은 수닷따가 눈물을 주르르 흘렸다. 수닷따 장자의 눈물을 본 아난다 존자가 당황한 듯 물었다.

"장자여, 무슨 일입니까? 어찌하여 눈물을 흘리십니까?"
"아난다 존자님, 전 오랫동안 세존과 명상하는 비구들의 시중을 들었지만 지금 사리뿟따 존자께서 해주신 이런 법문은 처음 듣습니다. 그것이 안타깝고 슬퍼서 눈물이 흐릅니다."

이때 사리뿟따가 말했다.

"장자여, 이 가르침은 재가수행자에게는 말하지 않는 것입니다. 가족생활을 떠난 출가 수행자에게만 말하는 것입니다."

그러자 수닷따 장자가 말했다.

"사리뿟따 장로님, 그것은 옳지 않습니다. 흰 옷을 입은 재가자도 당연히 그런 가르침을 받아야 합니다. 그들 가운데도 깨달음을 얻을 만큼 근기가 높고, 욕망이 거의 남지 않은 사람들도 있고, 실제로 닙바나(열반)을 얻을 수 있는 사람들이 있기 때문입니다."

생의 마지막 순간에도 수닷따 장자는 이렇게 재가자들에게도 담마의 진수를 전해달라는 당부를 남겼다. 생의 마지막 순간까지 그는 재가자에 대한 연민을 놓치지 않았던 것이다.

사리뿟따와 아난다 존자가 자리에서 일어나 나간 후 수닷따 장자는 그날 밤 생을 마감했다. 그는 오직 일곱 번의 생만 남은 흐름(수다원과)에 들어간 자로서 하늘세계에 태어났다. 하늘세계에 태어난 후 천신의 몸으로 기원정사에 나타난 수닷따 장자는 세존께 절하고 자신을 제도해준 스승에게 보은의 게송을 지어 올렸다.

이곳이 바로 제따 숲
선인(善人)의 상가가 머물고
법왕(法王)께서 거주하시니
내게 희열이 생기는 곳이라.

의도적 행위와 명지(明知)가 있고
법과 계행과 최상의 삶이 있으니,
이것으로 인간들은 청정해질 뿐
결코 가문과 재산 때문이 아니라네.

그러므로 여기서 현명한 사람
자신의 이로움을 꿰뚫어 보아
지혜롭게 법을 깊이 검증할지라.
이와 같이 그곳에서 청정해지리.

사리뿟따 존자는 통찰지와 계행
고요함을 두루 구족했나니
저 언덕에 도달한 비구 있다면
잘해야 그분과 동등할 정도라네.

평생 고독하고 의지할 데 없는 이웃에게 전 재산을 남김없이 베풀어
온 수닷따는 말년에는 끼니를 걱정할 정도로 가난하게 살았다. 그럼
에도 아무런 흔들림 없이 최선을 다해 붓다와 붓다의 상가를 외호한
그를 붓다는 '나의 재가 수행자 중 보시를 실천하는 제일의 제자'라고
칭찬했다.

빠세나디 왕의 고백을 듣다

꼬살라 국 빠세나디 왕은 본디 전쟁을 좋아하고 사람을 쉽게 죽이는 포악한 성정을 지닌 왕이었다. 붓다에게 귀의한 뒤로 그의 전쟁광은 크게 줄어들었지만 여전히 전쟁을 그치지는 않았다. 그런 빠세나디도 노년에 이르게 되자 어느덧 정치에 환멸을 느끼기 시작했다. 그는 끊임없이 코끼리와 말, 마차, 보병을 동원하여 전쟁을 일으키고 패권을 차지하기 위해 광분하는 주변국의 왕들을 보면서 더더욱 전쟁에 염증을 느끼고 있었다. 더구나 가장 사랑했던 왕비 말리까마저 죽자 왕은 더욱 깊은 우울증에 빠져들었다.

그러던 어느 날 빠세나디 왕은 위두다바(Viḍūḍabha) 왕자와 함께 공무차 낭가라까(Naṅgaraka)에 와서 아름다운 풍광을 구경하다가 명상하기 좋은 나무를 발견하고 문득 붓다를 떠올렸다. 붓다를 떠올리자 붓다를 향한 그리움이 밀려왔다. 붓다는 그때 사왓티를 잠시 떠나 사끼야 왕국의 메달룸빠(Meḍaḷumpa) 마을에 머물고 있었다. 왕은 디가까라야나(Dīgha-Kārāyana) 장군에게 물었다.

"세존께서 계신 메달룸빠는 이곳에서 얼마나 걸리는가?"
"대왕이시여, 그리 멀지 않습니다. 1요자나(12킬로미터) 정도 됩니다."

798

디가까라야나 장군의 대답을 듣자마자 빠세나디 왕은 즉시 수레를 돌려 메달룸빠로 향했다. 큰길이 끝나자 그는 말에서 내려 디가까라야나 장군에게 검과 왕의 터번을 맡기고 붓다의 간다꾸띠까지 걸어서 갔다. 왕이 도착했을 때 그곳에는 많은 비구들이 정원에서 경행을 하고 있었다.

왕은 조용히 붓다를 뵙고 붓다의 발에 입을 맞추고 발을 어루만지면서 지극한 예로써 인사를 올렸다. 붓다가 물었다.

"왕이시여, 새삼스레 늙은 몸에게 정중한 인사를 하는 이유가
무엇입니까?"

붓다의 물음에 빠세나디 왕이 대답했다.

"세존이시여, 세존께서는 온전히 깨달은 분이시고, 담마(진리)
는 붓다에 의해 잘 설해져 있으며, 제자들의 공동체는 훌륭한
길을 수행하고 있기 때문입니다."

빠세나디 왕은 이어 자신이 붓다와 붓다의 가르침, 붓다의 상가에 귀의하게 된 이유를 고백했다. 그는 붓다의 제자들은 이제까지 보지 못했던 온전하게 청정한 공동체이며, 이것이 가능한 이유는 붓다의 담마가 뛰어나고 탁월하기 때문이라고 역설했다. 또한 세상은 거의 모두 상대를 지어 다투고 대립하지만 붓다의 상가는 마치 물과 젖처럼 친밀하게 화합하고 있고, 붓다의 제자들은 늘 쾌활하고 감관이 청정하고 마치 야생의 사슴처럼 맑게 살고 있어 세존의 담마에 바른 신심

을 갖는다고 말했다. 빠세나디 왕은 또 붓다의 상가는 수백 명이 한 자리에 모여 설법을 들어도 기침소리 하나 들리지 않을 만큼 잘 조복되어 있으며, 심지어 자신의 녹을 먹는 장군들조차 잠을 잘 때에는 세존이 계신 쪽으로 머리를 향하고 잘 정도로 붓다를 존경하는 것 역시 붓다의 담마가 뛰어나고 탁월하기 때문이라고 말했다.

빠세나디 왕이 길게 붓다와 붓다의 가르침, 붓다의 상가에 대한 신앙고백을 하고 떠나간 후 붓다가 제자들에게 말했다.

"비구들이여, 그대들도 왕과 같이 담마에 대한 신앙고백을 배워라. 담마에 대한 신앙고백을 기억하라. 담마에 대한 신앙고백은 유익하며 청정한 삶의 근본이다."

빠세나디, 비참한 최후를 맞다

그러나 빠세나디 왕이 메달룸빠 마을에서 붓다를 만나 신앙고백을 하는 동안 불행하게도 위두다바 왕자와 디가까라야나 장군이 공모하여 왕의 증표를 가지고 떠나버렸다. 서둘러 왕은 군대가 진을 친 장소에 가보았지만 이미 그곳은 텅 비어 있었다.

오래 전 젊은 빠세나디 왕이 딱까실라에서 유학할 때 함께 공부했던 말라 족의 반둘라(Bandhula)는 꼬살라 국에 귀화하여 빠세나디 왕 휘하의 총사령관이 되었다. 어느 날, 반둘라는 뇌물을 받고 그릇된 판결을 한 법무대신을 꾸짖었는데, 이에 원한을 품은 법무대신이 반둘라가 역모를 꾀하고 있다고 모함하여 억울하게 죽임을 당했다. 뒤늦게 거짓 모함이었음을 알게 된 왕이 잘못을 뉘우치고 크게 후회하며 반둘라의 조카 디가까라야나를 장군으로 삼았지만 그는 늘 삼촌의 억울함에 대한 복수를 호시탐탐 노리고 있었다. 이런 그의 역심이 결국 위두다바 왕자와 모반을 꾸미는 것으로 이어졌고, 기어이 반역을 꾀한 것이었다.

70대 후반의 늙은 왕은 사왓티 성으로 가지 못하고 몇몇 시종들과 함께 마가다 국의 아자따삿뚜 왕에게 지원을 요청하기 위해 남쪽 길로 내려갔다. 그러나 그 길은 노구를 이끌고 가기에는 너무나 먼 길이었다. 더구나 가는 길 내내 제대로 먹지도 못했고, 깨끗하지 못한 물을 마시면서 이질에 걸리는 등 고생이 말이 아니었다.

가까스로 빠세나디 왕이 라자가하에 도착했을 때는 이미 밤이 깊어 성문이 굳게 잠겨 있었다. 왕은 하는 수 없이 공회당에서 하룻밤을 보냈는데, 그동안 겪은 고통의 후유증을 감당하지 못하고 그곳에서 비참한 최후를 맞고 말았다. 다음 날 이 사실을 알게 된 마가다 국의 왕 아자따삿뚜는 숙부 빠세나디를 위해 성대한 장례식을 치러주었다. 이때가 붓다가 성도를 한 뒤 41년째 되던 해였다.

라자가하 독수리봉에서의 훈계

빠세나디의 후한 성원에 힘입어 말년의 몇 해 동안을 사왓티에서 부족함이 없이 보낼 수 있었던 붓다였지만, 그의 아들 위두다바의 모반과 왕의 비참한 취후를 목도한 이후부터 사왓티가 영 서먹하고 편하지 않았다. 이윽고 붓다는 사왓티를 떠나 다른 곳에 머물러야겠다고 생각하고 마가다 왕국의 라자가하로 거처를 옮겼다.

어느 덧 붓다의 나이도 칠십대 중반을 넘어 팔십을 향해 다가가고 있었다. 라자가하에서도 붓다의 심기는 그리 편하지 않았다. 아자따삿뚜가 자신의 생부 빔비사라 왕을 퇴위시키고 스스로 마가다의 왕위에 오른 뒤였으므로, 붓다는 허탈한 마음에 홀로 머무는 시간이 늘어났다. 아자따삿뚜는 붓다가 라자가하에 와 있다는 것을 알았지만 오래전부터 품어온 붓다에 대한 반감으로 붓다가 머물고 있는 정사를 애써 외면하고 있었다.

다만 그는 무자비하게 아버지를 죽이고 왕위에 오른 것이 늘 마음 한구석에 걸려 있었다. 패륜적 행위로 왕위를 찬탈한 그는 자신이 마가다 국의 적법한 통치자임을 확인하고 싶었다. 또한 그는 자신이 왕위에 오른 것과 같은 방법으로 누군가 왕위 찬탈을 시도할지도 모르며, 왓지와 같은 주변의 강력한 부족 연합국들이 라자가하를 침범하지나 않을까 늘 경계심을 가지고 있었다. 그런 그가 왓지 국의 동태에 대해 관심을 갖는 것은 당연한 일이었다. 어느 날 그는 재상이자 브라만인 와싸까라를 불러 말했다.

> "와싸까라, 붓다가 라자가하에 도착하여 독수리봉에 머물고
> 있다고 들었다. 초능력의 소유자인 그는 필시 마가다와 전쟁
> 을 일으키려는 자가 있는지, 있다면 누구인지를 알 수 있을 것
> 이다. 그에게 가서 내가 왓지 국을 공격하여 그들을 파멸시키
> 려한다고 말해보라. 그리고 그 말에 대해 붓다가 하는 말을 잘
> 듣고 기억해서 내게 알리도록 하라."

아자따삿뚜의 명령을 받은 와싸까라는 다음날 독수리봉으로 붓다를
찾아갔다. 인사를 마친 그는 붓다에게 왓지 국을 공격하려는 젊은 왕
의 의도를 넌지시 알렸다. 사실 아자따삿뚜가 자신의 전쟁 계획을 누
구에게 미리 알릴 이유는 없는 것이었다. 붓다는 아자따삿뚜가 자신
의 통치권을 인정하는지, 부정한 수단으로 획득한 자신의 왕위가 안
전한지 아닌지를 알아보려는 구실에 불과하다는 것을 즉시 간파했
다. 붓다는 와싸까라에게 직접 말하는 것보다는 다른 방식을 택하여
답하는 것이 좋겠다고 생각했다. 붓다는 와싸까라에게 직접 대답하
는 대신 등 뒤에서 부채질을 하고 서 있는 아난다에게 말했다.

> "아난다, 그대는 왓지의 부족들이 자주 그리고 많은 사람이 참
> 석하는 회합을 갖는다고 들은 적이 있는가?"
> "예, 세존이시여, 그런다고 들었습니다."
> "그대는 그들이 화합 속에 모이고, 합의를 이룬 다음 헤어지
> 며, 서로 협조하여 왓지의 부족으로서의 그들의 의무를 수행

하고 있다고 들었는가? 그리고 합의 속에 제정한 법률을 함부로 바꾸지 않으며, 무리 가운데 진리를 따르며, 보다 경험 많은 자를 공경하고 섬기며, 동족의 여인들과 소녀들로 하여금 혹사당할 염려 없이 살도록 하며, 종교적 관용과 자유를 지지한다고 들었는가?"

"그들은 실로 그렇게 하고 있습니다. 세존이시여."

"그렇다면 아난다, 왓지 국은 건재하며 누구에게도 정복되지 않을 것이다. 그런 나라는 쉽사리 기울거나 타락하지 않을 것이기 때문이다."

이어 붓다가 와싸까라에게 시선을 돌렸다. 잠시 침묵하던 붓다가 그를 향해 말했다.

"와싸까라, 한때 내가 웨살리의 사라난다 사원에 머문 적이 있었다. 그때 나는 왓지 국의 부족들에게 나라가 기우는 것을 막을 일곱 가지 사항을 가르친 적이 있다. 그들이 내가 설법했던 일곱 가지 원칙을 따르는 한, 왓지 국은 번영하고 쇠망하지 않을 것이다. 어떤 나라도 그들을 쉽사리 정복하지 못할 것이다."

"스승이시여, 일곱 가지는 말할 것도 없고, 그 가운데 한 가지만 지키더라도 왓지 국을 파멸시키는 것은 어려운 일입니다. 아자따삿뚜 왕이 그들과 전쟁을 일으킨다면 실로 어리석은 일이 될 것입니다. 그들을 매수하여 그들 가운데 불화의 씨를 심지 않는 한, 왓지 국을 전투로 이길 수는 없을 것입니다."

와싸까라는 더 이상 물을 것도 없다는 듯이 질문을 포기하고 붓다에게 예를 올리훈 독수리봉을 떠났다. 와싸까라가 떠나자 붓다는 곧바로 아난다에게 말했다.

> "아난다, 지금 나가서 라자가하 부근에 살고 있는 수행승들을
> 모두 강당으로 모이게 하라."
> "알겠습니다. 스승이시여."

얼마 후 수행승들이 모두 강당에 모였다는 전갈을 아난다로부터 받은 붓다는 자리에서 일어나 강당으로 향했다. 붓다는 강당에 설치된 의자에 앉았다. 그리고 제자들을 향해 말했다.

> "수행승들이여, 지금부터 나는 상가가 쇠망에 이르지 않는 일
> 곱 가지 법을 알려주려고 한다. 집중해서 잘 들어라."
> "알겠습니다. 세존이시여."

돌연한 붓다의 법문 공지에 의아한 표정을 감추지 못한 제자들이 한목소리로 대답했다. 예고되지 않은 붓다의 설법은 분명히 중요한 의미를 내포하고 있을 것이기 때문이었다.

> "수행승들이여, 잘 들으라. 첫째, 수행승들이여, 자주 회의를
> 열고 회의에 많은 사람들이 참가한다면 앞으로 번영하고 쇠
> 망이 없을 것이다. 둘째, 수행승들이여. 미래의 세상에서 협
> 력해서 행동하고 서로 협동해서 상가를 위해 마땅히 해야 할

일을 한다면 번영하고 쇠망이 없을 것이다. 셋째, 수행승들이여. 미래의 세상에서 아직 정할 수 없는 것을 정하지 않고, 이미 정해져 있는 것을 어기지 않으며, 이미 정해져 있는 계율을 실천한다면 번영하고 쇠망이 없을 것이다. 넷째, 수행승들이여. 미래의 세상에서 경험이 풍부하고 출가한 지 오래된 장로들이나 상가의 지도자를 숭상하고 존경하며 경애하고 그들의 말을 경청한다면 번영하고 쇠망이 없을 것이다. 다섯째, 수행승들이여. 수행 승려들이 앞으로 성불을 방해하는 애집(愛執)이 생겨도 거기에 흔들리지 않는다면 번영하고 쇠망이 없을 것이다. 여섯째, 수행승들이여. 기꺼이 숲에서 살기를 바란다면 번영하고 쇠망이 없을 것이다. 일곱째, 수행승들이여. 스스로 마음을 안정시키고, 아직 찾아오지 않은 훌륭한 수행자 동료들이 쾌적하게 살기를 바란다면 번영하고 쇠망이 없을 것이다. 수행승들이여. 이 일곱 가지 '쇠망을 막는 법'이 수행 승려들 사이에 존재하고, 또한 수행 승려들이 이 일곱 가지 '쇠망을 막는 법'을 지킨다면 번영하고 쇠망이 없을 것이다."

붓다는 이어 '쇠망을 막는 법' 일곱 가지를 설법했다.

"첫째, 수행승들이여. 미래의 세상에 수행 승려들이 동작(動作)을 기뻐하지 않고, 즐거워하지 않고, 기꺼이 동작에 종사하지 않는다면 수행 승려들은 번영하고 쇠망이 없을 것이다. 둘째, 수행승들이여. 미래의 세상에 수행 승려들이 담화(談話)를 기뻐하지 않고, 즐거워하지 않고, 기꺼이 담화에 빠져들지 않으면 수행 승려들은 번영하고 쇠망이 없을 것이다. 셋째, 수행 승들이여. 미래의 세상에 수행 승려들이 수면(睡眠)을 기뻐하지 않고, 즐거워하지 않고, 기꺼이 수면에 빠져들지 않으면 수행 승려들은 번영하고 쇠망이 없을 것이다. 넷째, 수행승들이여. 미래의 세상에 수행 승려들이 사교(社交)를 기뻐하지 않고, 즐거워하지 않고, 기꺼이 사교에 빠져들지 않으면 번영하고 쇠망이 없을 것이다. 다섯째, 수행승들이여, 미래의 세상에 수행 승려들이 더러운 욕망에 끌리지 않고, 여러 나쁜 욕망에 지배되지 않는다면 수행 승려들은 번영하고 쇠망이 없을 것이다. 여섯째, 수행승들이여. 미래의 세상에 수행 승려들이 나쁜 친구를 사귀지 않고, 나쁜 동료를 사귀지 않고, 나쁜 무리들과 사귀지 않는다면 번영하고 쇠망이 없을 것이다. 일곱째, 수행 승들이여. 미래의 세상에 수행 승려들이 작은 성취를 이루었다고 도중에 열반의 도달을 중지하는 일이 없다면 수행 승려들은 번영하고 쇠망하지 않을 것이다. 수행승들이여. 이 일곱 가지 '쇠망을 막는 법'을 지킨다면 수행 승려들은 번영하고 쇠망이 없을 것이다."

붓다는 계속해 또 따른 일곱 가지 '쇠망을 막는 법'에 대해 설법을 이어갔다.

"수행승들이여, 미래의 세상에 수행 승려들이 믿음이 있고, 부끄러운 마음[慙]이 있고, 부끄러워하고[愧], 박학(博學)하고, 노동에 힘쓰고, 마음 상태가 안정되어 있고, 지혜를 지니고 있다면 수행 승려들은 번영하고 쇠망하지 않을 것이다. 수행 승려들이여, 이 일곱 가지 '쇠망을 막는 법'이 수행 승려들 사이에 존재하고 수행 승려들이 이 일곱 가지 '쇠망을 막는 법'을 지킨다면 수행 승려들은 번영하고 쇠망이 없을 것이다."

이어 붓다는 상가의 쇠망을 막는 수행 방법과 생각 방법을 설명했다.

"마음을 집중해서 깨달음에 이르는 방법을 수행하고, 기쁨이 가득한 깨달음에 이르는 방법을 수행하고, 심신이 가벼워지는 깨달음에 이르는 방법을 수행하고, 정신통일이라는 깨달음에 이르는 방법을 수행하고, 마음의 평정과 안정이라는 깨달음에 이르는 방법을 수행한다면 수행승들은 번영하고 쇠망이 없을 것이다. 또한 무상(無常)하다는 생각을 닦고, 모든 것이 나(아트만)로 이루어진 것이 아니라는 생각을 닦고, 모든 것이 부정(不淨)하다는 생각을 닦고, 모든 것이 혐오스러운 것이라는 생각을 닦고, 모든 것을 버릴 수 있도록 생각을 닦고, 모든 욕정에서 벗어날 수 있도록 생각을 닦고, 사멸(死滅)에 대한 생각을 닦는다면 수행 승려들은 번영하고 쇠망이 없을 것이다."

붓다가 이렇게 상세하게 상가와 수행승려들이 번영하고 쇠망하지 않는 방법을 설하는 장면을 묵묵히 지켜본 아난다에게는 참 진리를 경청했다는 기쁨보다는 불길한 생각이 일어났다. 아무래도 세존께서 이생과의 이별을 준비하는 듯한 예감이 들었기 때문이었다.

아자따삿뚜의 참회

"어쩜 이렇게 사랑스러울 수 있을까!"

라자가하의 왕궁 뜰에 모처럼 화사한 웃음꽃이 만발했다. 빔비사라 왕의 폐위를 둘러싸고 서로를 의심하고 공격했던 친족들이 새로 왕이 된 아자따삿뚜의 아들이 태어난 것을 계기로 모처럼 한자리에 모였다.

"아버지를 닮아 인물이 훤하군요."

부왕을 죽이고 왕위에 올라 패륜을 저질렀다는, 아자따삿뚜의 마음속에 늘 도사리고 있는 죄책감을 아는 측근들은 왕의 묵은 감정을 털어내려는 듯 애써 너스레를 떨었다. 한껏 과장된 말들로 축하하는 사람들 틈에서 한발 물러난 이가 있었다. 웨데히(Vedehī)였다. 누구보다 기뻐해야 할 왕자의 할머니가 시큰둥한 표정으로 손자를 바라보자 아자따삿뚜는 심기가 불편해졌다. 그러나 남편과 비참한 이별을 할 수밖에 없었던 웨데히의 속내를 모르는 바 아니었다.

　'정치는 비정하고 냉혹한 것이다. 어머니는 제대로 이해할 수 없을 것이다. 두 마리의 숫사자가 한 숲을 지배할 수는 없다는 것을.'

　이유야 어찌 되었건 아자따삿뚜는 부왕을 폐위시킨 후 감옥에 유폐시켰고, 그것도 모자라 물과 음식을 주지 않았다. 그런 남편을 살려보겠다고 꿀에 갠 곡물을 몸에 바르고 감옥을 드나들던 어머니 웨데히의 발걸음마저 막고, 마침내 아버지를 찌는 더위 속에서 목마름과 굶주림에 지쳐 죽게 만든 장본인이었다. 자신이 저지른 패륜행을 잘 아는 아자따삿뚜로서는 긴 한숨을 내쉴 수밖에 없었다.

'아, 이 깊은 골을 무엇으로 메워야 하나?'

아자따삿뚜는 왕비의 품에서 칭얼거리는 아이를 건네받았다. 그리고 귀여운 손자를 받아주길, 해맑은 손자의 얼굴에서 지난 일들은 잊어주길 고대하며 어머니 웨데히에게 다가갔다. 웨데히가 선뜻 손자를 받아안지 않자 아자따삿뚜는 짐짓 어색함을 달래려 아이를 얼렀다. 아자따삿뚜가 겸연쩍은 표정으로 말했다.

"어머니, 어쩌면 이렇게 예쁠 수 있을까요?"
"그렇게 보이니? 네 아기가 많이 사랑스럽니?"
"네, 어머니. 이보다 사랑스러운 아이는 이 세상에 없을 거예요."

그것이 다였다. 모자간 오랜만의 대화는 짧게 끝났다. 어색한 침묵이 흘렀다. 답답함을 깨트려보려는 심사로 아자따삿뚜가 다시 말을 꺼냈다.

"어머니, 제가 태어났을 때 아버지도 저처럼 기뻐하셨나요?"

웨데히는 말없이 눈물을 흘렸다. 친족들은 떠들썩한 웃음을 멈췄고 무거운 침묵이 오래도록 궁전을 휘감았다. 눈물을 훔친 웨데히가 애써 웃음을 지었다.

　"네 아버지보다 더 너를 사랑한 사람이 어디 있겠니? 네 엄지
　손가락을 보거라."
　"엄지손가락을요?"
　"그래, 큰 흉터가 있지?"
　"예, 이 흉터는 언제 생겼죠?"
　"네가 태어나고 돌이 되기 전 일이다. 엄지손가락에 큰 종기가
　생겼지. 생손을 앓던 무렵부터 경기(驚氣)를 하며 너는 잠을
　이루지 못했다. 의사란 의사는 다 불렀지만 이 넓은 마가다 국
　에서 까무러치는 너의 울음을 그치게 할 사람은 없었다. 그 울
　음을 그치게 한 사람이 바로 네 아버지셨다. 퉁퉁 부어오른 손
　가락을 네 아버지가 입으로 빨아주자 거짓말처럼 울음을 그
　쳤지…. 울음을 멈추고 방긋거리는 네 모습이 좋아 아버지는
　네 손가락에서 입을 떼지 않고 밤을 새우셨다. 혹여 네가 울까
　싶어 네 아버지는 그 고름을 모두 삼키셨단다."
　"…"

아자따삿뚜는 말을 잇지 못했다. 이내 그의 두 눈에 눈물이 그렁그렁
해졌다. 아자따삿뚜가 한참 후 힘겹게 입을 열었다.

　"어머니, 제가 잘못했습니다."

눈물은 그의 얼굴을 온통 다 적셨다. 눈물을 흘리며 주저앉아 통곡하

는 아들을 늙은 어미 웨데히가 다가가 품에 안았다.

그날 이후 아자따삿뚜는 도저히 잠을 이룰 수 없었다. 눈이 감길 만하면 온몸을 송곳으로 찌르는 통증이 기다렸다는 듯 엄습해왔다. 나날이 신경이 날카로워져 만사에 짜증이 일어났고, 사소한 일에도 분노가 솟구쳤다. 명의 지와까가 백방으로 약을 써보았지만 소용없었다. 결국 지와까도 치료를 포기했다.

"저는 대왕의 병을 고칠 수 없습니다."
"마가다 국 최고의 의사가 치료하지 못한다면 낫지 못할 병이구나."
"대왕의 병을 고칠 수 있는 사람이 단 한 분 계십니다."
"그가 누군가?"
"세존이십니다."

아자따삿뚜는 고개를 돌렸다. 아버지 빔비사라 왕의 더 없는 벗으로서 자신에게도 위협적인 존재였던 붓다였다. 그래서 한때 데와닷따와 모의해 살해하려고 했던 미움의 대상이기도 했다. 일말의 양심이 남아 있다면 그런 붓다를 찾아가 자신의 병을 고쳐달라고 요청할 수는 없는 일이었다. '아, 어떻게 내가 세존을 찾아가 고통을 호소하고 머리를 숙인단 말인가!'

두려운 밤은 어김없이 찾아왔다. 아자따삿뚜는 수많은 미녀들을 모아 술과 노래로 밤을 지새우기도 하고, 용감한 장군들을 불러 정벌 계획을 세우기도 하고, 혹 권신들이 모의를 획책하는 것은 아닌지 염탐꾼을 풀어 정보를 수집하기도 하고, 그것도 지치면 종교지도자들을 불러 대화도 나눠보았지만 마음속 불안과 답답함은 조금도 덜어지지 않았다. 아자따삿뚜의 얼굴에는 나날이 그늘이 짙어갔다. 도톰하던 눈두덩이도 내려앉고 횃불처럼 빛나던 눈동자는 하루가 다르게 생기를 잃어갔다.

그러던 어느 보름날이었다. 정기적인 조례를 위해 화려한 복식을 갖춰 입은 신하들이 장신구를 착용하고 왕의 발아래 머리를 조아렸다. 난간으로 쏟아지는 달빛을 퀭한 눈동자로 바라보던 아자따삿뚜가 넋두리처럼 중얼거렸다.

"오늘 밤은 청명하여 낮과 다름없구나. 이런 날 뭘 하면 이 가슴이 시원해질까?"

그러나 서로 눈치만 살필 뿐 아무도 나서지를 않았다. 처음 듣는 질문도 아니었고, 나름 권해본 일마다 왕의 불쾌함만 더했기 때문이었다. 공연히 나섰다가 도리어 왕의 미움을 살까 다들 두려워하고 있었다. 그때, 앞으로 나서는 사람이 있었다. 지와까였다.

"대왕이여, 오늘 밤은 청명하여 낮과 다름없습니다. 이런 밤은 세존을 찾아뵙기에 더없이 좋은 날입니다."
"세존…."

눈을 감고 한참을 생각에 잠겼던 아자따삿뚜가 입을 열었다.

"세존께서는 지금 어디에 계시는가?"

"저의 망고동산에 계십니다. 세존을 만나보시면 대왕의 답답
한 가슴이 시원해질 것입니다."
"가자, 그대의 망고동산으로."

오백 마리 하얀 코끼리에게 일산과 비단 휘장을 드리워졌다. 상아를
황금으로 장식한 왕의 코끼리에게는 마가다 국의 휘장이 펄럭였다.
왕과 부인들을 태운 코끼리 행렬 주위는 번쩍이는 창으로 무장한 군
사들이 에워쌌고, 검은 말을 탄 수많은 신하들이 왕 뒤를 따랐다. 성
문을 나서자 밝은 달빛에도 숲속은 어두웠다. 아자따삿뚜는 어둠이
두려웠다. 흔들리는 횃불의 물결처럼 그의 마음도 따라 흔들렸다.

"지와까는 선왕의 주치의로 오랜 세월 총애를 받은 신하가 아
닌가? 혹 반역을 꾀한 것일지도 몰라."

생각이 여기에 미치자 아자따삿뚜는 손을 들어 행렬을 멈췄다. 지와
까가 다가왔다.

"무슨 일이십니까?"

아자따삿뚜는 매서운 눈매로 지와까를 노려보았다.

"사실대로 말하라. 감히 날 함정에 빠뜨리려는 것이냐?"
"대왕이여, 제가 어찌 감히 대왕을 속이겠습니까?"

지와까의 진실한 눈빛에 아자따삿뚜는 의심을 거두고 다시 길을 나섰다. 숲은 여전히 어둡고 정적이 감돌았다. 1,250명의 비구는커녕 사슴 한 마리도 살지 않는 죽음의 숲 같았다.

'오랜 벗을 죽이고 자신마저 살해하려 한 나에게 세존이 원한을 품고 있을지도 몰라….'

문득 숲에서 바스락거리는 소리가 들렸다. 왕은 급히 행렬을 멈추고 칼을 뽑아 들었다.

"숲을 뒤져라."

용감한 친위대가 순식간에 숲으로 흩어졌다. 아자따삿뚜는 지와까의 목에 칼날을 겨눴다.

"실토하라. 숲속에 군사와 비구들을 매복시키고 날 유인한 것이지."

지와까는 애원했다.

"대왕이여, 제가 어찌 감히 대왕을 속이겠습니까?"

한참 지난 후 친위대장이 돌아왔다.

"숲속에 매복한 흔적이 없습니다."

아자따삿뚜는 힘없이 칼을 거뒀다. 왕 일행은 다시 앞으로 나갔다. 멀리 동산의 정문이 보였다. 행렬이 멈췄다. 두려움과 의심을 거두지 못한 아자따삿뚜의 마음은 심하게 흔들리고 있었다.

"지와까, 오늘은 그만 돌아가자."

지와까는 왕에게 한걸음 더 다가가 용기를 북돋았다.

"대왕이여, 더 나아가소서. 반드시 행복을 얻고 경사를 맞이할 것입니다."

머뭇거리는 아자따삿뚜를 대신해 지와까가 명령을 내렸다.

"모두 전진하라."

곧 동산 관리인이 달려 나왔다. 코끼리에서 내린 왕은 신하들과 함께 동산으로 들어섰다. 동산은 말끔하고 아담했다. 아자따삿뚜는 지와까의 안내를 받으며 붓다가 머물고 있는 강당으로 향했다. 두 발을 깨끗이 씻고 강당에 올라 사방을 둘러보는 순간, 오랜 시간 몸과 마음을 짓눌렀던 의심과 두려움은 순식간에 사라졌다. 넓은 강당 사자좌에 앉은 붓다는 작은 등잔 빛에도 황금의 산처럼 찬란하고, 주위를 에워싼 1,250명의 비구는 숲의 어둠보다 고요하고 얼굴은 달빛보다 맑았다. 머리털이 곤두설 만큼 거룩하고 아름다운 풍경에 왕은 희열을 주체할 수 없었다. 아자따삿뚜의 입에서 자기도 모르게 탄성이 흘러나왔다.

'아, 우리 왕자도 이처럼 평온하고 지혜로운 눈빛이기를…'

강당에 메아리가 울렸다.

> "높은 하늘에서 떨어진 빗방울, 그 물이 낮은 곳으로 흐르듯,
> 부모는 좋고 유익한 것 있으면 사랑하는 자식을 먼저 떠올리
> 는 법."

붓다의 맑은 목소리에는 한 점 질책도 원망도 묻어 있지 않았다.

> "잘 오셨습니다. 왕이여. 가까이 오십시오."

평온한 얼굴로 맞이하는 붓다에게 아자따삿뚜는 마음속에 담아두었
던 질문을 진솔하게 여쭈었다. 수행자들은 세상에 빌붙어 사는 무익
한 존재들이 아닐까 의심하고 있던 아자따삿뚜에게 붓다가 말했다.

> "왕이여, 나의 가르침에 들어와 부지런히 노력하고, 가르침을
> 마음에 새겨 고요한 곳에서 즐거워하며 방일하지 않는다면
> 그들은 뛰어난 지혜를 얻게 되고 나아가 모든 번민과 고뇌가
> 사라진 지혜를 얻게 됩니다. 왕이여, 나의 가르침을 따르는 이
> 는 현생에 이와 같은 이익을 얻습니다."

손에 잡히지 않는 관념들로 화려한 궁전을 짓고 그 속에 앉아 목소리
를 높이던 다른 수행자들과는 전혀 달랐다. 붓다의 말씀은 지금 이 자

리에서 두 눈으로 확인할 수 있는 지혜들이었다. 아자따삿뚜는 시나브로 공손하게 예의를 갖추고 있었다. 그런 아자따삿뚜에게 붓다는 모든 결과에는 원인이 있고, 또 모든 행위에는 결과가 따른다고 차분하게 일러주었다. 선하고 유익한 결과를 가져오는 마음가짐과 행동을 부지런히 실천하고, 악하고 무익한 결과를 가져오는 행동은 삼가라고 당부했다. 자신의 지난 과오를 거울처럼 비춰주는 말이었다. 아자따삿뚜는 자리에서 일어나 붓다의 두 발에 머리를 조아렸다.

> "세존이시여, 저의 참회를 받아주소서. 선왕께선 독단과 편견 없이 나라를 다스린 성군이셨습니다. 그런 아버지를 다른 사람도 아닌 제가 욕심에 눈이 멀어 죽음으로 내몰았습니다. 세존이시여, 어리석고 철없던 저의 잘못을 용서하소서."
> "그대는 진정 어리석고 철이 없었습니다."

붓다는 눈길을 거두고 먼 허공을 바라봤다. 가물거리는 촛불 아래에서 아자따삿뚜는 흐느꼈다. 그의 흐느낌이 잦아들 무렵 붓다가 다시 따뜻한 음성으로 말했다.

> "잘못을 잘못인 줄 알고 뉘우치는 이는 현명한 사람입니다. 그런 사람은 스스로 이익을 얻고 편안할 것입니다. 왕이여, 그대의 잘못을 용서합니다."

눈물로 참회하는 아자따삿뚜에게 붓다는 가르침을 베풀어 그를 이롭게 하고 기쁘게 했다. 보름달이 하늘 꼭대기에 다다를 무렵 아자따삿뚜는 무릎을 꿇고 합장했다.

"세존이시여, 저는 지금 거룩한 세존께, 거룩한 세존의 가르
침에, 거룩한 세존의 상가에 귀의합니다. 저 아자따삿뚜가 바
른 가르침으로 살아가는 우바새가 되도록 허락하소서. 지금
부터 목숨이 다하는 그날까지 살생하지 않고, 도둑질하지 않
고, 삿된 음행을 하지 않고, 거짓말하지 않고, 술을 마시지 않
겠습니다."

붓다는 부드러운 미소로 허락했다. 붓다의 제자로 다시 태어난 아자
따삿뚜는 이후 교단을 보호하고 지원하는 일에 노력을 아끼지 않았
다. 또한 국가의 대사를 결정할 때면 항상 붓다의 자문을 구했다. 선
정을 베풀며 법도에 따라 국정을 수행한 아자따삿뚜는 마가다 국을
더 강한 나라로 성장시킬 수 있었다.

사끼야 족의 멸망

붓다가 깨달음을 이룬 첫해, 와라나시 사슴동산에 머물 때 마하 꼬살라의 뒤를 이어 왕위에 등극한 꼬살라 국의 빠세나디가 까삘라왓투에 사신을 보내 공주와의 청혼을 요청한 적이 있었다. 청혼 요청에 응하지 않으면 군사를 동원하겠다고 위협까지 하자 사끼야 족들은 곤경에 빠졌다. 순수 혈통을 유지하려면 왕족을 보낼 수 없고, 청혼을 거절하면 빠세나디의 보복이 두려웠기 때문이었다.

이때 숫도다나를 대리해 까삘라왓투를 실질적으로 통치하고 있었던 마하나마(Mahānāma) 왕에게는 여종과의 사이에서 난 딸 와사바깟띠아(Vāsabhakhattiyā)가 있었는데, 마하나마 왕은 그녀를 아름답게 단장시켜 빠세나디 왕에게 시집보냈다.

와사바깟띠아는 곧 임신을 해서 사내아이를 낳았는데, 이름을 위두다바(Vidūdabha)라고 했다. 아이는 얼굴이 단정하고 매우 총명했다. 위두다바는 여덟 살 때 무술을 연마하기 위해 외가인 까삘라왓투로 갔다. 그때 까삘라왓투에서는 붓다께서 설법할 강당을 짓고 있었다. 아직 철부지였던 위두다바는 시종들과 함께 강당에 들어가 붓다가 설법을 할 높은 사자좌에 앉아 놀고 있었다. 이 광경을 본 사끼야 족 사람들이 놀라 화를 내며 '종년의 자식이라 버르장머리가 없다.'며 수근거렸다. 이 말을 들은 위두다바는 자신의 출생의 비밀을 알고는 어린 나이에도 큰 충격을 받았다. 더욱이 종년의 자식이라며 모욕을 당한 것이 그의 가슴 깊은 곳에 분노를 심어놓았다. 이때 위두다바는 언젠가 반드시 사끼야 족에 대해 복수하리라 다짐했다.

세월이 흘러 붓다가 깨달음을 얻은 후 41년 되던 해, 아버지 빠세나디 왕을 내쫓고 왕이 된 위두다바는 예전의 수모를 잊지 않고 곧바로 사끼야 족을 괴멸시키기 위한 전쟁을 일으켰다. 이 소식은 곧 붓다에게도 전해졌다. 붓다는 위두다바의 군대가 까삘라왓투로 가는 국경 근처의 큰 신작로 옆, 앙상한 가지만 남아 있는 나무 밑에 미리 와서 앉아 있었다.

군대를 이끌고 까삘라왓투로 향하던 위두다바 왕이 붓다를 발견하고는 말에서 내려 예를 갖추고 여쭈었다.

"세존이시여, 그늘이 좋은 잎이 무성한 나무도 있는데 어찌하여 햇볕이 쨍쨍 내리쬐는 앙상한 나무 밑에 앉아 계십니까?"
"왕이여, 친족의 그늘이 없는 사람은 이처럼 앙상한 나무에 앉아 있는 것과 같습니다."

위두다바는 80이 다 되어가는 노스승이 그늘이 성근 뙤약볕에 앉아서 자신의 간절한 심정을 보여주고 있음을 알고, 훗날을 기약하며 군사를 되돌렸다. 하지만 복수심에 불타던 왕은 얼마 후 다시 군대를 이끌고 나섰다. 그러나 역시 붓다가 같은 장소에서 앉아 있었기 때문에 이번에도 할 수 없이 군사를 되돌릴 수밖에 없었다. 그러나 위두다바 왕이 세 번째 군사를 일으켰을 때 붓다는 '업보란 하늘로 옮길 수도, 쇠 그물로 덮을 수도 없다.'고 탄식하며 그 자리에 나타나지 않았다.

붓다가 나타나지 않자 위두다바 왕은 그대로 군사를 몰아 까삘라왓투를 공격했다. 수많은 사끼야 사람들이 꼬살라의 군사들이 몰고 온 코끼리에 밟혀 죽었다. 참극을 보다 못한 사끼야 족의 왕 마하나마가 위두다바를 찾아가 자신이 연못에 들어가 있는 동안만이라도 살육을 멈춰달라고 애원했다. 외할아버지 마하나마 왕의 애원을 위두다바도 수락하지 않을 수 없었다.

마하나마 왕은 연못 속에 들어가서 스스로 나무뿌리에 자신의 머리를 묶고 떠오르지 못하게 했다. 살육이 멈춰진 시간 동안에 한 사람이라도 이곳을 탈출하도록 하기 위한 왕의 백성에 대한 마지막 연민심이었다. 그 사이에 수많은 사끼야 족들이 도망쳐 목숨을 건질 수 있었다.

까삘라왓투를 멸망시키고 사왓티로 돌아가던 위두다바 왕은 니그로다 정원을 지나던 중, 도망친 사끼야 족 여자들을 목격했다. 왕은 술에 취해 그 중 한 여인을 희롱하다가 반항하자 화가 나 주위에 숨어 있던 다른 여자들까지 찾아내 모조리 죽였다.

눈에 띠는 사끼야 족을 무참하게 몰살시킨 위두다바 왕은 오랜 원한을 갚았다며 의기양양해서 궁으로 돌아왔다.

궁에 도착해 보니 제따 왕자가 유흥을 즐기고 있었다. 위두다바 왕이 왜 전쟁에 나가지 않았느냐고 꾸짖자 왕자는 차마 사람을 죽일 수 없어서 나가지 않았다고 대답했다. 화가 난 위두다바는 그 자리에서 칼을 뽑아 단숨에 제따 왕자를 베고 말았다.

붓다는 위두다바의 군대가 돌아간 후 사끼야 족 처녀들이 살해당한 니그로다 숲에 가서 죽은 사끼야 족을 위로하는 인과법문을 설법하고 슬퍼하는 제자들에게 이렇게 말했다.

"이곳은 내가 법을 설하던 곳이었으나 이제 텅 빈 폐허가 되고 말았구나. 나는 다시는 이곳에 오지 않을 것이다. 사람들은 복수를 복수로써 갚으려고 하고 있다. 그러나 복수는 새로운 증오를 낳을 뿐, 결코 바람직한 것이 아니다. 더 크고 더 힘이 있는, 자비와 복수를 하나로 묶어낼 그 무엇이 있다. 비구들이여, 앞으로 이레 안에 위두다바와 그를 따르는 군사들은 모두 살생의 과보를 받게 될 것이다."

붓다의 예언대로 위두다바는 군사들과 시녀들을 데리고 아띨라 강변에서 승리를 자축하는 연회를 베풀었다. 그런데 연회가 한창 진행되던 중, 갑자기 많은 개미떼가 몰려왔다. 할 수 없이 연회장을 강가 가까이로 옮겼는데 그때 엄청난 양의 폭우가 쏟아져 내렸다.

왕과 군사들은 급작스레 불어난 물에 휩쓸려 떼죽음을 당하고 말았다. 사끼야 족을 괴멸하고 돌아온 지 불과 이레만의 일이었다. 이것은 살육을 저지른 죄과에 따른 피할 수 없는 과보였다. 이때가 붓다 성도 42년째의 일이다.

화살보다 더 빠른 것

붓다가 사왓티의 기원정사에서 머물던 어느 날이었다. 붓다가 주위에 있는 비구들에게 이렇게 말했다.

"비구들이여, 궁술의 달인 네 사람이 있었다. 그때 한 남자가 그들에게 말했다. '당신 네 사람이 힘껏 동서남북을 향해 각자 활을 당긴다면 나는 그 화살을 모두 잡아내겠다.' 비구들이여, 이렇게 호언하는 사람이 있다면 그대들은 그건 거짓말이라고 생각할 것이다. 하지만 만약 그게 가능하다면 그 남자는 사람의 능력을 넘어선 빛보다 빠른 사람이 분명하다. 그대들은 어떻게 생각하는가?"

제자들이 대답했다.

"그렇습니다. 세존이시여. 그는 빛보다 더 빠른 사람이 분명합니다. 설사 한 사람의 궁사가 쏜 화살을 잡기만 해도 그럴 것인데, 네 사람이 동시에 쏜 화살을 잡아낸다면 그는 빛보다 빠른 사람이 분명합니다."

붓다가 잠시 침묵하다가 다시 말했다.

"비구들이여, 그런데 그 남자보다 더 빠른 것이 있다. 그것은 무엇인가? 해와 달이 움직이는 속도다. 해와 달이 움직이는 속도는 그 남자보다 훨씬 더 빠르다. 그런데 그보다 더 빠른 것이 있다. 그것은 무엇인가? 사람의 수명이다. 사람의 수명이 변해가는 속도는 해와 달이 변해가는 속도보다 훨씬 빠르다. 이렇게 사유하여 숙고한 사람만이 인생을 헛되이 허비하지 않는다."

제자들은 화살의 비유를 기쁘게 받아들였다. 하루가 다르게 기력이 쇠하여가는 스승의 제자들을 향한 간절한 마음이 담긴 법문이었기에 소리 없이 눈물을 흘리는 비구들도 적지 않았다.

온몸에 털이 솟구치는…

79세 되던 해, 붓다는 웨살리의 마하와나 수도원 꿋따가라 살라 2층에 머물고 있었다. 그때 릿차위 족의 왕자 수낙깟따(sunakkhatta)가 신통력을 탐탁지 않게 여기고, 사물의 시초에 대해서는 함구하는 붓다를 비난하며 붓다의 상가를 떠났다. 그리고 나체수행자 꼬락깟띠야(korakkhattiya)의 제자가 되어 웨살리의 수행자들을 향해 거세게 붓다를 비난했다.

> "수행자 고따마는 인간의 영역을 뛰어넘지 못했고 지극한 탁
> 월함도 없다. 단지 사유를 조작하여 즉흥적으로 말재주에 따
> 라 담마를 설할 뿐이다."

마침 사리뿟따가 웨살리 시내로 탁발을 갔다가 수낙깟따가 붓다를 비난한다는 소문을 들었다. 탁발에서 돌아온 사리뿟따가 수낙깟따가 세존을 비난하고 다닌다는 소문을 전하자 붓다가 말했다.

> "사리뿟따, 어리석은 수낙깟따는 나에 관해 전혀 알지 못한
> 다. 나의 정신적인 능력은 하나에서 여럿이 되며, 여럿에서 하
> 나가 된다. 나타나기도 하고 사라지기도 하고 자유로운 공간
> 처럼 집착 없이 담을 통과하고 성벽을 통과하고 공중에서 물

속에서 땅속을 드나든다. 사리뿟따, 나는 청정하여 인간을 뛰어넘는 하늘 귀로 멀고 가까운 신들과 인간의 소리를 다 듣는다. 또 나에게는 열 가지 힘이 있는데, 그것은 무엇인가? 첫째, 나는 이 세상에서 조건을 갖춘 경우와 조건을 갖추지 못한 경우를 여실히 안다. 둘째, 나는 이 세상에서 과거·미래·현재의 업보에 관해 가능성과 조건을 통찰하여 그 과보를 안다. 셋째, 나는 이 세상에서 모든 운명으로 인도하는 길에 관해 안다. 넷째, 나는 이 세상에서 많은 세계로 구성된 다양한 세계에 관해서 안다. 다섯째 나는 이 세상에서 다른 중생들의 여러 가지 경향에 관해서 안다. 여섯째, 나는 이 세상에서 중생들의 능력이 높고 낮음에 관해서 안다. 일곱째, 나는 이 세상에서 명상·해탈·사마디·성취에 대한 오염과 청정과 벗어남에 대해서 안다. 여덟째, 나는 이 세상에서 여러 가지 삶의 형태를 기억한다. 예를 들어 한 번 태어나고 두 번 태어나고 세 번 태어나고 내지 열 번 태어나고 백 번 태어나고 천 번 태어나고 수많은 세계가 파괴되고 수많은 세계가 생성되면서 당시 나는 어떤 용모를 지녔고 어떤 괴로움과 즐거움을 맛보고 어떤 목숨을 지녔으며, 그곳에서 죽은 뒤 다시 태어나는 전생의 삶의 시간과 모습을 낱낱이 기억한다. 아홉째, 나는 이 세상에서 인간을 뛰어넘는 하늘의 눈으로 중생들을 관찰하여, 죽거나 다시 태어나거나, 천하거나 귀하거나, 아름답거나 추하거나, 행복하거나 불행하거나, 업보에 따라 등장하는 중생들에 관하여 분명하게 안다. 중생들에게는 다섯 갈래의 운명이 있다. 다섯 갈래란 지옥·축생·아귀·인간·천상이다. 나는 지옥과 지옥에 이르는 길을 알며, 그 행로를 따라 몸이 파괴되고 죽은 뒤에 고통스러운 곳, 나쁜 곳, 타락한 곳, 지옥에 태어난다는 것을 여실히 안다. 축생과 축생에 이르는 길, 아귀와 아귀에 이르는 길, 인간과 인간에 이르는 길, 천상과 천상에 이르는 길을 여실히 안다. 열째, 나는 닙바나(열반)와 닙바나에 이르는 길을 여실히 알며, 그 길을 따라 번뇌를 깨뜨려 마음의 불순물이 다한 목샤(Moksha, 열반)를 지금 여기에서 여실히 안다. 나는 이와 같이 알고 이와 같이 본다. 그런데 나에 관해 '수행자 고따마는 인간의 영역을 뛰어넘지 못했다.'고 말한다면, 그는 무거운 과보로 인해 던져지듯 지옥에 떨어질 것이다."

붓다가 계속해서 말했다.

"만일 여기에 숯불구덩이가 있다고 하자. 어떤 사람이 오로지 숯불구덩이를 바라보고 살아왔다면 그 사람은 그와 같이 생각하고 실천하고 길을 걸었으므로 사후에 숯불구덩이에 떨어질 것이다. 만일 여기에 똥구덩이가 있다고 하자. 어떤 사람이 오로지 똥구덩이만 바라보고 살아왔다면 그 사람 역시 그와 같이 생각하고 실천하고 길을 걸었으므로 사후에 똥구덩이에 떨어질 것이다. 만일 이층누각에 안락의자, 긴 털의 흑모 양탄자, 긴 털의 백모 양탄자가 있다고 하자. 어떤 사람이 오로지 그 누각만을 애지중지하고 살아왔다면 그 사람 역시 그와 같이 생각하고 실천하고 길을 걸었으므로 반드시 누각으로 다시 올 것이다."

붓다가 사리뿟다를 바라보고 다시 말을 이어갔다.

"사리뿟따, 나의 고통스러운 삶은 이와 같았다. 나는 발가벗
고, 편의를 거부하고, 손가락을 빨고, 오라는 초대를 거부하고,
제공된 음식을 거부하고, 할당된 음식을 거부하고, 옹기에서
떠주는 것을 받지 않고, 문지방을 넘어가 받지 않고, 임산부에
게 받지 않고, 젖먹이는 여자에게 받지 않고, 모여 있는 곳에
서 받지 않고, 물고기를 받지 않고, 고기를 받지 않고, 곡주를
받지 않고, 과일주를 받지 않고, 발효된 차를 마시지 않았다.
나는 한 끼를 위해 한 집에 머물렀고, 두 끼를 위해 두 집에 머
물렀고, 일곱 끼를 위해 일곱 집에 머물렀다. 나는 하루 한 번
식사했고, 사흘에 한 번 식사했고, 나흘에 한 번 식사했고, 점
점 보름에 한 번 식사를 했다. 오로지 야채만 먹거나, 쌀겨만
먹거나, 풀만 먹거나, 쇠똥만을 먹었다. 또한 나는 숲속의 나무
뿌리나 열매를 먹고, 시체에 덮인 옷을 입고, 누더기 옷을 입
고, 띠리따(Tirīta) 나무의 껍질로 만든 옷을 입었다. 그리고 나
는 머리카락과 수염을 뽑는 고행을 했다. 나는 앉지 않고 계속
서 있었다. 나는 못이 박힌 침대를 잠자리로 사용했다. 사리뿟
따, 나의 구차한 삶은 이와 같았다. 몇 년 동안 먼지와 때가 몸
에 쌓여 피부이끼가 생겨났다. 마치 띤두까(Tindukā) 나무의
그루터기가 수년간 지나면서 피부이끼가 생겨난 것처럼, 내
몸에도 피부이끼가 생겼다. 나의 인욕하는 삶은 이와 같았다.
나는 나아가고 물러섬을 깊이 새기고 한 방울의 물에도 나의
연민을 실어 '길 위의 틈새에 사는 작은 생명체라도 다치지 않

기를' 하고 기원했다. 나의 외로운 삶은 이와 같았다. 나는 한 림처에 들어가서 소치는 사람이나 나물 캐는 사람이나 땔감을 줍는 사람이나 나무꾼을 보면, 숲에서 숲으로, 밀림에서 밀림으로, 계곡에서 계곡으로, 고지에서 고지로 그들을 피했다. 마치 사슴이 인간을 피하듯이, 그들을 만나지 않기 위해서였다. 나는 외양간에 소가 떠나고 소치는 목자가 떠나면 그것에 사지를 구부리고 들어가 젖을 빠는 어린 송아지의 똥을 먹었다. 나아가 나는 내 똥과 오줌을 먹었다. 사리뿟따, 내가 먹은 부정한 음식은 이와 같았다. 나는 죽은 자의 뼈를 베개 삼아 무덤가에 침대를 만들었다. 소치는 아이들이 다가와 침을 뱉고, 오줌을 싸고, 오물을 던지고, 내 귀에 막대기를 넣었다. 어떤 수행자는 청정은 음식에서 온다고 말하며 꼴라(cola)열매를 먹고, 꼴라열매의 즙을 마시고, 꼴라열매의 혼합음료를 복용했다. 나 역시 꼴라열매를 먹었다. 하루 한 개의 꼴라열매를 먹자 나의 몸은 극도로 쇠약해졌다. 나의 사지는 대나무 줄기의 옹이처럼 되었고, 나의 엉덩이는 낙타의 발과 같고, 갈빗대는 지붕 없는 서까래와 흡사했다. 눈빛은 눈구덩이가 가라앉아 깊은 우물 속의 물빛 같았다. 창자가 등에 붙어 창자를 만지면 등뼈가 만져지고 등뼈를 만지면 창자가 만져졌다. 그것은 최상의 고행이었다."

고행시절 겪었던 극심한 고통을 상세히 설명한 붓다는 잠시 숨을 돌린 후 다시 말을 이어나갔다.

"사리뿟따, 이제 나는 늙고 병들어 인생의 마지막에 이르렀다. 내 나이 팔십에 가까워졌지만 아직 나의 총명은 쇠퇴하지 않았다. 나의 총명한 제자들 역시 마치 잘 훈련되고 실천되고 숙련된 궁수가 가볍게 활을 쏘듯이, 알아차림과 보존과 상가의 총명한 지혜를 갖추고 있다. 그들은 나에게 네 가지 새김(알아차림)의 토대(사념처)에 대해 묻고 또 물으면 나는 대답하고 또 대답할 것이다. 내가 해설하면 그들은 기억할 것이다. 음식을 먹을 때나 대소변을 볼 때나, 거듭 나에게 물을 것이다. 그래도 나의 진리에 대한 가르침은 다함이 없고, 가르침의 언어도 다함이 없고, 대답도 다함이 없을 것이다."

그때 비구 나가싸말라(Nāgasamāla)가 붓다의 등 뒤에서 부채를 부치면서 이렇게 말했다.

"세존이시여, 놀라운 일입니다. 이 법문을 들으니 온몸에 털이 솟구칩니다. 이 법문의 제목을 무엇이라고 하겠습니까?"
"나가싸말라, 이 법문을 '온몸에 털이 솟구치는 법문'으로 기억하라."

붓다가 대답했다. 사리뿟따 장로는 온몸에 털이 솟구치는 법문을 마음 깊이 기억했다.

옛 스승 박가와를 만나다

붓다가 말라 족의 아누삐아 촌에 머물고 있었다. 이른 아침 탁발을 마치고 돌아오던 붓다는 근처에 살고 있던 편력 수행자 박가와를 기억하고 그곳을 찾았다. 박가와는 고행수행의 대가로, 붓다가 처음 출가했을 때, 나름의 가르침을 주었던 고행의 스승이었다. 박가와는 붓다를 반갑게 맞이하며 말했다.

"잘 오셨습니다. 존자여. 참으로 오래간만입니다. 여기에 앉으십시오."

붓다는 그의 권고대로 의자에 앉았다. 박가와는 한 단계 낮은 둥근 의자에 앉은 뒤 화제를 꺼냈다.

"존자여, 항간에 들리는 소문에 의하면 얼마 전에 릿차위 족의 왕자 수낙깟따라는 사람이 존자의 상가를 떠나면서 존자를 스승으로 삼지 않겠다고 비난했다던데 그 말이 사실인지요?"
"그렇습니다. 선생님, 수낙깟따가 말한 그대로입니다. 그때 나는 이렇게 말했습니다. '수낙깟따, 내가 너에게 나의 제자로서 곁에 있어달라고 부탁한 적이 있었던가?' 나의 물음에 그는 '그런 말은 하지 않았다.'고 대답했습니다. 그래서 나는 다시 '그대의 불만은 무엇인가?' 물었습니다. 그랬더니 수낙깟따는 이렇게 말했습니다. '왜 세존은 다른 종교지도자들처럼 초능력을 보여주지 않는 것입니까? 그게 불만입니다.'라고. 그래서 나는 다시 그에게 물었습니다. '수낙깟따, 내가 너에게 초능력을 보여줄 테니 나를 스승으로 섬기라고 말한 적이 있던가?' 그러자 그는 '그런 약속은 없었다.'고 대답했습니다. 그래서 나는 이렇게 훈계했습니다. '어리석은 수낙깟따, 나는 초능력을 행사하는 사람이 아니라 그대에게 진리를 가르쳐주는 스승이다. 나는 네 안에 뒤틀린 악을 근절시키는 것이 목적이지, 기적을 뽐내는 것이 목적이 아니다.' 그랬더니 그는 이렇게 반복했습니다. '세존의 말씀대로 초능력이 아니라 진리를 가르친다면 왜 세상의 시초에 대해서는 한마디도 언급하지 않는 것입니까?' 이렇게 묻기에 나는 다시 되물었습니다. '수낙깟따, 세상의 시초를 아는 것이 네 안에 뒤틀린 악을 근절시키는 목적하고 무슨 상관이 있는가?' 그러나 그는 끝까지 그것이 진리의 근본 바탕이라고 주장했습니다. 그래서 나는 '세상의 시초를 아는 것과 악을 근절시키고 바른 진리를 깨닫는 것은 전혀 상관이 없다.'고 간곡히 충고했지만 그는 '세상의 시초에 근본 의미가 있다.'고 말하며 내 곁을 떠나간 것입니다. 이것이 수낙깟따에 대한 소문의 진상입니다."

자초지종을 듣고 난 박가와는 붓다의 깊은 지혜와 통찰력에 놀라며 마음속으로 존경심을 품었다. '이분은 교세를 넓히기 위해 기적과 신

통을 사용하는 사이비 지도자가 아니구나!'라고 확신했던 것이다. 붓
다는 박가와에게 작별인사를 하고 그곳을 떠났다.

8

—

모든 것은
사라진다

양모 고따미와의 이별

붓다의 나이가 80에 이르면서 그가 가장 사랑했던 사람들과의 이별이 하나둘씩 찾아왔다. 붓다가 태어나자마자 세상을 뜬 어머니를 대신해 양어머니가 되어 자신을 양육해주었으며, 여인의 출가를 관철시키고, 최초의 비구니가 되었던 고따미가 세연(世緣)이 다해 죽을 때가 가까워지자 웨살리에 머물고 있던 붓다를 찾아왔다. 그때 고따미는 웨살리의 한 수행처에서 여러 비구니들과 함께 수행을 하고 있었다. 어느 날 고따미는 '이 안거가 끝나면 붓다께서 쿠시나라로 가시는데 아무래도 열반에 드실 것 같다.'는 말을 전해 듣게 되었다. 고따미는 이 말을 듣고는 지체 없이 웨살리에 머물고 있던 붓다를 찾아갔다. 붓다를 만난 고따미는 늙고 쇠약해진 몸을 가까스로 지탱하며 예배한 후에 말했다.

> "세존이시여, 제게 청이 하나 있습니다."
> "그렇습니까? 어떤 청인지 들려주십시오."
> "세존이시여, 원컨대 이제부터는 비구니가 비구니를 위해 계를 설할 수 있도록 허락해주십시오."
> "그렇게 하도록 하십시오. 앞으로는 비구니가 비구니를 위해 계를 설하는 것을 허락하겠습니다. 다만 이전에 설해진 계에서 벗어남이 없도록 해야 할 것입니다."

"그렇게 하겠습니다. 세존이시여."

붓다의 흔쾌한 허락에 감격한 고따미가 고개 숙여 고마움을 표했다. 그러나 그의 얼굴에는 쓸쓸한 기운이 드리워져 있었다.

"세존이시여, 아무래도 저는 다시는 세존의 얼굴을 뵙지 못할 것 같습니다."

붓다는 고따미가 곧 열반에 들게 될 것임을 직감했다. 붓다 역시 슬픈 눈길을 감추지 못했다. 붓다의 표정을 살핀 고따미가 최대한의 예의를 표하며 말했다.

"세존이시여, 당신께서 진정한 행복으로 가는 길이라고 알려 주신 그 가르침을 따라 저는 출가하였고, 마침내 정신적으로 새롭게 태어날 수 있었습니다. 저의 내면에서 세존께서 일러 주신 교리가 성장했고, 제 스스로 진리라는 우유를 마시며 마침내 완성자로 성장할 수 있었습니다. 위대한 스승, 세존의 가르침으로 인해 저는 거칠고 힘든 큰 바다를 건넜습니다. 그리고 무엇보다도 당신으로 인해 저는 붓다의 어머니로 세상에 알려지는, 더 없이 큰 영광을 얻었습니다. 나의 자랑스러운 아들이자 위대한 스승이신 세존이시여. 고맙습니다. 덕분에 행복했습니다."

장로니 고따미는 이어 게송으로 자신의 심경을 드러냈다.

나를 괴로움에서 벗어나게 하고,

그리고 다른 많은 사람들을 구제한

깨달은 님이시여, 영웅이시여,

일체중생의 최상자이시여, 귀의하나이다.

일체의 괴로움은 완전히 알려졌고

원인인 갈애는 말라버렸고,

고귀한 여덟 가지 길은 닦여졌고,

적멸은 나에게 실현되었습니다.

예전에 나는 어머니이자

자식이자 형제이자 자매였으나,

있는 그대로를 알지 못하며,

죄를 씻지 못하고 윤회해왔습니다.

저 세존을 내가 친견했으니,

이것이 최후의 몸으로,

태어남으로 인한 윤회는 부수어졌으니,

이제 다시는 윤회하지 않습니다.

붓다는 자신의 양모이자 첫 비구니 제자이기도 한 고따미를 그윽한
눈길로 바라보고 있었다. 어느덧 수명이 다한 그녀, 태어난 지 7일 만
에 생모와 사별한 자신에게 젖을 물리며 지극한 사랑으로 키워주었
던 어머니, 그런 어머니를 더는 이생에서 볼 수 없게 된다는 사실에,

슬픔이 자연스럽게 일어나고 있었다. 그러나 이미 생로병사 우비고뇌에서 자유로운 붓다이기에 그의 표정에서 어떤 변화를 읽어내기는 어려운 일이었다. 오직 젖을 물려 키워준 양모의 눈에만 슬픔을 억누르고 있는 스승의 슬픔이 목도될 뿐이었다. 붓다는 아무 말도 하지 않은 채 오로지 눈빛으로, 마음과 마음으로 양어머니와의 이별을 맞이하고 있었다. 다시 몸과 마음을 추스른 고따미가 힘들게 입을 열었다.

> "세존이시여, 모든 번뇌를 소멸시켜준 고마운 스승이시여. 이
> 제 저는 곧 이생을 마치고자 합니다. 부디 제가 이 늙은 몸을
> 버리고 죽을 수 있도록 허락하여주십시오. 이것이 저의 마지
> 막 청입니다."

붓다는 연민 가득한 눈빛으로 양모의 열반을 허락했다. 침묵으로 열반을 허락하는 붓다의 눈빛은 어쩔 수 없이 슬픈 빛을 띠고 있었다. 붓다와 마지막 작별을 나눈 고따미는 비구니의 처소로 돌아온 지 얼마 되지 않아 비구니 제자들이 지켜보는 가운데 열반에 들었다. 함께 수행하던 다른 여러 비구니들도 고따미의 열반에 맞춰 함께 열반에 들었다.

고따미 등 비구니 장로들의 열반 소식을 전해들은 붓다는 아난다에게 장례를 준비시켰다. 아난다는 장례에 필요한 평상과 기름과 꽃과 향과 수레를 마련했다. 그리고 장례 절차에 밝은 신자들과 함께 열반에 든 비구니들의 법구(시신)를 수습했다. 다만 장로 고따미의 법구는 붓다의 요청에 따라 붓다가 직접 수습했다. 붓다에 의해 수습된 고따미의 법구를 아난다, 라훌라를 비롯한 비구들이 조심스럽게 평

상으로 옮겼다. 붓다는 직접 고따미의 법구를 얹은 평상의 한쪽 다리를 들고 교외의 화장터로 향했다. 제자들이 나서 "세존께서 직접 법구를 이운하는 것을 민망한 일"이라며 말렸지만 붓다는 제자들의 요청을 정중하게 물리쳤다.

> "아니다. 비구들이여, 나를 말리지 말라. 고따미 장로니의 법구를 운구하는 것에 나도 함께 할 것이다. 부모가 자식을 낳아 젖을 먹이고 안아주고 길러준 은혜는 매우 큰 것이다. 설사 붓다라고 할지라도 그 은혜를 갚지 않으면 안 된다."

노구에도 불구하고 고따미의 법구가 놓인 평상을 들고 화장장에 도착한 붓다는 앞서 열반한 비구니들과 사미니(예비 비구니)의 시신에 공양을 올린 뒤 화장의식을 진행하도록 재가자들에게 당부했다. 이어 붓다는 고따미의 법구 위에 직접 꽃과 향을 뿌린 후 게송을 읊었다.

> 일체의 현상은 덧없는 것,
> 한번 나면 반드시 다함이 있네.
> 태어나지 않으면 죽지 않는 것이니,
> 이 열반이야말로 가장 큰 즐거움이네.

붓다가 게송을 마치자 장례 절차를 진행하는 웨살리의 재가자들이 시신을 떠받치고 있던 찬다나 섶나무에 불을 붙였고, 이내 불길이 맹렬하게 솟아오르며 화장의식이 시작됐다. 붓다는 치솟는 불길을 바라보며 양모의 은혜를 떠올렸다. 붓다의 눈가에는 연기 때문인지, 슬품 때문인지 모를 물기가 젖어 있는 듯했다. 화장이 끝나자 의식을 진행한 사람들은 고따미와 다른 비구니들의 사리를 거두었다. 앞으로 그곳에 탑을 세우고, 지극한 공양을 올리기 위해서였다.

야소다라와 마지막 인사

붓다가 가장, 아니 유일하게 사랑했던 여인, 야소다라. 그녀는 붓다로부터 직접 비구니계를 받지는 않았지만 붓다의 최초 비구니 제자인 고따미의 제자가 되어 비구니가 되었다. 고따미가 웨살리에서 첫 비구니가 된 이후 까삘라왓투의 니그로다 동산에 수행처를 마련하고 정진하고 있을 때 야소다라가 고따미를 찾아와 출가를 허락받고 비구니가 된 것이었다.

이후 조용하게 정진하던 야소다라가 78세가 되던 해, 붓다를 찾아왔다. 그때 붓다의 나이는 80세였다. 사랑하는 남편이었고, 눈에 넣어도 아프지 않을 아들 라훌라의 아버지이며, 상가의 최고 지도자인 붓다를 찾아온 야소다라는 그날 밤 자신이 입적에 들 것이라는 사실을 알렸다. 그러나 야소다라는 다른 제자들처럼 붓다에게 열반에 들수 있도록 허락해달라는 요청을 하지 않았다. 그녀는 그만큼 독립적이었다. 비구니가 된 뒤에도 야소다라의 독립적이고 진취적인 성정은 그대로 남아 있었던 것이다. 그녀가 붓다에게 말했다.

"세존이시여, 저는 세존에게 직접 출가하지 않았습니다. 세존으로부터 계를 받지도 않았습니다. 저는 제 자신에게 귀의했습니다. 그리고 세존께서 가르쳐주신 가르침에 귀의했습니다."

붓다는 부쩍 기력이 쇠해진 야소다라를 바라보며 한없는 연민을 느꼈다. 출가 전, 아니 출가 후에도 자신이 가장 사랑했던 여인, 세상에서 하나뿐인 혈육 라홀라를 낳아준 여인, 기꺼이 자신의 출가를 허락해주었고, 수행자의 삶을 살아가도록 정신적 자양분을 제공해주었으며, 마침내 자신도 출가하여 불사(不死)의 경지를 이룬 위대한 여인 야소다라를 바라보는 붓다의 눈에는 사랑과 연민과 존경이 교차했다. 야소다라가 힘을 모아 말했다.

> "고맙습니다. 고마웠습니다. 세존이시여. 당신과의 인연, 당신과 나눈 사랑, 그리고 함께했던 세월들 어느 것 하나 소중하지 않은 것이 없습니다. 이 모두가 당신 덕분입니다. 무엇보다도 저는 당신께서 제시해 준 위대한 가르침으로 인해 후회 없는 삶을 살아갈 수 있었습니다. 그리고 마침내 불사의 길을 얻었습니다. 세존이시여, 사랑합니다. 그동안 고마웠습니다."

라훌라, 붓다보다 먼저 입멸하다

양모 고따미, 아내 야소다라와 이별을 한 붓다의 마음은 착잡했다. 생사의 굴레를 벗어나 열반락을 누리고 있을 것이었지만, 막상 존재가 사라진 것이 가져다주는 공허함과 허전함은 어쩔 수 없는 것이었다. 이제 그에게 혈육은 아들 라훌라가 유일했다. 큰 상가를 이끄는 붓다는 별도로 아들 라훌라에게 시간을 내어 애정을 쏟지는 않았지만, 이따금씩 기회가 있을 때면 눈물겨운 부정을 담아 아들을 교육하곤 했다. 17살 때 아버지이자 스승인 붓다로부터 따끔한 가르침을 받기도 했던 라훌라는 이후 완전하게 달라진 태도로 수행에 전념해 3년 후인 20살 무렵 최고의 깨달음의 경지에 오를 수 있었다.

특히 라훌라는 선행을 해도 선행을 했다는 생각을 일으키지 않았다. 자기 자신도 어떤 선행을 했는지 모를 정도로 선행을 한다는 생각을 아예 일으키지 않았다. 그는 가장 먼저 일어나서 승원을 청소하고 선정에 들었다. 어느 날, 라훌라가 승원 청소를 다해놓고 돌아올 때 짓궂은 두 수행자가 라훌라를 놀려주기 위해 마구 어지럽힌 후 "라훌라가 이렇게 더럽혀 놓은 것 같다."고 말했다. 이 말은 곧 승원 전체로 퍼졌다. 뒤늦게 이 말을 전해들은 라훌라는 화를 내기는커녕 바로 다시 청소를 마친 후 두 비구를 찾아가 정중하게 사과했다.

라훌라는 붓다의 시자 아난다 존자를 존중하고 따랐다. 그는 아난다를 위해 남모르게 뒤에서 보살피고 도움을 주었다. 한번은 출가를 하던 날부터 자신을 가르쳐준 스승 사리뿟따와 함께 길을 가다가 괴한을 만나 폭행을 당했다. 라홀라가 머리를 얻어맞고 피를 흘리고 있는데 사리뿟따는 "라홀라야, 자비심으로 성냄을 멸하여야 한다. 인욕 보다 더 큰 힘은 없다."고 가르쳤다. 라홀라는 스승의 가르침을 잘 받아들이고 자신을 해한 사람을 연민에 가득 찬 마음으로 불쌍히 여겼다.

어느 날, 수행을 하던 라홀라는 문득 자신이 깨달았다고 느끼고 붓다를 찾아간 적이 있었다. 라홀라가 "세존이시여, 제가 깨달은 것 같습니다."고 말하자 붓다는 "아니다. 너는 조금 더 정진해야 한다." 며, "지금부터는 대중과 떨어져 정진만 하지 말고 대중들에게 오온이 거짓 화합된 것임을, 즉 오온이 공한 것임을 직접 설하도록 하라."하고 일러주었다.

홀로 정진해온 아들이 다른 사람에게 이야기하면서 자신이 부족한 것을 알아차리도록 공부의 한 방편을 알려준 것이었다. 붓다는 또 다음으로 육근육경에 대해 설하게 하고, 이어 12연기, 무상에 대해 설법하도록 지도했다. 이렇게 해서 라홀라의 마음 안에 있던 아만, 아상, 배움, 욕망 등이 들어서지 못하도록 이끌었다.

붓다가 이렇게 가르친 것은 라홀라가 깨달음을 이루는데 마지막까지 장애가 된 것이 명예에 대한 미세한 집착이라는 것을 간파한 데서 비롯됐다. 이 집착은 남으로부터 인정받으려는 마음으로, 무의식 중에서도 미세하게 남아 있어 상과 번뇌를 일으켰기 때문이었다. 붓다의 지도로 라홀라는 깨닫기 직전 '이 세상 일체가 공하다.'는 수식관을 하면서, 깊은 선정에 들어 마침내 깨달음을 성취했다. 비로소 라홀라는 자신의 출가 이유이기도 한 붓다의 유산을 상속한 것이었다.

붓다는 자신의 입멸이 멀지 않았음을 직감한 79세 때에 라훌라를 불러 마지막 가르침을 전했다. 당시 붓다는 라훌라에게 이렇게 일렀다.

"라훌라야, 나는 머지않아 열반에 들 것이다. 앞으로도 나는
따로 다른 이의 아버지가 되는 일은 없을 것이다. 라훌라, 너
또한 다른 이의 아들이 되지 않을 것이다."

수행자의 궁극적 목표는 이생에서 내 할 일을 다 마치고 열반에 들어 윤회의 고통에서 벗어나 어떠한 인연을 짓지 않고 불사의 경지에 오르는 것이었다. 붓다와 라훌라는 이렇게 부자 사이의 인연을 말끔하게 정리했다. 어쩌면 마지막일지도 모를 늙은 아버지이자 큰 스승인 세존의 자상한 말씀에 라훌라는 가슴속으로부터 솟구치는 감동과 희열을 느꼈다. 그리고 고따미 장로니가 열반에 들던 날, 라훌라는 아버지 붓다의 모습을 마지막으로 볼 수 있었다. 라훌라는 그때 모든 것을 다 알고 한 점의 티끌도 없는 위대한 스승 아버지의 눈길에서 쓸쓸한 기운을 느낄 수 있었다.

라훌라는 붓다가 입멸에 들기 전, 아무도 없는 곳에서 조용히 입멸에 들어야겠다고 결심했다. 과거 붓다의 제자들도 붓다의 입멸에 앞서 입멸에 들었다는 전례에 따르는 것이기도 했지만, 어쩌면 라훌라의 결단은 아버지에게 쓸쓸함과 슬픔을 드려서는 안 된다는 마지막 효심의 발로였다. 그렇기에 라훌라는 자신의 입멸을 슬퍼하는 사람이 없도록, 아무도 없는 곳에서 홀로, 천상계의 천신들이 외호하는 가운데 마지막 호흡을 그쳤다.

목갈라나의 반열반

꼬살라의 빠세나디 왕이 죽은 후 붓다가 주로 머문 곳은 라자가하의 웰루와나(죽림정사)였다. 그러나 노년의 붓다에게 드리운 쓸쓸한 기운은 날이 갈수록 짙어지고 있었다. 붓다에게 의지하며 후원을 아끼지 않았던 두 강대국의 왕 빔비사라와 빠세나디의 비참한 최후, 양모 고따미와 사랑하는 아내 야소다라 비구니가 잇따라 입멸, 특히 이복동생 난다와 눈에 넣어도 아프지 않을 아들 라홀라의 잇따른 열반은 우비고뇌를 벗어난 붓다에게도 쓸쓸한 기운을 던져주고 있었다. 어쩌면 이런 기운은 세존이라고 하더라도 피붙이를 떠나보낸 심경이야 애잔하지 않겠느냐는 중생들의 마음이 만들어낸 망상일지도 몰랐다. 붓다라고 하더라도 가족을 떠나보낸 그 마음은 슬프고 허망하지 않을 수 없을 것이라는….

그 무렵, 두 상수제자 사리뿟따와 목갈라나도 붓다와 함께 라자가하에 머물고 있었다. 어느 날 목갈라나는 혼자 걸식하러 한적한 마을로 들어갔다. 그런데 평소 붓다와 제자들을 시기하며 혼쭐을 내주겠다며 벼르던 브라만들이 목갈라나가 혼자서 걸어오는 것을 보고는 위해를 가하기로 작정했다.

"저 사람은 고따마의 제자 중에서도 가장 뛰어난 자다. 그를 에워싸 때려죽이자."

그들은 살인청부를 업으로 삼는 싸마나곡띠까들과 함께 목갈라나를 둘러싸고 기왓장과 돌로 무자비한 폭행을 가했다. 목갈라나는 뼈가 드러나고 살이 문드러지는 심한 상해를 온몸에 입었다. 외도들은 목갈라나가 쓰러지자 그대로 두고 도망쳤다. 한참 뒤에 가까스로 정신을 차린 목갈라나는 죽을힘을 다해 수도원으로 돌아왔다.

피투성이가 되어 돌아온 목갈라나를 발견한 사리뿟따가 크게 놀라 말을 잇지 못하자 목갈라나가 말했다.

"걸식을 나갔다가 싸마나곡띠까들이 돌과 기왓장으로 때려 이렇게 됐다네. 사리뿟따, 나는 지금 너무나 고통스러워 견디기가 힘드네. 아무래도 나는 이대로 입멸에 들어야 할 것 같네. 그래서 자네에게 마지막 인사를 하러 이렇게 찾아온 것이라네."

입멸에 들겠다는 벗을 사리뿟따가 슬픈 눈길로 바라보며 말했다.

"아니, 자네는 우리 상가에서 신통력이 제일이 아닌가. 피하려면 얼마든지 피할 수 있었을 텐데 왜 그렇게 하지 않았는가?"
"사리뿟따, 내가 지은 업보는 매우 깊고 무거운 것이네. 그 갚음은 언젠가 받아야 하는 것이므로 피하지 않았네. 아, 지금 나는 매우 고통스럽네. 자네를 봤으니 이제 세존을 찾아뵙고 허락을 얻어 입멸에 들어야겠네."

고통을 참으며 잠시 머물던 목갈라나는 정신을 가다듬고 죽림정사에 머물고 있는 붓다를 찾아가 만신창이가 된 몸을 천천히 움직이며 가까스로 예를 올렸다.

> "세존이시여, 저는 이제 마지막으로 스승께 인사를 올리고자 이렇게 왔습니다. 저는 곧 라자가하 근처에 있는 저의 고향으로 돌아가 완전한 열반에 들고자 합니다. 부디 허락하여주십시오."
> "목갈라나여, 그대는 나의 가장 뛰어난 제자였으며, 모든 상가에 모범이 되었던 수행자였다. 이제 그대는 사원에 있는 전체 대중에게 고별법문을 하고 그대가 원하는 바, 갈 길을 가도록 하라."

사랑하는 제자, 그러나 자신보다 나이가 더 많아 스승보다 먼저 열반의 때를 맞이한 제자를 떠나보내는 붓다의 마음은 아렸다. 더구나 온몸이 상처투성이가 되어 열반을 허락해달라는 상수제자의 마지막 요청을 허락할 수밖에 없는 상황이 안타까울 뿐이었다.

스승의 마지막 분부에 따라 목갈라나는 붓다가 지켜보는 가운데 상가 대중을 향해 마지막 법문을 마쳤다. 목갈라나는 법문을 마치고 다시 붓다가 계시는 곳으로 다가가 마지막 인사를 올리고 공손히 합장한 다음, 다시 붓다의 주위를 오른쪽으로 일곱 번 돈 후에 한 걸음 한 걸음, 붓다의 모습이 보이지 않을 때까지 뒷걸음으로 물러났다.

붓다는 그런 목갈라나를 처연한 표정으로 말없이 지켜만 보고 있었다. 자신의 업보를 갚고 입멸에 들겠다는 상수제자의 마음을 너무나 잘 알고 있었기 때문이었다. 붓다로부터 열반에 들어도 좋다는 허락을 받은 목갈라나는 라자가하의 이시길리산 깔라실라 암굴에 가서 조용히 입멸에 들었다.

한편 목갈라나가 자객들의 손에 의해 큰 상처를 입고 붓다의 허락을 받아 열반에 들었다는 소식은 삽시간에 라자가하와 여타 지방으로 퍼져나갔다. 마가다 국의 아자따삿뚜 왕은 이 소식을 듣고 매우 놀라고 분개하여 즉시 진상을 조사하도록 특명을 내렸다. 니간타의 제자들이 목갈라나 피습에 관련된 것을 밝혀낸 아자따삿뚜 왕은 배후자와 자객들은 모두 붙잡아 산 채로 불태웠다.

그런데 많은 비구들은 목갈라나 존자의 죽음을 매우 슬퍼하면서도 그처럼 위대한 인물이 어찌하여 자객들의 손에 비참하게 죽을 수밖에 없었는가에 대해 의아해 하며 큰 혼란에 빠지는 일이 발생했다. 비구들의 슬픔과 혼란이 좀처럼 가라앉지 않자 붓다는 직접 비구들에게 목갈라나의 비통한 열반에 대해 이야기하기로 했다.

"비구들이여, 목갈라나는 금생에 아라한과를 이룬 성자로서 고귀한 생을 살아온 것을 생각한다면 그가 당한 것과 같은 비참한 죽음은 당하지 않았어야 마땅할 것이다. 그러나 그는 과거 전생에 아내의 사주를 받아 나이 많고 앞을 보지 못하는 아버지와 어머니를 숲속으로 유인하여 죽게 한 적이 있었다. 그는 그런 엄청난 악행을 저질렀기 때문에 수많은 생 동안 지옥에 태어났고, 이번에도 그와 같은 비참한 죽음을 당한 것이다. 그러나 그는 또한 과거에 수없이 많은 붓다들을 모시고 열심히 수행하면서 서원을 세운 사람이기도 하다. 그는 그때에 미래세에 고따마 붓다가 출현하면 자기는 그 고따마 붓다 밑에서 으뜸가는 제자가 되겠다는 서원을 세우고 많은 바라밀을 성취했던 수행자였다. 그리하여 목갈라나의 태어남은 이번의 생이 마지막이 되었고 결국 자객들에 의해 희생을 당하게 된 것이다. 그러나 목갈라나는 이미 아라한이 된 성자이기 때문에 중생으로서 단순히 죽음을 맞은 것이 아니라 완전한 적멸, 반열반을 실현하게 된 것이다."

사리뿟따, 열반에 들다

웨살리 근처의 벨루와가마(Beḷuvagāma)에서 우기를 보낸 붓다는 안거가 끝나자 그곳을 떠나 몇 군데를 들러 전법을 한 후, 사왓티의 기원정사로 돌아와 머물고 있었다. 사리뿟따 역시 붓다를 따라 기원정사에 머물고 있었다. 얼마 전 둘도 없는 도반, 목갈라나를 보내고 나서 사리뿟따는 자신도 열반에 들 시기가 다가왔음을 직감하고 있었다.

어느 날, 깊은 선정에 들어 있던 사리뿟따는 선정에서 빠져나와 이렇게 생각했다. '정등정각자들이 먼저 열반에 드는 것일까? 아니면 그의 상수제자들이 먼저 열반에 드는 것일까?' 사리뿟따는 아라한의 선정력으로 곧 상수제자들이 먼저 열반에 든다는 것을 알았다. 그러고는 자신의 수명이 일주일 정도 남게 되었다는 것을 알게 되었다. 사리뿟따는 이어 자신이 열반에 들 가장 적절한 장소는 어디가 좋을까를 생각하며 다시 선정에 들었다.

'나는 어디서 무여열반에 들게 될 것인가? 라훌라는 삼십삼천의 천신들 사이에서 무여열반에 들었고, 안나 꼰단냐 장로는 히말라야의 찻단따 숲(Chaddanta)에서 무여열반에 들었다. 그러면 나는 어디에서 열반을 맞을 것인가?'

이렇게 거듭 생각을 정리하던 사리뿟따에게 어머니 생각이 떠올랐다. 그의 생모는 자식 일곱이 모두 아라한이 되었는데도 붓다와 붓다의 가르침, 붓다를 따르는 상가에 대한 믿음이 없었다. 이것을 늘 안타깝게 여겼던 사리뿟따는 어머니에게 붓다가 걸어간 길, 붓다께서 제시한 길을 알려 깨달음을 얻게 해드리는 것을 마지막으로 그가 태어난 곳, 날라까에서 열반에 들겠다고 생각하고 시자 쭌다에게 곧 사왓티를 떠날 채비를 서두르라고 당부했다.

사리뿟따의 당부에 따라 쭌다와 그의 5백 제자들은 자신들이 머물던 처소를 깨끗이 청소하고는 붓다가 머무는 곳으로 찾아가 경배하고 자리에 앉았다. 사리뿟따가 일어나 붓다 앞에 무릎을 꿇고 말했다.

"정각자이시며 일체지자이신 세존이시여, 저의 입멸을 허락
하여주소서. 제가 무여열반에 들 때가 가까워졌습니다. 이제
저의 명이 다하였습니다."

붓다는 열반에 듦을 허락해달라는 상수제자의 요청을 들으며, 침묵했다. 기꺼이 허락해주는 것이 마땅하겠지만 상가 최고의 제자이자 온 비구들의 존경을 받는 수행자였던 그를 떠나보내야 한다는 사실이 흔쾌하지만은 않았다. 세존의 심경을 읽은 사리뿟따가 다시 입을 열었다.

"세상의 주인이시여, 위대한 대각세존이시여! 저는 곧 이 삶
에서 풀려납니다. 다시는 오고 감이 없으리니 세존을 우러르
는 것도 이것이 마지막입니다. 제게 시간이 얼마 남지 않았습
니다. 이레만 지나면 짐을 다 벗고 이 몸을 누이게 될 것입니
다. 스승이시여, 들어주소서! 세존이시여, 허락하소서! 마침내
제가 열반에 들 때가 되었습니다. 이제 저는 삶의 의지를 내려
놓았습니다."

상수제자의 간곡한 청을 듣고 있던 붓다가 침묵을 깨고 물었다.

"사리뿟따여, 그대는 어디에서 무여열반에 들려고 하는가?"
"마가다 국 날라까 마을, 제가 태어났던 방에서 열반에 들겠습니다."
"사리뿟따여, 시의적절하다고 생각되는 바를 행하라. 그리고 상가의 형제들은 그대와 같은 비구를 만날 기회가 다시는 없을 것이니, 그들에게 마지막으로 법을 설하도록 하라."

대중설법을 하는 것으로 붓다로부터 열반의 허락을 받은 사리뿟따는 그 자리에 모여 있는 비구들을 향해 마지막 설법을 시작했다. 불법의 가장 높은 경지로 올라갔다가 세간적 진리의 경지로 내려오고, 다시 오르기도 하고 또 내려오며 때로는 직설로, 때로는 비유를 구사하여 법을 설했다. 혼신의 법문을 마친 사리뿟따는 천천히 몸을 돌려 붓다에게 예배했다. 그러고는 스승의 다리를 부여잡고 말했다.

"저는 세존 앞에 엎드려 경배할 수 있기까지 무량겁에 걸쳐 십 바라밀을 구족하게 닦아왔습니다. 제 간절한 소망은 이루어졌습니다. 앞으로 만날 일도 스칠 일도 없을 것입니다. 이제 그 두텁던 인연도 다하였습니다. 저는 곧 늙음도 죽음도 없이 평화롭고 복되고 번뇌 없이 안온한 곳, 수만의 정각자들께서 들어가셨던 그곳, 열반으로 들어갑니다. 저의 말이나 행동이 세존을 기쁘게 해드리지 못한 점이 있다면, 세존이시여, 용서하소서! 이제 가야할 시간입니다."

"사리뿟따여, 나는 그대의 청을 허락하겠다. 그리고 그대의 말
이나 행동은 단 한 번도 거슬린 적이 없었노라. 사리뿟따여,
이제 그대가 시의적절하다고 생각하는 그 일을 행하라."

세존의 허락을 받고 천천히 일어나 몸을 돌리는 사리뿟따가 발걸음
을 내딛는 순간, 마치 온 천지가 흔들리는 듯 대지가 크게 진동했다.
사리뿟따는 그를 가까이서 시봉하는 쭌다 비구의 부축을 받으며, 그
를 따르는 제자들과 함께 나섰다. 그는 떠나는 동안 몸을 돌리지 않고
붓다를 향해 합장을 한 채 뒷걸음으로 걸었다. 스승의 모습이 더 보이
지 않을 때까지 사리뿟따의 합장은 내려지지 않았고, 붓다에게 그의
등을 보이지 않았다.

　　붓다 역시 떠나는 상수제자에게서 한순간도 눈을 떼지 않았다.
마침내 상수제자의 모습이 점이 되어 아스라이 사라졌을 때, 붓다는
주위에 둘러 앉아 있던 비구들을 향해 말했다.

"비구들이여, 어서 가보도록 하라. 그대들의 사형을 따라 가보
도록 하라."

붓다의 말에 비구들은 물론 사부대중 모두가 기원정사를 떠났고, 붓
다 홀로 처소에 남게 되었다. 소문을 들은 사왓티의 시민들도 다투어
사리뿟따를 따랐다. 사왓티가 순식간에 텅 빈 도시가 되었다. 그러자
사리뿟따가 가던 길을 멈추고 자신을 따라오는 비구들과 사부대중을
향해 말했다.

"여러분, 이제 돌아가십시오. 내가 가는 이 길은 누구도 피할
수 없는 길입니다. 어서 돌아가 스승님을 모시십시오. 한순간
도 스승님 모시기를 소홀히 해서는 안 될 것입니다."

사리뿟따는 이렇게 그를 따라온 비구들과 시민들을 다 돌려보내고
나서야 날라까를 향한 발걸음을 다시 옮기기 시작했다.

　7일 간의 여정 끝에 날라까에 도착한 사리뿟따에게 고단한 여독
때문인지, 자신이 태어난 방에 앉자마자 지독한 설사병이 찾아왔다.
양동이가 몇 차례 들락거리자 존자의 어머니는 아들에게 무슨 일이
일어난 것은 아닐까 염려하기 시작했다. 사리뿟따가 입멸에 들 것이
라는 것을 안 천신들과 범천도 다투어 날라까를 찾아왔다. 천상계의
존재들이 자신의 아들을 찾아와 경배하는 모습을 지켜본 사리뿟따의
어머니가 아들의 건강상태를 궁금해 하며 방으로 찾아왔다. 문밖에
서 있던 쭌다가 사리뿟따 존자에게 어머니가 오셨다고 알리자, 사리
뿟따가 물었다.

　"어떻게 이 시간에 오셨습니까?"
　"보시게. 나는 그대를 보러왔다네. 그런데 조금 전 천상계 존재
들이 찾아온 것 같은데, 제일 먼저 왔던 이들은 누구였는가?"
　"사천왕들이었습니다. 우바이여."
　"그렇다면 그대가 그들보다 더 훌륭하단 말인가?"
　"그들은 말하자면 상가를 지키는 시자와 같은 존재들입니다."
　"그렇다면 그들이 떠난 후에 온 이는 누구였는가?"
　"천신들의 왕인 삭까였습니다."

"그렇다면 그대가 천신들의 왕보다 더 훌륭하단 말인가?"

"그들은 비구의 의발을 들고 따르는 사미와 같은 존재들입니다."

"그렇다면 삭까왕이 돌아간 다음 왔던 이는 누구였는가?"

"우바이여, 그는 당신의 주인이자 스승인 마하브라흐마(범천왕)였습니다."

"그렇다면 아들이여, 그대가 나의 주인인 마하브라흐마보다 더 훌륭하단 말인가?"

"그렇습니다. 우바이여."

아들의 설명을 들은 존자의 어머니는 생각했다. '내 아들의 권세가 이 정도라면 내 아들의 스승이자 주인이신 분의 위력은 얼마나 크단 말인가?' 생각이 여기에 미치자 존자의 어머니에게 갑자기 환희심과 기쁨이 솟구쳤다. 이 모습을 지켜본 사리뿟따 장로는 바로 이때가 어머니를 위해 설법할 적기임을 알고 설법을 시작했다. 사리뿟따는 어머니를 위해 붓다의 덕성과 가르침, 그 가르침에 귀의하고 실천하는 공덕의 위대함에 대해 간곡하게 설명했다. 아들의 법문이 끝나자 존자의 어머니는 성자의 흐름에 들어 반야의 지혜를 얻었다. 비로소 참 진리에 눈을 뜬 존자의 어머니가 말했다.

"아, 사랑하는 내 아들이여. 왜 이제야 말을 해주는 것인가? 불사의 길, 감로지혜를 왜 그토록 오랜 세월 동안 내게 말해주지 않았단 말인가?"

그러나 사리뿟따 존자는 어머니의 그런 물음에 대답하지 않았다. '이 것으로 자신을 낳고 키워준 은혜에 보답을 하게 되었다는 생각을 한 존자는 어머니를 돌려보냈다. 그러고는 쭌다에게 물었다.

"쭌다야, 지금 시각이 얼마나 되었느냐?"
"존자님, 이른 새벽입니다."
"비구들을 모이게 하라."

비구들이 모여들자, 쭌다의 부축을 받으며 일어난 사리뿟따 존자가 말했다.

"형제들이여, 나는 44년 동안 여러분과 함께 지냈고 여러분과 함께 행동했습니다. 이제까지 내가 말이나 행동으로 여러분 을 불쾌하게 한 적이 있다면 용서해주시오."

비구들이 말했다.

"존자님, 비록 저희들이 존자님의 뒤를 그림자처럼 따랐지만 존자님께서 저희들을 불쾌하게 하신 적은 단 한 번도 없었습니다. 존자님, 도리어 저희들이 잘못했다면 용서하십시오."

사리뿟따 존자는 비구들을 천천히 살펴본 후 넓은 가사로 몸을 감싸고 얼굴도 덮고 나서 오른쪽을 아래로 하고 누웠다. 그러고는 깊은 선정에 들었고, 다시 초선에서 제4선에 이르렀다. 바로 그때 지평선 너머로 태양이 떠올랐다. 사리뿟따 존자가 무여열반에 완전하게 드는 순간이었다.

쭌다로부터 사리뿟따의 열반 소식을 전해들은 아난다가 붓다에게 말했다.

> "세존이시여, 쭌다로부터 사리뿟따 존자의 열반 소식과 그의 가사와 바리때를 가져왔다는 말을 듣고 저는 온몸에 맥이 쭉 빠져버렸습니다. 정신도 아득해지고 눈앞이 캄캄해졌습니다."

그러자 붓다가 말했다.

> "아난다여, 어찌 이러느냐? 사리뿟따가 세상을 떠나며 계행과 선정과 지혜와 해탈과 해탈지견을 가져가기라도 했다는 말이냐?"
> "그렇지 않습니다. 세존이시여. 하지만 세존이시여. 사리뿟따 존자는 저를 일깨워주고 격려해주고 기쁘게 해주고 법을 설하는 데 지칠 줄 모르는 조언자이자 스승이고 교화자였으며, 자신을 따르는 비구들에게는 도움을 주는 이였습니다."
> "아난다여, 누구나 가깝고 사랑스러운 것과 언젠가는 헤어져야만 하고 갈라져야만 한다는 사실을 내가 이미 가르치지 않았느냐? 태어나서 존재를 이루고 합성되었기에 언젠가는 해체되어야만 하는 것이니 어떻게 우리 곁을 떠나지 않을 수 있겠느냐? 그러므로 아난다여, 밖에서 의지처를 찾지 말고 네

자신이 섬이 되어라. 네 스스로가 네 자신의 귀의처가 되어라. 다른 귀의처를 찾지 말고 불법을 너의 섬으로 삼고, 불법을 너의 귀의처로 삼아라."

이윽고 붓다는 사리뿟따의 유골을 싼 천을 두 손으로 받아 손바닥 위에 올려놓고 한참을 바라다보았다. 그러고는 주위에 둘러앉은 비구들을 향해 말했다.

"비구들이여, 이것이 얼마 전에 열반에 드는 것을 허락해달라고 청했던 비구의 조개빛깔 유골이다. 이 비구는 내가 처음으로 굴렸던 법륜이 그침 없이 구를 수 있도록 큰 도움을 주었던 사람이다. 내 옆자리를 늘 지켰던 사람, 지혜를 펴는 데 가장 수승했던 사람, 넓은 지혜와 밝은 지혜, 꿰뚫어보는 지혜를 가졌던 사람, 바라는 것 없이 만족할 줄 알았고 은둔하기를 좋아하고 어울려 다니기를 좋아하지 않았으며 정진력이 넘쳐났고 동료 비구들을 계도하여 나쁜 일을 그만두도록 하던 사람, 대지와 같은 인욕심을 지녔고, 뿔을 잘라낸 황소처럼 남을 해칠 줄 몰랐으며 의지할 곳 없는 아이처럼 겸허한 마음을 지녔던 사람이다. 비구들이여, 여기 이 유골을 보라. 위대한 비구, 위대한 수행자의 아름다운 모습을 보라!"

붓다는 위대한 제자의 유골을 소중하게 두 손에 받쳐 든 채 게송을 읊었다.

5백 생 동안 출가하여
가슴속에 깊이 지녔던 즐거움을 던져버리고
모든 감관을 잘 다스려
격정에서 벗어났던 사람,
열반에 든 사리뿟따에게 경의를 표하노라.

대지처럼 인욕심이 강하여
자기 마음을 완전히 조복하게 했고
자비롭고 다정하며 고요하고 냉정하여
거대한 대지처럼 굳건했던 그 사람,
열반에 든 사리뿟따에게 경의를 표하노라.

의지할 곳 없는 아이처럼 겸허한 마음을 가지고
한 손에 바리때를 든 채 마을에 들어가
이 집 저 집 유유히 갈 길 가던 사람,
사리뿟따는 바로 그런 사람이었으니
열반에 든 사리뿟따에게 경의를 표하노라.

마을에서건 숲속에서건 그 무엇도 해치지 않고
뿔 잘라낸 황소처럼 살아가던 사람,
자신을 완전히 다스렸던 그 사람,
사리뿟따는 바로 그런 사람이었으니
열반에 든 사리뿟따에게 경의를 표하노라.

최후의 여정에 오르다

80세가 된 붓다는 라자가하에서 머물고 있었다. 어느 날, 붓다는 노쇠한 몸을 이끌고 라자가하를 떠나 마지막이 될지도 모를 여정에 올라야겠다고 생각했다. 이 여정을 통해 붓다는 출가한 제자들, 즉 비구들과 각지에서 만나는 재가의 제자들, 즉 우바새와 우바이들에게 평생을 걸쳐 설법해온 법의 요체를 다시금 정리해 강조해야겠다고 마음먹었다. 그리고 라자가하에서는 머물 만큼 충분히 머물렀던 차였다. 떠날 채비가 마무리되자 붓다는 많은 비구들을 이끌고 북쪽의 웨살리로 향했다. 그곳으로 가는 도중 많은 도시와 마을을 들르게 될 것이었다.

"아난다야. 암발라티까(Ambalatthikā)의 정원으로 가자."
"세존이시여, 알겠습니다."

붓다는 많은 제자들과 함께 암발라티까의 정원으로 향했다. 붓다는 암발라티까의 정원에 있는 '왕의 별장'에 머물렀다. 붓다는 왕의 별장에서 수행승들을 위해 많은 법문을 했다. 그동안 제자들을 향해 펼쳤던 주요 교설에 대한 법문이었다. 주로 계·정·혜(戒定慧) 삼학(三學)과 관련된 것이 법문의 주제로 올랐다. 삼학은 불교 전체를 통해 가장 기본적인 실천 형태이니 붓다 교설의 핵심적 내용이었다.

"비구들이여. 계(戒)가 실천되었을 때, 정(定)의 큰 이익과 과보가 있다. 정이 실천되었을 때 혜(慧)의 큰 이익과 과보가 있다. 혜가 실천되었을 때 마음은 번뇌, 즉 욕루, 유루, 견루, 무명루로부터 해탈하게 된다."

노쇠한 스승의 간절한 법문에 비구들의 눈빛은 여느 때보다 더욱 형형했다. 암발라티까의 정원에서 흡족할 만큼 머문 다음 붓다는 아난다에게 다음 행선지로 떠날 채비를 하라고 말했다.

"아난다야, 빠딸리 촌(Pātaligāma)으로 가자."

빠딸리는 강가 강과 손(Son) 강, 간다끼(Gandaki) 강의 합류 지점으로 교통의 요충지였다. 이곳에는 마가다 국 아자따삿뚜 왕의 대신들인 와싸까라와 수니다가 파견되어 새로운 도시를 건설하고 있었다. 두 대신과 빠딸리의 백성들은 붓다가 도착했다는 소식을 듣고는 크게 환대하며 붓다와 비구들 앞으로 모여들었다.

"존귀한 분이시여, 우리의 휴식처에서 쉬십시오."

붓다는 침묵으로 승낙했다. 빠딸리 촌의 신자들은 서둘러 자리에서 일어나 붓다가 머무실 휴식처로 달려가 바닥에 깔개를 깔고 자리를 준비하고 물병을 놓았으며, 기름으로 불을 밝히고 붓다를 모시러 갔다.

"존귀한 분이시여, 저희들이 정성껏 머무실 휴식처를 마련해 놓았습니다. 지금이 휴식을 취할 적당한 때라고 생각하시면 그곳으로 가서 편안히 쉬십시오."

붓다는 내의를 입고, 윗옷과 바리때를 손에 들고 제자들과 함께 휴식 처로 자리를 옮겼다. 붓다는 두 발을 씻고 휴식처로 들어가 중앙 기둥 근처에서 동쪽을 바라보고 앉았다. 제자들도 두 발을 씻고 휴식처로 들어가 서쪽 벽 근처에서 동쪽을 바라보며 붓다를 앞에 두고 앉았다. 빠딸리 촌의 신자들 또한 두 발을 씻고 휴식처로 들어가 동쪽 벽 근 처에서 서쪽을 바라보며 붓다를 앞에 두고 앉았다. 이윽고 붓다가 빠 딸리 촌의 재가자들에게 말했다.

"빠딸리의 자산가들이여, 계율을 어겨서 행실이 좋지 않은 사 람들에게는 다섯 가지 재앙이 있습니다. 그 다섯 가지가 무엇 이겠습니까?"

빠딸리 촌 사람들은 대답을 하지 못한 채 침묵했다.

"빠딸리의 자산가들이여, 잘 들으십시오. 행실이 나쁘고 계율 을 어긴 사람은 소홀함 때문에 큰 재산을 잃게 됩니다. 이것이 행실이 나쁘고 계율을 어긴 사람에게 일어나는 재앙입니다. 또한 행실이 나쁘고 계율을 어긴 사람에게는 나쁜 평판이 따 르게 됩니다. 이것이 행실이 나쁘고 계율을 어긴 사람에게 일 어나는 두 번째 재앙입니다. 자산가들이여, 행실이 나쁘고 계율을 어긴 사람은 어떤 집회에 참석을 해도, 그것이 왕족의 집회든, 브라만의 집회든, 자산가들의 집회든, 수행 승려들의 집회든 어디를 가더라도 불안하고 두려운 마음이 생깁니다. 이것이 행실이 나쁘고 계율을 어긴 사람에게 일어나는 세 번째 재앙입니다. 네 번째 재앙은 죽을 때 정신이 어지러워지는 것입니다. 그리고 다섯 번째의 재앙은 죽은 뒤에 악하고 고통스러운 지옥에 태어나는 것입니다."

붓다의 설법이 계속 이어졌다.

"자산가들이여, 반면 계율을 지킨 품성이 좋은 사람에게는 다섯 가지의 훌륭한 이점이 있습니다. 첫째 재산이 크게 불어나며, 좋은 평판이 따르게 되고, 어떤 집회에 참석하더라도 태연하고 불안한 마음이 없으며, 죽을 때 정신이 어지럽지 않고, 몸이 쓰러져 죽은 뒤에 선한 하늘세계에 태어나게 됩니다."

밤늦도록 빠딸리 사람들을 위해 설법하고 격려해준 붓다가 다음 날 빠딸리 촌을 떠날 때, 이곳의 백성들은 나루까지 따라와 아쉬움 속에 붓다를 배웅했다. 그들은 붓다가 나선 빠딸리의 성문을 '고따마의 문'이라고 명명하고, 강가 강의 나루를 '고따마의 나루'라고 부르며 붓다의 방문을 기념했다. 붓다와 제자 일행은 한껏 불어난 강가 강을 건넜다. 붓다가 아난다에게 말했다.

"아난다야, 꼬띠 촌(Kotigāma)으로 가자."

붓다는 많은 제자들과 함께 꼬띠 촌으로 향했다. 붓다는 이곳에 머물며 제자들에게 네 가지의 훌륭한 진리(사성제)에 대해 설법했다.

"비구들이여, 네 가지의 훌륭한 진리를 깨닫지 못하고, 통달하지 못한 탓에 오랜 시간에 걸쳐 나도 너희들도 이처럼 유전(流轉)하고 윤회했다. 과연 그 네 가지가 무엇이겠는가? 비구들이여, 고통과 고통을 일으키는 근원이라는 존귀한 진리를 깨닫지 못하고 통달하지 못한 탓에 오랜 시간에 걸쳐 나도 너희들도 이처럼 유전하고 윤회했다. 또 '고통의 소멸'과 '고통의 소멸에 이르는 길'이라는 존귀한 진리를 깨닫지 못하고 통달하지 못한 탓에 오랜 시간에 걸쳐 나도 너희들도 이처럼 유전하고 윤회했다. 그러나 비구들이여, 나는 고통과 고통의 근원과, 고통의 소멸과, 고통의 소멸에 이르는 길이라는 훌륭한 진리를 깨우치고 통달했다. 생존에 대한 집착은 이미 끊어졌다. 생존으로 이끄는 집착은 이미 사라지고 이제 다시는 미혹(迷惑)의 삶을 받을 일은 없다."

붓다는 꼬띠 촌에 머물며 비구들에게 법에 대한 강의를 이어갔다.

"계율과 함께 이룩한 선정은 위대한 과보를 가져오고 큰 공덕을 짓는다. 선정과 함께 발현된 지혜는 위대한 과보를 가져오고 큰 공덕을 짓는다. 지혜와 더불어 성취한 경계는 여러 더러움, 즉 욕망의 더러움, 삶의 더러움, 견해의 더러움, 무명의 더러움에서 완전히 벗어나게 한다."

붓다는 꼬띠 마을에서 충분한 휴식을 취한 후 많은 제자들과 함께 다음 목적지로 향했다.

"아난다야, 나디까(Nādika) 족이 있는 곳으로 가자."

붓다 일행은 나디까 족의 마을에 도착해 연와당(煉瓦堂, 붉은벽돌회관)에 머물렀다. 나디까에 머물던 어느 날, 아난다가 붓다 앞으로 나아가 예배한 후 물었다.

"세존이시여, 사루하라는 이름의 수행자가 나디까에서 세상을 떠났습니다. 그가 갈 곳은 어디입니까? 그는 어디로 간 것일까요? 존귀한 스승이시여, 또 난다라는 이름을 가진 비구니가 세상을 떠났습니다. 그녀가 갈 곳은 어디입니까? 그녀는 어디로 간 것일까요? 존귀하신 이여, 스자따라는 이름을 가진 여신자가 나디까에서 세상을 떠났습니다. 그녀가 갈 곳은 어딥니까? 그녀는 어디로 간 것일까요? 존귀한 이여, 까꾸다라는 이름의 신자가 나디까에서 세상을 떠났습니다. 그가 갈 곳은 어디입니까? 그는 어디로 간 것일까요?"
"아난다야, 수행승인 사루하는 많은 더러움이 소멸되었기 때문에 이미 현세에서 더러움이 없는 '마음의 해탈', '지혜에 의한 해탈'을 스스로 알고 체득해서 구현했다. 비구니 난다는 사람을 하계(욕계)와 연결시키는 다섯 가지 속박을 없앴기 때문에 혼자서 태어나 거기서 열반에 들어 그 세계에서 이 세계로 돌아올 일이 없다. 신자인 스자따는 세 개의 속박을 없애서 욕정과 분노와 미망이 점차 박약해졌기 때문에 '한 번만 돌아오는 사람'이 되어 단 한 번 이 욕계의 삶으로 돌아와 고통을 소멸시킬 것이다. 또한 까꾸다는 사람을 하계와 연결시키는 다섯 개의 속박을 없애서 혼자서 태어나 거기서 열반에 들어 이 세계로 돌아올 일이 없다."

붓다는 이렇게 대답한 후 아난다에게 훈계하듯 말을 이었다.

"아난다야, 이와 같이 죽은 뒤의 일에 대해 아는 것은, 정등정각자에게는 그리 불가사의한 일이 아니다. 그러므로 사람이 죽은 후의 일을 일일이 여래의 처소에 와서 묻는 것은 매우 번거롭다. 이런 이유로 아난다야, 이제부터 나는 진리의 거울(法鏡, Dhamma-adasa)이라는 가르침을 설할 것이다.

지옥도 부서졌고, 축생도 부서졌고,
아귀도 부서졌고,
괴로운 곳, 나쁜 곳,
비참한 곳도 부서졌고,
나는 이제 흐름에 든 님이 되어
악도에 떨어지지 않고
삶의 길이 정초되어
올바른 깨달음으로 나아간다.

이 가르침을 잘 이해한다면 나의 성스러운 제자들은 '나에게는 지옥의 경계는 다했다. 축생의 경계, 아귀의 경계, 나쁜 경계에 떨어질 조건은 모두 다했다. 나는 성자의 흐름에 든 이가 되어 깨달음의 세계에서 물러나지 않고 틀림없이 바른 깨달음으로 나아가는 이가 되었다.'라고, 각자 원하는 그대로, 확실하게 알 수 있을 것이다."

'시드는 꽃' 암바빨리의 깨달음

나디까 촌에서 머물만큼 머문 다음 붓다는 아난다에게 웨살리로 갈 것을 당부했다. 붓다와 제자들은 유명한 기녀 암바빨리의 망고 숲에 임시 거처를 마련했다.

붓다는 이곳에서 제자들에게 수행자가 '스스로 염원하고 정신을 바짝 차리는 것'에 대해 설법했다.

> "비구들이여, 수행자가 염원한다는 것은 어떤 것이겠는가? 수
> 행자는 몸을 잘 관찰하고, 열심히 정신을 바짝 차리고 이 세상
> 의 탐욕과 근심을 제거해야 한다. 마음을 잘 관찰하고, 열심히
> 정신을 바짝 차리고 이 세상의 탐욕과 근심을 제거해야 한다.
> 또한 여러 사상을 잘 관찰하고 열심히 성심을 다해 이 세상의
> 탐욕과 근심을 제거해야 한다. 이와 같이 하는 것이야말로 수
> 행자가 바르게 염원하는 것이다."

이어 붓다는 수행자가 정신을 바짝 차린다는 것에 대해 설법했다.

> "비구들이여, 수행자는 나갈 때나 들어올 때 정신을 바짝 차려
> 야 하고, 앞을 볼 때나 뒤를 볼 때 정신을 바짝 차려야 하고, 팔
> 을 굽힐 때나 팔을 뻗을 때 정신을 바짝 차려야 한다. 가사나

바리때를 집을 때도 정신을 바짝 차려야 한다. 먹거나 마시거나 씹고 맛을 볼 때도 정신을 바짝 차려야 한다. 대소변을 볼 때도 정신을 바짝 차려야 한다. 갈 때나 올 때, 앉을 때, 잘 때, 깨어 있을 때, 말할 때, 침묵할 때에도 정신을 바짝 차려야 한다. 수행자는 이처럼 늘 정신을 바짝 차리고 있어야 한다. 이처럼 염원하고 이처럼 정신을 바짝 차려라. 이것이 너희에게 들려주는 나의 가르침이다.”

한편 붓다와 제자들이 웨살리에 도착해 자기의 망고 숲에 머물고 있다는 소식을 들은 암바빨리는 몇 명의 중년 여인들과 함께 화려하게 치장한 탈 것들을 준비해서 각각 정해진 탈 것에 타고 서둘러 자신의 망고 숲으로 향했다. 그녀들은 탈 것을 타고 갈 수 있는 곳까지 간 다음 탈 것에서 내려 걸어서 붓다가 있는 곳으로 다가갔다. 붓다는 그녀의 시종들의 모습이 모두 바뀌어 있는 것을 보았다. 붓다가 물었다.

“암바빨리, 그대가 가는 곳 어디에나 따라오던 호남아들은 어디 있습니까?”

그녀는 부끄러움에 고개를 들지 못하고 땅바닥을 내려다보고 있었다. 그녀의 아름다움은 사라지고 없었다. 마치 폭풍이 지나간 사막에 남은 고랑처럼 그녀의 얼굴에는 주름이 파이고 있었다. 그녀의 검은 머리는 회색으로 변해 있었고, 머리에 꽂은 꽃들도 이제 아름다움을 더하지는 못했다. 그녀의 눈은 우물처럼 쑥 들어가 있었다. 지난날 그토록 균형이 잘 잡혀 있던 팔다리도 이제 마른 대나무처럼 볼품없게 되었다. 잠시 후, 그녀가 용기를 내어 말했다.

"스승이시여, 이제 더 이상 경호원이 필요 없게 되었습니다."
"무슨 까닭입니까? 암바빨리여."
"이제 누구 하나 제 몸에 관심을 기울이지 않습니다. 훔치려는
자가 없으니 지킬 필요도 없는 것이지요."
"하지만, 암바빨리. 사람들은 늘 그대를 쫓아다니며 기웃거렸
고, 그대는 주변에 지키는 사람을 세워둠으로써 사람들의 애
를 태우지 않았습니까?"

암바빨리는 침묵했다. 세존의 말을 들으며 자신이 살아온 지난 삶에
대해 부끄러움이 밀려왔다. 붓다가 부드러운 음성으로 법문을 이어
갔다.

"암바빨리, 그대는 그들과 마찬가지로 그대 자신의 문제에 스
스로 책임이 있습니다. 그들은 그대로부터 감각적 쾌락을 받
았고, 그대 또한 그렇습니다. 만일 그대가 그런 식으로 부추기
지 않았다면 그들은 그대의 환심을 사려하지 않았을 것입니
다. 나의 제자 쑤바 비구니를 보십시오. 그녀는 실로 아름다운
여인이었습니다. 쾌락을 추구하는 많은 사람들이 그녀를 따
라다닌 적이 있었습니다. 그러나 나중에는 그녀가 홀로 숲속
에 살 때조차도 감히 누구 하나 얼씬거리지 않았습니다. 그대
가 겪고 있는 좌절과 우울을 저 쑤바 비구니의 행복하고 평화
로운 삶과 견주어보십시오."

"스승이시여, 무상한 세월의 힘에도 파괴되지 않는 보배는 무엇입니까? 그날이 찾아왔을 때 나를 지켜주고, 위로할 참다운 보배는 무엇입니까?"

"암바빨리여, 참다운 법에 따라 수행한 공덕은 세월의 힘이 감히 침범하지 못합니다. 내가 사랑하는 이는 내 곁을 떠나고, 두 번 다시 보고 싶지 않은 이들은 꼭 다시 만나게 됩니다. 내가 원하는 것들은 늘 손이 닿지 않는 곳에 있습니다. 세상 모든 일이, 세상 모든 사람들이 내 마음처럼 곁에 머물지도 떠나주지도 않습니다. 하지만 바른 법만큼은 나의 뜻대로 영원히 곁에 머물며 큰 위안과 기쁨이 되어줍니다. 암바빨리여, 누군가에게 의지하고, 무엇인가에 의지한다는 것은 큰 고통입니다. 둘도 없는 그들도 나의 뜻대로 나를 아껴주고 사랑해주고 보호해주지는 않습니다. 도리어 내가 그들의 뜻을 따라야만 합니다. 이처럼 여자의 몸에는 남자보다 더 큰 제약과 구속이 있음을 분명히 알아야 합니다. 당신이 가진 미모와 재력 역시 고통을 초래하는 덫이 될 수 있음을 분명히 알아야 합니다."

"스승이시여, 언젠가 세존을 만났을 때 제가 보였던 무지와 오만을 깊이 뉘우치고 있습니다. 부디 제 허물을 용서해주시고 저를 제자로 받아주십시오."

"그러겠습니다. 암바빨리. 행복하고 만족한 삶을 찾는 것은 아직도 늦지 않았습니다."

암바빨리는 붓다의 제자들을 다음 날의 점심공양에 초청했다. 그녀는 붓다에게 예를 올리고 돌아갔다. 집에 가는 길에 그녀는 붓다를 찾아오는 일단의 릿차위 사람들과 마주쳤다. 그들이 암바빨리에게 물었다.

"암바빨리여, 붓다를 만났소?"
"그렇소. 벗들이여. 난생처음 붓다를 보았다오."

암바빨리가 대답했다. 사람들은 암바빨리의 대답에 어리둥절해졌다. 과거에 그녀가 붓다를 유혹하려 했다는 것은 이미 널리 알려진 비밀이었던 것이다.

"암바빨리, 무슨 소린가? 예전에 붓다께서 웨살리에 오셨을 때, 우리는 암바빨리 그대가 붓다를 개종시키고 그분의 인생길을 바꿔놓을 것이라고 생각한 적이 있었지. 그런데 난생처음 붓다를 보다니!"
"어쨌든, 나는 처음으로 붓다를 보았다오. 세존께서는 내일 내 공양을 받으시기로 했소. 벗들이여!"

암바빨리는 서둘러 갈 길을 재촉했다. 릿차위 사람들은 자기네가 들은 것을 믿을 수가 없었다. '도대체 어떻게 된 거야? 젊고 아름다운 암바빨리는 거들떠보지도 않더니, 이제 붓다도 늙었군. 암바빨리의 공양청을 수락하다니. 이제 그분의 인격도 힘이 빠진 게야.' 의아한 마음을 갖고 붓다를 찾아온 그들은 붓다에게 예를 올리고 자리에 앉은 뒤 말했다.

"세존께서 다시 이곳 웨살리에 오신 것은 우리에게 참으로 다행스런 일입니다. 웨살리의 모든 릿차위 사람들은 세존과 제자들을 공양에 초청하여 환영하고자 합니다. 부디 저희들의 내일 점심공양 초청을 받아주십시오."

"고맙습니다. 릿차위 사람들이여, 그러나 나는 그대들의 내일 초청은 수락할 수 없습니다. 나는 이미 암바빨리의 공양을 받기로 했기 때문입니다."

릿차위 사람들은 몹시 흥분했다. 그들을 인솔해 온 사람이 생각했다. '또 그 망고지기에게 당했군! 그렇더라도 어쩌면 붓다의 결정을 번복하게 할 수 있을지도 모른다.' 그가 붓다에게 말했다.

"세존이시여, 암바빨리는 비열하며 믿을 수 없는 여자입니다. 그녀는 이제 웨살리의 젊은이들을 잃고, 사람들을 증오하고 있습니다. 우리가 이곳으로 오는 도중에 그녀를 만났는데, 우리에게 또 거짓말을 했습니다. 세존을 처음으로 만났다는 것입니다. 하지만 그녀가 이미 오래 전에 세존을 만난 적이 있으며, 세존을 유혹하려 했던 것은 우리도 다 아는 일입니다. 아마 그녀는 예전에 매정하게 거절당한 데 대해 보복하려는 것 같습니다. 그녀의 공양을 취소시켜주십시오."

"그렇지 않습니다. 릿차위 사람들이여, 그녀가 나를 처음 만났다고 한 것은 거짓말이 아닙니다. 오히려 그것은 진실입니다. 지난날 그녀가 나를 만나러 왔을 때, 그녀는 자신의 아름다움에 취해 나를 볼 수 없었던 것입니다. 릿차위 사람들이여, 내가 발견하고 설명한 세계의 실상을 보는 자는 나를 봅니다. 곧 진리를 보는 자는 나를 보는 것입니다. 암바빨리는 내 제자가 되었습니다."

릿차위 사람들은 놀랐다.

"스승이시여, 우리는 당황하여 어찌할 바를 모르겠습니다. 그처럼 야비하고 교활한 여자가 어떻게 심오한 붓다의 가르침을 이해할 수 있었는지 알 수 없습니다."
"암바빨리는 그녀 자신 속에서 일어난 변화를 어렵지 않게 이해할 수 있었을 것입니다. 그대들 또한 그녀에게 큰 교훈을 주었습니다. 그녀가 젊었을 때, 그대들은 그녀를 찬미하고 그녀와 사귀고자 했습니다. 그대들은 그녀와 함께 있기 위해 가진 것 모두를 바치기도 했습니다. 그러나 이제 누구도 그녀의 환심을 사려고 하지 않습니다. 무슨 까닭입니까? 그토록 찬탄하며 갈망해 마지않던 것을 거부하고 비난하게 하는 것은 무엇입니까?"

릿차위 사람들은 할 말을 잊었다. 그들은 묵묵부답 입을 다물고 있었다.

"암바빨리는 바로 그것을 깨달은 것입니다. 그녀는 무상에는 어떤 차별도 없다는 것을 알았습니다. 지고의 권력에도, 아름다움의 절정에도, 그리고 최상의 쾌락에도 반드시 종말이 오고, 무력해지며, 추해지는 것을 깨달았으며, 그것이 괴로움의 원인이 되는 것을 알게 된 것입니다. 릿차위 사람들이여, 지금 이야말로 이것이 인생의 실상이라는 것을 깨달을 때입니다. 그러므로 전적으로 암바빨리만을 비난하지 말아야 합니다. 그녀는 이제 자신의 무지와 오만을 참회하고, 마음의 평정을 얻었습니다. 암바빨리를 차지하지 못하게 됨으로써 그대들은 손실과 질투와 증오로 괴로워했습니다. 이런 것들은 그대들의 행복에 기여하지 않습니다. 그대들은 왓지 연합을 위대하게 만든 전통과 관습을 잊어버리고 있는 것처럼 보입니다. 그렇게 되면 사악한 세력이 그대를 짓밟고 억누르게 되는 것도 그리 오래 걸리지 않을 것입니다."

위대한 왓지 연합의 일원인 릿차위 사람들은 붓다의 설법에 큰 충격을 받았다. 그들은 붓다에게 용서를 빌었다. 그리고는 즉시 암바빨리의 집으로 달려가서 그녀에게 간청했다.

"암바빨리, 내일 있을 공양에 우리도 참여하게 해주시오. 그대가 앞장서시오. 온 릿차위 사람들이 함께 세존과 그의 상가에 공양하는 기회로 만듭시다."
"좋습니다. 벗들이여."

암바빨리가 흔쾌히 동의했다. 암바빨리는 그날 밤을 새워 붓다와 비구들에게 공양할 음식을 마련한 후 다음 날 공양시간에 푸짐한 음식을 공양했다. 이 자리에는 릿차위 사람들도 함께 했다. 암바빨리는 붓다와 비구들이 공양을 마치자 바리때와 손을 씻도록 물과 천을 올렸다. 잠시 후 암바빨리가 낮은 자리를 만들어 앉고 붓다에게 예배한 후 말했다.

"세존이시여, 저는 이 원림(園林)을 붓다를 위시한 수행승들의
수행 장소로 바치겠습니다."

얼마 후 암바빨리는 자신의 엄청난 재산을 병들고 가난한 릿차위 사람들을 위해 쓸 수 있도록 남겨두고, 고따마 붓다의 출가 제자가 되었다. 이후 열심히 정진에 전념한 그녀는 곧 현자들이 찾아 나섰던 그 목표의 정상에 올랐다. 암바빨리가 아라한과를 성취한 것은 그와 빔비사라 왕 사이에 태어난 마가다 국의 왕자로 일찍이 출가해 아라한과를 이룬 위말라 꼰단냐 존자의 도움이 컸다. 이렇게 욕망에 젖어 보낸 젊은 날을 참회하고 출가하여 마침내 이룰 것을 다 이루어 마친 장로니 암바빨리는 자신의 경지를, 스승 세존을 찬탄하면서 이렇게 노래했다.

검은 색으로 말벌의 색깔 같은
나의 모발은 끝이 말려 있었으나,
늙어서 대마의 껍질과 같으니,
진리를 말하는 님의 말씀은 틀림이 없다.

좋은 향을 담은 상자와 같은
나의 머리는 꽃으로 덮여 있었으나,

늘어서 토끼털처럼 냄새가 나니,
진리를 말하는 님의 말씀은 틀림이 없다.

잘 심어져 수풀처럼 무성하고
빗과 핀으로 나뉜 머리끝이 아름답게 장식되었으나,
늙어서 드문드문 희박하니,
진리를 말하는 님의 말씀은 틀림이 없다.

유연하고 향내 나고 금으로 치장된
땋은 머리가 장식으로 아름다웠으나,
늙어서 대머리가 되었으니,
진리를 말하는 님의 말씀은 틀림이 없다.

화가가 잘 그려낸 그림처럼
예전에 나의 아름다운 눈썹은 아름다웠으나,
늙어서 주름지고 축 늘어졌으니,
진리를 말하는 님의 말씀은 틀림이 없다.

보석처럼 빛나고 반짝였던
나의 두 눈은 감청색으로 커다랬으나,
늙어서 흐리멍덩해졌으니,
진리를 말하는 님의 말씀은 틀림이 없다.

부드러운 산봉우리처럼,

젊음이 한창일 때에 나의 코는 아름다웠으나,
늙어서 말라비틀어진 식물줄기와 같으니,
진리를 말하는 님의 말씀은 틀림이 없다.

잘 만들어지고 잘 마감된 팔찌처럼
참으로 나의 귓불은 아름다웠지만,
늙어서 주름지고 축 늘어졌으니,
진리를 말하는 님의 말씀은 틀림이 없다.

파초의 돋아난 새싹의 색깔과 같아
예전의 나의 이빨은 아름다웠으나,
늙어서 부서지고 검게 변했으니,
진리를 말하는 님의 말씀은 틀림이 없다.

숲속 우거진 덤불을 날아다니는
뻐꾸기처럼 달콤한 목소리를 지녔었으나,
늙어서 여기 저기 더듬거리니,
진리를 말하는 님의 말씀은 틀림이 없다.

둥근 빗장에 비유될 정도로
예전에 나의 두 팔은 아름다웠지만,
늙어서 빠딸리 꽃나무처럼 허약하니,
진리를 말하는 님의 말씀은 틀림이 없다.

섬세한 반지와 금으로 단장했으니
예전에 나의 두 손은 아름다웠으나,
늙어서 뿌리줄기처럼 되었으니,
진리를 말하는 님의 말씀은 틀림이 없다.

위로 둥글게 부풀어 올라 봉긋하여
예전에 나의 두 유방은 아름다웠지만,
물 없는 물주머니처럼 늘어졌으니,
진리를 말하는 님의 말씀은 틀림이 없다.

잘 연마된 황금의 기둥처럼
예전에 나의 몸통은 아름다웠지만,
쪼글쪼글한 주름으로 덮였으니,
진리를 말하는 님의 말씀은 틀림이 없다.

코끼리의 코에 비유될 정도로
예전에 나의 허벅지는 아름다웠지만,
늙어서 대나무의 줄기처럼 되었으니,
진리를 말하는 님의 말씀은 틀림이 없다.

섬세한 발찌를 차고 금으로 장식해서
예전에 나의 두 정강이는 아름다웠지만,
늙어서 참깨의 마른 줄기처럼 되었으니,
진리를 말하는 님의 말씀은 틀림이 없다.

솜으로 가득 찬 것에 비유될 정도로
예전에 나의 두 발은 아름다웠지만,
늙어서 갈라지고 쭈그러들었으니,
진리를 말하는 님의 말씀은 틀림이 없다.

이 집적의 몸은 이와 같아졌다.
노쇠했고, 많은 고통의 주처로서
회반죽이 떨어진 낡은 집과 같아졌으니,
진리를 말하는 님의 말씀은 틀림이 없다.

낡은 수레는 히말라야를 향하여

암바빨리의 망고 숲에 한동안 머물던 붓다가 어느 날 아난다를 불렀다.

　　"아난다, 이제 벨루와 마을(Beluvagāma)로 가자."

아난다는 세존의 뜻을 받들어 곧 웨살리를 떠날 준비를 했다. 붓다 일행이 벨루와에 도착하자마자 비가 내리기 시작했다. 우기(雨期)의 시작이었다. 붓다는 제자들에게 웨살리 부근에 사는 친구에게 부탁을 하거나 아는 사람에게 부탁을 해서 각자 우안거에 들어갈 것을 당부했다.
　　이렇게 벨루와에서 안거에 들어간 붓다와 많은 제자들은 우안거를 지내게 되었다. 그런데 벨루와에 거처를 마련하고 나서 곧바로 붓다는 심각한 병을 얻었다. 붓다는 거의 죽음에 이르는 격심한 통증을 겪어야 했다. 그러나 붓다는 늘 깨어 있는 마음으로 모든 것을 지켜보았다. 아난다가 밖에서 밤새워 간호하고 있었다.
　　병에서 회복되고 나서 밖으로 산책을 나온 붓다는 아난다가 나무 그늘 아래에 준비한 자리에 앉았다. 붓다가 아난다에게 말했다.

　　"아난다야, 내가 앓고 있는 동안 보살펴줘서 고맙구나. 너의 모습이 몹시 피곤해 보인다. 그동안 나를 간호하느라 전혀 쉬지도 못한 게 아닌가?"

"스승이시여, 지난 몇 년 동안 저는 세존께서 건강하고 편안하게 지내시도록 살피는 일에 익숙해져 있습니다. 세존께서 병으로 고통 받을 때면 마치 제 몸이 굳어지는 것 같습니다. 눈앞이 캄캄하고, 마음이 어지러워집니다. 그러나 세존께서 상가에 대해 아무런 말씀도 남기지 않은 채 가시지는 않으리라고 생각하고 안심이 되었습니다."

"아난다, 상가가 나에게 기대하는 게 무엇인가?"

"스승이시여, 세존께서 생존해 계시는 한, 제자들은 어느 때라도 세존께 묻고 그들의 문제를 해결할 수 있습니다. 세존께서 가시고 나면 누가 그들을 돕겠습니까?"

"아난다, 나는 이미 어떤 것도 감추거나 비밀로 하지 않고, 공공연하게 교의와 계율을 가르쳤다. 내가 주먹 속에 무언가를 움켜쥐고 감추는 스승이 아닌 것을 그대도 잘 알고 있지 않는가? 나는 그대들이 해탈과 행복을 위해 알아야 할 것을 가르쳤다. 또 나는 상가가 나에게 의존하고 있다고 생각한 적이 없다. 그렇게 생각하지 않는 한, 상가를 위해 어떤 식의 포고를 남긴다는 것은 의미 없는 일이 아니겠느냐?"

전처럼 오랫동안 계속해서 이야기할 수 없다는 것을 알리기라도 하는 듯 붓다는 말을 멈추고 잠시 쉬었다.

"아난다, 무지하고 속이 빈 사람들이 자기가 통치자며, 다른 사람들은 오직 자기를 의존해야만 살 수 있는 것처럼 생각한다. 그러나 깨달은 스승, 나 붓다는 다만 길을 가리키는 사람일 뿐, 통치자도 법전도 아니다. 그런 권위를 위임받은 바 없으니, 후계자에게 남겨줄 것도 없지 않겠는가? 내 나이 이제여든 살에 이르렀다. 비유하자면 내 몸은 마치 얼기설기 묶어겨우 굴러가는 낡은 수레와도 같다. 설사 붓다라고 할지라도육체적 고통으로부터 완전히 자유로울 수 없다. 심한 통증 속에서도 평정을 유지하고 있기는 하지만, 이따금 통증이 너무심해지면 그것을 피해 멸정(滅定, niroddha)에 들곤 한다. 아난다, 나는 머지않아 가게 될 것이다!"

아난다의 안색이 하얘졌다. 붓다의 말씀은 계속 이어졌다.

"아난다, 깨달음을 이룬 이래 나는 나 자신을 귀의처로 의지해 왔다. 마찬가지로 아난다, 그대 또한 그대 자신을 위한 섬(dipa)을 만들어야 한다. 그게 곧 그대의 귀의처니, 다른 어디에도 기대서는 안 된다. 법(진리, dhamma)을 그대의 귀의처로삼고 그 어느 것도 의지하지 말아야 한다. 나는 어느 누구도내 후계자로 지정하지 않을 것이다. 그대에게 가르친 진리와그대에게 권고한 계율을 그대의 길잡이, 행위의 준거(準據)로삼도록 하라."
"세존이시여, 어떻게 하면 법이 귀의처가 되게 할 수 있습니까?"
"이미 그대에게 가르친 4념처(四念處), 즉 마음을 깨어 있게 하는 네 가지 수행법이 그대의 귀의처이다. 그대는 언제나 자신의 몸[身]과 감각[受]과 마음[心]과 법(法)에서 일어나는 여러 가지 변화를 관찰해야 할 것이다. 수행자라면 세상의 탐욕과 슬픔을 극복하고, 늘 깨어 집중된 마음으로 육신을 관조하며, 그 속에서 벌어지는 모든 것을 온전하게 알아채야 한다. 마찬가지로 감각과 마음과 정신적 대상을 관조하는 일에 전념해야 한다. 지금이나 내가 가고 난 뒤에도, 그렇게 수행하는 제자는 제 속에 자신의 섬을 만들 게 될 것이다."

이를 수 있는 가장 높은 곳

우기가 끝나고 붓다는 다시 웨살리로 돌아왔다. 붓다는 어느 날 탁발을 마치고 오후 휴식을 취하기 위해 짜빨라(Cāpāla)의 영수(靈樹)로 자리를 옮겼다. 붓다는 그곳에서 아난다에게 우데나(Udena), 고따마까(Gotamaka), 삿땀바까(Sattambaka), 바후뿟따(Bahuputta), 사란다다(Sā-randada), 짜빨라(Cāpāla) 등의 영묘(제띠야, 일종의 사당)가 훌륭하다고 칭찬했다. 붓다는 이곳에서 아난다를 향해 의미심장한 이야기를 했다.

> "아난다, 신통력에는 네 가지 기초가 있다. 목적에 대한 집중,
> 힘의 집중, 생각의 집중, 그리고 집중된 탐사가 그것이다. 누군
> 가 이와 같은 기초를 닦아 신통력을 얻으면 질병을 이기고 온
> 전한 수명을 누릴 수 있을 것이다. 아난다, 나는 이미 그것을
> 닦은 적이 있고, 내가 그렇게 하고자 마음먹으면 더 이상 병에
> 걸리지 않고 수명을 온전히 다 누릴 수도 있을 것이다."

그런데 아난다는 붓다의 이 이야기를 귀담아 듣지 못했다. 사리뿟따와 목갈라나 존자의 입멸을 보며 다소 의기소침해진데다, 임박해오는 붓다의 열반을 걱정하고 있던 아난다가 처해 있는 마음 상태나 경황이 붓다의 이 말이 갖는 의미를 정확하게 간파하거나 이해할 수 없게 했던 것이다. 붓다의 이 언급은 '정각자는 원한다면 얼마든지 생명

을 연장할 수 있다.'는 것을 암시한 것이었지만, 붓다가 세 번이나 거듭해 같은 말을 전해도 아난다는 미처 그 뜻을 알아듣지 못했다. 사실 붓다는 아난다가 자신의 말을 듣고 이 세상 사람들과 신들의 행복과 이익을 위해 수명이 다하는 날까지 오래오래 머물러 달라고 간청하면, 비록 늙고 병든 몸이지만 조금 더 오래 머물 생각이었다. 그러나 평소와는 달리 아난다가 자신의 뜻을 알아듣지 못하자 붓다는 자신이 세상에 머물 인연이 다했다고 생각했다.

이어 붓다는 제자들의 모임인 상가에 대해 다시 생각해보았다. 상가는 안정되어 있으며, 비록 자신의 부재한다고 해도 오래 지속될 수 있을 것이라는 믿음이 생겼다. 마침내 붓다는 자신의 수명을 연장하지 않고 열반에 들기로 마음을 정리했다.

며칠 후 붓다는 예고 없이 제자들이 모여 정진하고 있는 곳으로 걸어갔다. 비구들 모두는 침묵에 잠겨 있었다. 계속되는 고통에 크게 쇠약해진 붓다를 더는 피곤하게 해드려서는 안 된다고 생각한 그들은 누구 하나 질문하려 하지 않았다. 제자들의 마음을 이해한 붓다가 비구들에게 말했다.

"비구들이여, 그대들은 오늘따라 평소와는 다르게 조용하구나. 그대들은 사랑하는 사람의 죽음으로 짓눌려 있다. 그러나 그동안 나는 죽음이 성향으로 인하여 발생한 것들의 본성이라고 강조하여 말해왔다. 생겨난 것은 소멸한다. 그것을 깨달음으로써 그대들은 슬픔과 괴로움을 극복하고 완전을 획득할 수가 있다. 부지런히, 한순간도 흐트러지지 말고 정진하라. 찰나찰나 늘 깨어 있으라. 집중이 흐트러져 번뇌와 망상에 휘둘리지 않도록, 정진의 고삐를 놓지 말라. 게으름이 그대들을 압도하게 하지 마라."

붓다는 잠시 기다렸다가 이야기를 계속했다.

"나는 이제 늙었고, 남은 수명은 아주 짧다. 머지않아 나는 그대들을 떠나게 될 것이다. 나는 내 자신의 귀의처를 만들었다. 비구들이여, 부지런하고 늘 깨어 있어라. 덕스럽고 청정하라. 잘 집중된 마음으로 그대의 마음을 끊임없이 지켜보도록 하라. 이 법과 계율 속에서 부지런히 정진하는 자는 반드시 윤회를 벗어나 괴로움을 끝낼 수 있을 것이다."

이 말을 남기고 붓다는 자리에서 일어나 자신의 오두막으로 들어갔다. 아직까지 해탈을 이루지 못한 아난다를 비롯해서 많은 비구·비구니들은 비탄에 잠겼다. 눈물을 흘리는 사람들도 있었다. 마침내 아난다가 대중을 향해 말했다.

"벗들이여, 신통력의 네 가지 기초를 계발하고 증진한 사람은 질병을 극복하고 자기 수명을 최대한 연장할 수 있다고 들었습니다. 세존께서는 그런 능력을 성취한 사람들 가운데서 으뜸이십니다. 세존께서는 마음만 먹으면 더 오래 사실 수 있을 것입니다. 내가 세존께 당신의 신통력을 사용해서 가능한 한 오래 사시도록 간청하여 보겠습니다."
"좋습니다. 아난다여. 아주 훌륭한 제안입니다. 부디 세존께 그렇게 간청해주십시오."

온 대중이 한목소리로 말했다. 그 후, 아난다는 기회를 기다리다가 마침 적절한 기회가 찾아오자 붓다에게 말했다.

"세존이시여, 많은 제자들은 세존께서 신통력을 사용하여 수명을 더 연장해 주시기를 바라고 있습니다."

이미 마음을 정한 후였지만 붓다는 아난다의 간청에 잠시 생각했다. '이런 식으로 수명을 연장하는 것이 과연 적절한가? 그렇게 함으로써 어떤 결과가 올 것인가? 그것이 상가를 이롭게 할 것인가? 아니면 부질없는 미련만 부를 것인가?' 한동안 그 결과에 대해 숙고한 뒤 결론을 내린 붓다가 아난다에게 말했다.

"아난다, 염력으로 병을 극복하고 완전한 수명을 누리는 것이 불가능한 일은 아니다. 나는 이미 지난번에도 그대에게 그런 이야기를 한 적이 있었다. 그대와 비구들이 내게 더 살아달라고 원하는 까닭은 무엇인가? 그것은 좋아하는 사람과 함께 있고 싶은 갈망, 헤어지지 않으려는 갈망에 지나지 않는다. 만약 내가 지금 그대들의 요청을 받아들인다면, 오히려 그대와 상가에 대한 커다란 해악을 가져다 줄 뿐이다. 아난다, 사랑하고 좋아하는 모든 사람들도 언젠가는 이별하거나 사별하고, 사후에는 생존의 장소를 달리하기에 이른다. 아난다야, 생겨나고, 존재하고, 만들어지고, 소멸하는 성질을 지닌 것을 괴멸하지 않게 만드는 것이 이 세상에 있을까? 그런 도리는 세상 어디에도 존재하지 않는다. 그런 것을 향한 부질없는 기대와 욕망은 나에 의해 버려지고, 내뱉어지고, 내던져졌다. 수명의 소인은 버려졌다."

잠시 쉬고 난 붓다가 계속해서 말했다.

"아난다여, 만일 내가 수명을 연장한다면 그것은 다른 이유를 위해서라야 한다. 그 이유는 아직 깨달음에 이르지 못한 제자들로 하여금 집착과 미움을 극복하도록 돕는 것이어야지, 그것을 조장하는 것이어서는 안 된다. 아난다, 지금이야말로 바로 그대들이 집착과 미움을 벗어내기 위해 노력할 때가 아닌가? 내 수명은 이제 석 달밖에 남지 않았다. 이 석 달이 다하는 날, 나는 이 육체를 눕히고 완전한 열반에 들 것이다. 이 사실을 상가에 알리도록 하라."

이야기를 마친 붓다는 아난다를 돌려보냈다. 아난다는 붓다가 이야기한 것을 대중에게 알렸다. 그러자 수많은 제자들이 아난다에게 항의했다.

"아난다, 세존께서 생명연장의 가능성을 암시했을 때, 그것을 간청하지 않은 것은 큰 실수를 범한 것입니다. 그것은 우리 전체 상가의 불운이며, 커다란 손실입니다."
"벗들이여, 세존께서 처음 그 말씀을 하셨을 때, 나는 무언가에 씌어 있었습니다. 열정과 갈망, 그리고 집착에 짓눌려 있었

습니다. 이제 와서 세존께 그런 요청을 하자고 그대들을 부추
긴 것 또한 마귀의 소행입니다. 모든 비난이 내게 떨어지겠지
만 감수해야 할 일이라고 생각합니다. 우리는 존경하는 스승
을 모시고 오랜 세월을 보냈으면서도, 이런 이야기를 하는 것
은 아직도 그분의 진정한 제자가 되지 못하고 있다는 반증이
아니겠습니까? 우리가 열정과 갈망, 그리고 집착을 극복하려
고 진지하게 시도해 본 적이 얼마나 있었는가 돌아봐야 합니
다. 늦었지만 지금이라도 궁극의 목표를 위해 정진해야 합니
다. 그것이 우리의 스승께서 진정으로 바라는 것입니다."

아난다는 무거운 마음으로 대중을 등지고 붓다의 처소로 돌아갔
다. 다음 날, 붓다는 아난다에게 큰 숲(마하와나)의 꾸따가라 강당
(Kūtāgārasālā)으로 갈 것이니, 웨살리 인근에 머물고 있는 모든 수행
자들을 모이도록 하라고 당부했다. 다음 날 수행자들이 강당에 다 모
였을 때 아난다는 붓다에게로 가 수행 승려들이 모두 한자리에 모였
음을 알렸다. 붓다는 아난다의 안내를 받으며 강당으로 향했다. 마련
된 자리에 앉은 붓다가 간절한 표정과 목청으로 말했다.

"비구들이여, 이제까지 나는 내가 깨달은 법을 설명했다. 그대
들은 나의 가르침을 잘 받아들여 실천하고 수행해서 궁극의
목표를 꼭 성취하기를 바란다. 마치 청정한 행동이 길게 이어
져 오랫동안 남아 있는 것처럼 그런 행동을 목표로 삼아야 할
것이다. 그것은 많은 사람들의 이익을 위한, 많은 사람들의 행
복을 위한, 세상의 사람들을 사랑하기 위한, 신들과 사람들의

이익을 위한 길이다. 그 '법'이란 무엇이겠는가? 그것은 네 가지 늘 마음속에 두고 새기는 토대[四念處], 다섯 가지의 능력[五根], 다섯 가지의 힘[五力], 일곱 가지 깨달음의 고리[七覺支], 여덟 종류로 이루어진 고귀한 길[八正道]이다."

붓다는 잠시 숨을 가다듬은 후 비구들에게 이렇게 말했다.

"비구들이여, 내가 너희에게 말하노니, 여러 가지 사상(事象)은 지나가는 것이다. 게으름을 피우지 말고 수행을 완성하라. 머지않아서 나는 열반에 들 것이다. 이제부터 세 달이 지나기 전에 나는 열반에 들 것이다."

붓다의 단언을 들은 비구들의 낯빛이 일제히 하얗게 질렸다. 알고는 있었지만 단호하게 입멸을 예고하는 스승의 태도에 기가 질린 듯했다. 비구들의 표정을 말없이 지켜보던 붓다는 마치 유언을 남기듯 힘겹게 말을 이었다.

"비구들이여, 내 나이는 한계에 이르렀다. 나의 수명도 얼마 남지 않았다. 이제 곧 나는 너희들의 곁을 떠나게 될 것이다. 나는 스스로에게 귀의하는 것을 이루었다. 너희들은 태만하지 말고 정신을 바짝 차려서 계율을 잘 지켜야 한다. 이 생각을 잘 지키고 정신을 집중해서 자기 마음을 분명하게 지키도록 하라. 이 설법과 계율에 충실한 사람은 끝없이 삶을 되풀이하는 윤회에서 벗어나고, 일체의 고통도 끝내게 될 것이다."

896

일생을 회고하다

붓다는 아침 일찍 속옷을 입고 옷과 바리때를 손에 들고 웨살리 시내로 탁발을 하러 나갔다. 붓다는 웨살리 시내에서 탁발을 하고 다시 돌아와 식사를 마친 다음, 몸을 돌려서 코끼리가 바라보듯이 웨살리 쪽을 응시하면서 아난다에게 말했다.

> "아난다야, 내가 웨살리를 보는 것은 이것으로 마지막일 것이
> 다. 이 몸으로는 다시 이곳에 들어올 수 없을 것이다. 어서 반
> 다 촌(Bhandagāma)으로 가자."
> "알겠습니다."

붓다와 제자들은 반다 촌으로 향했다.

한편 붓다가 입멸을 위해 꾸시나라로 향하고 있다는 소식을 뒤늦게 들은 웨살리의 왕과 릿차위 족 사람들은 큰 슬픔을 이기지 못하고 100리 길을 마다 않고 붓다의 행렬을 좇아왔다. 붓다가 사랑했고, 붓다를 사랑했던 릿차위 족들에게, 붓다는 마지막 설법을 한 후 간곡히 말했다.

> "릿차위 족들이여, 이제 그만 돌아가십시오."

붓다는 슬퍼하는 릿차위 족을 뿌리치기 위해 께사리아(Kesaria)에 이르러 그들에게 자신의 바리때를 건네주었다. 그러나 릿차위 족 사람들은 부처님과의 작별을 아쉬워하면서 머뭇거릴 뿐 돌아갈 생각을 하지 않았다. 여러 차례에 걸친 붓다의 설득 끝에 릿차위 족들은 자신들에게 건네준 바리때가 붓다가 이곳에 다시 오실 것이라는 징표로 여기고 비로소 걸음을 멈췄다.

릿차위 족 사람들은 붓다로부터 바리때를 받은 그 자리에 거대한 7층탑을 세웠다. 사실 이 자리는 붓다가 출가했을 당시 사냥꾼과 가사를 바꾸어 입었던 장소이기도 했다. 공교롭게도 출가와 열반의 길목에서 붓다는 자신을 가장 따르고 아꼈던 웨살리의 릿차위 사람들과 이별했다.

릿차위 족과 헤어진 붓다는 반다 촌에 머물렀다. 붓다는 이곳에서 다시 한번 네 가지 가르침을 설했다. 네 가지의 가르침은 성스러운 계율(聖戒), 성스러운 정신 통일(聖定), 성스러운 지혜(聖慧), 성스러운 해탈(聖解脫)을 말한다.

> "비구들이여, 네 가지 도리를 깨닫지 못하고 아직 통달하지 못했기 때문에 나도 너희도 이처럼 오랜 시간에 걸쳐 유전하고 윤회했다. 이 네 가지 도리는 무엇이겠는가? 존귀한 계율, 존귀한 정신, 존귀한 지혜, 존귀한 해탈이다. 수행승들이여, 지금 나는 이 존귀한 계율과 존귀한 정신통일과 존귀한 지혜와 존귀한 해탈을 깨닫고 통달했다. 생존에 대한 망집(妄執)은 이미 끊어졌다. 생존으로 이끄는 망집은 이미 소멸했다. 이제 다시는 미망의 생존을 받을 일은 없다."

붓다는 반다 촌에서 머물 만큼 머문 후 아난다에게 핫티(Hatthi) 촌으로, 암바(Amba) 촌으로, 잠부(Jambu) 촌으로, 보가(Bhoga) 성(城)으로 갈 것을 지시했다.

붓다는 많은 제자들과 함께 보가 성으로 향했다. 보가 성에서 붓다는 아난다 사당(Ānanda cetiya) 아래에 머물러 있었다. 그곳에서 붓다는 제자들에게 이렇게 말했다.

"비구들이여, '네 가지 큰 교시[四大敎示]'에 대해 말하겠다. 너희들은 잘 듣고 주의해라. 이제부터 말하겠다."
"알겠습니다."

비구들이 초롱초롱한 눈빛으로 대답했다.

"비구들이여, 여기에 한 사람의 수행승이 있다고 하자. 그리고 그가 이렇게 말했다고 하자. '벗이여, 나는 이 가르침을 붓다로부터 눈앞에서 직접 들었다. 눈앞에서 보았다. 이것이 이법(理法)이다. 이것이 계율이다. 이것이 스승의 가르침이다.'라고. 비구들이여. 이 수행승이 말한 것은 기쁘게 받아들일 것도 아니며 배척할 것도 아니다. 기쁘게 받아들이지도 배척하지도 않고 그 문구를 바르게 이해해서 하나씩 경전에 모아 계율에 참조하고 음미해야 할 일이다. 이 문구를 하나씩 경전에 모아 계율에 참조하고 음미해서 경전의 문구에도 합치하지 않고 계율의 문구에도 일치하지 않을 때에는 이런 결론에 도달해야 한다. '분명히 이것은 붓다가 말씀하신 것이 아니라 이 수행승이 오해한 것이다.'라고. 비구들이여, 이런 이유로 너희는 이것을 버리게 될 것이다. 그러나 만약 그 어구를 하나씩 기억해 계율에 참조하고 음미해서 그것이 내가 설한 계율의 어구에 일치할 때에는 이런 결론에 도달해야 한다. '분명히 이것은 붓다가 말씀하신 것이고 이 수행승이 바르게 이해한 것이다.'라고. 비구들이여, 이것을 첫 번째 '전거(典據)의 참조'로 받아들여라."

붓다는 '이렇게 붓다로부터 직접 들었다.'에 대한 설법과 마찬가지로 '이것은 장로 등 수행 승려들의 무리(상가)의 규정에 맞는 교단으로부터 들었다.', '박식하고 법과 계율을 잘 지키는 장로들에게 들었다.', '이것은 한 사람의 유능한 장로에게 들었다.'는 경우를 각각 예로 들면서 그 어구를 하나씩 기억에 모아 계율에 참조하고 음미해서 그 기억의 내용들이 계율의 어구에 일치할 때에 비로소 '붓다의 가르침을 바르게 이해한 것'이라는 결론에 도달해야 한다는 것을 역설했다.

붓다는 제자들이 자신이 입멸에 들고 난 후에 발생할 수 있는 '붓다의 가르침(설법)'에 대한 분쟁을 예견하고, 이를 해결할 기준을 제시한 것이었다. 어떤 경우에도 붓다의 가르침이라고 주장하는 문구에 대해 그 자리에서 바로 찬성하거나 반대하지 말고 하나하나의 말을 잘 생각해서 가르침의 내용과 계율의 내용에 비추어 봐 일치된 것임을 확인한 다음에 태도를 결정해야 한다는 노스승의 간절한 설법을 듣고 있는 아난다의 눈가에는 시나브로 이슬이 맺혔다.

붓다는 보가 성의 아난다 사당에 머물면서 제자들을 위해 많은 설법을 했다. '계율이란 이와 같은 것이다, 정신통일은 이와 같은 것이다, 지혜는 이와 같은 것이다, 계율과 함께 수행해서 완성된 정신통일은 큰 과보를 얻고 크나큰 공덕이 된다, 지혜와 함께 길러진 마음은 수많은 더러움, 즉 욕망의 더러움, 생존의 더러움, 견해의 더러움, 무명의 더러움으로부터 완전히 벗어나게 한다.'는 붓다의 삼학(三學, 계정혜)에 대한 설법은 제자들에게 지혜의 눈을 열어주려는 간절함, 곧 스승 없이 각자 수행에 나서야 할 제자들에 대한 연민, 그 자체였다.

마지막 공양

얼마 후 붓다는 보가 성을 떠나 북쪽의 빠와(Pāvā)라는 작은 고을에 이르렀다. 빠와에 도착한 붓다와 제자들은 금세공(金細工)인 쭌다(Cunda)의 망고 숲에 거처를 정했다.

붓다와 제자들이 자신의 망고 숲에 머물고 있다는 소식을 들은 쭌다는 몹시 기뻤다. 그는 붓다를 찾아가 예배하고 한쪽에 앉았다. 붓다는 쭌다에게 '진리에 관한 설법'을 들려주고, 일과 수행을 잘해나가도록 격려했다.

쭌다는 붓다로부터 가르침을 받은 것에 보답하기 위해 다음 날 점심공양에 붓다와 제자들을 초청했다. 붓다는 건강이 좋지 않았지만 기쁜 마음으로 공양 초대를 한 쭌다를 실망시키지 않겠다는 마음으로 기꺼이 요청에 응했다.

붓다와 제자들을 위한 공양을 준비하면서 쭌다는 한없이 기뻤다. 그가 마련한 음식 가운데는 멧돼지 고기 요리가 있었다. 공양이 시작되면, 주인이 제일 먼저 붓다에게 음식을 올리고, 이어서 제자들에게 음식을 나누어주는 것이 보통의 관례였다. 가족들이 음식 접시를 가져다 주인에게 건네주면, 주인은 첫 국자를 주빈에게 올리고 아래로 물리는 것이다.

쭌다가 올리는 음식을 본 붓다가 그것이 무엇인지 물었다. 멧돼지 요리라는 것을 안 붓다는 제자들이 이 음식을 쉽게 소화할 수 없을 것이라고 생각했다. 대부분 채식에 의존하고, 별다른 육체적 운동을 하지 않는 그들에게 기름투성이 음식은 사실 부담스러운 것이었다. 붓다가 쭌다에게 말했다.

"쭌다여, 나와 제자들을 위해 이 음식을 마련하느라 많은 애를 썼습니다. 그러나 이 특별한 요리는 그들에게 맞지 않을 것입니다. 그대가 원한다면, 내게는 이 음식을 줄 수 있습니다. 하지만 나의 제자들에게는 주지 말도록 하십시오."

쭌다는 당황했다. 그럼에도 자신이 정성껏 마련한 음식을 최소한 붓다만이라도 드실 수 있다는 것이 기뻤다. 붓다가 공양을 마치자 쭌다가 붓다에게 여쭈었다.

"세존이시여, 세상에는 몇 종류의 사문이 있습니까?"
"쭌다여, 사문에는 네 종류가 있습니다. 첫째는 도를 실천함이 뛰어난 사문이고, 둘째는 도를 설하는 것이 뛰어난 사문이고, 셋째는 도에 의지하여 생활하는 사문이고, 넷째는 도를 행하는 척하며 악만 저지르는 사문입니다. 세상에는 훌륭한 사문도 많지만 그렇지 못한 이들도 있습니다. 속으로는 삿된 마음을 품고 겉으로만 그럴듯하게 꾸며 거짓을 일삼는 진실하지 못한 이들도 있습니다. 그런 사람들은 도를 행하는 척하며 악만 저지르는 이들입니다. 대중을 이끄는 이들 가운데도 속은 혼탁하면서 겉만 깨끗한 이들이 있습니다. 드러내지 않지만 속내는 간사하고 나쁜 이들이 있습니다. 그런 사람은 마치 구리에다 금을 입힌 것과 같은 것입니다. 그렇지만 세상 사람들은 겉모습만 보고 그를 훌륭한 사문이라 말합니다. 그러므로 그가 누구든 겉모양만 보고 한눈에 존경하거나 가까이해서는 안 됩니다."

붓다는 이어 갈망과 집착을 극복하는 방법으로써 관대함과 보시의 중요성에 대한 설법을 하고 쭌다의 집을 나섰다.

　기거하고 있던 망고 숲으로 돌아와 붓다는 다시 심한 통증으로 고통을 겪었다. 그러나 붓다는 고통스러움을 전혀 드러내지 않고, 깨어 있는 마음으로 모든 것을 지켜보았다. 그렇게 거의 잠을 이루지 못한 채 밤이 지나갔다. 붓다가 휴식을 취할 수 있었던 것은 아주 짧은 시간 동안 감각과 의식이 완전히 소멸된 상태, 즉 멸정(nirodha)에 들었을 때뿐이었다. 그러나 자신이 겪고 있는 고통을 피하기 위해 멸정에 든 상태로 침상에 누워 임종을 기다리는 것은 붓다의 생활방식이 아니었다.

　이튿날 아침, 붓다는 아난다를 불러 빠와로부터 그리 멀지 않은 꾸시나라(Kusinārā)로 가자고 당부했다. 꾸시나라로 가는 도중 휴식을 위해 큰길을 벗어나 나무 그늘에 들어간 붓다가 아난다를 불렀다.

　"아난다, 가사를 좀 접어 깔아주게. 피곤해서 잠시 누워야겠네."

붓다는 아난다가 네 겹으로 접어 깔아준 가사 위에 누워 한동안 쉬고 나서, 심한 갈증을 느꼈다. 그 갈증은 붓다가 당장 앓고 있는 병 때문이었다. 마실 물을 길어오기 위해 아난다는 근처에 있는 강으로 향했다. 그러나 강에 흐르는 물은 온통 흙탕물이었다. 아난다가 생각했다.

'필시 많은 수레가 위쪽 여울을 건너간 것 같다. 세존께 이 물을 마시게 할 수는 없다. 상류 쪽으로 올라가 맑은 물을 찾아봐야겠다.'

아난다가 맑은 물을 찾는 데는 무척 오랜 시간이 걸렸다. 붓다는 그동안에 극심한 통증을 피할 수 있는 방법으로 오직 멸정에 들 수밖에 없었다.

붓다가 나무 아래에서 멸정에 들어 있는 동안 천둥번개와 함께 억수같이 소나기가 쏟아졌다. 제자들도 비를 피해 나무 밑에 들어가 있었다. 붓다는 소나기가 그치고 나서도 한참 동안 그대로 멸정에 들어 있었다.

그때 말라 족 사람으로 알라라 깔라마의 제자인 뿌꾸사(Pukkusa)가 쿠시나라에서 빠와를 향해 길을 걷고 있었다. 뿌꾸사는 나무 아래에 앉아 멸정에 들어 있는 붓다를 눈여겨 바라보고는 붓다를 향해 다가왔다. 그는 붓다의 여정과는 반대로 꾸시나라에서 빠와로 가는 도중에 비를 만나 나무 밑에 들어왔던 것이다. 그는 붓다가 멸정에서 빠져나올 때까지 기다렸다가 물었다.

"스승이시여, 저는 위대한 성자 알라라 깔라마를 신봉하는 사람입니다. 비록 그의 직계제자도 아니고 만난 적도 없지만, 그분의 가르침을 찬탄하며 그분이 가르친 목표에 이르기 위해 정진하고 있습니다. 그런데 저는 이런 이야기를 들은 적이 있습니다. 언젠가 알라라 깔라마님께서 명상에 잠겼을 때 오백 대의 수레가 곁으로 지나갔답니다. 조금 뒤 누가 알라라 깔라마님에게 수레가 지나갔는지 물었더니, 그분은 보지도 듣지

도 못했다고 대답했다는 것입니다. 스승이시여, 오백 대의 수
레가 지나가는 것을 모를 만큼 깊은 삼매에 들었던 것은 실로
놀라운 일입니다. 그러나 스승이시여, 당신께서 그 천둥 번개
와 폭포처럼 쏟아지는 비에도 끄떡없이 앉아 계신 것은 참으
로 놀라운 기적입니다. 당신은 알라라 깔라마님의 직계제자
이십니까?"

"그렇습니다. 벗이여. 한때 나는 그분의 제자로 지낸 것이 있
었습니다. 그러나 나는 그를 떠나 내 스스로의 노력에 의해 알
라라 깔라마께서 획득한 것보다 훨씬 경이롭고 불가사의한
능력을 성취하였습니다. 천둥 번개, 그리고 소나기에 흔들리
지 않는 것이야 내가 성취한 능력 가운데 최상의 것은 아닙니
다."

"스승이시여, 죽을 수밖에 없는 우리 인간이 성취할 수 있는
최상의 능력이란 무엇입니까? 부디 가르쳐주십시오."

뿌꾸사가 간청했다.

"벗이여, 이 세상에서 인간이 마주치지 않으면 안 될 어려움
가운데 천둥 번개, 비 따위는 최악의 것이 아닙니다. 갈망과
증오, 그리고 미혹함은 그보다 훨씬 더 강력하며, 보다 더 파
괴적인 것입니다. 만약 모든 감각기능을 완벽하게 갖춘 어떤
사람이 성성하게 깨어 있으면서도 갈망과 증오와 미혹에 동
요되지 않고 남아 있을 수 있다면, 나는 그것을 인간이 성취할
수 있는 최고의 능력이라고 할 것입니다. 그것이 바로 내가 이

룬 것이며, 그것이 바로 내가 주창하는 수행의 궁극적 목표입니다."

붓다의 설법을 들은 뿌꾸사가 말했다.

"존귀한 이여, 그렇다면 저는 알라라 깔라마에 대한 믿음을 큰 바람 속에 날려 보내고 급류 속에 흘려보내겠습니다. 훌륭한 일입니다. 멋진 일입니다. 자칫 뒤집어질 뻔한 사람을 일으키듯, 덮여 있는 것을 열어주듯, 방향을 잃은 사람에게 길을 알려주듯, '눈 있는 사람들은 모습을 볼 것'이라는 말처럼 어둠 속에서 불을 밝혀주듯, 붓다께서는 여러 방법으로 진리를 밝혀주셨습니다. 존귀한 이여, 이런 이유로 저는 붓다에게 귀의하고 싶습니다. 오늘부터 평생 세속 신자로 받아주십시오."

말라 족의 아들 뿌꾸사는 부드럽고 윤기가 나는 금색 옷을 두 벌을 붓다에게 바쳤다. 붓다는 두 벌의 옷을 받아 한 벌은 직접 입고 나머지 한 벌은 아난다에게 건넸다.

붓다는 뿌꾸사를 '법에 관한 강의(아비담마)'를 통해 가르치고 격려했다.

붓다는 이때 아난다가 바리때에 가득 담아온 깨끗한 물을 마시고 갈증을 풀었다.

아, 꾸시나라!

붓다는 자신에게 오직 꾸시나라까지 갈 수 있을 만큼밖에 기력이 남아 있지 않았음을 알고 있었다. 그렇기에 아난다에게 꾸시나라가 45년 전법 여정의 마지막 도시가 될 것이라는 것을 알려주었다. 붓다의 말을 들은 아난다는 깊은 슬픔에 잠겼다. 아난다로부터 이 소식을 전해들은 제자들도 내남없이 깊은 비탄 속으로 빠져들었다. 그들 가운데에서 세존의 병이 악화된 것에 대한 책임론이 불거져 나온 것은 자연스러운 일이었다. 논의가 시작되자 곧 갖가지 억측들이 꼬리를 물었다. 그들 중 한 제자가 쭌다의 책임을 거론했다.

> "세존께서 이렇게 고통을 겪고 계신 것은 순전히 쭌다의 책임이다. 그는 세존께서 기름진 음식이 우리와 같은 수행자들에게 적당하지 않다고 말씀하셨을 때, 세존께도 그 음식을 올리지 말았어야 마땅했다."

그러자 다른 제자가 말했다.

> "하지만 세존께서는 그 음식을 당신께 공양하라고 쭌다에게 말씀하시지 않았는가? 그렇다면 어떻게 모두 쭌다의 책임일 수 있겠는가?"

908

"그게 무슨 말인가? 그렇다면 세존께서는 그 음식으로 인해
아프게 될 것을 아시면서 그걸 드셨단 말인가? 무엇 때문에
그렇게 하셨을까?"

또 다른 제자가 의아한 표정으로 의문을 제기했다. 이렇게 제자들이
모여 앉아 갑론을박을 벌이고 있을 때, 아난다가 나타났다. 그들 가운
데 한 명이 아난다에게 물었다.

"아난다여, 우리는 세존을 이해할 수 없습니다. 세존의 이번
병은 누구 책임입니까? 쭌다입니까? 아니면 세존 자신에게 책
임이 있는 것입니까?"
"벗들이여, 세존께서는 쭌다의 음식을 드심으로써 당신께서
아프게 될 것을 알고 계셨습니다. 그러나 만약 세존께서 그 음
식을 거절했더라면 쭌다의 마음이 어떠했겠습니까? 세존께
서는 그 음식을 받으시고, 쭌다를 기쁘게 하려 하신 것입니다.
나는 스승께서 당신의 마지막 순간이 가까웠다는 것을 알고
계시기에 행한 행동이었다고 생각합니다. 우리의 자비로운
스승께서는 당신의 일시적인 불편을 모면하기 위해 정성스럽
게 준비한 음식을 거절할 분이 아니십니다."

한창 이런 논의가 진행되고 있는 동안 붓다가 그 자리로 다가왔다. 한
제자가 서둘러 가사를 접어 만든 자리에 편한 자세로 앉은 붓다가 물
었다.

"비구들이여, 그대들의 이야기에 생기가 넘쳐 보이는구나. 이렇게 열띤 토론을 하는 주제가 무엇인가?"

그러자 아난다가 솔직히 이야기했다.

"스승이시여, 세존께서 이토록 심하게 앓도록 만든 쭌다의 공양을 어떻게 생각하십니까? 저희들은 바로 이 문제에 대해 토론하고 있었습니다."
"그런가? 제자들이여, 누군가 쭌다에게 이렇게 말할 수 있을 것이다. '쭌다, 붓다께서 자네가 올린 공양을 마지막으로 열반에 드셨으니, 자네가 올린 공양은 자네에게 득이 아니라 손실이 될 것일세.'라고. 또한 그런 말로 쭌다에게 심한 죄책감을 일으키게 할 수도 있을 것이다. 그러나 그것은 온당한 일이 아니다. 비구들이여, 잘 들으라. 결과에 있어 어떤 것보다 훌륭한 두 가지의 공양이 있다. 그 하나는 최상의 깨달음을 이루게 하는 공양이며, 나머지 하나는 많은 사람들이 집착하는 이것, 즉 정신[名]과 육체[色]로 이루어진 이 모두를 버리고 궁극의 열반(parinibbāna)에 들게 하는 공양이다. 쭌다는 실로 오래오래 행복의 씨앗이 될 공양을 올린 것이다."

붓다의 말에 대중 모두는 침묵할 수밖에 없었다. 잠시 정적이 흐른 뒤 붓다가 비구들에게 물었다.

"비구들이여, 그대들 가운데 누군가 나에게 질문하고자 하는 사람이 있는가? 지금이야말로 질문을 할 아주 좋은 때다. 이 생에서의 나의 삶은 얼마 남지 않았다. 내가 살아 있는 동안 물어보지 않은 것, 궁금한 것이 있다면 물으라. 나중에 후회하지 않도록 하라."

그러나 선뜻 일어나 질문을 던지는 비구들은 없었다. 곧 열반에 드신다는 스승을 향해 질문을 던지는 것이 왠지 불경스럽게 느껴졌기 때문이었다. 그러자 한 명의 제자라도 더 궁극의 경지로 이끌고자 하는 붓다의 간절한 연민을 읽은 아난다가 물었다.

"스승이시여, 깨달음을 얻고 해탈을 성취한 제자들과 세존 사이에는 어떤 차이가 있습니까?"
"그런 것은 존재하지 않는다. 아난다여, 성취에 관한 한 나와 아라한이 된 제자들 사이에 아무런 차이도 없다는 것을 알라. 궁극의 경지를 성취한 이들은 모두가 동등하다. 그 사이에 있는 유일한 차이라면 과거의 어느 붓다에 의해 성취되었던 깨달음과 해탈에 이르는 길을 나도 발견하고 가르친 것이며, 제자들은 나를 따라 그 길로 왔다는 것뿐이다. 즉 나는 잊혀진 옛길을 다시 찾았고, 깨달은 제자들은 내가 찾은 그 길을 통해 목표에 이르렀다. 그리고 미래에도 누군가에 의해 그 길은 다시 발견될 것이다."

붓다의 설법에 감동한 아난다가 자신의 기쁨을 게송으로 읊었다.

최상의 스승 세존이시여,

위대하셔라, 위없는 인천(人天)의 스승이시여,

내 스승과 견줄 이 온 세상 어디에도 없어라!

게송으로 붓다를 찬탄한 아난다는 모든 비구들을 대신하여 붓다에게 고마움을 전했다. "어떤 제자도 세존의 가르침에 의심을 갖고 있지 않을 것이며, 모든 제자들이 세존의 가르침에 따라 정진할 것"이라며 비구들을 대변하는 아난다를 향해 붓다가 말했다.

"아난다, 꼭 그렇지는 않다. 그대는 대중의 태도와 저들의 이 해를 지나치게 믿는 것이 아닌가. 많은 제자들이 입을 다물고 있는 것은 그들이 의문을 갖고 있지 않아서가 아니라, 나에 대한 존경심 때문일 것이다. 스승을 존경하고 위한다는 이유로 정작 중요한 의문을 감추는 것은 결코 현명한 자가 행할 행동은 아닐 것이다."

붓다가 자기들이 입을 다물고 있는 이유를 간파하고 있다고 생각한 한 비구가 용기를 내어 물었다.

"세존이시여, 세존의 말씀에 용기를 얻어 묻겠습니다. 세존이 시여, 그런데 수행하는데 여인은 장애이기도 합니다. 앞으로 저희들이 어떻게 여인을 대해야 되겠습니까?"

붓다는 여인을 대하는 비구들의 태도는 상가 존속의 큰 변수가 될 것이라고 생각했다. 사실 여인의 출가를 망설였던 주된 이유 중의 하나가 아직 성숙하지 못한 비구들의 수행에 장애가 될 것을 염려했기 때문이었던 것이다. 붓다는 자신이 열반에 든 후 비구들에게 당면문제가 될 여인을 대하는 문제에 대해 일정한 기준을 제시해야 하겠다고 생각했다.

"보지 마라."
"만일 눈에 띄면 어떻게 합니까?"
"말하지 마라."
"말을 걸어오면 어떻게 합니까?"
"늘 깨어 있어라."

며칠 더 머문 후 붓다와 제자 일행은 히란야와띠(Hiraññavatī) 강을 건너 말라 족의 나라 꾸시나라의 우파바따나에 도착하여 살라(Sālā) 숲에 거처를 정했다. 붓다는 몹시 지쳐 있었고, 극도로 쇠약해져 있었다. 붓다는 자신의 마지막 순간이 아주 가까이 다가왔음을 직감했다.

"아난다야, 나를 위해 두 그루가 나란히 서 있는 살라나무 사이에 머리를 북쪽으로 향하도록 누울 자리를 준비하라. 아난다, 눕고 싶구나."

붓다의 분부에 따라 아난다는 시원한 그늘이 드리워져 있는 커다란 살라나무 사이에 침상을 마련했다. 두 그루의 살라나무는 뿌리와 가지, 이파리가 서로 이어져 있었다. 붓다는 아난다가 준비한 자리에 오른쪽 옆구리를 아래로 하고 오른쪽 발 위에 왼쪽 발을 얹은 채 사자처럼 누웠다. 붓다는 그 상태에서 바르게 생각하고 바른 알아차림에 집중하며 선정에 들었다.

붓다가 깊은 선정에 들자, 때에 맞지 않게 살라나무에 꽃이 피기 시작해 곧 만개하더니 마치 공양을 올리듯이 완전한 분, 최고의 정각자의 몸을 향해 수많은 꽃송이를 흩뿌리기 시작했다.

마침 안거를 마친 시기라 많은 수행자들이 붓다를 친견하기 위해 모여들었다. 곧 열반에 들 붓다를 친견한 그들은 극도로 쇠약해진 스승의 모습을 보며 깊은 슬픔에 잠겨 있었다. 붓다는 선정에서 나와 비통함을 감추지 못하는 제자들을 바라보았다. 그러고는 자신의 열반을 슬퍼하지 말라고 위로했다.

아난다의 눈물

붓다의 수명이 막바지에 이르렀음을 직감한 아난다의 두 눈에 뜨거운 눈물이 고였다가 소리 없이 흘러내렸다. 구석에 웅크리고 앉아 맥없이 붓다의 모습을 지켜보던 그가 조용히 일어나 외진 곳으로 걸어갔다. 그는 나무에 기댄 채 흐느꼈다. '아, 나를 불쌍히 여기던 스승께서 이제 가시려 한다. 이제 어떻게 살아가야 할 것인가!' 다른 비구들이 흐느끼는 아난다를 발견하고 다가와 물었다.

"아난다여, 무슨 일로 울고 계십니까? 세존께 무슨 일이라도 일어났습니까?"
"아닙니다. 벗이여, 나는 세존을 가까이 모셨으면서도 아직 목표에 이르지 못한 범부에 머물고 있습니다. 그런데 스승께서는 지금 최후의 열반에 드시려 하고 있습니다. 이제 나는 어떻게 해야 합니까? 이것이 슬퍼 눈물을 흘리고 있습니다."

그때 붓다는 아난다가 곁에 없는 것을 알고 한 제자를 불러 물었다.

"아난다는 어디에 있는가? 아난다가 한동안 보이지 않는구나. 평소에 없던 일이다."
"스승이시여, 아난다는 숲 한쪽에서 울고 있습니다."

"그런가? 어서 아난다를 불러 오라."

붓다의 곁으로 다가온 아난다가 말했다.

"세존이시여, 저는 스승님과 함께 수십 년을 지냈습니다. 스승님과 함께 걸어 다녔고, 스승님과 함께 잠들었으며, 스승님과 함께 음식을 먹었고, 스승님의 모든 말씀을 들었습니다. 그러나 저는 아직도 깨달은 바가 없습니다. 그런데 스승님께서 이렇게 떠난다고 하시니, 이제 저에겐 아무런 희망이 없습니다."

눈물을 그치지 못하는 아난다에게 붓다가 다정한 목소리로 말했다.

"됐다. 아난다야. 그만 슬퍼하라. 너는 내게 늘 큰 도움이 되었다. 그것 또한 상가에 대한 큰 봉사가 아니겠는가? 지금이야말로 용기를 가지고 행동할 때다. 내가 거듭해 말하지 않았는가. 가깝고 사랑하는 것에 이별의 슬픔이 있다고. 생겨난 것은 무엇이건 소멸하게 되어 있다고 누누이 강조하지 않았는가. 아난다, 너는 오랫동안 자애롭고 솜씨 있게, 머뭇거리지 않고, 성실하고, 남김 없는 행동으로 나의 손발이 되어주었다. 너에 대한 고마운 마음을 어찌 말로 다 할 수 있겠느냐? 이제 너의 수행도 많은 진전을 보이고 있다. 계속 정진하라. 그리하면 머지않아 반드시 통찰과 해탈을 성취하게 될 것이다."

붓다는 이어 비구들을 향해 아난다에 대해 말했다.

"비구들이여, 아난다는 눈짓만 해도 내가 무엇을 원하는지 알아차리곤 하였다. 아난다에게는 네 가지 탁월함이 있다. 비구들은 아난다를 보기만 해도 기뻐하였고, 아난다가 비구들을 위해 설법하면 그들에겐 하나같이 기쁨이 충만해졌다. 비구니, 우바새, 우바이들은 아난다를 보기만 해도 기뻐하였고, 아난다가 비구니, 우바새, 우바이를 위해 설법하면 그들에게도 하나같이 기쁨이 충만하였다. 아난다에게는 이렇게 네 가지의 탁월함이 있다."

붓다의 위로에 잠시 눈물을 멈춘 아난다는 제멋대로 행동하는 찬나를 어떻게 대해야 하는지 물어야겠다고 생각했다. 찬나는 붓다의 출가를 도왔던 마부로 붓다가 정각을 성취하자, 궁에 머물지 않고 붓다를 따라 출가하여 수행자의 길을 걸었다. 그런데 찬나는 성자의 흐름에 든 후에 자주 사소한 계를 어겨 문제를 일으키곤 했다. 많은 비구들이 그의 잘못을 지적하고 충고했지만 찬나는 의식적으로 무시하면서 되레 큰소리를 쳤다.

"나의 잘잘못을 말하지 말라. 나는 너희들의 시비를 논할 수 있으나, 너희들은 나에 대해 언급할 자격이 없다. 왜냐하면, 내가 아니었으면 싯다르타 태자가 출가할 수 없었으며, 출가하여 도를 닦지 않았다면 붓다가 있을 수 없기 때문이다. 그러므로 나는 언덕 위에 우뚝 솟은 거목과 같고, 너희들은 마치 태풍에 한구석에 모인 낙엽과 같다. 알겠는가?"

이처럼 안하무인으로 살아가는 찬나를 상가에서는 누구도 말릴 수가 없었다. 붓다로부터 충고를 받으면 잠잠해졌지만, 시간이 흐르면서 붓다의 충고조차 잘 듣지 않았다. 찬나의 이와 같은 방종은 어느덧 상가의 골칫거리가 되었다. 아난다는 붓다가 입멸에 들고 나면 찬나의 망동이 정도를 더할 것이라고 염려했다. 그래서 그에 대한 대처 방법을 임종을 앞둔 붓다에게 여쭌 것이었다.

> "세존이시여, 찬나 장로는 옛날 버릇을 버리지 못해 제멋대로 행동하고 있습니다. 스승께서 멸도하신 이후에는 그 증세가 더 심해질 것이 자명합니다. 찬나 장로를 어떻게 대해야 하겠습니까?"
> "내가 멸도한 후 찬나가 여전히 상가의 규율을 따르지 않고 가르침을 받들지 않거든, 상가에 겨우 머물 수 있게 하는 죄로 엄격히 다스리도록 하라. 비구계를 박탈하지는 않지만, 모든 비구들에게 명하여 그와 더불어 말하지 말고, 왕래하지도 말며, 가르치지도 말고, 일을 시키지도 말라."

붓다의 위로에 어느 정도 안정을 찾은 아난다는 붓다의 열반을 조금이라도 늦추고 싶다는 간절한 마음으로 열반의 장소에 대해 물었다.

> "세존이시여, 이곳 꾸시나라는 아주 작은 고을입니다. 세존께서 이처럼 황량하고 작은 고을에서 열반에 드시는 것은 온당하지 않다고 생각합니다. 짬빠, 라자가하, 사왓티, 웨살리, 사께따, 꼬삼비, 와라나시와 같은 큰 도시가 있지 않습니까? 세

존이시여, 보다 더 큰 규모의 도시 가운데 적합한 곳에서 마지막 열반에 드시는 것이 어떻겠습니까?"

"아난다, 그렇게 말하지 말라. 작다는 이유로 이 고을을 가벼이 보는 것은 옳지 않은 것이다. 이곳은 일찍이 마하 수닷사나(Mahā Sudassana) 왕의 수도 꾸사와띠(Kusāvatī)가 있었던 곳이다. 이 왕도는 크기가 동서 12요자나, 남북 7요자나가 되는 큰 도시였다. 또 누가 알겠는가? 이 고을이 언젠가 큰 도시가 될 수 있을지를. 또한 지금의 큰 도시가 먼 훗날에 보잘것없는 마을이 될 수도 있는 것이다. 아난다, 나는 새벽(五更)에 두 그루 사라나무 사이에서 열반에 들 것이다. 내가 열반에 들 것임을 꾸시나라의 말라 족에게 알리도록 하라."

아난다는 솟아오르는 눈물을 멈출 수가 없었다. 그는 울먹이는 목소리로 입멸 후 붓다의 유해를 어떻게 모시면 좋겠느냐고 여쭈었다. 이에 대해 붓다는 이렇게 말했다.

"아난다여, 출가자들은 나의 유해를 모시겠다는 따위의 생각은 하지 말라. 너희들은 오직 출가 본래의 목적을 향하여 바른 마음으로 노력하며, 게으름 피지 말고 정진해야 한다. 아난다야, 나에 대해 각별하게 깊은 숭경의 생각을 품고 있는 현자가 왕족이나 바라문, 자산가들 가운데 있을 것이다. 그러한 이들이 나의 유해를 처리하게 될 것이다."

붓다가 말씀하는 동안 아난다의 두 눈에서 멈춤 없이 눈물이 흘러내렸다. 아난다가 물었다.

"스승이시여, 언젠가 한 지방에서 우기에 정주생활을 하던 비구들이 붓다를 뵙고자 찾아온 적이 있습니다. 그들은 스승의 모습을 뵙고, 큰마음을 내어 더욱 열심히 정진할 수 있었습니다. 그러나 스승께서 열반에 들고 나면 비구들은 더 이상 스승을 만날 수 없게 됩니다. 스승을 기쁜 마음으로 섬기는 일도 불가능해집니다. 존귀하신 스승이시여. 이럴 때 저희는 어찌해야 합니까?"

"아난다야, 신심이 있는 신실한 사람이 실제로 찾아가 보고 감격할 장소로 네 군데가 있다. 그 네 곳이 어디인지 말해주겠다. 수행의 완성자가 태어난 곳, 수행의 완성자가 완전한 깨달음을 얻은 곳, 수행의 완성자가 가르침을 전하기 시작한 곳, 그리고 수행의 완성자가 번뇌 없는 열반에 든 곳이 그 장소가 될 것이다. 아난다야, 이 네 장소가 신심이 있는 사람들이 실제로 찾아가 참배하고 감격할 장소이다. 아난다야, 신심이 있는 비구, 비구니, 세속의 남자 신자, 세속의 여자 신자들이 이 네 곳을 찾아 '수행의 완성자가 여기에서 태어났다.', '수행의 완성자가 여기에서 무상의 완전한 깨달음을 얻었다.', '수행의 완성자가 여기에서 가르침을 펴기 시작했다.', '수행의 완성자가 여기에서 번뇌가 없는 열반에 드셨다.'라고 생각하며 찾아올 것이다. 아난다야, 누구라도 이 네 곳을 순례하고 편력하며 깨끗한 마음으로 죽을 수 있다면 그들은 모두 죽은 뒤 육체가 시드는 사이에 선한 곳, 하늘의 세계에 태어나게 될 것이다."

수밧다, 마지막 비구가 되다

말라 족들 사이에 그들의 작은 고을 꾸시나라에 붓다가 도착했으며, 오늘 밤에 붓다가 최후의 열반에 든다는 소문이 삽시간에 퍼졌다. 사끼야 족 성자에게 마지막 예를 올리기 위해 사람들이 구름처럼 모여들었다. 그들 가운데 수밧다(Subhadda)라는 나이든 방랑수행자가 있었다. 그는 아난다에게 다가와 붓다를 만나게 해달라고 간청했다.

> "안 됩니다. 벗이여. 지금 그분을 괴롭힐 때가 아닙니다. 스승께서는 지금 아주 피로해 있습니다."

아난다가 단호하게 수밧다의 요청을 거절했다. 그러나 수밧다는 붓다를 만나겠다고 고집을 부렸다. 그럴 때마다 아난다의 거절은 계속되었다. 그들의 대화를 들은 붓다가 아난다를 불러 말했다.

> "아난다, 막지 말라. 노 수행자를 이리로 안내하라. 어서 나를 만나게 하라. 그가 어떤 의문을 가졌건 그는 나를 괴롭히려는 게 아니라, 오직 지혜를 위해 물을 것이니라. 이미 수행 경험이 있는 사람이면 내가 무슨 이야기를 하든 쉽게 이해할 것이다."

가까스로 허락을 받은 수밧다는 자리에 누워 있는 붓다 앞으로 다가

와서 물었다.

"세존이시여, 극도로 피곤하신 분께 질문하겠다며 고집을 피운 저를 용서해주십시오."
"계속하시오. 수밧다, 무엇이건 묻도록 하라."
"세존이시여, 세상에는 나름대로의 수행공동체(상가)와 제자들을 거느린 사문과 브라만들이 있습니다. 뿌라나 깟사빠, 막칼리 고살라, 아지따 께사감발리, 빠꾸다 까짜야나, 산자야 벨랏티뿟따, 그리고 니간타 나따뿟따 같은 이들은 많은 사람들로부터 성자로 추앙되고 있습니다. 세존께서는 그들이 스스로 진정한 지식과 통찰력을 가졌다고 보십니까?"
"수밧다여, 나도 그들의 가르침에 대해 알고 있다."
"세존이시여, 그들은 스스로 깨달음을 얻었다고 말합니다. 그들은 정말로 깨달음을 얻은 사람들입니까, 깨달음을 얻지 못한 사람들입니까? 아니면 그들 가운데 깨달음을 얻은 사람도 있고, 얻지 못한 사람도 있는 것입니까?"

붓다는 본질의 문제가 아닌 것에 집착하는 수밧다에게 안타까움을 느꼈다. 그러나 그가 간절하고 순수한 구도심에 차 있어 몇 마디만 일러주어도 깨달을 수 있는 단계에 와 있음을 알고 이렇게 말했다.

"수밧다여, 어떤 지도자가 자신이 공언하는 진정한 지식을 획득했는지 말았는지에 대한 의문은 접어 두는 것이 좋다. 그것보다 그대에게 나의 가르침을 말해주겠다. 지금 설명하는 것을 주의해서 잘 들으라."

"그렇게 하겠습니다. 세존이시여."

생의 마지막 순간에 혼신의 힘을 다해 자신을 위해 설법을 하는 붓다에게 감동한 수밧다는 절로 고개를 숙여 최상의 예의를 표하며 귀를 기울였다.

"수밧다여, 여덟 가지 올바른 길(팔정도)이 있다. 정견, 정사유, 정어, 정업, 정명, 정정진, 정정이 그것이다. 이 팔정도를 실천하는 사람들이 나의 가르침을 따르는 사문들, 비구, 비구니들이다. 팔정도를 실천하는 이들 가운데에는 첫 번째 단계에 이른 수행자도 있고, 두 번째 단계에 이른 수행자도 있으며, 세 번째 단계에 도달한 수행자도 있고, 네 번째 단계에 도달한 수행자도 있다. 첫 번째 단계는 흔들리지 않는 신념에 이르는 것이고, 두 번째 단계는 생사를 한 번 더 되풀이한 다음 깨닫는 것이며, 세 번째 단계는 이 세상에서 죽은 뒤 다시 태어나지 않고 깨달음을 이루는 것이며, 네 번째 단계는 이 세상에서 완전한 아라한이 되는 것이다. 수밧다여, 만일 어떤 가르침에 이여덟 가지의 바른 길이 없다면 거기에는 올바른 수행이 있을 수 없다. 그런 사람들에겐 사문의 첫 번째 과위도, 두 번째 과위도, 세 번째 과위도, 네 번째 과위도 있을 수가 없다. 수밧다여, 오직 나의 가르침에만 팔정도가 있다. 따라서 나의 가르침에 따라 수행하는 이들에게는 사문들의 첫 번째 과위도, 두 번째 과위도, 세 번째 과위도, 네 번째 과위도 있는 것이다."

설법을 들은 수밧다는 크게 기뻐하며 붓다를 향한 찬탄을 멈추지 못했다. 붓다는 이어 어떤 지도자의 가르침이 진정한 지혜인가를 가리는 기준에 대해서 설법했다. 그것은 그의 제자들이 어떻게 행동하는지를 보면 그들이 따르는 교의와 계율을 알 수 있으며, 그들의 교의와 계율을 평가할 수 있는 근거는 다름 아닌 제자들의 행동이라고 설명했다. 붓다의 설법을 들은 방랑수행자 수밧다는 몹시 기뻐하며 말했다.

> "훌륭하십니다. 세존이시여. 실로 놀랍습니다. 어떤 교의와 계율을 제정한 자가 진정한 지식을 가졌는지 아닌지 판별할 능력이 없는 저희가 그 사람의 가르침을 평가하는 최선의 잣대는 제자들의 행동이 될 것입니다."

이어 수밧다는 아난다를 향해 말했다.

> "붓다를 따르는 과거, 현재, 미래의 모든 이들은 큰 이익을 얻을 것입니다. 아난다여, 저는 당신 덕분에 세존을 뵙고, 의심하던 것을 여쭐 수 있었습니다. 아난다여, 세존을 뵙고 저는 큰 이익을 얻었습니다."

수밧다가 다시 붓다에게 물었다.

> "세존이시여, 저도 세존의 법 가운데 출가하여 구족계를 받을 수 있습니까? 저를 제자로 받아주십시오."

"수밧다여, 다른 가르침을 배우던 이들이 나의 법에 귀의해 청정한 행을 닦고자 한다면 4개월 동안 기다려야 한다. 대중이 당신의 행실과 당신의 마음가짐과 당신의 성향을 살필 수 있도록 시간을 주어야 하기 때문이다. 하지만 그 기간 역시 그대의 마음가짐에 달린 것일 뿐 꼭 정해진 것은 아니다."

"세존이시여, 저는 4개월이 아니라 4년이라도 기다리겠습니다. 그런 다음 대중의 허락을 얻어 구족계를 받겠습니다."

붓다가 수밧다에게 미소를 보였다.

"나는 사람의 마음가짐에 달린 것이라고 조금 전 말했다."

수밧다는 열반 직전 붓다로부터 비구계를 받고 붓다의 마지막 제자가 되었다. 비구가 된 수밧다는 즉시 아라한과를 얻었고 붓다가 열반에 들기 전 먼저 열반에 들었다.

"시간이 없다, 어서 물어라"

붓다는 주변에 있던 모든 비구들을 불러 모았다. 자신을 따라 마지막 여정을 함께한 제자들에게 마지막 당부를 하기 위해서였다. 모여든 비구들의 표정에는 비장함과 슬픔, 두려움이 교차하고 있었다.

"비구들이여, 내가 가고 나면 그대들은 스승의 가르침은 이미 지나간 과거의 일이라고 생각하는지도 모른다. 그러나 그렇게 생각해서는 안 된다. 내가 가고 나면 내가 펼쳐온 법(가르침)과 내가 제정한 계율이 그대들의 스승이 될 것이다."

붓다는 잠시 쉬었다가 다시 당부를 이어갔다.

"지금 수행 승려들은 서로를 '벗이여'라고 부르고 있다. 그러나 내가 가고 난 뒤에도 서로를 그렇게 불러서는 안 된다. 연장자인 수행자는 신참 수행자에게 이름이나 성을 부르거나 '벗이여'라고 부르도록 하라. 그러나 신참 수행자는 연장자인 수행자에게 '존귀한 이여'라고 하거나 '존자여'라고 불러야 할 것이다. 그리고 필요하다면 사소한 계율 조항들은 폐지해도 좋다."

혼신의 당부를 하는 붓다는 잠시 멈췄다가 다시 말을 이어나갔다.

"여기에 모인 대중 가운데 가장 어린 비구도 도의 자취를 보아
서 성자의 흐름에 들었으니, 그대들은 모두 악도에 떨어지지
않을 것이며, 천상을 일곱 번 오가고 나서는 반드시 괴로움에
서 완전하게 벗어날 것이다."

붓다가 잠시 침묵한 뒤 천천히 입을 열었다. 최후의 유언을 남기려는
붓다의 눈빛이 보석처럼 빛났다.

"잘 들어라. 비구들이여, 내 그대들에게 간곡히 이르노라. 형
성된 모든 것은 끝내 소멸하지 않으면 안 되는 성질을 가지
고 있다[諸行壞法]. 방일하지 말고 힘써 정진하라(Appamādena
Sampādethā)."

'한 찰나도 알아차림(sati)을 놓치지 말고 대상을 관찰하여 완전하게
하라.'는 마지막의 간곡한 유훈이었다. 혼신의 힘을 다해 마지막 법문
을 마친 붓다는 천천히 눈을 감고, 이내 전 생애에 걸쳐 닦아온 선정
에 들었다. 초선을 생각하고 초선에 들었고, 다시 제2선에, 다시 제3
선에, 다시 제4선에 들었다. 이어 끝없는 공간을 생각하고 공무변처
(空無邊處) 선정에 들었고, 다시 끝없는 식별을 생각하고 식무변처(識
無邊處) 선정에, 다시 어떤 것도 아닌 것을 생각하고 무소유처(無所有
處) 선정에, 다시 상(想)도 아니고 상이 아닌 것도 아닌 것을 생각하고
비상비비상처(非想非非想處) 선정에 들었다. 그리고 다시 상(想)과 지
(知)가 멸함을 생각하여 상수멸정(想受滅定, 멸수상정 또는 멸정이라고도
함)에 들었다.

대열반

붓다가 한동안 상수멸정에 들어 깨어나지 않자, 아난다가 더 참지 못하고, 모여든 제자들을 향해 슬픈 목소리로 외쳤다.

"아, 세존께서 열반에 드셨구나!"

그러자 이때 아난다와 함께 출가하여 일찍이 지혜의 눈을 얻고 해탈을 성취한 대장로 아누룻다가 말했다.

"아니네, 아난다여. 세존께서는 최후의 열반에 드신 것이 아니라 지금 멸수상정(滅受想定)에 머물고 계시네. 부디 세존의 선정을 방해하지 마시게. 세존께서는 곧 멸수상정에서 깨어나 제4선정에서 반열반에 드실 것이네."

니로다, 모든 감각과 인식이 정지된 상태, 멸수상정에서 빠져나온 붓다는 거꾸로 비상비비상처, 무소유처, 식무변처, 공무변처에 들었다가 제4선, 제3선, 제2선을 거쳐 초선에 들었다. 그러고는 다시 초선에서 차례로 제2선과 제3선을 거쳐 제4선에 들었다. 평온에 기인하여 정념(正念, 마음챙김 또는 알아차림)의 청정을 특징으로 하는 제4선에서 잠시 머문 붓다는 무위의 삶을 버리고 완전한 열반을 이루기 직전, 가만히 두 눈을 떴다.

　자신의 입적 순간을 슬픔에 휩싸인 채 지켜보고 있는 제자들과 산천초목들, 그리고 80년간 살아왔던 세상을 연민의 눈빛으로 지그시 응시하던 붓다가 천천히 두 눈을 감았다. 그 순간, 대지가 진동하고 캄캄한 어둠이 대낮처럼 밝아졌다. 무여열반이 실현된 대열반이었다.

　깨달음을 이룬지 45년, 붓다가 사바세계에 온 지 80년이 지날 때였다.

"열반의 순간, 온몸의 털이 곤두섰네!"

붓다가 고요히 반열반에 들었을 때, 숨소리조차 죽이고 있던 제자들과 말라 족 사람들을 비롯해 모여든 많은 사람들은 슬픔을 가누지 못하고 흐느끼기 시작했다. 흐느낌은 순식간에 전체 대중으로 번졌으나 이내 스승의 열반을 기리는 비구들의 장엄한 게송 속으로 사라졌다.

> 늘 자비 베푸시던 스승께서
> 나를 남겨두고
> 홀로 열반에 드셨네.
> 나는 몹시 두렵네.
> 온몸의 털이 곤두서네,
> 자비 고루 갖추신 정각자께서
> 열반에 드신 이 순간!
>   – 아난다

> 구제자께서는 이제
> 들 휴식도 나올 휴식도 없다네.
> 욕망이 없는 위대한 이,
> 적정에 이르러

무여열반의 경계를 보여주시네.

흔들림 없고

고통에 빠질 일 없는,

마치 불이 꺼진 것만 같은

궁극의 적멸을 이루시었네.

　　　　　　　　- 아누룻다

장례

붓다가 대열반에 든 밤, 꾸시나라의 말라 족 사람들은 천으로 차일을 치고, 둥근 천막을 만들고, 온갖 향과 꽃 장식 등을 붓다께 공양하며 밤을 지새웠다. 다음 날 아침, 다비식을 거행할 예정이었지만 사람들의 공양이 끝없이 이어져 일주일이 지나도록 다비를 거행할 엄두를 낼 수 없었다.

붓다가 열반에 든 지 7일째 되는 날, 말라 족 사람들은 정성껏 준비한 천으로 붓다의 법구(法軀)를 감쌌다. 8일째 다비식 날, 꾸시나라 사람들은 깃발과 일산을 받쳐 들고 구슬픈 음악을 연주하며 말라 족의 사당(祠堂) 마꾸따반다나(Makutabandhana, 천관사)로 붓다의 법구를 인도했다. 장례행렬이 거리로 들어서자 골목을 깨끗이 쓸고 기다리던 주민들이 꽃을 뿌리고 향을 피우며 붓다를 맞이했다.

이윽고 붓다의 법구가 다비 장소인 마꾸따반다나에 도착하자 아난다의 설명에 따라 말라 족 사람들은 붓다의 법구를 향탕으로 씻고, 천과 새 솜으로 싸고, 금관 속에 안치했다. 이어 기름이 담긴 철곽을 설치한 다음, 향나무로 만든 화장용 장작더미를 쌓고, 그 위에 붓다의 법구가 안치된 금관을 올렸다.

한편, 그 시간 장로 마하 깟사빠는 빠와에서 꾸시나라로 통하는 큰 길을 비구들과 걷고 있었다. 그때 아지와까(Ājīvakā) 수행자가 만다라와 꽃을 들고 빠와를 향해 걸어오고 있었다. 아지와까를 본 마하 깟사빠가 물었다.

"벗이여, 그대는 우리 스승, 세존을 압니까?"
"압니다. 그대의 스승 고따마는 일주일 전에 꾸시나라에서 열
반에 들었습니다. 이 꽃은 그곳에서 가져오는 것입니다."

아지와까의 말을 듣고 세존의 열반 사실을 알게 된 마하 깟사빠와 5
백여 비구들은 그 자리에 그대로 주저앉아 통곡했다. 그런데, 늦깎이
비구인 수밧따가 나서 오히려 기쁜 표정을 지으며 이렇게 말했다.

"울지 마시오. 스승이 열반했는데 왜 우는가? 그동안 그 늙은
이는 우리들에게 사사건건 이래라 저래라 간섭하지 않았는
가? 이제 우리는 자유의 몸이 되었는데 무엇 때문에 울고 있
는가?"

수밧따의 불경한 말을 듣는 순간 마하 깟사빠의 가슴은 덜컥 내려앉
았다. 그는 이렇게 생각했다.
'큰일이다. 이대로 상가를 방치하다가는 조만간 정법(正法)과 정
률(正律)은 자취를 감추고 비법(非法)과 비율(非律)의 세상이 되고 말
겠구나. 하루속히 스승께서 가르쳐주신 정법과 정률을 모아 결집해
야 되겠다.'
한편 붓다의 법구를 화장하는 장소인 마꾸따반다나에서는 말라
족의 네 족장이 머리를 깎고 새 옷으로 갈아입은 후, 화장의식을 시
작했다. 그들은 절제된 몸짓으로 붓다의 법구를 안치한 화장대로 다

가가 불을 붙이기 시작했다. 그런데, 어찌된 영문인지 불이 붙지 않았다. 여러 차례 불을 붙이려 시도했지만 불은 끝내 붙지 않았다. 처음 당하는 일에 사람들이 의아해하며 웅성거리자, 장로 아누룻다가 나서 말했다.

"잠시 화장의식을 멈추십시오. 아직 마하 깟사빠 존자께서 이 곳에 도착하지 않았기 때문에 불이 붙지 않는 것입니다."

얼마 후 누더기를 걸친 마하 깟사빠 존자와 그를 따르는 500명의 비구들이 붓다의 다비장에 도착했다. 그들의 얼굴은 온통 눈물과 먼지로 뒤범벅이 되어 있었다. 마하 깟사빠가 아난다에게 말했다.

"아난다여, 스승님의 법구를 직접 보고 싶소."

그러나 아난다는 이미 다비 준비를 다 마친 상태이기 때문에 곤란하다고 대답했다. 그러자 마하 깟사빠는 아랑곳하지 않고 스승의 법구가 모셔진 향나무 장작더미 위로 올라갔다. 그 순간, 튼튼하기 짝이 없는 금관이 철커덩 소리를 내며 저절로 열렸다. 그러고는 황금 관 밖으로 붓다의 두 발이 나타났다. "아!" 믿기지 않는 광경을 지켜보던 사람들이 크게 놀라 일제히 탄성을 터뜨렸다.

마하 깟사빠 존자가 조용히 스승의 발아래 머리를 조아리고 지극한 몸짓으로 예배를 올렸다. 모든 대중들도 함께 마하 깟사빠 존자를 따라 예배를 올렸다. 스승의 임종을 지켜보지 못한 마하 깟사빠가 회한의 눈물을 흘리며 게송을 읊었다.

이것이 열반이고 불생!
다시는 늙음 죽음 받지 않으며
다시 태어남도 없으리니
미운 자와 서로 만나지 않으리.

갈애를 이미 버려
이별할 근심도 하지 않으리.
마땅히 방편을 구하여
이렇게 좋은 곳으로 가야 하겠네.

세존께선 다섯 근간 청정하시니
모두 다 끊어 다시는 있지 않으며
유위 또한 다시 짓지 않으리니
받음이 있으면 그것이 곧 다섯 근간이라네.

괴로움 이미 다하였으니
존재의 뿌리까지 또한 없앴네.
부지런히 방편을 구하여
이러한 안온 얻어야 하리.

세존께선 이미 세간을 끊으시어
온갖 갈애와 탐욕을 벗어났으며
또한 능히 모두 참으셨기에
근심과 어려움 다 여의었도다.

스스로 안온함을 이루고
중생도 안온하게 하여주시니
마땅히 이분에게 머리 숙이면
영원히 삼계를 벗어나리라.

세존의 가르침과 계율
세간에서 가장 밝아서
널리 바른 길 나타냈으니
참되고 자세하여 의심 없도다.

천하를 두루 살리시고
늙고 죽음을 벗어나게 하시니
세존을 만나는 이들
뉘라서 넓고 큰 은혜 받지 않으랴.

마치 밝은 달이 밤을 비추어
그늘과 어두움 없애는 것과 같고
태양이 한낮을 비추어
천하를 밝게 해주는 것과 같도다.

번갯불 번쩍이며
순식간에 짙은 구름 비추듯이
세존의 광명 일시에 나와서
삼계를 이미 모두 밝히셨도다.

이름난 온갖 강물
곤륜강보다 못하고
이름 난 온갖 큰물
바다에는 비길 수 없네.

하늘에 반짝이는 온갖 별 가운데
저 달이 제일 밝듯이
세간의 스승이신 세존께선
하늘 위 하늘 아래 가장 높도다.

세존께서 일체 세간 제도하시어
베푸신 복덕이 세간에 두루 차서
말씀하신 교법·계행 그 모두가
어디에나 남김없이 분명하시네.

또한 법으로써 유포하심에
제자들 기뻐하며 받아 지니고
천신과 인간, 귀신·용들까지도
공손히 이어받아 실행하리라.

마하 깟사빠는 게송을 마치고 붓다의 두 발에 이마를 대어 예배했다. 이어 붓다의 법구 오른쪽 방향으로 세 바퀴를 돌자 붓다의 두 발이 다시 관 속으로 들어갔다. 관이 닫히고 나자 향나무 장작더미에 저절로 불이 붙었다. 화염이 하늘을 삼킬 듯 치솟았다. 그렇게 슬픈 시간들이 강물처럼 흘렀다. 한밤이 지나 새벽이 되자 사납던 불길도 재를 날리며 조금씩 잦아들었다.

연기조차 가라앉은 새벽녘, 말라 족 사람들은 붓다의 법구가 남긴 사리(유골)을 수습했다. 그들은 진주처럼 보석을 다루듯 온갖 정성을 다해 붓다의 유골을 공회당에 모시고 7일 동안 다시 공양을 올렸다.

사리의 분배

그 사이 각국에서 파견한 사신들이 속속 꾸시나라에 도착했다. 붓다의 반열반 소식을 들은 마가다 국을 비롯해서 웨살리의 릿차위 족, 까삘라왓투의 사끼야 족, 알라깝빠의 불리(Bulī) 족, 라마촌의 꼴리야족, 웨타디빠(Vethadīpa)의 브라만을 대표해서 꾸시나라로 찾아온 이들이 저마다 붓다의 사리를 분배해줄 것을 말라 족에게 요구했다.

> "붓다께서는 우리 부족의 스승이십니다. 붓다의 사리를 모셔 탑을 세우고 공양할 수 있도록 사리를 나눠주십시오."
>
> "일리 있는 말씀입니다. 하지만 붓다께서는 우리 말라 족의 마을에서 반열반에 드셨습니다. 그러니 이 땅의 백성들이 공양을 올려야 마땅합니다. 따라서 사리는 나눠드릴 수가 없습니다."
>
> "이렇게 멀리서 찾아와 머리를 숙이고 간청하는데 거절하겠다는 말입니까?"
>
> "수고를 아끼지 않고 찾아와 욕됨을 참아가며 머리를 숙인다는 것을 잘 알고 있습니다. 하지만 붓다의 사리만큼은 허락할 수 없습니다."
>
> "그렇다면 어쩔 수 없군요. 부드러운 말로 되지 않는 일이라면 힘으로 해결할 수밖에 없겠습니다."

"그래요? 당신들에게만 군사가 있는 것은 아닙니다. 어디 마음대로 해보시오."

세존을 찬탄하는 노래와 꽃과 향이 넘쳤던 공회당은 사리 분배를 놓고 의견 충돌이 일어나면서 순식간에 전쟁터로 돌변하기 직전이었다. 코끼리보다 용감하고, 칼과 창보다 날카로운 혀를 가진 사신들은 자신의 임무를 완수하기 위해 사자처럼 발톱을 세웠다. 지키려는 자와 빼앗으려는 자의 팽팽한 긴장이 이어지자, 마침 그 자리에 있던 브라만 도나(Dona)가 입을 열었다.

"자자, 자애로운 여러분, 흥분을 가라앉히고 제 말을 들어주십시오. 세존께서는 늘 관용을 말씀하셨습니다. 그런 거룩한 분의 사리를 두고 많은 사람을 다치게 할 전쟁을 일으킨다면, 그것은 세존의 가르침에 어긋나는 일입니다. 우리 모두 우정 어린 화목으로 하나가 되어 세존의 사리를 여덟 등분으로 나누어 온 세상에 사리탑을 세웁시다."

사리 분배를 놓고 언성을 높이던 각국의 대표들은 도나의 설명을 듣고 언쟁을 멈췄다. 도나가 거듭 호소했다.

"자애로운 여러분, 우리 모두 우정을 다지고 화목으로 하나가 됩시다. 세존의 사리를 공평하게 나누어 온 세상에 사리탑을 세웁시다. 그리하여 인류 모두가 세상의 빛인 붓다를 믿고 따르게 합시다."

940

잠시 침묵이 흘렀다. 사신들의 눈길은 꾸시나라의 말라족 대표를 향하고 있었다. 이윽고 꾸시나라의 말라 족 대표가 한발 물러섰다.

> "좋습니다. 세존의 사리를 놓고 전쟁을 한다면 그것은 위대한
> 스승을 바르게 모시는 일이 아닐 것입니다. 덕망 있는 바라문
> 도나께서 붓다의 사리를 공평하게 나누어주십시오."

각국 사신과 비구들의 동의를 얻은 도나는 붓다의 사리를 여덟 등분으로 나누어 분배하였다. 그러고는 사리를 분배할 때 사용한 용기를 두 손으로 받쳐 들고는 사람들 앞에 무릎을 꿇었다.

> "자애로운 여러분, 사리를 담았던 이 그릇을 저에게 주십시오.
> 저도 그릇을 모신 탑을 세우고 공양을 올리고 싶습니다."

불신과 반목이 엄습했던 자리를 관용의 자리로 바꾼 현명한 브라만 도나의 간청은 사리 분배 자리에 있던 모든 사람들에 의해 흔쾌하게 받아들여졌다.

> "참으로 지혜로우십니다. 도나여. 사리를 담았던 병은 마땅히
> 그대의 몫입니다."

음악을 연주하고 꽃을 뿌리며 사리를 분배받은 각국의 사신들이 꾸시나라를 떠난 후 뒤늦게 삡팔리와나의 몰리야 족이 찾아왔다. 사리를 얻을 수 없게 된 그들은 화장터의 타고 남은 재를 가지고 돌아갔다.

브라만 도나의 중재로 공평하게 골고루 분배된 붓다의 유골은
라자가하(마가다 국), 웨살리(릿차위 족), 까삘라왓투(사끼야 족), 알라깝
빠(불리 족), 라마가마(꼴리야 족), 웨타디빠, 빠와(말라 족), 꾸시나라(말
라 족)에 세운 사리탑에 모셔졌다. 또한 사리분배를 주도한 도나 브라
만은 병탑(瓶塔)을, 뒤늦게 찾아온 모리야(Moriyā) 족은 삡팔리와나
(Pipphalivana)에 회탑(灰塔, 재탑)을 세웠다.

오래된 숙제를 마친 느낌

붓다 일대기를 정리하는 것은 내게 오랜 숙제와 같은 것이었다. 붓다의 삶을 최대한 사실에 가깝게 정리해야 하겠다는 결심을 한 시기는 1988년 불교전문 기자로 일하기 시작할 때였다. 기자 생활 30년을 하는 동안에 풀지 못한 이 숙제는 결국 귀촌을 하고 산골에서 산지 3년이 지나서야 마무리가 되었다. 게으른 성정 탓도 있지만 무엇보다도 붓다의 일대기를 정리할 정도의 근기를 갖추지 못한 게 원인이었다. 쉽지는 않겠지만 여러 자료를 참고해 잘 정리하면 될 일이라는 당초의 생각이 안이한 것이었음을 몇 해 전 집필을 시작하면서 절감했다. 붓다의 마음이 되어야 비로소 글쓰기가 가능할 부분과 맞닥뜨렸을 때 은산철벽을 만난 듯 꽉 막힌 나 자신을 탓할 뿐이었다. 이 숙제는 이런 이유로 몇 해 더 미뤄져야 했다. 그리고 테라와다불교를 공부해나가면서 나는 붓다의 새로운 면을 만나게 되었다. 지극히 인간적인 붓다, 그러나 어떤 인간이나 어떤 신도 감히 범접할 수 없는 최고의 존재에 대한 외경이 풍선처럼 부풀어 올랐다. 붓다의 마음을 알려면 붓다가 걸었던 붓다의 옛길을 어렴풋하게라도 체험해야 하겠다는 생각이 일어난 건 이때쯤이었다.

2년 전 나는 미얀마 양곤 인근에 위치한 사띠파타나 위빠사나 수행처로 향했다. 한 달이라는 짧은 기간이었지만 그곳 테라와다 상가의 규율에 따라 계를 받고 비구가 되어 출가자의 삶을 체험하는 값진 기회를 가졌다. 삭발을 하고, 가사를 걸치고, 사미계와 구족계 의식을 거쳐 비구가 되었을 때의 충격과 감동은 나의 일생을 통해 가장 기억에 남는 순간이라고 해도 과언이 아니다. 비구가 되어 법당에 앉아 앉음수행을 하고, 수행처의 숲길에서 홀로 걸음수행을 하고, 인근 마을로 탁발을 나가며 붓다의 마음을 느껴보고자 했다. 흥미롭지만 동시에 막막한 수행생활, 앉을수록 갑갑해지고 온갖 통증으로 고통스러운 몸과 마음을 추스르며 사야도와의 문답과 선배 수행자들과의 대화를 통해 희미하게나마 붓다가 걸었던 옛길을 느낄 수 있었다. 뚜렷하지는 않지만 안개 속 희미한 등불처럼 저만치 붓다의 옛길이 나타났다가 사라지기를 반복했다. 그때의 짧은 정진과 내적 변화가 붓다의 일대기를 정리할 수 있는 자양분이 되었다.

붓다 일대기를 집필한 1년 동안 내가 창간하고 일했던 〈미디어 붓다〉 독자들의 성원과 격려가 큰 힘이 되었다. 깊이 감사드린다. 특히 졸고를 한 권의 고귀한 책으로 엮어준 불광출판사 류지호 대표와 이상근 주간께 고마움을 전하고 싶다. 그리고 늘 많은 지도와 가르침을 아낌없이 주신 도이 장로님, 김진태 박사님, 미얀마 수행처에서 함께 비구계를 받았던 지후, 추담 사형의 도움을 잊을 수가 없다. 덧붙여 여전히 모든 것이 서툰 산골서생이 안빈의 삶을 살 수 있게 이끌어주는 소중한 평생 도반 묘련심께 고마움을 전한다.

2021년 2월 좋은 날 상왕산 현묘재에서 이학종 두손모음

주요 등장 인물

고따미	숫도다나 왕의 처제로 마야 데비 사후 숫도다나와 결혼하여 싯다르타의 양육을 책임짐. 숫도다나와의 사이에 아들 난다를 둠.
깟사빠	우루웰라 깟사빠. 고도의 초능력으로 마가다 국에서 큰 영향력을 가진 배화교 지도자.
까짜야나	붓다의 제자. 경전 속에서 붓다와 대담자로 나타남.
깔루다이	사끼야 왕국 재상의 아들로 붓다를 까삘라왓투로 초청하는 임무를 띠고 라자가하로 파견되었으나 붓다의 제자가 되었 다. 사끼야 족 출신 가운데 최로 비구가 됨.
꼰단냐	싯다르타가 고행할 때 동료였던 다섯 고행자 가운데 한 사람. 녹야원에서 행해진 초전법륜에서 깨달음을 얻어 최초의 아라한이 된 제자.
꼴리따	개종한 뒤 목갈라나라는 이름으로 알려진 붓다의 상수제자.
끼사고따미	붓다의 여성 제자. 붓다에게 죽은 아들의 시체를 안고 와서 살려달라고 애원한 여인.
나라야나	사성급제도가 제창된 『리그베다』 가운데 〈푸루사 – 수크타〉의 저자로 여겨지는 신화적 성자.
난다	숫도다나와 고따미 사이에서 태어난 왕자. 싯다르타의 이복동생이다.
니간타 나따뿟따	자이나교의 지도자. 회의론자.
데와닷따	싯다르타의 사촌이며 친구. 아난다와 함께 붓다의 제자가 되었으나 배반함.
디가나카	방랑수행자. 붓다의 두 상수제자 사리뿟따는 붓다와 디가나카 사이의 문답을 듣고 깨달은 것으로 알려졌다.
라훌라	싯다르타의 아들.
마하 깟사빠	붓다의 제일 상속자.
마하나마(1)	싯다르타 고행 시 동료였던 다섯 고행자 중의 한 사람.
마하나마(2)	숫도다나에 이어 사끼야 왕국을 통치한 왕.
마하마야	마야데위. 싯다르타의 어머니.
막칼리 고살라	불전에 등장하는 여섯 명의 이교 지도자 가운데 한 사람. 극단적인 결정론(숙명론)을 주창했다.

목갈라나	붓다의 상수제자 가운데 하나로, 개종하기 전에는 회의론자 산자야 벨랏티뿟따의 제자였다. '꼴리따'라고도 불렸다.
바라드와자	브라만으로 소년기 싯다르타에게 정치철학 분야를 가르쳤던 스승.
밧디야	싯다르타 고행시 동료였던 다섯 고행자 중의 한 사람.
빠구다 까짜야나	불전에서 언급되는 여섯 이교 지도자 가운데 한 사람으로 유물론을 주장했다.
빠미따	야소다라의 어머니.
빠세나디	꼬살라 국의 왕.
빔비사라	마가다 국의 왕. 붓다의 적극적인 후원자가 되었다.
사리뿟따	붓다의 상수제자 중의 하나. 앗사지에게 붓다의 가르침을 전해 듣고 목갈라나와 함께 산자야를 떠나 개종함.
산자야 벨랏티뿟따	회의주의자로, 붓다를 만나기 전 사리뿟따와 목갈라나의 스승.
솟티야	붓다가 깨달음을 얻기 위해 보리수나무로 다가가자 길상초를 베어 전달해준 소년 목동.
수닷따	사왓티 시의 거부. 기원정사를 지어 붓다의 상가에 보시했다.
수밧다	붓다의 마지막 제자가 된 노 브라만.
수자따	고행을 끝낸 싯다르타에게 유미죽을 공양한 여인.
숫도다나	사끼야 족의 왕으로 고따마 싯다르타의 아버지.
숩빠붓다	야소다라의 아버지.
아난다	붓다를 오랫동안 가까이서 시봉한 제자.
아누룻다	아난다와 함께 붓다의 제자가 된 최초의 사끼야족 크샤트리아들 가운데 한 명. 붓다의 열반을 지켜보았다.
아바야	니간타 나따뿟따의 제자로 빔비사라 왕의 아들 가운데 한 명.
아시따 칼라데왈라	숫도다나의 종교 고문이자 벗이며, 싯다르타의 어린시절 스승.
앗사지	싯다르타가 고행을 할 당시 동료였던 다섯 고행자 중의 하나. 뒤에 붓다의 최초 다섯 제자 중의 하나가 되었다.
아자따삿뚜	마가다 국의 왕 빔비사라의 아들. 아버지의 왕위를 찬탈하고 데와 닷따와 함께 붓다를 살해하려 했던 인물로 훗날 참회한 후 붓다의 제자가 됨.

아지따 께사깜발리	불전에 언급된 여섯 이교 지도자 중의 한 사람. 사람의 머리털로 만든 외투를 입었다고 하는데, 인도 최초의 유물론자로 알려진다.
알라라 깔라마	싯다르타가 출가 직후에 명상을 가르친 인물. 우파니샤드계에 속하는 수행자.
암바빨리	웨살리의 유명한 유녀. 최고의 아름다움을 가진 여인.
앙굴리말라	99명을 살해한 후 그 손가락을 잘라 목걸이로 걸쳤다는 살인마. 붓다의 제자가 됨.
야사	야라나시 부자 상인의 아들.
야소다라	싯다르타의 부인. 라홀라의 어머니. 훗날 출가하여 비구니가 되어 밧다 까짜나로 불림.
야즈냐발캬	우파니샤드의 성자.
와싸까라	아자따삿뚜의 신하.
왑빠	싯다르타 고행 시 동료였던 다섯 고행 수행자 가운데 한 사람.
우다인	사끼야 왕실의 사제. 싯다르타가 세속적 쾌락에 빠지도록 유도한 책임자.
우빠띠싸	사리뿟따의 다른 이름.
우빨리	이발사 출신으로 아난다 등 사끼야 족 왕자들이 출가 시 함께 출가함.
웃다까 라마뿟따	싯다르타가 출가한 초기에 명상을 가르쳐 준 스승.
웃달라까 아루니	우파니샤드의 철학자이며 선도적 성자.
위사카	사왓티 대장자집 안주인, 동원정사를 지어 상가에 보시했다.
자누쏘니	브라만교 지도자로 형이상학적인 문제로 붓다와 논쟁을 벌임.
제따	사왓티의 왕자. 수닷따에게 붓다와 그 제자들을 위한 승원을 지을 땅을 제공함.
지와까	붓다의 주치의.
쭌다	붓다에게 마지막 공양을 올린 금세공.
찬나	싯다르타 출가 시 말을 몰았던 마부.
케마	빔비사라 왕의 셋째 부인. 출가하여 비구니가 되었다.

참고문헌

전재성 역주, 『쌍윳따니까야』, 한국빠알리성전협회. 2006.
『테라가타』, 한국빠알리성전협회. 20 16.
『테리가타』, 한국빠알리성전협회. 2017.
『맛지마니까야 엔솔로지 명상수행의 바다』, 한국빠알리성전협회. 2003.
『디가니까야』, 한국빠알리성전협회. 2011
『우다나-감흥어린 시구』, 한국빠알리성전협회. 2009.
『숫타니파타』, 한국빠알리성전협회. 2004.
대림 스님 옮김, 『맛지마니까야 1, 2, 3, 4』, 초기불전연구원. 2012.
각묵 스님 옮김 · 엮음, 대림 스님 옮김, 『니까야 강독- 출가자의 길』, 초기불전연구원. 2013.
대림 스님 옮김, 『가려뽑은 앙굿따라니까야』, 초기불전연구원. 2008.
무념 · 응진 역, 『법구경 이야기 1, 2, 3』, 옛길. 2014.
마하시 아가 마하 빤디따 지음, 김한상 옮김, 『초전법륜경』, 행복한 숲. 2011.
빅쿠 보디 편집, 빅쿠 케마짜라 옮김, 『붓다의 깨달음- 맛지마니까야 선집』,
사)한국테라와다불교 출판부. 2013.
데이비드 깔루빠나 외 지음, 재연 옮김, 『혁명가 붓다』, 숨. 2004.
E.H. 브루스터 편저, 박태섭 옮김, 『고타마 붓다의 생애』, 시공사. 1996.
일아 역편, 『빠알리 경전에서 선별한 행복과 평화를 주는 가르침』, 민족사. 2009.
최석호 지음/박수일 엮음, 『인간 붇다 그 위대한 삶과 사상』, 중앙불교교육원 출판부. 1990.
장존천 편역, 『땡큐 붓다』, 운주사. 2014.
대한불교조계종교육원 부처님의 생애 편찬위원회, 『부처님의 생애』, 조계종출판사. 2010.
마성 지음, 『사캬무니 붓다』, 대숲바람. 2010.
암베르카르/이상근 옮김, 『인도로 간 붓다- 그의 삶과 가르침』, 청미래. 2005.
원담 지음, 『붓다 프로젝트』, 민족사. 2016.
마명/김달진 역주, 『붓다차리타』, 고려원. 1989.
조민기 지음, 『그녀는 다시 태어나지 않기로 했다』, 조계종출판사. 2016.

나카무라 하지메 엮음/이경덕 옮김, 『붓다의 마지막 여행』, 열대림. 2006.
공원상 저,　　　　『인간 석가』, 대한어린이문화사. 1964.
김진태 지음,　　　『반야심경의 바른 이해』, 민족사. 2020.
김재영 지음,　　　『룸비니에서 쿠시나가라까지』, 불광출판사. 1992.
강기희 옮김,　　　『붓다의 마지막 여로』, 민족사. 2003.
이지수 옮김,　　　『인도의 지혜 히또빠데샤』, 통나무. 2005.

지은이 **이학종**(李學宗)

불교전문기자로 30년 동안 일했다. 동국대 불교대학원 석사과정을 수료했고, 저서로
『산승의 향기』(운주사, 1998), 『선을 찾아서』(민음사, 2000), 『돌에 새긴 희망』(이끌리오, 2005),
『인도에 가면 누구나 붓다가 된다』(오래된미래, 2006) 등이 있다. 『선을 찾아서』와 『돌에
새긴 희망』 등 두 권은 '한국간행물윤리위원회 추천도서' 목록에 올랐다. 2010년에는
시(詩) 전문지 〈유심〉을 통해 등단했다. 2014년 '미붓아카데미'를 설립해 '21세기 불교
를 철학하다', '불교 안의 과학, 과학 안의 불교' 등의 다양한 주제의 강좌를 열어 교계
에 인문학 열풍을 선도했다. 2017년부터 충남 당진으로 귀촌해 농사와 글쓰기, 사념처
수행에 전념하고 있다.   urubella@naver.com

붓다
연대기
© 이학종

2021년 3월 20일 초판 1쇄 발행
2021년 12월 22일 초판 3쇄 발행

지은이 이학종
발행인 박상근(至弘) • 편집인 류지호 • 상무이사 양동민 • 편집이사 김선경
책임편집 이상근 • 편집 김재호, 양민호, 김소영, 권순범, 최호승 • 디자인 쿠담디자인
제작 김명환 • 마케팅 김대현, 정승채, 이선호 • 관리 윤정안
펴낸 곳 불광출판사 (03150) 서울시 종로구 우정국로 45-13, 3층
        대표전화 02) 420-3200 편집부 02) 420-3300 팩시밀리 02) 420-3400
        출판등록 제300-2009-130호(1979. 10. 10.)

ISBN 978-89-7479-896-3 (03220)

값 35,000원